ENCYCLOPÉDIE
DU
SCRABBLE ®

Raymond

ENCYCLOPÉDIE
DU
SCRABBLE ®

Fernand Nathan

PRÉFACE

Il s'appelle Raymond et s'est fait un prénom dans le monde du Scrabble.

Il fut parmi les finalistes du premier championnat de Belgique en 1972.

Il fut terrassé par la grâce et c'est lui le premier qui jeta par-dessus les moulins bonnet, froc et autres oripeaux, et partit au loin en Europe et en Afrique prêcher la bonne parole, à condition qu'elle ne dépasse pas huit lettres.

Vêtu le plus souvent d'un simple paréo — le Scrabbleur heureux est lui aussi sans chemise —, il a initié pendant des années, jour après jour, des centaines de novices aux joies du Scrabble Duplicate et est parvenu à donner à ses rigueurs un goût de vacances et de soleil.

Il aurait pu s'en contenter.

Mais il a voulu davantage : son expérience fondée sur des milliers de parties, il l'a décantée, dépouillée, synthétisée et transcendée pour nous livrer une encyclopédie du Scrabble, qui nous présente d'une manière vivante, claire et complète ce que tout Scrabbleur devrait savoir pour être imbattable.

Ce livre aura dès lors, j'en suis persuadé, un très grand succès, car parmi les nombreux ouvrages existants, il me paraît le plus complet et le plus agréable à la lecture, et dès lors le plus apte à être assimilé.

Nul doute qu'on ne parle bientôt plus que du petit Raymond, peut-être non illustré, mais en tout cas illustre.

Hippolyte Wouters

Créateur du système "Duplicate" et
Président de la Fédération internationale
de Scrabble francophone.

Remarque: Tout en initiant les joueurs qui l'ignorent au "duplicate", cet ouvrage s'adresse naturellement aussi à tous ceux qui pratiquent les parties "libres" : les règles de base sont les mêmes.

AVERTISSEMENT
DE L'AUTEUR

Bien que la bibliographie du SCRABBLE commence à sortir du stade embryonnaire, nous avons voulu offrir dans cet ouvrage une approche nouvelle, différente, de ce "sport intellectuel" en plein essor, en présentant aux joueurs débutants (... et chevronnés) des méthodes d'étude originales.

Pour ce faire, nous avons disséqué le **Petit Larousse Illustré** *(P.L.I.)* édition 1981, seul dictionnaire de référence, en regroupant les mots par familles, par homophones, par finales identiques, etc., afin que tous les joueurs, et de quelque niveau qu'ils soient, puissent encore améliorer leurs performances.

Étant donné qu'une langue vivante est par définition évolutive (les mots naissent et meurent comme leurs auteurs), une mise à jour de ce livre sera effectuée à chaque nouvelle édition et les additifs nécessaires seront publiés par l'auteur, afin que cet ouvrage ne vieillisse pas et que les joueurs puissent sans cesse se recycler.

Nous vous conseillons de biffer carrément les mots qui ne vous semblent plus étrangers, et de ne laisser que ceux qui vous intéressent particulièrement, voire de repérer les plus importants en les marquant à l'aide de crayons de couleur.

Après certains chapitres, nous avons laissé une page blanche, où vous pourrez consigner vos remarques personnelles et notes diverses.

Nous tenons à remercier tous les joueurs compétents qui ont accepté d'aider à la parution de cet ouvrage. Puisse-t-il vous ouvrir des horizons nouveaux et vous faire réussir un maximum de Scrabbles, voire quelques solos.

Comment trouver rapidement ce que vous cherchez

Regardez la tranche de ce livre : vous y voyez dix rectangles gris. Ce sont les onglets. Chacun correspond à l'un des dix grands chapitres énumérés dans le sommaire ci-contre. Face au chapitre qui vous intéresse, vous trouvez un onglet. Un coup de pouce et voici les pages désirées. Bonne quête et... bonne mémoire !

Sommaire

D'APRÈS LE RÈGLEMENT DE LA FÉDÉRATION INTERNATIONALE DE SCRABBLE FRANCOPHONE (F.I.S.F.)

APPLICABLE AUX RENCONTRES DE SCRABBLE DUPLICATE
en vigueur à partir du 1er janvier 1981.

Le SCRABBLE DUPLICATE, où le nombre de joueurs n'est limité que par des raisons matérielles (local, arbitrage, etc.), fait du SCRABBLE une véritable discipline de compétition en éliminant totalement le facteur chance : à tout moment de la partie, chaque joueur dispose des mêmes jetons (lettres) que ses concurrents et doit résoudre le même problème.

En effet, en "duplicate", chaque joueur utilise la totalité des jetons, en fonction d'une répartition commandée par le hasard et par la formation des mots qui rapportent le plus de points. Aussi, si dans le SCRABBLE classique un seul matériel de jeu suffit pour plusieurs joueurs, en faut-il un par joueur en "duplicate".

Pour le reste, le jeu consiste, comme dans le SCRABBLE classique, à former des mots entrecroisés sur une grille en employant des lettres de valeur différente, ainsi que deux jokers (lettres blanches qui peuvent être utilisées à la place de n'importe quelle lettre) ; chaque joueur s'efforce d'obtenir, à chaque coup, le nombre le plus élevé de points en plaçant ses jetons sur la grille, de la manière la plus profitable : de préférence tous les 7, pour former un SCRABBLE, du nom du jeu, qui récompense son auteur d'une bonification de 50 points.

Le gagnant est celui qui obtient le plus de points à l'issue de la partie, étant entendu que les points marqués à chaque coup s'additionnent. Les autres joueurs se classent par ordre décroissant de points. Le résultat final de tout participant peut également s'exprimer en pourcentage : celui-ci se calcule en divisant le total des points qu'il a obtenu par le "top", c'est-à-dire par la somme des solutions maximales retenues à chaque coup.

Notons enfin que le "duplicate" peut se jouer en solitaire, soit que le joueur tire ses jetons au hasard, soit qu'il refasse, coup après coup, une partie jouée antérieurement en compétition afin de comparer son résultat final avec le résultat idéal de la partie.

1. Règle du jeu

1.1. Mise en place du jeu et des joueurs

1.1.1. Chaque joueur doit avoir un matériel de jeu complet : grille, jetons et chevalet (ce dernier n'étant toutefois pas indispensable au "duplicate"), ainsi qu'une feuille de marque. Il place sa grille devant lui, ainsi que ses 102 jetons, avec leur face imprimée visible. En outre, s'il lui est interdit d'utiliser une documentation quelconque, il peut disposer de pastilles ou autres aide-mémoire, vierges de toute inscription. Enfin, une provision de billets, sur lesquels il aura à indiquer, coup après coup, ce qu'il a trouvé, lui est remise avant le début de la partie.

1.1.2. Le placement des participants dans le local de jeu, qui détermine la numérotation des tables, est laissé au hasard ou s'effectue de manière conventionnelle. Cependant, s'il s'agit d'une compétition nationale ou internationale nécessitant deux séances ou plus, ce placement est déterminé dès la deuxième séance par le classement provisoire, étant entendu que le joueur en tête à ce moment occupe la table n° 1, le deuxième la table n° 2, et ainsi de suite, et que les premières tables forment le premier rang (et ainsi de suite).

1.2. Direction de la partie

1.2.1. Toute partie disputée dans le cadre d'une compétition est dirigée par un juge-arbitre. Celui-ci est responsable du bon déroulement de la partie et, notamment, du tirage au sort des jetons, de la régularité de la procédure du jeu, du classement des participants et de la proclamation des résultats ; mais il peut déléguer, pour la vérification des billets et le comptage, une partie de ses pouvoirs à des assistants (1 pour 10 joueurs au moins). En outre, il peut se faire aider, en compétition nationale ou internationale, par un juge-arbitre adjoint. Il décide, en premier ressort, de la suite à donner aux contestations soulevées par les joueurs. En revanche, il décide seul des mesures disciplinaires à infliger aux joueurs. Enfin, il signe la feuille d'arbitrage, où il doit indiquer les résultats de la partie, les incidents éventuels, et les mesures décidées ainsi que les recours formés sur place.

1.2.2. Toute décision prise par le juge-arbitre en cas de contestation et toute erreur attribuée à lui-même ou à l'un de ses assistants peuvent faire l'objet d'un recours, de la part du ou des joueurs qui s'estiment lésés, auprès des organes d'appel nationaux ou internationaux.

1.3. Procédure du jeu

1.3.1. Au premier coup, le juge-arbitre prend, un à un, dans un sac opaque et au hasard 7 jetons dont il annonce la nature : lettre ou joker, en les épelant clairement par référence à des mots types (voir p. 26). Chaque joueur place sur son chevalet, ou devant lui, des jetons identiques à ceux qui sont annoncés par le juge-arbitre.

Pour éviter des erreurs, le juge-arbitre répète son annonce et, s'il tire un joker, signale qu'il convient d'entourer d'un cercle la lettre que ledit joker remplace ; en outre, les jetons tirés sont apposés sur un tableau d'affichage sur lequel sont placés, coup après coup, les mots retenus par le juge-arbitre comme les meilleurs pour le déroulement de la partie.

1.3.2. A chaque coup, les lettres à utiliser par les joueurs doivent comprendre au minimum :

a) pendant les 15 premiers coups : 2 voyelles et 2 consonnes ;
b) à partir du 16e coup : 1 voyelle et 1 consonne.

Si tel n'est pas le cas, les 7 jetons sont remis dans le sac, et de nouveaux jetons sont puisés par le juge-arbitre.

Pour appréciation du minimum, les jokers et la lettre Y peuvent être considérés, au gré du juge-arbitre, comme voyelles ou comme consonnes.

1.3.3. Après l'annonce et l'affichage des jetons utilisables, chaque joueur dispose d'un temps de réflexion pour former, avec tout ou partie de ces jetons ainsi qu'avec les lettres du ou des mots déjà placés sur la grille, un mot de 2 lettres ou plus d'une valeur en points le plus élevée possible (voir 1.4. : décompte des points).

Au premier coup, ce mot est formé avec les premières lettres tirées, et il doit obligatoirement recouvrir le carré étoilé central. Lors des coups suivants, il est formé, soit par ajout d'une ou plusieurs lettres à un mot déjà placé en prolongeant les lettres de ce mot par-devant et/ou par-derrière, soit par formation simultanée d'un ou d'autres mots nouveaux qui doivent se lire horizontalement et/ou verticalement, les mots en diagonale n'étant pas retenus.

1.3.4. Le temps de réflexion accordé à chaque coup aux joueurs est de trois minutes en tournoi individuel, et de deux minutes en tournoi par paires. Ce temps est mesuré au moyen d'un chronomètre ou d'une minuterie, que le juge-arbitre déclenche après avoir répété la nature des lettres en jeu. Après avoir signalé aux joueurs le début des trente dernières secondes de jeu, afin qu'ils remplissent leur billet, il annonce la fin du temps réglementaire. *Il est vivement conseillé aux joueurs d'indiquer par le mot «chrono!» le départ du temps de réflexion.*

1.3.5. A l'expiration du temps de réflexion, aucun joueur n'a plus le droit d'écrire ; chacun doit lever son billet, sur lequel il aura indiqué :

a) au premier coup : une flèche sous (ou latéralement, si son mot est disposé verticalement) la lettre placée sur l'étoile centrale ;

b) aux coups suivants (sauf éventuellement au 2e) : l'indication d'un minimum de 3 lettres de raccord appartenant à un ou des mots adjacents déjà placés sur la grille et dont l'une au moins s'accroche au mot formé (lettres juxtaposées sur la grille et donc successives s'il s'agit de lettres d'un même mot) ; s'il y a plus de lettres de raccord indiquées par le joueur, il suffit que 3 d'entre elles forment un raccord correct (voir p. 30).

c) lors de l'inscription d'une lettre dont un joker tient lieu, soit dans le mot formé, soit dans les lettres de raccord : un cercle autour de cette lettre.

Le mot formé peut toutefois ne pas être écrit en entier s'il s'agit d'un mot formé en prolongement, par l'avant ou par l'arrière, un mot de 4 lettres ou plus *(pour transformer ANA en "ANALOGUE", il faut indiquer ANALOGUE en entier ; mais si on transforme VENEZ en "VENEZUELIEN", il suffit d'indiquer NEZUELIEN).* Dans ce cas, 3 lettres successives du mot prolongé suffisent, dont l'une se raccroche au prolongement ; s'il y a plus de lettres de raccord indiquées, il suffit que lesdites 3 lettres le soient correctement. D'autre part, si le mot prolongé ne comporte que 2 lettres, une 3e lettre d'un mot adjacent se raccrochant au mot prolongé est exigée dès le 3^c coup ; s'il y a plus de lettres de raccord indiquées, il suffit que l'une d'entre elles le soit correctement ;

d) le nombre de points obtenus (dans la case inférieure droite) ;

e) son numéro de table (dans le coin supérieur droit)... *(le joueur a intérêt à numéroter ses billets avant le début de la partie) ;*

f) si le juge-arbitre le demande : le cumul (dans la case intermédiaire droite), c'est-à-dire le total de points qu'il estime avoir à l'issue d'un coup quelconque *(généralement au 5e, 10e, 15e et 20e coup, ainsi qu'à l'issue de la partie).*

S'il s'agit d'une partie amicale jouée sans arbitre officiel, chaque joueur annonce à tour de rôle le nombre de points obtenus. Ensuite, à tour de rôle également mais en sens inverse, chaque joueur annonce le mot qu'il a trouvé et inscrit. Il est recommandé de ne pas écrire en rouge sur les billets *(cette couleur étant réservée à l'arbitrage);* les lettres doivent être en capitales, de préférence une par case, aussi bien le mot formé que les lettres de raccord.

1.3.6. Le juge-arbitre et ses assistants, en commençant par les scores les plus élevés, vérifient si le mot inscrit n'est pas nul, si le calcul des points est correct et si aucun manquement n'a été commis à l'égard des diverses conventions de jeu.

Le juge-arbitre annonce ensuite le mot réalisant le meilleur total de points trouvé par un des joueurs ; en cas d'égalité de points entre plusieurs mots, il choisit le mot le plus apte, selon lui, à ouvrir le jeu ; si un de ces mots n'utilise pas le joker, c'est ce mot qu'il choisira.

1.3.7. Lors de la vérification des billets, un zéro doit être infligé au joueur n'ayant pas remis de billet *(notamment, lorsqu'un joueur arrive en retard, tous les coups qu'il n'a pas joués lui sont comptés comme nuls)*, ayant remis un billet vierge, ou sur le billet duquel le mot formé :

a) n'a pas été inscrit dans le temps imparti ;
b) comporte une ou des lettres différentes de celles annoncées ;
c) n'est pas écrit en entier, alors qu'il devait l'être (voir 1.3.5.) ;
d) n'est pas prolongé et/ou raccordé correctement (voir 1.3.5.).

Si un joueur remet plusieurs billets, même si l'un d'eux est correct, le juge-arbitre infligera un zéro pour ce coup joué.
Enfin, un zéro peut être infligé par le juge-arbitre pour bavardage durant ou entre les coups.

1.3.8. La vérification des billets peut également donner lieu à des avertissements. Les cas passibles d'un avertissement arbitral concernent les manquements suivants constatés sur le billet remis :

a) l'absence d'indication du jeton placé sur l'étoile centrale *(lors du premier coup uniquement)*. En outre, sauf dans le cas où le total des points correspond à une solution possible, le joueur sanctionné ne reçoit que le nombre de points correspondant au placement le moins avantageux.

b) l'absence d'un cercle autour d'un joker utilisé soit dans le mot formé, soit comme lettre de référence ;

c) l'encerclement d'une lettre autre que celle dont le joker tient lieu ;

d) l'absence ou l'erreur de calcul des points obtenus lors du coup en cause ;

e) l'inversion "horizontal-vertical" dans le placement d'un mot.

Si plusieurs de ces manquements se produisent lors d'un coup, ils sont totalisés et donnent lieu à autant d'avertissements. Les 3 premiers avertissements infligés à un joueur ne donnent pas lieu à sanction, mais dès ce total atteint, 5 points lui sont retirés pour tout nouvel avertissement.

1.3.9. Le juge-arbitre, ou l'un de ses assistants, signale après chaque coup joué les nullités et les avertissements infligés *(soit verbalement, soit par billet remis au joueur responsable, après chaque observation)*.
Il peut se produire cependant qu'un joueur ne soit pas avisé, ou le soit avec retard, de la nullité du mot qu'il a formé. S'il en est ainsi et s'il répète la même faute lors de coups ultérieurs, la nullité sanctionne la première faute seulement ; pour les suivantes il se voit octroyer soit la

moyenne arithmétique des scores obtenus par les autres joueurs si ces derniers sont 15 au maximum, soit celle du total des scores obtenus par les autres joueurs de la ou des rangées qui sont de la compétence du même juge-arbitre.

1.3.10. Après chaque coup, le meilleur mot retenu est annoncé par le juge-arbitre, apposé sur le tableau d'affichage et placé par chaque joueur sur sa grille. Si ce mot comporte un joker, la lettre dont celui-ci tient lieu est maintenue jusqu'à la fin de la partie.

Puis, en tenant compte de la condition minimale de répartition prévue au 1.3.2., le juge-arbitre procède au tirage d'un nombre de jetons équivalant à celui qui est placé au coup précédent, chaque joueur devant toujours disposer de 7 lettres *(sauf en fin de partie)* identiques durant toute la partie pour tous les concurrents.

1.3.11. La partie se poursuit jusqu'au moment où les 102 jetons ont été tirés et placés sur le tableau, qu'il n'est plus possible d'en placer ou que le reliquat de lettres (cagnotte), visible pour les joueurs, est constitué exclusivement de consonnes en nombre égal ou supérieur à 5.

1.3.12. Lorsqu'il ne reste que 4 jetons ou moins, le juge-arbitre, pour autant qu'il en ait fait l'annonce en début de partie, ou en début de tournoi s'il y a plusieurs manches, peut autoriser les joueurs à "décomposer", c'est à dire à placer ces derniers jetons à différents endroits de la grille, en formant ainsi, par dérogation au 1.3.3., plusieurs mots, éventuellement composés par addition successive de lettres.
Les mots et leurs références seront inscrits sur le dernier billet remis.
Pour ce dernier coup, le temps de réflexion peut être porté à quatre ou même cinq minutes. En revanche, si on ne décompose pas, la partie se poursuit tant qu'il reste au moins une voyelle. Si, en fin de partie, un joueur décompose par inadvertance un coup devant être joué normalement, l'arbitre retient parmi les mots formés celui réalisant le meilleur total.

1.3.13. Si le juge-arbitre accepte et place sur le tableau d'affichage un mot qui, soit en cours de partie, soit après celle-ci, se révèle être erroné, le mot reste sur le tableau et les constructions faites à partir de ce mot sont acceptées comme s'il était correct ; mais il va de soi que les points attribués aux auteurs de ce mot leur seront retirés.

1.3.14. En cas de litige grave dont toute solution apparaîtrait contestable ou inéquitable aux yeux du juge-arbitre, celui-ci peut exceptionnellement décider d'annuler le ou les coups en cause ; dans ce cas, les points afférents à ce ou ces coups sont annulés, les jetons s'y rapportant remis dans le sac, et 7 nouveaux jetons tirés au hasard.

1.3.15. Si le juge-arbitre constate au cours d'une partie que des joueurs consultent des ouvrages de référence et/ou des notes quelconques, il doit exclure ces joueurs de la partie. Il agit de même en cas de copiage systématique de la part d'un joueur ou d'une collusion caractérisée entre joueurs. L'exclusion est notée sur la feuille d'arbitrage avec un bref commentaire du juge-arbitre. De plus, le juge-arbitre peut infliger à un joueur dont le comportement nuit au bon déroulement de la partie ou contrarie l'arbitrage un ou plusieurs avertissements cumulés, un zéro, voire l'exclure de la partie.

1.3.16. Toute contestation surgissant dans une partie entre un joueur et le juge-arbitre est tranchée par ce dernier en cours ou en fin de partie. Toutefois, le joueur peut faire appel de cette décision auprès des organes nationaux et internationaux compétents, et ce en respectant les délais impartis. Le jugement desdits organes sera alors définitif.

1.3.17. S'il est constaté, avant ou lors de la proclamation des résultats, qu'une erreur a été commise en cours de partie au détriment ou au profit d'un joueur, le juge-arbitre doit rectifier le total des points de ce joueur et, le cas échéant, celui de la partie sur la feuille d'arbitrage.

1.3.18. La partie prend fin lorsque tous les jetons utilisables ont été placés. Le juge-arbitre procède aux calculs finaux et proclame les résultats. Il signe la feuille d'arbitrage et la transmet aux organes compétents.

1.4. Décompte des points

1.4.1. La valeur de chaque lettre est indiquée au bas du jeton, sauf en ce qui concerne les deux jetons blancs (jokers), qui sont sans valeur.

1.4.2. Le placement d'un jeton sur un carré bleu clair double sa valeur ; il la triple sur un carré bleu foncé. Une fois que le carré en cause est recouvert par un jeton, il perd son effet multiplicateur.

1.4.3. Le placement d'un mot sur un carré rose double sa valeur ; il la triple sur un carré rouge. Une fois le carré en cause recouvert par une lettre du mot formé, il perd son effet multiplicateur. Si, lors d'un coup, un mot est placé sur deux carrés roses (ou rouges) non recouverts, sa valeur sera quadruplée (x 4) ou nonuplée (x 9) ; de même si, lors d'un coup, un mot est placé sur trois carrés rouges non encore recouverts (mot de 15 lettres), sa valeur sera multipliée par 27.

1.4.4. Les règles édictées aux 1.4.2. et 1.4.3. se combinent le cas échéant.

1.4.5. Comme le carré central étoilé est rose, la valeur du premier coup est automatiquement doublée.

1.4.6. Lorsque deux ou plusieurs mots sont formés lors d'un même coup, les valeurs de chacun de ces mots se cumulent, la valeur de la ou des lettres communes étant reprise dans le total de chaque mot (avec ses points de prime s'il y a lieu).

1.4.7. Tout joueur plaçant les 7 lettres en un seul coup (Scrabble) bénéficie d'une bonification de 50 points.

1.4.8. Tout joueur obtenant en solo, à un coup quelconque, le meilleur total de points, bénéficie d'une bonification de 10 points. Toutefois, cette bonification n'est pas accordée lorsque le joueur en cause a été le seul à trouver un Scrabble, ou si le nombre des joueurs est inférieur à 16.

2. Mots autorisés

2.1. Règles générales

2.1.1. SONT ADMIS :

a) Tous les mots simples repris en tête d'articles et en majuscules grasses dans la première partie du *Petit Larousse Illustré (P.L.I.)*, portant en première page les millésimes 1981 et suivants ;

b) les mots simples, même suivis d'une parenthèse, comme JEUN (à), CATIMINI (en).

c) les mots CHAFI'ISME, CHARI'A, CHI'ISME, CHI'ITE, CH'TIMI, DJAMA'A, MU'TAZILITE, TCH'AN, qui, malgré leur présentation typographique, sont des mots simples : ils peuvent donc s'écrire sans leur accent tonique ;

d) les mots composés s'écrivant sans trait d'union, comme ENTRESOL, LEQUEL, PORTEMANTEAU, etc. ;

e) les mots AFIN, ENCONTRE, INSTAR, QUANT, TANDIS, INDEPENDAMMENT, bien qu'ils soient repris dans des locutions (tous invariables) ;

f) les verbes admis par le *P.L.I.* se conjuguent à tous les temps, selon l'ouvrage de Bescherelle *l'Art de conjuguer,* reprenant les 12 000 verbes (dernière édition) ;

g) les verbes pronominaux se conjuguent sans leur pronom, puisqu'ils répondent à la condition b) ci-dessus ;

h) les mots d'origine étrangère (voir p. 512) ainsi que les mots d'argot (voir p. 528), pour autant qu'ils répondent aux conditions a) ci-dessus ;

i) les interjections (voir p. 541) et les onomatopées (voir p. 542);

j) les abréviations (ainsi que leur pluriel) dont les lettres ne sont pas séparées par des points (voir p. 540);

k) les "marques déposées" étant imprimées avec une grande majuscule en initiale en première partie du *P.L.I.* (comme Scrabble, Rimmel... voir p. 537), ainsi que les autres mots étant imprimés de la même façon (comme Noël, Mark, Carioca...) prennent tous la marque du pluriel ;

l) les mots repris à l'additif de la F.I.S.F. (voir p. 27). *(En effet, après les championnats du monde de Liège (1980), cet additif fut élaboré par le comité directeur de la Fédération internationale de Scrabble francophone (F.I.S.F.). Ces mots, repris dans ce livre, sont suivis du signe (≠).*

Toute édition du *P.L.I.* portant un nouveau millésime n'a d'effet qu'à la date de prise en cours indiquée dans le journal officiel de la Fédération internationale, et, de toute façon, à partir du 1er janvier.

2.1.2. SONT EXCLUS :

a) les mots composés ne s'écrivant pas comme des mots simples, c'est-à-dire dont les éléments constitutifs ne sont pas reliés (A B C, don JUAN, EX AEQUO...), ou le sont par un trait d'union (SEX-SHOP, REZ-de-chaussée, pont-LEVIS...), par une apostrophe (AUJOUR-D'HUI...) ou par un point (W.C., O.K., S.O.S., P.-D.G., ...), ou sont suivis d'un point, comme ETC. ;

b) les préfixes (EX- MEGA- SEMI-...) et les suffixes (-ING, -ER, -EL...) ;

c) les symboles (Fe, Cu, Wb...) ;

d) les mots imprimés en petits caractères (minuscules grasses) (Koch, Parkinson, Bunsen...) ;

e) les abréviations et sigles non mentionnés comme noms ou adjectifs ainsi que les sigles substantivés imprimés en grandes majuscules (GMT, ICBM, IRBM, MIRV, MOS, MRBM, ORSEC, SLBM, etc.).

2.2. Genre et nombre   (voir également 3.1. et 3.2.)

2.2.1. Tous les féminins mentionnés par le *P.L.I.* sont valables même ceux indiqués dans les commentaires d'un mot (comme CHOUTE, SAGOUINE, RECORDWOMAN, YACHT (S) WOMAN).

2.2.2. Les noms et adjectifs variables forment en français leur pluriel en ajoutant un S au singulier (sauf mention contraire du *P.L.I.*, comme CHOU, POU...).

Font exception les noms en S, X et Z (sauf les noms étrangers MISS, BOX et KIBBOUTZ, qui ont un pluriel propre) et les noms et adjectifs pour lesquels le *P.L.I.* ou le règlement (voir 3) indique un autre pluriel (même lorsque celui-ci est mentionné dans les commentaires d'un mot, comme CANZONI, ERRATA, WATTMEN, LADIES, WHISKIES...).

En ce qui concerne les mots étrangers pour lesquels seul le pluriel de leur langue est mentionné au *P.L.I.*, ils peuvent, toutefois, également prendre le pluriel français en S. Ainsi GOYS (outre GOIM et GOYIM), LEVS (outre LEVA), LEUS (outre LEI), ZANIS et ZANNIS, etc. (voir p. 520).

Il va de soi que si un mot étranger est mentionné comme invariable (tel SEXY) ou pluriel (tel SPAGHETTI), il ne peut prendre le pluriel en S.

2.2.3. Sont également valables le singulier des noms indiqués au *P.L.I.* comme collectif, même si ce singulier n'est pas mentionné dans les commentaires de ces noms (tel est le cas de AGRUME), ainsi que celui des noms collectifs non indiqués comme tels : BAGAUDE, EBIONITE, LOLLARD, MARRANE, PATARIN, PENTECOTISTE, TABORITE et UTRAQUISTE. Il en est de même du singulier de certains mots pluriels mentionné dans les commentaires desdits noms.

2.3. Formes verbales

2.3.1. Les verbes admis par le *P.L.I.* se conjuguent selon l'ouvrage *le Nouveau Bescherelle 1 - L'art de conjuguer - dictionnaire des 12 000 verbes* (éditions 1981, et ultérieures).

2.3.2. Celui-ci détermine les formes de conjugaison admises par référence à des verbes types, étant entendu que sont seules admises les formes nommément désignées, y compris celles qui sont incluses implicitement par la mention "etc." ou "...", et cela à l'exclusion des formes données en italique et reprises dans les conjugaisons des verbes types.

2.3.3. Il y a toutefois lieu de tenir compte des remarques d'usage formulées à quelque endroit que ce soit dans le Bescherelle. Sont seules admises les formes verbales autorisées par ces remarques, étant entendu que si l'usage en est restreint par des adverbes tels que : guère, peu, pratiquement (qu'à), rarement, etc., il n'y a pas lieu de tenir compte des possibilités de conjugaison ouvertes par ces adverbes, l'interprétation devant se faire dans le sens le plus restrictif (c'est ainsi que ESTER n'est admis qu'à l'infinitif, que BRAIRE ne se conjugue qu'aux troisièmes personnes de certains temps, que FRIRE ne se conjugue pas au futur et au conditionnel, etc., sous réserve cependant des dérogations reprises au 3.4.

2.3.4. Si le verbe n'est pas repris dans le Bescherelle, il est valable aux formes de conjugaison indiquées par le *P.L.I.* et, à défaut, par le Bescherelle pour des verbes de même conjugaison (ainsi ATTREMPER se conjugue comme TREMPER, REMODELER comme MODELER, REPOURVOIR comme POURVOIR, etc.).

2.3.5. Le type du verbe (transitif, transitif indirect, intransitif, pronominal ou impersonnel) est déterminé uniquement par le *P.L.I.*, sauf exceptions mentionnées au 3.3.2. et au 3.3.3. En revanche, le Bescherelle détermine si un verbe est défectif ou avec quel auxiliaire, être ou avoir,il forme ses temps composés (dans le Bescherelle, un losange rouge signale les verbes intransitifs pouvant se conjuguer avec l'auxiliaire être ou avec l'auxiliaire avoir).

2.3.6. Les participes présents des verbes impersonnels suivants, ne s'employant qu'au sens propre, ne sont pas admis :
BROUILLASSER, BRUINER, BRUMASSER, BRUMER, CRACHINER, NEIGER, PLEUVASSER, PLEUVINER, PLEUVOTER, RENEIGER, REPLEUVOIR, VENTER et VERGLACER.
(A contrario, des participes présents comme DEGELANT, GELANT, GLACANT, GRELANT, GRESILLANT, GRISAILLANT, PLEUVANT, TONNANT, etc., restent admis).

2.4. Modification des emplois grammaticaux

2.4.1. Si une édition du *P.L.I.* postérieure à l'édition 1981 précise ou modifie l'emploi grammatical (invariabilité, féminin, pluriel, type du verbe) d'un mot, l'emploi grammatical ancien n'est plus admis, sauf si le règlement en décide autrement.

2.4.2. En revanche, si une nouvelle édition de l'ouvrage *Le Nouveau Bescherelle 1, l'Art de conjuguer* parue après 1980 modifie la conjugaison d'un verbe (verbe type de référence, forme de conjugaison, caractère défectif, auxiliaire), les emplois anciens restent valables, à côté des nouveaux, aussi longtemps que le règlement n'en décide pas autrement. Cela ne vaut toutefois pas pour le type de verbe déterminé par le *P.L.I.* (voir 2.4.1.).

3. Règles grammaticales

3.1. Pluriel des mots

3.1.1. Des mots en –AL forment leur pluriel en –ALS (voir p. 481).

3.1.2. Des mots en –AIL forment leur pluriel en –AUX (voir p. 482).

3.1.3. Des mots en –AU forment leur pluriel en –AUX, sauf LANDAU, UNAU.

3.1.4. Des mots en –EU forment leur pluriel en –EUX, sauf BLEU, EMEU, LEU, PNEU.

3.2. Mots invariables

3.2.1. Sont invariables les mots réputés tels par le *P.L.I.* ou l'usage grammatical, comme les adverbes, les interjections, etc. (voir liste p. 544).

3.2.2. Les adjectifs numéraux, cardinaux, même employés substantivement, à l'exception de UN,S, VINGT,S et CENT,S, mais les homographes MILLE,S (mesure) et NEUF,S (nouveau) varient.

3.2.3. Les points cardinaux (NORD, SUD, EST, OUEST).

3.2.4. Les lettres d'un alphabet quelconque *(le phonème YOD,S n'étant pas à considérer comme une lettre)*, les notes de musique et les mois d'un calendrier quelconque (ainsi RAMADAN est invariable), étant entendu que certains de ces mots ont des acceptions ou des homographes variables (comme DELTA,S, MAI,S, SOL,S, etc.).

3.2.5. Les mots suivis d'une parenthèse, comme JAVEL (eau de) etc. (voir p. 550).

3.2.6. Les mots sans définition en dehors d'une expression toute faite où ils sont utilisés au singulier, comme : point d'EUTEXIE (voir p. 547).

3.2.7. Les mots DEMAIN, FOL, HIER, KITSCH, MAHARANI, MANGE-TOUT, MOL, NON, NOUVEL, SURMOI, TANTOT, TARD, TOT, UNTEL, UNETELLE, VALGA, VARA, VIEIL et YIDDISH.

3.2.8. Les mots se terminant par -S, -X, -Z (à l'exception de MISS(ES), BOX(ES) et KIBBOUTZ(IM) qui gardent leur pluriel propre.

3.2.9. Les mots n'étant pas consignés comme noms communs, adjectifs ou pronoms, tels que CONFER, DA, EXIT, OC, RICHTER... (voir p. 544).

3.3. Accord du participe passé

3.3.1. Les participes passés des verbes pronominaux peuvent varier, sauf ceux des verbes suivants : S'APPARTENIR, SE NUIRE, SE PLAIRE, SE COMPLAIRE, SE DEPLAIRE, SE RESSEMBLER, SE SUCCEDER, SE SUFFIRE, SE SURVIVRE.

3.3.2. Bien que le *P.L.I.* les mentionne comme intransitifs, les verbes suivants sont à considérer comme transitifs directs : COGITER, FES-TOYER, GRIMACER, GLOSER (voir aussi p. 559).

3.3.3. Se construit avec l'auxiliaire ETRE, bien que non indiqué comme tel au Bescherelle, le verbe OBVENIR.

3.3.4. Bien que DAIGNER soit transitif direct, son participe passé est invariable, car son complément direct ne peut être qu'un verbe à l'infinitif.

3.4. Conjugaisons

AGONIR, BISQUER, DOUER et EMOTIONNER, malgré les restrictions faites au *P.L.I.* ou au Bescherelle, peuvent se conjuguer à tous les temps et à toutes les personnes ainsi que PROMOUVOIR.

ASSEOIR, de même que RASSEOIR, par dérogation au 2.3.2., peuvent se conjuguer aussi aux formes verbales indiquées en italique dans le Bescherelle.

BARGUIGNER, DESEMPARER, DINGUER, DISCONTINUER et ENDEVER, par dérogation au 2.3.5., ne sont admis qu'à l'infinitif (expression toute faite).

BAYER et BEER, par dérogation au 2.3.3., peuvent se conjuguer à tous les temps et à toutes les personnes.

BOUMER ne peut se conjuguer qu'à la troisième personne du singulier des temps simples et composés (ça BOUME, ça BOUMAIT, etc.); BOUMANT n'est pas admis.

CHOIR et DECHOIR peuvent se conjuguer non seulement comme indiqué au tableau 52 du Bescherelle (à l'exception des formes en italique), mais également à toutes les personnes du passé simple; et, en ce qui concerne DECHOIR, à toutes les personnes du subjonctif imparfait.

ECLORE et ENCLORE se conjuguent comme CLORE, mais ils ont en plus les formes : E(N)CLOSONS E(N)CLOSEZ En revanche, FORCLORE ne s'emploie qu'à l'infinitif et au participe passé.

ENQUERRE, comme COURRE, n'est admis qu'à l'infinitif.

FOUTRE, verbe transitif direct et pronominal, non repris au Bescherelle, appartient aux verbes du 3e groupe (Bescherelle n° 5). Toutefois, il est défectif, n'ayant ni passé simple ni passé antérieur à l'indicatif, ni imparfait ni plus-que-parfait au subjonctif. Aux temps simples usités, les conjugaisons sont : je FOUS, tu FOUS, il FOUT, nous FOUTONS, vous FOUTEZ, ils FOUTENT ; je FOUTAIS, etc., je FOUTRAI, etc., que je FOUTE, que tu FOUTES, qu'il FOUTE, que nous FOUTIONS, que vous FOUTIEZ, qu'ils FOUTENT, je FOUTRAIS, etc. ; FOUTANT, FOUTU(E).

LUIRE et RELUIRE, par dérogation au 2.3.3., admettent deux formes au passé simple : je (RE)LUISIS... nous (RE)LUISIMES... et je (RE)LUIS ... nous (RE)LUIMES...

OINDRE et POINDRE n'ont comme formes verbales admises que celles mentionnées en bas de page du tableau 58 du Bescherelle.

OUIR n'est admis qu'à l'infinitif et au participe passé.

PLEUVOIR, bien qu'impersonnel, peut se conjuguer à la 3e personne du pluriel.

PUER peut se conjuguer à tous les temps et à toutes les personnes.

REMODELER se conjugue sur MODELER.

REPARAITRE peut se conjuguer à tous les temps et à toutes les personnes.

RESULTER et URGER ne peuvent se conjuguer aux différents temps des modes personnels qu'à la 3e personne du singulier et du pluriel.

SURSEOIR n'a pas de féminin, au participe passé.

VETIR, par dérogation au 2.3.3., peut se conjuguer à toutes les personnes de l'indicatif et de l'impératif, mais les formes refaites sur le modèle de FINIR ne sont pas admises.

VIVRE et REVIVRE ont un féminin au participe passé, mais pas SUR-VIVRE.

VOULOIR admet les formes du subjonctif VEUILLIONS et VEUILLIEZ ainsi que l'impératif VEUILLEZ.

Le verbe pronominal S'ENTRAIDER ne s'emploie qu'au pluriel.

Liste des abréviations

abrév. . . . abréviation	masc. . . . . masculin
adj. . . . . . adjectif	n.f. . . . . . nom féminin
déf. . . . . . défectif	n.m. . . . . nom masculin
dém. . . . . démonstratif	péjor. . . . péjoratif
fém. . . . . féminin	pl. . . . . . . pluriel
i ou intr. . intransitif	pr. . . . . . pronominal
imp. . . . . impersonnel	prép. . . . . préposition
inf. . . . . . infinitif	sing. . . . . singulier
interj. . . . interjection	syn. . . . . . synonyme
inv. . . . . . invariable	t. ou tr. . . transitif
loc. . . . . . locution	v. . . . . . . verbe

DES MOTS ONT DISPARU ? NE SOYEZ PAS SURPRIS . . .

A chaque nouvelle édition du *Petit Larousse Illustré*, le dictionnaire de référence du Scrabble, des mots nouveaux apparaissent tandis que d'autres n'y figurent plus.

C'est pourquoi vous ne trouverez pas certains mots de cette encyclopédie dans une édition du *P.L.I.* antérieure à 1981 et, inversement, il se peut que des mots figurant dans une telle édition ne soient pas repris ici.

PRESENTATION
DE LA GRILLE

Afin de mieux comprendre certains exemples de ce livre, nous vous conseillons de reproduire les mêmes chiffres et les mêmes lettres sur votre grille : horizontalement, les chiffres de 1 à 15, et verticalement, les lettres de A à O.

Si une référence donnée commence par une lettre, ce mot sera placé horizontalement sur la case de départ correspondant à cette référence (HORIZON en 5/G, POSAT en H/4 ; si la référence commence par un chiffre, ce mot sera placé verticalement sur la case de départ correspondant à cette référence.

Une même référence peut être employée plusieurs fois : si vous rallongez POSAT en POSATES, ces deux mots auront la même référence d'emplacement : H/4.

Si vous placez, au-dessus des lettres SAT de POSAT, les lettres OTE, de manière à faire HOTE, la référence de ce mot sera G/5, alors que pour HORIZON elle était 5/G.

Les jokers seront représentés dans les tirages proposés par un point d'interrogation (?) et cette lettre sera représentée sur la grille entourée d'un cercle, comme dans l'exemple de BENEF : le premier E étant un joker, ce mot sera imprimé dans ce livre B(E)NEF, et sur la grille cette lettre sera encerclée (référence M/3).

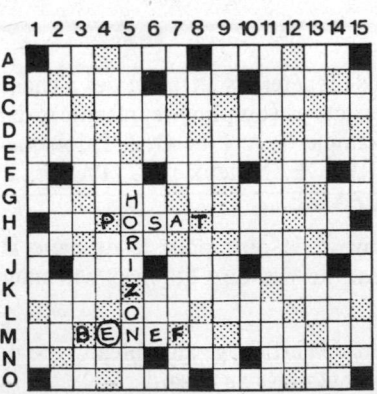

TABLEAU D'EPELLATION

Pensez toujours à donner le nom propre avant de répéter la lettre représentée par celui-ci (exemple : «FRANCE», et non pas «F comme FRANCE»).

ALGÉRIE .... A	NORVEGE .... N
BELGIQUE .... B	OCÉANIE .... O
CANADA C	PORTUGAL .... P
DANEMARK .... D	QUÉBEC .... Q
ÉGYPTE .... E	ROUMANIE .... R
FRANCE .... F	SUISSE .... S
GRECE .... G	TUNISIE .... T
HONGRIE .... H	URUGUAY .... U
ITALIE I	VENEZUELA V
JORDANIE .... J	WALLONIE .... W
KENYA .... K	XENOPHON X
LUXEMBOURG L	YOUGOSLAVIE ...... Y
MAROC .... M	ZAIRE .... Z

et LETTRE BLANCHE pour le joker.

Il est recommandé aussi de répéter les lettres tirées à chaque coup, et surtout d'insister sur les doubles lettres (ou plus) représentées dans un même tirage: si vous avez tiré par exemple N A I N O Z I, lorsque vous répéterez les lettres, annoncez : NORVEGE...N deux fois, ITALIE...I deux fois, ALGERIE...A, OCEANIE...O, ZAIRE...Z.

Déshabituez-vous également de dire pour la dernière lettre à annoncer... ZAIRE...Z (il vaut mieux ne pas dire "et", mais seulement les lettres l'une après l'autre).

Respectez également, lors de l'affichage au tableau type de référence, l'ordre dans lequel les lettres ont été tirées au hasard.

ADDITIF AU P.L.I. 1981

Adopté par la Commission du règlement de la Fédération internationale de Scrabble francophone.

AGASSE	n.f.	autre nom de la pipe (également AGECE)
AJOUR +	n.m.	motif d'ornement percé à jour
BEMOLISER +	v.t.	affecter une note d'un ou plusieurs bémols
BERNICLE	n.f.	autre nom de la patelle (BERNIQUE,S)
BOBONNE	n.f.	épouse (péjoratif)
BRIBE	n.f.	petit morceau
CHABLER +	v.t.	battre à coup de gaule
CHAUMAGE	n.m.	action de chaumer
CRYOGENE	adj.	se dit d'un mélange réfrigérant
DAMEUR DAMEUSE	adj.	se dit d'un rouleau compresseur
DAZIBAO	n.m.	affiche manuscrite, en Chine
DEBACHER +	v.t.	ôter la bâche
DROLETTE	adj.	un peu drôle
ENOUER+	v.t.	débarrasser une étoffe de ses nœuds
ENRENER +	v.t.	fixer les rênes d'un cheval
FOFOLLE	adj.	trop exubérante
FRANCITE	n.f.	caractère de ce qui est français
FROLEUSE	adj.	cherchant à aguicher
GADIN	n.m.	chute
GERMEE		transitivité du verbe GERMER
GOMENOL	n.m.	essence extraite des feuilles de niaouli
GOMENOLE,E	adj.	se rapportant au goménol
GOMINA	n.f.	espèce de brillantine
GOMINE,E	adj.	se rapportant à la gomina
GRAPHITE,E	adj.	se rapportant au graphite
HOTTEE	n.f.	contenu d'une hotte
HOUER +	v.t.	travailler la terre avec une houe
HURDLER,S	n.m.	coureur spécialisé dans les courses de haies
INOX	adj.	abr. de inoxydable
JACQUES	n.m.	(faire le) : faire le malin
MARENNES/	n.f.	huître
MINOU	n.m.	terme de gentillesse, petit chat
NONUPLER +	v.t.	multiplier par neuf
REDEVOIR	v.t.	devoir à nouveau
REETUDIER +	v.t.	étudier à nouveau
REVERNIR +	v.t.	vernir à nouveau
SEMONCER +	v.t.	réprimander

Ces mots ne sont pas repris au Petit Larousse *1981, mais la F.I.S.F. estime qu'ils feront très bientôt leur apparition (ou réapparition) dans les éditions futures, et, de ce fait, sont donc autorisés dès à présent. Ces mots seront repris dans les commentaires du présent livre avec le signe (≠).*

Les dimensions du billet ci-contre sont réelles; celles des billets reproduits dans les pages suivantes ont été réduites.

COMMENT FORMER DES MOTS COMPTER LEURS POINTS REMPLIR LES BILLETS

Le premier mot à former, d'au moins 2 lettres, devra se placer soit horizontalement, soit verticalement (la grille étant symétrique , cette position n'influence aucunement les points obtenus), mais l'une des lettres de ce mot doit obligatoirement recouvrir l'étoile centrale.

Les mots en diagonale ne sont pas admis. Les mots doivent se lire soit de gauche à droite, soit de haut en bas, ainsi que tous les nouveaux mots ou raccords formés.

Exemple (en caractères **gras**, les lettres jouées à chaque coup) :

JEUNE placé en H/4 : pour 40 points (**J** = 8 x 2 ; **E** = 1 ; **U** = 1 ; **N** = 1 ; **E** = 1, soit un total de 20 points, multipliés par 2 (l'étoile étant sur un carré rose, le total des points de ce mot est donc doublé), soit 40 points.

Le billet à remettre à l'expiration du temps réglementaire devra comporter :

— le numéro de table (par exemple, table n° 3) ;
— le mot trouvé (écrit lisiblement, et en lettres majuscules) ;
— la position de la lettre passant par l'étoile (une petite flèche sous cette lettre) ;
— le nombre de points trouvés (40) :

Billet à remettre : les 3 lettres de raccords obligatoires permettent donc de remettre 3 billets différents. N'importe quel billet sera donc correct.

Si vous soulignez la lettre passant par l'étoile, une confusion pourrait vous valoir un zéro dans le cas où vous remettez le billet suivant (avec le mot : FILEZ, placé verticalement, le F sur l'étoile), vous risquez de transformer ce F en E, et si l'arbitre lit le mot EILEZ, il vous donnera zéro. En plaçant une petite flèche (soit à droite, soit à gauche) à côté du F, aucune erreur possible (référence 8/H) :

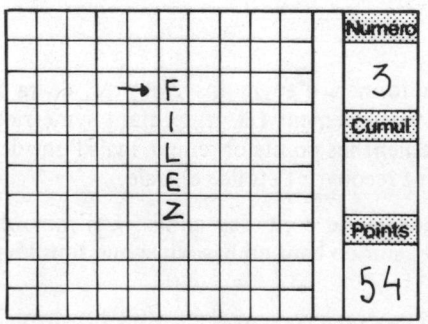

Le mot suivant sera formé :

1 – En rajoutant une lettre à ce mot, par l'avant ou par l'arrière (sans pour cela, comme le croient plusieurs joueurs, qu'il faille modifier le sens de ce mot) :

Exemple : en rajoutant simplement un S à JEUNE, vous totaliserez 13 points : JEUNE = 12 points + S, 1 point. Vous ne recompterez donc pas le J pour 16 points, mais seulement pour 8, de même l'étoile, étant couverte, n'octroie plus aucune prime les coups suivants.

Le billet à remettre peut soit reproduire tout le mot ainsi rallongé (référence H/4) :

– soit seulement les 3 lettres de raccord nécessaires, plus la lettre rajoutée :

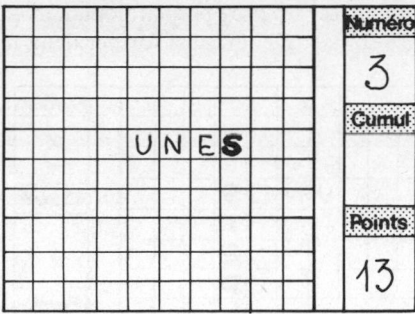

2 – On peut également rallonger un mot en plaçant plus d'une lettre, soit par l'avant, soit par l'arrière :

Exemple : vous pouvez transformer JEUNE en DEJEUNE (référence H/2).

Billet à remettre :   Autre billet correct :

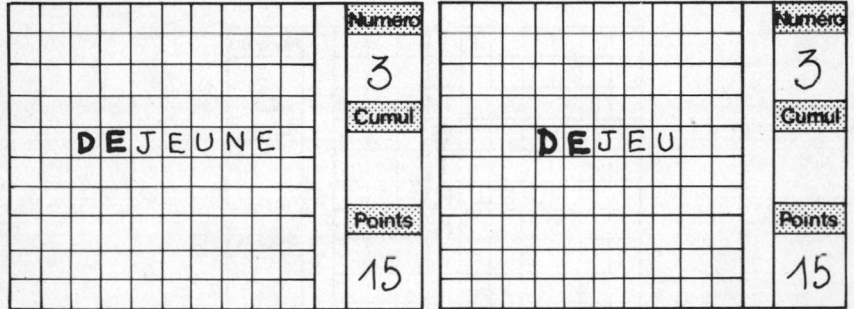

3 – On peut également rallonger un mot par l'avant et par l'arrière.

Exemple :

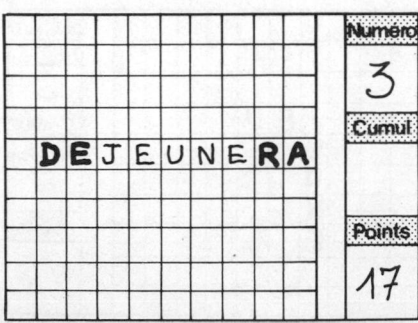

4 – Vous pouvez aussi placer un mot perpendiculairement en ajoutant une lettre au mot déjà placé sur la grille, et ainsi former deux mots :

Billet à remettre :

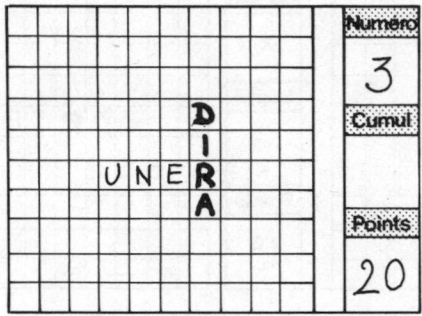

Vous comptabiliserez donc le mot formé SIED pour 6 points, et vous recompterez le mot JEUNE + le S final.

Dans le cas où cette lettre de raccord (ici le S) passerait par une case de prime, cette prime sera comptabilisée dans les deux sens de lecture.

5 – Soit, toujours à angle droit (DIRA : référence 9/F)

6 – On peut également se servir d'une des lettres du mot afin de former verticalement un autre mot (ou horizontalement, si votre premier mot est placé verticalement) :

JEUNE verticalement rapporte donc 24 points : le J ne rapportant plus que 8 points, mais le nouveau mot formé, passant par un carré rose, est donc compté double (référence 4/H).

En faisant JEUNE verticalement, on fait donc le même mot déjà formé précédemment. On peut donc reproduire autant de fois le même mot qu'il est possible durant la même partie.

7 — Ou bien encore, en traversant le premier mot formé sur la grille, ou un autre mot formé par la suite :

DUNE (en 6/G) pour 7 points.

On recompte le U commun aux deux mots, mais on ne recompte pas JEUNE, ce mot n'ayant pas été modifié.

Idem pour l'exemple ci-dessus : on ne recompte un mot que s'il a été rallongé.

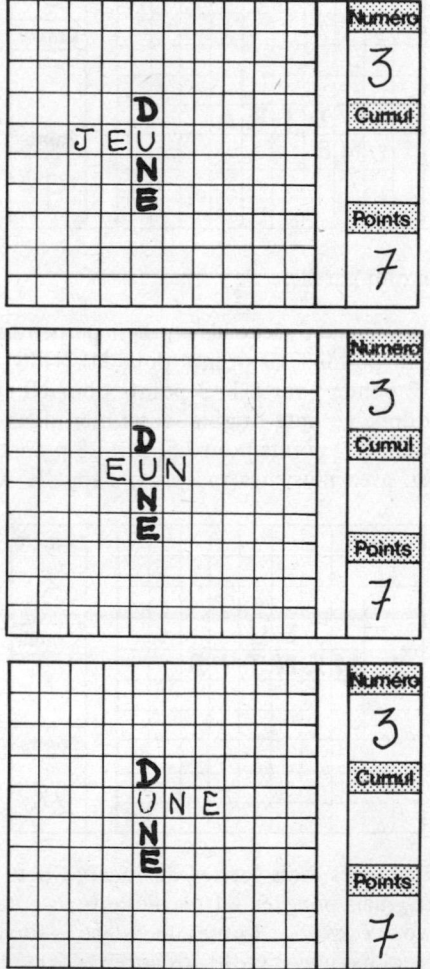

8 – Autre exemple de placement d'un mot, parallèlement au mot déjà formé, pour autant que les lettres communes aux raccords ainsi formés fassent des mots perpendiculaires corrects :

En plaçant DIRA (en G/8), vous formez verticalement le raccord DE, vous comptabiliserez donc le mot DIRA, plus le raccord DE. Attention, dans le raccord DE, ne pas comptabiliser l'étoile (mot compte double), car celle-ci a été recouverte lors du premier mot formé.

(Prenez l'habitude de ne jamais découvrir une lettre déjà posée sur la grille ; les cases de primes étant occupées ne donneront plus aucune prime les coups suivants.)

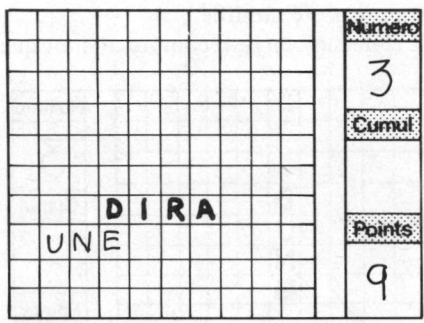

Autre exemple d'un mot parallèle :

MENTIS, qui, en plus, forme 5 raccords corrects perpendiculairement, sera comptabilisé pour 28 points : 10 points pour MENTIS, 9 points pour JE, 2 points pour EN, 2 points pour UT, 3 points pour NI (le I passant par un carré bleu ciel sera donc compté double, aussi bien dans le mot formé que dans le raccord formé), et 2 points pour ES, soit 28 points.
Un mot placé ainsi, avec plusieurs raccords, s'appelle une "maçonnerie".

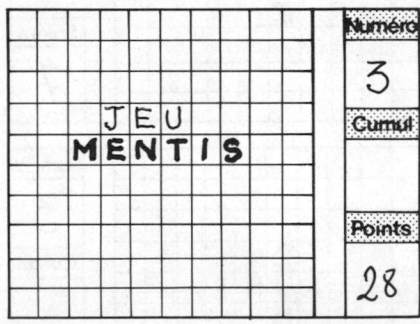

Comme précédemment, les trois lettres de raccord peuvent être soit JEU, soit EUN, soit UNE, mais non des lettres n'étant pas côte à côte (si comme lettres de raccord vous écrivez le J et les deux lettres finales de JEUNE, soit NE, votre billet ne sera pas correct, et vous aurez zéro).

9 – Enfin, on peut également placer des lettres devant, au milieu et derrière d'autres lettres du jeu, pour autant que le mot ainsi formé soit correct, ainsi que tous les raccords éventuels :

Le nouveau mot formé étant ESSORAS, vous comptabiliserez non seulement ce mot, mais également tous les nouveaux raccords, qui sont ici : JE, ES, NO et MER.

Scrabbles

Si vous parvenez à placer vos 7 lettres d'un coup, une prime de 50 points sera à ajouter au total du mot ainsi formé, en plus des primes éventuelles. C'est ce qui s'appelle faire un Scrabble.

Il n'est donc pas autorisé d'écrire et de faire des mots dans plusieurs sens différents. Toutes vos lettres doivent être placées soit horizontalement, soit verticalement.

Exemple 1 :

En rallongeant un mot par l'avant, par l'arrière, ou par l'avant et par l'arrière.

Vous comptabiliserez donc 21 points, plus 50 points de prime pour le Scrabble.

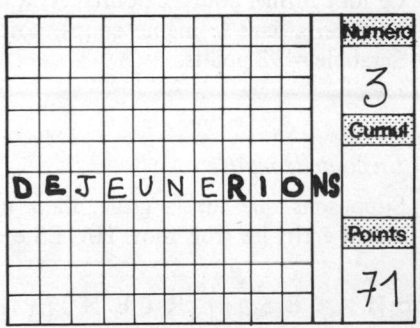

Si votre billet ne comporte pas assez de cases prévues pour y inscrire votre mot, rien ne vous interdit de dépasser les emplacements réservés à cet effet.

Exemple 2 :

JAVELOTS en 4/H pour 88 points : 19 points pour le mot formé, à multiplier par 2 (case rose recouverte en 4/L), soit 38 points, plus la prime du Scrabble, soit 50 points + 38 = 88 points.

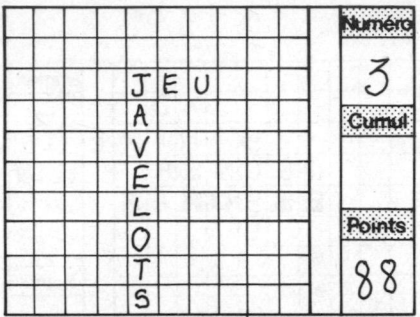

Autres exemples de Scrabbles :

Par l'adjonction d'une lettre terminale :

VESPIDE (en 9/F) pour 80 points :
17 points pour le nouveau mot formé (VESPIDE), plus le raccord JEUNE + S, 13 points, soit 30 points, plus les 50 points du Scrabble.

Ou bien encore en croisant le mot :

MEDECINE (en 5/E) pour 98 points :
Ce mot formé, pour 12 points, est à multiplier par 4 (les 2 carrés roses étant recouverts dans le même coup), soit 48 points, plus les 50 points pour le Scrabble = 98 points.

Un coup de maître !

Supposons que sur la grille, dans la partie supérieure (en A horizontal), soient écrits les trois mots HA, ES et RIEN, laissant ainsi trois carrés rouges :

▫ H A . E S . ▫ . R I E N . ▫ (références : A/2, A/5, A/10)

Si vous parvenez à recouvrir les 3 carrés rouges dans une seule et même combinaison, le total des points de cette trouvaille sera multiplier par 27 (3 x 3 x 3) plus les 50 points du Scrabble éventuel... Comment cela ?

En formant le mot : (S) H A (K) E S (P E A) R I E N (N E)

vous totaliseriez... 1103 points (39 points pour ce mot de 15 lettres, multipliés par 27, plus les 50 points du Scrabble... de quoi rêver. Rien que la lettre K vaut, à elle seule, 540 points ! Ce serait le coup à ne pas rater, mais, rassurez-vous, pareille trouvaille n'est pas encore arrivée en championnat; néanmoins quelle satisfaction pour celui (ou celle) qui parviendrait à réussir un pareil coup !

Emploi du joker

Si, dans le tirage, vous avez une lettre blanche (joker), n'oubliez pas d'entourer d'un cercle la lettre représentée par ce joker.

Exemple :

Avec le tirage A B ? Z E W V (le joker étant représenté par ?), vous trouvez le mot BAV(I)EZ (le I étant le joker) ; votre billet sera rédigé ainsi (en plaçant BAVIEZ en 9/C, et en mettant un Z à JEUNE) :

De même, lors d'un raccord, le joker placé dans la grille étant une des 3 lettres de raccord, devra obligatoirement être entouré : supposons le nouveau mot formé : NUL venant à droite de BAVIEZ. (référence 10/C).

SIGNES EMPLOYÉS
DANS CET OUVRAGE

● Le signe + qui suit un mot indique une possibilité de conjugaison par l'ajout d'un suffixe à un verbe ou à tout autre mot pouvant ainsi être transformé en verbe.

Exemples : CAPER+ : capera, caperons, etc. FALUN+: falunera, falunions, etc.

● Le signe / qui suit un mot indique que ce mot est invariable :
— soit des mots ne prenant pas la forme du pluriel, d'après le *P.L.I.,* comme ANA/, GRAM/, SEXY/...
— soit des mots faisant partie d'une expression toute faite comme :
MARTEL/, CAJOU/, FUR/ ...
— soit des mots déjà pluriels, comme NURAGHI/, SOLI/, MATCHES/ (donc matche est faux) ...
— soit des mots toujours pluriels, comme PENATES/, MIRETTES/, GEMONIES/...
— soit un adverbe, comme LEGATO/, HIER/... ou une interjection, comme TUDIEU/, ALLO/...
— soit un mot faisant partie d'un composé de plusieurs mots comme QUIA (à), CATIMINI (en), AFIN que, QUANT à...

● Le signe // indique que le mot permet un pluriel français avec S final, outre le pluriel étranger mentionné au *P.L.I.*
(LEU// : pluriels LEUS ou LEI/, SOLO// : pluriels SOLOS ou SOLI/, WHISKY// : pluriels WHISKYS ou WHISKIES/...)

● Le signe ... indique que d'autres temps conjugués acceptent les mêmes remarques ou bien que certaines listes de mots ne sont pas exhaustives.

● Les signes /+ indiquent que le mot est invariable, mais permet des sorties finales par des temps conjugués.
(BROUT/+ invariable, mais il y a le verbe BROUTER+ ; TAPIN/+ invariable, mais il y a le verbe TAPINER+, etc.)

● Le signe (≠) indique que le mot n'est pas repris au *P.L.I.* 1981, mais qu'il est autorisé par le règlement,
(FOFOLLE (≠), GOMINA (≠), CHABLER+ (≠), etc.)

COMMENT PLACER
VOS 7 LETTRES DEVANT VOUS

En premier lieu, prenez l'habitude de jouer sans chevalet (support) Si celui-ci est indispensable en partie libre, afin de cacher vos lettres aux autres joueurs, en Duplicate, étant donné que vous êtes seul devant votre grille, il vaut mieux placer vos 7 lettres à même la table, bien devant vous, horizontalement, afin de pouvoir mieux les déplacer en cherchant les mariages et les possibilités de Scrabble.

Placez donc vos lettres sur une même ligne horizontale devant vous, et ce entre le bord inférieur de votre grille et le bord de votre table, de manière à avoir une vue d'ensemble de vos lettres et de votre grille, sans pour cela devoir continuellement bouger votre tête de gauche à droite et vice versa.

A chaque tirage, procédez ainsi et si vous cherchez un mot à placer à la verticale sur votre grille, ne cherchez qu'horizontalement. Une lecture ou une recherche horizontale est plus facile que verticale.

Dès que l'arbitre annonce les lettres qu'il a tirées, placez celles-ci dans d'éventuels mariages, afin de gagner du temps.

Dans le cas d'un tirage 4/3 (4 consonnes, 3 voyelles), placez de préférence celles-ci de la manière suivante (C = consonnes; V = voyelles) :

C V C V C V C

Ensuite, sans changer l'ordre de vos trois voyelles, faites rapidement ''voyager'' toutes vos consonnes en les intervertissant dans toutes les combinaisons possibles, mais en étant toujours logique : ne placez pas une consonne difficile (B, P, H, V ...) en finale, mais placez-y de préférence une consonne plausible telle que S, R, T, Z... Si, après avoir effectué ces déplacements de consonnes, votre regard ne s'est pas arrêté sur une éventuelle solution concrète, intervertissez deux des trois voyelles et recommencez les mêmes déplacements de consonnes (exemples : voyelles 1, 2, 3, puis 2, 1, 3, puis 2, 3, 1, etc). Si, après avoir fait tous les changements de lettres possibles, vous n'avez toujours rien trouvé, il se peut qu'une huitième lettre soit nécessaire, soit pour un mariage différent, soit pour une solution concrète.

Exemple : avec le beau tirage A E L N R S U, bien qu'il donne de nombreux mariages, rien de ''sec'' ; il vous faudra un C sur la grille pour avoir LANCEURS ou LUCARNES, un F pour FLANEURS, un G pour GLANEURS, GLANURES ou GRANULES, un I pour LAINEURS, LUNAIRES ou ULNAIRES, un O pour ENROULAS, un P pour PLANEURS, un T pour NATURELS ou un U pour NEURULAS.

Une de ces lettres pourrait donc se trouver déjà placée sur la grille. Au début de la partie, il vous sera très facile de voir si cette éventuelle lettre s'y trouve déjà ; mais après quelques coups joués, il vous sera préférable de jeter un rapide coup d'œil dans le reliquat, où sont rangées soigneusement vos lettres, afin d'avoir une vue d'ensemble sur les lettres restantes.

Exemple : si vous avez en main ROBINET, qui donne également BROIENT et OBTENIR, et si aucun de ces trois mots n'est plaçable, sachant qu'avec un M bien placé vous avez TROMBINE, et si dans le reliquat de vos lettres, sont encore vos 3 M, ne cherchez donc pas sur la grille un 4e M, mais cherchez plutôt une autre solution. N'oubliez pas qu'un de vos jokers peut être une des lettres nécessaires. Il est donc très important de coller une gommette sur vos deux jokers en début de partie, afin d'y écrire la lettre qu'ils remplaceront durant le jeu.

Beaucoup de joueurs marquent certaines lettres en y appliquant un fin vernis colorant. Les lettres chères, par exemple, mais surtout les 6 U. Si vous avez dans un tirage un Q et pas de U, vous découvrirez très rapidement les U déjà sur la grille ; même remarque pour WU.

Un dernier conseil : marquez toutes les "sorties" importantes se présentant en cours de partie, en plaçant devant ou derrière certains mots des points de repère (cachous, autocollants, petites flèches...) afin de vous rappeler les "sorties" payantes (voir p. 143 tous les raccords possibles).

Voici un exemple (personnel) de rangement des lettres. Il s'agit ici d'un jeu de Scrabble de voyage. Il vous suffit d'avoir une seconde grille afin de réaliser un classement similaire. (Voir page suivante).

Cette grille a été retournée, les lettres étant placées au dos, afin d'avoir un fond uniforme.

N'oubliez pas qu'en plaçant vos 7 lettres dans une seule et même combinaison, ce qui s'appelle faire un Scrabble, vous bénéficierez de 50 points.

Cette recherche est donc des plus importantes.

Avec 7 éléments (lettres), vous avez exactement 5 040 possibilités de les intervertir. En trois minutes, il vous sera donc impossible de réaliser toutes ces opérations. Si vous groupez certaines de ces lettres entre elles, vous réduirez de beaucoup le nombre impressionnant de permutations et, ainsi, vous aurez plus de facilité à découvrir un éventuel Scrabble dans un quelconque tirage.

$A_1\ A_1\ A_1\ A_1\ A_1\ A_1\ A_1\ A_1\ A_1 \qquad B_3\ B_3 \qquad C_3\ C_3$

$E_1\ E_1\ E_1\ E_1\ E_1\ E_1\ E_1\ E_1\ E_1\ E_1\ E_1\ E_1\ E_1\ E_1\ E_1$

$D_2\ D_2\ D_2 \qquad F_4\ F_4 \qquad G_2\ G_2 \qquad H_4\ H_4 \qquad J_8\ K_{10}$

$I_1\ I_1\ I_1\ I_1\ I_1\ I_1\ I_1\ I_1\ I_1 \qquad L_1\ L_1\ L_1\ L_1\ L_1$

$M_2\ M_2\ M_2 \qquad N_1\ N_1\ N_1\ N_1\ N_1\ N_1 \qquad P_3\ P_3 \qquad Q_8$

$O_1\ O_1\ O_1\ O_1\ O_1\ O_1 \qquad R_1\ R_1\ R_1\ R_1\ R_1\ R_1 \qquad \square$

$S_1\ S_1\ S_1\ S_1\ S_1\ S_1 \qquad T_1\ T_1\ T_1\ T_1\ T_1\ T_1 \qquad \square$

$U_1\ U_1\ U_1\ U_1\ U_1\ U_1 \qquad V_4\ V_4 \qquad W_{10}\ X_{10} \qquad Y_{10}\ Z_{10}$

MARIAGES

Appelons "mariage" les éléments groupés entre eux.

Par exemple : si dans vos 7 lettres, vous avez un U et un Q, votre premier réflexe sera bien sûr de faire le mariage QU, mariage que vous ferez toujours suivre d'une voyelle (sauf dans le mot PIQURE). Vous obtiendrez ainsi le mariage QUE par exemple, mariage de 3 lettres ; si vous avez un S dans le même tirage, faites éventuellement le mariage -QUES, ce qui vous donne un groupe de 4 lettres, + 3 lettres restantes ; vous n'aurez donc plus que quatre éléments, etc.

REGLES GENERALES

Voici quelques mariages importants :

CH que vous placerez soit à gauche, soit au centre de vos lettres. En effet, très peu de mots se terminent par ce mariage (voir liste p. 472). Vous ferez très souvent suivre ce mariage d'une voyelle, sauf dans les mots suivants (uniquement mots de 6, 7 ou 8 lettres, pouvant donner un Scrabble). Entre parenthèse, les éventuelles anagrammes :

AESCHNE	CHREMEAU	FUCHSIEN,NE
(ensache)	(mâchurée)	FUCHSINE
CHERMES	CHRETIEN	ICHTHUS
CHIERENT	CHRISME	ICHTYOL
(enchérir)	CHRIST,S	ICHTYOSE
(enticher)	CHROMAGE	LYCHNIS
CHLAMYDE	CHROMATE	MECHTA,S
CHLEUH,E	(trachome)	(matches)
CHLOASMA	CHROMER +	PACHTO
CHLORAGE	CHROMEUR	PITCHPIN
CHLORAL,S	CHROMEUX	SCHLAGUE
CHLORATE	CHROMISE+	SCHLAMM
(talocher)	CHROMO	SCHLITTE +
CHLOREE	CHRONO	SCHNAPS
CHLOREUX	CHTONIEN	TROCHLEE
CHLORITE	DRACHME	YACHTING
CHLOROSE	FICHTRE	YACHTMAN//
CHLORURE +	FRICHTI	YACHTMEN/
CHREME	FUCHSIA	

Il y a cependant quelques mots ayant ces deux lettres séparées :

ACALEPHE	(étancha)	(chaire)
(acéphale)	ACANTHE,S	(chiera)
ACANTHE	(ensachât)	CAHOTER +
(entache)	CAHIER	CAHOTEUX

CAHUTE
CAMPHRE,E
CASBAH
CASHER
CATARRHE
(châtrera)
CATHARE
(racheta)
(tachera)
CATHETER
CATHODE
CEPHALEE
CEPHEIDE
CERITHE
CIRRHE
CIRRHOSE
(rochiers)
CITHARE
(charité)
(châtier
CITHARES
(chistera)
CLEPHTE
(cheptel)
COHABITA +
(bachotai)
COHABITE +
(échotier)
COHEREUR
COHERITE +
COHESIF,IVE
COHESION
COHORTE
COPAHU
COPRAH
CORYPHEE
COTHURNE
CYPHOSE

CYPHOSES
(psychose)
ECTHYMA
HACIENDA
HADDOCK
HALECRET
HALICTE
(lichâtes)
HAMECON
HARCELA +
(charale)
(lâchera)
(relâcha)
HARCELAI +
(chialera)
(lâcherai)
(relâchai)
HARCELAT
(trachéal)
(relâchât)
HARCELE +
(léchera)
(relâche)
HARCELER +
(relâcher)
HARCELEZ
(relâchez)
HARCELLE +
(allécher)
HARICOT
(chariot)
(torchai)
HAVRESAC
HECTARE
(acheter)
(châtré)
(racheté)
(trachée)

HECTIQUE
HELICE
(lichée)
HELICON
(choline)
HELICONS
(cholines)
(léchions)
HERBACE,E
(bêchera)
(ébrécha)
HERCULE
(lécheur)
HYBISCUS
HICKORY,S
HIRCIN,E
(enrichi)
HIRCIN,S
HOCKEY,S
HOLOCENE
HOMICIDE
HOSPICE
(pioches)
HUMECTAS
(chûtames)
HUMECTE +
HYPOCRAS
LECYTE
PHOCEEN
SCAPHITE
SCYTHE
SPHACELE
THRIDACE
TYPHACEE
VEHICULA +
VEHICULE +
WHIPCORD

MB et MP

se marient presque dans tous les cas sauf :

BONBON, BONBONNE, BONBONNIERE, MINBAR, SAINBOIS, EMBONPOINT, INPUT, KRONPRINZ.

PREFIXES

DE – devant un verbe, comme DEbloquer, DEchanter, DEdorer, DEfaire, DEhancher, DEjauger, DElasser, DEmanger, DEnoyer, DEvenir...

Attention, parfois un verbe n'est jamais employé sans ce préfixe : DEJANTER (pas de verbe janter) DEMIELLER (pas de verbe mieller)...

Pensez également à associer ce préfixe avec un mot autre qu'un verbe, comme DEbile, DEcanal, DEesse, DEluge, DEpayse +, DEserte, DEtorse, ...

Devant une voyelle, un H et parfois devant un S, c'est le préfixe DES- qui est usité : DeSarmer, DEShuiler, DESsaler...

RE – Sur plus ou moins 8 000 verbes, un peu moins de 200 seulement doublent leur sens en prenant ce préfixe. Ne soyez donc pas tenté de placer celui-ci devant tous les verbes. Si on peut REMANGER, on ne peut reboire; on peut RELAVER mais pas ressalir, REVERDIR mais ni rejaunir, ni reblanchir, on peut se REMARIER mais pas redivorcer, etc.

Il y a également quelques verbes permettant ce préfixe, sans pour cela en doubler leur sens. RELAYER ne signifie pas LAYER de nouveau, de même pour REGATER, REPETER, RELACHER, etc.

Devant un E, le préfixe R- seul est usité : RENDORMIR, RENVOYER...

Devant plusieurs mots, ce préfixe modifie totalement le sens du mot: REacteur, REbord, REchaud, REmède, REnonce, REsingle, REvenant...

IN–
IM– devant un B, un M ou un P

Pensez à INactif, INégale, INexpié, INutile, INviolé, INapte... et IMmoral (mais Amoral), IMmortel, IMpotent, IMbrûlé, etc...

Se place également devant plusieurs verbes, ainsi que devant des mots comme INcarne, INcombe, INcurie, INforme, INgénie, INterne... et IMpiété, IMpasse, IMpair, ...

EN–
EM–

comme ENarque, ENdiablé, ENfariné ENgendré, ENivre, ENkyste, ENorme, ENsellé,e, ENtrain, EMbarque, EMbaume, EMmerde, EMmurer, EMpeigne, EMplâtre…

EX–

Attention : ce préfixe n'est pas valable seul
Il permet cependant de très nombreuses utilisations, comme EXarque, EXciter, Excréter, EXfolié, EXhaler, EXinscrit, EXondé, EXpansé, Expatrié, EXpert, EXprimé…

AB–
AD–

Pensez à ABajoue, ABdomen, ABeille, ABjecte, ABsence, ABsurde et ADéquat, ADhésif, ADipose, ADjoint, ADroite.

BI–

Attention : ces deux lettres ne sont pas valables seules : le pain BIS (avec S final), le vélo, le grand BI, n'est pas repris au *P.L.I.* Pensez aux mots comme :
BIacide, BIcoque, BIdoche, BIloque +, BInette, BInocle, BIparti, BIplace, BIplan, BIpoutre, BIroute, BIvalve…

IRI–

Parfois, certains mots peuvent prendre ces deux préfixes, BI- et TRI-, comme BIacide et TRIacide, BIcolore et TRIcolore, BIcorne et TRIcorne, BIdent et TRIdent, BIennal et TRIennal, BIfide et TRIfide, BIgle et TRIgle, BIlatéral et TRIlatéral, BImoteur et TRImoteur, BIpale et TRIpale, BIparti et TRIparti, BIvalent et TRIvalent…

ANA–

Attention : ce mot est valable seul, mais est invariable : ANA/. ANAcruse, ANAgogie, ANAlogue, ANAlyse, ANAphase, ANAphore, ANAtexie, ANAtife, ANAtomie…

DIA–

Attention : DIA ! étant interjection, est donc invariable, et l'abréviation de DIAPOSITIVE est DIAPO. DIAbète, DIAclase, DIAdoque, DIAgonale, DIAlecte, DIAlyse, DIAmanter, DIAmètre, DIApason, DIAprure, DIAscope, DIAtomée…

CON–

CONcerne +	CONjugal	CONtenir +
CONdamne +	CONsentir +	CONteste +
CONdiment	CONserve +	CONvenir+
CONfier +	CONsolide +	CONvoler +

ÉPI–	EPIcarte	EPIcycle	EPIploon
	EPIcène	EPIglotte	EPIrote
	EPIcentre	EPIphyse	EPIthète

GÉO–	GEOchimie	GEOlogue	GEOphile
	GEOdesie	GEOmancie	GEOrgien
	GEOïde	GEOmètre	GEOtaxie
	GEOlier, e	GEOphage	GEOtrupe

ISO–	ISObare	ISOgame	ISOloir
	ISObathe	ISOgone	ISOmère
	ISOcarde	ISOlable	ISOpode
	ISOchore	ISOlateur	ISOtope

NÉO–	NEOblaste	NEOlocal	NEOphyte
	NEOdyme	NEOlogie	NEOpilina
	NEOgène	NEOménie	NEOprène
	NEOgrec	NEOnatal	NEOténie

PAR–	PARcelle	PARiétal	PARonyme
	PARchemin	PARking	PARpaing
	PARental	PARmesan	PARticule
	PARfondre +	PARodonte	PARulie...

PER–	PERceuse	PERfusion	PERiple
	PERchage	PERgola	PERitoine
	PERfectif	PERigée	PERmettre
	PERforer +	PERimètre	PERoxyder...

PRÉ–	PREciser +	PREférer +	PRElart
	PREcompte +	PREfète	PRElegs
	PREdicat	PREjudice	PREsence
	PREfacer +	PREjuger +	PREverbe

PRO–	PROblème	PROfiler +	PROlepse
	PROchain	PROfusion	PROmesse
	PROdigue +	PROgramme +	PROnaos
	PROfaner +	PROjectif	PROspect +

SUB–	SUBaigu	SUBodorer +	SUBstitut
	SUBérine	SUBorner +	SUBurbain
	SUBlime +	SUBside	SUBvenir

SUR–

SURfacer +	SURjalée	SURsaut +
SURfeur	SURmouler +	SURtaxer +
SURfiler +	SURnager +	SURvivre +
SURhausse +	SURremise	SURvoler +...

TER–

TERfesse	TERrage	TERtiaire
TERminal	TERrestre	TERylène
TERminus	TERrifier +	TERzetto...

TRÉ–

TREbucher +	TREmbler +	TREpointe
TREfileur	TREmpette	TREssage
TREfonds	TREntaine	TREteau
TREmater +	TREpang	TREvirer +...

UNI–

UNIcolore	UNIlaxe	UNIsexe
UNIfier +	UNIlingue	UNIvalve
UNIforme	UNIovulé	UNIvers
UNIlatéral	UNIpare	UNIvoque...

AÉRO–

AERObie	AEROlit(h)e	AEROsol
AEROcâble	AEROnaute	AEROstat
AEROgare	AEROnef	AEROtrain

AUTO–

AUTObus	AUTOdafé	AUTOradio
AUTOcar	AUTOgène	AUTOrail
AUTOcoat	AUTOgire	AUTOsome...
AUTOcrate	AUTOlyse	

MONO–

MONObloc	MONOkini	MONOrail
MONOcle	MONOmère	MONOski
MONOgame	MONOpole	MONOtype...

PARA–

PARAfer +	PARAmécie	PARApode
PARAgrêle	PARAnoïa	PARAtaxe
PARAllele	PARAphe +	PARAvent...
PARAlyser +	PARApluie	

POLY–

POLYèdre	POLYpe	POLYtric
POLYgala	POLYpnée	POLYurie
POLYgone	POLYpode	POLYvalent...
POLYnôme	POLYsoc	

etc. avec d'autres préfixes.

SUFFIXES

−AGE

Un très intéressant mariage de 3 lettres, qui, en général, donne une action :
MASSER, MASSAGE, PORTER, PORTAGE, etc.

Pensez également à inverser ces lettres, et à former − **GEA** pour certaines
finales de verbes : NAGEA, MANGEA, FRANGEA, etc.

Parfois, une action donne une finale en − **EMENT** (VERSER, VERSE-
MENT...) et parfois également les deux finales : SERRER, SERRAGE ou
SERREMENT... et ces deux finales, tout en étant valables, peuvent être
soit une action, soit avoir un sens totalement différent : BATTRE, action
BATTAGE et BATTEMENT : intervalle...

*(Aux championnats du monde en 1976, en Tunisie, en tournoi par paires,
ma partenaire, la baronne Empain, trouve un joli Scrabble : EVITAGE. (A
ma connaissance, l'action d'éviter est l'EVITEMENT, donc ce mot ne m'a
pas l'air valable; il est pourtant correct : l'évitage est le changement de cap
d'un navire autour de son ancre.)*

Liste des mots de 6 à 9 lettres

ABATTAGE	AFFERMAGE	ALEVINAGE	APPRETAGE
ABORDAGE	AFFICHAGE	ALLIAGE	ARBITRAGE
ACCOLAGE	AFFILAGE	ALLUMAGE	ARCHIVAGE
ACCONAGE	AFFINAGE	ALPAGE	AREAGE
ACCORDAGE	AFFOUAGE	AMARINAGE	AREOPAGE
ACCOSTAGE	AFFOURAGE +	AMARRAGE	ARGENTAGE
ACCOUVAGE	AFFUTAGE	AMENAGE +	ARPENTAGE
ACIERAGE	AGIOTAGE	AMORCAGE	ARRACHAGE
ACONAGE	AGNELAGE	ANCRAGE	ARRERAGES/
ADRESSAGE	AGRAFAGE	APANAGE	ARRIMAGE
AERAGE	AIGUISAGE	APIQUAGE	ARRIVAGE
AFFAITAGE	AJUSTAGE	APPAIRAGE	ARROSAGE
AFFEAGE +	AJUTAGE	APPLICAGE	ASTIQUAGE
AFFENAGE	ALESAGE	APPONTAGE	ATTELAGE

ATTERRAGE	BOMBAGE	CANNAGE	CLAQUAGE
AUNAGE	BORDAGE	CANNETAGE	CLAVETAGE
AVANTAGE +	BORNAGE	CANOTAGE	CLICHAGE
AVIVAGE	BOSSAGE	CAPELAGE	CLIVAGE
AZURAGE	BOSSELAGE	CAPOTAGE	CLOUAGE
BABILLAGE	BOTTELAGE	CAPSAGE	CLOUTAGE
BACHAGE	BOUCANAGE	CAPSULAGE	COCUAGE
BACHOTAGE	BOUCHAGE	CAPTAGE	CODAGE
BACLAGE	BOUCLAGE	CAQUETAGE	COFFRAGE
BADINAGE	BOUDINAGE	CARDAGE	COINCAGE
BAGAGE	BOURRAGE	CARENAGE	COKAGE
BAGUAGE	BOUTURAGE	CARNAGE	COLLAGE
BAILLIAGE	BRADAGE	CAROTTAGE	COLMATAGE
BALAYAGE	BRANCHAGE	CARRELAGE	COLOMBAGE
BALISAGE	BRAQUAGE	CARROYAGE	COLONAGE
BALIVAGE	BRASAGE	CARTILAGE	COLORIAGE
BANCHAGE	BRASSAGE	CASSAGE	COLTINAGE
BANDAGE	BREUVAGE	CAVAGE	COMMERAGE
BARATTAGE	BRICOLAGE	CENTILAGE	COMPERAGE
BARBOTAGE	BROCHAGE	CENTRAGE	COMPTAGE
BARDAGE	BRONZAGE	CEPAGE	CONTAGE
BARIOLAGE	BROSSAGE	CERCLAGE	CONVOYAGE
BARONNAGE	BROUTAGE	CHAINAGE	COPARTAGE +
BARRAGE	BROYAGE	CHALUTAGE	COPIAGE
BATELAGE	BRUITAGE	CHANTAGE	COPINAGE
BATILLAGE	BRULAGE	CHARRIAGE	COPSAGE
BATTAGE	BUFFLAGE	CHARRUAGE	CORDAGE
BAVARDAGE	BURINAGE	CHASSAGE	CORNAGE
BECHAGE	BUTTAGE	CHAUFFAGE	CORROYAGE
BEGUINAGE	CABLAGE	CHAULAGE	CORSAGE
BETONNAGE	CABOTAGE	CHAUMAGE (≠)	COTTAGE
BIFFAGE	CACHETAGE	CHEMISAGE	COUCHAGE
BILLAGE	CADMIAGE	CHIFFRAGE	COULAGE
BINAGE	CADRAGE	CHINAGE	COUPAGE
BITUMAGE	CAFARDAGE	CHIPOTAGE	COUPLAGE
BIZUTAGE	CAILLAGE	CHLORAGE	COURAGE
BLINDAGE	CALAGE	CHOMAGE	COURTAGE
BLOCAGE	CALFATAGE	CHROMAGE	COUSINAGE
BLUTAGE	CALIBRAGE	CINTRAGE	CRABOTAGE
BOBINAGE	CALMAGE	CIRAGE	CRAQUAGE
BOCAGE	CALQUAGE	CISELAGE	CREMAGE
BOISAGE	CAMBRAGE	CLABOTAGE	CRENAGE

CRENELAGE	DEGIVRAGE	DEVISAGE +	EMBOSSAGE
CREPAGE	DEGLACAGE	DEVISSAGE	EMBOUAGE
CREUSAGE	DEGOMMAGE	DOMMAGE	EMBRAYAGE
CRIBLAGE	DELAINAGE	DOMPTAGE	EMMENAGE +
CUBAGE	DELAITAGE	DOPAGE	EMONDAGE
CUEILLAGE	DELAVAGE	DORAGE	EMOTTAGE
CUISSAGE/	DELAYAGE	DOSAGE	EMPANNAGE
CUIVRAGE	DELESTAGE	DOUBLAGE	EMPENNAGE
CULBUTAGE	DELIGNAGE	DRAGAGE	EMPESAGE
CULOTTAGE	DELITAGE	DRAINAGE	EMPILAGE
CURAGE	DELUTAGE	DRESSAGE	ENCAGE +
CURETAGE	DEMARRAGE	DUPLEXAGE	ENCARTAGE
CUVAGE	DEMATAGE	EBARBAGE	ENCLOUAGE
CUVELAGE	DEMELAGE	EBAUCHAGE	ENCOCHAGE
DAMMAGE	DEMENAGE +	EBAVURAGE	ENCODAGE
DAVANTAGE	DEMINAGE	EBORGNAGE	ENCOLLAGE
DEBALLAGE	DEMONTAGE	ECAILLAGE	ENCOURAGE +
DEBARDAGE	DEMOULAGE	ECHARNAGE	ENCRAGE
DEBITAGE	DENOYAGE	ECHAUDAGE	ENCUVAGE
DEBLAYAGE	DEPANNAGE	ECHOUAGE	ENDOMMAGE +
DEBLOCAGE	DEPARTAGE +	ECIMAGE	ENFILAGE
DEBOISAGE	DEPAVAGE	ECLAIRAGE	ENFUMAGE
DEBRAYAGE	DEPECAGE	ECLUSAGE	ENFUTAGE
DECADRAGE	DEPHASAGE	ECOBUAGE	ENGAGE +
DECALAGE	DEPILAGE	ECOLAGE	ENGERBAGE
DECANTAGE	DEPIOUAGE	ECORCAGE	ENGLUAGE
DECAPAGE	DEPISTAGE	ECREMAGE	ENGOBAGE
DECILAGE	DEPLIAGE	ECUMAGE	ENGRENAGE
DECOCHAGE	DERAGE +	EFFILAGE	ENLEVAGE
DECODAGE	DERAPAGE	EGOUTTAGE	ENNOYAGE
DECOLLAGE	DEROCHAGE	EGRAINAGE	ENNUAGE +
DECOUPAGE	DEROCTAGE	EGRAPPAGE	ENRAGE +
DECOURAGE +	DEROULAGE	EGRENAGE	ENRAYAGE
DECREPAGE	DEROUTAGE	EGRISAGE	ENROBAGE
DECUVAGE	DESENGAGE +	EGRUGEAGE	ENSACHAGE
DEDOMMAGE +	DESSALAGE	ELAGAGE	ENSILAGE
DEFERRAGE	DESSEVAGE	ELEVAGE	ENSIMAGE
DEFIBRAGE	DETACHAGE	EMAILLAGE	ENTOILAGE
DEFILAGE	DETELAGE	EMBALLAGE	ENTOLAGE
DEFONCAGE	DETERRAGE	EMBATTAGE	ENTONNAGE
DEGAGE +	DETOURAGE	EMBLAVAGE	ENTOURAGE
DEGAZAGE	DEVIDAGE	EMBOITAGE	ENVISAGE +

EPAMPRAGE	FANAGE	FRAISAGE	GRESAGE
EPANDAGE	FARDAGE	FRAPPAGE	GRILLAGE
EPIAGE	FARINAGE	FREGATAGE	GRIMAGE
EPIERRAGE	FARTAGE	FREINAGE	GRIPPAGE
EPINGLAGE	FASCINAGE	FRELATAGE	GROUPAGE
EPLUCHAGE	FAUCHAGE	FRETTAGE	GUIDAGE
EPOINTAGE	FAUFILAGE	FRICOTAGE	GUINDAGE
EQUERRAGE	FENDAGE	FRITTAGE	GUIPAGE
EQUEUTAGE	FENETRAGE	FROMAGE	GUNITAGE
EQUIPAGE	FERMAGE	FROTTAGE	GYPSAGE
EREINTAGE	FERRAGE	FUMAGE	HABILLAGE
ERGOTAGE	FEUILLAGE	FURETAGE	HACHAGE
ERMITAGE	FEUTRAGE	FUSELAGE	HALAGE
ESCLAVAGE	FICELAGE	GABARIAGE	HAUBANAGE
ESSAIMAGE	FICHAGE	GACHAGE	HAVAGE
ESSANVAGE	FIGNOLAGE	GAGNAGE	HERBAGE +
ESSARTAGE	FILAGE	GALANDAGE	HERITAGE
ESSAYAGE	FILETAGE	GALETAGE	HERSAGE
ESSORAGE	FILOUTAGE	GARAGE	HIVERNAGE
ESSUYAGE	FILTRAGE	GARANCAGE	HOMMAGE
ESTAMPAGE	FINAGE	GAUFRAGE	HOURDAGE
ESTIVAGE	FINISSAGE	GAULAGE	HUILAGE
ESTOMPAGE	FIXAGE	GAVAGE	HUMAGE
ETALAGE +	FLAMBAGE	GAZAGE	HYPALLAGE
ETAMAGE	FLECHAGE	GAZONNAGE	ILOTAGE
ETAMPAGE	FLEURAGE	GEMMAGE	INDEXAGE
ETAYAGE	FLOCAGE	GEOPHAGE	JAMBAGE
ETENDAGE	FLOCKAGE	GERBAGE	JARDINAGE
ETETAGE	FLOTTAGE	GIVRAGE	JAUGEAGE
ETIAGE	FLUAGE	GLACAGE	JAVELAGE
ETIRAGE	FOLIOTAGE	GLANAGE	JETAGE
ETOUFFAGE	FONCAGE	GLANDAGE	JUMELAGE
ETRIPAGE	FORAGE	GLISSAGE	LABOURAGE
ETUVAGE	FORCAGE	GODAGE	LACAGE
EVEINAGE	FORGEAGE	GOMMAGE	LACHAGE
EVIDAGE	FORMAGE	GONDOLAGE	LAINAGE
EVITAGE	FORTAGE	GONFLAGE	LAITAGE
FACONNAGE	FOUAGE	GRAINAGE	LAMAGE
FACTAGE	FOUILLAGE	GRAISSAGE	LAMANAGE
FAGOTAGE	FOUISSAGE	GRATTAGE	LAMINAGE
FAIENCAGE	FOULAGE	GREFFAGE	LANCAGE
FAITAGE	FOURRAGE +	GRENAGE	LANGAGE

LAQUAGE	METAYAGE	PAIRAGE	PIQUETAGE
LATTAGE	METISSAGE	PALISSAGE	PISTAGE
LAVAGE	METRAGE	PANACHAGE	PITONNAGE
LECHAGE	MEULAGE	PANSAGE	PLACAGE
LESSIVAGE	MILLIAGE	PAPOTAGE	PLANAGE
LESTAGE	MINAGE	PAQUETAGE	PLAQUAGE
LEVAGE	MINUTAGE	PARAGE	PLATELAGE
LIBAGE	MIRAGE	PARCAGE	PLATINAGE
LIGNAGE	MITAGE	PARFILAGE	PLATRAGE
LIGOTAGE	MIXAGE	PARIAGE	PLEURAGE
LIMAGE	MODELAGE	PARTAGE +	PLIAGE
LIMOGEAGE	MOIRAGE	PASSAGE	PLISSAGE
LIMONAGE	MOLETAGE	PASSERAGE	PLOMBAGE
LINKAGE	MONNAYAGE	PATENTAGE	PLUMAGE
LISSAGE	MONTAGE	PATINAGE	POINTAGE
LISTAGE	MOUCHAGE	PATRONAGE	POLISSAGE
LOUAGE	MOUILLAGE	PATURAGE	POMPAGE
LOUPAGE	MOULAGE	PAVAGE	PONCAGE
LUSTRAGE	MOULINAGE	PAYSAGE	PONTAGE
LYNCHAGE	MOUSSAGE	PEDALAGE	POPULAGE
MACLAGE	MUCILAGE	PEIGNAGE	PORTAGE
MACONNAGE	MURAGE	PELAGE	POSTAGE
MACULAGE	MURISSAGE	PELLETAGE	POTAGE
MAILLAGE	MUTAGE	PELOTAGE	POUDRAGE
MALAXAGE	NAPPAGE	PENDAGE	PRALINAGE
MALTAGE	NATTAGE	PENNAGE	PRESAGE +
MARAUDAGE	NAUFRAGE	PERCAGE	PRESSAGE
MARECAGE	NETTOYAGE	PERCHAGE	PRIMAGE
MARIAGE	NICKELAGE	PERFORAGE	PROFILAGE
MARINAGE	NIELLAGE	PESAGE	PROPAGE +
MARNAGE	NIVELAGE	PIANOTAGE	PUCELAGE
MARTELAGE	NOUAGE	PICAGE	PUDDLAGE
MASSAGE	NOYAUTAGE	PICOTAGE	PUISAGE
MASTICAGE	OESOPHAGE	PIEGEAGE	QUARTAGE
MATAGE	OMBRAGE +	PIERRAGE	RABACHAGE
MATRICAGE	OUILLAGE	PILAGE	RABATTAGE
MECHAGE	OUTILLAGE	PILLAGE	RABOTAGE
MEJANAGE	OUTRAGE +	PILONNAGE	RACAGE
MELOPHAGE	OUVRAGE +	PILOTAGE	RACLAGE
MENAGE +	PACAGE	PINCAGE	RACOLAGE
MESSAGE	PACQUAGE	PIOCHAGE	RADOTAGE
MESURAGE	PAILLAGE	PIQUAGE	RAFFINAGE

RAMAGE	REPERAGE	SAUVETAGE	TALLAGE
RAMASSAGE	REPIQUAGE	SAVONNAGE	TALONNAGE
RAMONAGE	REPORTAGE	SAXIFRAGE	TAMISAGE
RAPAGE	REPRISAGE	SCELLAGE	TANGAGE
RAPIECAGE	RESSUAGE	SCHEIDAGE	TANISAGE
RASAGE	RESSUYAGE	SCIAGE	TANNAGE
RATAGE	RETAMAGE	SECHAGE	TANNISAGE
RATELAGE	RETAPAGE	SERANCAGE	TAPAGE
RATINAGE	RETERCAGE	SERINGAGE	TARAGE
RATISSAGE	RETIRAGE	SERRAGE	TARAUDAGE
RATURAGE	RETISSAGE	SERVAGE	TATOUAGE
RAUCHAGE	RETORDAGE	SEVRAGE	TEILLAGE
RAVAGE +	RIDAGE	SEXAGE	TERRAGE
RAVAUDAGE	RIGOLAGE	SILLAGE	TILLAGE
RAVIVAGE	RINCAGE	SILOTAGE	TIMBRAGE
RAYAGE	RIPAGE	SMILLAGE	TIRAGE
RAYONNAGE	RIVAGE	SONDAGE	TISSAGE
REALESAGE	RIVETAGE	SOUDAGE	TITRAGE
RECALAGE	ROBAGE	SOUFFLAGE	TOILAGE
RECEPAGE	ROBELAGE	SOUFRAGE	TONDAGE
RECHAPAGE	ROCHAGE	SOULAGE +	TONNAGE
RECOLLAGE	RODAGE	SOUTIRAGE	TORDAGE
RECORDAGE	ROGNAGE	SOUTRAGE	TOUAGE
RECOUPAGE	ROLAGE	STELLAGE	TOUILLAGE
RECURAGE	ROSAGE	STENOSAGE	TOURNAGE
REGALAGE	ROTISSAGE	STEPPAGE	TRACAGE
REGLAGE	ROUAGE	STOCKAGE	TRAINAGE
REGULAGE	ROUISSAGE	STOPPAGE	TRAMAGE
RELEVAGE	ROULAGE	STRIPAGE	TRANCHAGE
RELIAGE	ROUTAGE	STUCAGE	TRAVELAGE
REMARIAGE	RUSTICAGE	SUCRAGE	TREFILAGE
REMISAGE	SABLAGE	SUFFRAGE	TREILLAGE +
REMONTAGE	SABORDAGE	SULFATAGE	TREMATAGE
REMOULAGE	SABOTAGE	SULFITAGE	TREMPAGE
REMPLAGE	SACCAGE +	SULFURAGE	TRESSAGE
REMUAGE	SALAGE	SURDOSAGE	TRIAGE
RENGAGE +	SARCLAGE	SURFACAGE	TRICOTAGE
RENTRAGE	SATINAGE	SURFILAGE	TRIPOTAGE
RENVIDAGE	SAUMURAGE	SURMENAGE	TROUSSAGE
REPASSAGE	SAUNAGE	SURNAGE +	TRUCAGE
REPAVAGE	SAURAGE	SURVIRAGE	TRUQUAGE
REPECHAGE	SAUVAGE	TAILLAGE	TUBAGE

TUNAGE	VENTAGE	VISAGE	VOYAGE +
TUSSILAGE	VERBIAGE	VISSAGE	VRILLAGE
TUTEURAGE	VEUVAGE	VITRAGE	WAGAGE
TUYAUTAGE	VIBRAGE	VOILAGE	XYLOPHAGE
USINAGE	VIDAGE	VOISINAGE	ZINCAGE
VAIGRAGE	VILLAGE	VOITURAGE	ZINGAGE
VANNAGE	VINAGE	VOLAGE	ZONAGE
VASSELAGE	VIRAGE	VOLIGEAGE	
VELAGE	VIROLAGE	VOLTAGE	

–ADE

ACCOLADE	CAVALCADE	EXTRADE +	NAIADE
AILLADE	CHAMADE	FACADE	NOMADE
ALCADE	CHARADE	FERRADE	NOYADE
ALGARADE	COLONNADE	FOUCADE	OEILLADE
ALIDADE	COTONNADE	FUSILLADE	OIGNONADE
AMBASSADE	CROISADE	GALEJADE	OLYMPIADE
ARCADE	CROUPADE	GALOPADE	ORANGEADE
ATTRAPADE	CROUSTADE	GAMBADE +	PANADE
AUBADE	DAURADE	GLISSADE	PARADE +
BAIGNADE	DEBANDADE	GONADE	PARIADE
BALADE +	DECADE	GRENADE	PASSADE
BALLADE	DEGRADE +	GRIFFADE	PELADE
BARRICADE	DERADE +	GRILLADE	PELIADE
BIGARADE	DEROBADE	INCARTADE	PALISSADE
BOURGADE	DORADE	JEREMIADE	PERSUADE +
BOURRADE	DRYADE	JOURNADE	PESADE
BOUTADE	EMBRIGADE +	LIMONADE	PETARADE +
BRANDADE	EMBUSCADE	MALADE	PEUPLADE
BRAVADE	ENFILADE	MANADE	PHOLADE
BRIGADE	ENNEADE	MARINADE	PHYLLADE
BRIMADE	ESCALADE +	MARMELADE	PIGNADE
CAMARADE	ESCAPADE	MASCARADE	PINTADE
CANONNADE	ESCOUADE	MAUSSADE	PIPERADE
CANTONADE	ESPLANADE	MENADE	PLEIADE
CARBONADE	ESTACADE	MONADE	POCHADE
CARONADE	ESTOCADE	MOUCLADE	POIVRADE
CASCADE +	ESTRADE	MUSCADE	POMMADE +
CASSONADE	ESTRAPADE	MYRIADE	PROMENADE

RASADE	RONDADE	TETRADE
REBUFFADE	ROULADE	THYIADE
RECULADE	SACCADE +	TIRADE
REGALADE	SALADE	TOQUADE
REMOULADE	SEFARADE	TORNADE
RIGOLADE	SERENADE	TORSADE +
ROCADE	TAILLADE +	TRIADE

–ODE

ACCOMMODE +	HEXAPODE	RHAPSODE
ANTIPODE	INCOMMODE +	SYNODE
CATHODE	INFEODE +	TETRAPODE
CHENOPODE	ISOPODE	TETRODE
COMMODE	LYCOPODE	TRIODE
CORRODE +	MACROPODE	TRIPODE
CUSTODE	METHODE	UROPODE
DECAPODE	OCTOPODE	VOIEVODE
DECODE +	PAGODE	VOIVODE
DEMODE +	PENTHODE	
DERODE +	PENTODE	
DIPODE	PERIODE	
ELECTRODE	PLATODE	
EPISODE	POLYPODE	

–IDE

ABSIDE	ANNELIDE	ASTERIDE	BOLIDE
ACTINIDE	APATRIDE	AUTOGUIDE +	BOURRIDE
AFFIDE, E	APSIDE	BASIDE	BOVIDE
ALFENIDE	ARACHIDE	BASTIDE	CAMELIDE
ALGIDE	ARANEIDE	BIACIDE	CANDIDE
ANATIDE	ARGONIDE	BIFIDE	CARIATIDE
ANHYDRIDE	ASCARIDE	BIOSIDE	CAROTIDE

CARYATIDE	GLUCIDE	NEREIDE	SCIENIDE
CEBIDE	GLUCOSIDE	NUMIDE	SCINDIDE
CEPHEIDE	GLYCERIDE	OCEANIDE	SOLIDE
CNEMIDE	GRAVIDE	OXACIDE	SORDIDE
COINCIDE +	HALIOTIDE	OXALIDE	SPARIDE
CONCOLIDE +	HERBICIDE	PAROTIDE	SPLENDIDE
CORICIDE	HISPIDE	PARRICIDE	STRUNIDE
CUPIDE	HOMICIDE	PELAMIDE	STUPIDE
CUSPIDE	HUMIDE	PELLUCIDE	SUBSIDE
CYANAMIDE	HYBRIDE +	PEPONIDE	SUICIDE +
DANAIDE	HYDATIDE	PERFIDE	SULFACIDE
DEBRIDE +	HYDRACIDE	PIERIDE	SULFAMIDE
DECIDE +	IMPAVIDE	PLACIDE	SYLPHIDE
DEICIDE	INSIPIDE	PLAIDE +	SYRPHIDE
DERIDE +	INTIMIDE +	POLYACIDE	TELEGUIDE +
DEVIDE +	INTREPIDE	POLYAMIDE	THEBAIDE
DILAPIDE +	INVALIDE +	PONGIDE	TIMIDE
DRUIDE	LAPIDE +	PRESIDE +	TORPIDE
ELUCIDE +	LEPORIDE	PROTEIDE	TORRIDE
ENTRAIDE +	LIMPIDE	PUTRIDE	TRANSVIDE +
EPHELIDE	LIPIDE	PYRAMIDE	TREPIDE +
EPULIDE	LIQUIDE +	PYXIDE	TRIACIDE
FETIDE	LIVIDE	RAPIDE	TRIFIDE
FLUIDE	LUCIDE	REGICIDE	TRUCIDE +
FONGICIDE	LYCENIDE	RESIDE +	UREIDE
FRIGIDE	MATRICIDE	RENVIDE +	VALIDE +
GENOCIDE	MONOACIDE	RIGIDE	
GERMICIDE	MORBIDE	SAPIDE	

Erreurs : agrostide, palmifide, seleucide, vaccinide.

–OÏDE

ADENOIDE	CHELOIDE	CRINOIDE	GEOIDE
ALCALOIDE	CHOROIDE	CYCLOIDE	GLENOIDE
AMIBOIDE	COLLOIDE	DELTOIDE	HAPLOIDE
AMYLOIDE	CONCHOIDE	DIPLOIDE	HELICOIDE
ANDROIDE	CONOIDE	DISCOIDE	HEROIDE
ANEROIDE	COTYLOIDE	ETHMOIDE	HYALOIDE
ASTEROIDE	CRICOIDE	GANOIDE	HYOIDE

HYPNOIDE	PETALOIDE	SIGMOIDE	THYROIDE
HYPOIDE	PHALLOIDE	SINUSOIDE	TRIPLOIDE
LIPOIDE	RHOMBOIDE	SIPHOIDE	TYROIDE
LYMPHOIDE	RHYZOIDE	SOLENOIDE	XIPHOIDE
MASTOIDE	SARCOIDE	SPHENOIDE	ZOOIDE
MYELOIDE	SCAPHOIDE	SPHEROIDE	
NEGROIDE	SEPALOIDE	STEROIDE	
OVOIDE	SESAMOIDE	STYLOIDE	

Autres mots avec Ï : AÏ et OÏ

AIEUL, S	HEBRAIQUE	PAPAINE	HEROISME
AIEUX	HEBRAISME	PECAIRE	INTROIT
AIOLI	HEBRAISTE	PROCAINE	OIDIUM
ARCHAIQUE	JUDAICITE	PTOMAINE	TAOISME
ARCHAISME	JUDAIQUE	SAIGA	TAOISTE
BAIRAM	JUDAISER +	SAIMARI	TROIKA
CAID	JUDAISME	SAMOURAI	VOIEVODE
CAIMAN	LAICAT	SAMURAI	VOIEVODIE
CAIQUE	LAICISER +	TAIAUT /	VOIVODE
CAODAISME	LAICISME	TAIGA	VOIVODIE
CARAIBE	LAICITE	THEBAIDE	
CARAITE	LAIC	TOROIDAL	
COCAINE	LAIQUE	ZAIRE	
DADAISME	LAIUS		
DADAISTE	LAIUSSER +		
DAIMYO /	LAIUSSEUR	## OÏ	
DANAIDE	LAIUSSEUSE	(autres que	
FAIENCE, E	LAMAISME	les finales	
FAIENCIER, E	LAMAISTE	–OÏDE)	
GAIAC	MAIEUR		
GAIACOL	MAISERIE		
GLAIEUL	NAIADE	CELLULOID	
HAIK	NAIF	COINCIDER +	
HAIKAI	NAIVE	EGOINE	
HAIKU	NAIVETE	EGOISME	
HAIR +	NICOLAITE	EGOISTE	
HAISSANT	OUABAINE	HEROINE	
HAITIEN, NE	PAIEN, NE	HEROIQUE	

Avec deux L ou deux T : pensez aux finales − **ELLE** et − **ETTE**.
(les mots soulignés indiquent également une finale en − ELE ou − ETE)

BOSSELLE +	CIVELLE	GAZELLE	OMBRELLE
BOSSETTE	CIVETTE	GAZETTE	OMBRETTE
BURELLE	CUVELLE	MIELLE	POMMELLE +
BURETTE	CUVETTE	MIETTE	POMMETTE
CARPELLE	FUSELLE +	MUSELLE +	
CARPETTE	FUSETTE	MUSETTE	

−ELLE et −ELE

ACTUELLE	CORDELLE +	GAMELLE	MARTELLE +
AGNELLE +	COUPELLE	GAZELLE	MICELLE
AIRELLE	CRECELLE	GIRELLE	MIELLE
AISSELLE	CRENELLE +	GISELLE	MISTELLE
ANNELLE +	CRUELLE	GLABELLE	MOELLE
ANNUELLE	CUVELLE +	GLUMELLE	MORCELLE +
APPELLE +	DEMIELLE +	GONELLE	MORELLE
ARCHELLE	DENTELLE +	GONNELLE	MORTELLE
ATTELLE +	DEREELLE	GRAVELLE	MUSELLE +
BASELLE	DESCELLE +	GRENELLE +	MUTUELLE
BIELLE	DESSELLE +	GRIVELLE +	NACELLE
BONDELLE	DETELLE +	GRUMELLE +	NICKELLE +
BOSSELLE +	DONZELLE	HARCELLE +	NIELLE +
BOTTELLE +	DOUELLE	HELVELLE	NIGELLE
BRETELLE +	DOUVELLE	IRREELLE	NIVELLE +
BURELLE	ECHELLE	ISABELLE	NOUVELLE
CAMELLE	ECUELLE	JAVELLE	NUCELLE
CANNELLE	EMMIELLE +	JUMELLE +	OCELLE
CAPELLE +	ENSELLE	KYRIELLE	OISELLE+
CAPSELLE	EPELLE +	LABELLE	OMBELLE
CARPELLE	EXCELLE +	LAMELLE	OMBRELLE
CARRELLE +	FEMELLE	LAQUELLE	PARCELLE
CATELLE	FICELLE +	LIBELLE +	PATELLE
CENELLE	FLAGELLE +	MAMELLE	PAUMELLE
CERVELLE	FLANELLE	MANCELLE	PLANELLE
CHAMELLE	FORMELLE	MANUELLE	POMMELLE +
CHAPELLE	FUSELLE +	MARELLE	POTELLE
CIVELLE	GABELLE	MARGELLE	POUBELLE

PREDELLE
PRUNELLE
PUCELLE
QUELLE
QUENELLE
QUERELLE +
RAPPELLE +

RATELLE +
REBELLE +
REELLE
RIDELLE
RITUELLE
RONDELLE
ROUELLE

RUELLE
SABELLE
SARCELLE
SCELLE +
SEMELLE
SEQUELLE
SERIELLE

SEXUELLE
SITTELLE
SPINELLE
SURREELLE
TABELLE
TAVELLE +
TENDELLE

TIGELLE
TOMBELLE
TONNELLE
TOURELLE
TOUSELLE
TREMELLE
TRUELLE

TUTELLE
UNETELLE/
USUELLE
VANNELLE
VANTELLE
VENELLE
VENIELLE

VIELLE +
VISUELLE
VOYELLE

–ETTE et –ETE

ABLETTE
ADMETTE +
AIGRETTE
AILETTE
ALOUETTE
ALUETTE
AMBRETTE

AMULETTE
AMUSETTE
ANISETTE
ASSETTE
ASSIETTE
ARIETTE
AUBETTE

AVOCETTE
BAGUETTE
BANNETTE
BAQUETTE
BARBETTE
BARRETTE
BAVETTE

BELETTE
BILLETTE
BINETTE
BIQUETTE
BLETTE
BLUETTE
BOETTE

BONNETTE
BOSSETTE
BOUETTE
BOULETTE
BOWETTE
BRETTE
BREVETTE +

BROUETTE +
BRUNETTE
BUCHETTE
BURETTE
BUVETTE
CACHETTE +
CADETTE

CANETTE
CAQUETTE +
CARPETTE
CASSETTE
CAUSETTE
CAZETTE
CHOUETTE

CIVETTE
CLAVETTE
CLAYETTE
COLLETTE +
COMMETTE +
COQUETTE
CORNETTE

CORVETTE
COSSETTE
COUETTE
COURETTE
COUSETTE
CREVETTE
CUISSETTES/

CURETTE +
CUVETTE
DEJETTE +
DEMETTE +
DINETTE
DISETTE
DIVETTE

DOUCETTE
DROLETTE (≠)
DUNETTE
EMETTE +
EMIETTE +
EMPLETTE
ENDETTE +

EPINETTE
FACETTE
FAUVETTE
FERMETTE
FILLETTE
FINETTE
FLETTE

FLUETTE	MALLETTE	PIECETTE	STUDETTE
FOSSETTE	MANETTE	PINCETTE	SUCETTE
FOUETTE +	MAQUETTE	PIPETTE	SUJETTE
FRETTE +	MASSETTE	PIQUETTE +	SURETTE
FRISETTE	MAZETTE	PISETTE	SURJETTE +
FUSETTE	MEURETTE	PLACETTE	TABLETTE
GACHETTE	MIETTE	POCHETTE	TACHETTE +
GAILLETTE	MINETTE	POMMETTE	TAPETTE
GALETTE	MIRETTES/	POMPETTE	TARGETTE
GAMBETTE	MOFETTE	POULETTE	TASSETTE
GARCETTE	MOLETTE +	PROJETTE +	TINETTE
GAZETTE	MOLLETTE	PROMETTE +	TIRETTE
GENETTE	MOQUETTE +	RACLETTE	TOILETTE +
GOELETTE	MOUETTE	RAINETTE	TOMETTE
GOGUETTE/	MOFETTE	RAMETTE	TOPETTE
GOMMETTE	MOUFETTE	RAQUETTE	TRIPLETTE
GOULETTE	MOYETTE	RASETTE	VACHETTE
GRISETTE	MOZETTE	RECETTE	VEDETTE
GUETTE +	MUETTE	REGLETTE	VEINETTE
HACHETTE +	MULETTE	REINETTE	VERGETTE
HOULETTE	MURETTE	REJETTE +	VIGNETTE
IVETTE	MUSETTE	REMETTE +	VIOLETTE
JAMBETTE	NAVETTE	RENETTE	VOILETTE
JAQUETTE	NOISETTE	RILLETTES/	VOLETTE +
JAUNETTE	NONNETTE	RINCETTE	
JEUNETTE	NYMPHETTE	RISETTE	
JOLIETTE	ODELETTE	RIVETTE +	
JUPETTE	OLIVETTE	ROQUETTE	
LANCETTE	OMBRETTE	ROUQUETTE	
LAVETTE	OMETTE +	ROSETTE	
LAYETTE	OMELETTE	ROULETTE	
LEVRETTE	ONGLETTE	RUBIETTE	
LICHETTE	OPERETTE	SARIETTE	
LIMETTE	ORANGETTE	SARRETTE	
LIQUETTE	PALETTE	SAUVETTE/	
LOGETTE	PALMETTE	SELLETTE	
LORETTE	PAULETTE	SERGETTE	
LOUVETTE +	PECHETTE	SERPETTE	
LUETTE	PELLETTE +	SONNETTE	
LUNETTE	PERMETTE +	SORNETTE	
LURETTE/	PERPETTE/	SOUMETTE +	
MACHETTE	PESETTE	STRETTE	

–EUR (féminin en –EUSE)

ABOYEUR	BRICOLEUR	CIREUR	DRESSEUR
ACCOUVEUR	BRIDGEUR	CLASSEUR	DUPEUR
ACHETEUR	BRISEUR	COIFFEUR	ECLAIREUR
AGUICHEUR	BROCHEUR	COLLEUR	ECRASEUR
AFFUTEUR	BRODEUR	CONTEUR	ECUMEUR
AIGUISEUR	BROYEUR	COPIEUR	EFFILEUR
ALESEUR	BUCHEUR	CORRIGEUR	ELEVEUR
ALLUMEUR	BUTINEUR	COUCHEUR	EMBALLEUR
AMBLEUR	BUVEUR	COUPEUR	EMMERDEUR
AMENAGEUR	CABLEUR	COUREUR	EMOTEUR
AMUSEUR	CAFARDEUR	COVENDEUR	EMPECHEUR
APIECEUR	CAFTEUR	CRACHEUR	EMPILEUR
APPRETEUR	CAJOLEUR	CRANEUR	EMPLOYEUR
ARROSEUR	CAMPEUR	CRAWLEUR	ENDORMEUR
AVORTEUR	CANOTEUR	CRIEUR	ENJOLEUR
BAFREUR	CARDEUR	CROQUEUR	ENQUETEUR
BAIGNEUR	CAROTTEUR	CUEILLEUR	ENROULEUR
BAILLEUR	CASCADEUR	DAMEUR (≠)	ENVOYEUR
BALADEUR	CATCHEUR	DANSEUR	EPANDEUR
BALAYEUR	CAUSEUR	DEBINEUR	EPIEUR
BARBOTEUR	CAVALEUR	DECOUPEUR	EPLUCHEUR
BARREUR	CHAHUTEUR	DEMANDEUR	EREINTEUR
BATELEUR	CHANTEUR	DENICHEUR	ERGOTEUR
BATTEUR	CHARGEUR	DENIGREUR	ESCRIMEUR
BECHEUR	CHARMEUR	DEPANNEUR	ESSAYEUR
BERCEUR	CHASSEUR	DEVIDEUR	ETUVEUR
BENISSEUR	CHAUFFEUR	DEVOREUR	FAISEUR
BLAGUEUR	CHERCHEUR	DINEUR	FANEUR
BLUFFEUR	CHIADEUR	DISEUR	FARCEUR
BOBINEUR	CHIALEUR	DOMPTEUR	FAUCHEUR
BOSSEUR	CHICANEUR	DONNEUR	FILEUR
BOTTELEUR	CHINEUR	DOREUR	FINASSEUR
BOUDEUR	CHIPOTEUR	DORMEUR	FINISSEUR
BRADEUR	CHOMEUR	DOUBLEUR	FLANEUR
BRASSEUR	CHROMEUR	DRAGUEUR	FLATTEUR

FLIRTEUR	INVITEUR	MELANGEUR	PLANTEUR
FOLIOTEUR	JACASSEUR	MENEUR	PLEUREUR
FONCEUR	JALONNEUR	MENTEUR	PLIEUR
FOREUR	JAPPEUR	MIAULEUR	PLISSEUR
FOUILLEUR	JASEUR	MIREUR	PLONGEUR
FOUINEUR	JAVELEUR	MODELEUR	POINTEUR
FRAISEUR	JETEUR	MONTEUR	POLISSEUR
FRAUDEUR	JEUNEUR	MONTREUR	POLLUEUR
FRICOTEUR	JONGLEUR	MOQUEUR	PONDEUR
FRIMEUR	JOUEUR	MOULINEUR	PORTEUR
FROLEUR (≠)	JOUISSEUR	NAGEUR	POSEUR
FRONDEUR	JOUTEUR	NASILLEUR	PRECHEUR
FUGUEUR	JUGEUR	NETTOYEUR	PRENEUR
FUMEUR	LACEUR	NIVELEUR	PRETEUR
FURETEUR	LACHEUR	NOCEUR	PROFITEUR
GACHEUR	LAINEUR	ONDULEUR	PROMENEUR
GAFFEUR	LAMINEUR	ORIENTEUR	QUETEUR
GAGEUR	LANCEUR	OUVREUR	RABACHEUR
GAGNEUR	LAVEUR	PAGAYEUR	RABATTEUR
GALOPEUR	LECHEUR	PAQUETEUR	RABOTEUR
GARDEUR	LESINEUR	PARFUMEUR	RACLEUR
GAUFREUR	LIEUR	PARIEUR	RACOLEUR
GENEUR	LIGUEUR	PARLEUR	RADOTEUR
GLACEUR	LIMEUR	PARQUEUR	RAFFINEUR
GLANDEUR	LISEUR	PATAUGEUR	RAGEUR
GLANEUR	LIVREUR	PATINEUR	RAILLEUR
GLISSEUR	LOGEUR	PAYEUR	RALEUR
GOBEUR	LOUANGEUR	PECHEUR	RAMASSEUR
GOLFEUR	LOUCHEUR	PEDALEUR	RAMEUR
GOUTEUR	LOUEUR	PEIGNEUR	RASEUR
GRAISSEUR	LUGEUR	PELLETEUR	RAVAUDEUR
GRIFFEUR	LUTTEUR	PELOTEUR	RAVISSEUR
GRIMPEUR	LYNCHEUR	PENSEUR	REBOUTEUR
GROGNEUR	MANGEUR	PERCEUR	RECELEUR
GRONDEUR	MANIEUR	PERCHEUR	RECENSEUR
HABILLEUR	MARAUDEUR	PESEUR	RECEVEUR
HABLEUR	MARCHEUR	PHRASEUR	REGLEUR
HAVEUR	MAREYEUR	PILLEUR	RELAYEUR
HERCHEUR	MARGEUR	PIOCHEUR	RELEVEUR
HERSCHEUR	MARIEUR	PIQUEUR	RELIEUR
HOCKEYEUR	MARQUEUR	PLACEUR	REMONTEUR
HURLEUR	MASSEUR	PLAIDEUR	REMUEUR

RENIFLEUR	SECHEUR	TAPAGEUR	TROTTEUR
REPASSEUR	SECRETEUR	TAPEUR	TRUQUEUR
REPONDEUR	SEMEUR	TEILLEUR	TUEUR
REVENDEUR	SERVEUR	TENDEUR	VALSEUR
REVEUR	SIFFLEUR	TENEUR	VANNEUR
RICANEUR	SKIEUR	TERREUR	VEILLEUR
RIEUR	SOIGNEUR	TIQUEUR	VENDEUR
RIMEUR	SOLDEUR	TIREUR	VERSEUR
RIVEUR	SONDEUR	TISSEUR	VIDEUR
RODEUR	SONGEUR	TONDEUR	VIELLEUR
ROGNEUR	SOUDEUR	TOURNEUR	VIOLEUR
RONFLEUR	SOUFFLEUR	TRACEUR	VIREUR
RONGEUR	SOUFREUR	TRAINEUR	VISITEUR
ROTISSEUR	SOUPEUR	TRAQUEUR	VIVEUR
SABLEUR	STOPPEUR	TRAYEUR	VOLEUR
SABOTEUR	SUBORNEUR	TREMBLEUR	VOLLEYEUR
SACCAGEUR	SUCEUR	TRICHEUR	VOYAGEUR
SALEUR	SURFEUR	TRICOTEUR	
SASSEUR	SURVIREUR	TRIEUR	
SATINEUR	TAILLEUR	TRIPOTEUR	
SAUTEUR	TAMISEUR	TROMPEUR	

–EUR (sans féminin, mots douteux seulement)

ABATTEUR	AMAREYEUR	ASSUREUR	BOXEUR
ABDUCTEUR	AMATEUR	ATOMISEUR	BRACQUEUR
ACCEPTEUR	ANALYSEUR	AUTEUR	BRETTEUR
ACCORDEUR	ANNONCEUR	AVALEUR	BRUITEUR
ACQUEREUR	APERITEUR	AVALISEUR	BRULEUR
ACTIVEUR	APPONTEUR	AVIONNEUR	BURINEUR
ADDUCTEUR	APPORTEUR	BALISEUR	BUTEUR
AERATEUR	ARGENTEUR	BAROUDEUR	BUTTEUR
AFFAMEUR	ARMATEUR	BASCULEUR	CABOTEUR
AFFICHEUR	ARNAQUEUR	BOISEUR	CADREUR
AFFINEUR	ARRANGEUR	BONNETEUR	CAPTEUR
AFFRETEUR	ARRIMEUR	BOTTEUR	CARRELEUR
AGRESSEUR	ARTILLEUR	BOUILLEUR	CASSEUR
AJUSTEUR	ASSESSEUR	BOUTEUR	CENSEUR

CENTREUR	DESSALEUR	FORGEUR	OBJECTEUR
CHAINEUR	DETECTEUR	FOSSOYEUR	OFFENSEUR
CHANGEUR	DETENDEUR	FOURREUR	OISELEUR
CHAUSSEUR	DEVIATEUR	FRAPPEUR	OUTILLEUR
CHELATEUR	DIALYSEUR	FRETEUR	OZONISEUR
CHIFFREUR	DICTATEUR	FROTTEUR	PALPEUR
CHIQUEUR	DIFFUSEUR	FUSILLEUR	PARADEUR
CHUTEUR	DIGESTEUR	GEMMEUR	PARAFEUR
CISELEUR	DOSEUR	GICLEUR	PARTITEUR
CLICHEUR	EBAUCHEUR	GONFLEUR	PASSEUR
COAPTEUR	EBOUEUR	GRAVEUR	PAVEUR
COAUTEUR	ECHANGEUR	GREEUR	PERCUTEUR
CODEUR	ECLATEUR	GREFFEUR	PHONATEUR
COFFREUR	ECORCEUR	GUETTEUR	PISTEUR
COHEREUR	ECORCHEUR	HACHEUR	PISTOLEUR
COKEUR	ECOUTEUR	HALEUR	POINTEUR
COLLATEUR	EGORGEUR	HONGREUR	POUSSEUR
COMPTEUR	EJECTEUR	IMPOSEUR	PRIEUR
CONVOYEUR	ELAGUEUR	IMPOSTEUR	PROCUREUR
CORROYEUR	EMAILLEUR	IMPRIMEUR	PROSATEUR
COUPLEUR	EMBAUMEUR	INVERSEUR	PROVISEUR
COUVREUR	EMBRAYEUR	JAUGEUR	PUNCHEUR
CRAQUEUR	EMONDEUR	JUREUR	PURGEUR
CRIBLEUR	ENCADREUR	LABOUREUR	QUESTEUR
CROISEUR	ENCODEUR	LAMANEUR	RAMONEUR
CUISEUR	ENCREUR	LAQUEUR	RAUCHEUR
CULBUTEUR	ENDOSSEUR	LARGUEUR	RAVAGEUR
CURSEUR	ENTENDEUR	LICTEUR	RAVALEUR
DALLEUR	EPURATEUR	LIMITEUR	RAYONNEUR
DATEUR	ESCORTEUR	MALAXEUR	RECRUTEUR
DEBARDEUR	ETAMEUR	MANILLEUR	REFORMEUR
DECANTEUR	ETAMPEUR	MARTELEUR	REGISSEUR
DECIDEUR	EVENTREUR	MESUREUR	REMOULEUR
DECODEUR	EXPLOSEUR	METREUR	RENVIDEUR
DEFENSEUR	EXTENDEUR	METTEUR	REPETEUR
DEFIBREUR	EXTENSEUR	MINEUR	REPORTEUR
DEGIVREUR	FENDEUR	MITIGEUR	RETAMEUR
DEMARREUR	FETICHEUR	MIXEUR	REVISEUR
DEMINEUR	FILATEUR	MOUILLEUR	RHETEUR
DEPECEUR	FLAMBEUR	MOULEUR	ROTATEUR
DEPHASEUR	FLOTTEUR	MUTATEUR	ROULEUR
DESERTEUR	FONDEUR	NIELLEUR	RUPTEUR

SABREUR	SONNEUR	TOUCHEUR	VIDANGEUR
SAPEUR	SOUTENEUR	TRAITEUR	VISEUR
SAPITEUR	STAFFEUR	TRAPPEUR	VOCODEUR
SAUVETEUR	STUCATEUR	TRECHEUR	VOLTIGEUR
SCIEUR	SUIVEUR	TREFILEUR	VOYEUR
SCRIPTEUR	TALONNEUR	TRESCHEUR	ZINGUEUR
SCULPTEUR	TANNEUR	TRIMOTEUR	
SECOUEUR	TATEUR	TRUSTEUR	
SELECTEUR	TATOUEUR	VAINQUEUR	
SENATEUR	TENSEUR	VARIATEUR	
SENNEUR	TESTEUR	VAVASSEUR	
SENSEUR	TOMBEUR	VECTEUR	
SERVITEUR	TORCHEUR	VENEUR	
SIGNALEUR	TORSEUR	VIBREUR	

(Attention: dameuse, suiveuse, sabreuse ne figurent pas au *P.L.I.)*

–EUR (finales pouvant être inversées en –URE)

ARMATEUR	EMAILLEUR	MENEUR	RIVEUR
BRISEUR	EPLUCHEUR	MONTEUR	ROGNEUR
BROCHEUR	FACTEUR	MOUILLEUR	ROULEUR
BRULEUR	FANEUR	MOULEUR	RUPTEUR
CAPTEUR	FILATEUR	PLACEUR	SCIEUR
CASSEUR	FINISSEUR	PLIEUR	SOUDEUR
CENSEUR	FOREUR	PLISSEUR	SOUFFLEUR
CHAUSSEUR	FOURREUR	POINTEUR	TOURNEUR
CHINEUR	FRAISEUR	PRETEUR	VANNEUR
CISELEUR	FROIDEUR	QUESTEUR	VERDEUR
COIFFEUR	FUMEUR	RACLEUR	VIDEUR
COLLEUR	GAUFREUR	RAMEUR	VIREUR
COULEUR	GLACEUR	REGLEUR	
COUPEUR	GLANEUR	RELIEUR	

COUVREUR	GRAVEUR	
CREATEUR	HACHEUR	
CRIBLEUR	IMPOSTEUR	
DECOUPEUR	LAVEUR	
DOREUR	LECTEUR	
DOUBLEUR	LIEUR	
ECORCHEUR	MARBREUR	

(Attention ! Les mots suivants n'ont pas de finales inversées: azoture, biffure, brasure, creusure, ébarbure, embarrure, enfonçure, éleveur, ferrure, frisure, grivure, mâchure, mouchure, panure, rinçure, tisseur, triplure.*)*

–EUX (féminin en –EUSE)

ACETEUX	CIREUX	GALEUX	LIMONEUX
ADIPEUX	COLEREUX	GATEUX	LOBULEUX
AFFREUX	COMATEUX	GAZEUX	LOCULEUX
ALUMINEUX	COUTEUX	GIBOYEUX	LUMINEUX
AMOUREUX	CRASSEUX	GIVREUX	LUXUEUX
ANGINEUX	CRAYEUX	GLAIREUX	MACREUX
ANGULEUX	CUIVREUX	GLAISEUX	MARNEUX
ANXIEUX	CURIEUX	GLORIEUX	MATHEUX
APHTEUX	CREUX	GOITREUX	MECHEUX
AQUEUX	DESIREUX	GOMMEUX	MERDEUX
ARGILEUX	DOUTEUX	GOUTTEUX	MIELLEUX
ASTUCIEUX	DUVETEUX	GRACIEUX	MISEREUX
AUDACIEUX	ECUMEUX	GRELEUX	MITEUX
BAVEUX	ELOGIEUX	GRESEUX	MOELLEUX
BIGLEUX	ENNUYEUX	GUEUX	MONTUEUX
BILEUX	ENVIEUX	GYPSEUX	MORVEUX
BILIEUX	EPINEUX	HAINEUX	MOUSSEUX
BOITEUX	FABULEUX	HARGNEUX	MUQUEUX
BOUEUX	FACHEUX	HERBEUX	NAUSEEUX
BOURBEUX	FACTIEUX	HERNIEUX	NEBULEUX
BRUINEUX	FAMEUX	HEUREUX	NEIGEUX
BRUMEUX	FANGEUX	HIDEUX	NERVEUX
BULBEUX	FARINEUX	HONTEUX	NITREUX
BULLEUX	FAUCHEUX	HOULEUX	NODULEUX
BUTYREUX	FIBREUX	HUILEUX	NOMBREUX
CAFARDEUX	FIELLEUX	JOYEUX	NOUEUX
CAGNEUX	FIEVREUX	JUTEUX	NUAGEUX
CAHOTEUX	FLACHEUX	KHAGNEUX	OCREUX
CALLEUX	FLEXUEUX	LACUNEUX	ODIEUX
CAPITEUX	FOIREUX	LAINEUX	OISEUX
CAPTIEUX	FONGUEUX	LAITEUX	OMBREUX
CASEEUX	FOUGUEUX	LAMINEUX	ONCTUEUX
CENDREUX	FRILEUX	LEPREUX	ONDULEUX
CHLOREUX	FUMEUX	LIEGEUX	ONEREUX
CHROMEUX	FURIEUX	LIGNEUX	ORAGEUX

OSSEUX	PONCEUX	SCARIEUX	TORTUEUX
OUBLIEUX	POPULEUX	SCLEREUX	TOURBEUX
PAILLEUX	POREUX	SEDITIEUX	TUBEREUX
PAPULEUX	POUDREUX	SEREUX	ULCEREUX
PATEUX	POUILLEUX	SERIEUX	VAPOREUX
PEDIEUX	PRECIEUX	SILICEUX	VASEUX
PESTEUX	PULPEUX	SINUEUX	VEINEUX
PETEUX	QUINTEUX	SIRUPEUX	VENENEUX
PETREUX	RABOTEUX	SOIGNEUX	VENIMEUX
PEUREUX	RADIEUX	SOUCIEUX	VENTEUX
PIERREUX	RAMEUX	SOYEUX	VERBEUX
PIEUX	RAPEUX	SPACIEUX	VEREUX
PILEUX	REBOUTEUX	SPECIEUX	VERTUEUX
PISSEUX	RESINEUX	SPUMEUX	VETILLEUX
PITEUX	ROCHEUX	SQUAMEUX	VICIEUX
PLATREUX	RONCEUX	STUDIEUX	VIELLEUX
PLUMEUX	RUGUEUX	SUBEREUX	VILLEUX
PLUVIEUX	SABLEUX	TAISEUX	VINEUX
POISSEUX	SANIEUX	TARTREUX	VIREUX
POLYPEUX	SCABIEUX	TEIGNEUX	VISQUEUX
POMPEUX	SCABREUX	TERREUX	VULTUEUX

–EURE

AFFLEURE +	ENFLEURE +	PLATEURE	WATTHEURE
ANTERIEUR, E	FLEUR, E +	PLEUR, E +	
APEURE +	GAGEUR, E	PRIEUR, E	
CITERIEUR, E	HEUR, E	SUPERIEUR, E	
DEMEURE +	MAJEUR, E	TUTEUR, E +	
ECOEURE +	MEILLEUR, E	VARHEURE	
EFFLEURE +	MINEUR, E	VERGEURE	

–TEUR (féminin en –TRICE)

ACTEUR	ELEVATEUR	MEDIATEUR	TENTATEUR
ADORATEUR	EMETTEUR	MIGRATEUR	TESTATEUR
ADULATEUR	ENQUETEUR	MONITEUR	TRACTEUR
AGITATEUR	ERECTEUR	MOTEUR	TUTEUR
ANIMATEUR	EVOCATEUR	NARRATEUR	VEXATEUR
AUDITEUR	EXECUTEUR	NEGATEUR	VICIATEUR
AVIATEUR	FACTEUR	NOTATEUR	VIOLATEUR
CAPTATEUR	FAUTEUR	NOVATEUR	ZELATEUR
COTUTEUR	FIXATEUR	OPERATEUR	
CREATEUR	FONDATEUR	ORIENTEUR	
CREDITEUR	FORMATEUR	PREDATEUR	
CURATEUR	GENITEUR	PROMOTEUR	
DEBITEUR	IMITATEUR	PRONATEUR	
DELATEUR	INDUCTEUR	RECEPTEUR	
DETENTEUR	INITIATEUR	RECTEUR	
DEVIATEUR	INJECTEUR	REDACTEUR	
DIRECTEUR	INVENTEUR	REDUCTEUR	
DONATEUR	ISOLATEUR	SALVATEUR	
EDITEUR	LAUDATEUR	SECRETEUR	
EDUCATEUR	LECTEUR	SECTATEUR	
ELECTEUR	LOCUTEUR	SEDUCTEUR	

–EUSE (sans masculin)

ACINEUSE	ECREMEUSE	LESSIVEUSE	TRANCHEUSE
AGRAFEUSE	EGRENEUSE	LISSEUSE	VALIDEUSE
BINEUSE	ENCOLLEUSE	PETROLEUSE	VALLEUSE
COUSEUSE	ENROBEUSE	RINCEUSE	VELEUSE
COUVEUSE	ETIREUSE	RIVETEUSE	
DEFILEUSE	FRITEUSE	TITREUSE	
EBARBEUSE	GERBEUSE	TORDEUSE	

–EUX (sans féminin)

AZOTEUX	URANEUX
BOUSEUX	VERVEUX
FERREUX	
MOTTEUX	
ROUVIEUX	
STANNEUX	
TELLUREUX	

–TRICE (sans masculin)

TECTRICE

–EUR (féminin en –ERESSE)

BAILLEUR	PECHEUR
BAILLERESSE	PECHERESSE
(BAILLEUSE)	(PECHEUSE)
DEFENDEUR	VENGEUR
DEFENDERESSE	VENGERESSE
DEMANDEUR	
DEMANDERESSE	
(DEMANDEUSE)	

–OIR (sauf verbes)

ABATTOIR	AVOIR, S	BUTOIR	DESESPOIR
ABREUVOIR	BATTOIR	BUTTOIR	DEVERSOIR
ACCORDOIR	BAVOIR	CHASSOIR	DEVIDOIR
ACCOTOIR	BECHOIR	CLAQUOIR	DEVOIR, S
ACCOUDOIR	BLUTOIR	COMPTOIR	DORTOIR
AFFILOIR	BOBINOIR	COULOIR	DRAGEOIR
AIGUISOIR	BONSOIR	COUPOIR	DRESSOIR
ALESOIR	BOSSOIR	COUVOIR	EBARBOIR
AMORCOIR	BOUDOIR	CRACHOIR	EBAUCHOIR
ARRETOIR	BOUGEOIR	CUEILLOIR	ECHARNOIR
ARROSOIR	BOULOIR	DECOUPOIR	ECHAUDOIR
ASPERSOIR	BOURROIR	DEMELOIR	EGOUTTOIR
ASSOMMOIR	BOUTOIR	DEPOTOIR	EGRUGEOIR
AVALOIR, E	BRULOIR	DEVALOIR	EMONDOIR

EMOUCHOIR	JABLOIR	PLONGEOIR	SOIR
ENCENSOIR	JUCHOIR	POCHOIR	SUCOIR
ENRAYOIR	LAMINOIR	POLISSOIR	TAILLOIR
ENTONNOIR	LAVOIR	PONDOIR	TAMANOIR
EPISSOIR	LINCOIR	POUSSOIR	TAQUOIR
ESPOIR	LISSOIR	POUVOIR, S	TERROIR
ETEIGNOIR	LOIR	PRESSOIR	TIROIR
ETENDOIR	MANOIR	PROMENOIR	TORDOIR
ETOUFFOIR	MARQUOIR	RACLOIR	TRACOIR
EVIDOIR	MATOIR	RASOIR	TRANCHOIR
FENDOIR	MIROIR	REFOULOIR	TROTTOIR
FERMOIR	MONTOIR/	REMONTOIR	URINOIR
FONDOIR	MOUCHOIR	REPOSOIR	VERSOIR
FOULOIR	MOUILLOIR	RESERVOIR	VIDOIR
FOUTOIR	MUSOIR	RETENDOIR	VIVOIR
FROTTOIR	NICHOIR	REVERDOIR	VOULOIR
FUMOIR	NOIR	REVERSOIR	VOUSSOIR
GAUFROIR	OSTENSOIR	RIDOIR	
GERMOIR	OUVROIR	RIFLOIR	
GRATTOIR	PARLOIR	RIVOIR	
GREFFOIR	PEIGNOIR	RODOIR	
GRILLOIR	PENDOIR	ROUISSOIR	
GRUGEOIR	PERCHOIR	SALOIR	
HACHOIR	PERCOIR	SARCLOIR	
HALOIR	PISSOIR	SAUTOIR	
HEURTOIR	PLANOIR	SAVOIR, S	
HOIR	PLANTOIR	SECHOIR	
ISOLOIR	PLIOIR	SEMOIR	

–OIR (verbes et temps usités)

APERCEVOIR	DECEVOIR
ASSEOIR	DECHOIR
AVOIR	DEVOIR
CHALOIR (inf. + chaut)	ECHOIR
CHOIR	EMOUVOIR
COMPAROIR (inf.)	ENTREVOIR
CONCEVOIR	EQUIVALOIR

FALLOIR (v. imp.)	PREVOIR	REVOIR
MOUVOIR	PROMOUVOIR	SAVOIR
PERCEVOIR	(déf.)	SEOIR (déf.)
PLEUVOIR	RASSEOIR	SURSEOIR
(v. imp. + 3e pers. du plur.)	RAVOIR (inf.)	VALOIR
POURVOIR	RECEVOIR	VOULOIR
POUVOIR	REDEVOIR	
PREVALOIR	REVALOIR	

–OIRE

ACCROIRE +	DOLOIRE	INFUSOIRE	NOVATOIRE
ALEATOIRE	DRAYOIRE	IVOIRE	ORATOIRE
ARATOIRE	DUCROIRE	JABLOIR, E	PASSOIRE
ARMOIRE	ECRITOIRE	JURATOIRE	PATINOIRE
AUDITOIRE	ECUMOIRE	LARDOIRE	PETITOIRE
AVALOIRE, E	EPISSOIR, E	MACHOIRE	PETOIRE
BAIGNOIRE	EUPATOIRE	MANGEOIRE	POURBOIRE
BETOIRE	EXUTOIRE	MEMOIRE	PRETOIRE
CIBOIRE	GIRATOIRE	MERITOIRE	ROGATOIRE
DEBOIRES/	GLISSOIRE	MONITOIRE	ROTATOIRE
DECISOIRE	GRIMOIRE	MORATOIRE	SUDATOIRE
DERISOIRE	HILOIRE	NAGEOIRE	VEXATOIRE
DILATOIRE	HISTOIRE	NATATOIRE	VICTOIRE
DINATOIRE	ILLUSOIRE	NOTOIRE	VOMITOIRE

–IF et –IVE   (voir p. 468).

–OSE

Pensez aux termes médicaux, comme LORDOSE, HEMATOSE, NEVROSE, MYCOSE...

ACARIOSE
ACIDOSE
ADIPOSE
ALCALOSE
AMAUROSE
AMITOSE
AMYLOSE

ANKYLOSE +	DISPOSE +	MALTOSE	PREPOSE +
ANTEPOSE, E	EXOSMOSE	MANNOSE	PROPOSE +
ANTIBIOSE	EXOSTOSE	MEIOSE	PSYCHOSE
APODOSE	EXPLOSE +	MELANOSE	REIMPOSE +
APOTHEOSE	EXPOSE +	MITOSE	REPOSE +
APPOSE +	FORCLOSE	MOROSE	RIBOSE
ARGYROSE	FRUCTOSE	MYCOSE	SCLEROSE +
ARROSE +	FUSARIOSE	NARCOSE	SCOLIOSE
ARTHROSE	GELOSE	NECROSE	SIDEROSE
ATHETOSE	GLUCOSE	NEPHROSE	SILICOSE +
CELLULOSE	GOMMOSE	NEVROSE	STEATOSE
CETOSE	HEMATOSE	NITROSE	STENOSE
CHLOROSE	HEXOSE	NIVOSE/	SUPPOSE +
CIRRHOSE	HYPNOSE	NOSEMOSE	SYMBIOSE
COMPOSE +	IMPOSE +	NYMPHOSE	TOXICOSE
CYANOSE +	JAMBOSE	OPPOSE +	TYPHOSE
CYPHOSE	KERATOSE	ORTHOSE	VENTOSE/
DARTROSE	LACTOSE	OSMOSE	VIROSE
DEPOSE +	LEVULOSE	PENTOSE	VIRTUOSE
DEXTROSE	LORDOSE	PLUVIOSE/	VISCOSE
DIAGNOSE	LYCOSE	POSTPOSE +	ZOONOSE

–ASE

ABRASE +	EMPHASE	OCCASE	ZYMASE
AMIBIASE	ENVASE +	OUKASE	
AMYLASE	ESTERASE	OXYDASE	
ANAPHASE	EXTASE	PARABASE	
BIPHASE, E	GYMNASE	PEGASE	
COLOCASE	KINASE	PETASE	
DEPHASE +	LACCASE	PHRASE	
DERASE +	LACTASE	PROPHASE	
DIACLASE	LIGASE	PROTASE	
DIASTASE	LIPASE	PROTEASE	
DIPHASE, E	LITHIASE	RHEOBASE	
ECRASE +	MALTASE	SUCRASE	
EMBASE	MYDRIASE	TRIPHASE, E	
EMBRASE +	MYIASE	UKASE	

Finales de verbes

Les temps conjugués donnent des possibilités de Scrabble très importantes. Pensez donc toujours à associer les lettres donnant des finales plausibles comme : −A, −AI, −AS, −AT, −ERA, −IRA, −ERAS, −IRAS, −ERAI, −IRAI, −ERAIS, −IRAIS, −ERAIT, −IRAIT, −ONS, −EZ, −AIENT, −AMES, −IMES, −ATES, −AMES, −ASSE, −ISSE, −ENT... pour ne citer que les plus faciles.

Attention : les finales −ERAT et −IRAT sont souvent fausses. En effet, pour les verbes en −ER, le subjonctif imparfait d'AIMER est qu'il AIMAT, mais jamais AIMERAT. De même pour les verbes en −IR, FINIR : qu'il FINISSE, mais jamais FINIRAT.

Pour éviter ces erreurs : si le R du verbe appartient à l'infinitif, la finale −RAT sera toujours fausse. Par contre, certains verbes en −ERER et −IRER permettent cette finale : FEDERER donne qu'il FEDERAT, mais FEDERERAT est faux; de même pour ETIRER, qu'il ETIRAT, mais ETIRERAT est faux.

Ne pas confondre les verbes REVER et REVERER. REVER donne : qu'il REVAT, et le verbe REVERER donne : qu'il REVERAT. De même pour le verbe TOLERER qui donne : qu'il TOLERAT, à ne pas confondre avec un hypothétique verbe «toler» qui n'est pas repris au *P.L.I.*, ainsi que le verbe GENERER (≠) qui donne : GENERAT, à ne pas confondre avec le verbe GENER.

−ENT

3e personne du pluriel : AIMER : AIMENT et AIMERENT; OFFRIR : OFFRENT et OFFRIRENT, etc.

Ci-contre, la liste des mots n'étant pas des temps conjugués. Pensez donc à prononcer le son − ANT, de manière à ne pas confondre certains d'entre eux avec leur verbe correspondant à la 3e personne du pluriel.

(Voir également page 210. les temps conjugués permettant un S final au pluriel, des noms ou des adjectifs correspondants, comme VIOLER : ils VIOLENT et VIOLENTS ou VIOLENTES; verbe FERMER : ils FERMENT et FERMENTS...)

ABRIVENT	DOCUMENT +	LAVEMENT	REMANENT, E
ABSENT +	DOLENT, E	LIEMENT	RENITENT, E
ACCENT	DUMENT /	LIGAMENT	RETICENT, E
ACCIDENT +	DUREMENT /	LINIMENT	RIPEMENT
ACESCENT, E	EFFERENT, E	LOGEMENT	RUDEMENT /
ADJACENT, E	EFFLUENT, E	MOMENT	RUDIMENTS /
AFFERENT, E	ELEMENT	MONUMENT	SAGEMENT /
AFFLUENT	ELOQUENT, E	MUREMENT /	SALEMENT /
AGREMENT +	EMINENT, E	NUMENT /	SAPEMENT
AISEMENT /	ESCIENT /	OCCIDENT	SARMENT
ALIMENT +	FERVENT, E	ONGUENT	SEDIMENT
APPARENT +	FIGEMENT	OPULENT, E	SEGMENT +
APREMENT /	FILAMENT	ORIENT +	SERGENT
ARDENT, E	FINEMENT /	ORNEMENT +	SERMENT
ARGENT +	FIXEMENT /	ORPIMENT	SERPENT +
ARGUMENT +	FLUENT, E	PAIEMENT	SOUVENT /
ARMEMENT	FRAGMENT +	PAYEMENT	STRIDENT
ARPENT +	FREQUENT +	PARAVENT	SUCEMENT
AUGMENT +	FROMENT	PAREMENT +	SUREMENT /
AUVENT	GAIEMENT /	PARENT, E	TALENT
BATIMENT	GISEMENT	PATENT +	TANGENT, E
BELEMENT	GRADIENT	PATIENT +	TAPEMENT
BETEMENT /	GREEMENT	PAVEMENT	TEGUMENT
BIDENT	IMMANENT, E	PEDIMENT	TORRENT
BIVALENT, E	IMMINENT, E	PENITENT, E	TOURMENT +
BONIMENT	IMPOTENT, E	PIGMENT +	TRIDENT, E
BRAIMENT	IMPUDENT, E	PIMENT +	UNIMENT /
CEMENT +	INCIDENT, E	POLIMENT /	URGENT, E
CIMENT +	INDECENT, E	POSEMENT /	VEHEMENT, E
CLEMENT, E	INDIGENT, E	PRESENT +	VELEMENT
CLIENT, E	INDOLENT, E	PRUDENT, E	VETEMENT
COHERENT, E	INDUMENT /	PSCHENT	VILEMENT /
COMMENT / +	INFLUENT, E	PUREMENT /	VIREMENT
CONVENT	INHERENT, E	PURULENT, E	VIRULENT, E
CRUMENT /	INNOCENT +	QUOTIENT	VIVEMENT /
DECADENT, E	JOLIMENT /	RALEMENT	VRAIMENT /
DECENT, E	JUGEMENT	RAREMENT /	
DEFLUENT	JUMENT, E	RECENT, E	
DEMENT +	JUREMENT	REDENT	
DEPONENT, E	LACEMENT	REGENT +	
DILIGENT, E	LAPEMENT	REGIMENT	
DIVALENT, E	LATENT, E	RELENT	

—ANTE et au pluriel — ANTS, seront valables (voir p. 210).

—ONS —EZ

N'oubliez pas de placer un I avant ces deux finales, afin d'obtenir les finales — IONS et IEZ.

Tous les verbes en — IER, ainsi que RIRE et SOURIRE, prennent un double I dans ces finales : NIER, NIEZ et NIIEZ ; SKIER, SKIEZ et SKIIEZ ; RIRE, RIEZ et RIIEZ...

Ce double I est très important : supposons qu'au premier tirage vous ayez comme lettres Z I E L K G I : pour 26 points vous avez ZIG ou LIEZ, et si vous placez LIIEZ, le L sur l'étoile, de manière à doubler le Z final, vous obtiendrez 58 points. Ces deux I proviennent de la rencontre du I final du radical de ces verbes, qui se maintient dans la conjugaison, avec l' I de la finale en question :
AIMER = AIM + IONS = AIMIONS ; CRIER = CRI + IONS = CRIIONS.

ALLIER	DELIER	MEFIER	RAZZIER
AMODIER	DENIER	MENDIER	RECRIEZ
ANEMIER	DEPLIER	NIER	RELIER
AVARIER	DEVIER	OBVIER	RENIER
CARIER	ECRIER	OPACIFIER	REPLIER
CHATIER	EDIFIER	OUBLIER	SCIER
CHIER	EPIER	PALLIER	SERIER
CONFIER	ETUDIER	PARIER	SKIER
CONVIER	EXPIER	PLAGIER	SPOLIER
COPIER	FIER	PEPIER	STRIER
CRIER	GRACIER	PLIER	TRIER
DEDIER	INITIER	PRIER	UNIFIER
DECRIER	LIER	PUBLIER	VARIER
DEFIER	MANIER	RADIER	VICIER
DEIFIER	MARIER	RALLIER	

–AMES –ATES –IMES –ITES –UMES –UTES

Pensez aux passés simples des verbes :

AIMER : nous AIMAMES,   vous AIMATES ;
MURIR : nous MURIMES,   vous MURITES ;
VALOIR : nous VALUMES,   vous VALUTES ;
MOUDRE : nous MOULUMES, vous MOULUTES ; etc.

Comme vos lettres de Scrabble sont toutes en MAJUSCULES, aucun accent n'y est mentionné. Pensez donc à placer l'accent circonflexe (ˆ) afin de trouver ces finales : – âmes, – âtes, – îmes, – îtes, – ûmes, – ûtes.

De même pour les cédilles. Si vous avez dans vos lettres (avec une 8ᵉ lettre de la grille) le mot DECURENT, il s'agit du passé simple du verbe décevoir.

Pensez également parfois à inverser ces finales (voir page 87) :

–ASME –ASTE

–ASSE –ISSE –USSE Imparfait du subjonctif.

AIMER   :   que j' AIMASSE ;
FINIR   :   que je FINISSE ;
PLAIRE   :   que je PLUSSE ;
EMOUVOIR :   que j' EMUSSE ;
etc.

–AIENT

Mariage très important : il marie 5 lettres, mais parfois difficile à voir, car il marie également trois voyelles côte à côte.

Si vous avez, par exemple, le tirage A E I I N R T : en mariant – AIENT vous trouverez rapidement IRAIENT et RIAIENT (qui lui, marie les 4 seules voyelles consécutivement); et vous avez également NIERAIT et RENIAIT.

En plus de ces 4 Scrabbles secs, toujours avec la finale – AIENT, avec un C sur la grille : CIRAIENT ou CRIAIENT (également INCITERA); un D : DIRAIENT ou RIDAIENT (et DINERAIT, TIENDRAI et TEINDRAI); un L : LIRAIENT; un M : MIRAIENT et RIMAIENT (et INTIMERA, MENTIRAI, MINERAIT et TERMINAI); un P : PRIAIENT et RIPAIENT (et PINTERAI); un R : RIRAIENT (et TERNIRAI); un T : TIRAIENT et TRIAIENT (et TINTERAI); et enfin un V pour faire RIVAIENT ou VIRAIENT (et ENIVRAIT, INVITERA ou VINERAIT).

De même, si vous avez en main A A E I I M T, cherchez un N dans la grille du jeu en cours, afin de composer cette finale – AIENT, et vous trouverez : AIMAIENT, etc.

–AT (autres que temps conjugués)

ACHROMAT	ALCOOLAT	APPARAT	AUTOLYSAT
ACOLYTAT	ALTERNAT	ARCHONTAT	AUVERGNAT
ACTUARAT	ANONYMAT	ARTISANAT	AVOCAT
ADEQUAT	AOUTAT	ASSIGNAT	AVUNCULAT
ADJUVAT	APLANAT	ATTENTAT	BACCARAT
AEROSTAT	APOSTAT	AUDITORIAT	BATONNAT
AGREGAT	APOSTOLAT	AUTOCOAT	BENEVOLAT

BEYLICAT	EXARCHAT	MAGNAT	RAPIAT
BOUGNAT	EXSUDAT	MAJORAT	RECTORAT
BURLAT	EXTERNAT	MALFRAT	RELIQUAT
CADRAT	FILTRAT	MANDAT,E +	RENEGAT
CALFAT	FORCAT	MANOSTAT	REPLAT
CALIFAT	FORMAT	MARQUISAT	RESIDANAT
CANCRELAT	GALAPIAT	MECENAT	RESULTAT
CANDIDAT,E	GALLUCHAT	MEDIAT,E	RHEOSTAT
CANONICAT	GENERALAT	MEPLAT,	ROUERGAT
CASTRAT	GOUJAT	MEURTAT	SABBAT
CEDRAT	GRABAT	MIELLAT	SALARIAT
CELIBAT	GRADUAT	MONITORAT	SAMIZDAT
CENSORAT	GRANULAT	MUSCAT	SCELERAT
CHOCOLAT,E	GRENAT	NOTARIAT	SEPTENNAT
CLIMAT	HABITAT	NOUGAT	SERINGA,T
CLINICAT	HELIOSTAT	NOVICIAT	SOLDAT
COGNAT	HOMEOSTAT	ODORAT	SORORAT
COLONAT	HYDROLAT	OLEOLAT	SUBSTRAT
COMBAT	HYGROSTAT	ORANGEAT	SULTANAT
COMBINAT	IMAMAT	ORGEAT	SYNDICAT
COMMODAT	IMANAT	PALATINAT	TRANSAT
CONCORDAT	IMMEDIAT,E	PASTORAT	TRIBUNAT
CONSTAT,E +	INADEQUAT,E	PATRICIAT	VERRAT
CONSULAT	INCARNAT	PATRONAT	VICARIAT
CONTRAT	INDELICAT,E	PAYSANNAT	VIOLAT
CORBILLAT	INDIGENAT	PECULAT	VIZIRAT
CRACHAT	INFILTRAT	PHOTOSTAT	WOMBAT
CRYOSTAT	INGRAT,E	PISSAT	ZIGGOURAT
DECANAT	INTERNAT	PLAGIAT	
DELICAT,E	INTESTAT	PODESTAT	
DESPOTAT	ISOLAT	POSTULAT	
DIACONAT	JUVENAT	POTENTAT	
DIKTAT	KHANAT	PREDICAT	
DISTILLAT	KHEDIVAT	PRELAT	
DOCTORAT	KUMQUAT	PRIMAT	
DUUMVIRAT	LAICAT	PRINCIPAT	
ECONOMAT	LAUREAT,E	PRIORAT	
ELECTORAT	LECTORAT	PUGILAT	
EMIRAT	LEVIRAT	QUIRAT	
ENTRECHAT	LOMBOSTAT	RABBINAT	
EPHORAT	LOUFIAT	RACHAT	
EPISCOPAT	MAGISTRAT	RAFFINAT	

Avec un "S" dans un tirage, recherchez en premier lieu un mot de six lettres pouvant se mettre au pluriel. Néanmoins quelques finales ont cette lettre incorporée dans un mariage :

–ISME
–ISTE

(Seule la finale –ISME est mentionnée, mais tous ces mots peuvent également prendre la finale –ISTE) :

ACTIVISME	EXORCISME	MAOISME	SEXISME
ALPINISME	FASCISME	MARXISME	SIMPLISME
ALTRUISME	FATALISME	MECANISME	SIONISME
ANIMISME	FEMINISME	MODELISME	SLAVISME
ARRIVISME	FIDEISME	MOLINISME	SOPHISME
ATOMISME	FINALISME	MONISME	STYLISME
AUTISME	FIXISME	MORALISME	SUIVISME
BAPTISME	FUTURISME	MURALISME	TACHISME
BOULISME	GAUCHISME	NATIVISME	TAOISME
CARLISME	GAULLISME	NATURISME	THEISME
CASTRISME	GENETISME	NIHILISME	THOMISME
CENTRISME	GRAPHISME	NUDISME	TITISME
CHARTISME	HEBRAISME	OPTIMISME	TOURISME
CHIMISME	HEDONISME	ORGANISME	TRISME
CUBISME	HUMANISME	PACIFISME	TSARISME
CYCLISME	IDEALISME	PAPISME	UNIONISME
DADAISME	INGRISME	PASSEISME	URBANISME
DEISME	INNEISME	PIETISME	VERISME
DIRIGISME	INTIMISME	PLANISME	VISAGISME
DONATISME	LAICISME	POPULISME	VITALISME
DUALISME	LAMAISME	PURISME	
DYNAMISME	LATINISME	QUIETISME	*Attention :*
EGOISME	LAXISME	RACISME	
EGOTISME	LEGALISME	REALISME	DARBYSME
ELITISME	LENINISME	REXISME	DARBYSTE
EMPIRISME	LOYALISME	RIGORISME	avec un Y.
ETATISME	LUMINISME	ROYALISME	
EUGENISME	MADHISME	SCHISME	

–ISME

(ces mots ne prennent pas la finale en – ISTE)

ACHARISME	ENTRISME	LAPINISME	PALUDISME
ACNEISME	EQUINISME	LEPISME	PARSISME
ADAMISME	ERETHISME	LESBISME	PERONISME
ALBINISME	ERGOTISME	LETTRISME	PILOSISME
ANEVRISME	EROTISME	LOGICISME	PRIAPISME
ANGELISME	ETHYLISME	LUDDISME	PROSAISME
APHORISME	EUPHUISME	LUDISME	PSYCHISME
ARABISME	EXOREISME	LYRISME	PTYALISME
ARCHAISME	EXOTISME	MACHISME	PUSEYISME
AREISME	FAKIRISME	MALEKISME	SABEISME
ARGOTISME	FANATISME	MALIKISME	SADISME
ARIANISME	FAUVISME	MANDEISME	SAKTISME
ASCETISME	FINITISME	MARINISME	SAPHISME
ATAVISME	FREUDISME	MAZDEISME	SATANISME
ATHEISME	GALENISME	MENTISME	SCOTISME
ATTICISME	GATISME	MERISME	SCOUTISME
BABISME	HANAFISME	MERYCISME	SEISME
BOTULISME	HEPATISME	MIMETISME	SEMITISME
CAFEISME	HEROISME	MOBILISME	SINAPISME
CAODAISME	HIPPISME	MORPHISME	SIVAISME
CESARISME	IDIOTISME	MUTISME	SLAVISME
CHAFIISME	ILLOGISME	NANISME	SNOBISME
CHARISME	ILOTISME	NAUTISME	SOLECISME
CHIISME	INCIVISME	NAZISME	SOUFISME
CHRISME	IODISME	NEPOTISME	STATISME
CINETISME	IOTACISME	NICOTISME	STOICISME
CIVAISME	IRENISME	NOMADISME	STRABISME
CIVISME	ISLAMISME	OENILISME	SUNNISME
CULTISME	JAINISME	OENOLISME	TABAGISME
CYNISME	JAPONISME	OLYMPISME	TACTISME
DEMONISME	JINISME	ONANISME	TANTRISME
DOCETISME	JUDAISME	ONIRISME	TETANISME
DROITISME	JURIDISME	ORPHISME	TOTEMISME
DRUIDISME	KANTISME	PAGANISME	TRIOLISME
EIDETISME	LACONISME	PALAMISME	TROPISME

TRUISME	*Remarques :* CIVAISME et SIVAISME, JAINISME et
URANISME	JINISME, LUDISME et LUDDISME, MALEKISME
VAGINISME	ET MALIKISME, OENILISME et OENOLISME, et
VEDISME	n'oubliez pas ENTRISME et CENTRISME.
VIRILISME	
VISNUISME	
VOCALISME	

–ISTE

autres que verbes. (Ces mots ne prennent pas la finale — ISME.)

ACIERISTE	CEDETISTE	GAGISTE	NORDISTE
AGONISTE	CEGETISTE	GARAGISTE	OCULISTE
AJISTE	CERAMISTE	GREVISTE	OLIGISTE
ALARMISTE	CHAINISTE	GROSSISTE	ORANGISTE
ALIENISTE	CHORISTE	HARPISTE	PALMISTE
ALPISTE	CHROMISTE	HUMORISTE	PARODISTE
ALTISTE	CIBISTE	IRONISTE	PAULISTE
ANNALISTE	CIVILISTE	JACISTE	PEAGISTE
AORISTE	CLAVISTE	JECISTE	PERCHISTE
ARRETISTE	COLORISTE	JOCISTE	PIANISTE
ARTISTE	COPISTE	JURISTE	PIGISTE
BAGAGISTE	CORNISTE	KAYAKISTE	PLAGISTE
BALISTE	CURISTE	LAKISTE	PLANISTE
BANQUISTE	DENTISTE	LAMPISTE	POLEMISTE
BASSISTE	DROGUISTE	LAZARISTE	POLISTE
BATISTE	DUELLISTE	LEGISTE	POMPISTE
BIBLISTE	DUETTISTE	LIBERISTE	PONGISTE
BOTANISTE	EBENISTE	LINGUISTE	PROTISTE
BURALISTE	EPEISTE	LUTHISTE	PSALMISTE
CABALISTE	ESSAYISTE	MARISTE	PUGILISTE
CABLISTE	EUDISTE	MAURISTE	RADARISTE
CAMBISTE	FABULISTE	MEHARISTE	REVUISTE
CAMERISTE	FEUDISTE	MENAGISTE	ROMANISTE
CANOEISTE	FICHISTE	MODISTE	RUDISTE
CANONISTE	FIGURISTE	MOSAISTE	SALUTISTE
CARISTE	FRANCISTE	MOTOCISTE	SATIRISTE
CASUISTE	FUMISTE	MOTORISTE	SERRISTE
CAVISTE	FUSINISTE	NATALISTE	SIMILISTE

SITARISTE	TULLISTE	*Attention :*	JACISTE,
SOLISTE	TURFISTE	CABALISTE	JECISTE
SUDISTE	UBIQUISTE	KABBALISTE	JOCISTE
TANKISTE	UTOPISTE		SATIRISTE
TELEXISTE	VELOCISTE	EUDISTE et	mais pas avec Y
TRAPPISTE	VIOLISTE	FEUDISTE	
TUBISTE			

–STE

(autres que –ISTE)

AGRESTE	CONTRASTE +	INDIGESTE	PRESTE
ALMAGESTE	DARBYSTE	INJUSTE	RIPOSTE +
AMETHYSTE	DERMESTE	LANGOUSTE	ROBUSTE
ANALYSTE	DIGEST,E	LOCUSTE	SCOLIASTE
ANAPESTE	DIPNEUSTE	MAJESTE	SEBASTE
ARBUSTE	DYNASTE	MANGOUSTE	SIESTE
ASBESTE	FLIBUSTE	MANIFESTE +	STAROSTE
AUGUSTE	FRUSTE	MODESTE	TRUSTE +
BUPRESTE	FUNESTE	NEFASTE	VERSTE
CELESTE	GYMNASTE	NEOBLASTE	VETUSTE
CERASTE	HELIASTE	PEDERASTE	
CHASTE	IMMODESTE	PELTASTE	
CINEASTE	IMPOSTE	PERIOSTE	
CONTESTE +	INCESTE	PLASTE	

–ASSE

(autres que les finales de verbe)

AGASSE	BLONDASSE	DUCASSE	HOMMASSE
BAGASSE	BONASSE	ECHASSE	IMPASSE
BARCASSE	CALEBASSE	FADASSE	JACASSE +
BECASSE	CARASSE	FOUGASSE	MILLIASSE
BETASSE	COCASSE	GALEASSE	MOLASSE
BIDASSE	CRASSE	GRASSE	MOLLASSE
BIOMASSE	CUIRASSE	HARASSE +	MORASSE

PAPERASSE	POTASSE +	SARGASSE	TIGNASSE
PINASSE	RASCASSE	TIEDASSE	

Attention : ne confondez pas certains temps conjugués avec les mots ci-dessus : CARRASSE et CARASSE, AGACE et AGASSE, BAGUASSE et BAGASSE, FOUGEASSE et FOUGASSE ; et les homophones : GALEACE et GALEASSE, MOLASSE et MOLLASSE.

–ESSE

ABBES,SE	FAUNES,SE	PETITES,SE	TRISTES,SE
ADRESSE +	FINES,SE	POETES,SE	TYPES,SE
AINES,SE	GONZES,SE	POLITES,SE	VANESSE
ALTESSE	GRANDES,SE	PRES,SE +	VITES,SE
ANES,SE	HARDIES,S	PRESTES,SE	
BASSES,SE	HOTES,SE	PRETRES,SE	
BONZES,SE	IVRES,SE	PRINCES,SE	
BOUGRES,SE	JEUNES,SE	PROFES,SE +	*Erreur :*
BRETESSE,E	JOLIES,SE	PROMESSE	Mairesse
BUFFLES,SE	JUSTES,SE	PROUES,SE	
CARESSE +	KERMES,SE	REDRES,SE +	
COMTES,SE	LIES,SE	RICHES,SE	
COMPRESSE +	MAITRES,SE	RUDES,SE	
CONFESSE +	MOLLES,SE	SAGES,SE	
DEESSE	NEGRES,SE	SOUPLES,SE	
DETRESSE	NOBLES,SE	SUISSES,SE	
DIABLES,SE	OGRES,SE	SVELTES,SE	
DROLES,SE	PAIRES,SE	TENDRES,SE	
DUCHES,SE	PAPES,SE	TERFESSE	
EXPRES,S,E	PARES,SE +	TIGRES,SE	
FAIBLES,SE	PAUVRES,SE	TRES,SE +	

–SIE

ABASIE	AMNESIE
ACHALASIE	ANALGESIE
AGENESIE	ANAPLASIE
AGNOSIE	APEPSIE
AGUEUSIE	APHASIE
AKINESIE	APLASIE
AMBROISIE	APOSTASIE

ASEPSIE	ECLAMPSIE	KINESIE	RAFFLESIE
ASTASIE	ECNEMESIE	MACROPSIE	SAISIE
ATHREPSIE	ENURESIE	MAGNESIE	TANAISIE
ATRESIE	EPILEPSIE	MALVOISIE	VESSIE
AUTOPSIE +	EPISTASIE	MESSIE	ZOOPSIE
BIOPSIE	FANTAISIE	MICROPSIE	
BIOSTASIE	FATRASIE	NECROPSIE	
CASSIE,Z	FRENESIE	PARALYSIE,Z	
CHASSIE,Z	GAMBUSIE	PARESIE	
CRAMOISI,E	GEODESIE	PAROUSIE	
DIGLOSSIE	GNOSIE	PARSIE	
DOCIMASIE	HERESIE	PHTISIE	
DYSPEPSIE	ISOSTASIE	PLEURESIE	
DYSPLASIE	JALOUSIE	POESIE	

Remarques : GNOSIE et AGNOSIE, KINESIE et AKINESIE ; et retenez que le verbe VESSER n'est plus repris au *P.L.I.*

–SION   *(voir p. 96).*

Autres finales importantes :

–AME

ACCLAME +	EXCLAME +	MELODRAME	RETAME +
AMALGAME +	IGNAME	MIMODRAME	SESAME
CERAME	ISOGAME	MONOGAME	SQUAME
DECLAME +	JUSQUIAME	POLYGAME	
DESQUAME +	MALFAME,E	PROCLAME +	
DICTAME	MACRAME	RECLAME +	
DIFFAME +	MADAME/	RENTAME +	

–ATE

ACETATE	CHROMAT,E	ODONATE	STYLOBATE
ACROBATE	CITRATE	OMOPLATE	SURATE
ACULEATE	COELOMATE	OXALATE	TARTRATE
ADEQUATE	CRAVATE	PATATE	TOCCATE
ALGINATE	CROATE	PELOBATE	TOMATE
ALOUATE	DALMATE	PERBORATE	UNIATE
ALUMINATE	DELICAT,E	PERIPATE	URANATE
ANNATE	DEMOCRATE	PHENATE	ZINCATE
ANTIDATE +	DERATE,E	PHOSPHATE	
APOSTAT,E	DIPLOMATE	PICRATE	
AROMATE	DISPARATE	PIRATE	
ARSENIATE	ECARLATE	POSTDATE +	
ASIATE	ELEATE	PROSTATE	
ASTATE	EUGENATE	PRUSSIATE	
ASTIGMATE	EUROCRATE	RAPIAT,E	*Remarques :*
AUTOCRATE	FORMIATE	REGATE +	
AUTOMATE	FREGATE	RENEGAT,E	ALOUATE et
AVOCAT,E	FULMINATE	ROUERGAT,E	ALLOUATES/
AZOTATE	GALATE	SAVATE	(verbe ALLOUER)
BENZOATE	GLUTAMATE	SCELERAT,E	
BISULFATE	HYDRATE +	SELENIATE	CARATE et
			KARATE
BORATE	IMMEDIAT,E	SILICATE	
BROMATE	INCARNAT, E	SOLDAT,E	TOMATE et
BUTYRATE	INGRAT,E	SOLVATE	STOMATE
CANDIDAT,E	IODATE	SONATE	
CANTATE	KARATE	SOURATE	
CARATE	LACTATE	SPARTIATE	
CARBONATE	LAUREAT,E	SQUAMATE	
CARINATE	MAINATE	STEARATE	*Attention :*
CASEMATE	MANGANATE	STEMMATE	
CASSATE	MEDIAT,E	STIGMATE	DERATE,E
CHANLATE	MEPLAT,E	STOMATE	(adjectif
CHELATE	NITRATE	STRATE	seulement)
CHLORATE	NUMISMATE	SULFATE	
CHOCOLAT,E	OBLIAT,E	SURICATE	

–ENCE

ABSENCE	ELOQUENCE	INGERENCE	RETICENCE
ACESCENCE	EMERGENCE	INHERENCE	REVERENCE
ADHERENCE	EMINENCE	INNOCENCE	SAPIENCE
AFFLUENCE	ESSENCE	INSOLENCE	SCIENCE
AGENCE +	EVIDENCE	JOUVENCE	SEMENCE
APPARENCE	EXIGENCE	LATENCE	SENTENCE
APPETENCE	EXISTENCE	LICENCE	SEQUENCE
AUDIENCE	FAIENCE	OBEDIENCE	SILENCE
BIVALENCE	FECULENCE	OPULENCE	STRIDENCE
CADENCE +	FLORENCE	PATIENCE	TANGENCE
CARENCE +	FREQUENCE	PENITENCE	URGENCE
CLEMENCE	IMMANENCE	POTENCE	VALENCE
COHERENCE	IMMINENCE	PRESENCE	VEHEMENCE
COVALENCE	IMPOTENCE	PRUDENCE	VERGENCE
CREDENCE	IMPUDENCE	PURULENCE	VIOLENCE
DECADENCE	INCIDENCE	RECENCE	VIRULENCE
DECENCE	INDECENCE	REFERENCE	
DEFERENCE	INDIGENCE	REGENCE	
DEMENCE	INDOLENCE	REMANENCE	
DESINENCE	INFERENCE	RENITENCE	
DILIGENCE	INFLUENCE +	RESIDENCE	

–ANCE

			CREANCE
			CROYANCE
			CUISTANCE
			DECHEANCE
			DEFIANCE
			DEVIANCE
			DISTANCE +
ABONDANCE	ASSURANCE	BRILLANCE	DOMINANCE
AISANCE	ATTIRANCE	CHANCE	DORMANCE
ALLIANCE	AVANCE +	CLAIRANCE	ECHEANCE
AMBIANCE	BALANCE +	CLEARANCE	ELEGANCE
AMBULANCE	BEANCE	COGERANCE	ENDURANCE
ARROGANCE	BECTANCE	CONFIANCE	ENFANCE
ASSONANCE	BOMBANCE	CONSTANCE	ENGEANCE

ERRANCE	MEDISANCE	PREGNANCE	STANCE
ESPERANCE	MEFIANCE	PRESEANCE	SUBSTANCE
FINANCE +	MOUVANCE	PRESTANCE	TENDANCE
GERANCE	MUANCE	PUISSANCE	TOLERANCE
GLISSANCE	NAISSANCE	QUITTANCE	USANCE
GOURANCE	NUANCE +	RASANCE	VACANCE
IGNORANCE	NUISANCE	REACTANCE	VAILLANCE
IMPEDANCE	OUTRANCE	RECREANCE	VARIANCE
INSTANCE	PAISSANCE	REDEVANCE	VENGEANCE
JACTANCE	PARTANCE	RELANCE +	VETERANCE
LAITANCE	PETULANCE	RESONANCE	VIGILANCE
LUMINANCE	PITANCE	ROMANCE	VOYANCE
MALCHANCE	PLAISANCE	RUTILANCE	
MANIGANCE +	PORTANCE	SEANCE	

	AEROLOGIE	ETIOLOGIE	PEDOLOGIE
	AGROLOGIE	GEOLOGIE	PODOLOGIE
	ANAGOGIE	HOMOLOGIE	POMOLOGIE
	ANALOGIE	IDEOLOGIE	POSOLOGIE
	APOLOGIE	MIMOLOGIE	RHEOLOGIE
–OGIE	AXIOLOGIE	MYCOLOGIE	SEROLOGIE
	BIOLOGIE	MYOLOGIE	SEXOLOGIE
	BRYOLOGIE	NEOLOGIE	SINOLOGIE
aucun mot de	CRYOLOGIE	NOSOLOGIE	THEOLOGIE
moins de	CYTOLOGIE	OENOLOGIE	TOPOLOGIE
8 lettres :	DEMAGOGIE	ONCOLOGIE	TRILOGIE
sauf BOGIE	DOXOLOGIE	ONTOLOGIE	TYPOLOGIE
	ECOLOGIE	OTOLOGIE	UFOLOGIE
	ETHOLOGIE	PEDAGOGIE	

–GIE   (autres que ci-dessus)

ANERGIE	DORSALGIE	LETHARGIE	OTALGIE
ASYNERGIE	DYSPHALGIE	LITURGIE	OTORRAGIE
BOGIE	EFFIGIE	LOMBALGIE	STRATÉGIE
BOUGIE, S	ELEGIE	MYALGIE	SYNERGIE
CAUSALGIE	ENERGIE	NEVRALGIE	SYZYGIE
CHIRURGIE, N	FASTIGIE	NOSTALGIE	TABAGIE
COXALGIE	GABEGIE	OSTEALGIE	THEURGIE

–OME

ADENOME	CONDYLOME	INNOME,E	POLYNOME
AEGOSOME	CYNODROME	LEIOMYOME	PRODROME
AERODROME	DICHOTOME	LEUCOME	PROSOME
AGRONOME	DIPLOME,E	LIPOME	PROTOME
ANGIOME	DISTOME	LITHODOME	RADOME
ANTHONOME	ECONOME	LYSOSOME	RIBOSOME
ASTRONOME	ENTOLOME	MAJORDOME	RHYTIDOME
ATHEROME	EPISOME	MELANOME	SCOTOME
AUTODROME	EPITOME	MEROSTOME	SEMINOME
AUTONOME	FANTOME	METRONOME	STEATOME
AUTOSOME	FECALOME	MICROTOME	SYMPTOME
AXIOME	FIBROME	MONOME	SYNDROME
BINOME	GENOME	MYCETOME	TRACHOME
BISCOME	GEROME	MYELOME	TRICHOME
BUTOME	GLAUCOME	NEURINOME	TRICHROME
CARCINOME	GLECOME	NICHROME	TRINOME
CARDAMOME	GLIOME	OSTEOME	UROCHROME
CHIRONOME	GRANULOME	PAPILLOME	VACUOME
CHONDROME	HEMATOME	PENTATOME	VELODROME
CHROME +	HYPHOLOME	PERISTOME	XANTHOME
CINNAMOME	IDIOME	POGROME	

–MIE

ACADEMIE	AMIMIE	ANOXEMIE	BICHROMIE
ACCALMIE	ANATOMIE	APOGAMIE	BIGAMIE
ACOUSMIE	ANEMIE +	ARYTHMIE	BIOCHIMIE
ADYNAMIE	ANTINOMIE	AUTOGAMIE	·BONHOMIE
AERONOMIE	ANTONYMIE	AUTONOMIE	BOULIMIE
AGRONOMIE	ANOMIE	AUTOTOMIE	CACOSMIE
ALCHIMIE	ANOSMIE	AZOTEMIE	CADMIE +

CALCEMIE	GLYCEMIE	PANDEMIE	TREMIE
CHIMIE	HOMONYMIE	PARONYMIE	TRISOMIE
CHOLEMIE	INFAMIE	PLOMBERIE,Z	TULAREMIE
DOLOMIE	ISCHEMIE	POLYGAMIE	URICEMIE
DYSTHYMIE	ISOGAMIE	POLYSEMIE	UREMIE
ECONOMIE	KALIEMIE	SODOMIE	VAGOTOMIE
ENDEMIE	KETMIE	SYNONYMIE	
ENDOGAMIE	LEUCEMIE	TAXINOMIE	
ENNEMI,E	LIPEMIE	TAXONOMIE	
EPIDEMIE	LOBOTOMIE	TENOTOMIE	
ERGONOMIE	METONYMIE	THERMIE	
EURYTHMIE	MONOGAMIE	THYMIE	
EXOGAMIE	NATREMIE	TOPONYMIE	
GEOCHIMIE	OPHTALMIE	TOXEMIE	

–TIE

	ARGUTIE	IMPERITIE	PERIPETIE
	BIPARTIE	INEPTIE	PLASTIE
	CALVITIE	INERTIE	PRESBYTIE
	CANITIE	INIMITIE	PRIMATIE
	CONVERTI,E	INVERTI,E	PROPHETIE
	DYNASTIE	MALBATI,E	REPARTIE,Z
	ENZOOTIE	MINUTIE,Z	REPENTI, E
ABRUTIE	EPIPHYTIE	MODESTIE	SACRISTIE
ACROBATIE	EPIZOOTIE	MOITIE	SCOTIE
AGALACTIE	FACETIE	NANTIE	SORTIE, Z
AMITIE	GARANTIE	NASTIE	SOTTIE
AMNISTIE,Z	HEMATIE	NEOTTIE	SPERMATIE
ANODONTIE	HOSTIE	ORTHOPTIE	TRIPARTI, E
APRENTIE	IDIOTIE	PARTIE,Z	

–ABLE

			BLAMABLE
			BUVABLE
			CAPABLE
			CARTABLE
			CASSABLE
			CHOMABLE
			CLASSABLE
ABATTABLE	AEROCABLE	AMIABLE	CLIVABLE
ABORDABLE	AFFABLE	ANNULABLE	COMMUABLE
ACHETABLE	AGREABLE	ARABLE	COMPTABLE
ADAPTABLE	AIMABLE	ASSURABLE	CONGEABLE
ADMIRABLE	ALIENABLE	ATTIRABLE	CONSTABLE
ADOPTABLE	ALTERABLE	AVOUABLE	CORVEABLE
ADORABLE	AMENDABLE	BANCABLE	COUPABLE

CROYABLE	FLOTTABLE	LOUABLE	REDEVABLE
CUMULABLE	FORGEABLE	MALLEABLE	REFUTABLE
CURABLE	FRIABLE	MANGEABLE	REGLABLE
CYCLABLE	FUMABLE	MANIABLE	REJETABLE
DAMNABLE	GONFLABLE	MARIABLE	RENTABLE
DANSABLE	GRACIABLE	MEMORABLE	REPARABLE
DATABLE	GUEABLE	MESURABLE	REPERABLE
DEBITABLE	HABITABLE	METTABLE	REPLIABLE
DECELABLE	HAISSABLE	MINABLE	RETABLE
DECIDABLE	HONORABLE	MISERABLE	REVISABLE
DERIVABLE	IMBUVABLE	MONTRABLE	REVOCABLE
DESIRABLE	IMMUABLE	MUTABLE	ROUABLE
DEVINABLE	IMPARABLE	NAVIGABLE	SATURABLE
DIABLE	IMPAYABLE	NIABLE	SCIABLE
DILATABLE	IMPOSABLE	NOMBRABLE	SECABLE
DOMPTABLE	IMPUTABLE	NOTABLE	SEMBLABLE
DOSABLE	INCAPABLE	OPERABLE	SEPARABLE
DURABLE	INCUNABLE	OPPOSABLE	SERVIABLE
EDUCABLE	INCURABLE	OUVRABLE	SKIABLE
EFFACABLE	INDATABLE	OXYDABLE	SOCIABLE
EGALABLE	INEFFABLE	PALPABLE	SOLVABLE
EJECTABLE	INFUMABLE	PAPABLE	SOMMABLE
ENDIABLE,E	INJOUABLE	PASSABLE	SORTABLE
ENDURABLE	INONDABLE	PATURABLE	SOUDABLE
ENVIABLE	INSECABLE	PAYABLE	STABLE
EPUISABLE	INSERABLE	PENDABLE	TAILLABLE
EQUITABLE	INSTABLE	PENSABLE	TAXABLE
ERABLE	INTENABLE	PERDABLE	TENABLE
ESTIMABLE	INUSABLE	PERMEABLE	TESTABLE
ETABLE	INVIVABLE	PITOYABLE	TOLERABLE
ETIRABLE	IRISABLE	PLAIDABLE	TRACTABLE
EVALUABLE	IRRIGABLE	PLIABLE	TROUVABLE
EVITABLE	IRRITABLE	PORTABLE	VALABLE
EVOCABLE	ISOLABLE	POTABLE	VARIABLE
EXCITABLE	JETABLE	PREALABLE	VENDABLE
EXCUSABLE	JOUABLE	PRENABLE	VENERABLE
EXECRABLE	JUGEABLE	PROBABLE	VERITABLE
EXPIABLE	LARGABLE	PROUVABLE	VIABLE
FAISABLE	LAVABLE	PUBLIABLE	VICIABLE
FATIGABLE	LIBERABLE	QUERABLE	VIVABLE
FAVORABLE	LIVRABLE	RECEVABLE	VOCABLE
FIABLE	LOGEABLE	RECUSABLE	

–IBLE

IRASCIBLE
LISIBLE
LOISIBLE
MISCIBLE
NUISIBLE
PAISIBLE
PASSIBLE

AMOVIBLE	ELIGIBLE	FUSIBLE	PLAUSIBLE
AUDIBLE	EXIGIBLE	HORRIBLE	POSSIBLE
CESSIBLE	FAIBLE	ILLISIBLE	RISIBLE
COERCIBLE	FAILLIBLE	INAUDIBLE	SENSIBLE
CREDIBLE	FISSIBLE	INDICIBLE	TANGIBLE
CRIBLE +	FLEXIBLE	INFUSIBLE	TERRIBLE
DIVISIBLE	FONGIBLE	INVISIBLE	VISIBLE

–ATRE

PHONIATRE
PLATRE +
QUATRE/
RANATRE
ROSATRE
ROUGEATRE
ROUSSATRE

ACARIATRE	EMPLATRE	MARATRE	SAUMATRE
ALBATRE	FOLATRE	MULATRE	THEATRE
BELLATRE	GERIATRE	NOIRATRE	VERATRE
BLEUATRE	GRISATRE	OLIVATRE	VERDATRE
BRUNATRE	HIPPIATRE	OPINIATRE	VIOLATRE
DOUCEATRE	IDOLATRE	PALATRE	ZOOLATRE
ECOLATRE	JAUNATRE	PEDIATRE	

–ION

De très nombreuses possibilités, notamment par des actions comme : DATER : DATATION, PRESSER : PRESSION, FLECHIR : FLEXION...

–TION

ABDUCTION	ACTION,NE +
ABJECTION	ACYLATION
ABLATION	ADDICTION
ABLUTION	ADDITION,NE +
ABOLITION	ADDUCTION
ACCEPTION	ADMIXTION
ACCRETION	ADOPTION

ADORATION	DEJECTION	EXCRETION	ISOLATION
ADULATION	DELATION	EXECUTION	ITERATION
ADVECTION	DELETION	EXEMPTION	JONCTION
AERATION	DEMIXTION	EXPIATION	LACTATION
AFFECTION,NE+	DENTITION	FACTION	LALLATION
AGITATION	DEPLETION	FELLATIO,N	LEGATION
AGNATION	DESERTION	FICTION	LIBATION
AMBITION,NE+	DETECTION	FILIATION	LIBRATION
ANIMATION	DETENTION	FINITION	LIQUATION
ASSERTION	DEVIATION	FIXATION	LOCATION
ATTENTION,NE+	DEVOTION	FOLIATION	LOCUTION
ATTRITION	DICTION	FONCTION,NE+	LUXATION
AUDITION,NE+	DIDUCTION	FONDATION	MEDIATION
AVIATION	DIGESTION	FORMATION	MENTION,NE +
BASTION,NE+	DILECTION	FRACTION,NE +	MIGRATION
BIJECTION	DILUTION	FRICTION,NE +	MONITION
BRUTION	DIRECTION	GEMMATION	MOTION
CAPTATION	DONATION	GESTATION	MUTATION
CASSATION	DORMITION	GESTION	NARRATION
CATION	DOTATION	GIRATION	NATATION
CAUTION,NE+	EDITION	GRADATION	NATION
CESSATION	EDUCATION	GUSTATION	NEGATION
CITATION	EJECTION	HIMATION	NERVATION
COALITION	ELECTION	IDEATION	NICTATION
COEDITION	ELEVATION	IGNITION	NIDATION
COGESTION	ELOCUTION	IMITATION	NITRATION
COGNATION	EMANATION	IMMIXTION	NOTATION
COGNITION	EMOTION,NE+	IMPACTION	NOTION
COLLATION,NE+	EMULATION	INACTION	NOVATION
COMMOTION,NE+	ENDUCTION	INANITION	NUTATION
CONDITION,NE+	EPILATION	INDICTION	NUTRITION
COTATION	EPURATION	INDUCTION	OBJECTION
CREATION	EQUATION	INFECTION	OBLATION
CREMATION	ERECTION	INFLATION	OBTENTION
DAMNATION	ERUDITION	INGESTION	OLFACTION
DATATION	ERUPTION	INJECTION	ONCTION
DATION	EVECTION	INSERTION	OPERATION
DECEPTION	EVICTION	INTENTION,NE+	OPTION
DECOCTION	EVOCATION	INTUITION	OVATION
DEDUCTION	EVOLUTION	INVENTION	OVULATION
DEFECTION	EXACTION	IRISATION	OXYDATION
DEFLATION	EXCEPTION	IRRUPTION	PALPATION

PARTITION	RADIATION	SEDATION	VEXATION
PARUTION	RATION,NE+	SEDITION	VIBRATION
PASSATION	REACTION	SEDUCTION	VICIATION
PERDITION	RECEPTION,NE+	SELECTION,NE+	VIOLATION
PETITION,NE+	RECTION	SENSATION	VOCATION
PHONATION	REDACTION	SITUATION	VOLITION
POLLUTION	REDDITION	SOLUTION,NE+	VOTATION
PONCTION,NE+	REDUCTION	SOMATION	
PORTION	REEDITION	SOMMATION	
POSITION,NE+	REFACTION	STATION,NE+	
POTION	REFECTION	STRIATION	
PREDATION	RELATION	STRICTION	
PRENOTION	REPLETION	SUDATION	
PRIVATION	REPTATION	SUJETION	
PROBATION	RESECTION	TAXATION	
PROMOTION	RETENTION	TENTATION	
PRONATION	ROTATION	TRACTION	
PULSATION	SANCTION,NE+	TRADITION	
PUNITION	SALTATION	ULULATION	
PURGATION	SECRETION	VACATION	
QUESTION,NE+	SECTION,NE+	VARIATION	

–SION

ABRASION	COLLISION	DIVERSION	EXCURSION,NE+
ACCESSION	COLLUSION	DIVISION	EXPANSION
ADHESION	CONCISION	DIVULSION	EXPLOSION
ADMISSION	CONFUSION	ECLOSION	EXPULSION
AFFUSION	CONTUSION,NE+	EFFUSION	EXTENSION
AGRESSION	CORRASION	EGRESSION	EXTORSION
ALLUSION	CORROSION	ELISION	EXTRUSION
ASCENSION	DECISION	EMERSION	FISSION
ASPERSION	DEMISSION,NE+	EMISSION	FUSION,NE+
AVERSION	DERISION	EMULSION,NE+	ILLUSION
AVULSION	DETERSION	EROSION	IMMERSION
BITENSION	DETORSION	EVASION	IMPLOSION
CESSION	DIFFUSION	EXCISION	IMPULSION
COHESION	DIMENSION,NE+	EXCLUSION	INCISION

INCLUSION	OMISSION	REPULSION	TORSION
INCURSION	PASSION,NE+	RESCISION	VERSION
INFUSION	PENSION,NE+	RETORSION	VISION,NE+
INTRUSION	PERFUSION	REVERSION	
INVASION	PRECISION	REVISION	
INVERSION	PRESSION	REVULSION	
JUSSION	PREVISION	SCANSION	
LESION	PROFUSION	SCISSION	
MANSION	PROVISION	SECESSION	
MISSION	PULSION	SESSION	
MULSION	RECENSION	SUFFISION	
OBTUSION	RECESSION	SURFUSION	
OCCASION,NE+	RECLUSION	SYMPOSION	
OCCLUSION	REMISSION	TENSION	

–CION

SUCCION ET SUSPICION

–YON

ALCYON	EMBRYON	SAYON
BARYON	IIAYON	TACHYON
CANYON	LAYON	TRAYON
CLAYON,NE+	OTOCYON	
CRAYON,NE+	PLEYON	
CYON	RAYON,NE+	
DICARYON	SABAYON	

–OL

AEROSOL	BENZOL	CONSOLE,E+	ENTRESOL,E,E
ALCOOL,E	BRISTOL	COOL	ENVOL,E+
ALDOL	CAMPAGNOL	CREOSOL	ERGOL
ALGOL	CERDAGNOL,E	CRESOL	ESPAGNOL,E
ANTIVOL	CEVENOL,E	DIALCOOL	FORMOL,E+
APIOL	CHABROL/	DIERGOL	GAIACOL
BEMOL	COBOL	DIPHENOL	GIRASOL

GLYCEROL	MONERGOL	SALOL	VIOL,E+
GLYCOL	MONGOL,E	SCATOL,E	VITRIOL,E+
GOMENOL,E,E	NAPHTOL	SCHEOL	XYLOL
GUIGNOL	NICOL	SENEVOL	
HYDROSOL	PALEOSOL	SHEOL	
ICHTYOL	PARASOL	SORBITOL	
KHOL	PHENOL	STEROL	
KOHOL	PLASTISOL	SURVOL,E+	*Erreurs:*
LAMBSWOOL	PODZOL	TERPINEOL	furfurol
LICOL	POLYOL	THIOL	collergol
LITHOSOL	POOL	THYMOL	
MANNITOL	PROPERGOL	TOLUOL	
MENTHOL,E,E	RASKOL	TORCOL	
METHANOL	ROSSIGNOL	TOURNESOL	

–OLE

ABSIDIOLE	BANDEROLE	CONSOLE,E+	EXTRAPOLE+
ACCOLE+	BARIOLE+	CONTROLE+	FABRIOLE
ACROPOLE	BATIFOLE+	CONVOLE+	FARANDOLE
AFFOLE+	BENEVOLE	COUPOLE	FEVEROLE
AFFRIOLE	BESTIOLE	CREOLE	FIGNOLE+
AGRICOLE	BOUSSOLE	DESOLE+	FLAGEOLE,T
ALCOOL,E	BRICOLE+	DESSOLE+	FLEOLE
ALVEOLE	BUSSEROLE	DIASTOLE	FLORICOLE
AMPHIBOLE	CABRIOLE,T	DIPOLE	FOLIOLE
APICOLE	CAJOLE+	DISCOBOLE	FORMOL,E+
AQUICOLE	CALCICOLE	DUOPOLE	FRIVOLE
ARENICOLE	CAMBRIOLE+	EMISSOLE	GALLICOLE
AREOLE	CAMISOLE	ENJOLE+	GAUDRIOLE
ARMATOLE	CAPITOLE	ENROLE+	GIRANDOLE
ARTERIOLE	CARACOLE+	ENTOLE+	GLORIOLE
ASSOLE +	CARAMBOLE+	ENTRESOLE,E	GLYCEROLE
AUREOLE+	CARRIOLE	ENVOLE+	GNIOLE
AVICOLE	CASSEROLE	EQUIPOLE	GOMENOL,E,E
AZEROLE	CENTRIOLE	ESPAGNOL,E	GONDOLE+
BABIOLE	CEVENOL,E	ESPINGOLE	GRATIOLE
BAGNOLE	CHIGNOLE	ETIOLE+	HORTICOLE

HYPERBOLE	NECROPOLE	RAFFOLE+	THIAZOLE
IMMOLE+	NIVEOLE	RAFISTOLE+	TORGNOLE
INCONSOLE,E	NUCLEOLE	RIGOLE+	TOURNIOLE
INDOLE	OLEICOLE	RISSOLE+	TRAVIOLE
INSOLE +	OLIGOPOLE	ROCAMBOLE	TUBICOLE
INTERPOLE	OSTIOLE	ROSEOLE	VACUOLE
INVIOLE,E	PACTOLE	ROUGEOLE	VARIOLE
LAGUIOLE	PARABOLE	RUBEOLE	VELICOLE
LANCEOLE,E	PAROLE	RUPICOLE	VEROLE,E
LIGNICOLE	PENTAPOLE	SAMOLE	VINICOLE
LIMICOLE	PERIBOLE	SAXICOLE	VIROLE+
LUCIOLE	PETIOLE	SCAROLE	VITICOLE
MADICOLE	PETROLE	SCATOL,E	VITRIOL,E
MALLEOLE	PHLEOLE	SEPIOLE	
MARIOLE	PICOLE+	SOMNOLE+	
MATTHIOLE	PIROLE	SURVOL,E+	
MENDOLE	PISCICOLE	SYLVICOLE	
MENTHOL,E,E	PISTOLE,T	SYMBOLE	
METROPOLE	PROTOCOLE	SYSTOLE	
MONGOL,E	PYRROLE	TAUROBOLE	
MONOPOLE	RACOLE+	TERRICOLE	

–THE

ABSINTHE	LECYTHE	PODOLITHE
ACANTHE	MARATHE	PROGATHE
AEROLITHE	MEGALITHE	RHINANTHE
AGNATHE	MENTHE	SCYTHE
ALLOPATHE	MENYANTHE	SPATHE
CERITHE	MONOLITHE	SYNGNATHE
CRYOLITHE	MYOPATHE	TELEPATHE
EOLITHE	OENANTHE	WISIGOTHE
GALALITHE	OOLITHE	
HELIANTHE	OTOLITHE	
HELMINTHE	OXYLITHE	
HYACINTHE	PERIANTHE	
ISOBATHE	PHILANTHE	
JACINTHE	PLINTHE	

NOTES PERSONNELLES

TYPES DE TIRAGES

Exemples de recherches

Il y a six types de tirages possibles :

a) 4-3 4 consonnes - 3 voyelles ;
b) 3-4 3 consonnes - 4 voyelles ;
c) 5-2 5 consonnes - 2 voyelles ;

d) 2-5 2 consonnes - 5 voyelles ;
e) 6-1 6 consonnes - 1 voyelle ;
f) 1-6 1 consonne - 6 voyelles ;

Les deux derniers tirages ne peuvent être envisagés qu'après le 15e coup, puisque d'après le règlement, durant les 15 premiers coups, il faut au minimum 2 voyelles ou 2 consonnes sur les 7 lettres tirées ; après le 15e coup, une seule consonne ou une seule voyelle suffit.

A. 4/3 Premier type de tirage
(4 consonnes – 3 voyelles)

Le premier tirage le plus fréquent, 4/3, donne un maximum de mariages, et surtout très faciles :

Exemple : A E I M R S T

–ATES

MIRATES et RIMATES ; avec une 8e lettre de la grille : +A = MARIATES, +B = BRIMATES, +G = GRIMATES, +O = MOIRATES, +P = PRIMATES, +T = TRIMATES. . . . . .

–AMES

TIRAMES et TRIAMES ; avec une 8e lettre de la grille : +E = ETIRAMES, +M = TRIMAMES, +S = STRIAMES, +T = TITRAMES, +V = VITRAMES.

–IMES

TARIMES ; et avec une 8e lettre de la grille : +H = TRAHIMES, +P = PARTIMES.

–ISTE

MARISTE ; rien avec une 8e lettre.

–AIS   METRAIS (du verbe METRER), et avec une 8e lettre de la grille +A = MATERAI et RETAMAIT +I = MERITAIS et MITERAIS, +P = TREMPAIS, +T = METTRAIS, +U = MUTERAIS.

–AS   MERITAS et MITERAS ; avec une 8e lettre de la grille : +I = IMITERAS, +N = MENTIRAS et TERMINAS, +P = IMPETRAS, +R = TRIMERAS.

–AT   REMISAT (attention à l'erreur : miserat est faux, MISAT est correct) avec une 8e lettre de la grille : +C = ESCRIMAT, +E = EMERISAT, +P = MEPRISAT.

–ER   TAMISER ; avec une 8e lettre de la grille : +G = MAGISTER, +O = ATOMISER.

En plaçant le S en finale, et en cherchant bien dans vos lettres, vous trouverez encore 3 autres Scrabbles : EMIRAT,S, MAITRE,S et TAMIER,S.

Cela fait donc 14 Scrabbles secs, plus tous les autres en 8 lettres :

–ITES   +M = MARMITES.

–ISME   +S = TSARISME, +X = MARXISTE.

–AIT   +E = SEMERAIT, +I = MISERAIT et REMISAIT, +U = MESURAIT, MUSERAIT et RESUMAIT.

–ERA   +A = TAMISERA, +E = ESTIMERA.

et sans mariage :   +A = MAESTRIA, +C = MATRICES, +E = MATIERES, +I = MAITRISE, +L = MITRALES et TRÉMAILS, +N = MARTIENS, MINARETS et REMISANT, +O = AMORTIES et MORTAISE, +S = TRIMASSE, +U = TAMISEUR.

Autre exemple : A E I R S S V

–ASSE   VIRASSE et RIVASSE ; avec une 8e lettre de la grille : +A = VARIASSE, +B = VIBRASSE, +D = DRIVASSE, +G = GIVRASSE, +L = LIVRASSE, +P = PRIVASSE, +T = VITRASSE.

–AIS   SERVAIS, SEVRAIS et VERSAIS ; avec une 8e lettre de la grille : +I = REVISAIS, SEVIRAIS ou VISERAIS.

–AS

REVISAS, SEVIRAS et VISERAS; avec une 8^e lettre de la grille : +A = AVISERAS, +N = INVERSAS, +R = SERVIRAS.

–ISSE

RAVISSE; avec une 8e lettre de la grille : +G = GRAVISSE.

et sans mariage :

sec, vous avez encore ASSERVI et RAVISES.

–A

VISSERA, REVISSA et SERVIRA.

En 8 lettres :

+A = REVASSAI, +E = ASSERVIE, RAVISEES, VASIERES, +L = SLAVISER, +R = ASSERVIR, +T = ASSERVIT, +Z = RAVISSEZ.

B. 3/4 Deuxième type de tirage (3 consonnes – 4 voyelles)

Très fréquent également, et permet de grandes possibilités. Mais, ici, vous avez intérêt à marier 2 de vos voyelles : mariages AU, OU, EU, AI et surtout la finale –EE.

Pensez aussi aux finales de verbes mariant 2 ou 3 voyelles, comme –AIS, –IONS, etc. et aux finales groupant 3 voyelles comme :

–AIE   Pensez aux lieux plantés d'arbres ou de plantes

AMANDAIE (amandiers)
AULNAIE ou
AUNAIE (aulnes ou aunes)
BOULAIE (bouleaux)
CEDRAIE (cèdres)
CERISAIE (cerisiers)
CHENAIE (chênes)
COUDRAIE (coudriers)
FOUGERAIE (fougères)
FRENAIE (frênes)
FUTAIE (grands arbres)
HETRAIE (hêtres)
HOUSSAIE (houx)
JONCHAIE ou
JONCHERAIE (joncs,
   également JONCHERE)

NOISERAIE (noyers)
OLIVAIE ou
OLIVERAIE (oliviers)
ORANGERAIE (oranges)
ORMAIE (ormes)
OSERAIE (osiers)
PALMERAIE (palmiers)
PINERAIE (pins,
   également PINEDE et PINIERE)
POMMERAIE (pommiers)
RONCERAIE (ronces)
ROSERAIE (rosiers)
ROUVRAIE (rouvres)
SAULAIE ou
SAUSSAIE (saules)
TREMBLAIE (trembles)

Autres exemples :	DEBLAIE	FRAIE	RENTRAIE
	DEBRAIE	GAIE	REPAIE
	DEFRAIE	HAIE	RESSAIE
	DELAIE	IVRAIE	SAGAIE
	DERAIE	LAIE	SAIE
	DISTRAIE	MAIE	SOUSTRAIE
	DRAIE	MONNAIE	SURPAIE

ABSTRAIE	EFFRAIE	ORFRAIE	TAIE
BAIE	EGAIE	PAIE	THAIE
BALAIE	EMBRAIE	PAGAIE	TRAIE
BEGAIE	ENRAIE	PLAIE	VRAIE
BRAIES /	ESSAIE	RAIE	ZEZAIE
CLAIE	ETAIE	RELAIE	
CRAIE	EXTRAIE	REMBLAIE	

–OIE (verbes en –OYER, –OIR et divers)

ABOIE	EMPLOIE	ORMOIE	VOUVOIE
APITOIE	ENVOIE	PAUMOIE	
ASSOIE	FESTOIE	PLOIE	
ATERMOIE	FLAMBOIE	POUDROIE	
BAUDROIE	FOIE	POURVOIE	
BORNOIE	FOUDROIE	PREVOIE	
BROIE	FOURVOIE	PROIE	
CARROIE	GROIE/	RASSOIE	
CHARROIE	GUERROIE	REMPLOIE	
CHATOIE	HONGROIE	RENVOIE	
CHOIE	JOIE	REPLOIE	
CONVOIE	JOINTOIE	REVOIE	
CORROIE	LAMPROIE	ROUGEOIE	
COTOIE	LARMOIE	RUDOIE	
COUDOIE	LOUVOIE	SOIE	
COURROIE	MOIE	SOUDOIE	
DECHOIE	NETTOIE	SURSOIE	
DENOIE	NOIE	TOURNOIE	
DEPLOIE	OCTROIE	TUTOIE	
DEVOIE	OIE	VERDOIE	
ECHOIE	ONDOIE	VOIE	

–OUE, E

ABAJOUE	ECHOUE,E+	RELOUE,E+
ACCOUE,E+	ECROUE,E+	RENFLOUE,E+
ALLOUE,E+	ENCLOUE,E+	RENOUE,E+
AMADOUE,E+	ENCROUE,E	ROCOUE,E+
BAFOUE,E+	ENGOUE,E+	SECOUE,E+
BAJOUE	ENJOUE,E	TATOUE,E+
BOUTEROUE	ENROUE,E+	

DECLOUE,E+	FAGOUE
DEJOUE,E+	GADOUE
DENOUE,E+	HINDOU,E
DESAVOUE,E+	INAVOUE,E
DESECHOUE,E+	MANDCHOU,E
DEVOUE,E+	RABROUE,E+
EBROUE,E+	REJOUE,E+

–EAU

AGNEAU	BERCEAU	CABLEAU	CHANTEAU
ANNEAU	BIGARREAU	CADEAU	CHAPEAU
APPEAU	BIGORNEAU	CANARDEAU	CHAPITEAU
ARCEAU	BIHOREAU	CANIVEAU	CHATEAU
ASSEAU	BISEAU	CARNEAU	CHEMINEAU
BALEINEAU	BIVEAU	CARPEAU	CHENEAU
BALIVEAU	BLAIREAU	CARREAU	CHEVREAU
BANDEAU	BOISSEAU	CASSEAU	CHREMEAU
BARBEAU	BONNETEAU	CAVEAU	CIGOGNEAU
BARREAU	BOQUETEAU	CERCEAU	CISEAU
BATARDEAU	BORDEREAU	CERNEAU	CLAVEAU
BATEAU	BOULEAU	CERVEAU	CLOSEAU
BECASSEAU	BOURREAU	CHALUMEAU	COPEAU
BEDEAU	BUREAU	CHAMEAU	CORBEAU

CORDEAU	JUMEAU	PIPEAU	TASSEAU
COTEAU	LAMBEAU	PLATEAU	TAUREAU
COUTEAU	LAPEREAU	PLUMEAU	TERREAU
CRENEAU	LINTEAU	POINTEAU	TETEAU
CUISSEAU	LIONCEAU	POIREAU	TOMBEAU
CUVEAU	LISTEAU	POMMEAU	TOMBEREAU
DOUBLEAU	LITEAU	PONCEAU	TONNEAU
DAMOISEAU	LOQUETEAU	PONTUSEAU	TOUCHEAU
DRAPEAU	LOUVETEAU	POTEAU	TOURTEAU
ECHEVEAU	MANCEAU	POURCEAU	TRAINEAU
ECRITEAU	MANTEAU	PRUNEAU	TRETEAU
EFOURCEAU	MAQUEREAU	PUCEAU	TRIJUMEAU
ESCABEAU	MARTEAU	PUREAU	TROUBLEAU
ETOURNEAU	MATEREAU	RADEAU	TROUPEAU
FAISCEAU	MENEAU	RAMEAU	TROUSSEAU
FARDEAU	MOINEAU	RAMPEAU	TRUMEAU
FLAMBEAU	MONCEAU	RATEAU	TUFEAU
FOURNEAU	MORCEAU	RENARDEAU	TUFFEAU
FOURREAU	MUSEAU	RENOUVEAU	TUILEAU
FRONTEAU	NASEAU	RESEAU	TYRANNEAU
FUSEAU	NIVEAU	RIDEAU	VAISSEAU
GATEAU	NOUVEAU	RINCEAU	VANNEAU
GERSEAU	OISEAU	RONDEAU	VIGNEAU
GERZEAU	ORGANEAU	ROSEAU	VIPEREAU
GODIVEAU	ORIPEAU	ROULEAU	YPREAU
GRUMEAU	ORMEAU	ROUSSEAU	
GUIDEAU	OUTARDEAU	RUISSEAU	
GUINDEAU	OUVREAU	SAUMONEAU	
HACHEREAU	PAISSEAU	SAUTEREAU	
HAMEAU	PANNEAU	SERDEAU	
HATIVEAU	PANONCEAU	SIMBLEAU	
HAVENEAU	PERDREAU	SOLIVEAU	
HERONNEAU	PINCEAU	SOURICEAU	
HIRONDEAU	PINEAU	SUREAU	
HOBEREAU	PINTADEAU	TABLEAU	

Erreurs:

erseau, faiteau, fluteau, gemeau, hatereau, verseau, vousseau.

–IEN,NE –OIS,E –EEN,NE
–IN,E –AN,E etc.

Très souvent, adjectifs se rapportant aux habitants, et mots similaires.

ABYSSIN,E	d'Abyssinie	ARGENTIN,E	d'Argentine
ACADIEN,NE	d'Acadie	ARGIEN,NE	d'Argos (Grèce)
	(Nouvelle-Ecosse)	ARIEGEOIS,E	de l'Ariège
AFGHAN,E	d'Afghanistan	ARLESIEN,NE	d'Arles
AFRICAIN,E	d'Afrique	ARMENIEN,NE	d'Arménie (Asie)
AIXOIS,E	d'Aix	ARMORICAIN,E	de l'Armorique
AKKADIEN,NE	d'Akkad		(Gaule)
	(Mésopotamie)	ARTESIEN,NE	de l'Artois
ALBANAIS,E	d'Albanie	ARYEN,NE	propre aux Aryens
ALBIGEOIS,E	d'Albi	ASIATE ou	
ALEXANDRIN,E	d'Alexandrie	ASIATIQUE	d'Asie
ALGERIEN,NE	d'Algérie	ASSYRIEN,NE	d'Assyrie
ALGEROIS,E	d'Alger	ATHENIEN,NE	d'Athènes
ALLEMAND,E	d'Allemagne	AUBOIS,E	de l'Aube
ALPIN,E	des Alpes	AUDOIS,E	de l'Aude
ALSACIEN,NE	d'Alsace	AUDOMAROIS,E	de Saint-Omer
ALTAIQUE	des monts Altaï	AUDONIEN,NE	de Saint-Ouen
	(Asie)	AUGERON,NE	du pays d'Auge
AMAZONIEN,NE	d'Amazonie	AUSCITAIN,E	d'Auch
AMERICAIN,E	d'Amérique	AUSTRALIEN,NE	d'Australie
ANDALOU,SE	d'Andalousie	AUTRICHIEN,NE	d'Autriche
ANDIN,E	des Andes	AUVERGNAT,E	d'Auvergne
ANDORRAN,E	d'Andorre	AZUREEN,NE	de la Côte-d'Azur
ANGEVIN,E	d'Angers, d'Anjou		
ANGKORIEN,NE	d'Angkor	BABYLONIEN,NE	de Babylone
	(Cambodge)	BADOIS,E	de Bade
ANGLAIS,E	d'Angleterre		(Allemagne)
ANGOLAIS,E	d'Angola	BALOIS,E	de Bâle (Suisse)
ANNAMITE	d'Annam	BALTE	de la Baltique
	(Vietnam)	BASQUE ou	
ANTILLAIS,E	des Antilles	BASQUAIS,E	du Pays basque
APACHE	Indien	BATAVE	de la Hollande
AQUITAIN,E	d'Aquitaine	BAVAROIS,E	de Bavière
ARABE	d'Arabie	BEARNAIS,E	du Béarn
ARAGONAIS,E	d'Aragon	BEAUCERON,NE	de la Beauce
	(Espagne)		(France)
ARAMEEN,NE	population de Syrie	BEDOUIN,E	nomade du désert
ARDENNAIS,E	des Ardennes	BELGE	de Belgique
ARDECHOIS,E	de l'Ardèche	BEOTIEN,NE	de Béotie (Grèce)

BERBERE	ethnie d'Afrique du Nord
BERLINOIS,E	de Berlin
BERNOIS,E	de Berne
BIARROT,E	de Biarritz
BIGOUDEN	de Pont-l'Abbé (Finistère)
BIGOURDAN,E	de la Bigorre
BIRMAN,E	de Birmanie
BISCAIEN,NE ou	
BISCAYEN,NE	de la Biscaye (Espagne)
BISONTIN,E	de Besançon
BITERROIS,E	de Béziers
BLESOIS,E	de Blois
BOHEMIEN,NE	de Bohème
BOLIVIEN,NE	de Bolivie
BOLONAIS,E	de Bologne
BORAIN ou	
BORIN,E	du Borinage
BORDELAIS,E	de Bordeaux
BOSNIAQUE ou	
BOSNIEN,NE	de la Bosnie (Yougoslavie)
BRABANÇON,NE	du Brabant
BRESILIEN,NE	du Brésil
BRESSAN,E	de la Bresse
BRESTOIS,S	de Brest
BRETON,NE	de Bretagne
BRIARD,E	de la Brie
BULGARE	de Bulgarie
BYZANTIN,E	de Byzance (Grèce)
CADURCIEN,NE	de Cahors
CAENNAIS,E	de Caen
CAFRE	nom musulman d'Afrique australe
CAIROTE	du Caire
CALABRAIS,E	de la Calabre (Italie)
CALAISIEN,NE	de Calais
CAMARGUAIS,E	de Camargue
CAMBODGIEN,NE	du Cambodge
CAMBRESIEN,NE	de Cambrai
CAMPANIEN,NE	de la Campanie (Italie)
CANADIEN,NE	du Canada

CANANEEN,NE	du pays de Canaan (Palestine)
CANTALIEN,NE ou	
CANTALOU,E	du Cantal
CANTONAIS	dialecte chinois (pas de fém.)
CARAIBE	des Caraïbes
CARIOCA	de Rio de Janeiro
CASTILLAN,E	de la Castille (Espagne)
CATALAN,E	de la Catalogne (Espagne)
CAUCASIEN,NE	du Caucase (U.R.S.S.)
CAUCHOIS,E	du pays de Caux
CERDAN,E ou	
CERDAGNOL,E	de la Cerdagne
CEVENOL,E	des Cévennes
CEYLANAIS,E	de Ceylan
CHALDEEN,NE	de la Chaldée (Mésopotamie)
CHAMONIARD,E	de Chamonix
CHAMPENOIS	de la Champagne
CHARENTAIS,E	des Charentes
CHAROLAIS,E	du Charolais
CHASSEEN,NE	de Chassey-le-Camp
CHILIEN,NE	du Chili
CHINOIS,E	de Chine
CHYPRIOTE ou	
CYPRIOTE	de Chypre
CINGALAIS,E ou	
CINGHALAIS,E ou	
CEYLANAIS,E	de Ceylan
CIRCASSIEN,NE	de Circassie (U.R.S.S)
CISALPIN,E	en deçà des Alpes
CISJURAN,E	en deçà du Jura
COLOMBIEN,NE	de Colombie
COMORIEN,NE	des îles Comores
COMTADIN,E	du Venaissin (Vaucluse)
COMTOIS,E ou	
FRANC-COMTOIS	de Franche-Comté
CONGOLAIS,E	du Congo
CORDOUAN,E	de Cordoue (Espagne)
COREEN,NE	de Corée
CORNIQUE	du pays de Cornouailles

CORREZIEN,NE	de la Corrèze
CORSE	de Corse
CRETOIS,E	de la Crète (Grèce)
CREUSOIS,E	de la Creuse
CROATE	de la Croatie (Yougoslavie)
CUBAIN,E	de Cuba
CYPRIOTE	de Chypre
DACE	de la Dacie (Roumanie)
DACQUOIS,E	de Dax
DALMATE	de la Dalmatie (Yougoslavie)
DANOIS,E	du Danemark
DANUBIEN,NE	du Danube
DAUPHINOIS,E	du Dauphiné
DIJONAIS,E	de Dijon
DIONYSIEN,NE	de St-Denis
DOMINICAIN,E	de la république Dominicaine
EBROICIEN,NE	d'Évreux
ECOSSAIS,E	d'Écosse
EGÉEN,NE	de la mer Égée
EGYPTIEN,NE	d'Égypte
ELYSÉEN,NE	des Champs-Élysées
EMILIEN,NE	d'Émilie (Italie)
EOLIEN,NE	de l'Éolie (Asie Mineure)
EPIROTE	de l'Épire (Grèce)
ESCLAVON,NE	de l'Esclavonie (Yougoslavie)
ESTE ou	
ESTONIEN,NE	d'Estonie (U.R.S.S.)
ESPAGNOL,E	d'Espagne
ESQUIMAU,DE	du peuple des Esquimaux
ETHIOPIEN,NE	d'Éthiopie
ETOLIEN,NE	de l'Étolie (Grèce)
ETRUSQUE	de l'Étrurie (Italie)
EURASIEN,NE	métis européen/ asiatique
EUROPEEN,NE	d'Europe
ESKUARIEN,NE ou	
EUSCARIEN,NE ou	
EUSKERIEN,NE	du Pays basque

FINLANDAIS,E	de Finlande
FINNOIS,E	« «
FLAMAND,E	des Flandres
FLORENTIN,E	de Florence
FORMOSAN,E	de Formose
FRANCAIS,E	de France
FRISON,NE	de la Frise
FUEGIEN,NE	de la Terre de Feu
GABONAIS,E	du Gabon
GALATE	de Galatie (Asie Mineure)
GALICIEN,NE	de la Galice (Espagne) ou de la Galicie (Europe centrale)
GALILEEN,NE	de la Galilée (Palestine)
GALLOIS,E	du pays de Galles
GANTOIS,E	de Gand (Belgique)
GASCON,NE	de Gascogne
GAULOIS,E	de la Gaule
GENEVOIS,E	de Genève
GENOIS,E	de Gênes
GEORGIEN,NE	de la Géorgie (U.R.S.S.)
GERMAIN,E	de la Germanie
GERSOIS,E	du Gers
GHANEEN,NE	du Ghâna
GIRONDIN,E	de la Gironde (pas de fém.)
GREC ou	
GRECQUE +	de la Grèce
GRENADIN,E	de Grenade
GRISON,NE	des Grisons (Suisse)
GUINEEN,NE	de la Guinée
GUYANAIS,E	de la Guyane
HAINUYER,E ou	
HENNUYER,E	du Hainaut
HAITIEN,NE	d'Haïti
HANOVRIEN,NE	du Hanovre (Allemagne)
HAVANAIS,E	de la Havane
HAVRAIS,E	du Havre
HAWAIIEN,NE	d'Hawaii

HEBREU ou		LEONARD,E	du pays de Léon
HEBRAIQUE	relatif aux Hébreux		(Bretagne)
HELLENE	de la Grèce	LESBIEN,NE	de Lesbos (Grèce)
	ancienne	LETTON,NE	de Lettonie
HELLENIQUE	relatif à la Grèce		(U.R.S.S.)
HESSOIS,E	de la Hesse	LEVANTIN,E	de la Méditerranée
	(Allemagne)		orientale
HIMALAYEN,NE	de l'Himalaya	LIBANAIS,E	du Liban
HINDOU,E	de l'Inde	LIBERIEN,NE	du Libéria
HOLLANDAIS,E	de la Hollande	LIBYEN,NE	de Libye
HONDURIEN,NE	du Honduras	LIEGEOIS,E	de Liège (Belgique)
HONGROIS,E	de la Hongrie	LIGERIEN,NE	de la Loire
		LIGURE ou	
IBERE ou		LIGURIEN,NE	de la Ligurie (Italie)
IBERIQUE	de l'Ibérie	LILLOIS,E	de Lille
ILIEN,NE	d'une île	LIMOUSIN	du Limousin
ILLYRIEN,NE	de l'Illyrie (Asie	LUSITAIN,E ou	
	Mineure)	LUSITANIEN,NE	de la Lusitanie,
INDIEN,NE	de l'Inde		du Portugal
IONIEN,NE	de l'Ionie (Asie	LOMBARD,E	de Lombardie
	Mineure)	LONDONIEN,NE	de Londres
IRAKIEN,NE	de l'Irak	LORRAIN,NE	de la Lorraine
IRANIEN,NE	de l'Iran	LUSITAIN,E	de la Lusitanie
IRAQIEN,NE	de l'Iraq (pas de U		(Portugal)
	après le Q)	LYDIEN,NE	de Lydie
IRLANDAIS,E	d'Irlande	LYONNAIS,E	de Lyon
IROQUOIS,E	relatif aux Iroquois		
ISLANDAIS,E	d'Islande		
ISRAELIEN,NE	d'Israël	MACONNAIS,E	de Mâcon
ITALIEN,NE	d'Italie	MADRILENE	de Madrid
IVOIRIEN,NE	de la Côte-d'Ivoire	MAGYAR,E	syn. de Hongrois,e
		MAJORQUIN,E	de Majorque
		MALAIS,E	de Malaisie
JAPONAIS,E	du Japon	MALGACHE	de Madagascar
JAVANAIS,E	de Java	MALIEN,NE	du Mali
JERSIAIS,E	de Jersey	MALINOIS	chien (pas de fém.)
JORDANIEN,NE	de Jordanie	MALOUIN,E	de Saint-Malo
JURASSIEN,NE	du Jura	MALTAIS,E	de Malte
		MANCEAU	
KABYLE	de la Kabylie	MANCELLE	du Mans
	(Algérie)	MANDCHOU,E	de la Mandchourie
KENYAN,E(1)	du Kenya	MANTOUAN,E	de Mantoue (Italie)
KHMER,E	relatif aux Khmers	MAORI,E	de Nouvelle-
KURDE	du Kurdistan (Asie)		Zélande
		MAROCAIN,E	du Maroc
LANDAIS,E	des Landes	MARTIEN,NE	de Mars
LAOTIEN,NE	du Laos	MAURE ou	
LAPON,E	de la Laponie	MAURESQUE	propre aux Maures
LATIN,E	du Latium (Italie)	MAURICIEN,NE	de l'île Maurice

MEDE ou	propre aux Mèdes	OASIEN,NE	des oasis
MEDIQUE	(Iran)	OCCITAN,E	d'Occitanie
MESSIN,E	de Metz	OCEANIEN,NE	d'Océanie
MEXICAIN,E	du Mexique	OLYMPIEN,NE	de l'Olympe
MILANAIS,E	de Milan	OMBRIEN,NE	d'Ombrie (Italie)
MINORQUIN,E	de Minorque	ONUSIEN,NE	de l'O.N.U.
MOABITE	du pays de Moab	ORLEANAIS,E	d'Orléans
MONEGASQUE	de Monaco	OSTROGOT,E ou	relatif aux
MOLDAVE	de Moldavie	OSTROGOTH	Ostrogoths
	(Roumanie)	OTTOMAN,E	relatif aux
MONGOL,E	de Mongolie		Ottomans (Turcs)
MORAVE	de Moravie	OUGANDAIS,E	d'Ouganda
	(Tchécoslovaquie)	OURALIEN,NE	de l'Oural
MORE ou			(U.R.S.S.)
MORESQUE	relatifs aux Mores	OUZBEK	de l'Ouzbékistan
MOSAN,E	de la Meuse		(U.R.S.S.)
MOSCOVITE	de Moscou		
MOSELLAN,E	de la Moselle		
MOZABITE ou		PALOIS,E	de Pau
MZABITE	du Mzab (Algérie)	PANAMEEN,NE ou	
MUNICHOIS,E	de Munich	PANAMIEN,NE	de Panamà
MYCENIEN,NE	de Mycènes	PAPOU,E	relatif aux Papous
	(Grèce)	PARIGOT,E et	
		PARISIEN,NE	de Paris
		PARMESAN,E	de Parme
NABATEEN,NE	relatif aux	PEKINOIS,E	de Pékin
	Nabatéens	PERCHERON,NE	du Perche
	(Arabie)	PERSAN,E ou	
NANCEEN,NE	de Nancy	PERSE	de Perse
NANTAIS,E	de Nantes	PERUVIEN,NE	du Pérou
NAPOLITAIN,E	de Naples	PHENICIEN,NE	de Phénicie
NAVARRAIS,E	de Navarre	PHILIPPIN,E	des Philippines
NEMEENS/	de Némée	PHOCEEN,NE	de Phocée (Asie
	(Grèce)		Mineure)
NEPALAIS,E	du Népal	PHOCIDIEN,NE	de Phocidie
NAZAREEN,NE	de Nazareth		(Grèce)
NICOIS,E	de Nice	PHRYGIEN,NE	de Phrygie (Asie
NIGERIAN,E	du Nigeria		Mineure)
NIGERIEN,NE	du Niger	PICARD,E	de la Picardie
NILOTIQUE	du Nil	PISAN,E	de Pise
NIPPON,E	du Japon	POITEVIN,E	du Poitou
NIVERNAIS,E	de Nevers	POLONAIS:E	de Pologne
NORMAND,E	de la Normandie	POMPÉIEN,NE	de Pompéi
NORVEGIEN,NE	de Norvège	PORTUGAIS,E	du Portugal
NUBIEN,NE	de Nubie	PRAGOIS,E ou	
	(Afrique)	PRAGUOIS,E	de Prague
NUMIDE	de Numidie	PRUSSIEN,NE	de Prusse
	(Afrique du Nord)	PYGMEEN,NE	relatif aux Pygmées
		PYRENEEN,NE	des Pyrénées

QUEBECOIS,E	du Québec
REMOIS,E	de Reims
RETIQUE ou	
RHETIQUE	de Rhétie
	(Alpes centrales)
RHENAN,E	du Rhin
RHODANIEN,NE	relatif au Rhône
RHODIEN,NE	de Rhodes
RICAIN,E	d'Amérique
RIFAIN,E	du Rif
ROMAIN,E	de Rome
ROMAND,E	de Suisse française
ROUBAISIEN,NE	de Roubaix
ROUENNAIS,E	de Rouen
ROUERGAT,E	du Rouergue
ROUMAIN,E	de Roumanie
RUSSE	de Russie
RUTHENE	de Ruthénie
	(Tchécoslovaquie)
SABEEN,NE	du pays de Saba
	(Yémen)
SAHARIEN,NE	du Sahara
SAHELIEN,NE	du Sahel
SAHRAOUI,E	du Sahara
SAOUDIEN,NE	d'Arabie Saoudite
SAOUDITE	relatif à l'État
	d'Arabie
SARDE	de Sardaigne
SARROIS,E	de la Sarre
SAVOYARD,E	de la Savoie
SAXON,NE	de la Saxe
SCALDIEN,NE	de l'Escaut
SEFARDI ou	
SEFARDIM/ ou	
SEFARADE	juif des pays
	méditerranéens
SEMITE	peuple du
	Proche-Orient
SENONAIS,E	de Sens
SERBE	de Serbie
	(Yougoslavie)
SIAMOIS,E	du Siam
SIBERIEN,NE	de Sibérie
SICILIEN,NE	de Sicile
SIOUX	relatifs aux Sioux

SLAVE	de certains pays
	de l'Est
SLOVAQUE	de Slovaquie
	(Tchécoslovaquie)
SLOVENE	de Slovénie
	(Yougoslavie)
SOLOGNOT,E	de Sologne
SOUDANAIS,E	ou
SOUDANIEN,NE	du Soudan
SOVIET	conseil d'U.R.S.S.
SUEDOIS,E	de Suède
SUISSE,SSE	de Suisse
SYRIEN,NE	de Syrie
TAHITIEN,NE	de Tahiti
TARENTIN,E	de Tarente (Italie)
TARGUI,E	relatif aux Touaregs
TATAR,E	relatif aux Tatars
	(U.R.S.S.)
TCHADIEN,NE	du Tchad
TCHEQUE	de Tchécoslovaquie
TERRIEN,NE	de la Terre
TEUTON,NE	de l'ancienne
	Germanie
TEUTONIQUE	relatif aux Teutons
TEXAN,E	du Texas
THAILANDAIS,E	de Thaïlande
THEBAIN,E	de Thèbes
TIBETAIN,E	du Tibet
TOGOLAIS,E	du Togo
TOSCAN,E	de Toscane (Italie)
TOUAREG	nomade du Sahara
TRANSALPIN,E	d'au-delà des Alpes
TRANSANDIN,E	qui traverse
	les Andes
TREGOROIS,E ou	
TREGORROIS	de Tréguier
	(Côtes-du-Nord)
TROYEN,NE	de Troie (Asie
	Mineure)
TSIGANE ou	
TZIGANE	relatif aux tziganes
TUDESQUE	se dit des Germains
TUNISIEN,NE	de Tunisie
TUNISOIS,E	de Tunis
TURC ou	
TURQUE	de Turquie

TURKMENE	du Turkménistan (U.R.S.S.)	VICHYSSOIS,E	de Vichy
TYROLIEN,NE	du Tyrol	VOSGIEN,NE	des Vosges
		WALLON,NE	de Wallonie
UKRAINIEN,NE	d'Ukraine	WISIGOTH,E	relatif aux Goths de l'ouest
URUGUAYEN,NE	d'Uruguay		
UZBEK	de l'Ouzbékistan	WISIGOTHIQUE	relatif aux Wisigoths
VAHINE	femme de Tahiti	YANKEE	Anglo-Saxon des E.-U.
VALAQUE	de la Valachie (Roumanie)	YOUGOSLAVE	de Yougoslavie
VALAISAN,NE	du Valais (Suisse)	ZAIROIS,E	du Zaïre
VALDOTAIN,E	du Val d'Aoste	ZAMBIEN,NE	de Zambie
VAROIS,E	du Var		
VATICANE	du Vatican (pas de masculin)		

Remarques :
EUDISTE : Pensez à FEUDISTE

VAUDOIS,E	du canton de Vaud (Suisse)
VELCHE ou	
WELCHE	(péjor.) allemand
VENDEEN,NE	de Vendée
VENITIEN,NE	de Venise
VENUSIEN,NE	de la planète Vénus
VIETNAMIEN,NE	du Vietnam
VIENNOIS,E	de Vienne

HAWAIIEN : uniquement avec 2 "i"
HEBREU : féminin, HEBRAIQUE
IRAQIEN : pas de U après le Q
Attention : LIBYEN et LYDIEN
MADRILENE et VATICANE toujours avec un E final, MORE ou MAURE, MORESQUE ou MAURE, UZBEK ou OUZBEK.

Erreurs : antibois, blaisois, chananéen, deliaque, delienne, léonais,e madecasse, navarrin,e, ougrien, patagon,e, périgien, périgin, savoisien,ne, séfaraddi, tyrien, vallave, huns, zoulou...

(1) *Attention :* au *P.L.I.* 1981 est mentionné à tort : kenyanne, mais seul le féminin KENYANE est correct.

–IEN,NE   (ne se rapportant pas aux habitants)

ABELIEN,NE	ANCIEN,NE	BOOLIEN,NE	CARTESIEN,NE
ACCISIEN	ARMINIEN,NE	BROWNIEN	CERASIEN,NE
ADAMIEN,NE	ASINIEN,NE	CAMBRIEN,NE	CHERIFIEN,NE
AERIEN,NE	AUBURNIEN	CAPESIEN,NE	CHRETIEN,NE
AGRARIEN,NE	BACTERIEN,NE	CAPETIEN,NE	CHTHONIEN,NE
AMBROSIEN,NE	BALZACIEN,NE	CAPSIEN,NE	CHTONIEN,NE
AMIBIEN,NE	BASOCHIEN,NE	CARPIEN,NE	CIRCADIEN,NE

CLINICIEN	HERCYNIEN,NE	ORATORIEN	SOUTIEN,NE
CLUNISIEN,NE	HERTZIEN,NE	OTTONIEN,NE	SPINALIEN,NE
COCCYGIEN,NE	HISTORIEN,NE	OURLIEN,NE	STALINIEN,NE
COLLEGIEN,NE	HITLERIEN,NE	OVARIEN,NE	STOICIEN,NE
COMBIEN/	HURONIEN,NE	PASCALIEN,NE	SUMERIEN,NE
COMEDIEN,NE	HYOIDIEN,NE	PASTORIEN,NE	TACTICIEN,NE
CONDYLIEN,NE	ICARIEN,NE	PATRICIEN,NE	TARSIEN,NE
CORALLIEN,NE	JENNERIEN,NE	PAULIEN,NE	TELLURIEN,NE
CORNELIEN,NE	JOVIEN,NE	PAULINIEN,NE	TOKHARIEN,NE
CRANIEN,NE	JULIEN,NE	PAVLOVIEN,NE	TOURANIEN,NE
DALMATIEN,NE	KAFKAIEN,NE	PELAGIEN,NE	TRAGEDIEN,NE
DALTONIEN,NE	KANTIEN,NE	PELASGIEN,NE	VAURIEN,NE
DARWINIEN,NE	KEYNESIEN,NE	PELVIEN,NE	VENERIEN,NE
DEVONIEN,NE	LARYNGIEN,NE	PENIEN,NE	VESPASIEN,NE
DILUVIEN,NE	LIQUIDIEN,NE	PERMIEN,NE	VICTORIEN,NE
DORIEN,NE	LOGICIEN,NE	PHARISIEN	VULCANIEN,NE
DRACONIEN,NE	LUTHERIEN,NE	PHYSICIEN,NE	WAGNERIEN,NE
DRAVIDIEN,NE	MAGICIEN,NE	PLEBEIEN,NE	WORMIEN
ENTRETIEN,NE	MAGNESIEN,NE	PRATICIEN,NE	WURMIEN,NE
EOLIEN,NE	MAINTIEN,NE	PRETORIEN,NE	ZOSTERIEN,NE
EPICURIEN,NE	MAMMALIEN,NE	PUBIEN,NE	
ESTONIEN,NE	MARXIEN,NE	PYTHIEN,NE	
ETESIEN	MENDELIEN,NE	QUOTIDIEN,NE	
EUCLIDIEN,NE	MERIDIEN,NE	RACHIDIEN,NE	
EUTHERIEN	MICROBIEN,NE	RACINIEN,NE	
FILONIEN,NE	MILICIEN,NE	REGALIEN	
FRANCIEN	MUSICIEN,NE	REPTILIEN,NE	
FREUDIEN,NE	MYCELIEN,NE	RETINIEN,NE	
FUCHSIEN,NE	NEPERIEN	ROTULIEN,NE	
GALERIEN	NESTORIEN,NE	RUBENIEN,NE	
GARDIEN,NE	NEWTONIEN,NE	SALERIEN,NE	
GAULLIEN,NE	NORMALIEN,NE	SALIEN,NE	
GORDIEN/	OEDIPIEN,NE	SATURNIEN,NE	
GREGORIEN,NE	OPHIDIEN	SILURIEN,NE	
HEGELIEN,NE	OPTICIEN,NE	SIMIEN,NE	

Erreurs : baconien, bajocien, délien, édenien, eutychien, fabricien, glyconien, haversien, latvien, lucanien, mesmerien, mètricien, milésien, néronien, neustrien, néocomien, paulicien, pelagien, phytien, plebien, plutonien, rhétien, stygien, turonien, unitarien, urgonien, zéphyrien, zwinglien, junonien, vomèrien.

–IUM Pensez aux métaux, comme OSMIUM, URANIUM... (voir p. 483)

–EEN,NE

ACHEULEEN,NE	ELYSEEN,NE	PELEEN,NE
ARACHNEEN,NE	EUROPEEN,NE	PHOCEEN,NE
ARAMEEN,NE	GALILEEN,NE	PYGMEEN,NE
ARCHEEN,NE	GHANEEN,NE	PYRENEEN,NE
BOOLEEN,NE	HERCULEEN,NE	SABEEN,NE
CANANEEN,NE	HOLOSTEEN	SADDUCEEN,NE
CHALDEEN,NE	LINNEEN,NE	SADUCEEN,NE
CHELEEN	LYCEEN,NE	SOLUTREEN,NE
CERULEEN,NE	MANDEEN,NE	SPLEEN
CONFUCEEN,NE	MANICHEEN,NE	TRACHEEN,NE
CORNEEN,NE	MARMOREEN,NE	VENDEEN,NE
CYCLOPEEN,NE	MAZDEEN,NE	
DAHOMEEN,NE	NAZAREEN,NE	
EBURNEEN,NE	PALUDEEN,NE	*Erreurs :* chananéen, dédaléen.

–OIS,E

ABOIS	CHAMOIS,E+	EMPOIS,E	NOROIS
ALENOIS	CHARROI,S +	ENGROIS	NORROIS
ANCHOIS	CHOIS +	FRAMBOISE+	OCTROI,E +
ANGROIS	CONVOI,S +	GERBOISE	PALEFROI,S
ARDOISE,E	CORROI,S +	GRAVOIS	PANTOIS,E
ARMOISE	COURTOIS,E	GREGEOIS	PARFOIS
ASSOIS	CROIS,E+	GRIVOIS,E	PATOIS,E+
AUTREFOIS	DARTOIS	GUINGOIS	PAVOIS,E+
BARZOI,S	DEBOISE+	HARNOIS	POURVOI,S +
BEFFROI,S	DECHOIS	HAUTBOIS	POURQUOI/
BOURGEOIS,E	DECROISE+	INTERROI,S	PREVOIS
CACATOIS	DEGOISE+	MATOIS,E	PUTOIS
CARQUOIS	DESARROI,S	MINOIS	RASSOIS
CERVOISE	EFFROI,S	NARQUOIS,E	RATIBOISE+

REBOISE+	SURSOIS	VOIS,E
REEMPLOI,S +	TAPINOIS	
REMPLOI,S +	TOURNOI,S +	
RENVOI,S +	TOUTEFOIS	
REVOIS	TURQUOISE	
SAINBOIS	VANDOISE	
SOURNOIS,E	VERGEOISE	*Erreurs* : seois, surseois, orfroi.

–IER, E

De très nombreuses possibilités. Attention : plusieurs mots masculins n'ont pas de féminin en –IERE, mais peuvent prendre une finale en –ERIE sans pour autant être de la même famille :

BOITIER	–	BOITERIE	SELLIER	–	SELLERIE
CABLIER	–	CABLERIE	SOULIER	–	SOULERIE
CORDIER	–	CORDERIE	VANNIER	–	VANNERIE
FUMIER	–	FUMERIE	VIGUIER	–	VIGUERIE
GAINIER	–	GAINERIE	VITRIER	–	VITRERIE
HERBIER	–	HERBIERE	VOILIER	–	VOILERIE
HUILIER	–	HUILERIE			

Et parfois les trois finales :

ANIER	–	ANIERE	–	ANERIE
BOUVIER	–	BOUVIERE	–	BOUVERIE
COTIER	–	COTIERE	–	COTERIE
CREMIER	–	CREMIERE	–	CREMERIE
DRAPIER	–	DRAPIERE	–	DRAPERIE
EPICIER	–	EPICIERE	–	EPICERIE
FRIPIER	–	FRIPIERE	–	FRIPERIE
GANTIER	–	GANTIERE	–	GANTERIE
GLACIER	–	GLACIERE	–	GLACERIE
LAITIER	–	LAITIERE	–	LAITERIE
MERCIER	–	MERCIERE	–	MERCERIE
MEUNIER	–	MEUNIERE	–	MEUNERIE
OISELIER	–	OISELIERE	–	OISELLERIE
PORTIER	–	PORTIERE	–	PORTERIE

Attention:
LITIERE – LITERIE,
RAPIERE – RAPERIE,
VOLIERE – VOLERIE,
et GILETIERE
seulement

POTIER	–	POTIERE	–	POTERIE
SUCRIER	–	SUCRIERE	–	SUCRERIE
TOLIER	–	TOLIERE	–	TOLERIE
TRIPIER	–	TRIPIERE	–	TRIPERIE
TUILIER	–	TUILIERE	–	TUILERIE

C. 5/2 Troisième type de tirage
(5 consonnes – 2 voyelles)

Ici, il ne faut certainement pas placer ces 2 seules voyelles côte à côte, car, avec les 5 consonnes restantes, peu de mariages possibles. Quoiqu'il existe quand même quelques exceptions : comme STRIANT, SPLEENS... mais elles sont très rares.

Ne placez pas une de ces voyelles en finale, mais de préférence au centre de vos consonnes (sauf si dans vos consonnes vous remarquez certains mariages possibles : comme le mot CHAMBRE (mariage CH et MB); par contre, sans mariage, vous avez des mots comme SCEPTRE ou PROSTRE...). Placez vos deux voyelles, par exemple, en deuxième et sixième position, et faites voyager vos 5 consonnes comme expliqué précédemment. Placez de préférence en finale une consonne plausible (S, T, R, Z); si vous avez un E, faites EZ, ER... Pensez également aux finales –ANT, –ENT, aux mariages de consonnes CH, MP, MB, BR, CR, ainsi qu'au mariage –RRH– :

AMENORRHEE	LOGORRHEE
ARRHES/	OTORRHEE
CATARRHAL,E	PYORRHEE
CATARRHE	PYRRHIQUE
CIRRHE	SEBORRHEE
CIRRHOSE	SQUIRRHE
DIARRHEE	*Erreur :* murrhin,e

Autres mariages de consonnes : CHL, comme CHLAMYDE, CHLORE,E, CHLOROSE, etc. CHR, comme CHREME, CHRIST,S CHROMER+, etc.

D. 2/5 Quatrième type de tirage
(2 consonnes – 5 voyelles)

Dans ce type de tirage, pensez surtout à ne pas marier vos 2 uniques consonnes même si vous avez les mariages CH, MP, etc. Si vous avez un S, ne le placez pas systématiquement en finale, il vous sera plus utile au centre de vos voyelles. Pensez aux verbes en –OUER, qui donnent les finales faciles comme –OUAIS, OUAIT, OUAIENT...

Exemples: AVOUER, AVOUAIS, AVOUAIT, AVOUAIENT...

Si vous avez les 5 voyelles A E I O U, pensez surtout à cette finale —AIENT pour ces mêmes verbes : en 8 lettres, DOUAIENT, HOUAIENT (≠), JOUAIENT, LOUAIENT, NOUAIENT, ROUAIENT, TOUAIENT et VOUAIENT. Pensez aussi à FUYAIENT.

Voici les mots de 7 et 8 lettres avec ces 5 voyelles :

A E I O U

BC	= ECOBUAI		LV	= EVOLUAI
BG	= BOUGEAI		MN	= MOINEAU
BL	= ABOULIE		NP	= EPANOUI
	BOULAIE		NR	= ENROUAI
	EBOULAI			NOUERAI
BR	= EBROUAI			RENOUAI
BS	= AUBOISE		NS	= ENOUAIS (≠)
BT	= EBOUTAI		NT	= AOUTIEN
CD	= ADOUCIE			ENOUAIT (≠)
CH	= ECHOUAI			OUATINE
CL	= ECOULAI		NV	= EVANOUI
CR	= ECROUAI			INAVOUE
CS	= SECOUAI		PR	= POIREAU
CT	= ECOUTAI			ORIPEAU
DJ	= DEJOUAI		PS	= EPOUSAI
DN	= DENOUAI		QS	= SEQUOIA
DR	= DOUAIRE		QV	= EVOQUAI
	DOUERAI		QZ	= AZOIQUE
DV	= DEVOUAI		RR	= ROUERAI
FG	= FOUGEAI		RT	= TOUERAI
GN	= ENGOUAI		RV	= ŒUVRAI
HR	= HOUERAI (≠)			VOUERAI
JR	= JOUERAI		SX	= OISEAUX
	REJOUAI		TZ	= OUATIEZ
LR	= LOUERAI		VZ	= AVOUIEZ
	RELOUAI			

Soit 46 Scrabbles possibles, plus les mots de 8 lettres :

ABN	= OUABAINE		BLR	= BOULERAI		BTZ	= ABOUTIEZ
ARL	= AUREOLAI			EBLOUIRA		CDL	= DECLOUAI
ARV	= AVOUERAI			OUBLIERA			DECOULAI
BDR	= BAUDROIE		BLT	= EBOULAIT		CDP	= DECOUPAI
	BOUDERAI		BRR	= EBOURRAI		CDR	= COUDERAI
BDT	= DEBOUTAI		BRT	= BOUTERAI			COUDRAIE
BFZ	= BAFOUIEZ			EBROUAIT			RADOUCIE
BGR	= BOUGERAI		BSS	= BOISSEAU		CLN	= ENCLOUAI
BGT	= BOUGEAIT			AUBOISES			LIONCEAU
BHR	= BIHOREAU		BTT	= EBOUTAIT		CLQ	= AQUICOLE

CLR	=	CLOUERAI
		COULERAI
		ECROULAI
		OCULAIRE
CLS	=	ECOULAIS
CLT	=	ECOULAIT
CMS	=	ACOUSMIE
CNQ	=	ACOQUINE
CNR	=	COUINERA
CPR	=	COUPERAI
		RECOUPAI
CRR	=	ECROUIRA
CRS	=	ECROUAIS
		SOUCIERA
CRT	=	COUTERAI
		ECOURTAI
		ECROUAIT
		ECROUTAIT
CRV	=	COUVERAI
CST	=	ECOUTAIS
		SECOUAIT
CTT	=	ÉCOUTAIT
DDQ	=	DIADOQUE
DGL	=	DIALOGUE
DGT	=	DEGOUTAI
DGV	=	GODIVEAU
DJT	=	DEJOUAIT
DLR	=	ALOURDIE
		DEROULAI
DML	=	DEMOULAI
DNN	=	AUDONIEN
DNQ	=	ANODIQUE
DNR	=	DOUANIER
		NOIRAUDE
DNS	=	DENOUAIS
		SAOUDIEN
		SOUDAINE
DNT	=	DENOUAIT
		DOUAIENT
DNZ	=	DOUZAINE
DQZ	=	ZODIAQUE
DRR	=	RUDOIERA
DRS	=	DOUAIRES
		DOUERAIS
		SOUDERAI
DRT	=	DEROUTAI
		DETOURAI
		DOUERAIT

		DOUTERAI
		REDOUTAI
DST	=	SAOUDITE
DSV	=	DEVOUAIS
		VAUDOISE
DTV	=	DEVOUAIT
ENP	=	EPANOUIE
ENR	=	EVANOUIR
ENT	=	OUATINEE
ENV	=	EVANOUIE
		INAVOUEE
EPN	=	EPANOUIE
ERT	=	OUATERIE
FGT	=	FOUGEAIT
FLL	=	FOUAILLE
FLR	=	FLOUERAI
		FOULERAI
		REFOULAI
FNR	=	ENFOUIRA
		FOUINERA
FST	=	FOUTAISE
FTT	=	FOUETTAI
GLP	=	EPILOGUA
GLS	=	GAULOISE
GNS	=	ENGOUAIS
		SAGOUINE
GNT	=	ENGOUAIT
GRT	=	AUTOGIRE
		GOUTERAI
GRV	=	VOGUERAI
HNT	=	HOUAIENT(≠)
HQT	=	HOQUETAI
HRS	=	HOUERAIS(≠)
HRT	=	HOUERAIT(≠)
HSS	=	HOUSSAIE
HST	=	SOUHAITE
JLS	=	JALOUSIE
JNT	=	JOUAIENT
JRR	=	REJOUIRA
JRT	=	JOUERAIT
		JOUTERAI
		REJOUAIT
JRZ	=	AJOURIEZ
JTZ	=	AJOUTIEZ
LLP	=	EPOUILLA
LLR	=	OUILLERA
LLS	=	OUAILLES
LLZ	=	ALLOUIEZ

LMR	=	MOULERAI
LNP	=	POULAINE
LNR	=	ENROULAI
		OURALIEN
LNT	=	LOUAIENT
LPR	=	LOUPERAI
LQT	=	ALIQUOTE
LRR	=	OURLERAI
		ROULERAI
		LOURERAI
LRS	=	LOUERAIS
		RELOUAIS
		SOULERAI
LRT	=	LOUERAIT
		RELOUAIT
LRV	=	LOUVERAI
		OVULAIRE
LSV	=	EVOLUAIS
		SOLIVEAU
		SOULEVAI
LSZ	=	SAOULIEZ
LTV	=	EVOLUAIT
		LOUVETAI
		VELOUTAI
MNR	=	AUMONIER
		ROUMAINE
MNX	=	MOINEAUX
MPS	=	PAUMOIES
MQR	=	MOQUERAI
MQS	=	MOSAIQUE
MQT	=	ATOMIQUE
MRV	=	EMOUVRAI
MSS	=	EMOUSSAI
MSV	=	EMOUVAIS
MTV	=	EMOUVAIT
NTT	=	NOUAIENT
NPR	=	EPANOUIR
NPT	=	EPANOUIT
		POINTEAU
NQT	=	ATONIQUE
		EQUATION
NRT	=	ENROUAIT
		ENTOURAI
		NOUERAIT
		OUATINER
		RENOUAIT
		ROUAIENT
NRV	=	EVANOUIR

NTT	= TOUAIENT		SOUPESAI		ROUVRAIE
NTV	= ENVOUTAI	PST	= AUTOPSIE	RSS	= OSSUAIRE
	EVANOUIT		EPOUSAIT	RST	= AUTORISE
	VOUAIENT	QRR	= ROQUERAI		TOUERAIS
NTZ	= OUATINEZ	QRT	= AORTIQUE	RTT	= AUTORITE
PQR	= POQUERAI		TOQUERAI		TOUERAIT
PRS	= PAROUSIE	QRV	= REVOQUAI		TUTOIERA
	SOUPERAI	ATZ	= AZOTIQUE	RTV	= ŒUVRAIT
PRV	= EPROUVAI	RRT	= OUTRERAI		VOUERAIT
PRX	= ORIPEAUX		ROUERAIT		VOUTERAI
	POIREAUX		ROUTERAI	RTZ	= AZOTURIE
PSS	= ASSOUPIE		TROUERAI	SSV	= ASSOUVIE
	EPOUSAIS	RRV	= OUVRERAI	TTZ	= TATOUIEZ

Erreurs : accouiez, houaiche, coquetai, émoudrai, agioteur, émoulais, émoulait, étoupais, étoupait.

Si dans un tirage 2/5, vous avez A E I, cherchez en premier lieu les finales —AIENT, et éventuellement une 8ᵉ lettre déjà sur la grille.

Exemple : avec A A D E I I T, cherchez un N sur la grille (permettant de le réemployer), et vous trouverez AIDAIENT, etc.

Deuxième mariage important : avec ces 3 mêmes lettres A E I, plus un R, faites le mariage —ERAI. Pensez également à la finale —AIE (voir p. 105).

Exemples : avec A E I O U + B L, cherchez un R dans la grille, finale —ERAI, plus les 4 lettres restantes et vous avez BOULERAI (également OUBLIERA); avec la finale —AIE et le résidu OUBL, BOULAIE, etc.

Pensez également à inverser la finale —ERAI en :

—AIRE

ACTUAIRE	AXILLAIRE	BULBAIRE	CNIDAIRE
ADULAIRE	AZILAIRE	BULLAIRE	COMETAIRE
AFFAIRE+	BALNEAIRE	CALCAIRE	CONTRAIRE
AGRAIRE	BANCAIRE	CALVAIRE	CORONAIRE
ALAIRE	BASILAIRE	CATAIRE	CORSAIRE
ALINEAIRE	BELLUAIRE	CATENAIRE	CTENAIRE
ALLIAIRE	BESTIAIRE	CEDULAIRE	CULINAIRE
ANGULAIRE	BIFILAIRE	CERCAIRE	DECADAIRE
ANNUAIRE	BILIAIRE	CHAIRE	DENTAIRE
ANNULAIRE	BINAIRE	CHATAIRE	DIPOLAIRE
ARAIRE	BIPOLAIRE	CILIAIRE	DISQUAIRE
AREOLAIRE	BLAIRE+	CINERAIRE	DONATAIRE
ASILAIRE	BREVIAIRE	CLAIRE	DOUAIRE
AVIAIRE	BRUMAIRE/	CLAVAIRE	ECLAIRE+

ELITAIRE	LOBAIRE	PODAIRE	TERNAIRE
EMISSAIRE	LOBULAIRE	POLAIRE	TERTIAIRE
EPIAIRE	LOCATAIRE	POPULAIRE	TOPIAIRE
ESTUAIRE	LOCULAIRE	PORTUAIRE	THONAIRE
EVENTAIRE	LOMBAIRE	PRAIRE	RUBAIRE
FAUSSAIRE	LORICAIRE	PRECAIRE	TUBULAIRE
FICAIRE	LUMINAIRE	PRIMAIRE	TUMULAIRE
FILAIRE	LUNAIRE	PULICAIRE	TUTELAIRE
FLAIRE+	MALAIRE	PULPAIRE	ULMAIRE
FOLIAIRE	MALFAIRE/	QUINAIRE	ULNAIRE
FORFAIRE	MAMMAIRE	REFAIRE +	UNITAIRE
FRIMAIRE/	MILIAIRE	RENTRAIRE/	URINAIRE
FUNERAIRE	MILITAIRE	REPAIRE +	URTICAIRE
GLAIRE+	MILLIAIRE	RETIAIRE	USURAIRE
GLACIAIRE	MINUTAIRE	RIPUAIRE	UVULAIRE
GLOSSAIRE	MODULAIRE	RIVULAIRE	VACATAIRE
GRAMMAIRE	MOLAIRE	ROSAIRE	VALVAIRE
GREGAIRE	MONETAIRE	SALAIRE	VELAIRE
HERNIAIRE	MORTUAIRE	SALICAIRE	VEUGLAIRE
HETAIRE	NECTAIRE	SALIVAIRE	VESTIAIRE
HILAIRE	NODULAIRE	SALUTAIRE	VICAIRE
HONORAIRE	NOTAIRE	SANITAIRE	VITULAIRE
HORAIRE	NUCLEAIRE	SAPONAIRE	VOLTAIRE
HYDRAIRE	NUMERAIRE	SCALAIRE	VOLVAIRE
IMPAIRE	OBITUAIRE	SCOLAIRE	VULGAIRE
INSULAIRE	OCULAIRE	SECTAIRE	VULVAIRE
JUBILAIRE	ORBITAIRE	SECULAIRE	
JUGULAIRE	ORDINAIRE	SEMINAIRE	
LACTAIRE	OSSUAIRE	SICAIRE	*Erreurs :* dataire,
LACUNAIRE	OVAIRE	SIMILAIRE	lallaire, ollaire,
LAGUNAIRE	OVULAIRE	SOLAIRE	vinaire, cavitaire,
LAMINAIRE	PALMAIRE	SOLEAIRE	onagraire.
LAPIDAIRE	PARFAIRE/	SOLIDAIRE	
LARAIRE	PARITAIRE	SOLITAIRE	
LARVAIRE	PARTIAIRE	SOMMAIRE	
LEGATAIRE	PECAIRE/	STAGIAIRE	
LIBRAIRE	PESSAIRE	STATUAIRE	
LIMBAIRE	PILAIRE	STELLAIRE	
LIMINAIRE	PILULAIRE	SUAIRE	
LIMONAIRE	PLAGIAIRE	SURFAIRE/	
LINAIRE	PLANAIRE	TABULAIRE	
LINEAIRE	PLANTAIRE	TARIFAIRE	

E. 6/1   Cinquième type de tirage (6 consonnes – 1 voyelle)

16 Scrabbles possibles :

BORCHTCH	HADJDJS	PUTSCHS	SCRATCH
BORTSCH	KIRSCHS	SCHLAMM	SCRIPTS
CHRISTS	PROMPTS	SCHNAPS	SPRINTS
FLYSCHS	PSCHENT	SCOTCHS	STRICTS

(*erreur :* welschs)

F. 1/6   Sixième type de tirage (1 consonne – 6 voyelles)

Deux seuls Scrabbles possibles : OUGUIYA et YOUYOUS (avec un joker)

Après le 15e coup, une seule consonne ou une seule voyelle peut suffire dans les tirages. Ces deux derniers types de tirages sont donc exclus jusqu'au 15e coup.

Remarque : Il n'existe que trois mots sans voyelles : BRRR / PST / VS

Si vous n'avez pas un de ces Scrabbles (encore faut-il les voir), pensez à :

– associer les lettres de 1 ou 2 points à côté d'une lettre chère (ou dessous), de manière à recompter les points de celle-ci. Retenez donc les cinq petits mots de deux lettres suivants:

JE KA WU XI/ AY

– avec un S en main, rechercher sur la grille les mots ayant une ou plusieurs lettres chères. Du simple fait d'y placer ce S, vous recompterez tous les points de ce mot, plus le point du S;

– chercher à utiliser les cases de primes importantes, et de préférence en y plaçant les lettres chères. Une lettre de 10 points peut en effet rapporter 10 points (sur une case simple), mais aussi 20, 30, 40, 60 points et même davantage.

Exemples:
Dans la reproduction des grilles, les carrés de primes seront représentés comme suit :

 1. carré rouge

 3. carré rose

 2. carré bleu foncé

 4. carré bleu clair

En plaçant simplement le X de 10 points sur le carré 2 en N/6, de manière à faire XI dans les deux sens, vous totaliserez 62 points (60 points rien que pour le X).

Billet à remettre aux arbitres :

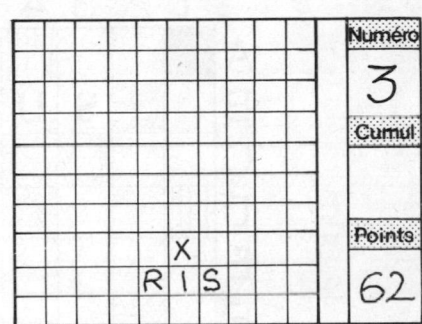

Autres exemples :

Vous avez en main K L O. En formant KILO (en A/12) vous totaliserez 69 points. Rien que le K vaut 60 points (lettre double et mot compte triple).

Billet :

Vous avez en main le petit mot SHOW. En plaçant celui-ci astucieusement en A/1, vous totaliserez 101 points : SHOW (avec le W sur la case bleu clair) pour 26 points, à multiplier par 3 (mot triple), soit 78 points, plus les raccords : OS pour 2 points, et WU pour 21 points. Rien que la lettre W rapporte 80 points.

Billet :

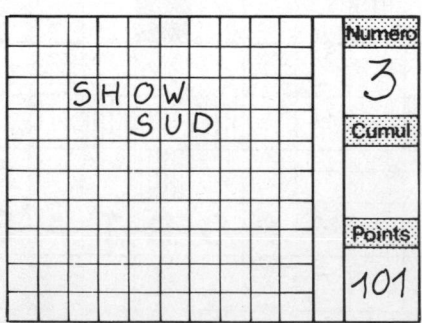

Comme vous pouvez le remarquer, sur les billets à remettre aux arbitres, il n'est pas nécessaire de respecter rigoureusement l'emplacement des cases de la grille, mais, afin d'aider les arbitres dans leur tâche parfois difficile, si le mot est placé sur la grille dans le coin supérieur gauche, placez vos mêmes références sur le billet dans le même coin supérieur gauche, etc.

Un billet remis ainsi serait donc souhaitable, mais ce n'est pas obligatoire :

QUAND RECHERCHER
UN SCRABBLE

Dans les cas des 3 premiers types de tirages (3/4, 4/3 et 5/2), la recherche d'un Scrabble est primordiale, car les lettres proposées sont évidentes pour la recherche de mariages (sauf, bien sûr, si vous avez les mêmes voyelles et les mêmes consonnes, quoique, même dans ce cas, des possibilités puissent vous être offertes).

Vous devez donc toujours rechercher un Scrabble, ne fût-ce que durant la première minute, quand les lettres paraissent permettre d'en trouver un. Apprenez donc à lire les lettres, en les classant comme il a été expliqué dans les pages précédentes.

Aux différents jeux de cartes, vous placez les Piques, Carreaux, Cœurs et Trèfles séparément, et ce, dans un ordre bien défini, d'après le jeu que vous jouez. Apprenez à mettre de l'ordre dans vos lettres, en combinant les mariages et les associations de lettres qui vous paraissent normaux. Beaucoup de débutants, hélas, se contentent de regarder leurs 7 lettres, sans essayer de les intervertir et ne placent que des petits mots sans rechercher une combinaison maximale (Scrabble).

Lors de l'initiation à l'ouverture du club de Wisch018 (Alsace), je me suis permis de préparer le premier tirage. En effet, j'avais placé les 7 lettres A E I N R S T en tête du paquet de lettres. Ces sept lettres donnent exactement 15 Scrabbles possibles. Dans la salle se trouvait une quarantaine de joueurs, dont quatre seuls étaient déjà affranchis au "duplicate". Seuls ces quatre joueurs ont obtenu un score de 66 points, en proposant l'une des quinze solutions possibles. Parmi ces quatre joueurs, il y avait Christian Lorentz (de Strasbourg) qui, lui, avait remis un billet comportant les 15 solutions possibles... mais il est l'un des meilleurs juniors français... noblesse oblige! Les autres joueurs s'étaient contentés de rentrer des mots de 5 ou 6 lettres, certains même des mots de 6 lettres, oubliant de les mettre au pluriel, alors qu'avec ce S final, ils plaçaient ainsi leurs 7 lettres, et bénéficiaient des 50 points de prime du Scrabble. Cela prouve bien le manque de recherche de trop nombreux profanes. De plus, dès qu'un débutant trouve quelques points, souvent il s'arrête avant la fin des trois minutes, se contentant de sa solution.

Dans le cas où dans vos 7 lettres vous avez un tirage tel que V T B P A O O, ne cherchez pas de Scrabble, ni sec, ni avec une 8e lettre, vous perdriez de nombreuses secondes. Malgré cela, il y a quelques Scrabbles sans aucun mariage, et sans aucune logique, tels que TEOCALI, CASTINE ou NATICES, DICLINE, VIRETON, RUSSULE, AIEULES, RECTITE, BOOSTER, NEURULA, PALEMON, TUSSORS... mais ceux-là, ou vous les connaissez, ou vous les découvrez par pur hasard.

Laissez donc errer votre imagination : en essayant de mélanger dans tous les sens vos 7 lettres, il se peut qu'une de ces trouvailles apparaisse.

Quand vous trouvez un Scrabble sec, et que ce mot est implaçable dans la grille, aucun raccord ne le permettant, cherchez avec ces mêmes 7 lettres s'il n'y a pas une autre solution de Scrabble possible. La connaissance des anagrammes est très importante. Si vous trouvez le Scrabble MEDECIN (qui avec un E sur la grille peut donner MEDECINE, avec un S, MEDECINS) et que ces lettres ne soient pas disponibles afin de placer un mot de 8 lettres, et que vous ignoriez l'anagramme CNEMIDE, vous perdrez ainsi beaucoup de points (si, bien sûr, CNEMIDE peut se placer dans la grille).

Ne recherchez un Scrabble que d'après les raccords éventuels qui s'offrent à vous.

Exemple :

Sont marquées en gris les possibilités : horizontalement en D, avec le R final central ou en tête, et verticalement en 2 avec les raccords possibles grâce aux P et O du mot PORTE. Le P pour faire les raccords PI ou PU, et le O pour faire les raccords ON, OR, ou, OS, ou OC. Le raccord OC ne peut donner que 6 Scrabbles possibles, à cause du P de PORTE : ARSENIC, BASILIC, LOMBRIC, OMBILIC, PLASTIC et LOUSTIC. Avec le raccord PU, 2 autres possibilités, AQUEDUC ou OLEODUC. Ne cherchez donc pas trop une de ces possibilités : non seulement elles ne sont pas très évidentes, mais de plus il faut avoir les lettres ad hoc.

Si dans votre tirage vous trouviez un Scrabble ayant la finale -ONS, il ne pourrait se placer qu'horizontalement, en 8 lettres, avec le R du D/8. N'hésitez pas à retirer ce R de votre grille, pour avoir ainsi devant vous vos 7 lettres du tirage, plus cette huitième lettre, ce qui vous permettra de mieux pouvoir chercher un Scrabble éventuel. Mais dans le cas où vous n'avez rien découvert de concret, n'oubliez pas de replacer cette lettre sur la grille, à l'endroit où vous l'avez retirée.

Voici un exemple où, avec un tirage donnant un Scrabble, vous avez plus de points en ne plaçant que 5 lettres dans la grille :

Le tirage A E S S I K T (mariages -ATES, reliquat SKI : SKIATES) et la grille suivante :

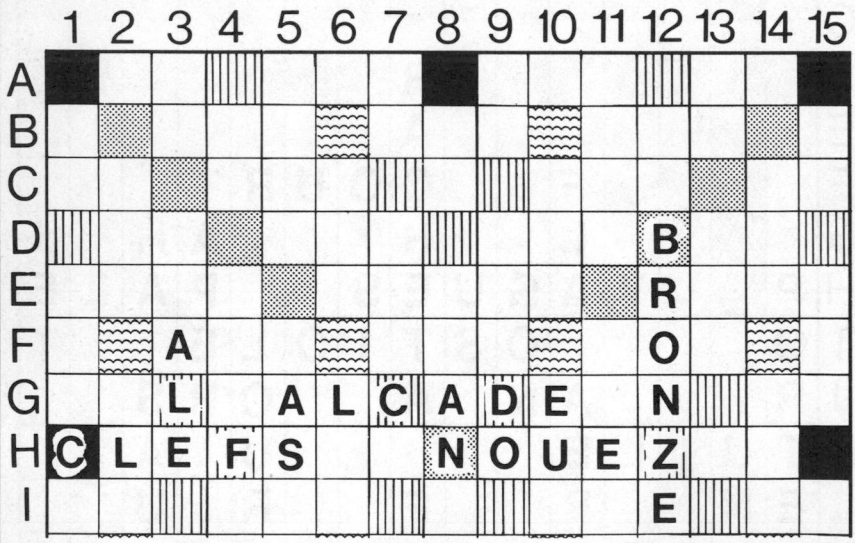

En plaçant le Scrabble trouvé en E/3, formant le raccord SALE, vous obtiendrez 86 points.

Mais en plaçant la lettre chère K à sa meilleure place, c'est-à-dire sur la case bleu foncé, et en cherchant à rattraper la case rose en 2/B, vous trouverez, pour 99 points, STEAK, (rien que la lettre K rapporte 90 points).

Ayez donc toujours le réflexe de placer les lettres chères en premier lieu sur les cases importantes.

Billet :

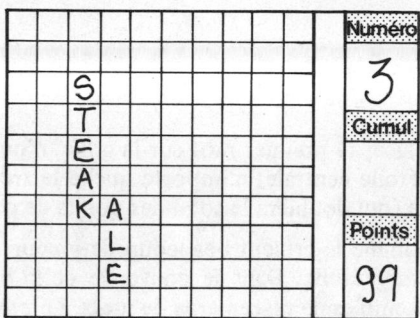

EMPLOI DE LA GRILLE

Au moment de placer le premier mot sur la grille, n'oubliez pas que ce mot doit passer par l'étoile centrale; n'importe quelle lettre peut donc recouvrir cette case centrale (qui doublera le total des points de ce premier mot).

Il ne faut pas, comme le croient beaucoup de joueurs, que ce mot débute obligatoirement sur l'étoile. Dans le couvercle de la boîte de Scrabble, en bas, il y a cinq exemples de placements de mots. Le premier exemple donne le mot JOUET pour 40 points. Le T final est donc sur l'étoile centrale, et le J passant par la case bleu clair à gauche de cette étoile; sinon, le nombre de points ne serait que de 26.

Le même mot peut donc rapporter plusieurs totaux différents. Prenons comme exemple pour le premier mot le Scrabble CHANGEZ. Vous pouvez en le plaçant horizontalement ou verticalement sur l'étoile obtenir 94, 96, 98, 100, 102 et 114 points. La meilleure place sera donc en H/6, de manière que le Z de 10 points recouvre le carré bleu clair à droite de l'étoile centrale.

Lors du deuxième tirage, recherchez en premier lieu la possibilité la plus payante d'après le 1er mot de la grille :

1. En cherchant un mot de 7 lettres avec un E central, de manière à placer ce mot verticalement en 5/E, recouvrant ainsi les 2 carrés roses du 5 vertical; en plaçant ce E devant le premier mot, de manière à transformer CHANGEZ en ECHANGEZ, ce sera donc la solution la plus payante (mot quadruplé, plus le raccord ECHANGEZ, pour 50 points de prime).

2. En deuxième lieu, cherchez à faire un mot de 8 lettres (en 11/D ou 11/E, en passant par le E de CHANGEZ) et ainsi à couvrir les 2 carrés roses du 11 vertical.

3. Les 2 cases rouges en 8/A et 8/O donnant un mot de 8 lettres soit se terminant par le A de CHANGEZ, soit commençant par cette même lettre.

4. Remployez le Z de la grille, pour faire la finale -EZ, et de préférence en plaçant une lettre importante sur la case 12/A.

5. Cherchez une possibilité de Scrabble commençant par Z, ou ayant cette lettre au milieu de vos recherches, et cherchez à doubler ce mot (case rose soit au-dessus, soit en dessous du Z).

6. Un Scrabble employant comme 8ᵉ lettre le E de CHANGEZ, en ne recouvrant qu'une seule des 2 cases roses du 11 vertical.

7. Viennent ensuite toutes les autres possibilités qui s'offrent à vous, bien entendu, avec un tirage à l'avenant.

Ne soyez pas immédiatement attiré par une case rouge (mot triple) : dans les cas ci-dessus, plusieurs possibilités seraient bien plus payantes.

Il vaut donc mieux commencer par la recherche maximale, et puis terminer par les plus faibles, en passant par tous les différents stades nommés ci-dessus. Car si vous trouvez rapidement un Scrabble avec, par exemple, le N de CHANGEZ, seules trois lettres seront comptées doubles; et, en vous arrêtant dans vos recherches, vous risquez de rater les autres possibilités.

N'oubliez pas de pointer à l'aide de repères les sorties payantes ou intéressantes, mêmes les plus évidentes, car parfois on risque de les oublier en cours de partie.

Il est également très intéressant de repérer une lettre à placer à un endroit stratégique de la grille, en plaçant cette lettre verticalement dans la boîte du reliquat.

Exemple: vous avez sur la grille le mot BOUGIE; sachant que la lettre Z peut y être placée en finale, pointez cette lettre par un repère dans la grille, et placer ce Z verticalement dans la boîte; dès que l'arbitre annoncera cette lettre, vous gagnerez de précieuses secondes.

MAÇONNERIES

On appelle maçonnerie un mot venant s'accoler à un autre, de manière que plusieurs lettres de ce mot forment des raccords perpendiculaires valables.

Exemple :

O P I A C E E
R U F I A N S

En plaçant OPIACÉE au-dessus de RUFIANS, vous formez donc 7 raccords supplémentaires à comptabiliser.

Il se peut même qu'une "super" maçonnerie forme trois mots, ou même plus, accolés les uns aux autres, et soit très payante dans certains cas :

S U R S E M A
U N I A T E S

et ensuite :

S U R S E M A
U N I A T E S
T E S S E R E

Ces maçonneries ne sont pas faciles à trouver, mais voici une technique de recherche.

Vous avez sur la grille le mot CANONNE dont le A est au-dessus d'une case bleu foncé :

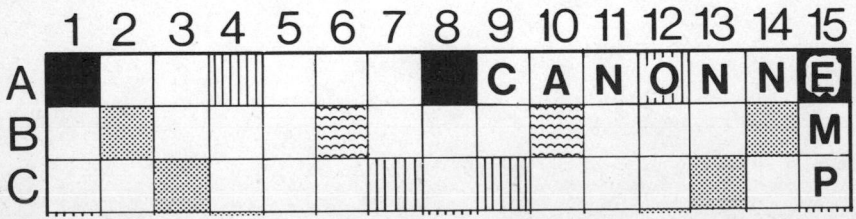

et le tirage Y P Q R A A (aucun Scrabble possible).

Premier réflexe, placez la lettre chère Y sous le A de CANONNE, et ainsi faites 31 points avec AY. Une fois ce petit mot formé, essayez de ré-employer cette lettre Y dans l'autre sens, soit parallèlement au mot de la grille. En plaçant un A sous le C, vous avez déjà 66 points; cherchez encore à améliorer votre score en plaçant d'autres lettres à gauche et à droite de vos lettres posées sous le mot de la grille :

	1	2	3	4	5	6	7	8	9	10	11	12	13	14	15
A									C	A	N	O	N	N	E
B									P	A	Y	E	R	A	M
C															P

Comment comptabiliser une telle maçonnerie sans se tromper?

C'est simple. Prenons comme premier exemple le mot AY placé horizon-talement sous le CA de CANONNE : 31 points pour ce mot, que vous multiplierez par 2 (= 62) plus les 4 points du raccord CA (= 66 points).

Pour le mot PAYERA : les 5 lettres communes aux deux mots sont AYERA (= 34) à multiplier par deux (= 68) plus les 7 points de CANON (= 75). Reste les 3 points du P : 78 points.

Retenez également que les petits mots de 2 lettres comme AH, HA, FI, VA... soit une lettre de 1 point et une lettre de 4 points, placés en maçonnerie à côté de 2 lettres de 1 point, forment toujours 28 points.

Ce cas est très fréquent dans les parties «duplicate» :

De même, pour une maçonnerie complète sous un autre mot, et formant 7 raccords perpendiculaires, vous comptabiliserez :

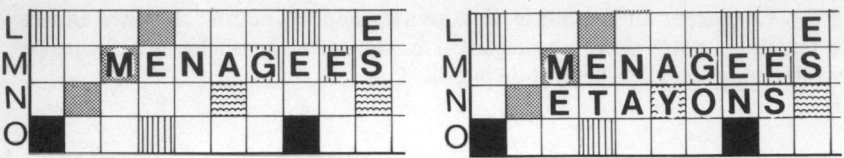

ETAYONS pour 36 points, à multiplier par 2 (= 72) plus les 7 lettres des raccords (MENAGEE) (9), soit 81 points, plus les 50 points du Scrabble : 131 points.

Si cette maçonnerie passe par une case rouge (ou rose), vous comptabiliserez le mot formé ETAYONS et le raccord AY à multiplier par 3, plus les raccords n'ayant pas été comptabilisés : ME (3), ET (2), NA (2), GO (3), EN (2), ES (2) soit 14 points, plus 81 (ETAYONS et AY multiplié par 3) (= 95 points), plus les 50 points de ce Scrabble : 145 points.

Pour calculer les mots lorsque le carré rose (ou rouge) est commun aux mots formés, procédez de même. Comptabilisez le mot placé : BONZE (16) plus le raccord formé, REVEZ (17), soit 33 points, multipliés par 2 (carré rose) : soit 66 points.

EMPLOI DU JOKER

Si dans votre mot vous avez deux mêmes lettres dont l'une est représentée par le joker, assurez-vous que votre joker ne passe pas par une case bleue. Si tel est le cas, intervertissez ce joker avec la lettre correspondante, de manière à doubler ou à tripler les points de cette lettre, et non pas à doubler ou à tripler un joker... qui, étant blanc, ne rapporte aucun point.

FIN (I) S
pour 29 points

F (I) NIS
pour 33 points

Si vous avez 2 jokers, c'est un tout autre problème; les combinaisons sont nombreuses, et parfois très difficiles à voir : cherchez éventuellement un mot de 6 lettres, avec un joker, et placez le second joker comme S final.

Lors du festival de Vittel, avec le tirage ? ? I K H B U, un solo fut trouvé par Michel Pialat : le mot (C)HIB(O)UK, pour 143 points, en plaçant ce mot en 1/B, faisant en plus un raccord KA avec une case rouge (mais ce joueur est première série nationale).

Attention: le mot CHIBOUK a disparu du *P.L.I.* en 1981; ne retenez donc pas ce beau Scrabble.

METHODE DE JEU :
RECAPITULATION

Voici les trois points importants que tout débutant doit connaître pour avoir les réflexes indispensables :

1. Les lettres

En premier lieu, recherchez les éventuels "mariages", et ce dès que les lettres sont tirées par l'arbitre. Placez ces lettres horizontalement, les unes à côté des autres sur votre table, bien devant vous, entre le bord inférieur de votre grille et le bord de la table.

Faites rapidement "voyager" vos lettres, en recherchant les possibilités de Scrabbles éventuels.

Ayez vos lettres bien rangées dans votre boîte, de manière, non seulement à les trouver très vite à l'annonce de celles-ci, mais surtout à pouvoir y jeter un rapide coup d'œil, dans le cas où, pour trouver un Scrabble, il vous faut une 8e lettre. Est-elle sur le jeu ou non ?

Si, après quelques secondes de manipulation de vos 7 lettres et quelques secondes de réflexion, vous ne découvrez rien de concret, arrêtez vos recherches, trouvez rapidement des points importants d'après les cases de prime, notez votre trouvaille, et revenez éventuellement à la recherche d'un Scrabble. Vous aurez de toute manière un score positif à écrire sur votre billet.

(N'oubliez pas également, avant la partie, de coller une gommette sur vos deux jokers.)

2. La grille

Pointez systématiquement tous les endroits qui vous paraissent "payants" : les raccords éventuels, les sorties, les benjamins, etc. Mais ne vous encombrez pas trop de points de repère, cela risque de vous faire perdre du temps à "déchiffrer" ce puzzle.

Ne cherchez un Scrabble éventuel que si celui-ci peut se placer dans la grille. Si vous prenez deux minutes pour trouver un Scrabble, et qu'aucun endroit de la grille ne puisse être utilisé afin de le placer, vous aurez perdu deux minutes.

3. L'association de la grille avec les lettres et vice versa

Surtout en fin de partie, repérez à l'avance les endroits "payants", pouvant rapporter un maximum de points ne fût-ce qu'avec quelques lettres. Pour oola, regardez dans le reliquat, afin de voir ce qu'il vous reste comme lettres. Placez en priorité les lettres chères sur les cases bleu foncé. Pensez surtout à les retravailler en "maçonnerie". Ne prenez un risque que si vous estimez que celui-ci vaille la peine (voir p. suivante).

Dès qu'une lettre n'est plus disponible dans le reliquat, et qu'elle a été pointée sur votre jeu, retirez le repère encombrant (mais n'oubliez pas qu'un joker peut remplacer cette lettre).

Remplissez toujours lisiblement votre billet, n'oubliez pas les 3 lettres de raccords obligatoires, pensez à entourer le ou les jokers, même si ce sont des lettres de raccord. Si vous rendez un billet en catastrophe et qu'il ne vous reste plus le temps d'y inscrire le nombre de points trouvé, il vaut mieux le remettre sans y inscrire le score; vous n'aurez droit qu'à une remarque, alors qu'en y inscrivant les points après les trois minutes réglementaires, vous risquez le zéro.

RISQUES A PRENDRE

Il se peut que vous trouviez un hypothétique Scrabble ou encore un mot de quelques lettres vous rapportant plus de points qu'un mot dont vous êtes sûr de l'orthographe. Que faire?

Il est important de connaître, à tout moment, l'écart de points que vous avez par rapport au top de la partie en cours, et, de ce fait, de savoir si oui ou non ce risque est à prendre. Si vous vous sentez en très bonne position, à quelques points du top (ou au top), ne prenez aucun risque inutile. Assurez le coup seulement. Par contre, si vous vous sentez en très mauvaise position, et que vous n'avez plus rien à perdre, rien ne vous empêche de foncer.

En principe, si, par exemple, vous avez un score positif de 25 points et que vous trouvez par la suite un score incertain de 67 points, vous serez tenté de prendre ce risque, mais si votre score incertain est de 30 points, ne prenez pas de risque pour 5 points.

Plusieurs grands joueurs ne prennent jamais de risques, n'étant jamais tentés ni par un solo ni par un... zéro.

Si vous êtes sûr de la présence (ou de l'absence) d'un mot au *P.L.I.*, afin de guider votre jugement, voici quelques conseils donnés par Philippe Lormant :

1. Les verbes dérivés de la chimie n'existent dans 90% des cas que s'ils ont une application industrielle.

2. Les termes médicaux sont un mauvais parti (voir p.   ), ainsi que les termes de cuisine ou s'y rapportant. Exemples : CETEAUX et SOLETTES (petites soles), le fromage BOURSIN ou le HERVE, la sauce DUGLEREE, les moules à l'ECLADE, le jambon d'YORK, la tarte TATIN, les crêpes SUZETTES, l'aïoli TROUSSIN, etc. ne se trouvent pas au *P.L.I.*

3. Le Petit Larousse illustré est parfois sexiste : méfiez-vous donc de certains féminins "abusifs" (voir liste en -EUR -EUSE, liste en IEN, NE...).

4. Les noms d'habitants sont rares, sauf s'ils ont une référence historique ou une construction atypique.

5. Les mots étrangers, surtout les mot anglais d'un usage courant, sont un bon risque à prendre.

6. Les mots familiers, vulgaires, grossiers et argotiques sont presque tous repris au *P.L.I.* (voir p. 528). Pour peu qu'un mot usuel vous semble valable, n'hésitez pas à le jouer, vous prendrez là également un très bon risque. Par contre, ne jouez pas de mots obscènes, ils sont quasiment tous absents.

7. Les termes spécifiques à certains sports sont rarement repris au dictionnaire de référence. *Exemples :* ne sont pas au *P.L.I.* axel, dojo, atemi, keeper, sutemi, kyu, etc.

Il est très important également de connaître les anagrammes éventuelles de certains mots douteux, afin de donner la préférence à une de ces anagrammes et, ainsi, ne pas prendre de risque. *Exemples :* ingesta (gatines), durites (détruis, érudits, réduits, rudiste, surdité).

Attention: une DURIT est correct; BAISEUR (AUBIERS).

NOTES PERSONNELLES

RACCORDS

OÙ PLACER UN SCRABBLE
DANS LA GRILLE

Régulièrement, plusieurs Scrabbles "secs", c'est-à-dire de 7 lettres en main, sont trouvés par les joueurs, mais parfois aucune place ne paraît évidente sur la grille.

Il suffit parfois d'un simple raccord qui vous a échappé.

Voici donc, dans les pages suivantes, tous les raccords possibles, aussi bien par l'avant que par l'arrière, d'un mot déjà placé sur la grille.

A Nombreux raccords possibles :

Devant 1 lettre : Ah Ai An As Au

Derrière 1 lettre : cA dA fA hA lA mA nA rA sA tA vA
sans oublier les deux lettres chères : Ay kA
(Erreurs : al, ba, ja.)

Devant 2 lettres de la grille :
Ace Ail Ale Ame Ami Ana Ane Api Ara Are Ase

Derrière 2 lettres de la grille :
anA etA fiA liA muA niA osA puA reA riA suA tuA usA
(Erreurs : alu, nua.)

Entre 2 lettres de la grille :
bAc bAh bAi bAl bAn bAr bAs bAt bAu cAb cAf cAl cAp
cAr cAs dAm dAn fAn fAr fAt gAg gAi gAl gAn gAz hAi hAn
jAn kAs lAc lAd lAi lAo lAs mAi mAl mAs mAt pAf pAl pAn
pAr pAs pAt qAt rAb rAd rAi rAs rAt rAy rAz sAc sAs
tAc tAn tAo tAs tAu vAl vAn vAr vAs
(Erreurs: daw, fac, jar, pax, vau, zan.)

Pensez également à placer ce A comme suffixe d'un verbe à l'infinitif (jouerA, vinerA... et même parfois comme préfixe (Aperçu, Avide, Ajour (≠) ...)

B Un seul raccord possible : Bu (bé n'est pas repris au *P.L.I.*, et bi est un préfixe).
Devant 2 lettres de la grille :
Bah Bai Ban Bas Bau Blé Bon Bru Bus But
(*Erreur :* ben).
Derrière 2 lettres de la grille : caB puB raB tuB (*Erreur :* deb.)
Entre 2 lettres de la grille : oBi (*Erreur :* ibn.)

C Devant 1 lettre : Ca Ce Ci (*Erreur :* Cu)
Derrière 1 lettre : oC
Devant 2 lettres de la grille : Cas Ces Cet Cil Clé Con Cor Cou Cri Cru.
Derrière 2 lettres de la grille : duC fiC laC meC piC saC seC siC suC taC (*Erreurs :* etc., onc.)
Entre 2 lettres de la grille : aCe eCu iCi

D Devant 1 lettre : Da De Do Du
Rien derrière 1 lettre.
Devant 2 lettres de la grille : Dan Des Don Dos Dru Dus Dut
Derrière 2 lettres de la grille : laD niD raD suD
Entre 2 lettres de la grille : iDe oDe

E De très nombreuses possibilités :
Devant 1 lettre : Eh En Es Et Eu (*Erreurs :* El, Er, Ev, Ex)
Derrière 1 lettre : cE dE hE lE mE nE rE sE tE, sans oublier la lettre chère jE (*Erreurs :* be fe pe ve)
Devant 2 lettres de la grille : Ego Elu Emu Epi Ere Eta Ete
Derrière 2 lettres : aiE anE asE buE duE etE euE fiE ilE liE luE miE muE niE neE nuE ohE orE osE piE puE reE riE ruE suE teE tuE unE usE (*Erreur :* ayE)
Pensez également à placer cette lettre pour faire un féminin en -E, ou même en -EE (comme finiE, étherEE, foxEE...) et même parfois un préfixe : Escient, Electeur...
Entre 2 lettres de la grille : bEa bEc bEe bEl bEr bEy cEp cEs cEt dEr dEs dEy fEe fEr fEu fEz gEl hEm hEp hEu jEt jEu lEi lEk lEs lEt lEu lEv mEc mEr mEs mEt nEe nEf nEs nEt nEz pEt pEu rEa rEe rEg rEm sEc sEl sEn sEp sEs sEt tEe tEr tEs tEt tEx vEr vEt yEn zEe zEn (*Erreurs :* ben, ker, leg, lew, néo, pec, ret, rez, deb)

F Trois mots seulement de 2 lettres :
Devant 1 lettre : Fa Fi et derrière : iF (*Erreur :* Fu)
Devant 2 lettres de la grille : Fan Feu Fil Fin Fla Foc For Fou Fus Fut
Derrière 2 lettres : caF neF ouF piF tuF (*Erreurs :* ciF, riF)
Entre 2 lettres de la grille : iFs oFf (OFF : invariable)
Pensez aussi aux finales en -IF : chériF, soiF, etc.

G   Un seul raccord en 2 lettres : Go (qui peut prendre un pluriel : GOS).
(Donc : gi, ge sont des erreurs.)
Devant 2 lettres : Gan Gon Glu Gin Gos Gre (*Erreur:* Gun)
Un seul raccord derrière 2 lettres : reG (*Erreur :* mig)
Entre 2 lettres de la grille : aGe aGi. N'oubliez pas le raccord Gray.

H   Seules les 3 voyelles A E O permettent de placer indifféremment
le H devant ou derrière : Ha aH He eH Ho oH (*Erreur* donc : hi,
hu...)
Devant 2 lettres : Hai Han Heu Hou et derrière 2 lettres : euH
(*Erreurs :* ouh hoé hun)
Entre 2 lettres : cHu, kHi, oHe, oHm, pHi, rHo, tHe.

I   De très nombreuses possibilités également :
Devant 1 lettre de la grille : If Il In
Derrière 1 lettre : aI cI fI lI mI nI pI rI sI, sans oublier xI
(*Erreurs :* hi bi is.)
Devant 2 lettres de la grille : Ici Ide Ile Ion Ira Ire
Derrière 2 lettres : goI haI laI leI luI maI nuI ouI raI unI
Entre 2 lettres : aIe aIl aIr aIs aIt bIs bIt cIl dIa dIs dIt dIx fIa
fIe fIn fIs fIt gIn gIs gIt hIc hIe kId kIf kIl kIp kIr kIt lIa lIe
lIn lIs lIt mIe mIl mIn mIr mIs mIt nIa nId nIe nIt oIe oIl pIc
pIe pIf pIn pIs pIu rIa rIe rIs rIt rIz sIc sIl sIs tIc tIf tIn tIr
vIa vIe vIf vIl vIn vIs vIt yIn zIg (*Erreurs :* ain bic cid cif din
hit mio nil pit rif rio sir zip).
Pensez également aux finales de verbes comme -AI (portaI votaI ...)

J   Un seul mot de 2 lettres : Je (ja est donc une erreur.)
Devant 2 lettres de la grille : Jan Jas Jet Jeu Jus
Aucun raccord en finale en effet, 2 mots seulement se terminent par J :
hadJdJ et tokaJ

K   Un seul mot également, de 2 lettres : Ka (Retenez que OK et KO ne
sont pas autorisés par le règlement.)
Devant 2 lettres de la grille : Kas Kif Kil Ksi
Derrière 2 lettres de la grille : leK teK (*Erreurs :* kan, qui a été retiré
du *Petit Larousse,* il y a très longtemps, seul KHAN subsiste.)
Entre 2 lettres de la grille : sKi, seulement.

L   Devant 1 lettre : La Le Li Lu, et derrière : iL. (Attention : aL et eL
sont des erreurs classiques, évitez-les.)
Devant 2 lettres : Lai Las Les Let Leu Lin Lus Lut
Derrière 2 lettres de la grille : aiL caL ciL doL fiL maL miL nuL
seL siL teL vaL (*Erreur :* nil est uniquement nom propre.)
Entre 2 lettres de la grille : aLe bLe cLe fLa gLu iLs oLe pLi pLu
(*Erreur :* alu). Peut parfois se placer derrière un -A d'un temps conju-
gué, comme animaL, postaL.

M Uniquement des raccords de 2 lettres par l'avant : Ma Me Mi Mu,
Devant 2 lettres : Mai Mas Mes Met Mil Min Mon Mou Mus Mut,
et derrière 2 lettres : daM doM heM noM ohM reM (*Erreur :* lem)
Entre 2 lettres de la grille : aMe aMi eMu (*Erreur :* pmu)

N La seule lettre pouvant se placer aussi bien devant que derrière les
5 voyelles : Na Ne Ni No Nu aN eN iN oN uN
Devant les mots de 2 lettres : Nes Net Non Nos Nus
Et derrière : daN doN faN goN haN liN miN noN piN seN taN
vaN
Entre 2 lettres : aNa aNe aNs uNe uNi uNs (*Erreurs :* onu onc)

O Devant 1 lettre : Oc Oh On Or Os Ou
Derrière 1 lettre : dO gO hO nO
Devant 2 lettres de la grille : Ode Oil Ole Ore Osa Ose Ota Ote
Out
Une seule place derrière 2 lettres : duO   (*Erreurs :*ého héo mio
néo rio)
Par contre, entre 2 lettres, de très nombreuses possibilités : bOa bOb
bOf bOl bOn bOp bOx cOb cOi cOl cOn cOr cOu dOl dOm
dOn dOs dOt fOb fOc fOi fOl fOr fOu fOx gOi gOn gOs gOy
hOp hOu iOn jOb kOb lOb lOf lOi lOt mOi mOl mOn mOt
mOu nOm nOn nOs pOt pOu rOb rOc rOi rOt sOc sOi sOl
sOn sOt sOu tOc tOi tOn tOp tOt vOl vOs wOn (*Erreurs :* bog
éon ros roy sos tof toy zot)

P Devant 1 lettre : seulement Pi et Pu (Pé n'est pas repris dans la première
partie du *P.L.I.*).
Rien derrière 1 lettre.
Devant 2 lettres de la grille : Pan Pas Pet Peu Pif Pin Pli Plu Pou
Psi Pus Put (*Erreur :* pmu)
Derrière 2 lettres de la grille : caP ceP heP hoP seP (*Erreur :* oup.)
Entre 2 lettres de la grille : aPi ePi (*Erreurs :* spa spi)

Q Aucun raccord possible, ni sur 1 lettre, ni sur 2 lettres, ni sur un mot
quelconque, ni entre 2 ou plusieurs lettres. Cherchez donc un U, mais
n'oubliez pas les 6 mots où le Q n'est pas suivi d'un U :
COQ,S CINQ/ QAT QIBLA et 2 Scrabbles possibles : IRAQIEN,
QASIDA,S
La seule possibilité dans la grille serait d'avoir PI séparé par une case
de URE,S pour faire PIQURE,S

R Devant 1 lettre de la grille : Ra Ré Ri Ru (la lettre grecque ne
s'écrit que RHO, donc la graphie RO est fausse.)
Derrière 1 lettre de la grille : seulement OR
Devant 2 lettres de la grille : Rai Ras Ray Rho Roc Rus Rut

Derrière 2 lettres de la grille : aiR caR deR duR faR meR miR muR puR suR teR varR (*Erreurs :* ran ret rif ros sir)
Entre 2 lettres de la grille : aRa aRc aRe aRs aRt bRu cRi cRu dRu dRy eRe eRg eRs gRe iRa iRe oRe oRs pRo tRi
Pensez également à placer cette lettre derrière un mot, donnant souvent un verbe, comme aimeR, finiR, etc. mais parfois un nom simplement, comme carteR, filleR, etc., et souvent également un préfixe, comme Raine Ramie Ragréer+, etc.

S La plus intéressante des lettres, car elle permet de mettre quasiment tous les mots au pluriel. N'oubliez pas que le règlement de la F.I.S.F. permet de placer cette lettre, afin de marquer la forme du pluriel, à la fin de tous les mots étrangers, même s'ils ont un pluriel uniquement mentionné au *P.L.I.* comme étranger : GOY, pluriel hébreu GOYIM, mais GOYS sera accepté; de même que WATTMAN formant WATTMEN au pluriel, mais WATTMANS sera correct... Recherchez donc, en premier lieu, un mot comportant une, ou même plusieurs lettres chères : en le mettant au pluriel, vous recompterez tous les points de ce mot, plus éventuellement le nouveau mot formé perpendiculairement.
Devant 1 lettre de la grille : Sa Se Si Su
Derrière 1 lettre : aS eS oS uS vS (*Erreur :* IS est seulement un nom propre : Is-sur-Tille)
Devant 2 lettres de la grille : Sas Sen Ses Set Sil Soc Son Sou Sus Sut et bien sûr derrière tous les mots de 2 lettres, afin de les mettre au pluriel. N'oubliez pas que GO peut prendre la forme du pluriel avec S final, de même que le vin d'AY.
Les lettres grecques sont invariables, donc XI ne prend pas de pluriel; de même que certaines notes de musique : RE FA UT.
Plusieurs mots peuvent prendre S comme préfixe, par exemple : Stomate, Spot, Sport, Scille, Saxe, Spic, Sombre, etc. Ne pensez donc pas uniquement aux pluriels.
Entre 2 lettres de la grille : aSe eSt kSi pSi pSt oSt oSa oSe uSa uSe (*Erreur :* asa)

T Devant 1 lettre : Ta Te Tu et derrière : eT uT
Devant 2 lettres de la grille : Tan Tas Tau Tes Tet The Tif Tin Toc Tri Tus Tut
Derrière 2 lettres : aiT buT ceT doT duT esT euT faT fiT jeT leT liT luT maT meT miT muT neT niT osT ouT puT raT riT ruT seT suT teT tuT (*Erreurs :* pit ret vat)
Entre 2 lettres de la grille : eTa éTé oTa oTe (*Erreur :* etc.)

U De très nombreuses possibilités :
Devant 1 lettre de la grille : Un Us Ut
Derrière 1 lettre : aU bU dU eU lU mU nU oU pU rU sU tU vU et sans oublier wU.

Devant 2 lettres : Une Uni Ure Usa Use
Derrière 2 lettres de la grille : heU hoU jeU leU piU taU
(*(Erreur :* vau.)
Entre 2 lettres de la grille : aUx bUe bUs bUt cUl dUc dUe dUo
dUs dUt dUr eUe eUh eUs eUt eUx fUi fUr fUs fUt gUé gUi
hUa hUe jUs lUe lUi lUs lUt mUa mUe mUr mUs mUt nUe
nUi nUl nUs oUf oUi oUt pUa pUb pUe pUr pUs pUt pUy
qUe qUi rUa rUe rUs rUt rUz sUa sUc sUd sUe sUr sUs sUt
tUa tUb tUc tUf tUs tUt vUe vUs wUs zUt (*Erreurs :* gun gus
hun nua puc tuc vut.)

V Trois seuls mots de 2 lettres, uniquement avec un raccord par l'avant:
Va Vu Vs (*Attention :* Vé n'est pas repris au Larousse)
Devant 2 lettres de la grille : Van Vas Vet Vif Vil Vin Vos Vus
Un seul raccord derrière un mot de 2 lettres : le V (*Erreurs :* vau, vat.)
Entre 2 lettres de la grille : aVe iVe oVe (*Erreurs :* eve et uve.)

W Depuis 1981, 3 nouvelles possibilités de raccords pour cette lettre:
Devant 1 lettre : Wu et devant 2 lettres : Won Wus
Un 3e raccord devant ALLONS : Wallons
Pensez également à rallonger l'interjection HO en ShoW
Tous les mots se terminant par W prennent un S au pluriel, comme
slowS, sandowS...
(*Attention :* erreurs classiques d'un débutant : daw, lew, wan)

X Un seul raccord possible sur 1 lettre : Xi (invariable)
Derrière 2 lettres uniquement : auX euX siX
Et entre 2 lettres de la grille : aXa aXe oXo (invariable)
(Encore une erreur classique : Ex n'étant qu'un préfixe n'est pas
autorisé)

Y Comme pour le X, une seule possibilité de raccord, derrière A : aY.
N'ayez pas peur de mettre ce mot au pluriel : AYS est tout à fait
correct. (*Erreur :* Yu qui n'est plus au Larousse depuis très longtemps)
Devant 2 lettres de la grille : Yen Yin et comme raccord final,
derrière les mots de 2 lettres suivants : deY goY raY puY
Entre 2 lettres de la grille : aYs lYs mYs (*Erreurs :* aye, gym)

Z Hélas, rien en 2 lettres, seuls 5 raccords sur des mots de 2 lettres:
par l'avant : Zen Zut et par l'arrière : raZ riZ ruZ
(*Attention :* reZ n'étant jamais employé seul, n'est donc pas accepté).
Bien sûr, tous les temps conjugués permettant cette lettre en finale —
n'oubliez pas que ESTE ne prend pas de Z, étant défectif —, ce verbe
ne se conjugue pas. Seules les formes ESTE et ESTES sont acceptées,
étant reprises comme noms masculins. L'infinitif ESTER, étant également un n.m., seul le S final est correct : ESTERS, mais pas de
temps conjugués.

?

Le signe ? représente un joker. La plus belle lettre pour certains, la plus difficile pour d'autres. Quoique n'ayant pas de valeur, elle remplace aussi bien un A qu'un W, pour zéro point. Afin d'habituer les joueurs à jouer avec un joker, il existe des parties où l'on place dans le 1er tirage 1 des 2 jokers, et chaque fois que celui-ci est placé sur la grille, il est remplacé par la lettre qu'il représente, et est remis en jeu à chaque coup. Ces "parties jokers" donnent de très nombreux Scrabbles, c'est dire que ce jeton blanc est très utile pour en découvrir. Pensez donc à l'employer afin de faire un mariage dans lequel la lettre blanche prendra la valeur de la lettre manquante. *Exemples :* vous avez en main A E I T, faites de votre joker un N, pour avoir le mariage AIE(N)T, finale de verbe très importante ; vous avez en main A E M, faites de votre joker un S, pour avoir le mariage -AME(S), etc.

Exercice : A vous de découvrir tous les mariages possibles avec le tirage :

A E I R S T ?

et également tous les Scrabbles possibles avec ces 7 lettres (6 lettres et 1 joker). Si vous en trouvez 10, vous avez intérêt à relire les explications concernant la recherche d'un éventuel Scrabble. Si vous trouvez de 10 à 40 Scrabbles, vous commencez à voir clair. Mais cherchez encore. De 40 à 75 Scrabbles, vous êtes digne de vous mesurer avec des champions. De 75 à 100 Scrabbles (attention aux erreurs éventuelles), vous êtes certainement un champion, et si vous découvrez les 122 possibilités qui vous sont offertes, vous êtes un fervent lecteur de cet ouvrage...
(Vous trouverez les solutions p. suivante).

SOLUTIONS

En premier lieu, la lettre représentée par le joker :

B	ABRITES REBATIS,
C	CARISTE CIRATES CITERAS CRIATES RACISTE RECITAS TERCAIS TIERCAS
D	DESIRAT DETIRAS RESIDAT RIDATES SIDERAT TIRADES TRIADES
E	ASTERIE ATRESIE
F	FRETAIS TARIFES
G	EGRISAT GITERAS TIRAGES TRIAGES GRESAIT
H	HATIERS HERITAS HERSAIT TRAHIES
I	ETIRAIS SERIAIT SIERAIT
K	KARITES
L	ALTIERS LITERAS LISERAT
M	EMIRATS MAITRES MARISTE MERITAS METRAIS MIRATES MITERAS REMISAT RIMATES TAMIERS TAMISER TARIMES TIRAMES TRIAMES
N	ARISENT ENTRAIS INSERAT RATINES RESINAT RIANTES SATINER SENTIRA SERIANT SERINAT TANISER TARSIEN TRAINES TRANSIE TSARINE
O	AORISTE OSERAIT OTARIES OTERAIS TOISERA TOREAIS EROTISA
P	ETRIPAS PARITES PARTIES PATRIES PIASTRE PIRATES PISTERA PRETAIS PRIATES RIPATES
R	RATIERS RETIRAS SERRAIT SERTIRA STRIERA TARSIER TERRAIS TIRERAS TRIERAS
S	RATISSE RESISTA RESTAIS RETISSA SATIRES STERAIS TARISSE TERSAIS TIRASSE TISSERA TRESSAI TRIASSE STARIES STARISE
T	ARTISTE ATTIRES ATTISER RATITES RESTAIT STERAIT TARITES TERSAIT TIRATES TRAITES TRIATES
U	SITUERA SUERAIT TUERAIS USERAIT
X	EXTRAIS.

Attention :   LATRIE est invariable, et le verbe renter est sorti de l'édition 1981 du *P.L.I.*

MOTS DE 2 LETTRES
et tous leurs raccords possibles
par l'adjonction d'une seule lettre soit initiale soit terminale

AH	M AS	**CI**	**ES**
B AH	P AS	I CI	C ES
	R AS	CI L	D ES
AI	S AS		L ES
B AI	T AS	**DA**	M ES
G AI	V AS	DA M	N ES
H AI	AS E	DA N	S ES
L AI			T ES
M AI	**AU**	**DE**	ES T
R AI	B AU	I DE	
S AI	E AU	O DE	**ET**
AI E	T AU	DE R	C ET
AI L	AU X	DE S	J ET
AI R		DE Y	L ET
AI S	**AY**		M ET
AI T	R AY	**DO**	N ET
	AY S	DO L	P ET
AN		DO M	S ET
B AN	**BU**	DO N	T ET
D AN	BU E	DO S	V ET
F AN	BU S	DO T	ET A
G AN	BU T		ET E
H AN		**DU**	
J AN	**CA**	DU C	
P AN	CA B	DU E	**EU**
T AN	CA F	DU O	F EU
V AN	CA L	DU R	H EU
AN A	CA P	DU S	J EU
AN E	CA R	DU T	L EU
AN S	CA S		P EU
		EH	EU E
AS	**CE**		EU H
B AS	A CE	**EN**	EU S
C AS	CE P	S EN	EU T
J AS	CE S	Y EN	EU X
K AS	CE T	Z EN	
L AS			

FA	M IL	**LI**	**NA**
FA N	O IL	P LI	A NA
FA R	S IL	LI A	
FA T	V IL	LI E	
	IL E	LI N	**NE**
FI	IL S	LI S	A NE
FI A		LI T	U NE
FI C			NE E
FI E	**IN**	**LU**	NE F
FI L	F IN	E LU	NE S
FI N	G IN	G LU	NE T
FI S	L IN	P LU	NE Z
FI T	M IN	LU E	
	P IN	LU I	
GO	T IN	LU S	
E GO	V IN	LU T	**NI**
GO I	Y IN	LU X	U NI
GO N			NI A
GO S		**MA**	NI D
GO Y	**JE**	MA I	NI E
	JE T	MA L	NI T
HA	JE U	MA S	
HA I		MA T	
HA N	**KA**		**NO**
	KA S		NO M
HE		**ME**	NO N
O HE		A ME	NO S
T HE	**LA**	ME C	
HE M	F LA	ME R	
HE P	LA C	ME S	
HE U	LA D	ME T	**NU**
	LA I		NU E
HO	LA O		NU I
R HO	LA S	**MI**	NU L
HO P		A MI	NU S
HO U		MI E	
	LE	MI L	
IF	A LE	MI N	
K IF	B LE	MI R	**OC**
P IF	C LE	MI S	F OC
T IF	I LE	MI T	R OC
IF S	O LE		S OC
	LE I		T OC
IL	LE K	**MU**	
A IL	LE S	E MU	
C IL	LE T	MU A	
F IL	LE U	MU E	**OH**
K IL	LE V	MU R	OH E
	LE Z	MU S	OH M
		MU T	

ON	**PU**	**RU**	**TA**
B ON	PU A	B RU	E TA
C ON	PU B	C RU	O TA
D ON	PU E	D RU	TA C
G ON	PU R	RU A	TA N
I ON	PU S	RU E	TA O
M ON	PU T	RU S	TA S
N ON	PU Y	RU T	TA U
S ON		RU Z	
T ON			**TE**
W ON			E TE
ON T			O TE
	RA	**SA**	TE E
	A RA	O SA	TE K
OR	I RA	U SA	TE L
C OR	RA B	SA C	TE R
F OR	RA D	SA I	TE S
OR E	RA I	SA L	TE T
OR S	RA S	SA S	TE X
	RA T		
OS	RA Y		**TU**
D OS	RA Z	**SE**	TU A
G OS		A SE	TU B
N OS		O SE	TU E
V OS		U SE	TU F
OS A		SE C	TU S
OS E	**RE**	SE L	TU T
OS T	A RE	SE N	
	E RE	SE P	**UN**
OU	G RE	SE S	UN E
C OU	I RE	SE T	UN I
F OU	O RE		UN S
H OU	P RE		
M OU	U RE	**SI**	**US**
P OU	RE A	K SI	B US
S OU	RE E	P SI	D US
OU F	RE G	SI C	E US
OU I	RE M	SI L	F US
OU T		SI S	J US
		SI X	L US
			M US
PI			N US
A PI	**RI**	**SU**	P US
E PI	C RI	SU A	R US
PI C	T RI	SU C	S US
PI E	RI A	SU D	T US
PI F	RI E	SU E	V US
PI N	RI S	SU R	W US
PI S	RI T	SU S	US A
PI U	RI Z	SU T	US E

UT	**VA**	**WU**
B UT	VA L	WU S
D UT	VA N	
E UT	VA R	
F UT	VA S	**XI**
L UT		
M UT		
O UT	**VS**	
P UT		
R UT		
S UT	**VU**	
T UT	VU E	
Z UT	VU S	*Erreurs:* vau - ben - lew - eon - onc.

NOTES PERSONNELLES

MOTS DE 3 LETTRES
et tous leurs raccords possibles
par l'adjonction d'une seule lettre soit initiale soit terminale

ACE	AIE	G AIS	AME
D ACE	B AIE	H AIS	C AME
F ACE	G AIE	J AIS	D AME
L ACE	H AIE	L AIS	F AME
R ACE	L AIE	M AIS	L AME
ACE S	M AIE	N AIS	P AME
	P AIE	P AIS	R AME
	R AIE	R AIS	AME N
AGA	S AIE	S AIS	AME R
G AGA	T AIE	T AIS	AME S
R AGA	AIE S	V AIS	
S AGA		AIS E	
AGA S		AIS Y	**AMI**
	AIL		K AMI
	B AIL	**AIT**	R AMI
AGE	M AIL	F AIT	AMI E
C AGE	R AIL	L AIT	AMI S
G AGE	AIL E	N AIT	
M AGE	AIL S	P AIT	
N AGE		R AIT	**ANA**
P AGE		S AIT	C ANA
R AGE		T AIT	F ANA
S AGE	**AIR**		K ANA
AGE E	H AIR		M ANA
AGE S	P AIR	**ALE**	N ANA
	V AIR	C ALE	P ANA
	AIR E	G ALE	S ANA
	AIR S	H ALE	ANA L
AGI		J ALE	ANA R
P AGI		M ALE	
V AGI		P ALE	
AGI O	**AIS**	R ALE	**ANE**
AGI R	B AIS	S ALE	C ANE
AGI S	D AIS	T ALE	F ANE
AGI T	F AIS	ALE A	P ANE
		ALE S	ANE S

ANS	**ART**	**AYS**	**BEA**
B ANS	F ART	P AYS	BEA I
D ANS	H ART	R AYS	BEA S
F ANS	K ART		BEA T
G ANS	P ART		BEA U
J ANS	ART S	**BAC**	
P ANS		U BAC	**BEC**
S ANS		BAC S	BEC S
T ANS	**ASE**		
V ANS	B ASE		**BEE**
ANS E	C ASE	**BAH**	BEE R
	H ASE	BAH T	BEE S
	J ASE		BEE Z
API	R ASE		
T API	V ASE	**BAI**	**BEL**
API S	ASE S	BAI E	BEL A
		BAI L	BEL E
		BAI N	BEL S
ARA	**AUX**	BAI S	
G ARA	B AUX		**BER**
P ARA	E AUX		A BER
T ARA	F AUX	**BAL**	BER S
V ARA	T AUX	BAL S	
ARA K	V AUX		**BEY**
ARA S		**BAN**	BEY S
		BAN C	
	AVE	BAN G	**BIS**
ARC	B AVE	BAN S	I BIS
M ARC	C AVE		O BIS
P ARC	H AVE		BIS A
ARC S	L AVE	**BAR**	BIS E
	P AVE	BAR N	
	R AVE	BAR S	**BIT**
ARE	AVE C		O BIT
G ARE	AVE N		BIT S
L ARE	AVE U	**BAS**	
M ARE	AVE Z	BAS A	
P ARE		BAS E	**BLE**
R ARE	**AXA**		BLE D
T ARE	T AXA		BLE S
ARE C	AXA I	**BAT**	BLE T
ARE S	AXA S	A BAT	BLE U
	AXA T	BAT A	
		BAT E	**BOA**
		BAT H	BOA S
ARS	**AXE**	BAT I	
B ARS	S AXE	BAT S	**BOB**
C ARS	T AXE		BOB O
F ARS	AXE E		BOB S
G ARS	AXE R	**BAU**	
J ARS	AXE S	BAU D	
M ARS	AXE Z	BAU X	

BOF	**CAF**	**COB**	**CUL**
	CAF E	COB S	CUL A
BOL			CUL E
BOL S	**CAL**	**COI**	CUL S
	CAL A	COI N	
BON	CAL E	COI S	**DAM**
BON D	CAL O	COI T	DAM A
BON I	CAL S		DAM E
BON S		**COL**	
	CAP	COL A	**DAN**
BOP	CAP A	COL S	DAN S
BOP S	CAP E	COL T	
	CAP S		**DER**
BOT		**CON**	
BOT E	**CAR**	A CON	**DES**
BOT S	CAR I	CON S	I DES
	CAR S		O DES
BOX	CAR Y	**COQ**	
BOX A		COQ S	**DEY**
BOX E	**CAS**		DEY S
	CAS A	**COR**	
BOY	CAS E	COR E	**DIA**
BOY S	CAS H	COR S	
			DIS
BRU	**CEP**	**COU**	DIS E
BRU I	CEP E	COU D	
BRU N	CEP S	COU P	**DIT**
BRU S		COU R	E DIT
BRU T	**CES**	COU S	DIT E
	A CES	COU T	DIT O
BUE			DIT S
BUE E	**CET**	**CRI**	
BUE S		CRI A	**DIX**
	CHU	CRI B	
BUS	E CHU	CRI C	**DOL**
A BUS	CHU E	CRI E	DOL S
O BUS	CHU S	CRI N	
BUS C	CHU T	CRI S	**DOM**
BUS E			DOM E
BUS H	**CIL**	**CRU**	DOM S
	CIL S	E CRU	
BUT		CRU E	**DON**
BUT A	**CLE**	CRU S	DON A
BUT E	CLE F	CRU T	DON C
BUT S	CLE S		DON G
			DON S
CAB			DON T
CAB S			

	DOS		**EGO**		**ETA**		**FAR**
A	DOS			B	ETA		FAR D
	DOS A			F	ETA		FAR S
	DOS E		**ELU**	J	ETA		FAR T
		R	ELU	P	ETA		
	DOT	V	ELU	T	ETA		**FAT**
	DOT A		ELU E	Z	ETA		FAT S
	DOT E		ELU S		ETA I		
	DOT S		ELU T		ETA L		**FEE**
					ETA T		FEE S
	DRU				ETA U		
	DRU E		**EMU**				**FER**
	DRU S		EMU E		**ETE**		FER A
			EMU S	B	ETE		FER S
	DRY		EMU T	F	ETE		FER U
				J	ETE		
	DUC		**EPI**	T	ETE		**FEU**
	DUC E	K	EPI	P	ETE		FEU E
	DUC S		EPI A	V	ETE		FEU S
			EPI E		ETE S		FEU X
	DUE		EPI S				
	DUE L				**EUE**		**FEZ**
	DUE S			F	EUE		
			ERE		EUE S		**FIA**
	DUO	A	ERE				FIA I
	DUO S	G	ERE		**EUH**		FIA S
		H	ERE				FIA T
	DUR	M	ERE		**EUS**		
	DUR A	P	ERE	F	EUS		**FIC**
	DUR E		ERE S	M	EUS		FIC S
	DUR S						
					EUT		**FIE**
	DUS		**ERG**	M	EUT		FIE E
			ERG S	P	EUT		FIE F
	DUT			V	EUT		FIE L
							FIE R
	EAU		**ERS**		**EUX**		FIE S
B	EAU	C	ERS	C	EUX		FIE Z
P	EAU	F	ERS	D	EUX		
S	EAU	S	ERS	F	EUX		**FIL**
V	EAU	V	ERS	P	EUX		FIL A
	EAU X		ERS E	V	EUX		FIL E
				Y	EUX		FIL M
	ECU						FIL S
D	ECU		**EST**		**FAN**		
R	ECU	L	EST		FAN A		
V	ECU	T	EST		FAN E		
	ECU S		EST E		FAN S		

FIN	**FUR**	**GIT**	**HEM**
A FIN		A GIT	
FIN E	**FUS**	GIT A	**HEP**
FIN I	FUS A	GIT E	
FIN S	FUS E		**HEU**
		GLU	HEU R
FIS		GLU S	
FIS C	**FUT**		**HIC**
	FUT E	**GOI**	C HIC
FIT	FUT S	GOI M	
		GOI S	**HIE**
FLA	**GAG**		C HIE
FLA N	GAG A	**GON**	HIE R
FLA T	GAG E	GON D	HIE S
	GAG S	GON G	
FOB		GON S	**HOP**
	GAI		
FOC	GAI E	**GOS**	**HOU**
FOC S	GAI N		C HOU
	GAI S	**GOY**	HOU A (≠)
FOI		GOY S	HOU E
FOI E			HOU X
FOI N	**GAL**	**GRE**	
FOI S	E GAL	O GRE	**HUA**
	GAL A	GRE A	HUA I
FOL	GAL E	GRE C	HUA S
FOL K	GAL S	GRE E	HUA T
		GRE S	
FOR	**GAN**		**HUE**
FOR A	GAN G	**GUE**	C HUE
FOR E	GAN S	I GUE	HUE E
FOR S	GAN T	GUE S	HUE R
FOR T		GUE T	HUE S
	GAZ		HUE Z
FOU	GAZ A	**GUI**	
FOU I	GAZ E	GUI S	**HUM**
FOU R			R HUM
FOU S		**HAI**	HUM A
FOU T	**GEL**	C HAI	HUM E
	GEL A	T HAI	
FOX	GEL E	HAI E	**ICI**
FOX E	GEL S	HAI K	
		HAI R	**IDE**
FUI	**GIN**	HAI S	A IDE
FUI E	GIN S	HAI T	B IDE
FUI R			R IDE
FUI S	**GIS**	**HAN**	V IDE
FUI T	A GIS	A HAN	IDE E
		C HAN	IDE M
		K HAN	IDE S

IFS	**IRE**	**KIF**	**LEK**
P IFS	A IRE	KIF S	LEK S
T IFS	C IRE		
V IFS	D IRE	**KIL**	**LES**
	L IRE	KIL O	A LES
	M IRE	KIL S	B LES
	P IRE	KIL T	C LES
ILE	R IRE		I LES
A ILE	S IRE	**KIP**	LES A
B ILE	T IRE	S KIP	LES E
F ILE	V IRE	KIP S	LES T
H ILE	IRE S		
M ILE	IRE Z	**KIR**	**LET**
P ILE		KIR S	B LET
V ILE	**IVE**		F LET
ILE S	C IVE	**KIT**	
	P IVE	KIT S	**LEU**
	R IVE		B LEU
	V IVE	**KOB**	LEU R
ILS	IVE S	KOB S	LEU S
A ILS			
C ILS	**JAN**	**KSI**	**LEV**
F ILS	JAN S		LEV A
M ILS		**LAC**	LEV E
S ILS	**JAS**	C LAC	LEV S
V ILS	JAS A	LAC A	
	JAS E	LAC E	**LEZ**
		LAC S	
	JET		**LIA**
	JET A		P LIA
ION	JET E	**LAD**	LIA I
F ION	JET S	LAD S	LIA S
L ION		LAD Y	LIA T
P ION	**JEU**		
ION S	JEU N	**LAI**	**LIE**
	JEU X	LAI C	P LIE
		LAI D	LIE D
	JOB	LAI E	LIE E
	JOB S	LAI S	LIE N
IRA		LAI T	LIE R
C IRA			LIE S
D IRA	**JUS**	**LAO**	LIE U
L IRA		LAO S	LIE Z
M IRA	**KAS**		
R IRA		**LAS**	**LIN**
T IRA	**KHI**	G LAS	C LIN
V IRA			LIN O
IRA I	**KID**	**LEI**	LIN S
IRA S	KID S		

LIS	**LUS**	**MER**	**MIT**
E LIS	E LUS	A MER	E MIT
P LIS	G LUS	MER E	O MIT
LIS E	P LUS	MER L	MIT A
		MER S	MIT E
LIT	**LUT**		
E LIT	P LUT	**MES**	**MOI**
LIT A	LUT A	A MES	E MOI
LIT E	LUT E	MES A	MOI E
LIT S	LUT H	MES S	MOI S
	LUT S		
LOB		**MET**	**MOL**
LOB A		E MET	MOL E
LOB E	**LUX**	O MET	
LOB S	F LUX	MET S	**MON**
	LUX A		MON O
	LUX E		MON T
LOF		**MIE**	
LOF A		A MIE	**MOT**
LOF E	**LYS**	E MIE	MOT O
LOF S	LYS E	MIE L	MOT S
LOF T		MIE N	
		MIE S	**MOU**
	MAI		MOU D
LOI	MAI A		MOU E
A LOI	MAI E	**MIL**	MOU S
LOI N	MAI L	MIL E	MOU T
LOI R	MAI N	MIL S	
LOI S	MAI S		**MUA**
		MIN	MUA I
		MIN A	MUA S
LOT	**MAL**	MIN E	MUA T
C LOT	MAL E	MIN S	
F LOT	MAL T		**MUE**
I LOT		**MIR**	E MUE
P LOT		E MIR	MUE E
LOT E	**MAS**	MIR A	MUE R
LOT I	A MAS	MIR E	MUE S
LOT O		MIR S	MUE T
LOT S			MUE Z
	MAT		
	MAT A		
LUE	MAT E	**MIS**	**MUR**
E LUE	MAT H	A MIS	MUR A
LUE S	MAT I	E MIS	MUR E
	MAT S	O MIS	MUR I
LUI		MIS A	MUR S
LUI S	**MEC**	MIS E	
LUI T	MEC S	MIS S	

MUS	**NOM**	**OIE**	**ORS**
E MUS	NOM E	F OIE	C ORS
MUS A	NOM S	J OIE	D ORS
MUS C		M OIE	F ORS
MUS E	**NON**	S OIE	H ORS
	A NON	V OIE	L ORS
MUT	G NON	OIE S	M ORS
E MUT	NON E		S ORS
MUTA		**OIL**	T ORS
MUTE	**NOS**	P OIL	
MYE		**OLE**	**OSA**
MYE S	**NUE**	M OLE	D OSA
	NUE E	P OLE	P OSA
NEE	NUE S	R OLE	OSA I
NEE S		S OLE	OSA S
	NUI	T OLE	OSA T
NEF	NUI S	V OLE	
NEF S	NUI T	Y OLE	
NES	**NUL**	**ONT**	**OSE**
A NES	NUL S	D ONT	D OSE
U NES		F ONT	P OSE
		M ONT	R OSE
NET	**NUS**	P ONT	OSE E
NET S	A NUS	S ONT	OSE R
		V ONT	OSE S
NEZ	**OBI**		OSE Z
	OBI S	**OPE**	
NIA	OBI T	D OPE	
NIA I		P OPE	
NIA S	**ODE**	T OPE	**OST**
NIA T	C ODE	OPE N	OST S
	G ODE	OPE S	
NID	I ODE		
NID S	M ODE	**ORE**	**OTA**
	R ODE	B ORE	C OTA
NIE	S ODE	C ORE	D OTA
U NIE	ODE S	D ORE	I OTA
NIE E		F ORE	J OTA
NIE R	**OFF**	K ORE	N OTA
NIE S		M ORE	R OTA
NIE Z	**OHE**	P ORE	V OTA
		S ORE	OTA I
NIT		T ORE	OTA S
NIT S	**OHM**	ORE E	OTA T
U NIT	OHM S	ORE S	

OTE	**PAN**	**PIN**	**PUA**
B OTE	PAN A	S PIN	PUA I
C OTE	PAN E	PIN S	PUA S
D OTE	PAN S		PUA T
H OTE		**PIS**	
L OTE	**PAR**	A PIS	**PUB**
N OTE	E PAR	E PIS	PUB S
P OTE	PAR A	PIS E	
R OTE	PAR C		**PUE**
V OTE	PAR E	**PIU**	PUE R
OTE E	PAR I		PUE S
OTE R	PAR T	**PLI**	PUE Z
OTE S	PAR U	PLI A	
OTE Z		PLI E	**PUR**
	PAS	PLI S	PUR E
OUF	U PAS		PUR S
P OUF		**PLU**	
R OUF	**PAT**	PLU S	**PUS**
	S PAT	PLU T	O PUS
OUI	PAT E		
F OUI	PAT I	**POP**	**PUT**
J OUI	PAT S	POP E	PUT E
R OUI		POP S	
OUI E	**PET**		**PUY**
OUI R	PET A	**POT**	PUY S
OUI S	PET E	S POT	
	PET S	POT E	**QAT**
OUT		POT S	QAT S
A OUT	**PEU**		
B OUT	PEU L	**POU**	**QUE**
C OUT	PEU R	POU F	QUE L
G OUT	PEU T	POU R	
M OUT	PEU X	POU X	**QUI**
T OUT			QUI A
	PHI	**PRE**	
OVE		A PRE	**RAB**
L OVE	**PIC**	PRE S	RAB E
N OVE	S PIC	PRE T	RAB S
OVE S	PIC S		
		PRO	**RAD**
OXO	**PIE**	PRO F	RAD A
	E PIE	PRO S	RAD E
PAF	PIE D	PRO U	RAD S
	PIE S		
PAL	PIE U	**PSI**	
PAL E			
PAL I	**PIF**	**PST**	
PAL S	PIF S		

RAI	**REE**	**RIT**	**RUS**
B RAI	C REE	F RIT	B RUS
F RAI	G REE	P RIT	C RUS
I RAI	O REE	RIT E	D RUS
V RAI	U REE		U RUS
RAI A	REE L		RUS A
RAI D	REE R	**RIZ**	RUS E
RAI E	REE S		RUS H
RAI L	REE Z	**ROB**	
RAI S		ROB A	**RUT**
RAI T	**REG**	ROB E	B RUT
	REG I	ROB S	C RUT
RAS	REG S		RUT S
A RAS		**ROC**	
B RAS	**REM**	B ROC	**RUZ**
G RAS	REM S	C ROC	
I RAS		F ROC	**SAC**
RAS A	**RHO**	T ROC	SAC S
RAS E		ROC K	
RAS H	**RIA**	ROC S	**SAI**
	A RIA		O SAI
	C RIA	**ROI**	U SAI
RAT	P RIA	ROI S	SAI N
RAT A	T RIA		SAI S
RAT E	RIA S		SAI T
RAT S		**ROT**	
		T ROT	**SAL**
RAY	**RIE**	ROT A	SAL A
G RAY	B RIE	ROT E	SAL E
RAY A	C RIE	ROT I	SAL S
RAY E	P RIE	ROT S	
RAY S	T RIE		**SAS**
	RIE L		O SAS
	RIE N	**RUA**	U SAS
RAZ	RIE S	RUA I	
	RIE Z	RUA S	**SEC**
		RUA T	SEC S
	RIS		
REA	B RIS	**RUE**	**SEL**
C REA	C RIS	C RUE	SEL F
G REA	F RIS	D RUE	SEL S
REA C	G RIS	G RUE	
REA I	I RIS	RUE E	**SEN**
REA L	P RIS	RUE R	SEN E
REA S	T RIS	RUE S	SEN S
REA T	RIS S	RUE Z	SEN T

SEP	**SON**	**TAN**	**TIC**
SEP T	SON E	TAN K	TIC S
SEP S	SON O	TAN S	
	SON S	TAN T	**TIF**
	SON T		TIF S
SES		**TAO**	
A SES		TAO N	**TIN**
O SES	**SOT**	TAO S	TIN S
U SES	SOT S		TIN T
		TAS	
SET	**SOU**	O TAS	**TIR**
SET S	SOU E		TIR A
	SOU K	**TAU**	TIR E
SIC	SOU L	E TAU	TIR S
	SOU S	TAU D	
SIL		TAU X	**TOC**
SIL O	**SUA**		TOC S
SIL S	SUA I	**TEE**	
SIL T	SUA S	O TEE	**TOI**
SIL Y	SUA T	TEE S	TOI T
SIS	**SUC**	**TEK**	**TON**
SIS E	SUC A	TEK S	TON S
	SUC E		
SIX	SUC S	**TEL**	**TOP**
		TEL E	S TOP
SKI	**SUD**	TEL L	TOP A
SKI A		TEL S	TOP E
SKI E			TOP O
SKI S	**SUE**	**TER**	TOP S
	SUE E	O TER	
SOC	SUE R		**TOT**
SOC S	SUE S	**TES**	TOT O
	SUE Z	E TES	
SOI		O TES	**TRI**
SOI E	**SUR**	TES T	TRI A
SOI F	SUR E		TRI E
SOI N	SUR F	**TET**	TRI O
SOI R	SUR I	TET A	TRI P
SOI S	SUR S	TET E	TRI S
SOI T		TET S	
	SUS	TET U	**TUA**
SOL	U SUS		TUA I
SOL E		**TEX**	TUA S
SOL I	**SUT**		TUA T
SOL O		**THE**	
SOL S	**TAC**	THE S	
	TAC T		

TUB	**URE**	**VER**	**VOS**
TUB A	B URE	VER S	
TUB E	C URE	VER T	**VUE**
TUB S	D URE		VUE S
	H URE	**VET**	
	J URE	VET E	**VUS**
TUE	M URE	VET O	
TUE E	P URE	VET S	**WON**
TUE R	S URE	VET U	WON S
TUE S	URE E		
TUE Z	URE S	**VIA**	**WUS**
TUF	**USA**	**VIE**	**YAK**
TUF S	F USA	VIE S	YAK S
	M USA		
	R USA	**VIF**	**YEN**
	USA I	VIF S	YEN S
TUS	USA S		
	USA T	**VIL**	**YIN**
		VIL E	YIN S
TUT	**USE**	VIL S	
TUT U	B USE		**YOD**
	F USE	**VIN**	YOD S
	M USE	O VIN	
UNE	R USE	VIN A	
A UNE	USE E	VIN E	**ZEE**
D UNE	USE R	VIN S	ZEE S
H UNE	USE S	VIN T	
L UNE	USE Z		**ZEN**
R UNE		**VIS**	ZEN D
T UNE	**VAL**	A VIS	ZEN S
UNE S	A VAL	VIS A	
	U VAL	VIS E	**ZIG**
UNI	VAL S		ZIG S
M UNI		**VIT**	
P UNI	**VAN**	VIT E	**ZOE**
UNI E	VAN S		ZOE S
UNI R		**VOL**	
UNI S	**VAR**	VOL A	**ZOO**
UNI T	VAR A	VOL E	ZOO M
	VAR S	VOL S	ZOO S
		VOL T	
	VAS		**ZUT**
	K VAS		
UNS	VAS E		

Erreurs : alem, anee, anel, bard, abée, able, abot, acul, egos, zest, meta, glui, goye, ejet, flac, flac, lack, glui, meta, peuh, pouh, preu, etoc, huns.

RACCORDS PAR L'AVANT

Il arrive régulièrement qu'un mot de la grille puisse bénéficier plusieurs fois de suite d'un raccord par l'avant.

Exemple :

ES	AU	ANCHE
DES	EAU	RANCHE
IDES	EAUX	BRANCHE
RIDES	REAUX	EBRANCHE
ARIDES	PREAUX	DEBRANCHE
PARIDES	YPREAUX	
SPARIDES		

A

	aborder +	**accroc**	**acon**
	S aborder +	R accroc /	B acon
			F açon
	abouche +	**ache**	Maçon
abat +	D abouche	B âche +	T acon
R abat +		C ache +	
	aboule +	F âche +	**accrocher +**
abattable	Maboule	G âche +	R accrocher +
R abattable		H ache +	
	abouter +	M âche +	**accule +**
abattre +	R abouter +	S ache +	S accule
R abattre +		T ache +	
	abri	V ache	**acéré, e**
ablette	C abri		L acéré, e
T ablette	L abri		Macéré, e
		achetable	
abonnir +	**abus +**	R achetable	**achat**
R abonnir +	C abus		B âchât
			C achât
abord +		**acheté**	F âchât
B abord	**accord +**	C acheté +	G âchât
S abord +	R accord +	L acheté	H achât
		R acheté +	L âchât
abordais	**accorder +**	T acheté +	Mâchât
B abordais	R accorder +		R achat
S abordais			T achât

acons
B acons
F açons
L açons
M açons
T acons

acquet
J acquet

acquiers
J acquiers

acre
M acre
N acre +
S acre +

acte
J acte +
L acté
P acte

actée
C actée
L actée

acteur
F acteur

action
F action

actrice
F actrice

actuel
F actuel

acuité
V acuité

adent
R adent

adieux
R adieux

ados
F ados

adouber +
R adouber +

adoucir +
R adoucir +

adula +
R adula

affâmes
G affâmes

affermir +
R affermir +

affinage
R affinage

affiner +
R affiner +

affineur
R affineur

affoler +
R affoler +

affut +
R affut +

affuter +
R affuter +

agace +
S agace

agasse (≠)
B agasse

agée
G agée
N agée

agent
G agent
N agent
R agent

agir +
V agir +

agréer +
R agréer +

agrès +
P agres

aguets
D aguets

aiche
L aiche

aide +
L aide
R aide

aiderons
L aiderons

aieux
C aieux

aigre
M aigre
V aigre

aigreur
M aigreur

aigrir +
M aigrir +

aillade
T aillade +

aillant
B aillant
C aillant
F aillant
M aillant
P aillant
R aillant
S aillant, e
T aillant, s
V aillant, e

aille +
B aille +
C aille +
F aille +
M aille +
P aille +
R aille +
S aille
T aille +
V aille

ailleurs
B ailleurs
R ailleurs
T ailleurs

aillons
B aillons
C aillons
F aillons
H aillons
M aillons
P aillons
R aillons
S aillons
T aillons

aimes
H aïmes

aine
D aine
F aine
G aine +
H aine
L aine +
N aine
R aine +
S aine
V aine

aire
F aire
H aire
M aire
P aire
T aire
Z aïre

aise, e
B aise, e +
T aise +

aisselle
F aisselle
V aisselle

ajout +
R ajout +

ajouter +
R ajouter +

ajuster +
R ajuster +

alaire
M alaire
S alaire

alaise
B alaise
F alaise
Malaise

alise
B alise +
V alise

alisier
B alisier

alite +
H alite

alites
H alites
P alîtes
S alîtes

alla +
C alla +

allant, e
B allant, e

allé +
B allé +
D allé +
G alle
H alle
M alle
S alle
T alle +

allée
D allée
V allée

allier
H allier
P allier
R allier

alleux
C alleux

allo
G allo

allonge +
R allonge +

allons
B allons
D allons
G allons
T allons
V allons
W allons

allumer +
R allumer +

almée
C almée
P almée

alois
B alois
P alois

alpe
P alpe
S alpe

alteral +
C alterai +
M alterai +

alun +
F alun +

aman
D aman
M aman

amant
C amant
D amant
L amant
P amant
R amant

amas +
C amas
D amas +
L amas
P amas
R amas +

amasse +
C amasse +
D amasse +
L amasse +
P amasse +
R amasse +

ambon
J ambon

ambre +
C ambre +

amender +
R amender +

amener +
R amener +

amer
C amer +
D amer +
L amer +
P amer +
R amer +

ameuter +
R ameuter +

amie
L amie
R amie

amine
F amine
G amine
L aminé

aminée
L aminée

amis
K amis
R amis
T amis

amollir +
R amollir +

amours
M amours/

amurai
S amurai

amure +
R amure

amuse +
C amuse

anal
B anal
C anal
F anal

anale
B anale
R anale

analité
B analité

anar
C anar

anaux
B anaux
C anaux
F anaux

anche
B anche +
C anche
H anche +
M anche
R anche
T anche

ancre
C ancre

andante
M andante

andin
D andin
G andin

andine
D andine +

anes
C anes
F anes
M anes/
P anes

anesse
V anesse

ange
F ange
L ange +
M ange +
R ange +

anglais
S anglais

angle
M angle
S angle +

angon
T angon

anier
M anier +
P anier

anière
L anière
M anière
P anière +
T anière

animer +
R animer +

anion
F anion

anions
C anions
F anions
P anions

anis
R anis
Z anis

anisé, e
T anisé, e
V anisé, e

annates
C annâtes
T annâtes
V annâtes

année
C année
T année
V année

anneau
P anneau
V anneau

annelé, e
C annelé, e

annelle
C annelle
V annelle

anon
C anon
F anon

anonne +
C anonne +

anons
C anons
F anons
P anons

anse
D anse +
G anse +
H anse
M anse
P anse +

ansée
D ansée
G ansée
P ansée

ante
G ante +
H ante +
J ante
M ante
S anté
T ante
V ante +

antenne
P antenne

anthère
P anthère

antique
C antique
M antique

août
R aout

aphte
N aphte

apide
L apide +
R apide
S apide

apion
P apion

apions
C apions
L apions
P apions
R apions
S apions
T apions

aplatir +
R aplatir +

apparier +
R apparier +

appas
H appas +
J appas +
N appas +

appâtes
H appâtes
J appâtes
N appâtes

appel
R appel

appeler +
R appeler +

appliquer +
R appliquer +

apport +
R apport +

apporter +
R apporter +

apporteur
R apporteur

approcher +
R approcher +

âpre
C âpre

apside
C apside

apte
C apte +

apure
R apure
T apure

arabe
C arabe

araire
L araire

aras
G aras +
H aras/ +
P aras +
T aras

arbre
M arbre +

arche
M arche +

archer
M archer +

archet
P archet

arçon +
G arçon

arçonne
G arçonne

ardent
B ardent
C ardent
F ardent
G ardent
H ardent
L ardent
T ardent

ardeur
C ardeur
G ardeur

ardillon
T ardillon

arène
C aréné +

arête
R areté

argent +
Margent

argon
J argon

arguer +
C arguer +
L arguer +
N arguer +
T arguer +

argues
C argues
F argues/
L argues
N argues
T argues

aria
C aria
Maria
P aria
V aria

aride
P aridé

arma +
K arma

arme +
C arme
L arme
P arme

arment
S arment

arque +
B arque
Marque +
P arque +

arrêt, é, e
J arret, é, e

arrière
B arrière
C arrière

arrimes
B arrîmes

artel
C artel
Martel/ +

artésien, ne
C artésien, ne

artisan, e
P artisan, e

asanas
B asanas

asilaire
B asilaire

aspe
J aspe +

asque
B asque
C asque +
Masque +
V asque

assai
C assai +
L assai +
Massai +
P assai +
S assai +
T assai +

asseau
C asseau
T asseau

assembler +
R assembler +

asseoir +
R asseoir +

assette
C assette
Massette
T assette

assez
C assez
L assez
Massez
P assez
S assez
T assez

assis
C assis
R assis

assise
R assise

assiste
B assiste

assortir +
R assortir +

assure +
C assure
R assure +

astis
P astis

astre
C astre +

astronome
G astronome

atavique
B atavique

atelé
R atelé +

atelier
B atelier
R atelier

attelle
P attelle
R attelle

âtre
P âtre

attacher +
R attacher +

attraper +
R attraper +

aube
D aube +

audit
Maudit

audois
V audois

auge
B auge
J auge +
S auge

aumone
S aumoné

aune
F aune
J aune
S aune +

aurons
S aurons

aussière
H aussière

autant
S autant

auteur
F auteur
H auteur

autour
V autour

autre
V autre +

auvent
S auvent

avais
avait
avant
avent
(voir à avez)

aval
N aval
R aval

avale +
C avale +
N avale
R avale +

avaleur
C avaleur
R avaleur

avantage
D avantage

aveline
J aveline

averait
B averait
C averait
G averait
H averait
L averait
P averait

avèrent
(voir ci-dessus)

aveux
B aveux

avez
B avez
C avez
G avez
H avez
L avez
P avez
S avez

avine +
R avine +

avions
B avions
C avions
G avions
H avions
L avions
P avions
S avions

avis +
L avis
R avis +

aviser +
R aviser +

avitailler +
R avitailler +

avivage
R avivage

aviver +
R aviver +

avoir
B avoir
L avoir
R avoir
S avoir

axer +
T axer +

axis
T axis

axons
S axons
T axons

ayez
B ayez
L ayez
P ayez
R ayez

ayons
B ayons
H ayons
L ayons
P ayons
R ayons
S ayons

azurite
L azurite

B

baisser +
A baisser +

bajoue
A bajoue

bandons
A bandons

barber +
E barber +

batis +
A batis

bats
A bats
E bats

battage
A battage

battant, s
A battant, s

batte +
A batte +
E batte +

battement
A battement

batteur
A batteur

battoir
A battoir

battre +
A battre +
E battre +

bavure
E bavure

berlue
E berlué

biotique
A biotique

blette
A blette

blutions
A blutions

bois +
A bois

bondé
A bondé

bonite
E bonite

bonne
A bonne +

bord +
A bord +

bordage
A bordage

border +
A border +

borgne
E borgne +

boucher +
A boucher +

bouillante
E bouillante +

bouler +
A bouler +
E bouler +

bourrer +
E bourrer +

bout +
A bout +

bouter +
A bouter +
E bouter +

boutisse
A boutisse +

branchage
E branchage

brancher +
E brancher +

branler +
E branler +

braser +
A braser +
E braser +

brèche
E brèche +

bris +
A bris

bruiter +
E bruiter +

buse
A buse +

C

caille +
E caille +

cajou/
A cajou, s

calant
E calant (≠)
S calant, e

caler +
E caler + (≠)

cangue
E cangue +

canner +
S canner, s

caque +
I caque

carte
E carte +

carter
E carter +

céans
O céans

celle
O celle
S celle +

cène
S cène

cétone
A cétone

chaîne +
A chaine

chalande
A chalandé

chan
T chan

chancre
E chancre +

changer +
E changer +

changeur
E changeur

chanson
E chanson

charisme
A charisme

chasse +
E chasse

chat
A chat

chaude
E chaude +

chauffer +
E chauffer +

chauffant, e
E chauffant, e

cheminée
A cheminée

cheminer +
A cheminer +

chenille
E chenillé +

chèque
T chèque

chiffre +
E chiffre/

choir +
E choir +

chopper
A chopper +
E chopper +

chromat
A chromat, s

cille +
S cille

cime
E cime +

ciment
E ciment

clair, e
E clair, e +

clairons
E clairons

clinique
A clinique

clisse +
E clisse +

clore +
E clore +

clos, e
E clos, e

cluse
E cluse +

coin
E coin

coinçons
E coinçons

compte +
A compte

conduire +
E conduire +

cône
I cône

conique
I conique

copions
E copions

coquine
A coquine +

core
A core
S core

coriace
S coriacé, e

corne +
E corne +

cosser +
E cosser +

coule +
E coule +

courte
E courte +

cout +
S cout

coute +
E coute +
S coute

crâmes
O crâmes

cran +
E cran

crase
E crase +

crasse
O crasse

crémer +
E crémer +

crémeuse
E crémeuse

crete
A creté
E creté +

creuse +
O creuse

creux
O creux

crier +
E crier +

crin
E crin

cris
E cris

croule +
E croule +

crouter +
E crouter +

crue
E crue

cuisse
E cuisse +

cuissons
E cuissons

cuité
A cuité

culé, e
E culé, e

curie
E curie

cyclique
A cyclique

D

dent
A dent

denté, e
E denté, e

dicter +
E dicter +

dieux
A dieux
O dieux

dite
E dite +

donne +
A donne +

dorant
A dorant
O dorant

dorat
A dorat
O dorat

dorer +
A dorer +

dosse
A dosse +

doucir +
A doucir +

dressage
A dressage

dresser +
A dresser +

droite
A droite

E

eaux
B eaux
F eaux
P eaux
R eaux
S eaux
V eaux

ébat
D ébat

ébattre +
D ébattre +
R ebattre +

ébaucher +
D ébaucher +

ébauchage
D ébauchage

ébouler +
D ébouler +

ébourrer +
D ébourrer +

ébouter +
D ébouter +

ébrancher +
D ébrancher +

écaler + (≠)
D écaler +
R ecaler +

écervelé, e
D écervelé, e

échapper +
R échapper +

échanger +
R echanger +

écharner +
D écharner +

échasse
B êchasse
L échasse
M échasse
P êchasse
S échasse

échauffer +
R échauffer +

èche
B êche +
D èche/
L èche +
M èche +
P êche +
R èche
S èche +

échéance
D échéance

échiffre/
D échiffre +

échiqueté, e
D échiqueté, e

échoir +
B échoir
D échoir +
S échoir

échu, e
D échu, e

écidie
C écidie

écimer +
D écimer +

éclore +
D éclore +

écluse +
R ecluse

ecoin
Recoin

écoinçons
Décoinçons

école
Récole +

éconduire
Méconduire
Reconduire

écorner +
Décorner +

écopiez
Recopiez

écopions
Recopions

écot
Bécot +

écouler +
Découler +

écrément
Décrément

écréter +
Décréter +
Sécréter +

écrier +
Décrier +
Récrier +

écrire +
Décrire +
Récrire +

écru, e
Décru, e
Recru, e

écueil
Recueil +

écule +
Fécule
Pécule
Recule +

éculée
Féculée
Reculée

écumes
Déçûmes
Reçumes
Vécumes

écurie
Décurie

édicule
Pédiculé

édit +
Dédit +
Médit +
Redit +

édite +
Médite +
Redite +

édition
Sédition

éditions
Méditions
Séditions

éfaufile +
Défaufile +

efendis
Défendis +
Refendis +

effroi
Beffroi

égal, e +
Légal, e
Régal, e +

égala +
Régala +
Ségala

égaler +
Régaler +

égalité
Légalité

égard
Bégard
Regard +

égarons
Mégarons

égayer +
Bégayer +

égorger +
Dégorger +
Regorger +

égout +
Dégoût +

égoutter +
Dégoutter +

égriser +
Dégriser +

égueulé, e
Bégueule
Dégueule +

éjection
Déjection

élancer +
Relancer +

élave, é
Délavé, e
Relavé, e

électif, ive
Sélectif, ive

élection
Sélection

élections
Délections
Sélections

élevage
Relevage

élément
Bêlement
Vêlement

élever +
Relever +

éleveur, use
Releveur, use

élidé +
Félidé

élire +
Délire +
Relire +

élit
Délit
Relit

élite +
Délite +
Vélite

elle
Belle
Celle +
Felle +
Pelle
Selle
Telle

élodée
Hélodée

éloge
Déloge +
Reloge +

élue
Relue
Velue

élûtes
Délutes
Relûtes

émailler +
Démailler +
Remailler +

émanant
Rémanant

emballage
Remballage

emballer +
Remballer +

embarquer +
Rembarquer +

embarrer +
Rembarrer +

emboiter +
Remboiter +

embourrer +
Rembourrer +

embuche
Rembuche +

émérite
Démérite +
Témérité

émettre +
Démettre +
Remettre +

éminent, e
Déminent
Géminent

émis
Demis
Gémis
Remis
S emis/

émise
Démise
Remise +

émission
Démission
Rémission

emmancher +
Remmancher +

emmener +
Remmener +

émois
Rémois, e

émotive
Démotivé, e

émoulu, e
Remoulu, e

empailler +
Rempailler +

empaqueter +
Rempaqueter +

empiler +
Rempiler +

empira +
L empira

emplir +
Remplir +

emploi +
Remploi +

employer +
Remployer +

emplumer +
Remplumer +

empocher +
Rempocher +

emporter +
Remporter +

emprunter +
Remprunter +

encaisser +
Rencaisser +

enchasse +
P enchasse +

enchérir +
Renchérir +

encontre /
Rencontre +

endormir +
Rendormir +

enfermer +
Renfermer +

enfiler +
Renfiler +

enfler +
Renfler +

enfoncer +
Renfoncer +

engager +
Rengager +

engainer +
Rengainer +

engorger +
Rengorger +

engraisse +
Rengraisse +

engrainer +
Rengrainer +

enjoins
B enjoins

ennuyer +
Hennuyer, s

enoncer +
Dénoncer +
Renoncer +

enouer + (≠)
Dénouer +
Renouer +

entaille +
Ventaille

entamer +
Rentamer +

entames
Rentamés
T entâmes

ente +
Denté
Fente
Lente
Mente +
Pente
Rente
S ente +
T ente +
Vente +

enter +
T enter +
Venter +

entier
Dentier
Rentier
S entier

entière
Rentière

entions
Mentions
T entions
Ventions

entités
Mentîtes
S entîtes

entoilage
Rentoilage

entoiler +
Rentoiler +

entons
Centons
Mentons
S entons
T entons

entrant, e
Rentrant, e

entré, e
Centré, e
Rentré, e
Ventré, e

entrer +
C entrer +
R entrer +

entrisme
C entrisme

enture
D enture
P enture
T enture

envoi +
R envoi +

envoyer +
R envoyer +

éogène
N éogène

épais, se
R epais, se +

épave
D épave +
R epave +

épée
C épée
P épée

éperons
R epérons

épia +
P épia +
S épia

épier +
P épier +

épilation
D épilation

épiler +
D épiler +

épique
D épique +
R epique +

épite
D épite +
P épite

éplore, e
D éploré,e

épointer +
D épointer +

épouille +
D épouille +

éprendre +
D éprendre +
M éprendre +
R eprendre +

épurer +
D épurer +

épyornis
A épyornis

équestre
S équestre +

équille
B équille

équin
P équin
R equin
S equin

érailler +
D érailler +

erbium
T erbium

eres
A eres
G ères
H ères
M ères
P ères
X ères

érigée
P érigée

érine
S erine +

ermite
D ermite
T ermite

éroder +
D éroder +

érogène
K érogène

éros
H eros
Z eros

errasse +
F errasse +
S errasse +
T errasse +

erre +
F erre +
P erré
S erre +
T erre +
V erre

erreur
T erreur

errons
F errons
P errons
S errons
T errons
V errons

erse
H erse +
P erse
T erse +
V erse +

essai +
C essai +
F essai +

essayer +
R essayer +

esse
C esse +
F esse +
G esse
M esse
V esse

esquille
R esquille +

essuyage
R essuyage

este
C este
G este
L este +
P este +
R este +
T este +
V este
Z este

ester +
L ester +
P ester +
R ester +
T ester +

estival
F estival

étable
J etable
R etable

établir +
R établir +

étage +
J etage

étai
F êtai
J etai
P étai
T étai

étais
F êtais
J etais
P étais
T étais
V êtais

étal +
L étal
M étal

étale +
D étale +
L étale
P étale

étaler +
D étaler +

étamage
R étamage

étamer +
R étamer +

étames
F êtâmes
J etâmes
P étâmes
R étames
T étâmes

étameur
R étameur

étape
R etape +

étant
F êtant
J etant
P étant,e
T étant
V êtant

étayage
Métayage

étayer +
Métayer,s

éteindre +
D éteindre +
R eyeindre +

étendoir
R etendoir

étendre +
D étendre +
R etendre +

éthane
Méthane

éthuse
A éthuse

éthyle
Méthyle

éthylène
Méthylène

étier
Métier
S étier

étiole +
P étiole

étique
R étique

étirage
R etirage

étirer +
D étirer +
R etirer +

étonner +
B étonner +
D étonner +

être
Hêtre
Mètre +

étreindre +
R étreindre +

étroit
D étroit

eudiste
F eudiste

eûtes
Meutes

eurent
Meurent

évaluer +
D évaluer +

éveil
R éveil

éveiller +
R éveiller +

évent +
L èvent
R èvent

évente +
Mévente
R evente

évidage
D évidage

évider +
D évider +

évidoir
D évidoir

évier
D évier +
F évier
L evier

évite +
L évite

évites
L évites
R evîtes
S évîtes

évocable
R évocable

évolue +
D évolue
R évolue

évolution
D évolution
R évolution

évoquer +
R évoquer +

existe +
R existe
S existe

exogène
H exogène

F

faufiler +
E faufiler +

fendis +
E fendis

focal, é
A focal, e

focaux
A focaux

frit, e
E frit

G

gaie
E gaie +

gaiement
E gaiement

gala
E gala +

galates
E galâtes

galaxie
A galaxie

gale
E gale +

galions
E galions

gare +
E gare +

gate +
A gate

gave +
A gave

genouillé, e
A genouillé, e

gent
A gent

giter +
A giter +

glyphe
A glyphe

gnosie
A gnosie

gnostique
A gnostique

gorger +
E gorger +

goût +
E gout +

goutte +
A goutte +

grainage
A grainage
E grainage

graine +
A graine +
E graine +

grandir +
A grandir +

graphie
A graphie

grappe
E grappe +

gréer +
A gréer +

grège
A grégé,e

grene +
E grene +

grès +
A grès / +

griffe +
A griffe +

grippe +
A grippe +

grise +
E grise +

grugeoir
E grugeoir

gruger +
E gruger +

grume
A grume

guets
A guets /

gueulé, e
E gueulé, e

guiche
A guiche +

H

habiller +
R habiller +

habilleur,euse
R habilleur,euse

haie
T haïe

haine
C haîne +

hair, e +
C hair, e

hais
C hais
T haïs

hâle +
C hâle

haler +
T haler,s

haleur
C haleur

halle
T halle

hâloir
C haloir /

hameau
C hameau

hanter +
C hanter +

hardons
C hardons

harpie
C harpie
S harpie

hase
P hase

haste
C haste

hâtier
C hâtier +

hâtiez
C hâtiez

hâtons
C hatons

hausse +
C hausse +

haut
C haut /

hélates
C hèlates

hercher +
C hercher +

hercheur
C hercheur

hère
C hère

hérisse +
C hérisse +

hérissons
C hérissons

hérites
C hérîtes

hermès /
C hermes /
T hermes /

hier /
C hier +

hoir
C hoir / +

home
C hôme +

honte
E honté,e

horde
C horde

horion
C horion

houx
C houx

humer +
R humer +

hune
T hune

hunter
S hunter +

I

ibis
B ibis

ictus
R ictus

idée
A idée
R idée
V idée

ignames
L ignâmes
S ignâmes

igné,e
D igne
L igné,e
P igne
S igné,e
V igne

ignoble
V ignoble

igue
A iguë
B igue
C iguë
D igue
F igue
G igue
L igue +

ilions
B ilions
F ilions
P ilions

îlot
P ilot +

ilotage
P ilotage

ilote
H ilote
P ilote +

image
L image

iman
L iman

imbus
N imbus

imite +
L imite +

implexe
S implexe

inca /
P inça
R inça

ingéré
L ingère

inique
V inique

inné
P inne

inter
L inter
P inter +
S inter
T inter +

inusité
S inusite

iode
D iode

ionique
B ionique

ions
F ions
L ions
N ions
P ions
R ions

irons
C irons
D irons
G irons
L irons
Mirons
R irons
T irons
V irons

issu
T issu

ivette
C ivette
Divette
R ivette +

ivre
G ivre +
L ivre +
V ivré,e

J

jainisme
Djaïnisme

jale
T jale

jointe
E jointe +

jonc
A jonc

jour
A jour (≠) +

journée
A journée

joute +
A joute +

juste
A juste +

justement
A justement

K

ketch
Sketch /

kinésie
A kinésie

L

labelle
Glabelle

labre
Glabre

laçage
Glaçage
P laçage

lacer +
Glacer +
P lacer +

lacerie
Glacerie

lacet
P lacet

laceur, euse
Glaceur, euse
P laceur, euse

lâche +
F lache

lâcheuse
F lacheuse

lacis
Glacis

laid, e
P laid,e +

laiderons
P laiderons

laideur
P laideur

laie
C laie
P laie

laine
P laine

lait
P lait

lamant
B lâmant
C lamant
F lamant

lambeau
F lambeau

lame +
B lâme +
C lame +

lamine +
F lamine

lance +
E lance +

lançons
E lançons
P lançons

land
E land
G land +

landais
G landais

lande
C landé
G lande +

languir +
A languir +

lapié
F lapie

lapis /
F lapis
G lapis +

laps
B laps

laquage
C laquage
P laquage

laque +
C laque +
F laque
P laque +

laqueur
P laqueur

larme
A larme +

laser
B laser +

lasse +
C lasse +

latere /
B latere +

latine
P latine

latitude
P latitude

latte +
B latte
F latte +

lause
C lause

lave +
C lave +
E lavé,e
S lave

lavette
C lavette

lavons
C lavons
S lavons

layette
C layette

layon
C layon

léchage
F léchage

lèche +
F lèche +

lecteur
E lecteur

lectorat
E lectorat

lectrice
E lectrice

lemme
F lemme

lèse +
A lèse +
B lèse +

lette
B lette
F lette

leur +
F leur +
P leur +

leus
B leus

lever +
E lever +

lèvre
P lèvre

lexie
A lexie

liage
P liage

lias
A lias
P lias

liasse
P liasse +

liche +
C liche +

liement
P liement

lien
I lien

lient
C lient
P lient

lier +
P lier +

lieur,euse
P lieur,euse

ligné, e
A ligné +
C ligné +

ligoté
A ligoté

limat
C limat
E limat

liment
A liment,s
E liment

limer +
E limer +

linéaire
A linéaire

lingot
F lingot

lion
I lion

lippe
F lippe +
K lippe

liquette
C liquette

lire +
E lire +

lise +
A lisé
E lise +

lisier
A lisier

lisser +
C lisser +
G lisser +
P lisser +

lisseuse
G lisseuse
P lisseuse

lister +
B lister,s

liter +
A liter +

liure
P liure

lobe +
G lobe

lobulaire
G lobulaire

lobuleux, euse
G lobuleux, euse

locaux
B locaux

loche
C loche +
F loche

locule
F locule +

locus
B locus

locution
E locution

loge +
E loge

logique
A logique

lombes /
P lombes

longer +
P longer +

loque
B loque +
C loque +
F loque +

lors
A lors

lote
I lote

lotier
I lotier

lotte
F lotte +
G lotte

louage
C louage

louâtes
A louâtes
C louâtes
F louâtes

louer +
C louer +
F louer +

louve +
F louve

loyaux
A loyaux

loyer
P loyer +

lucide
G lucide

lucite
A lucite

ludions
É ludions

lues
B lues
E lues

luette
A luette
B luette
F luette

luffa
B luffa +

lumineux, euse
A lumineux, euse

lurent
E lurent
P lurent

lusse +
E lusse +
P lusse +

luta +
B luta +
F luta +

luter +
B luter +

lutes
B lutes
E lûtes
F lutes
P lûtes

lutons
B lutons
P lutons

lutter
F lutter,s

luxions
F luxions

luxmètre
F luxmètre

M

mage
I mage

maigrir +
A maigrir +

mail
E mail

maille +
E maille +

mande +
A mande +

manes /
E manes

mante
A mante

mareyeur
A mareyeur

marge +
E marge +

marinage
A marinage

marine +
A marine +

marre +
A marre +

masser +
A masser +

massette
A massette

matir +
A matir +

maux
E maux

méché, e
E méché, e

menage +
A ménage +

mener +
A mener +

menuiser +
A menuiser +

mentale
A mentale

mère
A mère

merise
E merise +

mérite +
E mérite

merveille
E merveille +

metteur
Emetteur

mettre +
E mettre +
O mettre +

meute
A meute +
E meute

micron
O micron

miette
E miette +

migrant, e
E migrant, e

migration
E migration

migrer +
E migrer +

millage
S millage

mille
S mille +

millions
S millions

mîmes
E mîmes
O mîmes

mimique
A mimique

mince
E mince

mincir +
A mincir +

miné, e
A miné, e

minent
E minent,e

mirât
E mirat

mission
E mission
O mission

missive
E missive

miter +
I miter +

mites
E mîtes
I mites
O mîtes

mitose
A mitose

mnésique
A mnésique

moche
A moche +

mollir +
A mollir +

mome
A mome

monder +
E monder +

mont +
A mont

moral, e
A moral,e

moralisme
A moralisme

moraux
A moraux

motif, ive
E motif, ive

motion
E motion +

motter +
E motter +

mouchette +
E mouchette

mouchoir
E mouchoir

mouillante
A mouillante

moulu, e
E moulu,e

mousser +
E mousser +

mouvant, e
E mouvant,e

mouvoir +
E mouvoir +

mule
E mule

mulette
A mulette

mulsion
E mulsion +

mure +
A mure +

muser +
A muser +

musette
A musette

mutés
E mûtes

N

nanas
A nanas /

nanisme
O nanisme

niâtes
U niates

nier
A nier,e

nions
A nions
U nions

nique /
I nique
U nique

nome
G nome

nonce
E nonce +

none
A none

nonne
A nonne +

nordir +
A nordir +

normal, e
A normal,e

normalité
A normalité

normaux
A normaux

norme
E norme

nouer +
E nouer + (≠)

nous
G nous

nucléé, e
E nucléé,e

nuque
E nuque +

O

obéra +
G obera +
L obera +
R obera +

odeur
C odeur
R odeur

œuf
B œuf

offre +
C offre +

oigne
J oigne +
P oigné,e
S oigné,e +

oignons
J oignons
Moignons
P oignons

oindre +
J oindre +
P oindre +

oing
C oing
P oing

oint, e
J oint, e
P oint, e +

oisons
B oisons
F oisons
Moisons
P oisons
T oisons

ombelle
T ombelle

omble
C omble +

ombre +
Nombre
S ombre +

ombreux, euse
Nombreux, euse

omis
V omis

omîtes
C omités
V omîtes

once
F once +
Nonce
P once +
R once

onction
F onction +
J onction
P onction +

onde
B ondé,e
C ondé
F ondé, e +
Mondé, e +
P onde
R onde
S ondé, e +
T onde

ondin
R ondin

onze
B onze

oospore
Z oospore

opéra +
D opera +
T opera +

opiner +
C opiner +

opte +
C opte

opulent
C opulent (≠)

orage
D orage
F orage

oral, e
Moral, e

oralement
Moralement

oratoire
Moratoire

oraux
Moraux

orbe
S orbe

ordonner +
C ordonner +

ordre +
Mordre +
T ordre +

ordure
B ordure

orée
B orée
Dorée
F orée

orge
F orge +

orin
B orin

orme
C orme
Dorme +
F orme +

orne +
B orne +
C orne +
Morne

ornière
C ornière

orque
P orque
T orque

ortie
S ortie

osât /
Dosât /
P osât /
R osat /

osée
Dosée
P osée
R osée

oseraie
R oseraie

osier
R osier

osmique
C osmique

osons
B osons
Dosons
P osons

otage
P otage

otarie
Notarié, e

otasse
C otasse
D otasse
Notasse
P otasse +
R otasse
V otasse

ôtée
Cotée
Dotée
Notée
P otée
V otée

ôter +
C oter +
D oter +
N oter +
R oter +
V oter +

otites
L otîtes
R otîtes

ôtons
C otons
D otons
N otons
R otons
T otons
V otons

ouailles /
G ouailles

ouais
D ouais
H ouais
J ouais
L ouais
N ouais
R ouais
T ouais
V ouais

ouates
D ouâtes
H ouâtes
J ouâtes
L ouâtes
N ouâtes
R ouâtes
T ouâtes
V ouâtes

oublier +
D oublier, s

ouche
B ouche +
C ouche +
D ouche +
L ouche +
M ouche +
S ouche
T ouche +

ouïe
F ouie

ouillage
F ouillage
M ouillage
T ouillage

ouillant
B ouillant, e
F ouillant
M ouillant, e
R ouillant
S ouillant
T ouillant

ouillasse
B ouillasse
F ouillasse
M ouillasse
R ouillasse
S ouillasse
T ouillasse

ouille
B ouille
C ouille
D ouille
F ouille +
G ouille
H ouille
M ouille +
N ouille
P ouille
R ouille +
S ouille +
T ouille +

ouiller +
F ouiller +
H ouiller, e
M ouiller +
R ouiller +
S ouiller +
T ouiller +

ouillons
B ouillons
C ouillons
F ouillons
M ouillons
R ouillons
S ouillons
T ouillons

ouis
F ouis
J ouis
L ouis
R ouis

ourdis
H ourdis

ours
C ours
F ours
J ours
T ours

ourse
B ourse
C ourse +

ourson
C ourson

outarde
M outarde

outil
C outil

outra
S outra

outrage +
S outrage

outre +
B outre
C outre
F outre +
L outre
P outre

ouvert, e
C ouvert, e
R ouvert, e

ouverture
C ouverture

ouvre +
C ouvre +
R ouvre +

ouvreur
C ouvreur

ouvrez
C ouvrez
M ouvrez
R ouvrez

ouvrir +
C ouvrir +
R ouvrir +

ovin, e
B ovin, e

oyat
N oyât

P

pacifie +
O pacifie +

pacte
E pacte

pair
E pair

pais, se
E pais, se

pale
O pale

pampre
E pampre +

pandit, s
E pandit /

paque
O paque

paride
S paride

parque +
E parque

pars, e
E pars, e

part, e
S part, e

parte +
A parté
S parte

parvins/
E parvins

patates
E patâtes

pâte, e
E paté, e

patent, e
E patent

pâtites
A patites

patons
E patons

paulette
E paulette

pave +
E pave

péculat, s
S péculat /

pécule
S pécule +

peler +
É peler +

père
O père +

percevoir
A percevoir

perçu, e
A perçu,e

perdu, e
E perdu,e

pérites
Y pérites

pesanteur
A pesanteur

pétale
A pétale

phasique
A phasique

phone
A phone

phonie
A phonie

picole +
A picole

pierre
E pierre +

pierreuse
E pierreuse

pieuse
E pieuse

pige +
E pige

piler +
E piler +

pilions
E pilions
O pilions

pinard
E pinard

pinasse
O pinasse

pincette
E pincette

pincer +
E pincer +

pion
A pions

pions
A pions
E pions

piquage
A piquage

pique +
A pique
E pique

piquer +
A piquer +

pire
S pire

pisser +
E pisser +

pissoir
E pissoire,E

pitre
E pitre

planat /
A planat, s

plat
A plat +

plomb
A plomb

pointer +
E pointer +

poisses
E poisses /

polie
S polie +

politique
A politique

ponge
E ponge +

ponte +
E ponte

poque +
E poque

pore
S pore

port +
S port

postat/
A postat, e

poster +
A poster +

pouille
E pouille +

poularde
E poularde +

poux
E poux

praxie
A praxie

préau, x
Y préau, x

près
A près

prête +
A preté

primes
É prîmes

pris, e
E pris, e

prouver +
E prouver +

puce
E puce +

pucerons E pucerons	**rabe** A rabe C rabe T rabe	**rafler +** E rafler +	**raisine** D raisine
puisant / E puisant, e	**rabique** A rabique	**rage +** O rage	**raison +** O raison
puisement E puisement	**rable** A rable	**rageons** D rageons	**raisons** B raisons F raisons
pure, e A puré, e E puré, e	E rable **rabot +** C rabot +	**raguer +** D raguer + **raie +**	O raisons **rait** B rait
purement A purement E purement	**rabotage** C rabotage	C raie T raie + V raie	I rait T rait + **râle +**
purge + E purge	**raboter +** C raboter +	**raies** B raies / C raies	O rale **râlons**
pyrexie A pyrexie	**racage** T raçage	T raies V raies	D ralons **ramage**
pyrogène A pyrogène	**race** G râce T race +	**raille +** B raille + C raille +	T ramage **rame +** B râme +
Q	**racée** A racée T racée	D raille E raille + G raille + T raille	C rame + D rame T rame +
queuter + E queuter +	**racer** T racer +	**railleur** B railleur	**ramée** C ramée F ramée
queux A queux	**rachat** C rachat	**rainer +** D rainer +	T ramée **ramer +**
quille E quille	**rack** C rack	G rainer + T rainer +	B ramer + C ramer + T ramer +
quine E quine	**râcle +** O racle	**raire +** A raire B raire +	**rameur, euse** T rameur, euse
R	**rade, e** B radé, e G radé, e	P raire T raire +	**ramons** A ramons B râmons
raban T raban	**rader +** B rader +	**rais** B rais T rais	C ramons T ramons
rabat + G rabat	**radient** G radient, s **radin +** G radin	F rais T rais V rais	**rampe +** C rampe

rampons C rampons	**rash** C rash	**recéder +** P récéder +	**refiler +** T réfiler +
rancard, e + B rancard, e	**rate** U rate	**récepteur** P récepteur	**refonds** T réfonds/
ranche B ranche + F ranche T ranche +	**raterons** G raterons	**recession** P récession	**réformer +** P réformer +
	ratine + G ratine +	**rechasse +** C rêchasse P rêchasse	**régate** F régate
rancher, s B rancher + T rancher +	**raton** C raton	**rêche**	**régnant, e** P régnant, e
rancités F rancités (≠)	**rave** B rave + C rave G rave +	B rèche C rèche + D rèche P rêche +	**reine** F reine +
rand G rand +			**relaient** B rêlaient
range + F range + G range O range	**ravier, e** G ravier, e	**récite, e +** P récité, e	**relais** B rêlais
	ravir + G ravir +	**recompter +** P récompter +	**relates** B relâtes F relatés
rangeât O rangeat, s	**rayer +** B rayer, s D rayer + F rayer +	**recteur** E recteur	
raper + D raper +		**rection** É rection	**relater +** F relater +
raphe G raphe	**rayère** F rayère	**rectrice** É rectrice	**relent** B rêlent G rêlent
rapière D rapière	**rayon** C rayon T rayon	**recuit, e** P récuit,e	**relever +** P rélever +
raquer + B raquer + C raquer + T raquer +	**rayonnage** C rayonnage	**redire +** P rédire +	**relions** B relions
	rayonner + C rayonner +	**redit, e** C rédit, e + P rédit, e	**remblai** T remblai
raquette C raquette	**rayonneur** C rayonneur		
rasage B rasage	**rayons** C rayons D rayons F rayons T rayons	**réer +** C réer + G réer +	**remis +** F rémis +
			remisse + F rémisse + P rémisse
rase + A rase + B rase + C rase F rase +	**réaux** P réaux	**référence +** P référence	
		référer + P référer +	**rend +** P rend T rend

rendre +	**repais**	**retâtes**	**riant, s**
P rendre +	C rêpais	F rétâtes	C riant, s
rène		P rêtâtes	P riant, s
A rène	**repasse +**	**retendre +**	**riante**
C rène +	C rêpasse	P rétendre +	C riante
F rène	T rêpasse +	**rétention**	**riblons**
G rène +	**repent +**	P rétention	C riblons
renier +	C rêpent	**rétins**	**riche**
G renier	**rêperai**	C rétins	F riche
reniez	C rêperai	F rétins	T riche +
C réniez	**repons**	**rets/**	**ride +**
G reniez	C rêpons	C rets	A ride
P reniez	**reposer +**	F rets	B ride +
renne	P réposer +	P rêts	**rident**
D renne	**repu, e**	**revaloir**	B rident
P renne	C rêpu, e	P révaloir	T rident, e
renom	**requiers**	**rêvasse +**	**rider +**
C rénom/	A réquiers	C revasse +	B rider +
P rénom	**rescrit**	G revasse +	**riel**
	P rescrit, e	**rêve**	O riel
renommer +	**réserver +**	B rève	**rien**
P rénommer +	P réserver +	C revé +	A rien
renons	**résider +**	D rève	**rient**
C renons	P résider +	G revc +	C rient
G renons	**résille**	T rève	O rient, s
P renons	B résille	**revenir**	O rient, e +
rente	G résille +	P révenir	P rient
T rente	**ressasse +**	**revet +**	T rient
réoccuper +	D ressasse +	B revet +	**rieur**
P réoccuper +	P ressasse +	**revête**	C rieur
réons	T ressasse +	B reveté +	P rieur, e
C réons	**ressaute +**	**révision**	T rieur
F réons	T ressaute +	P révision	**rieuse**
G réons	**ressentir +**	**revoir +**	C rieuse
réparer +	P ressentir +	P révoir +	T rieuse
P réparer +	**reste +**	**revote +**	**riez**
repas	P reste	P révôté	C riez
C rêpas	**résumer +**	**revue**	I riez
T rêpas	P résumer +	P révue	P riez
			T riez

rigide
F rigide

rigidité
F rigidité

rillons
B rillons
G rillons
T rillons
V rillons

rillettes /
V rillettes

rime +
B rime +
C rime
F rime +
G rime +
P rime +
T rime +

rimeur
F rimeur
P rimeur

rimeuse
F rimeuse

rince +
G rince +
P rince

rions
B rions
C rions
I rions
P rions
T rions

ripaille +
T ripaille

ripe +
F ripe +
T ripe

ripper
G ripper +

rire +
F rire +

risée
A risée
B risée
F risée
G risée
I risée
P risée

risette
F risette
G risette

risque +
B risque

riss
C riss
K riss

risse
C risse
D risse
F risse
P risse
T risse

rites
F rites
P rîtes

rive +
D rive +
G rive
P rive +

rivetons
G rivetons

robant
P robant, e

robe
P robe

rochage
B rochage

roche +
B roche +
C roche +
P roche
T roché, e

rochet
B rochet
C rochet +

rocheuse
B rocheuse

roder +
B roder +
E roder +

rodeur, euse
B rodeur, euse

rogne +
G rogne +
T rogne

rogneur, euse
G rogneur, euse

rognon
G rognon
T rognon

rogue, e
D rogué +

rois
C rois +
T rois

rôle
D rôle
F rôle +
G role

rompais
T rompais

rompe +
T rompe +

rompt
P rompt

ronce
F ronce +

ronchons
B ronchons

ronde
A ronde
F ronde +
G ronde +

rondeur
F rondeur
G rondeur

rondin
G rondin

ronge +
O ronge

roquer +
C roquer +
T roquer +

roquet
C roquet
T roquet

roquette
B roquette
C roquette

rose
P rôse

rosse +
B rosse +
C rosse +
D rosse +
G rosse

rosserie
B rosserie

rostre
P rostré, e

rote +
P rote

rotons
C rotons
P rotons

rouble
T rouble +

roue +
P roue
T roue +

rouet
B rouet

rouille +
B rouille +
G rouille +
T rouille

roulant, e
C roulant, e

rouler +
C rouler +

roupie
C roupie
G roupie

rousse
B rousse
F rousse
T rousse +

roussin
B roussin

routage
B routage

routard
B routard

router +
B router +
C router +

ruant
B ruant, s

ruche
B ruche
C ruche

ruchons
C ruchons

rude
P rude

ruelle
C ruelle
T ruelle

ruine +
B ruine +
P ruine

ruineux, euse
B ruineux, euse

rune
B rune
P rune

rural, e
C rural, e

ruraux
C ruraux

russe
C russe

rustre
F rustre +

rythmique
A rythmique

S

sabelle
I sabelle

sage
U sage

sana
A sana

sant, e
U sant, e

sasse
O sasse
U sasse

satis
I satis /

scient
E scient /

scille
O scille +

seille
O seille

septique
A septique

serine +
E serine

sexué, e
A sexué, e

social, e
A social, e

sociaux
A sociaux

socialité
A socialité

sole
I sole +

sperme
A sperme

spic
A spic

spire, e
A spire +

squire
E squire

stagnons
E stagnons

statique
A statique

stéroïde
A stéroïde

stradiot
E stradiot

stigmate
A stigmate

surpasse +
U surpasse +

symétrie
A symétrie

synchrone
A synchrone

synergie
A synergie

T

table +
E table
S table

tain
E tain

tale, e
E talé +

talent
E talent

talle
S talle

talon
E talon

talonner +
E talonner +

tampons
E tampons

tance +
S tance

tanche
E tanche

tançons
E tançons

tannique
S tannique

tant
E tant, s
O tant

tape +
E tape

tarets
S tarets /

tarie
O tarie

taries
O taries
S taries /

tasse +
O tasse

tations
S tations

taux
E taux

taxie
A taxie

teindre +
E teindre +

télé
A tèle
S tèle

temporel, le
A temporel, le

tendre +
E tendre +

terne
S terne

téter +
E téter +

théisme
A théisme

thermique
A thermique

tiers /
E tiers

tipule
S tipule +

tique +
E tique
O tique

tirage
E tirage

tirer +
E tirer +

tireuse
E tireuse

toile +
E toile +

tôle
E tole

tomate
S tomate

tome
A tome

tonal, e
A tonal, e

tonalité
A tonalité

tonie
A tonie

tonique
A tonique

tonne +
E tonne +

topique
U topique

tore
S tore

toupille +
E toupille +

tours
A tours /

tout
A tout
S tout

très
A tres
E tres

tressant
S tressant, e

tresser +
S tresser +

trident, e
S trident, e

trier +
É trier, s
S trier +

triller +
E triller +

tripe
E tripe +

trique
E trique +

trombe
S trombe

tuque
S tuque +

typique
A typique

U

ukase
O ukase

uléma
O uléma

ululer +
H ululer +

ulve
V ulve

unique
P unique
R unique
T unique

unir +
P unir +

unité
G unité

unités
G unites
M unîtes
P unîtes

upas
D upas +

urate
S urate

urates
C urâtes
D urâtes
J urâtes
M urâtes
S urates

urée
C urée
D urée
J urée
P urée

urger +
P urger +

urgent
P urgent

urine +
B urine +
P urine
S urine +

urique
A urique
P urique

urus
G urus

usant
F usant, s
J usant, s
M usant
R usant

usante
F usante

usée
F usée
M usée
R usée

utile
F utile
M utile +

utilité
F utilité

uvée
B uvée
C uvée

uzbek
O uzbek

V

valais
A valais

valeur
A valeur

valise
A valise +
O valise +

valoir
A valoir, e

vals +
A vals

value
E value +

varice
A varice

varier +
A varier +

vase
E vase +

vaux
U vaux

veille +
E veille +

velte
S velte

venant /
A venant, e
A venant, s

venir
A venir, s

ventail
E ventail

venu, e
A venu, e

vers
A vers

verse +
A verse

version
A version

veux
A veux

vidage
E vidage

vide +
A vide
E vide +

vidoir
E vidoir

vine +
A vine +
O vine

virons
A virons

viscère
E viscère +

viser +
A viser +

vite
E vite +

vivat
A vivât

vivez
A vivez

vivement
A vivement

vocable
E vocable

vocation
E vocation

voir
A voir, s

voire /
I voire

voisiner +
A voisiner +

voisinant
A voisinant, e

vouer +
A vouer +

vraie
I vraie

Z

zone, S
O zone, s

Erreurs :

agite
S agitte

attachons
P atachons

attente
P atente

attire
S atire

allure
S alure

atele
P atelle

affre
C afre
S afre

attrape
S atrape

amarre
S amare

blatte
O blate

carabe
S carabée

chape
E chappe

chiisme
S chisme

chope
E choppe

cul
S cull

édition
Reddition

émail
Gemmail

émule
Gemmule

élite
Mélitte

éolithe
Z éolite

guérir
A guerrir

perron
E peron

leurrer
F leurer
P leurer

rape
G rappe

rater	russe	type
G ratter	P russe *	S tippe
riblons	square	
D ribblons	E squarre	unité
		S unnite
roter	socque	
F rotter	P soque	urane
rôtis	toper	F uranne
F rottis	S topper	S uranne

* Au *P.L.I.*, figure à « bleu ».

NOTES PERSONNELLES

RACCORDS PAR L'ARRIERE

Exemples de successions de raccords arrière:

HA	CLAM
HAI	CLAMS
HAIK	CLAMSE
HAIKU	CLAMSER
HAIKUS	CLAMSERA
	CLAMSERAI
	CLAMSERAIT

Adjonction d'une seule lettre

ABOUT,E +	ALES,E +	ARAS,E +	BAGOU,T
ABOUT,I +	ALEVIN,E +	ARCHE,R	BAIS,E +
ABRICOT,E	ALLE,U	ARCHE,T	BALEINE,E
ACCORD,E +	ALUN,I +	ARME,T	BALISE,E +
ACCENTUE,L	AMIRAL,E	ARRET,E +	BALLAST,E +
ACHE,B	AMPHIBIE,N	ARTICULE,T	BALLOT,E
ACIER,E	AMPOULE,E	ASSIETTE,E	BALLOTIN,E
ACTE,E	ANDALOUS,E	AUGE,T	BALS,A
AEROPORT,E	ANGLAIS,E +	AUGMENT,E +	BANC,O/
AFFECT,E +	ANGLE,T	AUMONIER,E	BANQUE,T
AFGHAN,E	ANGOR,A	AUNE,E	BAQUET,E +
AFGHAN,I	ANIS,E +	AVALOIR,E	BARAGOUIN,E +
AGNEL,E+	ANNELE,T	AVEN,T	BARATIN,E +
AGNELE,E	ANOMAL,A	AVEN,U	BARBE,T
AGNELE,T	ANON,E	AVIS,E +	BARD,E +
AHAN/,E +	ANSE,E	AVIS,O	BASSE,T
AIGRI,N	AOUT,E	AZOTE,E	BASSIN,E +
AJOUR,E +(≠)	APLAT,I +	AZUREE,N	BATI,K
ALCALI,N	APOCOPE,E	BACCARA,T	BECOT,E +
ALCALIN,E	APPEL,E +	BACTERIE,N	BECQUET,E +
ALCOOL,E	APPRET,E+	BADIN,E +	BEGUIN,E

BEIGNE,T	BOUQUIN,E +	CAVE,T	CLIC,K
BELIER,E	BOUT,E +	CEDE,X	CLIQUE,T
BENI,N	BOUVIER,E	CELEBRE,T	COCHE,T
BETE,L	BRAQUE,T	CELER,I	COCO,N
BIAIS,E +	BRAS,E +	CEMENT,E +	CODE,X
BIDE,T	BRECHE,T	CENTAURE,E	COIN,G
BILL,E +	BRESILLE,T	CEPE,E	COIT,E
BILLE,T	BRILLANT,E +	CHAIS,E	COLLE,T
BILLET,E	BRIO,N	CHALOUPE,E (≠)	COLLE,Y
BILLETE,E	BROCARD,E +	CHAMBARD,E +	COLLET,E +
BISCUIT,E +	BROCHE,T	CHAMOIS,E +	COMME,T
BISE,T	BROU,T /	CHANCE,L	CONCERT,E +
BISEXUE,L	BROUT,E +	CHANCEL,E +	CONCERT,O
BISSE,L	BRUNE,T	CHANFREIN,E +	CONFORT,E +
BISSEXUE,L	CABOT,E +	CHAPE,E	CONGA,I
BISTRO,T	CABOTIN,E +	CHARIOT,E +	CONGRE,A +
BITTE,R	CABRIOLE,T	CHARTE,R	CONTENT,E +
BLAIR,E +	CADE,T	CHASSEE,N	CONTINU,O
BLANCHE,T	CAFARD,E +	CHEMIN,E +	CONTINUE,L
BLAZE,R	CAFTA,N (≠)	CHENE,T	COPRA,H
BLES,E +	CAGE,T	CHER,I +	CORNE,T
BLEUE,T	CALFAT,E +	CHERI,F	CORNEE,N
BLUFF,E +	CAMOUFLE,T	CHERI,R +	CORNIER,E
BOCAGE,R	CANA,R	CHEVAL,E +	CORS,A +
BOGUE,T	CANAR,A	CHIANT,E	CORS,O
BOME,E	CANAR,D	CHIANT,I	CORSE,T
BONNE,T	CANAR,I	CHICOT,E +	COTIS,E +
BORA,X	CANARD,E +	CHIE,E	COUR,T
BORDE,L	CANCAN,E +	CHIE,N	COURS,E +
BORE,E	CANTALOU,E	CHINOIS,E +	COURTAUD,E +
BOSS,E	CANTALOU,P	CHLORE,E	COUS,U
BOSS,U	CAPE,E +	CHUT,E +	COUSIN,E +
BOSSU,E +	CAPELE,T	CIMENT,E +	CRABOT,E +
BOUCAN,E +	CARAT,E	CINES,E	CRAC,K
BOUCAU,D	CARBONE,E	CISELE,T	CRAN,E +
BOUCAU,T	CARLIN,E	CIVE,T	CRAWL,E +
BOUDIN,E +	CARMIN,E,E	CLABAUD,E +	CRET,E
BOULET,E	CARNE,T	CLABOT,E +	CRETE,E
BOULIN,E	CARRELE,T	CLAIRE,T	CREUSE,T
BOUM,E + /	CARTE,L	CLAM,E +	CRIS,E
BOUQUET,E	CARTE,R	CLAM,P	CRIS,S
BOUQUETE,E	CASTE,L	CLAMS,E +	CRISS,E +

CROIS,E +	DROGUE,T	FILLE,R	GRASSE,T
CROIT,S	DRILL,E	FILLER,S	GRAVIT,E +
CROQUE,T	DROLE,T (≠)	FINIS,H	GRAVIER,E
CROUP,I +	DUVET,E +	FLAN,C	GREE,N
CROUPIER,E	EBURNEE,N	FLANCHE,T	GRISE,T
CUL,E	ECHE,C	FLAMME,E	GUERE,T
CULE,X	ECROU,E +	FLEUR,E +	GUET,E
CULTURE,L	ECROU,I +	FLEUR,I +	GUEPIER,E (≠)
CRUSTACE,E	ELAN,D	FLOU,E+	GUINEE,N
DAGUE,T	EMBOUT,I +	FLUOR,E	HAIK,U
DANDIN,E +	EMEU,T	FLUORE,E	HAST,E
DANS,E +	EMEUT,E	FOLIE,E	HASTE,E
DARD,E +	EMPOIS,E	FOLIO,T	HAUBAN,E +
DEBAT,I +	ENCART,E +	FOLIOT,E +	HEUR,T +
DEBIT,E +	ENCENS,E +	FORME,L	HOTE,L
DEBOUT,E +	ENFANT,E +	FORMOL,E +	HORS,T
DECLIN,E +	ENTRESOL,E	FOURCHE,T	HOTTE,E (≠)
DECREPIT,E +	ENTRESOLE,E	FOURNIE,R	HOQUET,E +
DECRET,E +	ENVI,E +	FOURNI,L	HOU,E + (≠)
DELIT,E +	EPIE,U	FRAIS,E +	HOURD,E +
DEMENT,E	EPIEU,R	FRET,E +	INFORME,L
DEMENT,I +	ERGOT,E +	FRICOT,E +	INSTANT,E
DEMENT,S	ESPERANT,O	FRIS,E +	IRIS,E +
DEMODE,X	ESTE,R	FRIT,Z	JAIN,A
DENI,E +	ESTER,S	FROMAGE,R	JABOT,E +
DEPART,I +	ETAL,E +	FROMAGER,E	JARDIN,E +
DEPIT,E +	ETHER,E	FROMAGER,S	JARDINE,T
DEPOT,E +	ETHERE,E	FUGUE,E +	JARRE,T
DESSERT,E	EXPRES,S	FURET,E +	JARRET,E
DESSERT,I +	FAGOT,E +	GALE,T	JAVEL/,E +
DESTIN,E +	FAISAN,E	GAMET,E	JERK,E +
DEVIS,E +	FAISAN,T	GANG,A	JEUNE,T
DIESE,L	FALUN,E +	GAUSS,E +	JOLIE,T
DIFFUS,E +	FARD,E +	GENES,E	JONCHE,T
DISPOS,E +	FART,E +	GERME,E (≠)	JOUE,T
DIVA,N	FAUCARD,E +	GERME,N	KARMA,N
DONA,X	FAUCHE,T	GIGOT,E +	LADIN,O
DOSSIER,E	FAUSSE,T	GIRONDIN,E (≠)	LAND,E
DOTA,L	FAYOT,E +	GIRON,D	LANDE,R/
DOUBLE,T	FELLATIO,N	GLAND,E+	LAMIE,R
DOUCIN,E	FERRE,T	GRANIT,E +	LAPIN,E+
DOUM,A	FILET,E +	GRAPHITE,E (≠)	LAPS,I

LARGE,T	MEGOT,E +	OISELE,T	POLARD,E
LEGAT,O/	MELEZ,E	OLIVE,T	POLI,O
LEGE,R	MELO,E	ONGLE,E	POLICE,E
LENT,O/	MELO,N	ONGLE,T	POIRE,E
LEOPARD,E	MENIN,E	ORDRE,E	POIS,E
LEVRETTE,E	MEPRIS,E +	PAGE,L	POMPIER,E
LIBER,O	MICRO,N	PAILLE,T	PORT,E +
LICHE,N	MINE,T	PAILLET,E +	PORT,O
LIEGE,E	MINIMA/,L	PALE,E	PORTO,R
LIFT,E +	MISS,E	PALE,T	POT,E
LINGA,M	MISSE,L	PANE,L	POTE,E
LISTE,L	MODE,M	PANETIER,E	POTIN,E +
LAMBIN,E +	MOIS,E +	PANIER,E	POULAIN,E
LOCH,E	MOIS,I +	PAPA,L	POUSSIN,E
LOQUE,T	MONILIAS,E	PARE,O	PRALIN,E +
LOUCHE,T	MORIO,N	PAREMENT,E +	PREFET,E
LOUP,E +	MORTE,L	PARSE,C	PREVOT,E
LOURD,E +	MOUCHARD,E +	PATELIN,E +	PROPRE,T
LOUVE,E	MOYE,E	PATER,E	PROTE,E
LOUVE,T	MOYE,N	PATOIS,E +	PROTE,T
LYCEE,N	MOYE,U	PATTE,E	PURIN,E
MADRAS,A	MULE,T	PELEE,N	PYGMEE,N
MAGISTER,E	MULET,A	PERSE,L	PYTHIE,N
MAGNAN,T	MULTIPLE,T	PESO,N	QUANT,A/
MAILLE,T	MULTIPLE,X	PETUNS,E	QUART,E +
MAIN,T	MURE,T	PEUL,E	QUART,O
MAJOR,E+	MURE,X	PHALANGE,R	QUART,Z
MALT,E +	MUSCADE,T	PHONO,N	RABAN,E
MANDEE,N	MUSELE,T	PHOT,O	RABBI,N
MANDRIN,E +	MUTAGENES,E	PHOTO,N	RABIOT,E +
MARAUD,E +	NANA,N	PIAN,O	RACCORD,E +
MARI,N,E +	NEVE,U	PILA,F	RACE,R
MARTE,L	NICHE,T	PILE,T	RACER,S
MASSICOT,E +	NORD,E	PIPI,T	RADE,R +
MATA,F	NORD,I +	PIQUET,E +	RADIN,E +
MATELOT,E	NORDE,T	PLACE,T	RADOUB,E +
MATIN,E +	NOVA,E/	PLANEZ,E	RAFFUT,E +
MAXIMA/,L	NYMPHE,A	PLATE,E	RAGOT,E +
MAZOUT,E +	NYMPHE,E	PLUME,T	RAJA,H
MEDIA,N	OCEAN,E (≠)	POIL,E +	RAMI,E
MEDIA,T	OCTANT,E	POIL,U	RANCARD,E +
MEDIAT,E	OFFICIER,E	POLAR,D	RANCH,E,R

RAPIN,E	SATIN,E +	STEM,M	TIBIA,L
RATE,L	SAUR,E	STENOS,E	TIEN,T
RATEL,E +	SAXO,N	STOCK,E +	TIENT,O
RATIO,N	SCALP,E +	STRAS,S	TIERCE,R +
RAVAL,E +	SCALPE,L	STRESS,E +	TIRE,T
RAVIN,E +	SCATOL,E	STYLE,T	TITAN,E
REBOND,I +	SCOTCH,E +	SUBIT,O	TOLE,T
REBORD,E +	SCRIPT,E	SUEDE,E	TOP,E +
REBUT,E +	SEGMENT,E +	SUIT,E	TORE,E +
RECOLLE,T	SEIN,G	SULTAN,E	TOTO,N
RECORD,E +	SERA,C	SUPER,E	TOUR,D
RECTA,L	SERIE,L	SURE,T	TOURD,E
REGENT,E +	SERIN,E +	SURET,E	TRAC,E +
REGLE,T	SERINGA,T	SURI,N	TRAC,T
REMIS,E +	SERRA,N	SURIN,E +	TRACT,E +
RENARD,E +	SERRAN,T	SURJET,E +	TRACHEE,N
RENCARD,E +	SERT,E	SURTOUT,S	TRAIN,E +
REPRIS,E +	SEXUE,L	SYNCOPE,E	TRAM,E +
REVER,S	SHUNT,E +	TAMIS,E +	TRAM,P
REVERS,E +	SIGNE,T	TANGO,N	TRANCHE,T
RHUM,B	SIMILIS,E +	TANK,A/	TRAIT,E +
RHUM,E +	SIMPLE,T	TANTINE,T	TRAQUE,T
RIVE,T	SIRE,X	TAPIN/E +	TREBUCHE,T
ROBE,R +	SLALOM,E +	TAQUE,T	TREPAN,G
ROCHE,T	SMASH,E +	TARAUD,E +	TRICOT,E +
ROCOU,E +	SMALA,H	TARBOUCH,E	TRIDENT,E
ROGUE,E	SNOB,E +	TARD,E +	TRIDENTE,E
ROMAN,D	SOLDAT,E	TARE,T	TRIER,E
ROMAN,E	SOLE,A	TARI,F	TRIMER,E
ROMANCER,O	SOLE,N	TARI,N	TRINQUE,T
ROMANE,E	SOLI,N	TARIF,E +	TRIPLE,T
ROND,O	SOMBRER,O	TARO,T	TRIPLE,X (≠)
ROUE,T	SONNE,T	TAROT,E	TRIQUE,T
RUBAN,E	SOUCHE,T	TAROTE,E	TROCHE,E
RUBANE,E	SPART,E	TARTAN,E	TROLL,E
SACHE,M	SPAT,H	TATA,R	TROLLE,Y
SACHE,T	SPATH,E	TATAR,E	TROP,E
SACRE,T	SPIRAL,E	TAXI,E	TRONCHE,T
SAFRAN,E	SPIRALE,E	TELE,X	TROQUE,T
SALIE,N	SPIRE,E	TELEX,E +	TRUC,K
SALOPE,R +	SPRINT,E +	TERCE,T	TRUELLE,E
SAPIN,E	STAFF,E +	TERRI,L	TRUSQUIN,E +

TUNE,R	VACHER,E	VENTRE,E	VOIS,E
TURC,O	VALS,E +	VERRA,T	VOISE,E
TURNE,P	VAIN,C +	VERTE,X	VOLE,T
TURBIN,E +	VAMP,E +	VIDE,O	VOLET,E +
USAGE,R	VARA/,N	VIN,E +	VOLT,E +
USAGER,E	VELO,T	VIVRE,E	WARRANT,E +
VACHE,R	VELU,M	VOIR,E /	ZONA,L

Erreurs :

est,a   le verbe ESTER, étant défectif (uniquement dans l'expression : ESTER en justice), ne se conjugue pas. Par contre, ESTE,S est accepté, étant un adjectif, et ESTER,S également, étant un nom masculin.

fer,i   FERIR est également défectif, ne donnant que FERU,S et FERUE,S.

Raccords finaux sur verbes et sur temps conjugués

Infinitifs +S

		GEINDRE,S	REPENTIR,S
		GOUTER,S	REPORTER,S
		GRIMPER,S	REVER,S
		HERBAGER,S	REWRITER,S
		LACHER,S	ROCHER,S
		MANAGER,S	RUCHER,S
		MANGER,S	SALER,S
ALLER,S	DEJEUNER,S	MIXER,S	SOUPER,S
AVOIR,S	DENIER,S	OFFICIER,S	SPRINTER,S
BAISER,S	DESIGNER,S	PAILLER,S	SQUATTER,S
BENEFICIER,S	DEVENIR,S	PALMER,S	SUPPORTER,S
BOIRE,S	DEVOIR,S	PARLER,S	TAPIR,S
BOUCHER,S	DINERS,S	PECHER,S	TOUCHER,S
BOULANGER,S	DIRE,S	PLACER,S	
BOXER,S	DOUBLER,S	POINTER,S	*Erreurs :*
BUCHER,S	DRIVER,S	PORTER,S	cachers (inv.),
CLOCHER,S	ECAILLER,S	POSTER,S	débotters, jeters,
COCHER,S	ESTER,S	POUVOIR,S	revoirs et vouloirs :
CORNER,S	ETRE,S	RADIER,S	ne sont employés
COUCHER,S	FIER,S	RAMENER,S	que dans des
DEBUCHER,S	FLIPPER,S	REMBUCHER,S	expressions.

Infinitifs +E

BOUCHER,E	FIER,E	LACER,E +	PRIER,E
BOULANGER,E	FOUGER,E	MANIER,E	RAYER,E
CARDER,E	FRAYER,E	MENAGER,E	REVE,E +
CHATIER,E	GENER,E I (≠)	MISER,F	TORCHER,E
COCHER,E	HAIR,E	MOUILLER,E	TRIER,E
ECAILLER,E	HERBAGER,E	OFFICIER,E	TRIMER,E
ETAGER,E	JONCHER,E	PARER,E	TROUVER,E
		PECHER,E/	VOIR,E/

Autres raccords sur infinitifs

BRASER,O   CELER,I   COUVER,T   ROMANCER,O   SOMBRER,O

−A pouvant donner −AL

			PREFIXA,L
			RADIA,L
			REA,L
ANIMA,L	DOTA,L	JOUA,L	RECITA,L
ARBITRA,L	DURA,L	LIBERA,L	RIVA,L
ARMORIA,L	FANA,L	LUSTRA,L	SACRA,L
AUGURA,L	FEDERA,L	MACHINA,L	SALARIA,L
BASA,L	FOIRA,L	MAJORA,L	SIDERA,L
CADASTRA,L	FOUTRA,L	MARIA,L	SIGNA,L +
CANA,L	GENERA,L	MATINA,L	SUFFIXA,L
CAPTA,L	GRIPPA,L	MINERA,L	SUTURA,L
CAUSA,L	HIBERNA,L	MURA,L	TERMINA,L
CENTRA,L	HIVERNA,L	OFFICIA,L	TRIOMPHA,L
CHAPITRA,L	HUMERA,L	ORIENTA,L	URINA,L
CLAUSTRA,L	IMAGINA,L	PLEURA,L	VACCINA,L
DECIMA,L	INAUGURA,L	PONDERA,L	VEGETA,L
DISPERSA,L	INTEGRA,L	POSTA,L	VIRA,L

Autres raccords sur la finale –A

BEA,U	MATA,F
CALA,O	MITA,N
CALMA,R	PANA,X
CANA,R	PARIA,N
BILA,N	PILA,E
BRELA,N	RACONTA,R
CADRA,N	RADA,R
CAPELA,N	RADIA,N
COGNA,C	ROUA,N
CORNA,C	SERA,C
CULTIVA,R	SERRA,N
DAMA,N	TABLA,R
DINA,R	TATA,R
DOUA,R	TILLA,C
GITA,N	TRIPLA,N
LIMA,N	VELA,R
MAGNA,N	VERRA,T

–AI pouvant donner –AIN

BOUCHAI,N	INHUMAI,N
CHEVROTAI,N	LEVAI,N
COUVAI,N	MONDAI,N
CUBAI,N	PLANTAI,N
DURAI,N	RIVERAI,N
ENTRAI,N	SOUDAI,N
FORAI,N	TERRAI,N
FUSAI,N	VITRAI,N
GERMAI,N	VOUTAI,N
HUMAI,N	

–AI pouvant donner –AIL

BERCAI,L	GOUVERNAI,L
EVENTAI,L	PORTAI,L
FERMAI,L	VANTAI,L
FOIRAI,L	VITRAI,L

–AI pouvant donner –AIE

BOULAI,E	OSERAI,E
COUDRAI,E	PALMERAI,E
EPINAI,E	POMMERAI,E
FOUGERAI,E	TREMBLAI,E
JONCHAI,E	

–AIS pouvant donner –AISE

BRAIS,E +	MACONNAIS,E
DENIAIS,E +	MALTAIS,E
ECOSSAIS,E	NIAIS,E
FOUTAIS,E	

–AIT raccords divers

ABSTRAIT,E	EXTRAIT,S
ABSTRAIT,S	FAIT,E
DEFAIT,E	FAIT,S
DEFAIT,S	FORFAIT,E
DISTRAIT,S	FORFAIT,S
DISTRAIT,T	TRAIT,A
ENTRAIT,S	TRAIT,E +
EXTRAIT,E	TRAIT,S

–AT raccords divers

ABAT,S	ATTENTAT,S
AGITAT,O	BAT,E +
AIGUILLAT,S	BAT,H
ALTERNAT,S	BAT,I +
APOSTAT,E	BEAT,E
APOSTAT,S	BEAT,S
ASSIGNAT,S	CADRAT,S

CHROMAT,E /	GRADUAT,S	MANDAT,S	VIBRAT,O
COGNAT,S	GRANULAT,S	MODERAT,O	VIOLAT,S
COMBINAT,S	GRAVAT,S	PENSIONNAT,S	
CONTRAT,S	GRENAT,S	PISSAT,S	
CRACHAT,S	HABITAT,S	PLAGIAT,S	
CONCORDAT,S	INCARNAT,E	POSTULAT,S	
DEBAT,E	INCARNAT,S	PRIMAT,E	

			Attention :
DEBAT,I +	INFILTRAT,S	PRIMAT,S	DEBATER
DEBAT,S	INTERNAT,S	RABAT,S	n'étant pas
DISTILLAT,S	ISOLAT,S	RAFFINAT,S	un verbe,
EXSUDAT,S	JURAT,S	RESULTAT,S	peut donc
FILTRAT,S	MAGNAT,S	SALARIAT,S	prendre le
FORCAT,S	MAJORAT,S	SOLDAT,E	pluriel en S
FULMINAT,E	MANDAT,E +	SOLDAT,S	

Autres raccords possibles

		MALTAS,E	REUSSIT,E
		MANDÉE,N	ROTI,N
		MATI,N +	ROUSSI,N
		MATIT,E	SALI,N
		MELEZ,E	SERT,I +
		MOULINE,T	SERVIT,E
		OXYDAS,E	SUBIT,O
ACQUIT,S	ESPERANT,O	PANE,L	SUCRAS,E
AIGRI,N	FAILLIT,E	PATI,N +	TAPI,N/ +
ALUNIT,E	FARCI,N	PARE,O	TARI,N
BENIT,E	FILE,T	PARTIT,A	TIENT,O
BENIT,S	FINIS,H	PARTIT,E (1)	TINT,E +
BLONDI,N	FONT,E	PATI,O	TRANSIT,E +
BRUIT,E +	FONT,S	PERCUT,E+	TRANSIT,S
CHERI,F	FORE,T	PETAS,E	VAGI,N
CHIANT,I	FOURNI,L	PETRI,N	VIDE,O
CONDUIT,S	FRIT,Z	PLANEZ,E	VOIS,E
CONFIT,E	FUME,T	POLI,O	VOLE,T
CROIS,E +	GARANT,I +	POUSSA,H	
CROIT,S	GODE,T	PRESSENT,I +	
CULE,X	GRAVIT,E +	PUT,E	(1) PARTITE est
CUIT,E +	GREE,N	RALENT,I +	le pluriel irrégulier
DEDIT,S	GUERRIT,E	RANCI,O	de PARTITA,
DECREPIT,E +	HAI,K	RAVI,N	mais PARTITES
DOIT,S	HENNI,N	RAVIS,E +	est également
DOUCI,N	INTERDIT,S	REMIS,E +	valable, étant
ECRIT,S	LACE,T	REPRIS,E +	repris dans le sens
ERRAT,A	LAMENT,O	REVIS,E +	de : vous PARTITES.

Substantifs en –IE permettant un raccord avec –Z final   (–IEZ)

ABOULIE	DRAPERIE	MINUTIE	SINGERIE
ACIERIE	DUPERIE	MOQUERIE	SONGERIE
ANEMIE	ENDORMIE	PAIERIE	SONNERIE
ATROPHIE	ENVIE	PARODIE	SORTIE
AVARIE	EPICERIE	PARTIE	SOULERIE
BATIE	FACHERIE	PAVIE	SUCRERIE
BLUTERIE	FAILLIE	PECHERIE	SUIVIE
BOISERIE	FERIE	PEPIE	TANNERIE
BOITERIE	FLANERIE	PLIE	TAXIE
BORDERIE	FONDERIE	PORTERIE	TOLERIE
BOUDERIE	FORCERIE	POURRIE	TUERIE
BOUGIE	FRIPERIE	RAMIE	VANNERIE
BRADERIE	FUMERIE	RAPERIE	VELIE
BRODERIE	GAINERIE	REJOUIE	VISSERIE
BRULERIE	GANTERIE	REPARTIE	VITRERIE
CABLERIE	GARDERIE	REPENTIE	VOILERIE
CADMIE	GATERIE	REVERIE	VOLERIE
CALOMNIE	GENIE	ROSSERIE	
CAUSERIE	GLACERIE	ROTIE	
CHASSIE	GOBIE	ROUERIE	
CHIPIE	GRISERIE	SAUTERIE	
COPIE	HUILERIE	SCIE	
CORDERIE	INCENDIE	SCIERIE	
COTERIE	JALOUSIE	SECHERIE	
CRANERIE	LAVERIE	SELLERIE	
CREMERIE	LITERIE	SENTIE	
CURIE	MALTERIE	SERIE	
DATERIE	MANIE	SIMULIE	

Participes présents variables en genre et en nombre (+E, +S)

ABONDANT	BARBANT	COMPOSANT	DEPRIMANT
ABSORBANT	BASCULANT	CONFIANT	DEROUTANT
ACCABLANT	BATTANT	CONSTERNANT	DESARMANT
ACCEDANT	DELANT	COTISANT	DESHERBANT
ACCEPTANT	BETIFIANT	COUCHANT	DESOLANT
ADOPTANT	BEUGLANT	COULANT	DETONANT
AFFOLANT	BOUFFANT	COUPANT	DEVIANT
AGACANT	BOUILLANT	COURANT	DEVORANT
AGGRAVANT	BRANLANT	COUTANT	DILATANT
AGISSANT	BRILLANT	CREVANT	DIRIGEANT
AGONISANT	BRISANT	CRIANT	DISPERSANT
AGUICHANT	BROCHANT	CRISPANT	DISPOSANT
AIMANT	BRULANT	CROISSANT	DISSONANT
ALARMANT	CAHOTANT	CROQUANT	DOMINANT
ALIENANT	CALMANT	CROULANT	DOPANT
ALLANT	CAPTIVANT	CROUPISSANT	DORMANT
ALLECHANT	CARESSANT	CROYANT	ECLAIRANT
ALTERANT	CASSANT	CUISANT	ECRASANT
AMUSANT	CAUSANT	DANSANT	ECUMANT
ANALYSANT	CEDANT	DEBITANT	EDIFIANT
APAISANT	CESSANT	DEBORDANT	EDULCORANT
APPELANT (≠)	CHANGEANT	DEBUTANT	EFFRAYANT
ARABISANT	CHANTANT	DECEVANT	EMBETANT
ARRIVANT	CHARMANT	DECHIRANT	EMIGRANT
ASPIRANT	CHASSANT	DECLARANT	EMMERDANT
ASSAILLANT	CHATOYANT	DEFERLANT	EMOUVANT
ASSISTANT	CHAUSSANT	DEFIANT	ENCAISSANT
ASSOMMANT	CHEVROTANT	DEFORMANT	ENDURANT
ATTACHANT	CHIANT	DEGOUTANT	ENERVANT
ATTAQUANT	CHOQUANT	DEGRADANT	ENGAGEANT
ATTENUANT	CHUINTANT	DELASSANT	ENGAINANT
ATTERRANT	CINGLANT	DELIRANT	ENIVRANT
ATTIRANT	CLAQUANT	DEMELANT	ENTENDANT
AVEUGLANT	COLLANT	DEPENDANT	ENTETANT
BALLANT	COLORANT	DEPOSANT	ENTRANT

ENVOUTANT	GARANT	LAMPANT	OPPRESSANT
EPARGNANT	GENANT	LARMOYANT	OPPRIMANT
EPATANT	GERANT	LENIFIANT	OSCILLANT
EPROUVANT	GISANT	LIANT	OUVRANT
EPUISANT	GIVRANT	LUISANT	OXYDANT
EREINTANT	GLACANT	MANDANT	PALISSANT
ERRANT	GLOUSSANT	MANQUANT	PALPITANT
ESQUINTANT	GONDOLANT	MARCHANT	PARLANT
ETONNANT	GRASSEYANT	MARQUANT	PARTANT
ETOUFFANT	GRIMACANT	MARRANT	PASSANT
ETUDIANT	GRIMPANT	MECHANT	PATOISANT
EXALTANT	GRINCANT	MEDISANT	PAYANT
EXCEDANT	GRISANT	MEFIANT	PENDANT
EXCITANT	GRONDANT	MENACANT	PENETRANT
EXECUTANT	HABITANT	MENDIANT	PENSANT
EXIGEANT	HALETANT	MEPRISANT	PERCANT
EXISTANT	HARASSANT	MERITANT	PERCUTANT
EXPIRANT	HARCELANT	MEUBLANT	PERDANT
EXPLOITANT	HENNISSANT	MIGRANT	PERFORANT
EXPOSANT	HESITANT	MILITANT	PESANT
EXTENUANT	HIBERNANT	MONTANT	PETANT
FECONDANT	HIVERNANT	MORALISANT	PETARADANT
FEIGNANT	HORRIFIANT	MORDANT	PETILLANT
FICHANT	HUMILIANT	MOUILLANT	PETRIFIANT
FIGURANT	HURLANT	MOULANT	PIAFFANT
FILANT	HYDRATANT	MOURANT	PIETINANT
FILTRANT	IGNORANT	MOUSSANT	PIQUANT
FINISSANT	IMMIGRANT	MOUVANT	PIVOTANT
FLAGEOLANT	IMPETRANT	MURISSANT	PLAIDANT
FLAMBANT	IMPLORANT	MUTANT	PLAIGNANT
FLOTTANT	IMPORTANT	MUTILANT	PLAISANT
FONDANT	IMPOSANT	NAISSANT	PLANANT
FOULANT	INFECTANT	NAVRANT	PLIANT
FRAPPANT	INSISTANT	OBEISSANT	PLONGEANT
FRISANT	INSPIRANT	OBLIGEANT	POILANT
FRISOTTANT	INSULTANT	OBSEDANT	POLLUANT
FULMINANT	INTEGRANT	OCCUPANT	PORTANT
FUMANT	INVITANT	OFFENSANT	POSTULANT
FUSANT	IONISANT	ONDOYANT	PRENANT
FUYANT	IRRITANT	ONDULANT	PRESSANT
GAGNANT	ISOLANT	OPERANT	PRETENDANT
GALOPANT	JUBILANT	OPPOSANT	PREVENANT

PREVOYANT	RESIDANT	SONNANT	TORDANT
PUANT	RESISTANT	SORTANT	TORTURANT
RABATTANT	RESONNANT	SOUDANT	TOUCHANT
RADIANT	RESTANT	SOUFFLANT	TOURNANT
RAGEANT	RESULTANT	SOUFFRANT	TRACANT
RAMPANT	RETOMBANT	SOULANT	TRAINANT
RASANT	REVOLTANT	SOURIANT	TRANCHANT
RASSURANT	RIANT	STAGNANT	TREBUCHANT
RAVISSANT	RONFLANT	SUANT	TREMBLANT
RAYONNANT	ROUGISSANT	SUCRANT	TREPIDANT
REBUTANT	ROULANT	SUFFISANT	TROUBLANT
RECITANT	RUBEFIANT	SUINTANT	TUANT
RECOLTANT	RUGISSANT	SUIVANT	USANT
REDOUBLANT	RUMINANT	SUPPLEANT	VACILLANT
REGARDANT	RUTILANT	SUPPLIANT	VAGISSANT
REGNANT	SAIGNANT	SUPPURANT	VERDOYANT
RELAXANT	SAILLANT	SURVIVANT	VEXANT
RELUISANT	SALISSANT	TANNANT	VIBRANT
REMONTANT	SANGLANT	TAPANT	VIRILISANT
REMUANT	SATURANT	TATONNANT	VIVANT
RENAISSANT	SEANT	TEMPERANT	VOLANT
RENTRANT	SERVANT	TENANT	VOTANT
RENVERSANT	SEYANT	TENTANT	VOYANT
REPENTANT	SIDERANT	TITUBANT	
REPOSANT	SIFFLANT	TOLERANT	
REPOUSSANT	SINISANT	TOMBANT	
REPUGNANT	SLAVISANT	TONIFIANT	
REQUERANT	SOIGNANT	TONNANT	

Erreurs : adsorbante canulante coiffante donnante égayante fermante laissante modifiante profitante réclamante salivante tendante levante (LEVANTS oui).

Participes présents variables uniquement en genre

BERCANT,E	GUEULANT,E	TOQUANT,E	VARIANT,E
GOURANT,E	RESOLVANT,E		

Participes présents variables uniquement en nombre

ABATTANTS	DEPASSANTS	GRANGEANTS	SALANTS
AZURANTS	DEPLIANTS	GUINDANTS	SIGNIFIANTS
CARBURANTS	DETACHANTS	LEVANTS	SOUPIRANTS
CELEBRANTS	DEVANTS	MAJORANTS	TAILLANTS
COKEFIANTS	DILUANTS	MINORANTS	TENORISANTS
COMPTANTS	DRESSANTS	OFFICIANTS	TIRANTS
CONTENANTS	ETANTS	PENCHANTS	VERSANTS
COOPERANTS	FENDANTS	PLEURANTS	
CREMANTS	FEUILLANTS	PRIANTS	
DECAPANTS	FORMANTS	REVENANTS	

Erreurs : faire SEMBLANT (inv.); à tout VENANT (inv.); chats-HUANTS (2 mots); maréchaux-FERRANTS (2 mots); AYANTS-droit (2 mots).

Finales –ENT
variables en genre et en nombre

ADHERENT	DIVERGENT	FERMENT +	PRESIDENT
AFFLUENT	EMERGENT	INSOLENT	RESIDENT
CONTENT +	EVIDENT	NEGLIGENT	SOMNOLENT
DEFERENT	EXCELLENT	PARENT	URGENT
DIFFERENT	FECULENT	PRECEDENT	VIOLENT +

Finales –ENT variables uniquement en genre

ENTENT,E   FIENT,E +   REVENT,E   SOUPENT,E

Finales –ENT variables uniquement en nombre

CONFLUENT,S   COUVENT,S   EXCEDENT,S   EXPEDIENT,S
REFERENT,S

Attention! certains verbes en – QUER et en – GUER ont un participe présent ne permettant ni de féminin ni de pluriel, alors que leur adjectif (ou un substantif homophone) le permet :

ARROGANT,ES   ARROGEANT /
FABRICANT,E,S FABRIQUANT /
FATIGANT,E,S   FATIGUANT /
FRINGANT,E,S   FRINGUANT /
INTRIGANT,E,S INTRIGUANT /

NAVIGANT,E,S   NAVIGUANT
PROVOCANT,E,S PROVOQUANT /
SUFFOCANT,E,S SUFFOQUANT /
VACANT,E,S   VAQUANT /

Finales –ON (S)

Il peut vous arriver d'avoir en main un Scrabble possible avec un S final, de manière à donner une finale de verbe (– ONS, – AMES, – ITES, etc.).

Voici une liste de ces temps de conjugaison qui peuvent s'écrire sans ce S final (nous ne donnons ici que les mots peu usuels; en effet, du verbe SAVOIR : nous SAVONS et un SAVON ; du verbe JURER : nous JURONS et un JURON, etc. sont évidents).

AIGUILLON	ELEVON	GITON	PALISSON
ARMON	ELISION	GRATTERON	PATISSON
BARBON	ERIGERON	GRIGNON	PATURON
BELON	FANION	GUIGNON	PERCHERON
BRIDON	FANON	HELION	PESON
CARDON	FERMION	HOQUETON	PETON
CASSON	FION	LANCON	PLION
CHAINON	FISSION	LISERON	POCHON
CIRON	FOULON	MATON	QUARTERON
CROCHON	FRIPON	MOURON	RADON
CULERON	FRISON	MOUSSERON	SCION
DEVON	FUMERON	MUON	TACHERON
DOMINION	GARDON	OPERON	TAPON
DOUBLON	GERMON	PAILLON	TENON

TESTON	UNISSON	BILAME	MATITE
TIERCERON	VENGERON	CALAME	PARTITE
TORTILLON	VIBRION	CHROMATE	PROVIN
TOUPILLON	autres finales :	DICTAME	REDITE
TRAYON	ALUNITE	GRAVITE	RENTAME
TYPON	APOSTATE	INCARNATE	VIDAME

Faux verbes

Les mots suivants, bien qu'ayant une terminaison semblable à certains verbes, ne sont que des noms, et ne permettent donc qu'un raccord en −S :

ANDOUILLER,S	FILLER,S	PINSCHER,S	THALER,S
ARCHER,S	FLUTTER,S	PLAIDOYER,S	THEIER,E
ASTER,S	FOURNIER,S	POLDER,S	TRIMMER,S
BAJOYER,S	FROMAGER,S	POLYPIER,S	TROCHANTER,S
BLAZER,S	GETTER,S	PROYER,S	TROCHITER,S
BLISTER,S	GEYSER,S	RACER,S	TUNER,S
BOOMER,S	GINDRE,S	RANCHER,S	VOMER,S
BRAYER,S	HAINUYER,E	RICHTER/	VOUCHER,S
CALIER,S	HENNUYER,S	RIPPER,S	VOYER,S
CANTER,S	HURDLER,S (≠)	RISER,S	
CANTILEVER,S	LANDER/	ROCKER,S	
CARTER,S	LASER,S	RONIER,S	
CARTIER,S	LIBER,S	SCANNER,S	
CASSIER,S	LINER,S	SCRAPPER,S	
CHARTER,S	LINTER,S	SCRUBBER,S	
CHOPPER,S	LISIER,E	SETTER,S	
CLAVIER,S	LOYER,S	SILVANER,S	
CLIPPER,S	MASER,S	SINTER,S	
CLUSTER,S	MASSETER,S	SOTTISIER,S	
CONTAINER,S	METAYER,S	SPALTER,S	
COWPER,S	NADIR,S	SPHINCTER,S	
CRACKER,S	NOCHER,S	STAYER,S	
CRUISER,S	OBIER,S	STOKER,S	
CUTTER,S	ORANGER,S	STRIPPER,S	
DAMPER,S	PALIER,S	SUBER,S	
DAVIER,S	PAPAYER,S	SURLOYER,S	
ECUBIER,S	PHALANGER,S	TANKER,S	
FABLIER,S	PILULIER,S	TARSIER,S	

Certains de ces mots, tout en ayant une prononciation qui ne laisse aucune équivoque, sont quelquefois des pièges. En effet, en "duplicate", un arbitre n'annonçant que le raccord, et non le mot ainsi formé, peut induire les joueurs en erreur, surtout les débutants.

Par exemple sur la grille vous avez le mot CARTE , puis un mot vient perpendiculairement s'y accoler par l'arrière en y ajoutant un R ; si l'arbitre annonce le mot CARTER, il n'y aura aucune confusion possible, mais s'il annonce simplement le nouveau mot en précisant: "Pour mettre un R à CARTE", là, il y aura piège pour certains. De même pour le verbe LUTTER, en plaçant F devant, de manière à former FLUTTER (n.m.), ou pour le beau benjamin du verbe CHANTER, TROCHANTER (également n.m.).

Autres confusions possibles

Adjectifs ou subtantifs féminins ne donnant pas de verbe.

ABRICOTE,E	AURICULE,E	CAPITE,E	DELURE,E
ACERE,E	AZOTE,E	CARBONE,E	DENTE,E
ACIDULE,E	BALEINE,E	CARMINE,E	DENUDE,E
ACTE,E	BARBELE,E	CARNE,E	DERATE,E
ADEXTRE,E	BASTILLE,E	CENSE,E	DEWATTE,E
AFFIDE,E	BICARRE,E	CHAPE,E	DIAMANTE,E
AFFIXE,E	BILABIE,E	CHLORE,E	DIFFERE,E
AILE,E	BILIE,E	CILIE,E	DIGITE,E
AINE,E	BILLETE,E	CLAIRSEME,E	DIPHASE,E
ALLIACE,E	BISTRE,E	CLAVELE,E	DIPLOME,E
ALVÉOLE,E	BONDE,E	COMPONE,E	EBERLUE,E
AMINE,E	BORATE,E	CONTROUVE,E	EBURNE,E
AMPOULE,E	BORIQUE,E	COTELE,E	ECHIQUETE,E
AMYLACE,E	BOULETE,E	COUTURE,E	ECLOPE,E
ANSE,E	BRIOCHE,E	CREPELE,E	ECULE,E
AOUTE,E	BURELE,E	CRETACE,E	EFFRENE,E
ARDOISE,E	BUSQUE,E	CRETE,E	EHONTE,E
ARENACE,E	CACAOTE,E	CRUENTE,E	ELAVE,E
ARGILACE,E	CALCIFIE,E	DECAVE,E	EMBRUINE,E
ARILLE,E	CAMPHRE,E	DECOMPENSE,E	EMECHE,E
ASEXUE,E	CANNELE,E	DECUSSE,E	EMPENNE,E

ENCALMINE,E	LAITE,E	POIGNE,E	TIGRE,E
ENCHIFRENE,E	LAMELLE,E		TIQUETE,E
ENCROUE,E	LARVE,E	POLICE,E	TOLE,E
ENGRELE,E	LARYNGE,E	POMMETE,E	TRUELLE,E
ENJOUE,E	LAURE,E	POTE,E	TUBULE,E
ENSELLE,E	LEOPARDE,E	POTELE,E	UNCINE,E
EPLORE,E	LETTRE,E	POTENCE,E	USAGE,E
ESCARPE,E	LIEGE,E	POURPRE,E	USITE,E
ESSEULE,E	LIGULE,E	PRECITE,E	VALLONNE,E
ETHERE,E	LITHINE,E	PROSTRE,E	VANISE,E
ETRIQUE,E	MADRE,E	PROTE,E	VARIOLE,E
EXPANSE,E	MALFAME,E	PRYTANE,E	VENTRE,E
FAIENCE,E	MANIERE,E	RACE,E	VERGETE,E
FARINACE,E	MANSARDE,E	REPUTE,E	VERJUTE,E
FASCIE,E	MANTELE,E	RESCAPE,E	VEROLE,E
FIEFFE,E	MEDAILLE,E	RETRAYE,E	VITAMINE,E
FLAMME,E	MEMBRE,E	RICINE,E	ZELE,E
FLUORE,E (≠)	MENINGE,E	ROGUE,E	ZONE,E
FOLIACE,E	MENTHOLE,E	ROSE,E	
FOLIE,E	MICACE,E	RUBANE,E	
FORCENE,E	MIELLE,E	RUDENTE,E	
FOUEE	MITIGE,E	SACCADE,E	*Attention* :
FOXE,E	MORDORE,E	SAFRANE,E	
FRUITE,E	MUSQUE,E	SAPONACE,E	SURJALEE,
GAMME,E	NAUFRAGE,E	SAUMONE,E	adjectif féminin
GOULE,E	NEVROSE,E	SEGREGUE,E	uniquement.
GOURME,E	NITRE,E	SENSE,E	
HALBRENE,E	NORME,E	SEXUE,E	
HALOGENE,E	NOTARIE,E	SIGILLE,E	
HASTE,E	NUCLEE,E	SINAPISE,E	
HERBACE,E	OLIVACE,E	SINISTRE,E	
HOTTE,E (≠)	OMBELLE,E	SODE,E	
HUPPE,E	OPIACE,E	SOUSSIGNE,E	
INALTERE,E	ORANGE,E	SPIRALE,E	
INCREE,E	ORDRE,E	SULFONE,E	
INFATUE,E	PALANQUE,E	SURDOUE,E	
IODURE,E	PECTINE,E	SURJALE,E	
JARRETE,E	PEKINE,E	SUSVISE,E	
JOINT,E	PELTE,E	SYNCOPE,E	
LABIE,E	PENNE,E	TALE,E	
LACINIE,E	PERSILLE,E	TAROTE,E	
LACTE,E	PIERRE,E	TARTRE,E	

Participes passés variables

en genre et en nombre, soit se conjuguant avec l'auxiliaire être, soit acceptés comme tels par le règlement de la Fédération internationale, ou bien étant un nom ou un adjectif féminin.

AGNELE,E	CINGLEE	FUSEE	POMMEE
ALUNIE	CLOQUEE	GICLEE	RAGUEE
AMERRIE	COGITEE	GLANDEE	RAYONNEE
AVORTEE	CROTTEE	GLOSEE	REJAILLIE
BARAQUEE	CROUPIE	GRIMACEE	REPARUE
BLONDIE	DESOBEIE	JAILLIE	RESURGIE
CASQUEE	ECLATEE	LEVRETTEE	SURGIE
CHALOUPEE	FERMENTEE	MUSEE	TREMBLEE
CHEMINEE	FESTOYEE	OBEIE	TURBINEE
CHIEE	FEUILLEE	OBVENUE	
CHUE	FUGUEE	PELUCHEE	

Participes passés invariables en genre

ARGUMENTE	FASEYE	PLU	SURSIS
APPONTE	GAMBILLE	POQUE	SURVECU
COMPLU	GEINT	REMEDIE	TALLE
DEPLU	JABOTE	RESSEMBLE	VARAPPE
DEBOUQUE	MARGOTE	SALIVE	
DAIGNE	NUI	SUCCEDE	
FASEILLE	PIAFFE	SUFFI	

Verbes défectifs

ou faisant partie d'une expression toute faite.

ACCROIRE, COURRE, BARGUIGNER, BOUMER (peut se conjuguer à la 3e personne du singulier, et à tous les temps : ça BOUME, ça BOUMA, etc.). DINGUER (DINGUE,S n.m.) DESEMPARER, DISCONTINUER, ENDEVER, ESTER (ESTE,S et ESTER,S n.m.), ENQUERRE, MALFAIRE, OUIR, QUERIR, RAVOIR.

"Sorties" possibles sur les mots au pluriel

Ne pensez pas qu'un mot au pluriel, ou se terminant pas S, ne puisse plus donner de sorties arrière; pensez à :

—SE		—IEN	
DROLES	DROLESSE	VENUS	VENUSIEN
FINES	FINESSE	ETES	ETESIEN
SOUPLES	SOUPLESSE	JURAS	JURASSIEN

—SE+		—ION	
FRACAS	FRACASSER+	TORS	TORSION
PLIS	PLISSER+	EROS	EROSION
DEVIS	DEVISSER+	INDECIS	INDECISION

—ME		— SIN	
RACIS	RACISME	COUS	COUSSIN
TORYS	TORYSME	BRAS	BRASSIN
CHIAS	CHIASME	TRACAS	TRACASSIN

—TE		—AGE	
TRIS	TRISTE	BOIS	BOISAGE
POLIS	POLISTE	PAYS	PAYSAGE etc.
VETUS	VETUSTE		

Pensez également à rallonger les temps conjugués, comme:

JOUAS	:	JOUASSE JOUASSIONS JOUASSIEZ JOUASSENT
JOUAT	:	JOUATES
FINIS	:	FINISSE FINISSIONS FINISSIEZ FINISSENT
FINIT	:	FINITES

BENJAMINS

BENJAMINS

On fait un "benjamin" en plaçant plusieurs lettres devant un mot de la grille, de manière à rattraper une case de prime placée devant ce mot.

L'arbitre devra donner la préférence à des mots permettant d'éventuels benjamins, soit payants, soit inattendus.

En effet, ces sorties vers l'avant étant plus rares, de tels mots peuvent influencer la partie.

Si, lors du premier tirage, la solution est soit RISEE soit SERIE, tous deux pour 12 points, la préférence ira à SERIE. Étant un verbe, ce dernier permet 4 raccords finaux par la simple adjonction d'une lettre (E, R, S, Z), mais, placé en H/4, il permet 9 benjamins de 3 lettres, rattrapant ainsi le carré rouge en G/1. RISEE, par contre, ne permet aucun benjamin de 3 lettres, seulement un raccord final avec S.

Régulièrement, un mot placé sur la grille, surtout au premier coup, change complètement de sens et de prononciation lors d'un benjamin. Pensez-y à chaque construction possible.

Exemple : (toujours en H/4)

ASIATES (n.m.pl.), benjamin : EXTasiâtes (conjugaison);

TATIONS (verbe TATER), benjamin : AGItation, CAPtation... tous des noms (il y a 9 possibilités);

DELIER (infinitif), benjamin : CORdelier (n.m.)

ou tout simplement 2 noms :

CHESTER (en H/4, joker H par exemple), benjamin WINchester; PIQUET, benjamin : SAUpiquet,

ou tout simplement 2 verbes, ou temps conjugués;

MINER, benjamin : TERminer, plus tous les autres possibles;

TISSIEZ (en H/6) du verbe TISSER, benjamin : COMPAtissiez, du verbe COMPATIR, etc.

Nous nous sommes limités, pour les benjamins, à ne placer que 2, 3 ou 4 lettres devant les mots proposés, et même parfois des rajouts arrière indispensables, tels que, sur JADIS, ces benjamins possibles : POUjadisME et POUjadisTE.

Pour les mots avec lettres chères, et ce uniquement pour ceux de 2 à 5 lettres, vous trouverez les benjamins dans le chapitre relatif aux lettres chères.

A

abat
G R abat

aber
C A C aber +

abonder +
S U R abonder +
V A G abonder +

aboule +
T R aboule

about +
M A R about
R U N about

absorber +
R E absorber +

abuser +
D E S abuser +

accorde +
D E S accorde +

accouple +
D E S accouple +

accusé, e
C O accusé, e

ace
A G ace +
G L ace +
G R ace
P L ace +
T R ace +
A U D ace
B E S ace
D E L ace +
E F F ace +
E S P ace +
F U G ace
L I M ace
L I N acéE
M E N acé +
M I C acé, e
O P I acé, e

P A L ace
R A P ace
R O S ace, e
R O T acé, e
S A G ace
S A L ace
S E B acé, e
S E T acé, e
T E N ace
V I V ace
V O R ace
A L L I acé, e
A M Y L acé, e
A R E N acé, e
B I P L ace
C O R I ace
C R E T acé, e
D E G L ace +
D E P L ace +
D R U P acé, e
F O L I acé, e
G A L E ace
G R I M ace +
L O Q U ace
O L I V acé, e
P R E F acé, e +
P U G N ace
P U L T acé, e
R E P L ace +
R E T R ace +
S U R F ace +
T E S T acé, e
V I O L acé, e +

achat
C R achat

achete +
D E C achete +
R E C achete +

acheve +
I N achevé, e
P A R acheve +

acéré, e
D I L acéré, e

ache
A P ache
C R ache +
F L ache
A L L ache
A R R ache +
A T T ache +
D E T ache +
E N S ache +
E N T ache +
G A N ache
G O U ache +
M A C ache/
P A N ache +
P A T ache
P O T ache
R A B âche +
R E L âche +
R E M âche +
B R A V ache
C R A V ache +
G R E N ache
H A R N ache +
M A L G ache
M O R D ache
R A T T ache +
R E C R ache +
R O N D ache
S O U T ache
P I S T ache
V I S C ache

acide
B I acide
D I acide
P L acide
O X acide
T R I acide
A N T I acide
H Y D R acide
M O N O acide
P O L Y acide
S U L F acide
T H I O acide

acier
E M acier +
G L acier, e

G R acier +
P L acier
G R I M acier, e
P R E F acier

aciéré
G L acière

acre
D I acre
F I acre
C O N S acre +
M A S S acre +

acon
F L acon
G L açon
L I M açon
M A L F açon
O S T R acon

acons
(autres que les pluriels
des mots ci-dessus)
A G açons
P L açons
T R açons
D E L açons
E F F açons
E N L açons
E S P açons
M E N açons
D E G L açons
D E P L açons
G R I M açons
P R E F açons
R E T R açons
R E P L açons
S U R F açons
V I O L açons

acte
E P acte
E X acte
T R acte +
I N T acte
C O M P acte
C O N T acte +

E N T R acte
I N E X acte
R E F R acte +
R E T R acte +

actée
B R actée
T R actée
C O N T actée
R E F R actée
R E T R actée

acteur
E X acteur
R E acteur
T R acteur
C O F acteur
R E D acteur
B I R E acteur
D E T R acteur
E X T R acteur
R E F R acteur

actif, ve
I N actif, ve
R E actif, ve
T R actif, ve
O L F actif, ve
A T T R actif, ve
E X T R actif, ve
R E T R actif, ve

action
E X action
F R action
I N action
R E action
T R action
I M P action
O L F action
R E D action
R E F action
A T T R action
E F F R action
E X T R action
I N F R action
R E F R action
R E T R action

activer +
I N activer +
R E activer +
D E S activer +

actrice
T R actrice
R E D actrice
D E T R actrice

adapté, e
I N adapté, e
R E adapté, e
D E S adapté, e

adapter +
R E adapter +

adent
B R adent
E V adent
B A L adent
D E C adent, s
D E R adent
P A R adent
C A S C adent
D E G R adent
E X T R adent
G A M B adent
P O M M adent
T O R S adent

admettre +
R E admettre +

admission
R E admission

ados
P A R ados
C A L V ados
E X T R ados
I N T R ados

adresse +
M A L adresse

aérer +
D E S aérer +

affecter +
D E S affecter +

	affiner +	E N R	agent		**aide +**
P A R	affiner +	M A N	agent	P L	aide +
		M E N	agent	D A N	aïde
	affirmer +	P A C	agent	E N T R	aide +
R E	affirmer +	R A M	agent	T H E B	aïde
		R A V	agent		
	africain, e	V O Y	agent		**aie**
P A N	africain, e	A F F E	agent	B R	aie S/
		A M E N	agent	C L	aie
	aga	E N N U	agent	C R	aie
A L P	aga	E T A L	agent	P L	aie
M A L	aga	H E R B	agent	T H	aie
F E L L	aga	O M B R	agent	V R	aie
		O U T R	agent	A U N	aie
	agée	O U V R	agent	F U T	aie
D R	agée	P A R T	agent	I V R	aie
E T	agée	P R E S	agent	O R M	aie
I M	agée	P R O P	agent	P A G	aie
U S	agée	R E N G	agent	S A G	aie
D E G	agée	S A C C	agent	A U L N	aie
E N C	agée	S O U L	agent	B O U L	aie
E N G	agée	S U R N	agent	C E D R	aie
E N R	agée			C H E N	aie
M A N	agée		**agha**	E F F R	aie
M E N	agée	F E L L	agha	F R E N	aie
P A C	agée			H E T R	aie
R A M	agée		**agir +**	M O N N	aie
R A V	agée	R E	agir +	O L I V	aie
A F F E	agée	A S S	agir +	O R F R	aie
A M E N	agée	A B R E	agir +	O S E R	aie
E N N U	agée			S A U L	aie
E T A L	agée		**agréa**		
H E R B	agée	D E S	agréaBLE		**aient**
O M B R	agée			(pensez aux verbes
O U T R	agée		**agrées**	comme :
O U V R	agée	S I M	agrées/	U S	aient
P A R T	agée			B E L	aient
P R E S	agée		**agréger +**	D E V I	aient...)
P R O P	agée	D E S	agréger +		
R E N G	agée				**aïeul**
S A C C	agée		**agrès/**	G L	aïeul
S O U L	agée	O N	agres	B I S	aïeul
		P O D	agres	T R I S	aïeul
	agent	D E F L	agres		
E T	agent	P E L L	agres		**aïeule**
D E G	agent			B I S	aïeule
D E R	agent		**aiche**	T R I S	aïeule
E N C	agent	F R	aîche		
E N G	agent				**aigre**
				V I N	aigre +

aigrir +

A M aigrir +
D E M aigrir +

aigu

S U B aigu
S U R aigu

aiguë

B E S aiguë
S U B aiguë
S U R aiguë

ail

E M ail, s
B E T ail/
C A M ail, s
C O R ail
D E T ail, s
S E R ail, s
A I G U ail, s
B E R C ail/
F E R M ail
F O I R ail, s
H A R P ail, s
P O R T ail, s
T R A M ail, s
T R A V ail, s
T R E M ail, s
V A N T ail
V E N T ail
V I T R ail

aille

B R aille +
C R aille +
D R aille
E C aille +
E G aille +
E M aille +
E R aille +
G R aille +
O U aille S/
P I aille +
T R aille
A S S aille
B A T aille +
C A N aille

C I S aille +
C R I aille +
D E F aille +
D E M aille +
D E P aille +
D E R aille +
E M P aille +
E N T aille +
F O U aille +
F U T aille
G O D aille +
G O U aille +
I N T aille
L I M aille
M E D aille, e
M O R aille S/
M U R aille
P A G aille
P I N aille +
R A C aille
R E M aille +
R E T aille +
R I M aille +
R I P aille +
R O C aille +
R O D aille +
S E M aille S/
T E N aille +
T I R aille +
V O L aille
V O L ailler, s
A V I T aille +
C A R C aille +
C H A M aille +
C O U P aille +
D E B R aille +
E N T R aille S/
F E R R aille +
F O N C aille S/
G R E N aille +
G R I S aille +
M A R M aille
M I T R aille +
P I E T aille
R E M M aille +
S O N N aille +
T R A V aille +
T O U R aille

T R E S aille
T R I P aille
V E N T aille

aillant
(autres que les verbes
ci-dessus)

A S S aillant, e
D E F aillant, e

ailleurs

E M ailleurs
C R I ailleurs
D E R ailleurs
O R P ailleurs
P I N ailleurs
R I P ailleurs
R O C ailleurs
T I R ailleurs
F E R R ailleurs
M I T R ailleurs
R E M P ailleurs
T R A V ailleurs

aillons
(autres que les verbes
en − aille)

G R aillons
B A T aillons
C A V aillons
M E D aillons
M O R aillons
P I C aillons/
A V O C aillons
N O B L aillons
T O U R aillons

aimanter +

D E S aimanter +

aiment

B R aiment
V R aiment/
E S S aiment/

aimer +

E S S aimer +

aine	M I G R aine	L A R aire
C H aîne +	M O N D aide	L I N aire
D R aine +	N E U V aine	L O B aire
G R aine +	O U A B aïne	L U N aire
P L aine	P A R R aine +	M A L aire
T R aîne +	P O U L aine	M E F aire /
A C H aine	P R O C aïne	M O L aire
A G R aine +	P T O M aïne	N O T aire
A U B aine	R E N G aine +	P E C aïre /
B E D aine	R O U M aine	P I L aire
B O R aine	S O U D aine	P O D aire
C O G aïne		P O L aire
C U B aine	**air**	R E F aire /
D E G aine +	B L air +	R E P aire +
D E L aine +	C H air	R O S aire
D I Z aine	C L air	S A L aire
D O M aine	E P air	S I C aire
E N G aine +	F L air +	S O L aire
E G R aine +	E C L air +	T U B aire
F O R aine	I M P air	U L M aire
F U T aine	M O H air	U L N aire
H U M aine		V E L aire
M I S aine	**aire**	V I C aire
M I T aine	A L aire	A C T U aire
M O R aine	A R aire	A L L I aire
P A P aïne	B L aire +	A N N U aire
R I C aine	B R aire +	B A N C aire
R I F aine	C H aire	B I L I aire
R O M aine	C L aire	B R U M aire /
S E M aine	G L aire +	B U L B aire
U R B aine	O V aire	B U L L aire
V I L aine	P R aire	C A L C aire
C E N T aine	S U aire	C A L V aire
C E R T aine	A F F aire +	C E R C aire
C H E V aine	A G R aire	C H A T aire
D E C H aîne +	A V I aire	C I L I aire
D O N D aine	B I N aire	C L A V aire
D O U Z aine	C A T aire	C O R S aire
E N C H aine +	D E F aire +	D E N T aire
E N T R aîne +	D O U aire	D E P L aire / +
F O N T aine	E C L aire +	E L I T aire
F R E D aine	E P I aire	E S T U aire
G E R M aine	F I C aire	E X T R aire / +
H A U T aine	F I L aire	F O L I aire
H U I T aine	H E T aïre	F O R F aire /
L O R R aine	H I L aire	F R I M aire /
M A R R aine	H O R aire	G R E G aire
M A L S aine	I M P aire	L A C T aire

L A R V	aire		O U	ais	L A N D	aise
L I M B	aire		Q U	ais	M A L T	aise
L I N E	aire		T H	ais	M A U V	aise
M A L F	aire/		V R	ais	M O R T	aise +
M A M M	aire		B A L	ais	N A N T	aise
M I L I	aire		D A D	ais	R E N N	aise
N E C T	aire		D E L	ais		
O C U L	aire		E S S	ais		**ajouter** +
O S S U	aire		J A M	ais	S U R	ajouter +
O V U L	aire		M A L	ais		
P A L M	aire		M A R	ais		**ajuster** +
P A R F	aire/		P A L	ais	R E	ajuster +
P E S S	aire		R A B	ais		
P L A N	aire		R E L	ais		**alaise**
P R E C	aire		T O K	ais	N E P	alaise
P R I M	aire		C A B I	ais		
P U L P	aire		C O N G	ais		**alaire**
Q U I N	aire		D E B L	ais	S C	alaire
R E T I	aire		H A I K	ais	C Y M B	alaire
R I P U	aire		H A V R	ais	P R E S	alaire
S C A L	aire		N A N T	ais	S U R S	alaire
S C O L	aire		R E N N	ais		
S E C T	aire					**alarme** +
S O L E	aire			**aisance**	T E L E	alarme
S O M M	aire		P L	aisance/		
S U R F	aire/					**alcade**
T E R N	aire			**aise**	C A V	alcade +
T H O N	aire		A L	aise		
T O P I	aire		A P	aise +		**alcool**
U N I T	aire		B I	aise +	D I	alcool
U R I N	aire		B R	aise +	T H I O	alcool
U S U R	aire		C H	aise	P O L Y	alcool
U V U L	aire		F R	aise +		
V A L V	aire		G L	aise +		**ale**
V O L T	aire		N I	aise	A N	ale
V O L V	aire		B A L	aise	A V	ale +
V U L G	aire		C I M	aise	C H	âle
V U L V	aire		C Y M	aise	E C	ale +
			D A R	aise	E G	ale +
			F A D	aise	E T	ale +
	ais		F A L	aise	F E	ale
(autres que les finales		J U D	aïse +	O P	ale
de verbes)		M A L	aisé, e	O R	ale
B I	ais		P U N	aise +	O V	ale
B R	ais		A N G L	aise	R E	ale
E P	ais		D E N I	aise +	T J	ale
F R	ais		H A V R	aise	U V	ale
G E	ais		H E B R	aïse +	A F F	ale +
G U	ais		I N A P	aisé, e	A N N	ale
					A X I	ale
					B A N	ale
					B A S	ale

B I P ale		S E P ale		I N E G alé, e	
C A B ale		S Q U ale		J O V I ale	
C A V ale +		V E N ale		K A B B ale	
C I G ale		V I R ale		L A B I ale	
C O X ale		V I T ale		L I L I ale	
D E C ale +		V O C ale		L I N E ale	
D E H ale +		Z O N ale		M A R I ale	
D E V ale +		A M I C ale		M E N T ale	
D O T ale		A M I R ale		M I T R ale	
D U C ale		A M O R ale		M O N I ale	
E M P ale +		A N I M ale		N I V E ale	
E S C ale		A N O M ale		N O R M ale	
E X H ale +		A P E T ale		O G I V ale	
F A T ale		A P I C ale		O N C I ale	
F E C ale		A S T R ale		P A S C ale	
F I N ale		A T O N ale		P E R C ale	
F O C ale		B A N C ale		P I N E ale	
G L I ale		B O R E ale		P L A G ale	
I D E ale		B R U T ale		P L U R ale	
I N H ale +		B U C C ale		P O S T ale	
J U G ale		C A E C ale		R A C I ale	
L E G ale		C A N C ale		R A D I ale	
L E T ale		C A U D ale		R E C T ale	
L O C ale		C A U S ale		R I X D ale	
L O Y ale		C E R E ale		S A N D ale	
M O D ale		C H E V ale +		S I G N ale +	
M O R ale		C H O R ale		S O C I ale	
M U R ale		C O M T ale		S P I N ale	
M Y G ale		C O S T ale		S P I R alé, e	
N A S ale		C R O T ale		T A N T ale	
N A T ale		C R U R ale		T I B I ale	
N A V ale		C U R I ale		T I M B ale	
N I V ale		C Y M B ale		T O M B ale	
N O D ale		D E N T ale		T R I B ale	
P A P ale		D E S S ale +		T R I P ale	
P E D ale +		D I S C ale		V A N D ale	
P E N ale		D O R S ale		V A S S ale	
P E T ale		F A C I ale		V E R B ale	
P Y R ale		F E O D ale		V E R N ale	
R A F ale		F E R I ale		V E S T ale	
R A V ale +		F I L I ale			**alène**
R E C ale +		F I S C ale		P H	alène
R E G ale +		F L O R ale		S C	alène
R E N ale		F O E T ale			**alésage**
R E S ale +		F R U G ale		R E	alésage
R I V ale		G E N I ale			**aléser +**
R O Y ale		G L O B ale		R E	aléser +
R U R ale		H I E M ale			

algie

M Y algie
O T algie
C O X algie
C A U S algie
D O R S algie
L O M B algie
N E V R algie
N O S T algie
O S T E algie

aliéner +

D E S aliéner +

alise

A V alise +
C O alise +
E G alise +
O P alise +
O V alise +
R E alise +
B A N alise +
C A N alise +
D E V alise +
F O C alise +
I D E alise +
L E G alise +
L O C alise +
M O R alise +
N A S alise +
P E N alise +
R I V alise +
T O T alise +
V O C alise +
A C T U alise +
B R U T alise +
F I S C alise +
F O R M alise +
N O R M alise +
S O C I alise +
V A S S alise +
V E R B alise +
V I S U alise +

alité

A N alité
D U alité

E G alité
H Y alité
Q U alité
R E alité
A N N alité
B A N alité
D O T alité
F A T alité
F I N alité
I D E alité
L E G alité
L E T alité
L O C alité
M O D alité
M O R alité
N A S alité
N A T alité
P E N alité
R I V alité
T O N alité
T O T alité
V E N alité
V I T alité
A C T U alité
A N I M alité
A N N U alité
A T O N alité
B R U T alité
C A U S alité
C H I R alité
F E O D alité
F I S C alité
F O R M alité
F R U G alité
G E N I alité
G L O B alité
I N E G alité
I R R E alité
J O V I alité
M E N T alité
M O R T alité
M U T U alité
N O R M alité
P L U R alité
S E X U alité
S O C I alité
V A S S alité

alle

S T alle
T H alle
D E B alle +
E M B alle +
I N S T alle +
R E M B alle +

allèle

P A R allèle

allie +

C O R allieN
M E S allie +

allo/

M E T allo,s

alose

A L C alose

alpe

S C alpe +
S C alpeL

alpin, e

C I S alpin, e
P R E alpin, e
S U B alpin, e

altère +

I N altéré, e
D E S altère +

alterne

S U B alterne

aman

C H aman

amant

B L amant
B R amant
C L amant
C R amant
D I amanté, e
E T amant
F L amant
T R amant
A F F amant
E N G amant
E N T amant

I N F amant, e	**amen/**	**amie**
R E T amant	E X amen, s	B I G amie
A C C L amant	C I C L amen, s	I N F amie
D E C L amant	R E E X amen, s	A D Y N amie
D I F F amant		A P O G amie
E X C L amant		E X O G amie
R E C L amant	**amer**	I S O G amie
R E N T amant	B L amer +	
	B R amer +	**amine**
amarre +	C L amer +	D I amine
C H amarre +	C R amer +	E T amine
T I N T amarre	E T amer +	E X amine +
	T R amer +	F L amine
amasse +	A F F amer +	S T aminé, e
(voir verbes à – amer)	E N G amer +	B I O amine
	E N T amer +	C A L aminé, e
ambons	R E T amer +	D O P amine
F L ambons	S T E amer, s	T H I amine
E N J ambons	A C C L amer +	V I T aminé, e
	D E C L amer +	A R Y L amine
ambrai	D I F F amer +	B A L S amine
C H ambrai	E X C L amer +	B E N J amine
E T ambrai	R E N T amer +	C A R D amine
		C O N T amine +
ame		H I S T amine
D R ame	**amère**	M O N O amine
B I G ame	M E T amère	P R O T amine
B I L ame	T E T R amère	R E E X amine +
C A L ame		R H O D amine
C E R ame		V I N C amine
I G N ame	**amers**	
I N F âme	S T E amers	**amnésie**
M A D ame/		P A R amnésie
S E S ame		
S Q U ame	**ami**	**amome**
V I D ame	A G ami	C A R D amome
D I C T ame	S A L ami	C I N N amome
E X O G ame	T A T ami	
I S O G ame	G O U R ami	**amorce +**
L A C T ame	T S U N ami	D E S amorce +
M A C R amé		
M A L F amé, e		**amour**
	amical, e	E N amourE +
ames	I N amical, e	
M E S D ames		**amovible**
(plus les verbes en – er,	**amide**	I N amovible
comme	D I amide	
O S âmes	P E L amide	**ana**
C R E âmes	P Y R amidé, e	A H ana
L I G N âmes…)	P O L Y amide	A S ana

C R	âna
E M	ana
F L	ana
G L	ana
G R	ana
I M	anaT
K H	anaT
P L	ana
A P L	anaT
B A S	ana
D E C	anaT
E F F	ana
P A V	ana
R I C	ana
T O R	ana
V I M	ana
Z E N	ana
B O U C	ana
C A N C	ana
C H I C	ana
H A U B	ana
L A N T	ana
N I R V	âna
P R O F	ana
S U L T	anaT
T R E P	ana

anal

D E C	anal, e
T Y M P	anal

anar

L U P	anar

anche

B L	anche
B R	anche +
E P	anche +
E T	anche +
F L	anche +
F R	anche
P L	anche +
T R	anche +
D E H	anche +
D E M	anche +
D I M	anche
E B R	anche +
E M M	anche +
P A L	anche

R E V	anche
R O M	anche
A V A L	anche
D E B R	anche +
E M B R	anche +
O R O B	anche
R E M M	anche +
R E T R	anche +

ancien

F R	ancien

ancolie

M E L	ancolie

ancre +

C H	ancre
E C H	ancre +

andin

A L M	andin
L A V	andin

andine

A M	andine

ane

A H	ane +
C R	âne +
D I	ane
E M	ane +
F L	ane +
G L	ane +
L I	ane
P L	ane +
U R	ane
A R C	ane
B A N	ane
B A L	ane
B A S	ane +
B E C	ane
B E D	ane
B I M	ane
B U T	ane
C A B	ane
C E T	ane
C H O	aneS/
C U T	ané, e
D O U	ane
E F F	ane +
E N G	ane

E T H	ane
G I T	ane
H A V	ane
I G U	ane
L U C	ane
O C E	ane
O C T	ane
O R G	ane
P A V	ane +
P I S	ane
R A B	ane
R I C	ane +
R O M	ane
R U B	ané, e
S A T	ané, e
S A V	ane
S I L	ane
T A T	ane
T E X	ane
T I S	ane
T I T	ane
A F G H	ane
A L E Z	ane
B A D I	ane
B A L Z	ane
B A R D	ane
B I R M	ane
B O U C	ane +
B U C R	ane
B U G R	ane
C A N C	ane +
C E R D	ane
C H I C	ane +
C Y C L	ane
F A I S	ane
F O R L	ane
H E P T	ane
K E N Y	ane
L O N G	ane
M E D I	ane
M E T H	ane
P E N T	ane
P E R S	ane
P L A T	ane
P R O F	ane +
P R O P	ane
P R Y T	ané, e
R H E N	ane

S A F R ané, e
S A R D ane
S O U T ane
S U L T ane
T A R T ane
T O S C ane
T R E P ane +
T S I G ane
T Z I G ane

ânerie
C R ânerie
F L anerie
R U B anerie
C H I C anerie
M A G N anerie

ange
C H ange +
F R ange +
O R angé, e
A L F ange
A R R ange +
D E M ange +
D E R ange +
E C H ange +
E T R ange
E T R ange, r, s
L O S ange
L O U ange +
M E L ange +
M E S ange
R E M ange +
V I D ange +
A R C H ange
B O U L ange +
E F F R ange +
E N G R ange +
F O N T ange
I N C H angé, e
P H A L ange
P H A L ange, r, s
R E C H ange +
S P O R ange
V E N D ange +

angine
F R angine
P H A L angine

anglais
F R anglais
E T R anglais
D E S S anglais

angle
E T R angle +
T R I angle
A C U T angle
D E S S angle +
E Q U I angle
R E C T angle

angon
P A R angon

ânier
A R G anier
B A N anier
B U T anier
C A S anier
D O U anier
L A T anier
R E M anier +
R U B anier
C A N C anier
C H I C anier
M A G N anier

anière
C A S anière
D O U anière
R U B anière
T I S anière
C A N C anière
C H I C anière
M A G N anière
S A F R anière

aniline
R O S aniline

animateur
R E animateur

animation
R E animation

anime +
I N animé, e
R E anime +

U N anime
M A G N anime

animes
A P L anîmes

anions
A H anions
C R ânions
E M anions
F L anions
G L anions
P L anions
B A S anions
E F F anions
P A V anions
R E M anions
R I C anions
B O U C anions
C A N C anions
C H I C anions
H A U B anions
P R O F anions
T R E P anions

anise +
H U M anise +
M E C anise +
O R G anise +
P A G anise +
R O M anise +
T E T anise +
U R B anise +
B A L K anise +
G A L V anise +
G E R M anise +
V O L C anise +
V U L C anise +

annates
D E P annâtes
E M P annâtes

anneau
T Y R anneau

année
D E P année
E M P année
S U R année

anneler +	B E L ante	B A L L ante
E P anneler +	C E D ante	B A R B ante
	C H I ante	B A T T ante
ânon	C R I ante	B R I S ante
C A B anon	D E C ante +	B R O C ante +
G O N F anon	D E G ante +	B R U L ante
T Y M P anon	D E J ante +	B R U Y ante
	D O P ante	C A L M ante
annonce +	E N F ante +	C A S S ante
P R E annonce	E R R ante	C A U S ante
	F I L ante	C E S S ante
annuel, le	F U M ante	C O L L ante
B I S annuel, le	F U S ante	C O U L ante
T R I S annuel, le	F U Y ante	C O U P ante
	G A L ante	C O U R ante
anormal, e	G A R ante	C O U T ante
P A R anormal, e	G E N ante	C R E V ante
	G E R ante	C R O Y ante
anse, e	G I S ante	C U I S ante
T R anse	G L U ante	D A N S ante
E X P ansé, e	I N F ante	D E C H ante +
	M U T ante	D E F I ante
antan/	N O N ante/	D E P L ante +
(pensez aux finales	O C T ante/	D I A M anté, e
comme −antant	P A Y ante	D I S T ante
C H antanT	P E D ante	D O R M ante
D E J antanT	P E S ante	E C H E ante
I M P L antanT...)	P E T ante	E C U M ante
(voir ci-dessous)	P L I ante	E L E G ante
	R A S ante	E N C H ante +
ante	S A V ante	E N T R ante
A M ante	S E C ante	E P A T ante
B E ante	S E Y ante	F I C H ante
B R ante	T A P ante	F O N D ante
C H ante +	T E N ante	F O U L ante
C R ante +	T O C ante	F R I S ante
G E ante	V A C ante	G A G N ante
L I ante	V E X ante	G L A C ante
O R ante	V I V ante	G O U R ante
P L ante +	V O L ante	G R I S ante
P U ante	V O T ante	H U I T ante/
R I ante	V O Y ante	H U R L ante
S E ante	A G A C ante	I M P L ante +
T U ante	A L I C ante	I N S T ante
A I L ante	A M A R ante	I S O L ante
A I M ante +	A M U S ante	L A M P ante
A L L ante	A M B I ante	L A S S ante
A M I ante	A V E N ante	L U I S ante
A N D ante		
A T L ante		

M A N D ante
M A R R ante
M E C H ante
M E D I ante
M E F I ante
M O N T ante
M O R D ante
M O U R ante
M O U V ante
N A V R ante
O D O R ante
O X Y D ante
P A R L ante
P A S S ante
P E N D ante
P E N S ante
P E R C ante
P E R D ante
P I M P ante
P I Q U ante
P O R T ante
P R E N ante
P R O B ante
Q U A R ante/
R A D I ante
R A G E ante
R A M P ante
R E C H ante +
R E G N ante
R E M U ante
R E P L ante +
R E S T ante
R O U L ante
S C A L ante
S E P T ante/
S E R V ante
S O I X ante/
S O N N ante
S O R T ante
S O U D ante
S P I T ante
S U C R ante
S U I V ante
T A N N ante
T E N T ante
T O M B ante
T O N N ante
T O Q U ante

T O R D ante
T R A C ante
V A R I ante
V I B R ante
W A R R ante +

antes
B A C antes/

antique
Q U antique
A T L antique
R O M antique
S E M antique

antre
C H antre
D I antre/

anus
P A N D anus

apaisé, e
I N apaisé, e

aperçu, e
I N aperçu, e

aphone
M E G aphone

aphonie
D I aphonie

api/
F L api, s
G L api, s
O K api, s

apion
U S U C apion

apions
D R apions
D E C apions
D E R apions
R E T apions
A T T R apions
R E C H apions
U S U C apions

aplasie
M E T aplasie

apode
D E C apode
H E X apode
M E G apode
P A R apode
T E T R apode

apparaître +
R E apparaître +

apparier +
D E S apparier +

appointer +
D E S appointer +

appâtes
C L appâtes
F R appâtes
E C H appâtes
E G R appâtes
V A R appâtes
K I D N appâtes
R E C H appâtes

appliqué, e
I N appliqué, e

apprécié, e
I N apprécié, e

appris, e
R E appris, e
D E S appris, e

approuver +
D E S approuver +

apte
A D apte +
I N apte
I N A D apté, e
R E A D apte +

aptère
M E G aptère
T E T R aptère

aptitude
I N aptitude

ara
(autres que les finales
de verbes)
- A P S ara
- A Y M ara
- P A T araS/
- V I H ara
- B A C C ara
- B A M B ara
- E S K U ara
- E U S C ara
- F O G G ara
- K A N N ara
- T A N G ara

arabe
- S C arabéE
- M O Z arabe

arable
- I M P arable
- R E P arable
- S E P arable
- C O M P arable

arbitre
- S U R arbitre

arche
- D E M arche +
- R E M arche +

arçonner +
- D E S arçonner +

ardent
- A T T ardent
- B A V ardent
- B A Z ardent
- C A C ardent
- C A F ardent
- C A N ardent
- D E B ardent
- H A S ardent
- L E Z ardent
- M U S ardent
- R E C ardent
- R E G ardent
- R E T ardent
- B O M B ardent
- B R O C ardent

- C A V I ardent
- C H A P ardent
- F A U C ardent
- P L A C ardent
- R E N C ardent

ardeur
- D E B ardeur
- C A F ardeur
- C H A P ardeur
- T R I M ardeur

are
- A V are
- E G are +
- P H are
- S C are
- T I are
- C I B are
- C I G are
- C U R are
- D E P are +
- E F F are +
- E M P are +
- G A B are
- I G N are
- H I L are
- R E P are +
- S A M are
- S E P are +
- S Q U are
- T A R are
- B A R B areSQUE
- B U L G are
- C A R R are
- C A T H are
- C I T H are
- C O M P are +
- D E C L are +
- F A N F are
- G A M M are
- G U I T are
- H E C T are
- I S O B are
- O V I P are
- P R E P are +
- T A R T are
- U N I P are

arêtier
- C A B aretier

argenter +
- R E argenter +
- D E S argenter +

argot
- E S C argot

arguais
- C A M arguais

argue +
- P Y G argue
- L A I M argue
- P O U T argue

aria
- A V aria
- A P P aria
- D E M aria
- D E P aria
- M A L aria
- N O T ariaT
- R E M aria
- S A L aria
- V I C ariaT
- A C T U ariaT
- R A P P aria

aride
- S P aride
- A S C aride

arien
- A C arien

arien, ne
- I C arien, ne
- O V arien, ne
- A G R arien, ne
- C E S arien, ne
- S A H arien, ne
- E S K U arien, ne
- E U S C arien, ne
- T O K H arien, ne

arisant
- C U R arisant
(plus verbes ci-après)

	ariser +
S T	ariser +
P O L	ariser +
G A R G	ariser +
S C O L	ariser +
V U L G	ariser +

	armant
D E S	armant, e

	arme +
A L	arme +
C H	arme +
R E	arme +
D E S	arme +
V A C	arme
G E N D	arme +
G U I S	arme

	arment
A S S	arment E +

	arpent +
E C H	arpent

	arpenter +
C H	arpenter +

	arrhes /
C A T	arrhes

	arranger +
R E	arranger +

	arrimage
D E S	arrimage

	arrêtons
C H	arretons

	arrimer +
D E S	arrimer +

	arrimés
E Q U	arrîmes

	ars
C H	ars
C Z	ars
E P	ars
K S	ars
S T	ars
T S	ars

T Z	ars
B A Z	ars
C A N	ars
C E S	ars
D I N	ars
D O U	ars
E S P	ars
I N V	ars
O S C	ars
R A D	ars
S O N	ars
V E L	ars
A V A T	ars
C A L M	ars
C A S O	ars
C A V I	ars
D O L L	ars
H A N G	ars
J A G U	ars
L A S C	ars
M A G Y	ars
N E C T	ars
S I R D	ars
T A B L	ars
T H E N	ars

	art
E C	art +
Q U	art +
S M	art
S P	art E
D E P	art
D E P	art I +
E N C	art +
J A V	art
R O H	art
S A V	art
B R O C	art
P L U P	art /
P R E L	art
R A N C	art
R E M P	art
T R O C	art

	articule +
I N	articulé, e
D E S	articule +

	arum
L A B	arum

	ase
A R	ase +
B L	ase +
B R	ase +
C R	ase
E V	ase +
P H	ase
S T	ase
U K	ase
A B R	ase +
D E R	ase +
E B R	ase +
E C R	ase +
E M B	ase
E N V	ase +
E X T	ase
K I N	ase
L I P	ase
M Y I	ase
O C C	ase
O U K	ase
P E T	ase
P E G	ase
P H R	ase +
Z Y M	ase
A M Y L	ase
B I P H	asé, e (≠)
D E P H	ase +
D I P H	asé, e
E M B R	ase +
E M P H	ase
G Y M N	ase
L A C C	ase
L A C T	ase
M A L T	ase
O X Y D	ase
P R O T	ase
S U C R	ase

	asiates
E X T	asiâtes

	aspic
T E R	aspic

	assai
A M	assai
B R	assai
C H	assai

C L	assai
B A V	assai
B I P	assai
C R O	assai
D A M	assai
D E L	assai
D E P	assai
E N T	assai
F I N	assai
H A R	assai
J A C	assai
P O T	assai
R A M	assai
R E P	assai
R E V	assai
T A B	assai
B R U M	assai T (déf.)
C O M P	assai
C O N C	assai
C R E V	assai
C U I R	assai
D E C L	assai
D E C R	assai
E M B R	assai
E N C H	assai
E N C R	assai
E N L I	assai
F R A C	assai
F R I C	assai
P R E L	assai
R E C H	assai
R E C L	assai
R E S S	assai
S U R P	assai
T E R R	assai
T R A C	assai
T R E P	assai

asseau
| B E C | asseau |

assembler +
| D E S | assembler + |

assez
| (voir à — assai) |

assigner +
| R E | assigner + |

assimile +
| D E S | assimile + |

assis
| C H | assis |
| R A M | assis |

associé, e
| C O | associé, e |

assorti, e
| R E | assorti, e + |
| D E S | assorti, e |

assouvi, e
| I N | assouvi, e |

assurance
| C O | assurance |
| R E | assurance |

assure +
| R E | assure + |
| R E T | assure |

astates
| D E V | astâtes |

aster
G E	aster
D E V	aster +
D I C	astèr E

astique +
C L	astique
D R	astique
P L	astique +
D E M	astique +
D Y N	astique
M O N	astique
R E M	astique +
F A N T	astique
G Y M N	astique
O N O M	astique
S A R C	astique
S C O L	astique

astral, e
| C A D | astral, e |

astre
P I	astre
A P O	astre
C A D	astre +
D E S	astre
E N C	astre +
O L E	astre
P A L	astre
P I L	astre
P I N	astre
E P I G	astre
P E R I	astre

athénées
| P A N | athénées/ |

atome
H E M	atome
S T E	atome
P E N T	atome

atomique
A N	atomique
D I	atomique
S U B	atomique
T R I	atomique
A N T I	atomique
T E T R	atomique

atonie
| M Y | atonie |
| C A T | atonie |

atonique
D I	atonique
P L	atonique
P E N T	atonique

âtre
C H	âtre +
P L	âtre +
Q U	atre/
A L B	âtre
F O L	âtre +
M A R	âtre
M U L	âtre
P A L	âtre
R A N	atre
R O S	âtre
T H E	âtre
V E R	atre

B E L L	âtre
B L E U	âtre
B R U N	âtre
D E P L	âtre +
E C O L	âtre
E M P L	âtre
G E R I	atre
G R I S	âtre
I D O L	âtre
J A U N	âtre
N O I R	âtre
O L I V	âtre
P E D I	atre
R E P L	âtre +
S A U M	âtre
V E R D	âtre
V I O L	âtre
Z O O L	âtre

attable +
| A B | attable |
| I M B | attable |

attendu, e
| I N | attendu, e |

audible
| I N | audible |

auge
| D E J | auge + |
| P A T | auge + |

augural, e
| I N | augural, e |

auguré +
| I N | auguré + |

aulique
| A E R | aulique |
| H Y D R | aulique |

autant
N O Y	autant
T U Y	autant
B I S E	autant
D E P I	autant
R E S S	autant
S U R S	autant

auteur
| C O | auteur |
| N O Y | auteur |

autre
| E P E | autre |

avant
B R	avant
G R	avant
D E L	avant
D E P	avant
E N C	avant
R E L	avant
R E P	avant
A G G R	avant
D E P R	avant
E M B L	avant
E N C L	avant
E N G R	avant
E N T R	avant
P A S S	avant, s

avantage +
| D E S | avantage + |

ave
A G	ave
B R	ave +
C R	ave
E L	avé, e
E P	ave
G R	ave +
S L	ave
S U	ave
B A T	ave
D E C	avé, e
D E L	ave +
D E P	ave +
E N C	ave +
E T R	ave
E X C	ave +
G O Y	ave
M O R	ave
O C T	ave
R E L	ave +
R E P	ave +
Z O U	ave
A G G R	ave +
C O N C	ave

D E P R	ave +
E M B L	ave +
E N C L	ave +
E N G R	ave +
E N T R	ave +
E S C L	ave
M O L D	ave

avent
| P A R | avent |
(voir verbes à − avant)

avère
| C A D | avere UX |
| C A D | avere USE |

avers, e
| T R | avers, e + |

aviation
| G I R | aviation |

avide
G R	avide
I M P	avide
U L T R	avide

avidité
| G R | avidité |

avine
| F L | avine |

avion
| G I R | avion |
| H Y D R | avion |

avions
B R	avions
C L	avions
G R	avions
D E L	avions
D E P	avions
E N C	avions
E X C	avions
G I R	avions
R E L	avions
R E P	avions
A G G R	avions
D E P R	avions
E M B L	avions
E N C L	avions

E N G R avions
E N T R avions
H Y D R avions

avis +
P R E avis

avisé, e
M A L avisé, e

avirons
C H avirons

avons
(voir verbes à —avant)
S L avons
E S C L avons

avouable
I N avouable

avoué, e
I N avoué, e
D E S avoue +

axial, e
C O axial, e

B

bac
T A bac
T O M bac

bâche +
D E bâche + (≠)
R A bâche +

bacille
C O L I bacille

bâcle
D E bâcle
E M bâcle

bai
(voir ci-dessous)

baient
C U baient
G O baient
L O baient

R O baient
T U baient
B A R baient
B O M baient
D A U baient
G A L baient
G E R baient
N I M baient
S N O baient
T O M baient
A D O U baient
C A C A baient
C O U R baient
D E R O baient
E B A R baient
E N G O baient
E N R O baient
E N T U baient
E X H I baient
F L A M baient
I M B I baient
I N C U baient
I N H I baient
P L O M baient
T I T U baient

bain
A U bain, e
C U bain, e
U R bain, e
O U A baïnE
T H E bain, e

bais
R A bais
(voir verbes à —baient)

baisse +
R A baisse +
S U R baisse +

bal
G L O bal
T R I bal
V E R bal

balais
B R I M balais
T R I M balais

balise +
G L O balise +
V E R balise +

baliste
C A baliste
C Y M baliste
K A B baliste

balle +
D E balle +
E M balle +
R E M balle +
T R I M balle +

ban
C A ban
R A ban
R U ban +
F O R ban
H A U ban +
T U R ban
S C R I ban

banat
H A U banât
E N C A banât

banche +
O R O banche

bande +
D E bandé +
S A L bande
S A R A bande

baptiser +
D E baptiser +
R E baptiser +

baptisme
A N A baptisme

baptiste
A N A baptiste

bar
M I N bar
M A L A bar

barbe +
J O U barbe
R H U barbe

barde +
D E barde +
T U barde
B O M barde +
L O M barde
R A M barde
C H A M barde +
F U R I barde

bardée
D E bardée
E M bardée
B O M bardée
C H A M bardée

barque
D E barque +
E M barque +
R E M barque +

barras, se
D E barras, se
E M barras, se
R E M barras, se

barre +
E M barre +
R E M barre +

bas +
B A bas
C A bas
I S bas
A N A bas
G A M bas
N O U bas
R U M bas
S A M bas
A U C U bas
(voir verbes à — baient)

base +
E M base
P A R A base
R H E O base

basse
T A basse +
C A L E basse
(voir verbes à — baient)

basset
C A basset

bassons
T A bassons

baste
S E baste

bat
D E bat
R A bat
C O M bat
G R A bat
S A B bat
W O M bat
C E L I bat
(voir verbes à — baient)

bâte
A C R O bate
P E L O bate

bater
D E bater, s

bâtés
A C R O bates
P E L O bates
(voir verbes à — baient)

bath
I S O bathE

bâti, e
M A L bâti, e

bâtions
L I bations
P R O bations
I N C U bations
I N T U bations

bâtir +
D E bâtir +
R E bâtir +

battant, e, s
C O M battant, e, s

battage
E M battage
R A battage

battre +
D E battre +
E M battre +
R A battre +
R E battre +
C O M battre +

bau
S U R bau

baud
R I baud, e
C L A baud, e +

baume
E M baume +

baux
G L O baux
S U R baux
T R I baux
V E R baux

bayons
S A bayons

béa
C O béa

beau
B A R beau
C O R beau
L A M beau
T O M beau
E S C A beau
F L A M beau

bec
R E bec
C H E bec

bêche +
B O bêche
M A U bêche

becter +
D E becter +

	bel	
L A	bel	
L E	bel	
D J E	bel	
L A M	bel	
D E C I	bel	

	bée	
L O	bée	
B O M	bée	
G A L	bée	
G E R	bée	
T O M	bée	
B I L O	bée	
D E R O	bée	
F L A M	bée	
J A C O	bée	
P L O M	bée	

	bêle +	
B A R	belé	

	belle	
G A	belle	
L A	belle	
L I	belle +	
O M	belle, e	
R E	belle +	
S A	belle	
T A	belle	
G L A	belle	
I S A	belle	
P O U	belle	
T O M	belle	
M I R A	belle	
T E R E	belle	

	benne	
T E L E	benne	

	ber, s	
L I	ber, s	
S U	ber, s	
W E	ber, s	

	berge	
A L	berge	
A U	berge	
G O	berge +	
H E	berge +	
G A M	berge +	

A U T O	berge
F L A M	berge

	berger	
G O	berger +	
H E	berger +	
G A M	berger +	

	berme	
R I S	berme	

	berne +	
C A	berne T	
G I	berne	
H I	berne +	

	bêtasse	
E M	bêtasse +	
H E	bêtasse +	

	bête	
E M	bête +	
H E	bête +	
D I A	bète	

	bétons	
E M	bêtons	
H E	bêtons	

	bette	
A U	bette	
B A R	bette	
G A M	bette	
J A M	bette	
C O U R	bette	

	beurre +	
B A	beurre	

	biche +	
B A R	biche	
G R I	biche	

	bide	
C E	bidé	
M O R	bide	

	bien	
N U	bien, ne	
P U	bien, ne	
A M I	bien, ne	
C O M	bien/	
L E S	bien, ne	

Z A M	bien, ne
D A N U	bien, ne

	bière	
D A U	bière	
G E R	bière	
J A M	bière	
R O M	bière	
T O U R	bière	

	bières	
C O R	bières/	

	biffer +	
R E	biffer +	

	bigue	
A M	biguë	

	bilames	
J U	bilâmes	
O B N U	bilâmes	

	bilan	
J U	bilan T	
S I	bilan T	
O B N U	bilan T	

	bile +	
D E	bile	
H A	bile	
J U	bile +	
L A	bile	
M O	bile	
N U	bile	
S E	bile	
A T R A	bile	
D E L E	bile	
I M M O	bile	
I N H A	bile	
O B N U	bile +	
S T R O	bile	
V O L U	bile	

	billage	
B A	billage	
H A	billage	
R H A	billage	

	billard	
B A	billard, e	
C O R	billard	

billât
B A billât
H A billât
C O R billât
G A M billât

bille +
B A bille +
G O bille
H A bille +
B I S bille
B U L bille
G A M bille +
G E R bille
M O R bille UX
M O R bille USE
R H A bille +
D E G O bille +

billions
B A billions
H A billions
G A M billions
R H A billions

billon
B A R billon
C O R billon

billot
C A billot

binage
B O binage

binard
C O M binard, e
S N O binard, e

binât
C O M binat, s
R A B binat, s
(voir verbes à −bine+)

bine +
B A bine
B I bine
B O bine +
C A bine
D E bine +

S A bine
C O M bine +
G L O bine
L A M bine +
S T I bine
T U R bine +
C A R A biné, e
D E B O bine +
E M B O bine +
J A C O bine
T R O M bine

bineuse
B O bineuse
D E bineuse

bique
C U bique
R A bique
R E bique +
A R A bique
G L O bique
I A M bique
P H O bique
A L A M biqué, e
R H O M bique
S T R A bique

bis
B I bis
N A bis
P U bis
R U bis
A L I bis
B R E bis
R A B bis
C A G I bis
E B A U bis
F O U R bis
G O U R bis
G R I S bis
V R O M bis

biser +
A R A biser +

bisse +
S U bisse +
E B A U bisse +
F O U R bisse +
V R O M bisse +

blâmes
A M blâmes
C A blâmes
R A blâmes
R I blâmes
S A blâmes
T A blâmes
C H A blâmes (≠)
C O M blâmes
C R I blâmes
D O U blâmes
M E U blâmes
S E M blâmes
A C C A blâmes
A F F U blâmes
A T T A blâmes
D R I B blâmes
E N S A blâmes
T R E M blâmes
T R O U blâmes

blatère +
D E blatère +

blé
A M ble +
B I ble
C A ble +
C I ble
F A ble
G A ble
J A ble
N O ble
O M ble
P I ble/
R A ble +
S A ble +
T A ble +
Y E ble
C H A ble + (≠)
C O M ble +
C R I ble +
D O U ble +
F A I ble
H I E ble
H U M ble +
M E U ble +
R O U ble

S E M ble +	**blème**	**bois**
T R U ble	E M blème	A U bois,
A C C A ble +	P R O blème	H A U T bois
A F F A ble		S A I N bois
A F F U ble +	**blesse** +	
A I M A ble	N O blesse	**boisage**
A T T A ble +	D I A blesse	D E boisage
A U D I ble	F A I blesse	
B U V A ble		**boise** +
C A P A ble	**blet**	A U boise
C U R A ble	D O U blet	D E boise +
D A T A ble		R E boise +
D O S A ble	**blette**	G E R boise
D R I B ble +	G I M blette	F R A M boise +
D U R A ble		R A T I boise +
E N S A ble +	**bleu**	
F R I A ble	A M bleuR	**boite** +
F U M A ble	A M bleuSE	D E boîte +
F U S I ble	C A bleuR	E M boîte +
G U E A ble	C A bleuSE	R E M boîte +
I G N O ble	H A bleuR	
J E T A ble	H A bleuSE	**boitement**
J O U A ble	S A bleuR	D E boîtement
L A V A ble	S A bleuSE	E M boîtement
L I S I ble	S A bleuX	R E M boîtement
L O U A ble	C O R bleu/	
M I N A ble	C R I bleuR	**bon**
M U T A ble	D O U bleuR	A M bon
N O T A ble	D O U bleuSE	B U bon
P A Y A ble	M O R bleu/	B A R bon
P E N I ble	P A R bleu/	C A R bonE, e
P L I A ble	T R E M bleuR	G I B bon
P O T A ble	T R E M bleuSE	J A M bon
R E T A ble		C H A R bon
R I S I ble	**bloc**	T R O M bonE
R O U A ble	M O N O bloc	
S C I A ble		**bond**
S E C A ble	**bloque** +	R E bond
S O L U ble	D E bloque +	R E bondI +
T A X A ble		F U R I bond
T E N A ble	**bobine** +	M O R I bond
T R E M ble +	D E bobine +	P U D I bond
T R O U ble +	E M bobine +	V A G A bond
V A L A ble		
V I S I ble	**boche**	**bonde**
V I V A ble	C A boche	D E bonde +
V O C A ble	B A M boche +	F U R I bonde
	R A B I boche +	M O R I bonde
		P U D I bonde
	boire +	S U R A bonde +
	D E boire	V A G A bonde +
	P O U R boire	

bondir +
R E bondir +

bonne
B O bonne (≠)
B O N bonne
R E A bonne +
C H A R bonne +
D E S A bonne +

borâtes
A R borâtes
E L A borâtes
P E R borates

bord
B A bord
R E bord
S A bord
T R I bord

bordais
B A bordais
D E bordais
R E bordais
S A bordais
T R I bordais

border +
D E border +
R E border +
S A border +

bore
A R bore +
E L A bore +
E L L E bore

borée
A R borée
E L A borée
J A M borée

borner +
S U borner +

bossage
E M bossage

bosse +
C A bosse +
D E bosse LE +

D E bosse LLE +
E M bosse +

bot
C A bot
J A bot
N A bot
R A bot
R E bot
R O bot
S A bot
C H A bot
C L A bot
C R A bot
T U R bot
E T A M bot
G A L I bot
P O U L bot

bote +
C A bote +
J A bote +
N A bote
R A bote +
R I bote
S A bote +
B A R bote +
C L A bote +
C R A bote +

botte +
D E botte +
B A R botte

bouche +
B A bouche
D E bouche +
E M bouche +
R E bouche +
T A R bouche

boucle +
D E boucle +

boue
E M boue +

bouille +
B A R bouille +
G R I bouille
T A M bouille
E C R A bouille +

bouilleur
R E bouilleur

bouillir +
D E bouillir +

bouillis
D E bouillis
B A R bouillis
G R I bouillis

bouillons
D E bouillons

boula +
D E boula +
B A M boula/
B O U boula
C H A M boula +

boule +
C I boule
D E boule +
M A boule
B O U boule +
T R A boule
C H A M boule +

boulet, é
T R I boulet

boulonne +
D E boulonne +

boulot
C A boulot
C I boulot

boum, s
S U R boum, s

bourbe
D E bourbe +
E M bourbe +

bourde
L A M bourde

bourg
F A U bourg
F R I bourg

bourre +
D E bourre +
E M bourre +
R E M bourre +

bourse
D E bourse +
R E M bourse +

bout
D E bout
E M bout
E M boutI +
M A R A bout
R U N A bout

bouter +
D E bouter +
R A bouter +

bouteur
R E bouteur

boutisse
E M boutisse +
R A boutisse +

boutonne +
D E boutonne +
R E boutonne +

brais
C A L A brais
(voir verbes à –brions)

braille +
D E braille +

braire
L I braire

braise
H E braïse +
C A L A braise

brames
(voir verbes à –brions)

bran
H A L bran

branche +
D E branche +
E M branche +
N U D I branche

braque +
A L braque
E M braque +

bras
C O bras
(voir verbes à –brions)

braser +
E M braser +

brasse +
E M brasse +
(voir verbes à –brions)

brasure
E M brasure

brayer
D E brayer +
E M brayer +

brette
S O U brette
C H A M brette

brève
E M brève +

bride +
D E bride +
H Y bride +
C O L U bride

brigade
E M brigade +

brille +
F I brille

bringue
E M bringue +

brions
A M brions
C A brions
O M brions
S A brions

V I brions
Z E brions
C A M brions
M A R brions
S O M brions
T I M brions
C A L I brions
C E L E brions
C H A M brions
D E F I brions
D E L A brions
P A L A brions

brique +
F A brique +
I M brique +
L U brique
R U brique
A L G E brique

bris +
C A bris
D E bris
L A bris
V I brisSE
L A M bris
L A M brisSE +
C O L I bris

broche +
D E broche +
E M broche +

brome
F I brome

bronche +
E M bronche +

brou
E S brouFE +

brouille +
D E brouille +
E M brouille +

brousse
R E brousse +
C A M brousse

bru
M E M bru, e

bruche
L A M bruche

bruine +
E M bruiné, e

brûlé, e
I M brûlé, e
R E brûlé, e

brumasse
E M brumasse +

brume +
E M brume +

brunir +
R E M brunir +

bruns
E M bruns/

brusque +
L A M brusque

bûche +
D E bûche +
E M bûche
R E M buche +
T R E buche +

bue
E M bué +
I M bue
B A R bue
E C O bue +
H E R bue
F O U R bue

bure
C A R bure +
G A R bure
C O U R bure
E B A R bure
F O U R bure
P L O M bure

bus
C A bus
E M bus
G I bus
I M bus
R E bus

Z E bus
B A R bus
H E R bus
N I M bus
T R I bus
U R U bus
A B R I bus
A U T O bus
F O U R bus
M I N I bus
R A S I bus

buse
C A M buse
D E S A busé +

busqué, e
D E busqué, e +
E M busqué, e +

buste
A R buste
R O buste
F L I buste
T A R A buste +

bustier
F L I bustier

but
D E but
R E but
T R I but
S C O R but

butai
T R I butaiRE

bute +
D E bute +
R E bute +
C U L bute +

buteur
C U L buteur

buvable
I M buvable

C

caban
C A cabanT

cabane
E N cabane +

cabine
T E L E cabine

câble +
A C cable +
S E cable
V O cable
B A N cable
E D U cable
E V O cable
A E R O cable
E F F A câble
I N S E cable
R E V O cable

cabre +
M A cabre

cache +
M A cache
V I S cache

cacheter +
D E cacheter +
R E cacheter +

cade
A L cade
A R cade
D E cade
F A çade
R O cade
C A S cade +
F O U cade
M U S cade
S A C cade +
E S T A cade
E S T O cade

cadet
M U S cadet

	cadi	
D E	cadi	

	cadrage	
D E	cadrage	

	cadre +	
D E	cadre +	
E N	cadre +	
E S	cadre	

	cadreur	
E N	cadreur	

	cadrons	
D E	cadrons	
E N	cadrons	
E S	cadrons	

	caféine	
D E	caféiné	

	cage	
B O	cage	
E N	cage +	
L A	çage	
P A	cage +	
P I	cage	
R A	cage	
B L O	cage	
F L O	cage	
F O N	çage	
F O R	çage	
G L A	çage	
L A N	çage	
P E R	çage	
P I N	çage	
P L A	cage	
P O N	çage	
R I N	çage	
S A C	cage +	
S T U	cage	
T R A	çage	
T R U	cage	
Z I N	cage	
A M O R	çage	
C O I N	çage	
D E P E	çage	
M A R E	cage	

	caille +	
R A	caille	
R O	caille	
C A R	caille +	
F O N	çailleS/	
C O U R	caille +	
F I A N	çailleS/	
Q U I N	caille	
R O U S	caille +	

	caillons	
P I	caillons/	

	caïque	
A L	caïque	

	caisse	
D E	caisse +	
E N	caisse +	
R E N	caisse +	

	cajou/	
C A R	cajou, s	

	cal	
B O	cal	
D U	cal	
F E	cal	
F O	cal	
L O	cal	
N U	cal	
T I	cal	
V O	cal	
A F O	cal	
A M I	cal	
A P I	cal	
B A N	cal	
B U C	cal	
C A E	cal	
C H A	cal	
D I S	cal	
F I S	cal	
P A S	cal	
T I N	cal	
B I F O	cal	
C A R A	cal	
C L O A	cal	
L E X I	cal	
M E D I	cal	
M O N A	cal	

M U S I	cal	
R A D I	cal	
V E S I	cal	

	calage	
D E	calage	
R E	calage	

	calamine +	
D E	calaminé +	

	calcifier +	
D E	calcifier +	
R E	calcifier +	

	cale +	
D E	cale +	
D U	cale	
E S	cale	
F E	cale	
F O	cale	
F U	cale	
L O	cale	
N U	cale	
R E	cale +	
V O	cale	
A F O	cale	
A M I	cale	
A P I	cale	
B A N	cale	
B U C	cale	
C A E	cale	
C A N.	cale	
D I S	cale	
F I S	cale	
P A S	cale	
P E R	cale	
B I F O	cale	
C L O A	cale	
F I L I	cale	
L E X I	cale	
M E D I	cale	
M O N A	cale	
M U S I	cale	
Q U I S	cale	
R A D I	cale	
U R T I	cale	
V E S I	cale	

	calier	
E S	calier	

calin

A L calin

caline +

A L caline
M E S caline
P E R caline

calotte +

D E calotte +

calquer +

D E calquer +

cames

L A çâmes
S U çâmes
A G A çâmes
B E R çâmes
E P I çâmes
E P U çâmes
F O N çâmes
F O R çâmes
G E R çâmes
G L A çâmes
L A N çâmes
P E R çâmes
P I N çâmes
P L A çâmes
P O N çâmes
R I N çâmes
S A U çâmes
T A N çâmes
T E R çâmes
T R A çâmes
A G E N çâmes
A M O R çâmes
A V E N çâmes
C O I N çâmes
D E L A çâmes
D E P E çâmes
E C O R çâmes
E F F A çâmes
E L A N çâmes
E M I N çâmes
E N L A çâmes
E N O N çâmes
E S P A çâmes
E V I N çâmes

E X A U çâmes
E X E R çâmes
F I A N çâmes
F R O N çâmes
G R I N çâmes
M E N A çâmes
N U A N çâmes
P I O N çâmes
T I E R çâmes

campe +

D E campe +
E S campeTTE/

canaille

E N canaille +

canal

D E canal, e

canât

D E canat

cane +

A L cane
A R cane
B E cane
L U cane
R I cane +
B O U cane +
C A N cane +
C H I cane +
T O S cane
V A T I cane

cannette

O R cannette

cantates

D E cantâtes
B R O cantâtes

canter

D E canter +
B R O canter +

cantons

D E cantons
B R O cantons

capable

I N capable

capacité

I N capacité
S U R capacité

cape +

D E capé +
R E S capé, e

capeler +

D E capeler +

capions

D E capions
U S U capions

capitons

D E capitons

capitule +

R E capitule +

capoter +

D E capoter +

capsule +

D E capsule +

capta

M E R captaN

capte +

O V I S capte

car

O S car
L A S car
A U T O car
M I N I car

carat

B A C carat

carbone

O X Y carboné, e

carbure +

D E carbure +

carcasse

D E carcasse +

cardan

P I cardan

carde +
C A carde +
C O carde
P I carde
R E carde +
T O carde
A N A carde
B R O carde +
F A U carde
I S O carde
M Y O carde
P I N carde
P L A carde +
R A N carde +
R E N carde +
S M I carde
B R A N carde +
E N D O carde
P E R I carde

cardité
M Y O cardité
E N D O cardité
P E R I cardité

cardons
(voir verbes à −carde +)

carène +
I S O carène

caret
M A S caret

cargo
E S cargoT

cari
P E cari
M U S cari

cariât
V I cariat

carme
V A carme

carne
I N carne +
L U carne
R E I N carne +

carpe
E S carpé, e
E P I carpe
M E S O carpe
P E R I carpe
P I L O carpe

carre +
B E carre
B I carré, e
E S carre

carreler +
D E carreler +
R E carreler +

carte
E N carté +
P A N carte

cartons
E N cartons

cartouche
E N cartouché, e

cas
C A cas
C O cas
C Y cas
M I cas
A B A cas
D E C cas
F R A cas
I P E cas
N A Z cas
S P I cas
T A C cas
Y U C cas
A R N I cas
C H O U cas
M A R A cas
(plus verbes en −cer,
voir −cames)

case +
O C case
R E case +
L A C case
C O L O case

caserne +
E N caserne +

casions
O C casions

cassable
I N cassable
A U T O cassable

cassage
C O N cassage

cassant
J A cassant
C O N cassant
F R A cassant,e
F R I cassant
T R A cassant

casse +
B E casse
C O casse
D U casse
J A casse +
B A R casse
C A R casse
C O N casse +
F R A casse +
F R I casse +
R A S casse
T R A casse +
(voir verbes à −cames)

cassette
M I N I cassette

casseur
J A casseur
C O N casseur

cassier
A V O cassier
T R A cassier

castrer +
E N castrer +

cataire
L O cataire
A L L O cataire
C O L O cataire

	catelle		**ceinte**		**cement**	
B R O	catelle	E N	ceinte	L A	cement	
C A S	catelle	P R E	ceinte	S U	cement	
				A G A	cement	
	cation		**célébrer +**	B E R	cement	
L O	cation	C O N	célébrer +	D O U	cement	
V A	cation			F O R	cément	
V O	cation		**cèle**	G E R	cement	
E D U	cation	A C	célè RE +	L A N	cement	
E V O	cation	D E	cèle +	P E R	cement	
A B D I	cation	F I	celé +	P I N	cement	
A L L O	cation	R E	cèle +	P L A	cement	
D E F E	cation	B R A	cele T	T R A	cement	
I N D I	cation	H A R	celé +	A G E N	cement	
M E D I	cation	I S O	cèle	A T R O	cement	
R E V O	cation	M O R	celé +	A V A N	cement	
V E S I	cation	P O R	cele T	C O I N	cement	
		A M O N	celé +	D E P E	cement	
	causer +	C H A N	celé +	E F F A	cement	
R E	causer +	D E F I	celé +	E L A N	cement	
		D E P U	celé +	E S P A	cement	
	caustique	E P I N	celé +	E V I N	cement	
E N	caustique +	E T I N	celé +	E X A U	cement	
		S P H A	cèle	F E R O	cement	
	caution, ne +	T R I S	cèle	F R O N	cement	
P R E	caution, ne +			G R I N	cement	
			cella	T I E R	cement	
	cave	E X	cella +	V O R A	cement	
D E	cavé, e	B R U	cella			
E N	cave +	D E S	cella +		**cendre**	
E X	cave +			D E S	cendre	
C O N	cave		**celle**			
		E X	celle +		**cène**	
	cavité	F I	celle	E O	cène	
C O N	cavité	M I	celle	L Y	cène	
		N A	celle	E P I	cène	
	céda	N U	celle	F O R	cené, e	
P E U	cedaN	P U	celle	M I O	cène	
		B R U	celle S/	O B S	cène	
	céder +	C R E	celle	H O L O	cène	
A C	céder +	D E S	celle +	P L I O	cène	
D E	céder +	M A N	celle			
E X	céder +	P A R	celle		**censé, e**	
R E	céder +	S A R	celle	E N	censé, e	
C O N	céder +	E T I N	celle +	R E	censé, e	
P R E	céder +	P E D I	cellé, e			
P R O	céder +	R A D I	celle		**censement**	
S U C	céder +	V A R I	celle	E N	censément	
		V O L U	celle	R E	censement	
	ceindre +					
E N	ceindre +					

censeur
A S censeur
R E censeur

censure +
A U T O censure +

cent
A C cent
D E cent, e
R E cent, e
A D J A cent, e
A S C E cent, e
I N D E cent, e
I N N O cent, e +
R E T I cent, e
(plus tous les verbes
en — cer, comme
S U cent
G L A cent
A M O R cent...)

centons
I N N O centons

centre +
D E centre +
E X centre +
C O N centre +
E P I centre
B A R Y centre
H O M O centre
H Y P O centre
M E T A centre

cépage
R E cépage

cèpe, e
R E cepé, e

ceps
B I ceps
F O R ceps
T R I ceps
P R I N ceps

cérames
L A cérâmes
M A cérâmes
U L cérâmes
D I L A cérâmes

cercle +
D E cercle +
E N cercle +
R E cercle +

cerise
C A N cérise +
M E R cerise +

cérite
O Z O cérite
S I N cérité

cerner +
D E cerner +
C O N cerner +
D I S cerner +

certain, e
I N certain, e

certes
C O N certes

ces
(autres que les pluriels
des mots en —ce)
A B cès
A C cès
D E cès
E X cès
F E ces
P R O cès
S U C cès
S E V I ces/

cessant, e
I N cessant, e

cesse
P R I N cesse

cessible
I N cessible

cession
A C cession
R E cession
S E cession
C O N cession
P R E cession
P R O cession
S U C cession

ceste
I N ceste

cet
L A cet
T A cet
E X O cet
P L A cet
T E R cet

cette
F A cette +
R E cette
S U cette
A V O cette
D O U cette
G A R cette
L A N cette
P I E cette
P I N cette
P L A cette
P O U cette, s/
R I N cette

chaîne
D E chaîne +
E N chaîne +
P R O chaine

chais
(voir verbes en —cher
à —hâtes)

chambre +
P R E chambre
A N T I chambre

chance
M A L chance

change +
A R change
I N changé, e
R E change

chant
S A chant
(voir verbes en —cher
à —hâtes)

chant, s
M E chant, s

B R O	chant, s
C O U	chant, s
M A R	chant, s
P E N	chant, s
T O U	chant, s
A G U I	chant, s
A L L E	chant, s
A T T A	chant, s
T R A N	chant, s

chante +

D E	chante +
E N	chante +
M E	chante
R E	chante +
B A C	chante
B R O	chante
C O U	chante
M A R	chante
T O U	chante
A G U I	chante
A L L E	chante
A T T A	chante
T R A N	chante

chanter +

D E	chanter +
E N	chanter +
R E	chanter +
T R O	chanter, s

chapé, e

R E	chapé, e

chapons

R E	chapons

char (seul)
(pensez à la finale −D :

P O	charD, e
R I	charD, e
C L O	charD, e
F A U	charD
M O U	charD, e +
P I L	charD
P I N	charD, e
C A B O	charD, e...)

charger +

D E	charger +
R E	charger +
S U R	charger +

chasse
(voir verbes en −cher
à −hâtes)

chasser +

E N	chasser +
R E	chasser +
P O U R	chasser +

chat

R A	chat
C R A	chat
E X A R	chat

(plus verbes, voir à
− hates)

chaton

E N	chatonNE +

chaud

R E	chaud

chauffer +

R E	chauffer +
P R E	chauffer +
S U R	chauffer +

chauffeur

R E	chauffeur
P R E	chauffeur
S U R	chauffeur

chaumer +

D E	chaumer +

chausser +

D E	chausser +
E N	chausser +
R E	chausser +

chef

D E R E	chef/

chemin +

P A R	chemin

cheminé, e

P A R	cheminé, e

chemise +

E N	chemise +

chenille

C O	chenille
A U T O	chenille

cher, s

A R	cher, s
C O	cher, s
N O	cher, s
R U	cher, s
V A	cher, s
B O U	cher, s
C O U	cher, s
G A U	cher, s
P O R	cher, s
R A N	cher, s
T O U	cher, s
V O U	cher, s
P A N A	cher, s
P I N S	cher, s

chère

A R	chère
C O	chère
E N	chère
J A	chère
P E	chère/
V A	chère
B O U	chère
G A U	chère
J O N	chère
P E U	chère/
P O R	chère
T O R	chère

chercher +

R E	chercher +

chéri

V A	cheriN

chérie

F A	cherie
P E	cherie
S A	cherie
S E	cherie
V A	cherie
B O U	cherie
C L I	cherie

C O U	cherie
F L A	cherie
G A U	cherie
L O U	cherie
P O R	cherie
T R I	cherie
V A U	chérie

chérir +

E N	chérir +
R E N	chérir +

chester

W I N	chester

chevêche

A R	chevêché

chevêtre

E N	chevêtré +

chiale +

B R A	chiale
B R A N	chiale
P E T E	chiale

chie

L O	chieS/
A V A	chie
F L E	chie
G A U	chie
A N A R	chie
E N R I	chie
E P A R	chie
P E T E	chie
S I N E	chie

chier +

F I	chier, s
R O	chier

chiez

S A	chiez

(voir verbes en −cher
à −hâtes)

chiffrer +

D E	chiffrer +

chimie

A L	chimie
B I O	chimie
G E O	chimie

china +

M A	china +
T A	china
C R A	china +
K A T	china

chine +

A R	chine
M A	chine +
C R A	chine +
T R I	chiné, e

chineuse

T R I	chineuse

chinois, e

P R O	chinois, e

chions

I S	chions
S A	chions

(voir verbes en −cher
à −hâtes)

chique +

B A	chique
B E	chique
C O L	chique
P S Y	chique
A N A R	chique
B R O N	chique

chlorate

P E R	chlorate

chlorure +

D E	chlorure +

choir +

B E	choir
D E	choir/
H A	choir
J U	choir
M A	choirE
N I	choir
P O	choir
S E	choir
C R A	choir
M O U	choir
P E R	choir
E B A U	choir

E M O U	choir
T R A N	choir

chois +

A N	chois
C A U	chois, e
M U N I	chois, e

choline

P I	choline

choma

T R I	choma

chome

G L E	chome
T R A	chome
T R I	chome

chose

P S Y	chose

chou

C A	chou
C H O U	chou
M A N D	chou, e

choute

C H O U	choute +

chrome +

N I	chrome
T R I	chrome
U R O	chrome
L I P O	chrome
M O N O	chrome
P O L Y	chrome

chu, e

D E	chu, e
F I	chu, e
C R O	chu, e
B R A N	chu, e
F O U R	chu, e

chuter +

R E	chuter +
P A R A	chuter +

cible +

M I S	cible
C O E R	cible
I N D I	cible
I R A S	cible

	ciel
I N D I	ciel
O F F I	ciel
	cierge
C O N	cierge
	cil
S O U R	cil
S T E N	cil
	ciliaire
C O N	ciliaire
	cilié, e
C O N	cilié, e
	cille +
B A	cille
O S	cille +
V A	cille +
F A U	cille
C O D I	cille
P E N I	cillé, e
S O U R	cille +
	cime
D E	cime +

(plus verbes en — cimes,
voir à — cites)

	ciment +
D E	ciment
	cine
I N	cinéRE +
M U	cine
R A	cine
R I	ciné, e
U N	ciné, e
B R U	cine
C A L	cine +
D O U	cine
F A S	cine +
G L U	cine
G L Y	cine
H I R	cine
L A N	cine +
L E U	cine
M U S	cinéE
P I S	cine
P O R	cine

S A R	cine
V A C	cine +
C A P U	cine
C O N I	cine
D E R A	cine +
E N R A	cine +
M E D E	cine
O F F I	cine
S E R I	cine
V A T I	cine +
	cinéma
T E L E	cinéma
	cintre +
D E	cintre +
	cira +
D O U	cira +
D U R	cira +
F A R	cira +
F O R	cira +
A D O U	cira +
A M I N	cira +
C H A N	cira +
N O I R	cira +
	cire +
O C	cire /
	ciste
J O	ciste
R A	ciste
F A S	ciste
L A I	ciste
E X O R	ciste
F R A N	ciste
	citation
R E	citation
	citai +
A U S	citaiN, e
	citant
C O L I	citant, e

(plus verbes à — cite+)

	citation
E X	citation
I N	citation

L I	citation
R E	citation
F E L I	citation

	cite +
A S	cite
C E	cité
E X	cite +
I N	cite +
L I	cite +
L U	cite
R E	cite +
T A	cite
A L U	cite
C A L	cite
D U L	cite
L A I	cité
L E U	cite
O P A	cité
P R E	cité, e
R A U	cité
S I C	cité
S U S	cite +
U N I	cité
A T R O	cité
B A S I	cité
C A D U	cité
C A P A	cité
C O N I	cité
F E L I	cite +
F E R O	cité
F R A N	cité ($\neq$)
F U G A	cité
I L L I	cite
M O D I	cité
P U D I	cité
R A P A	cité
S A G A	cité
S A L A	cité
T E N A	cité
T O N I	cité
T O X I	cité
V E L O	cité
V E R A	cité
V I V A	cité
V O R A	cité

cites
(en plus des pluriels
des mots précédents)
D O U cîtes
D U R cîtes
F A R cîtes
F O R cîtes
M I N cîtes
R A N cîtes
A D O U cîtes
A M I N cîtes
C H A N cîtes
N O I R cîtes

citions
C O E R citions

citoyen, ne
C O N citoyen, ne

cive
N O cive
G E N cive
L A S cive

civil, e
I N civil, e

civique
I N civique

civisme
I N civisme

clade
M O U clade

clamer +
A C clamer +
D E clamer +
E X clamer +
R E clamer +
P R O clamer +

clames
A C clames
B A clâmes
D E clames
E X clames
G I clâmes
M A clâmes
R A clâmes
R E clames

B O U clâmes
C E R clâmes
M U S clâmes
P R O clames
S A R clâmes
R E N A clâmes

clan
B A T A clan
(pensez également aux
finales en — clant,
R A clanT
M U S clanT...)

classe +
B A classe +
D E classe +
G I classe +
M A classe +
R A classe +
R E classe +
B O U classe +
C E R classe +
M U S classe +
S A R classe +
S U R classe +

clave +
E N clave +
E S clave
C O N clave

claveter +
D E claveter +

claviste
C O N claviste

clé
B A cle +
C Y cle
G I cle +
M A cle +
O N cle
R A cle +
S I cle
T A cle
B O U cle +
C E R cle +
C H I cle
C I N cle

M U S cle +
O R A cle
S A R cle +
S I E cle
A R T I cle
B I C Y cle
B I N O cle
C E N A cle
D E B A cle
E M B A cle
M A N I cle
M I R A cle
M O N O cle
P I N A cle
R E N A cle +
S A N I cle

clémence
I N clémence

clément
G I clement
I N clément, e
B O U clement

clenche
D E clenche +
E N clenche +

clic
D E clic

clin
D E clin +
E N clin, e

clinique
I S O clinique
T R I clinique
M O N O clinique
P O L I clinique
P O L Y clinique

clique
C Y clique
A C Y clique
E N C Y clique

cliqueter +
D E cliqueter +
E N cliqueter +

clive +
D E clive
P R O clive

cloisonne +
D E cloisonne +

clore +
E N clore +
F O R clore +

close +
E N close
F O R close

clouage
E N clouage

clouer +
D E clouer +
E N clouer +
R E clouer +

cluse
I N cluse
R E cluse
P E R cluse

coche +
D E coche +
E N coche +
R I coche +
R I coche +
S A coche

cochère
P H A cochère

codage
D E codage
E N codage

coder +
D E coder +
E N coder +

codeur
D E codeur
E N codeur
V O codeur

cœur
R A N cœur

coffrer +
D E coffrer +

cogner +
R E N cogner +

cohérent, e
I N cohérent, e

cohésion
D E cohésion

coiffer +
D E coiffer +
R E coiffer +

coin
R E coin

coincer +
D E coincer +

col
L I col
G L Y col
T O R col
G A I A col

colin
F R A N colin

colique
B U colique
G L Y colique

colite
C O C colite
L A C colite

collage
D E collage
E N collage
R E collage

collant, e
A U T O collant, e

coller +
D E coller +
E N coller +
R E coller +

collet +
R E collet

colleter +
D E colleter +

colleuse
E N colleuse

colons
A C colons
P I colons
R A colons
R E colons
B R I colons
C A R A colons
M E G A colons

colonise +
D E colonise +

colore +
B I colore
D E colore +
I N colore
T R I colore
U N I colore
O M N I colore

comateux, euse
S A R comateux, euse

combat
I N combât
S U C combât

combe
I N combe +
S U C combe +
C A T A combeS/

commander +
D E commander +
R E commander +
T E L E commander +

commence +
R E commence +

commode
I N commode +
M A L commode
R A C commode +

commodité
I N commodité

	compense +
D E	compensé, e
R E	compense +
	complet, e
I N	complet, e
	compose +
D E	compose +
R E	compose +
S U R	composé, e
	comprimer +
D E	comprimer +
S U R	comprimer +
	compris, e
I N	compris, e
	compte +
D E	compte +
E S	compte +
M E	compte
R E	compte +
P R E	compte +
R E E S	compte +
	compteur
V O L U	compteur
	con
A C	con
A R	çon
B A	con
C O	con
F A	çon
M A	çon
S U	çon
T A	con
A B S	conS
B A L	con
C H I	con
F A U	con
F L O	con
G A R	çon
G A S	con
G L A	çon
L A N	çon
P I N	çon
R A N	çon
Z I R	con

C A L E	çon
C A V E	çon
C O U R	çon
E T A N	çon
H A M E	çon
H E L I	con
L I M A	çon
P L A N	çon
P O I N	çon
S E N E	çon
S O U P	çon
T R O N	çon
V I D I	con
	concerte +
D E	concerte +
	concilie +
R E	concilie +
	conçu, e
P R E	conçu, e
	condamne +
R E	condamne +
	condé
F A	conde
F E	conde +
S E	conde +
I N F E	conde
R U B I	conde
	conduire +
M E	conduire +
R E	conduire +
	condyle
E P I	condyle
	cône
C H A	cone
T R I	cône
Z I R	cone
S I L I	cone
	confort +
I N	confort
R E	confort +
	congeler +
D E	congeler +

	congru, e
I N	congru, e
	conique
L A	conique
G L U	conique
T R O N	conique
	connaître +
M E	connaître +
R E	connaître +
	conne
A R	çonne +
D E	conne +
F A	çonne +
M A	çonne +
B R A	conne +
C H A	conne
F L O	conne +
G A R	çonne
G A S	conne
R A N	çonne +
E T A N	çonne +
H A M E	çonne +
P O I N	çonne +
R E F A	çonne +
T R O N	çonne +
	connu, e
I N	connu, e
M E	connu, e
R E	connu, e
	conque
Q U I	conque/
Q U E L	conque
	conquérir
R E	conquérir
	conquête
R E	conquête
	conscient, e
I N	conscient, e
	conseille +
D E	conseille +

considère +
D E considère +
I N considéré, e
R E considère +

consigne +
D E consigne +

consolé, e
I N consolé, e

constance
I N constance

consul, at
P R O consul, at

content
M E content
R A content

contenter +
M E contenter +

conter +
R A conter +

contesté, e
I N contesté, e

continent, e
I N continent, e

continu, e
D I S continu, e

contracte +
D E contracte +

contre +
E N contre/
R E N contre +
S U R contre +

contrôlé, e
I N contrôlé, e

convenir
C I R convenir
D I S convenir

convertir +
R E convertir +

copal
S Y N copal, e
E P I S copal, e

copiant
R E copiant
A U T O copiant, e
P O L Y copiant

copie +
R E copie +
A N U S copie
P O L Y copie +
T E L E copie, ur
X E R O copie

copte
S A R copte

cor
D E cor
M U cor
R E corD
R E corS/

cordage
R E cordage

cordant
A C cordant
D E cordant
E N cordant
R E cordant
C O N cordant, e
D I S cordant, e
R A C cordant

cordât
C O N cordat, s

corde +
A C corde +
D E corde +
E N corde +
R E corde +
C O N corde +
D I S corde
P R O corde
R A C corde +
H E X A corde
M O N O corde

cordial, e
P R E cordial, e

cordons
(voir verbes à — corde +)

core
A C core
D E core +
E N core/
P E core
P I core +
N A U core
E D U L core +

corne
B I corne
E N corne +
L I corne
T R I corne
S A L I corne

cornet
E N cornet

cornu, e
B I S cornu, e

corons
D E corons
P I corons
E D U L corons

correct, e
I N correct, e

corriger +
R E corriger +

cortons
E S cortons

cota
C O L cotaR

cote +
A C cote +
B E cote +
D E cote
P I cote +
S U çote +
C H I cote +
F R I cote +

T R I	cote +
A B R I	coté, e
A S T I	cote +

côtier

C O	cotier
A B R I	cotier

cotons

(voir verbes à — cote +)

cottage

B O Y	cottage
M A R	cottage

cotte

C O	cotte
B I S	cotte
B O Y	cotte +
C H O	cotteS/
M A R	cotte +
M A S	cotte

cou

L I	cou
R O	cou
C O U	cou

coucher +

A C	coucher +
D E	coucher +
R E	coucher +

coucheur, euse

A C	coucheur, euse

couder +

A C	couder +

coudre +

D E	coudre +
R E	coudre +

coulant, e

R O U	coulant, e

couler +

D E	couler +
R O U	couler +

coup

B E A U	coup/

coupage

D E	coupage
R E	coupage
O X Y	coupage

coupe +

D E	coupe +
R E	coupe +
S O U	coupe
S U R	coupe +

coupeur, euse

D E	coupeur, euse
O X Y	coupeur

coupler +

A C	coupler +
D E	coupler +

courant

C O N	courant, e
T R I	courant/

(voir verbes à —courir +)

courber +

R E	courber +

courbure

R E	courbure

coureur, euse

D I S	coureur, euse

courir +

A C	courir +
E N	courir +
R E	courir +
S E	courir +
C O N	courir +
D I S	courir +
P A R	courir +

couronne +

D E	couronne +

cours +

D E	cours/
R E	cours/
S E	cours/

C O N	cours/
D I S	cours/
P A R	cours/

cous +

C O U S	cous

coûte +

I N E	coûté, e
R E E	coute +

coutre

A C	coutre +

couveuse

A C	couveuse

couvrir +

D E	couvrir +
R E	couvrir +
R E D E	couvrir +

cracher +

R E	cracher +

crame +

M A	cramé

crames

(voir à — crasse)

crâne +

O L E	crâne
P E R I	crâne

crânien, ne

E P I	crânien, ne

crase

S U	crase

crasse

A N	crasse +
E N	crasse +
N A	crasse +
S A	crasse +
S U	crasse +
E X E	crasse +

créance

R E	créance/

	créant
M E	créant, e
R E	créant
P R O	créant
	créas +
R E	créas +
P A N	créas
P R O	créas +
	créatif, ive
R E	créatif, ive
	créateur
P R O	créateur
	création
R E	création
P R O	création
	crédit
D I S	crédit
	créditer +
A C	créditer +
D I S	créditer +
	crédule
I N	crédule
	crée +
I N	créé, e
N A	crée
R E	crée +
S A	crée
S U	crée
P R O	crée +
	crèment
D E	crément
E X	crément
	crêpage
D E	crêpage
	crêper +
D E	crêper +
	crépir +
D E	crépir +
R E	crépir +
	crépite +
D E	crépite +

	crépites
D E	crépites
R E	crépîtes
	crêt
D E	cret
S A	cret
S E	cret
C O N	cret
D I S	cret
H A L E	cret
	crête
D E	crète +
E X	crète +
S E	crète +
C O L	crete
C O N	crète
D I S	crète
	crétine
S E	crétine
	creuse
M A	creuse
	creuser +
D E	creuser +
R E	creuser +
	cri
C R I	cri
	crier
D E	crier +
E N	crier
R E	crier +
S U	crier, e
	crime
E S	crime +
	crin
S U	crin E
C R I N	crin
E N D O	crin E
	crions
A N	crions
E N	crions
N A	crions
S A	crions
S U	crions

E X E	crions
V A I N	crions
	crique
P I	crique
	crisper +
D E	crisper +
	crisse +
J O	crisse
I N S	crisse +
R E E	crisse +
	cristal
M O N O	cristal
	critique
D I A	critique
A U T O	critique
	croc
A C	croc
E S	croc
R A C	croc/
	croche +
A C	croche +
D E	croche +
A N I	croche
R A C	croche +
	croire +
A C	croire
D U	croire
	croiser +
D E	croiser +
	croît
A C	croît
D E	croît
S U R	croît, s
	croître +
A C	croître +
D E	croître +
	croquer +
E S	croquer +
	cross +
M O T O	cross

	crotter +		B I S	cuite +		I N O	cule +
D E	crotter +		P R E	cuite		S A C	cule
						S P E	cule +
	croupir +			**cuivre** +		S P I	cule
A C	croupir +		D E	cuivre +		A R T I	cule +
						A R T I	culeT
	croûte +			**cul** +		A U R I	cule
E N	croûte +		C U	cul/		B O U S	cule +
C H O U	croute		R E	cul +		C A L I	cule
			C A L	cul +		C A N I	cule
	croyable		C A R A	cul		C U T I	cule
I N	croyable		T A P E	cul		E M A S	cule +
						F U N I	cule
	croyance			**cula** +		I M M A	culé, e
I N	croyance		M A	cula +		M I R A	culé, e
			(plus verbes à −cule +)		M O L E	cule
	croyant, e					N A V I	cule
I N	croyant, e			**culai**		O P E R	cule
			L O	culaiRE		O P U S	cule
	cru, e		S E	culaiRE		P A N I	cule
A C	cru, e		A C I	culaiRE		P E D I	culé, e
D E	cru, e		C I R	culaiRE		R A D I	cule
R E	cru, e		M U S	culaiRE		R E T I	culé, e
			S P E	culaiRE		R I D I	cule
	crûtes		V A S	culaiRE		S A N I	cule
R E	crutes					U T R I	cule
				culasse		V E H I	cule +
	crypte		D E	culasse +		V E S I	cule
D E	crypte +		(plus verbes en − cule +)			
				culât			**culent**
	cuba		P E	culat, s		F E	culent, e
A U	cuba		A V U N	culat, s		S U C	culent, e
			(plus verbes à −cule +)		T R U	culent, e
	cube +					(plus verbes à −cule +)
I N	cube +			**cule** +			
S U C	cube		A C	cule +			**culotter** +
			F A	cule		D E	culotter +
	cueillir		F E	cule +		R E	culotter +
A C	cueillir		L O	culé, e			
R E	cueillir		M A	cule +			**culte**
			O S	cule		F A	culté
	cuire +		P E	cule		I N	culte
R E	cuire +		R E	cule +		A U S	culte +
			B A S	cule +			
	cuit, s		C A L	cule +			**cultivé, e**
I N	cuit, s		C I R	cule +		I N	cultivé, e
R E	cuit, s		E D I	cule			
B I S	cuit, s		E J A	cule +			**culture**
C I R	cuit, s		F L O	cule +		I N	culture
P R E	cuit, s		H E R	cule		A P I	culture
S U R	cuit, s						
	cuite +						
R E	cuite						
V A	cuité						

A V I	culture
A G R I	culture
A Q U A	culture
A Q U I	culture
A U T O	culture
H E M O	culture
M O N O	culture
M O T O	culture
O L E I	culture
P O L Y	culture
R I Z I	culture
V I T I	culture

cumuler +

A C cumuler +

curable

I N curable

curage

R E curage

curateur

P R O curateur

cure +

A R	çure
R E	cure +
G E R	çure
G L A	çure
M E R	cure
O B S	cure
P I N	çure
P L A	çure
P R O	cure +
R I N	çure
M A N U	cure +
P E D I	cure
P O S T	cure
S I N E	cure

curent

D E	çurent
R E	çurent
V E	curent
P R O	curent
M A N U	curent

curial, e

M E R curial, e

curiaux

M E R curiaux

curie

D E	curie
I N	curie
E P I	curieN
M E R	curieL
P E D I	curie

curieux, euse

I N curieux, euse

curions

D E	curions
R E	curions
P R O	curions
M A N U	curions

curiosité

I N curiosité

curseur

P R E curseur

cursif, ive

R E	cursif, ive
D I S	cursif, ive

cuspide

T R I cuspide

cutané, e

P E R cutané, e

cuvage

D E	cuvage
E N	cuvage

cuver +

D E	cuver +
E N	cuver +

cyclique

E N	cyclique
H O M O	cyclique
M O N O	cyclique
P O L Y	cyclique

D

dace

A U	dace
M Y S I	dacé
T H R I	dace

dactyle

D I	dactyle
S Y N	dactyle
T R I	dactyle

daigne +

D E daigne +

daine

B E	daine
D O N	daine
F R E	daine
M O N	daine
S O U	daine
B O U R	daine

dais

D A	dais
L A N	dais, e

(plus verbes en — der,
comme :

R A	dais
H A R	dais
V I A N	dais…)

dam

Q U I	dam
R A M	dam
M A C A	dam

dame +

M A	dame/
V I	dame

dames

A I	dâmes
C E	dâmes
C O	dâmes
G O	dâmes
I O	dâmes
R A	dâmes

R I	dâmes
R O	dâmes
V I	dâmes
B A N	dâmes
B A R	dâmes
B O R	dâmes
B O U	dâmes
B R A	dâmes
B R I	dâmes
B R O	dâmes
C A R	dâmes
C O U	dâmes
D A R	dâmes
E R O	dâmes
E L I	dâmes
E L U	dâmes
E V A	dâmes
E V I	dâmes
F A R	dâmes
F O N	dâmes
G A R	dâmes
G U I	dâmes
H A R	dâmes
L A R	dâmes
M A N	dâmes
M E R	dâmes
M E S	dames
M O N	dâmes
S O L	dâmes
S O N	dâmes
S O U	dâmes
T A R	dâmes
A B O N	dâmes
A B O R	dâmes
A C C E	dâmes
A M E N	dâmes
B A L A	dâmes
B L I N	dâmes
C H I A	dâmes
D E C E	dâmes
D E C I	dâmes
D E C O	dâmes
D E M O	dâmes
D E N U	dâmes
D E R A	dâmes
D E R I	dâmes
D E R O	dâmes
D E V I	dâmes

E M O N	dâmes
E N C O	dâmes
E X C E	dâmes
E X O N	dâmes
E X S U	dâmes
F R A U	dâmes
F R O N	dâmes
G R O N	dâmes
G U I N	dâmes
H O U R	dâmes
I N O N	dâmes
L A P I	dâmes
L O U R	dâmes
O B S E	dâmes
P A R A	dâmes
P L A I	dâmes
R E C E	dâmes
R E S I	dâmes
S C A N	dâmes
S C I N	dâmes
V A L I	dâmes
V I A N	dâmes

damnation

| C O N | damnation |

damner +

| C O N | damner + |

dan

D E	dan S/
C A R	dan
C E R	dan, e
H O U	dan
R A M A	dan/

(pensez également à
faire la finale en — dant,
comme :

V I	dant
B A N	dant
C H I A	dant...)

dard +

P E N	dard, e
S O U	dard
E T E N	dard
S T A N	dard

darique

| P I N | darique |

datable

| I N | datable |

date +

I O	date
M A N	date +
S O L	date
A N T I	date +
P O S T	date +

dâtes

(voir à — dames)

dateur

F O N	dateur
L A U	dateur
P R E	dateur
H O R O	dateur

datif, ive

S E	datif, ive
L A U	datif, ive

dations

N I	dations
S E	dations
S U	dations
F O N	dations
G R A	dations
M A N	dations
O X Y	dations
P R E	dations
A N T I	dations
D E N U	dations
E X S U	dations
I N O N	dations
L A P I	dations
P O S T	dations
V A L I	dations

débiteur

| C O | débiteur |

débitrice

| C O | débitrice |

décence

| I N | décence |

décent, e

| I N | décent, e |

décimal, e
D U O décimal, e

décision
I N décision

découvrir +
R E découvrir +

défaire
R E défaire

défense
A U T O défense

défini +
I N défini, e
R E défini +

délais
M O delais
C O R delais

délasse +
M O delasse +
C O R delasse +

délébile
I N délébile

déléguer +
S U B déléguer +

délicat, e
I N délicat, e

délie
M E N delieN, NE

délier +
C O R delier, e

délité
F I délité
I N F I délité

demain
L E N demain

demander +
R E demander +

demandeur
C O demandeur

démarrer +
R E démarrer +

dème
O E dème
D I A dème

dément
F A dement
R U dement
A V I dement
E V I dement
F O N dement
L A I dement
M A N dement
R E N dement
R O N dement
T I E dement
A M E N dement
C H A U dement
C U P I dement
D E C I dément
F R O I dement
G R A N dement
G R O N dement
L O U R dement
L U C I dement
R A P I dement
R I G I dement
S O L I dement
T I M I dement
V A L I dement

demie
E N démie
A C A démie
E P I démie
P A N démie

demis
E U démis
A C A démisME

dense
C O N dense +

dent
(autres que les verbes
en — der)
A R dent
B I dent

R E dent
E V I dent
P R U dent
T R I dent
A C C I dent
D E C A dent
I N C I dent
I M P U dent
O C C I dent
S T R I dent

dente
A R dente
E N dente +
R U denté, e
E V I dente
P R U dente
T R I denté, e
A C C I dente +
D E C A dente
I M P U dente
I N C I dente
S T R I dente

der/
(autres que verbes)
E I der
F E E der
L E A der
L O A der
P O L der
S P I der
T E N der
B R E E der

dératés
F E dérâtes
M O dérâtes
S I dérâtes
P O N dérâtes

derme
E P I derme
S Y N derme
E C T O derme
E N D O derme
H E L O derme
H Y P O derme
M E S O derme
M Y C O derme

		dermique
E P I	dermique
E C T O	dermique
H Y P O	dermique
M E S O	dermique
M Y C O	dermique

		descendre +
R E	descendre +
C O N	descendre +

désirable
I N désirable

destiner +
P R E destiner +

détenteur
C O détenteur
M A N O détenteur

détenu, e
C O détenu, e

déterminé
I N déterminé, e
P R E détermine +
S U R détermine +

dette
C A dette
E N dette +
V E dette
S T U dette
G R A N dette

développé, e
S U R développé, e

devenir
R E devenir

devoir
R E devoir (≠)

dia/
C A R dia, s
S T A dia, s
G A L I dia, s
S P O N diaS/

diable
E N diablé, e

diane
B A diane
M E diane

diascope
E P I diascope

dicte +
V I N dicte/

diction
A D diction
I N diction
P R E diction
J U R I diction

didyme
E P I didyme

dieu
T U dieu/
P A R dieu/

diffère +
I N diffère +

différent, e
I N différent, e

diffuser +
R E diffuser +

digéré, e
P R E digéré, e

digeste
I N digeste

digne
I N digne +

dignité
I N dignité

digue
E N digue +
B O R digue
P R O digue +

dimanche
E N dimanché, e

dimes
D E dîmes
M E dîmes

R E dîmes
B O N dîmes
C A N dîmes
F E N dîmes
F O N dîmes
M A U dîmes
M O R dîmes
N O R dîmes
O U R dîmes
P E R dîmes
P O N dîmes
P R E dîmes
R A I dîmes
T E N dîmes
T I E dîmes
T O N dîmes
T O R dîmes
V E N dîmes
V E R dîmes
A F F A dîmes
A N O R dîmes
B L O N dîmes
B R A N dîmes
E T E N dîmes
E P A N dîmes
G R A N dîmes

dîna +
M E dina
(plus verbes en − dîne +)

dinant
O R dinant, s

dîne +
A L dine
A N dine
D O dine
O N dine
R A dine +
A N O dine
B O U dine +
D A N dine
G R E dine
J A R dine +
J A R dineT
S A R dine
S U E dine
A M A N dine

B L O N dine
B L O N dineT
C I T A dine
P A L U dine
P Y R I dine
S O U R dine
X Y L I dine

dînette

M I dinette
B L O N dinette

dîneuse

B O U dineuse
T E N dineuse
L I B I dineuse

dingue +

M A N dingue
P O U dingue
V A L dingue +
S O U R dingue

dire +

D E dire +
M E dire +
R E dire +
A V O diré
P R E dire +

direct, e

I N direct, e

directeur

C O directeur
A U T O directeur

dis

C A dis
C E dis
J A dis
M I dis
R A dis
B A R dis
B O N dis
C A N dis
F E N dis
F O N dis
H A R dis
H I N dis
J E U dis

L U N dis
M A H dis
M A R dis
M O R dis
N O R dis
O U R dis
P E N dis
P E R dis
P O N dis
R A I dis
T A N dis
T A U dis
T E N dis
T I E dis
T O N dis
T O R dis
V E N dis
V E R dis
A F F A dis
B R A N dis
D E C A dis
E F E N dis
E P A N dis
E T E N dis
G R A N dis
H O U R dis
P A R A dis
S A M E dis

disciple

C O N disciple

discret, e

I N discrèt, e

discute +

I N discuté, e
R E discute +

dise

A N O disé + (≠)
N O M A dise +

dispose +

I N dispose +
P R E dispose +

distinct, e

I N distinct, e

dit

D E dit
B A N dit
B O N dit
C A N dit
C R E dit
E R U dit
F E N dit
F O N dit
I N E dit
L E N dit
M A U dit
M O R dit
N O R dit
P A N dit
P E N dit
P E R dit
P O N dit
R A I dit
S U S dit
T E N dit
T I E dit
T O N dit
T O R dit
V E N dit
V E R dit
A F F A dit
B R A N dit
E P A N dit
E T E N dit
G R A N dit

dite

M E dite +
N U dité
R E dite
A C I dité
A R I dité
A V I dité
C A R dite
C O R dite
C R E dite +
E R U dite
I N E dite
L U D dite
L Y D dite
M A U dite
R E E dite +

R H O	dite
S U R	dité
S U S	dite
A L G I	dité
C H E D	dite
C U P I	dité
F E T I	dité
F L U I	dité
H E R E	dité
H U M I	dité
L I V I	dité
L U C I	dité
R A P I	dité
R I G I	dité
S A P I	dité
S O L I	dité
T I M I	dité
V A L I	dité
V I V I	dité

dites
(voir verbes à —dimes)

divisé, e
I N divisé, e

division
I N division

docile
I N docile

docilité
I N docilité

dois
A U dois, e
B A dois, e
S U E dois, e
V A U dois, e

dol
A L dol

dolent
I N dolent, e
G O N dolent

doline
M A N doline

dollar
E U R O dollar

---

dom
C O N dom

dôme
R A dôme

domine +
P R E domine +

dompté, e +
I N dompté, e

don
B E don
B I don
C O don
R A don
A M I don
B R I don
C A R don
C O R don
D I N don
D O N don
G A R don
G U I don
J A R don
L A R don
P A R don
T E N don
A B A N don
B O U R don
B R A N don
C E L A don
C H A R don
C O M E don
E D R E don
E S P A don
R I G O don

donne +
B E donne +
B I donne +
O R donne +
R E donne +
A M I donne +
C O R donne +
F R E donne +
M A L donne, S
P A R donne +

A B A N donne +
B O U R donne +
C O O R donne +

dore
D E dore +
R E dore +
I N O dore
M A N dore
M O R doré, e
P A N dore
S U B O dore +

dormeur, euse
E N dormeur, euse

dormir +
E N dormir +
R E N dormir +

dors
C O N dors
M A T A dors
M I R A dors
P I C A dors
S T R I dors
T C H A dors

dos
D O dos
E N dos
J U dos
L I dos
B O L dos
K E N dos
K O N dos
S U R dos
A L B E dos
E S C U dos
L I B I dos
M I K A dos
P A R A dos

dosage
S U R dosage

dose +
A L dose
A C I dose
A P O dose
L O R dose
O V E R dose

	dosse	
E N	dosse +	
	dot +	
B A R	dot	
P E R I	dot	
	dotai +	
V A L	dotaiN	
	dote +	
R A	dote +	
E P I	dote	
A N E C	dote	
A N T I	dote	

	douane
D E	douane +
C O R	douane

	doublage
D E	doublage

	double +
D E	double +
R E	double +

	douche +
P I E	douche

	doucir +
R A	doucir +

	doue +
G A	doue
A M A	doue +
H I N	doue
S U R	doué, e

	douille
A N	douille
A N	douille R, s
B R E	douille +
P E N	douille +
G L A N	douille +

	douter +
R E	douter +

	doux
R E	doux

	drague +
M A	drague

	drames
C A	drâmes
P O U	drâmes
E N C A	drâmes

	dressage
R E	dressage

	dresse +
R E	dresse +
T E N	dresse

	drill
M A N	drill

	drille
Q U A	drille +
E S C A	drille
E S P A	drille

	droit
E N	droit
P I E	droit
M A L A	droit, e

	drome
P R O	drome
S Y N	drome
A E R O	drome
A U T O	drome
C H O N	drome
C Y N O	drome
V E L O	drome

	duc
C A	duc
B O L	duc
V I A	duc
A Q U E	duc
G A Z O	duc
O L E O	duc

	due
A R	due
D O	due
I N	due
F E N	due
F O N	due
G R A	dué +
M O R	due
P E N	due
P E R	due

P O N	due
R E N	due
T E N	due
T O N	due
V E N	due
A S S I	due
E P E R	due
E T E N	due

	duel
G R A	duel, le
R E S I	duel, le

	duite
D E	duite
E N	duite
I N	duite
R E	duite
S E	duite
V I	duité
C O N	duite
P R O	duite
T R A	duite
A S S I	duité
E C O N	duite

	dûment
I N	dûment
A S S I	dûment
E P E R	dument

	dural, e
E P I	dural, e
P E R I	dural, e

	duraux
E P I	duraux
P E R I	duraux

	durcir +
E N	durcir +

	dure +
E N	dure +
I N	dure +
I O	duré, e
V I	dure
B O R	dure
P E R	dure +
S O U	dure
V E R	dure
F R O I	dure

dus	F U S eau	C R E N eau
A R dus	G A T eau	D R A P eau
D O dus	H A M eau	F A R D eau
I N dus	J U M eau	G E R S eau
R E dus	L I T eau	G E R Z eau
U R dus	M E N eau	G R U M eau
F E N dus	M U S eau	G U I D eau
F O N dus	N A S eau	L A M B eau
F U N dus	N I V eau	L I N T eau
M O R dus	O I S eau	L I S T eau
P E N dus	O R M eau	M A N C eau
P E R dus	P I N eau	M A N T eau
P O N dus	P I P eau	M A R T eau
T E N dus	P O T eau	M O I N eau
T O R dus	P U C eau	M O N C eau
V E N dus	P U R eau	M O R C eau
A S S I dus	R A D eau	N O U V eau
E P A N dus	R A M eau	O R I P eau
E P E R dus	R A T eau	O U V R eau
E T E N dus	R E S eau	P A N N eau
R E S I dus	R I D eau	P I N C eau
	R O S eau	P L A T eau
	S U R eau	P L U M eau
	T E T eau	P O I R eau
	T U F eau	P O M M eau
	Y P R éau	P O N C eau
	B A N D eau	P R U N eau
E	B A R D eau	R A M P eau
	B A R R eau	R I N C eau
	B E R C eau	R O N D eau
	B O U L eau	R O U L eau
eau	C A B L eau	S E R D eau
F L éau	C A R N eau	T A B L eau
P R éau	C A R P eau	T A S S eau
S C eau	C A R R eau	T A U R eau
A G N eau	C A S S eau	T E R R eau
A N N eau	C E R C eau	T O M B eau
A P P eau	C E R N eau	T O N N eau
A R C eau	C E R V eau	T R E T eau
A S S eau	C H A M eau	T R U M eau
B A T eau	C H A P eau	T U F F eau
B E D eau	C H A T eau	T U I L eau
B I S eau	C H E N eau	V A N N eau
B I V eau	C L A V eau	V I G N eau
B U R eau	C L O S eau	
C A D eau	C O R B eau	**échasse**
C A V eau	C O R D eau	C R échasse
C I S eau	C O U T eau	F L échasse
C O P eau		
C O T eau		
C U V eau		

P R	échasse	
A L L	échasse	
A S S	échasse	
D E P	echasse	
E B R	échasse	
R E P	échasse	
D E S S	échasse	

eche

B R	èche
C H	èche
C R	èche +
D R	èche
E M	éché, e
E V	êché
F L	èche +
P R	êche +
A L L	èche +
A S S	èche +
B O B	èche
C A L	èche
C A T	échèSE
D E P	êche +
E B R	èche +
E M P	êche +
G R I	èche
L I V	èche
R E P	êche +
R E V	èche
B I F L	èche
B R E T	èche
C A M P	êche
D E S S	èche +
M A U B	èche
P E R L	èche
P I M B	êche

échouer +

D E S échouer +

écimes

R E T R écîmes

écoute +

I N écouté, e
R E écoute +

écrire +

R E écrire +

écriture

R E écriture

écu

R E V écu
S U R V écu

écule

S P écule +

écumes

R E V écûmes
S U R V écûmes

édifier +

R E édifier +

édit

C R édit
I N édit
P R édit

édite +

C R édite +
I N édite
P R édite
R E édite +
H E R édité
A C C R édite +
P R E M édite +

édition

C O édition

éducation

C O éducation

efficace

I N efficace

efficient

C O efficient

égal, e

I N égal, e
I L L égal, e

égalité

I N égalité
I L L égalité

élan

B R elan
G A M elan

élastique

A N élastique

élégance

I N élégance

élégant, e

I N élégant, e

élever +

S U R élever +

électoral, e

P R E électoral, e

elfe

G U elfe

éligible

I N éligible

élire +

R E élire +
T I R elire

elis

R E élis
F R I S elis

élite

M Y élite
P Y élite
B A K élite
F I D élité
C A R M élite
I S R A élite

elle

B I elle
M I ellé, e
M O elle
N I elle +
O C ellé, e
R E elle
R U elle
S C elle +
V I elle +
A G N elle
A I R elle
A T T elle
B A S elle
B U R elle
C A M elle
C A T elle
C E N elle

C I V elle	C A P S elle	T E N D elle
C R U elle	C A R P elle	T O M B elle
D O U elle	C E R V elle	T O N N elle
E C H elle	C H A M elle	T O U R elle
E C U elle	C H A P elle	T O U S elle
E N S ellé, e	C O U P elle	T R E M elle
E X C elle +	D E M I elle +	U N E T elle /
F E M elle	D E N T elle	V A N N elle
F I C elle	D E S C elle +	V A N T elle
G A B elle	D E S S elle +	V E N I elle
G A M elle	D O N Z elle	V I S U elle
G A Z elle	E M M I elle +	
G I R elle	F L A G elle +	**élu, e**
G I S elle	F L A N elle	R E élu, e
G O N elle	F O R M elle	M A M elu, e
J A V elle	G L A B elle	C H E V elu, e
J U M elle	G L U M elle	C R E P elu, e
L A B elle	G O N N elle	F A R F elu, e
L A M elle	G R A V elle	
L I B elle	H E L V elle	**éluder +**
M A M elle	I R R E elle	P R éluder +
M A R elle	I S A B elle	
M I C elle	K Y R I elle	**émaux**
M O R elle	L A Q U elle	H I émaux
N A C elle	M A N C elle	
N I G elle	M A N U elle	**emballé, e**
O I S elle	M A R G elle	P R E emballé, e
O M B ellé, e	M I S T elle	
P A T elle	M O R T elle	**embauche +**
P U C elle	M U T U elle	R E embauche +
R E B elle +	N O U V elle	
R I D elle	O M B R elle	**embrasse +**
R O U elle	P A R C elle	D E M embrasse
S A B elle	P A U M elle	R E M embrasse
S E M elle	P O M M elle	
T I G elle	P O U B elle	**émets**
T R U ellé, e	P R E D elle	E N T R emets/
T U T elle	P R U N elle	
U S U elle	Q U E N elle	**émeu**
V E N elle	Q U E R elle +	C R émeu X
V O Y elle	R I T U elle	C R émeu SE
A C T U elle	R O N D elle	
A I S S elle	S A R C elle	**éminent**
A N N U elle	S E Q U elle	C H eminent
A R C H elle	S E R I elle	A C H eminent
B O N D elle	S E X U elle	E F F éminent
B R E T elle	S I T T elle	P R E éminent, e
C A N N elle	S P I N elle	P R O éminent, e
		S U R éminent, e
		D I S S éminent

		émir
B L	émir +	
F R	émir +	
		émis
E N N	emis	
E U D	émis	
E N T R	emis	
		émise
C H	emise	
E N T R	emise	
		émisse
B L	émisse	
F R	émisse	
P R	émisse	
E N T R	emisse	
		émission
S U R	émission	
		empâtes
T R	empâtes	
A T T R	empâtes	
D E T R	empâtes	
R E T R	empâtes	
		emplir +
D E S	emplir +	
		emploi
S U R	emploi	
		employe +
I N	employé, e	
R E	employe +	
		emprunte +
R E	emprunte +	
		émus
O R	émus	
		encadre +
D E S	encadre +	
		enchaîne +
D E S	enchaîne +	
		enchante +
D E S	enchante +	

	enchasse +
D E C L	enchasse
E N C L	enchasse
	enchère
S U R	enchère
	enchérir +
S U R	enchérir +
	enclaver +
D E S	enclaver +
	encolle +
D E S	encolle +
P R E	encolle +
	encombre +
D E S	encombre +
	enflamme +
D E S	enflamme +
	enfler +
D E S	enfler +
	enfumer +
D E S	enfumer +
	engager +
R E	engager +
D E S	engager +
	engorger +
D E S	engorger +
	engrener +
D E S	engrener +
	enivrer +
D E S	enivrer +
	ennuyer +
D E S	ennuyer +
	enrayer +
D E S	enrayer +
	ensabler +
D E S	ensabler +
	enta
M A G	enta
P O L	enta
P L A C	enta
(plus verbes en — ente +)	

	entasse +
E D	entasse
E V	entasse
F I	entasse
A B S	entasse
A R G	entasse
A R P	entasse
A T T	entasse
C E M	entasse
C I M	entasse
E N D	entasse
F O M	entasse
I N T	entasse
I N V	entasse
L A M	entasse
O R I	entasse
P A T	entasse
P I M	entasse
R E G	entasse
A L I M	entasse
A U G M	entasse
C O M M	entasse
C O N T	entasse
F E R M	entasse
P A T I	entasse
P I G M	entasse
P R E S	entasse
S E G M	entasse
S E R P	entasse
S U S T	entasse
V I O L	entasse
	entât
A T T	entat
P O T	entat
(voir verbes à —entasse)	
	ente
(autres que les verbes, voir à —entasse)	
T R	ente/
A R D	ente
C L I	ente
C R U	enté, e
D E C	ente
D E M	ente
D E T	ente
D O L	ente

```
      E N T  ente              D I C  entra                    épisse +
      L A T  ente              E X C  entra +           C R  épisse
      M E V  ente            C O N C  entra +         D E C R  épisse
      P A R  ente                                     R E C R  épisse
      R E C  ente                     entraîne +
      R E V  ente              S U R  entraîne +               épode
      R U D  enté, e                                   C O P  épode
      U R G  ente                     entrave +
    C L E M  ente              D E S  entrave +                éprise
    D E S C  ente                                     E N T R  eprise
    E M I N  ente                     entre +
    E V I D  ente                E V  entre +                  épuisé, e
    F E R V  ente              D E C  entre +            I N  épuisé, e
    O P U L  ente              E X C  entre +
    P R U D  ente            C O N C  entre +                  équation
    S O U P  ente            E P I C  entre               A D  équation
    S U S P  ente                                         C O  équation
    T A N G  ente                     envaser +            I N  équation
    T R I D  enté, e           D E S  envaser +          P E R  équation

           entions                    envenime +                équilibre +
(autres que les verbes,        D E S  envenime +          R E  équilibre +
voir à  — entasse)                                      D E S  équilibre +
      D E T  entions                  enzyme
      O B T  entions             C O  enzyme                   équiper +
      R E T  entions                                     S U R  équiper +
    A B S T  entions                   éogène
    C O N V  entions           P A L  éogène                   équipier, e
    P R E T  entions                                       C O  équipier, e
    P R E V  entions                   épais
    S U B V  entions             C R  êpais                    équitable
                                R E C  épais                I N  équitable
            entité            D E C R  êpais
        I D  entité                                              érable
                                       épates                O P  érable
            entités             C R  êpâtes                  Q U  érable
        I D  entités           R E C  êpâtes                A L T  érable
      D E M  entîtes         D E C R  êpâtes                I N S  érable
      R A L  entîtes                                        L I B  érable
      R E P  entîtes                    épi                 M I S  érable
      R E T  entîtes             C R  épi                   R E P  érable
    C O N S  entîtes            G E N  épi                  T O L  érable
    R E S S  entîtes          D E C R  épi                  V E N  érable
                              R E C R  épi               I N O P  érable
            entoiler +                                   P O N D  érable
      D E S  entoiler +                 épier             P R E F  érable
                                 C R  êpier, e            R E Q U  érable
            entra +              G U  êpier, e (≠)         V U L N  érable
        E V  entra +
      D E C  entra +                    épine                     erbium
                                 C R  épine                Y T T  erbium
                               A U B  épine
```

ergol

D I ergol
M O N ergol
P R O P ergol

érine

E S érine
U T érine
A N S érine
E N T érine +
P E L erine
P I P erine
S U B érine
V I P érine
B A L L erine
C H O L érine
G L Y C érine +
P A S S erine

ermites

A F F ermîtes
R A F F ermîtes

érogène

H E T érogène

erra

S I erra

errant, e

A B errant, e

erre +

G U erre
L I erre
P I erre
A T T erre +
D E F erre +
D E T erre +
E N F erre +
E N T erre +
E P I erre +
E Q U erre
D E S S erre +
E M P I erre +
E N Q U erre/
P A R T erre
R E S S erre +
S A N C erre
T O N N erre

errai

A T T errai
D E F errai
D E T errai
E N F errai
E N T errai
E P I errai
A C Q U errai
D E S S errai
E M P I errai
E N Q U errai
R E Q U errai
R E S S errai

erreur

E P I erreur

ers

A B ers
A M ers
A V ers
C H ers
F I ers
T I ers
A C I ers
A L L ers
A N I ers
A S T ers
B O X ers
D E V ers
D I N ers
D I V ers
E I D ers
E N F ers
E N V ers
E S T ers
E T H ers
E T I ers
E V I ers
H I V ers
I N T ers
J O K ers
K H M ers
L A S ers
L E G ers
L E V ers
L I B ers
L I N ers
M A S ers

M I X ers
O B I ers
O S I ers
P O K ers
R A C ers
R E V ers
S A L ers
S U P ers
T U N ers
V O M ers
W E B ers
A I L I ers
A L T I ers
A R C H ers
A U B I ers
B A I S ers
B E L I ers
B E R G ers
B I T T ers
B L A Z ers
B O L I ers
B R A Y ers
B U C H ers
C A H I ers
C A L I ers
C A N C ers
C A N T ers
C A R T ers
C A S I ers
C I M I ers
C I R I ers
C O C H ers
C O C K ers
C O N V ers
C O T I ers
C O W P ers
C U V I ers
D A M I ers
D A M P ers
D A N G ers
D A V I ers
D E N I ers
D O C K ers
D R I V ers
E C U Y ers
E N T I ers
E T R I ers
F E E D ers

F E V I	ers
F I L L	ers
F U H R	ers
F U M I	ers
G A B I	ers
G A Z I	ers
G E S I	ers
G E T T	ers
G E Y S	ers
G I B I	ers
G O S I	ers
G O U T	ers
H A T I	ers
H U N I	ers
H U N T	ers
J I G G	ers
J U N K	ers
K A I S	ers
L A C H	ers
L A M I	ers
L A N C	ers
L E A D	ers
L E V I	ers
L I C I	ers
L I M I	ers
L I N G	ers
L I N I	ers
L I N T	ers
L O A D	ers
L O T I	ers
M A N G	ers
M A U S	ers
M E T I	ers
M I N I	ers
M U R I	ers
N O C H	ers
P A L I	ers
P A L M	ers
P A N I	ers
P A N Z	ers
P A P I	ers
P A R L	ers
P E C H	ers
P E R V	ers
P I L I	ers
P I P I	ers
P L A C	ers
P O L D	ers

P O R T	ers
P O S T	ers
P O T I	ers
P R O Y	ers
P U C I	ers
P U T I	ers
Q U A K	ers
R A M I	ers
R A N G	ers
R A T I	ers
R A V I	ers
R I P P	ers
R O C H	ers
R O O T	ers
R O S I	ers
R U C H	ers
S E T I	ers
S E T T	ers
S H A K	ers
S O U P	ers
S T A Y	ers
S P I D	ers
S T O K	ers
T A M I	ers
T A N K	ers
T E N D	ers
T H A L	ers
T H E I	ers
T O L I	ers
T R A V	ers
U N I V	ers
U S A G	ers
V A C H	ers
V E R G	ers
V I A G	ers
V I V I	ers
W E L T	ers

erse

A V	erse
A D V	erse
D E V	erse +
D I V	erse
I N V	erse +
R E V	erse +
C O N V	erse +
D I S P	erse +
P E R V	erse

R E N V	erse +
T R A V	erse +
U N I V	erse L

escompte +

R E	escompte +

espère +

I N	espéré, e
D E S	espère +

essayer +

R E	essayer +

esse

A N	esse
B L	esse +
D E	esse
D R	esse +
L I	esse
P R	esse +
T R	esse +
A B B	esse
A G N	esse
A G R	esse +
A I N	esse
A L T	esse
C A R	esse +
F I N	esse
H O T	esse
I V R	esse
O G R	esse
P A P	esse
P A R	esse +
R U D	esse
S A G	esse
S T R	esse +
T Y P	esse
V A N	esse
V I T	esse
B A S S	esse
B O N Z	esse
B R E T	essé, e
C O M T	esse
C O N F	esse +
D E T R	esse
D R O L	esse
D U C H	esse
E M P R	esse +
E X P R	esse

H A U T	esse			**estimer +**		V E G	étale
J E U N	esse	M E S	estimer +		D E C R	étale
J O L I	esse	S U R	estimer +		P A R I	étale
J U S T	esse	S O U S	estimer +			
K E R M	esse			**étames**
L A R G	esse		**estimes**		E T	êtâmes
M O L L	esse	I N V	estîmes		F R	étâmes
N E G R	esse	M E S	estimes		P I	étâmes
N O B L	esse	S U R	estimes		P R	êtâmes
O P P R	esse +	T R A V	estîmes		Q U	êtâmes
P A I R	esse				A C H	etâmes
P O E T	esse		**êta/**		A R R	êtâmes
P R O F	esse +	I H	êtâ		C U R	etâmes
P R O M	esse	P I	éta, s		D E J	etâmes
P R O U	esse	M U L	eta, s		D U V	etâmes
R E D R	esse +	N E P	eta, s		E C R	êtâmes
R E G R	esse +	P E S	eta, s		E M B	êtâmes
R I C H	esse				E N T	êtâmes
T I G R	esse		**établir +**		F I L	etâmes
		P R E	établir +		F U R	etâmes
	est/			**étage +**		H A L	etâmes
O U	est/	E T	etage		H E B	étâmes
D I G	est, e	C U R	etage		M O L	etâmes
		F I L	etage		R E J	etâmes
	este +	F U R	etage		R E P	étâmes
P R	este	G A L	etage		V E G	étâmes
S I	este	M O L	etage		V O L	etâmes
A G R	este	R I V	etage	A F F R	étâmes
A S B	este	A P P R	êtage	A P P R	êtâmes
A T T	este +	C A C H	etage	B A Q U	etâmes
C E L	este	C A Q U	etage	B E G U	etâmes
D E L	este +	C L A V	etage	B R E V	etâmes
D E T	este +	P A Q U	etage	C A C H	etâmes
D I G	este	P I Q U	etage	C A Q U	etâmes
E M P	este +	S A U V	etage	C L A V	etâmes
F U N	este			C O L L	etâmes
I N C	este		**étain**	C O Q U	etâmes
I N F	este +	T I B	étain	C O R S	etâmes
M A J	esté		**étal**	D E C R	étâmes
M O D	este	F O	étal, e	E M P I	étâmes
M O L	este +	B I M	étal	E N Q U	êtâmes
A N A P	este	V E G	étal, e	E X C R	étâmes
B U P R	este	P A R I	étal, e	H O Q U	etâmes
C O N T	este +	T R I M	étal	L O U V	etâmes
P R O T	este +		**étale +**	P E L L	etâmes
	estimable	A P	étale	P I Q U	etâmes
I N	estimable	F O	étale	P R O J	etâmes
		D I P	étale	R A C H	etâmes

R E F L	étâmes	
S E C R	étâmes	
S U R J	etâmes	
T A C H	etâmes	
T E M P	êtâmes	
V I O L	etâmes	

étatiser +

D E S étatiser +

étaux

F O	étaux
B I M	étaux
V E G	étaux
P A R I	étaux
T R I M	étaux

étendre +

P R étendre +

étendu, e

I N	étendu, e
P R	étendu, e

étier

A R	êtier
C A F	etier, e
C A N	etier, e
C I M	etièrE
G A Z	etier
G I L	etier, e
L U N	etier
M U L	etier, e
P A N	etier, e
P A P	etier, e
S A V	etier
B O N N	etier, e
C O Q U	etier
L O U V	etier
N O I S	etier
P E L L	etier, e
T A B L	etier, e

étions

D E L	étions
S U J	étions
D E P L	étions
R E P L	étions

(plus verbes en —eter, comme :

E T êtions

V E G	étions
T E M P	êtions
voir à —	étames)

étique

E M	étique
N O	étique
P O	étique
R H	étique
A S C	étique
C I N	étique
E I D	étique
G E N	étique
H E R	étique
M I M	étique
T A B	étique
A P O R	étique
A P Y R	étique
A T H L	étique
C O S M	étique
D I A B	étique
D I E T	étique
D I U R	étique
E S T H	étique
E X E G	étique
F R E N	étique
G A N G	étique
H E L V	étique
H E R M	étique
H E R P	étique
M A G N	étique
P A T H	étique
P H O N	étique
P H Y L	étique
S O V I	étique

être

G U	être
P I	être
P R	être
U R	être
A N C	être
D E P	être +
E M P	être +
F E N	être +
P E N	être +
T O M	être
V U M	être
C H E V	être

D I A M	être
G E O M	être
L U X M	être
O D O M	être
O H M M	être
P E R P	être +
S A L P	être +
T R I M	être

étriqué

S Y M	étrique
A S Y M	étrique
G E O M	étrique
I S O M	étrique
O B S T	étrique

étude

H E B	étude
Q U I	étude
D E S U	étude

étudier +

R E étudier +

euh

C H L euh, e

eus

B L	eus
E M	eus
P N	eus
E N F	eus

évaluer +

R E	évaluer +
S U R	évaluer +

évent +

C R	èvent
E L	èvent
G R	èvent
A C H	èvent
E N L	èvent
R E L	èvent
D E G R	èvent
E M B R	èvent
P R E L	èvent
S O U L	èvent

évitable

I N évitable

	évite +		**extensif, ive**		**fade**	
L O N G	évité	C O	extensif, ive	F A R	fadeT	
				G R I F	fade	
	exacte					
I N	exacte				**faiblir +**	
				A F	faiblir +	
	examen					
R E	examen		**F**		**faillir +**	
				D E	faillir +	
	examiner +					
R E	examiner +		**fable**		**faim**	
		A F	fable	M A T E	faim	
	exaucé, e	I N E F	fable			
I N	exaucé, e				**faine**	
			fabrique +	R I	faine	
	exciter +	P R E	fabrique +			
D E S	exciter +				**faire**	
S U R	exciter +		**fabuler +**	A F	faire +	
		A F	fabuler +	D E	faire	
	exécuté, e			R E	faire	
I N	exécuté, e		**face**	F O R	faire	
		B I	face	M A L	faire/	
	exercé, e	E F	face +	P A R	faire	
I N	exercé, e	P R E	face +	S U R	faire	
		S U R	face +	R E D E	faire	
	exigible	P O S T	face	T A R I	faire	
I N	exigible					
			façon		**faisable**	
	exister +	M A L	façon	I N	faisable	
C O	exister +					
			façons		**fait**	
	expédier +	E F	façons	D E	fait, s	
R E	expédier +	M A L	façons	R E	fait	
		P R E	façons	F O R	fait, s	
	expert, e	S U R	façons	P A R	fait, s	
I N	expert, e			S U R	fait, s	
			façonner +	B I E N	fait, s	
	expiable	R E	façonner +	R E D E	fait	
I N	expliable					
			facteur		**faite**	
	exploité, e	C O	facteur	D E	faite	
I N	exploité, e			R E	faite	
S U R	exploité +		**faction**	F O R	faite	
		O L	faction	P A R	faite	
	exploré, e	R E	faction	S U R	faite	
I N	exploré, e	C A L E	faction			
		C O K E	faction		**famé, e**	
	exporter +	R A R E	faction	A F	famé, e	
R E	exporter +	R U B E	faction	D I F	famé, e	
		T U M E	faction	M A L	famé, e	
	exposer +					
S U R	exposer +		**facturer +**			
		M A N U	facturer +			
	exprimé, e					
I N	exprimé, e					

	famés
A F	fames
L O	fâmes
B I F	fâmes
D I F	fames
G A F	fâmes
M A L	famés
A G R A	fâmes
A T T I	fâmes
B L U F	fâmes
B O U F	fâmes
C O I F	fâmes
E T O F	fâmes
G R E F	fâmes
P A R A	fâmes
P I A F	fâmes
P O U F	fâmes
S T A F	fâmes
S U I F	fâmes
T A R I	fâmes
T R U F	fâmes

	faner +
E F	faner +
P R O	faner +

	fange
A L	fange

	fanon
G O N	fanon

	farde +
C A	farde +
B L A	farde
B O U F	farde
S O I F	farde

	fariner +
E N	fariner +

	fasse
(voir verbes à — fames)	

	faste
N E	faste

	fat
L O	fât
B I F	fât
C A L	fat, s
G A F	fât

A G R A	fât
A T T I	fât
B L U F	fât
B O U F	fât
C A L I	fat, s
C O I F	fât
E T O F	fât
G R E F	fât
G R I F	fât
P A R A	fât
P I A F	fât
P O U F	fât
S U I F	fât
T A R I	fât
T R U F	fât

	fatigant
D E	fatigant

	fatiguer +
D E	fatiguer +

	faufiler +
D E	faufiler +

	faune
A V I	faune

	fausser +
D E	fausser +

	faut +
D E	faut
G E R	faut

	faveur
D E	faveur

	favoriser +
D E	favoriser +

	feaux
T U	feaux
T U F	feaux

	fécond, e
I N	fécond, e

	fécondité
I N	fécondité

	fédéral, e
C O N	fédéral, e

	fédérer +
C O N	fédérer +

	fée
B I F	fée
G A F	fée
A G R A	fée
A T T I	fée
B L U F	fée
B O U F	fée
C O I F	fée
E T O F	fée
G R E F	fée
G R I F	fée
P A R A	fée
S U I F	fée
T A R I	fée
T R U F	fée

	fendre +
D E	fendre +
R E	fendre +
P O U R	fendre +

	fer
E N	fer
C O N	fer/
(voir verbes à −fat)	

	ferler +
D E	ferler +

	fermage
A F	fermage

	ferment, s
L A B	ferment, s

	fermer +
A F	fermer +
E N	fermer +
R E	fermer +
R E N	fermer +

	fermi
A F	fermi +
R A F	fermi +

	ferrer +
D E	ferrer +
E N	ferrer +

	fertile
I N	fertile
	fertilité
I N	fertilité
	fesse +
C O N	fesse +
P R O	fesse +
T E R	fesse
	festons
I N	festons
M A N I	festons
	fêtas
T A F	fetas
	fête
P R E	fête
S U F	fête
	feu, s, x
E N	feu, s, x
	feuiller +
D E	feuiller +
E F	feuiller +
	feutrer +
C A L	feutrer +
	fiable
C O K E	fiable
M O D I	fiable
P A N I	fiable
R A R E	fiable
S A L I	fiable
V E R I	fiable
	fiance
D E	fiance
M E	fiance
C O N	fiance
	fiât
L O U	fiat
(plus verbes en − fier +)	
	fibre
D E	fibre +
	fic
T R A	fic

	fidèle
I N	fidèle
	fidélité
I N	fidélité
	fié, e
L A M I	fié, e
(plus verbes en − fier +)	
	fier +
D E	fier +
M E	fier +
C O N	fier +
D E I	fier +
E D I	fier +
R E I	fier +
S O L	fier +
U N I	fier +
A U R I	fier +
B E T I	fier +
B O N I	fier +
C O C U	fier +
C O K E	fier +
E S T A	fier, s
G A T I	fier +
G E L I	fier +
G R E F	fier, s
L E N I	fier +
M O D I	fier +
M O M I	fier +
N I D I	fier +
N O T I	fier +
O S S I	fier +
P A C I	fier +
P A N I	fier +
P U R I	fier +
R A M I	fier +
R A R E	fier +
R A T I	fier +
R U B E	fier +
S A L I	fier +
T O N I	fier +
T R U F	fier, s
T U M E	fier +
V E R I	fier +
V I N I	fier +
V I V I	fier +

	fièvre
E N	fièvre +
	figue
B E C	figue
	figurer +
D E	figurer +
P R E	figurer +
	fil
F A U	fil
M O R	fil
P R O	fil
S U R	fil
	filage
A F	filage
D E	filage
E F	filage
E N	filage
F A U	filage
P A R	filage
P R O	filage
S U R	filage
T R E	filage
E M O R	filage
	filai
U N I	filai RE
(plus verbes ci-dessous)	
	filer +
A F	filer +
D E	filer +
E F	filer +
E N	filer +
R E	filer +
P A R	filer +
P R O	filer +
R E N	filer +
S U R	filer +
T R E	filer +
E F A U	filer +
E M O R	filer +
	filet +
S I	filet
	fileur
T R E	fileur

fileuse
D E fileuse

film +
T E L E film

filtrat, s
I N filtrat, s

filtrer +
I N filtrer +

fîmes
I N fimes
(plus verbes, voir à
fissent)

fin
E N fin/
B I F fin
C O F fin
M U F fin
P U F fin
S U R fin
C O U F fin
E G L E fin

financer +
A U T O financer +

finasse +
A F finasse
C O N finasse
R A F finasse
P E A U finasse

fine
A F fine +
C O N fine +
O L E fine
S U R fine
R A F fine +
P E A U fine +

finement
A F finement
C O N finement
R A F finement

fini, e
D E fini, e +
I N fini, e
I N D E fini, e
R E D E fini, e +

finir +
D E finir +
R E D E finir +

finîtes
A F finités
D E finîtes
I N finités
R E D E finîtes

fins
C O N fins/
(plus mots au pluriel de
— fin)

fion
T R O U fion

firme
A F firme +
I N firme +
C O N firme +
R E A F firme +

fis
D E fis
S U fis
S U F fis
B O U F fis
R I F I fis

fissent
D E fissent
M E fissent
R E fissent
C O N fissent
P A R fissent
S U R fissent
B O U F fissent

fit
C O N fit
P R O fit +
S U F fit

fîtes
P R O fites
S U L fites
(plus verbes, voir à
— fissent)

fixation
P R E fixation
S U F fixation

fla /
E N fla +
G I fla +
R A fla +
E R A fla +
G O N fla +
R E N fla +
S I F fla +
R E N I fla +
S O U F fla +

flamme
E N flamme +
O R I flamme

flan
(pensez aux verbes en
— flant :
G I flanT
G O N flanT...)

flanqué, e
E F flanqué, e

flavine
R I B O flavine

flèche +
B I flèche

fléchir +
I N fléchir +
R E fléchir +

flet
R E flet, é +
S I F flet
M O U flet, te
S O U F flet, é +

fleur +
G O N fleur
R O N fleur
S I F fleur
R E N I fleur
S O U F fleur

fleurage
E N fleurage

fleurer +
A F fleurer +
E F fleurer +
E N fleurer +

fleurir +
D E fleurir +
R E fleurir +

flexible
I N flexible

flexion
D E flexion
I N flexion
R E flexion
I R R E flexion
G E N U flexion

floua
R E N flouaGE

flouer +
R E N flouer +

flore
D E flore +
S O L I flore

fluxion
S O L I fuxion

foc
C L I N foc

focal, e
B I focal, e
H O M O focal, e

foin
S A I N foin

folie, e
D E folie +
E X folie +
P E R folié, e
T R I folié, e
L A T I folié, e

folle
F O folle (≠)

foncer +
D E foncer +
E N foncer +

fonceuse
D E fonceuse

foncier, e
T R E foncier, e

fond
P R O fond, e
T R E fondS/

fonde +
I N fondé, e
P R O fonde

fondeur
P R O fondeur

fondre +
E F fondre +
R E fondre +
C O N fondre +
M O R fondre +
P A R fondre +

fondu, e
S U R fondu, e

fonte
R E fonte

forage
P E R forage

forcer +
D E forcer +
E F forcer +
R E N forcer +

forer +
P E R forer +

formage
P R E formage

formatif, ive
I N formatif, ive

formation
D E formation
I N formation
R E formation
C O N formation
M A L formation
P R E formation

forme +
D E forme +
I N forme +
M E forme
R E forme +
A L I forme
C O N forme +
D I F forme
N E O formé, e
P R E forme +
U N I forme
F I L I forme
F U S I forme
I O D O forme
L A R I forme
O L E I forme
P I R I forme
P I S I forme
R E N I forme
U N C I forme

formel, le
I N formel, le

fort
E F fort
C O N fort, e +
P I E fort
R A I fort
R E N fort
B E A U fort

fortuné, e
I N fortuné, e

fou
G O R fou

fouiller +
A F fouiller +
B A fouiller +
C A fouiller +
R E fouiller +
F A R fouiller +
T R I fouiller +

fouine +
C H A fouine

fouir +
E N fouir +
S E R fouir +

fouler +
D E fouler +
R E fouler +

four
C H A U four

fourcher +
A F fourcher +
E N fourcher +

fournier
C H A U fournier

fraction
E F fraction
I N fraction
R E fraction
D I F fraction

fraîchir +
D E fraîchir +
R A fraîchir +

frais +
B A frais
C O F frais
G A U frais
S O U frais
B A L A frais
C H I F frais
G O I N frais

franchir +
A F franchir +

franger +
E F franger +

fraternel
C O N fraternel

frayer +
D E frayer +
E F frayer +

frein +
C H A N frein +

frère
C O N frère

fret +
C O F fret

fréter +
A F fréter +

frette
G A U frette

friande
A F friande +

friche
D E friche +

frimes
O F frîmes
S O U F frîmes

friper +
D E friper +

friser +
D E friser +

frite
E F frite +

frites
E F frites
O F frîtes
S O U F frîtes

foncer +
D E foncer +

froisser +
D E froisser +

front
A F front, e +
E F frontE +
C O N frontE +

fruit
U S U fruit

fruité
A F fruité +
D E fruité +

fruitier, e
U S U fruitier, e

fuir +
E N fuir +

fumable
I N fumable

fumer +
E N fumer +
P A R fumer +

fumeur, euse
P A R fumeur, euse

fus
I N fus
R E fus
C O N fus
D I F fus
G R I F fus
T O U F fus

fuse +
I N fuse +
R E fuse +
C O N fuse
D I F fuse +

fusible
I N fusible
D I F fusible

fusion
A F fusion
E F fusion
I N fusion
C O N fusion
D I F fusion
P E R fusion
P R O fusion
S U F fusion
S U R fusion

fut

A F fut
R A F fut

futé

A F futé +
E N futé +
R E futé +
R A F futé +
I R R E futé, e

G

gable

L A R gable
F A T I gable
I R R I gable
N A V I gable

gâche +

M A L gache

gade

B R I gade
B O U R gade

gage +

B A gage
D E gage +
E N gage +
W A gage
D R A gage
E L A gage
L A N gage
L A R gage
R E N gage +
T A N gage
Z I N gage
R E E N gage +

gagner +

R E gagner +

gai

C O N gai

gaie

P A gaie
S A gaie

gain

R E gain

gaine +

D E gaine +
E N gaine +
R E N gaine +

gal

J U gal
L E gal
R E gal +
T A gal, s
V A gal
F R U gal
G A L gal, s
I N E gal
P L A gal, s
T E R gal, s
I L L E gal

gala

S E gala
P O L Y gala

galates

R E galâtes

galaxie

M E T A galaxie

gale

C I gale
F A gale
J U gale
L E gale
M Y gale
R E gale +
V A gale
F R U gale
I N E galé, e
P L A gale
F R I N gale
I L L E gale

galet

G R I N galet

galette

S I N galette

galions

R E galions

gang

A N T I gang/

gant

E L E gant
A R R O gant
F A T I gant
F R I N gant
N A V I gant

gante +

D E gante +
E L E gante
A R R O gante
F A T I gante
F R I N gante
N A V I gante

gara +

F O G gara
T A N gara

garde +

H A garde
M E garde/
R E garde +
R I N garde

gare +

C I gare
B U L gare
A E R O gare

garnir +

D E garnir +
R E garnir +

garons

M E garons

gars

H A N gars
B E D E gars
R E A L gars

gate +

R E gate +
F R E gate
R E N E gate

	gations
L E	gations
N E	gations
R O	gations
P U R	gations
A B N E	gations
A B R O	gations
A G R E	gations
A L L E	gations
D E L E	gations
D E R O	gations
D I V A	gations
E L O N	gations
F U M I	gations
I R R I	gations
L E V I	gations
M I T I	gations
N A V I	gations
O B L I	gations
R E L E	gations

	gâtons
N E	gatons
R O	gatons

	gaude
B A	gaude
M A R	gaude +

	gauchir +
D E	gauchir +

	gazage
D E	gazage

	gazelle
A L	gazelle

	gazer +
D E	gazer +

	gazoline
D E	gazoline +

	gazonner +
D E	gazonner +
E N	gazonner +

	geais
	(voir ci-après)

	geant
(pensez aux verbes en	
— ger, comme :	
J U	geant
P U R	geant...)

	gel
D E	gel
P A	gel
R E	gel
A N T I	gel
S P I E	gel

	geler +
D E	geler +
R E	geler +
C O N	geler +
S U R	geler +

	gelif
A N T I	gelif

	genâtes
E U	genates
O X Y	genâtes
M O R I	genâtes

	gendre
E N	gendre +

	gène
E O	gène
Z Y	gène
E X O	gène
O X Y	gène +
P Y O	gène
A L L O	gène
A N T I	gène
A T T A	gène
A U T O	gène
C E T O	gène
C R Y O	gène (≠)
E N D O	gène
F U M I	gène
G A Z O	gène
H A L O	gèné, e
H E X O	gène
H O M O	gène
I N D I	gène
K E R O	gène

M O R I	géné +
M U T A	gène
P H O S	gène
P Y R O	gène

	gêner +
C O N	génèrE
O X Y	géner +
M O R I	géner +

	genèse
D I A	genèse
E P I	genèse
O R O	genèse
O V O	genèse
B I L I	genèse
M U T A	genèse
O N T O	genèse
P E D O	genèse

	génie
I N	génie +
E P I	génie
C R Y O	génie
O N T O	génie

	génique
O R O	génique
T E L E	génique

	génital, e
C O N	génital, e
P R E	génital, e

	gent
(autres que les verbes en	
— ger)	
A R	gent +
R E	gent +
U R	gent, e
S E R	gent
T A N	gent, e
D I L I	gent, e
E M E R	gent, e
I N D I	gent, e

	geôle
F L A	geole +
F L A	geoleT
R O U	geole

gérance	
C O	gérance
gérant	
C O	gérant, e
D I	gérant
I N	gérant
E X A	gérant
S U G	gérant
gère +	
C O	gère +
D I	gère +
I N	gère +
L E	gère
M E	gère
B E R	gère
C O N	gère
E T A	gère
E X A	gère +
F O U	gère
G O U	gère
L I N	gère
S U G	gère +
U S A	gère
V I A	gère
A U T O	géré, e
B O C A	gère
L A N I	gère
P O T A	gère
gérence	
I N	gérence
germer +	
D E	germer +
gérons	
A U	gérons
C O	gérons
D I	gérons
I N	gérons
E X A	gérons
S U G	gérons
B O U R	gerons
gesse	
S A	gesse
L A R	gesse

geste	
D I	geste
A L M A	geste
I N D I	geste
gestion	
C O	gestion
D I	gestion
I N	gestion
C O N	gestion
S U G	gestion
A U T O	gestion
I N D I	gestion
T E L E	gestion
gille	
S I	gillé, e
S P O N	gille
gis +	
L O	gis
M E	gis
M U	gis +
R E	gis +
R U	gis +
V A	gis +
Y O	gis
H A G	gis
M A R	gis
R E A	gis +
R O U	gis +
S U R	gis +
A S S A	gis +
E L A R	gis +
gisant, e	
E N E R	gisant, e
git	
M E	git
M U	git
R E	git
R U	git
V A	git
R E A	git
R O U	git
S U R	git
A S S A	git
E L A R	git

gite +	
C O	gite +
D I	gité, e
T E R	gite
E C L O	gite
gites	
C O	gites
D I	gités
M E	gîtes
M U	gîtes
R E	gîtes
V A	gîtes
R E A	gîtes
R O U	gîtes
S U R	gîtes
T E R	gites
A S S A	gîtes
E C L O	gites
givrer +	
D E	givrer +
glacer +	
D E	glacer +
V E R	glacer +
glaciaire	
P R E	glaciaire
glaire	
V E U	glaire
glaise +	
A N	glaise
glisse +	
R E	glisse
A N T I	glisse/
globe	
E N	globe +
globine	
H E M O	globine
glotte	
E P I	glotte
P O L Y	glotte
glyphe	
A N A	glyphe
T R I	glyphe

gnole

B A	gnole
F I	gnole +
C H I	gnole
T O R	gnole
E S P A	gnole

gnon

M I	gnon, e
O I	gnon
P I	gnon
P O	gnon
R O	gnon
B R U	gnon
C H I	gnon
G R I	gnon
G R O	gnon
G U I	gnon
L O R	gnon
M O I	gnon
Q U I	gnon
T R O	gnon
E S T A	gnon
L U M I	gnon

gnons
(autres que les pluriels
des mots ci-dessus)

C O	gnons
G A	gnons
L I	gnons
R E	gnons
S I	gnons
A L I	gnons
B A I	gnons
C E I	gnons
C L I	gnons
D A I	gnons
F E I	gnons
G E I	gnons
J O I	gnons
P E I	gnons
P O I	gnons
S A I	gnons
S O I	gnons
S T A	gnons
T E I	gnons
A S S I	gnons

B E S O	gnons
C R A I	gnons
D E S I	gnons
E B O R	gnons
E L O I	gnons
E P A R	gnons
E S B I	gnons
E T E I	gnons
I N D I	gnons
P L A I	gnons
R E P U	gnons
R E S I	gnons

gnose

D I A	gnose

gober +

E N	gober +

gobille

D E	gobille +

gode +

P A	gode

godille+

M O T O	godille

godons

R I	godons

gogues/

C Y N A	gogues
D E M A	gogues
P E D A	gogues

gommage

D E	gommage

gomme +

D E	gomme +
R O	gomme

gon

A N	gon
A R	gon
D I	gon
L A	gon
W A	gon
B O U	gon
D R A	gon
J A R	gon
F R A	gon

T A N	gon
F O U R	gon

gonflage

D E	gonflage
R E	gonflage

gonfler +

D E	gonfler +
R E	gonfler +

gong

D U	gong

gorge +

D E	gorge +
E N	gorge +
R E	gorge +
R E N	gorge +

gos

G O	gos
L O	gos
A Z Y	gos
C A R	gos
B I N	gos
B O N	gos
D I N	gos
I M A	gos
L A R	gos
F R I	gos
T A N	gos
A L B U	gos
G A L A	gos
G I N K	gos
I N D I	gos
V I R A	gos

gothique

N E O	gothique

gotique

A R	gotique

gouille

M A	gouille +
Z I	gouille +
G A R	gouille +

gouine

S A	gouine
B A R A	gouine +

	goule
C A	goule
V O	goule
B A R I	goule

	goulette
G A R	goulette
M A R	goulette

	goupiller +
D E	goupiller +

	gourdin
P E R I	gourdin

	gousse
G A R	gousse

	goût +
D E	gout +
R A	gout

	goutant
D E	goûtant, e
R A	goutant, e

	goûter +
D E	goûter +

	goutter +
D E	goutter +

	grâce
D I S	grâce
O N A	gracéE

	gracier +
D I S	gracier +

	gracieux, euse
D I S	gracieux, euse

	gradé, e
D E	gradé, e

	grain
E N	grain

	graine +
M I	graine

	graissage
D E	graissage
E N	graissage

	graisser +
D E	graisser +
E N	graisser +
R E N	graisser +

	graisseur
D E	graisseur
E N	graisseur

	gramme
D I	gramme
E N	gramme
A N A	gramme
D I A	gramme
E P I	gramme
M Y O	gramme
P R O	gramme +
T R I	gramme
I D E O	gramme
I O N O	gramme
K I L O	gramme
M O N O	gramme
S O N A	gramme
T E L E	gramme

	grana
F I L I	grana

	grange
E N	grange +

	graphe
B I O	graphe
D I A	graphe
E P I	graphe
G E O	graphe
M Y O	graphe
O L O	graphe
A E R O	graphe
A U T O	graphe
B A R O	graphe
D E M O	graphe
E R G O	graphe
H O D O	graphe
H O M O	graphe
L O G O	graphe
M A N O	graphe
M A R E	graphe
P A R A	graphe
P O L Y	graphe
P Y R O	graphe

	graphe
S O N A	graphe
T E L E	graphe
T O P O	graphe
T Y P O	graphe
X Y L O	graphe

	graphie
D I	graphie
B I O	graphie
D I A	graphie
E P I	graphie
G E O	graphie
M Y O	graphie
O R O	graphie
U R O	graphie
A U T O	graphie
C A C O	graphie
D E M O	graphie
H O M O	graphie
H O R O	graphie
I D E O	graphie
I N F O	graphie
L O G O	graphie
M A N O	graphie
N O M O	graphie
N O S O	graphie
S E R I	graphie
T E L E	graphie +
T O M O	graphie
T O N O	graphie
T O P O	graphie
T Y P O	graphie
X Y L O	graphie

	gras
D E	gras

	grasse
M I	grasse
E M I	grasse
H O N	grasse
D E N I	grasse
I M M I	grasse
I N T E	grasse

	grattage
R E	grattage

	gratter +
R E	gratter +

	grave +
A G	grave +
E N	grave +
B U R	grave
M A R	grave
L A N D	grave
P Y R O	grave +
R H I N	grave

	graveur, euse
P Y R O	graveur, euse

	gravure
E N	gravure
P Y R O	gravure

	gré
B I	gre/
M A L	gré/

(voir également à − grès)

	grec
N E O	grec
F E N U	grec

	grecque
N E O	grecque

	grée +
D E	grée +
R A	grée +
R E	grée +
T I	grée
C O N	grée +
E M I	grée
H O N	grée
M A U	grée +
I M M I	grée
P E D I	grée
S I M A	grée,s/

	greffe +
R E	greffe +
A U T O	greffe
H O M O	greffe

	gregues/
S E	gregues

	grêle +
A I	greleT

	grener +
E N	grener +
G A N	grener +

	grenu, e
S A U	grenu, e

	grès
A I	gres
D E	grés
M I	grés
N E	gres
P A	gres
P E	gres
T I	gres
B O U	gres
C O N	grès
E M I	gres
H O N	gres
L A N	gres
L O U	gres
M A I	gres
O N A	gres
P I N	gres
P R O	grès
V A I	gres
A L L E	gres
D E N I	gres
I M M I	gres
I N T E	gres
P O D A	gres

	grève +
D E	grève +
A N T I	grève

	griffe +
E S C O	griffe

	grille +
N E	grille

	grillon
N E	grillon

	grimes
A I	grîmes
M A I	grîmes
A M A I	grîmes

	grise +
A I	grise
D E	grise +

	gros
D E	gros

	grosse
E N	grosse +

	grossir +
D E	grossir +

	grouiller +
D E	grouiller +

	grouper +
D E	grouper +
R E	grouper +

	grue
C O N	grue

	grumeler +
E N	grumeler +

	guai
A R	guai
B A	guai
L E	guai
L I	guai
R A	guai
V A	guai
V O	guai
B L A	guai
B R I	guai
C A R	guai
D R A	guai
D R O	guai
E L A	guai
L A R	guai
N A R	guai
T A N	guai
T A R	guai
Z I N	guai
A L L E	guai
D E L E	guai
D I V A	guai
E C A N	guai
E L I N	guai
E N D I	guai
E N J U	guai
F A T I	guai
F R I N	guai
I R R I	guai

N A V I guai
R E L E guai

gué
A I guë
A L gue
A R gue +
B A gue +
B E gue
B I gue
B O gue
C I guë
D A gue
D I gue
D O gue
F I gue
F U gue +
G I gue
G O gueS/
L E gue +
L I gue +
O R gue
R A gue +
R O gué, e
V A gue +
V O gue +
Z I gue
B L A gue +
B R I gue +
C A N gue
C A R gue +
D E N gue
D I N gue
D I N guer/
D R A gue +
D R O gue +
E L A gue +
E X I guë
F O U gue
G A N gue
L A N gue
L A R gue +
L O N gue
M A N gue
M O R gue
N A R gue +
T A N gue +
T A R gue +

V E R gue
Z I N gue +
A L L E gue +
A M B I guë
B E S I guc
B R I N gue
D E L E gue +
D I V A gue +
E C A N gue +
E G L O gue
E L I N gue +
E N D I gue +
E N J U gue +
E X E R gue
F A T I gue +
F O U R gue +
F R I N gue +
I R R I gue +
N A V I gue +
P I R O gue
S A R I gue
S W I N gue +

guérite
M A R guerite

guèrc
N A guère/

guérie
V I guerie
D R O guerie

guet +
B E guete +
B O guet
D A guet
M U guet
D R O guet
L O N guet
G U I N guet

guette +
B A guette
G O guette/
B R A guette
L A N guette
L O N guette
M A N I guette
G U I N guette

gueule +
B E gueule
D E gueule +
E N gueule +

gueuse
L I gueuse
R U gueuse
B L A gueuse
D R A gueuse
F O N gueuse
F O U gueuse

guidage
A U T O guidage
T E L E guidage

guidé, e
A U T O guidé, e
F I L O guidé, e
T E L E guidé +

guis
L A guis
U N guis
L A N guis
T A R guis
A L A N guis
C H E R guis

guise
A I guise +
D E guise +

gustation
D E gustation

gyrin
A E gyrinE

H

habile
I N habile
M A L habile

habilité
I N habilité
R E habilite +

	habillage
D E S	habillage
	habiller +
D E S	habiller +
	habite +
C O	habite +
I N	habité, e
W A H	habite
	habituel, le
I N	habituel, le
	habituer +
R E	habituer +
D E S	habituer +
	haie
J O N C	haie
	haine
A C	haine
D E C	haîne +
E N C	haîne +
P R O C	haine
	haïr +
M O	hair
	halais
C I N G	halais
	halasse
D E	halasse
E C	halasse +
E X	halasse
I N	halasse
	hale +
D E	hale +
E X	hale +
I N	hale +
C E P	hale E
A C E P	hale
	halo
A N T I	halo
	halte
A S P	halte +

	han/
A F G	han, e
	(pensez également à
	la finale — hant, comme
N I C	hanT
S M A S	hanT...)
	hanche +
D E	hanche +
	hante +
E N C	hante +
F I C	hante
M E C	hante
B A C C	hante
B R O C	hante
M A R C	hante
T O U C	hante
	happe +
S C	happe
	haras
S I K	haras
	harde +
E C	harde
P O C	harde
R I C	harde
V A C	harde
B O U C	harde +
C L O C	harde
M O U C	harde +
P I N C	harde
	hardi
E N	hardi, r +
	harmonie
E N	harmonie
D Y S	harmonie
	harnais
A C	harnais
D E C	harnais
	harpe
E C	harpe +
	harpons
E C	harpons

	hart
R O	hart
	hase
B I P	hasé, e (≠)
D E P	hase +
D I P	hasé, e
E M P	hase
A N A P	hase
P R O P	hase
T R I P	hasé, e
	hâtes
B A C	hâtes
B E C	hâtes
B I C	hâtes
B U C	hâtes
C A C	hâtes
C O C	hâtes
F A C	hâtes
F I C	hâtes
H A C	hâtes
H O C	hâtes
H U C	hâtes
J U C	hâtes
L A C	hâtes
L E C	hâtes
L I C	hâtes
M A C	hâtes
M E C	hâtes
N I C	hâtes
P E C	hâtes
P O C	hâtes
R O C	hâtes
R U C	hâtes
S E C	hâtes
T A C	hâtes
A M O C	hâtes
B A N C	hâtes
B O U C	hâtes
B R O C	hâtes
C L I C	hâtes
C L O C	hâtes
C O U C	hâtes
C R A C	hâtes
C R E C	hâtes
C R O C	hâtes
D O U C	hâtes
F A U C	hâtes

F L E C	hâtes	
H A N C	hâtes	
H E R C	hâtes	
J O N C	hâtes	
L O U C	hâtes	
L Y N C	hâtes	
M A R C	hâtes	
M O U C	hâtes	
P E N C	hâtes	
P E R C	hâtes	
P I O C	hâtes	
P R E C	hâtes	
R A U C	hâtes	
S M A S	hâtes	
T O R C	hâtes	
T O U C	hâtes	
T R I C	hâtes	

hauban +
G A L hauban

hausse +
E X hausse +
R E hausse +
S U R hausse +
A N T I hausse/

héler +
A N héler +

hélion
N E P hélion

hélions
A N hélions
N E P hélions

hem/
S A C hem, s

herbage
D E S herbage

herbe
E N herbe +
D E S herbe +

hercher +
R E C hercher +

hère
A D hère +
E T héré, e
S P hère
A N T hère
A R C hère
C O C hère
E N C hère
J A C hère
P E C hère/
V A C hère
B O U C hère
G A U C hère
J O N C hère
O O S P hère
P A N T hère
P E U C hère/
P O R C hère
T O R C hère
(pensez également
aux verbes, comme
L A C hèreNT
T R I C hereZ...)

hérisse
E N C hérisse
R E N C hérisse

hérissons
E N C hérissons
R E N C hérissons

hériter +
C O hériter +
D E S hériter +

hérites
C O hérites
D E S hérites
E N C hérîtes
R E N C hérîtes

héritier, e
C O héritier, e

héron
B U C heron
T A C heron
M A N C heron
P E R C heron

hérons
(autre que les pluriels
des mots précédents)
A D hérons

héros
A N T I héros

heur
B E C heur
B O N heur
B U C heur
G A C heur
H A C heur
L A C heur
L E C heur
M A L heur
P E C heur
S E C heur
B R O C heur
C A T C heur
C L I C heur
C O U C heur
C R A C heur
F A U C heur
H E R C heur
L O U C heur
L Y N C heur
M A R C heur
P E R C heur
P I O C heur
P R E C heur
R A U C heur
T O U C heur
T R E C heur
T R I C heur

heure
V A R heure
W A T T heure

heureux, euse
M A L heureux, euse
B I E N heureux, euse

hie
O R P hie
P Y T hie
T U T hie
A P A T hie

A V A C hie
G R A P hie

hier/
C A hier
F I C hier
L U T hier
R O C hier

hile
A N N I hile +
G E O P hile
N A R G hile
Z O O P hile

hisse +
E B A hisse
T R A hisse
A V A C hisse
E N V A hisse
F L E C hisse
G A U C hisse

histoire
P R E histoire

hiver
A R C hiver +

hoir
(voir à − choir)

home
G L E C home
T R A C home
T R I C home
X A N T home

hominien
P R E hominien

homme
B O N homme/
S U R homme

honnête
D E S honnête
M A L honnête

honneur
D E S honneur

honorant
D E S honorant

honorer +
D E S honorer +

honte
A R C honte

hors
D E hors

hôte
C A hote +
B A C hote +
C H U C hote +
C R A C hote +

hotte
B A C hotte

houer + (≠)
E C houer +

houiller
M A C houiller +

hua
N A hua

hue +
C O hue
D E C hue
F I C hue
C R O C hue

huilage
D E S huilage

huiler +
D E S huiler +

humain, e
I N humain, e
S U R humain, e

humanise +
D E S humanise +

hume +
E X hume +
I N hume +
E N R hume +
P O S T hume

humidifié +
D E S humidifié +

hure
H A C hure +
M A C hure +
B R O C hure
M O U C hure
T R O C hure

hurons
H A C hurons
M A C hurons

hydrater +
D E S hydrater +

hydrogène +
D E S hydrogène +

hydrique
O X hydrique
I O D hydrique

I

ici
V O ici/
R E V O ici/

icône
T R icone
S I L icone

ide
A C ide
A M ide
A R ide
A V ide
B R ide +
E G ide
E L ide +
E V ide +
G U ide +
L A ide
O S ide
R A ide
S E ïde
A B S ide
A F F idé, e

A L G ide
A P S ide
B A S ide
B I F ide
B O L ide
C E B ide
C U P ide
D E C ide +
D E R ide +
D E V ide +
D R U ide
F R T ide
F L U ide
F R O ide
G A D idé
G E O ïde
H U M ide
H Y O ïde
L A P ide +
L I P ide
L I V ide
L U C ide
M U R ide
N U M ide
O V O ïde
P L A ide +
P Y X ide
R A P ide
R E S ide +
R I G ide
S A P ide
S O L ide
T I M ide
U R E ïde
V A L ide +
Z O O ïde
B A S T ide
B I A C ide
B I O C ide
C A N D ide
C A P S ide
C N E M ide
C O N O ïde
C U S P ide
D A N A ïde
D E B R ide +
D E I C ide
D I A M ide

E L U C ide +
E P U L ide
F R I G ide
G L U C ide
G R A V ide
H E R O ïde
H I S P ide
H Y B R ide
H Y P O ïde
L I M P ide
L I Q U ide +
L I P O ïde
M O R B ide
N U C L ide
N E R E ïde
O V O T ide +
O X A C ide
O X A L ide
O Z O N ide
P E P T ide
P E R F ide
P I E R ide
P L A C ide
P O N G ide
P R E S ide +
P U T R ide
R E N V ide +
S O R D ide
S P A R ide
S T E R ide
S T U P ide
S U B S ide
S U I C ide +
T O R P ide
T O R R ide
T R E P ide +
T R I F ide
T R U C ide +

idée
B R idée
E L idée
E V idée
G U idée
A F F idée
D E C idée
L A P idée
P L A idée

V A L idée
D E B R idée
E L U C idée
F L O R idée
H Y B R idée
L I Q U idée
O R C H idée
P R E S idée
R E N V idée
S C H E idée
S U I C idée
T R U C idée

idem/
I B idem/

ignames
A L ignâmes
B A ignâmes
C L ignâmes
D A ignâmes
G R ignâmes
G U ignâmes
P E ignâmes
S A ignâmes
S O ignâmes
A S S ignâmes
D E S ignâmes
E L O ignâmes
E S B ignâmes
I N D ignâmes
R E S ignâmes
C O N S ignâmes
D E D A ignâmes
D E P E ignâmes
E M P O ignâmes
E N S E ignâmes
P R O V ignâmes
R E C H ignâmes
S O U L ignâmes
T E M O ignâmes
T R E P ignâmes

igne
(autres que les verbes
ci-dessus)
B E igne
B E igneT
C E igne

E R			igne
T E			igne
G E			igne
P O			igne
P O			igneT
T E			igne
A R A			igne
B E N			igne
E T E			igne
I N S			igne
M A L			igne
A T T E			igne
D E P E			igne
D E T E			igne
E M P E			igne
E N C E			igne
E N S E			igne +
E T R E			igne
R E P E			igne
R E T E			igne
S P H A			igne
V A R A			igne

igue

B R	igue +
E X	iguë
A M B	iguë
B E S	igue
E N D	igue +
F A T	igue +
I R R	igue +
S A R	igue
B E C F	igue
B O R D	igue
C O N T	iguë
G A R R	igue
I N T R	igue +
P R O D	igue +
S U B A	iguë
S U R A	iguë

ilien, ne

S I C	ilien, ne
B R E S	ilien, ne
R E P T	ilien, ne

ilions

| E P | ilions |
| E X | ilions |

H U	ilions
O P	ilions
R U	ilions
V O	ilions
A F F	ilions
D E F	ilions
D E P	ilions
E F F	ilions
E M P	ilions
E N F	ilions
E N S	ilions
E T O	ilions
H U M	ilions
J U B	ilions
M U T	ilions
R E F	ilions
R E S	ilions
R U T	ilions
C O M P	ilions
D E V O	ilions
E N T O	ilions
F A U F	ilions
P A R F	ilions
P R O F	ilions
R E M P	ilions
R E N F	ilions
S U R F	ilions
T R E F	ilions
V E N T	ilions

îlot

| C U B | ilot |
| M E L | ilot |

image +

E C	image
G R	image
P R	image
A R R	image
E S S A	image

imité

I N	imité, e
A N T	imite
D E L	imite +
I L L	imité, e
I N T	imité
S U B L	imité

impasse

| G R | impasse |

importer +

| R E | importer + |

imposer +

| R E | imposer + |
| S U R | imposer + |

imprimer +

| R E | imprimer + |

imprimeur

| T E L E | imprimeur |

inca/

C O	inça
E M	inça
E P	inça
E V	inça
G R	inça
D E C O	inça

incarner +

| R E | incarner + |
| D E S | incarné, e |

incites

| A M | incîtes |

incruster +

| D E S | incruster + |

inculpé, e

| C O | inculpé, e |

indri

| A M O | indri |

infecter +

| D E S | infecter + |

infection

| D E S | infection |

inique

C L	inique
A C L	inique
A C T	inique
F U L M	inique
M O R A	inique
P O L L	inique

R A B B	inique			**iode**+	F A	ire
S U C C	inique	T R	iode	F O	ire +
		P E R	iode	F R	ire +
	inscrire +			**iodique**	H A	ire
R E	inscrire +	P E R	iodique	L U	ire +
				M A	ire +
	insérer +		**ion**	M O	ire
R E	insérer +	A N	ion	N O	ire
		A P	ion	N U	ire +
	insertion	A V	ion	P A	ire
R E	insertion	B R	ion	P O	iré, e
D E S	insertion	I L	ion	R A	ire +
		S C	ion	S B	ire
	installe +	U N	ion	S P	ire
R E	installe +	A G R	ion	V O	ire
		C A M	ion	Z A	ïre
	inter	C U R	ion	A F F A	ire +
F E	inter +	E S P	ion	A G R A	ire
P O	inter +	F A N	ion	A V O D	iré
P O	inter,s	F U S	ion	B E T O	ire
S U	inter +	G A B	ion	B I N A	ire
T E	inter +	G A L	ion	C A T A	ire
C H U	inter +	H E L	ion	C H A V	ire +
E J O	inter +	H O R	ion	C I B O	ire
E P O	inter +	L E G	ion	C O N F	ire +
E R E	inter +	L E S	ion	D E B O	ire
S P R	inter +	L U D	ion	D E C H	iré +
S P R	inter,s	M O R	ion	D E F A	ire
A C C O	inter +	P A P	ion	D E C R	ire +
A P P O	inter +	P O R	ion	D E D U	ire +
D E P O	inter +	R E G	ion	D O L O	ire
E S Q U	inter +	T A L	ion/	E C L A	ire +
		T U R	ion	E N D U	ire +
	intégrer +	V I S	ion	E P I A	ire
R E	intégrer +			E S Q U	ire
D E S	intégrer +		**ionique**	F I C A	ire
		A V	ionique	F I L A	ire
	intéresse +	T H	ionique	H E T A	ïre
D E S	intéresse +	I S O	ionique	H I L A	ire
				H I L O	ire
	intérêt		**ira**	H O R A	ire
D E S	intérêt	Q U	iraT	I M P A	ire
		L E M P	ira	I N D U	ire +
	intoxique +			I N S P	ire +
D E S	intoxiqué +		**ire**	L A R A	ire
		B O	ire +	L O B A	ire
	inventer +	B U	ire	L U N A	ire
R E	inventer +	C U	ire +	M A L A	ire
		E L	ire +		
	investir +	E T	ire +		
R E	investir +				

M A U D	ire +	
M E M O	ire	
M E S S	ire	
M O L A	ire	
N O T A	ire	
N O T O	ire	
P E C A	ïre/	
P E T O	ire	
P I L A	ire	
P O D A	ire	
P O L A	ire	
P R E D	ire +	
R E C U	ire +	
R E D U	ire +	
R E E L	ire +	
R E F A	ire	
R E L U	ire +	
R E P A	ire	
R E S P	ire +	
R O S A	ire	
S A L A	ire	
S E D U	ire +	
S I C A	ire	
S O L A	ire	
S O U P	ire +	
S O U R	ire +	
S O U T	ire +	
S U F F	ire +	
T R E V	ire +	
T U B A	ire	
U L M A	ire	
U L N A	ire	
V A M P	ire	
V E L A	ire	
V I C A	ire	

irions

B O	irions
C U	irions
E L	irions
F R	irions
F U	irions
L U	irions
N U	irions
B R A	irions
C R O	irions
D E D	irions
E C R	irions
F I N	irions
M E D	irions
P L A	irions
R E D	irions
R E L	irions
T R A	irions
A S S O	irions
C O N F	irions
D E D U	irions
E N D U	irions
E N F U	irions
I N D U	irions
P R E D	irions
R E C U	irions
R E E L	irions
R E L U	irions
S E D U	irions
S U F F	irions

irons

A V	irons
V A	irons
C L A	irons
E N V	irons
P O T	irons

(plus verbes comme :

E T	irons
F I N	irons
A V I L	irons...)

isard

G R	isard
P U	isard
C A M	isard
M A Q U	isard

isole+

C A M	isole

itou/

M A N	itou, s

ivre

D E L	ivre +
R E V	ivre +

J

jaillir +

R E	jaillir +

jambons

E N	jambons

jauger +

D E	jauger +

jetable

R E	jetable

jetions

D E	jetions
R E	jetions
S U	jetions
P R O	jetions
S U R	jetions

joindre +

A D	joindre +
E N	joindre +
D I S	joindre +

jonction

A D	jonction
I N	jonction
C O N	jonction
D I S	jonction

jouter +

R A	jouter +
S U R A	jouter +

jugal, e

C O N	jugal, e

K

kantisme

N E O	kantisme

kératose

D Y S	kératose

kimono
M A kimono

kinésie
D Y S kinésie
T E L E kinésie

L

labial, e
B I labial, e

labre
D E labre +
P A labre +

lac
T I L lac

lace +
D E lace +
E N lace +
P A lace
S A lace
A M Y lacé, e
B I P lace
D E G lace +
D E P lace +
V I O lace +
A R G I lacé, e
P O P U lace
R E M P lace +
S U R P lace
T R I P lace
V E R G lace +

lacérer +
D I lacérer +

lacet
A N T I lacet

lâche
A L lache
R E lâche +
G O U lache

lactation
A B lactation

lactique
G A lactique

ladies
M A ladies

ladin
B A ladin
P A ladin

laie
B O U laie
S A U laie

laine +
D E laine +
V I laine
P O U laine
R I V E laine

lais
(autres que les verbes comme
B I lais
R E G lais
S A N G lais...)
B A lais
D E lais
M A lais, e
P A lais
R E lais
A N G lais, e
D E B lais
A N G O lais, e
N E P A lais
R E M B lais
V I R E lais

laisser +
D E laisser +

laite
A L laite +
D E laite +
N I C O laïte

laiteuse
D E laiteuse

laitons
A L laitons
D E laitons

lame +
B I lame
C A lame
A C C lame +
D E C lame +
E X C lame +
R E C lame +
P R O C lame +

lames
(autres que les finales ci-dessus)
A L lâmes
B E lâmes
C E lâmes
C U lâmes
F E lâmes
F I lâmes
G E lâmes
H A lâmes
H E lâmes
M E lâmes
P E lâmes
P I lâmes
R A lâmes
S A lâmes
V E lâmes
V O lâmes
A D U lâmes
A V A lâmes
B A L lâmes
B I G lâmes
B I L lâmes
B O U lâmes
B R E lâmes
B R U lâmes
C A B lâmes
C I L lâmes
C O L lâmes
C O U lâmes
D A L lâmes
E C A lâmes
E G A lâmes
E N F lâmes
E P E lâmes
E P I lâmes
E T A lâmes
E X I lâmes

F E R	lâmes
F E U	lâmes
F O U	lâmes
F R O	lâmes
G A U	lâmes
G I C	lâmes
G I F	lâmes
H U I	lâmes
H U R	lâmes
I O D	lâmes
I S O	lâmes
J O D	lâmes
M A C	lâmes
M E U	lâmes
M O U	lâmes
O U R	lâmes
P A R	lâmes
P E R	lâmes
P I L	lâmes
P O E	lâmes
P O I	lâmes
R A B	lâmes
R A C	lâmes
R A F	lâmes
R E G	lâmes
R O U	lâmes
R U I	lâmes
S A B	lâmes
S E L	lâmes
S O U	lâmes
S T Y	lâmes
T A B	lâmes
T A L	lâmes
T I L	lâmes
U L U	lâmes
V I O	lâmes
V O I	lâmes

laminage

C A	laminage
D E	laminage
D E C A	laminage

lamine +

C A	lamine +
P R O	lamine
D E C A	lamine +

lampyre

M E	lampyre

lance +

B A	lance +
R E	lance +
F O R	lance +
A M B U	lance
B R I L	lance
P E T U	lance
R U T I	lance
V A I L	lance
V I G I	lance

lançons

P A	lançons

land

C H A	land
G O E	land
M A R Y	land
P O R T	land
S H E T	land

landais

I R	landais
I S	landais
F I N	landais
H O L	landais
N E E R	landais
T H A I	landais

lande

C H A	lande
H O L	lande
A C H A	landé, e
G U I R	lande

langage

M E T A	langage

lange +

M E	lange +
B O U	lange +
P H A	lange
P H A	langer, s

langres/

P A	langres

lapider +

D I	lapider +

laps

R E	laps

lapsus

C O L	lapsus
P R O	lapsus

lard

M U	lard
P E	lard
P O	lard
T O	lard
B I L	lard
B O L	lard
F O U	lard
L O L	lard
N U L	lard
P I L	lard
R I F	lard
S O U	lard
T A U	lard
C U M U	lard
E P A U	lard
F A I B	lard
G A I L	lard
G U E U	lard
P A I L	lard
P A P E	lard
R I G O	lard
R O U B	lard

larde +

M U	larde
P O	larde
T O	larde
N U L	larde
P I L	larde
S O U	larde
T A U	larde
E P O U	larde +
F A I B	larde
G A I L	larde
G U E U	larde
P A I L	larde
P A P E	larde
R I G O	larde
R O U B	larde

las

A T las
C O las
G A las
K O las
L I las
C A L las
G U Z las
K O A las
S M A las
T E S las
V I L las
M A K I las
M A T E las
O U V A las
S E G A las
V E R G las
(voir verbes à — lames)

lasse

A L lasse
D E lasse +
M O lasse
B I L lasse
D E C lasse +
M O L lasse
P O E lasse
P O I lasse
P R E lasse +
R A B lasse
R E C lasse +
C A I L lasse
D E C U lasse +
E C H A lasse +
M A T E lasse +
P A I L lasse
R E G U lasse
S U R C lasse +
(voir verbes à — lames)

lassons

M O lassons

latent

D I latent
E C latent
R E latent
F R E latent

latéral, E

B I latéral, e
C O L latéral, e
T R I latéral, e
U N I latéral, e
E Q U I latéral, e

latin

P A latin
P R E latin

latine

G E latiné, e
P A latine
P R E latine

latrie/

I D O latrie
Z O O latrie

latte

C H A N latte

laudes/

S O U laudes

lava

B A K lava
(voir verbes à — lave +)

lavage

D E lavage
R E lavage
E S C lavage
P R E lavage

lave +

D E lave +
R E lave +
E M B lave +
E N C lave
E S C lave
C O N C lave
P A N S lave

lavis

M A lavisE, e
P A H lavis

lavons

E S C lavons

lavure

E M B lavure

lèche +

A L lèche +
C A lèche
B I F lèche
P E R lèche
P O U R lèche +

leçon

C A leçon

lecteur

S E lecteur
C O L lecteur
D E F lecteur
R E F lecteur

lecture

R E lecture

légataire

C O légataire
D E légataire

lège

A L lège +
C O L lège

léger

A L léger +

légions

A L légions

légitime

I L légitime

legs

P R E legs

lègue +

C O L lègue

lent

D O lent, e
R E lent
T A lent
O P U lent, e
V I O lent, e +
B I V A lent, e
F E C U lent

I N D O	lent, e	
I N S O	lent, e	
P U R U	lent, e	
V I R U	lent, e	

léser +

R E A	léser +

lesse

D R O	lesse
M O L	lesse
N O B	lesse
B U F F	lesse
D I A B	lesse
F A I B	lesse

leste +

C E	leste
D E	leste +
M O	leste +

let

B O	let
F I	let +
G A	let
G I	let
M U	let
P A	let
P I	let
T O	let
V A	let
V O	let +
A N G	let
B A L	let
B I L	let, é
B O U	let, é
C H A	let
C O L	let +
D R O	let (≠)
F O L	let
G O U	let
M I L	let
M O L	let
N O U	let
O N G	let
O U R	let
P I O	let
P O U	let
R E F	let +
R E G	let

R E P	let
S I L	let
S T Y	let
V A R	let
V I O	let +
A G N E	let
A N N E	let
B A T E	let
B A V O	let
C A C O	let
C A P E	let
C A P U	let
C I S E	let
C O M P	let +
C O U P	let
D O U B	let
E P I L	let
G A I L	let
G I B E	let
G O B E	let
J U I L	let /
M A I L	let
M U S E	let
O E I L	let
O I S E	let
O R G E	let
O S S E	let
P A I L	let +
P I P E	let
S I F F	let
S I F I	let
S I M P	let
S T E R	let
T R I O	let
T R I P	let

lette

A B	lette
A I	lette
B E	lette
G A	lette
M O	lette
M U	lette
P A	lette
V O	lette
A M U	lette
B I L	lette
B O U	lette

C O L	lette
D R O	lette (≠)
E M P	lette
F I L	lette
G O E	lette
G O U	lette
H O U	lette
M A L	lette
M O L	lette
O D E	lette
O M E	lette
O N G	lette
P A U	lette
P E L	lette
P O U	lette
R A C	lette
R E G	lette
R O U	lette
S E L	lette
T A B	lette
T O I	lette +
V I O	lette
V O I	lette
B I E L	lette
B O U C	lette
C A I L	lette
C O T E	lette
E C H E	lette
E P A U	lette
G A I L	lette
G I M B	lette
M I M O	lette
M O U F	lette
O E I L	lette
P A I L	lette
P I P E	lette
P S A L	lette
S I M P	lette
S Q U E	lette
S T A R	lette
T R I P	lette
V R I L	lette

lettons

T O I	lettons

leu

A L	leu, x
N U C	léuS /

C O R B leu/	J A V E leur	**lia**
M O R B leu/	J O N G leur	M E lia
P A R B leu/	M E I L leur	D A H lia
	M I A U leur	C A M E lia
leucine	M O D E leur	M O N I lia
I S O leucine	N I E L leur	(voir verbes à − lier +)
	O I S E leur	
leur	O N D U leur	**liage**
F I leur	P E D A leur	A L liage
H A leur	R A C O leur	R E liage
P A leur	R A I L leur	D E P liage
P I leur	R A V A leur	B A I L liage
R A leur	R E C E leur	
S A leur	R O N F leur	**liasse**
V A leur	S I F L leur	E N liasse +
V O leur	T A I L leur	M I L liasse
A I L leurS/	T E I L leur	(voir verbes à − lier +)
A M B leur	V E I L leur	
A M P leur		**libérer +**
A V A leur	**leva**	D E libérer +
B R U leur	S A C O leva	
C A B leur	(voir verbes à −lève +)	**libre**
C H A leur		C A libre +
C O L leur		F E libre
C O U leur	**levage**	E Q U I libre +
D A L leur	E N levage	
D O U leur	R E levage	**lice**
F R O leur		C A lice
G I C leur	**lève +**	C I lice
H A B leur	E N lève +	D E lice
H U R leur	R E lève +	H E lice
M O U leur	P R E lève +	M A lice
P A R leur	S O U lève +	M I lice
P I L leur	S A C O lève	P O lice
R A C leur	S U R E lève +	C O M P lice
R E G leur		S U P P lcie
R O U leur	**levée**	
S A B leur	M A I N levée	**liche +**
B A I L leur	(plus verbes ci-dessus)	C A liche
B A T E leur		P O U liche
C A J O leur	**lèvre**	
C A V A leur	B A lèvre	**lichons**
C I S E leur		F O lichons
C O U P leur	**levure**	P A lichons
C R A W leur	E N levure	
C R I B leur		**licite**
D O U B leur	**lexique**	F E licite +
E N J O leur	D I S lexique	I L licite
G O N F leur		D U P licité
		E X P licite +

I M P	licite
P U B	licité
S O L	licite +
C O M P	licité
S I M P	licité

lie +

A L	lie +
C I	lie
D E	lie +
D U	lie/
F O	lie
J O	lie
P A	lie
P O	lie
R E	lie +
V E	lie
C O O	lie
D E P	lie +
E P U	lie
O U B	lie +
P A L	lie +
P O U	lie
P U B	lie +
R A L	lie +
R E P	lie +
S C O	lie
S P O	lie +
A B O U	lie
A C H O	lie
A C H Y	lie
A F F I	lie +
A N C O	lie
A N O B	lie
A P H E	lie
A S I A	lie
A U R E	lie
C E C I	lie
E M B O	lie
E X F O	lie +
F A I L	lie
H O M E	lie
H U M I	lie +
I M P O	lie
L O B E	lie
L U C I	lie
O R D A	lie
P A R E	lie

P A R U	lie
P H Y L	lie
R E M P	lie
R E S I	lie +
S A I L	lie
S I M U	lie
S U P P	lie +

liement

R A L	liement
R E P	liement

lien

E O	lien, ne
J U	lien, ne
M A	lien, ne
S A	lien, ne
A B E	lien, ne
C H I	lien, ne
E M I	lien, ne
E T O	lien, ne
I T A	lien, ne
O U R	lien, ne
P A U	lien, ne
G A U L	lien, ne
H E G E	lien, ne
M Y C E	lien, ne
O U R A	lien, ne
R E G A	lien
R O T U	lien, ne
S A H E	lien, ne
S I C I	lien, ne
T Y R O	lien, ne

lient

E M O L lient, e
(plus verbes, voir
ci-dessous)

lier +

A I	lier
A L	lier +
B E	lier
B O	lier
C A	lier
D E	lier +
P A	lier
P I	lier
R E	lier +
T O	lier

A T E	lier
B O U	lier
C A B	lier
C E L	lier
C O L	lier
D E P	lier +
E C O	lier
E T A	lier
F A B	lier
G E O	lier
H A L	lier
H U I	lier
M E U	lier
M U F	lier
N E F	lier
O N G	lier
O U B	lier +
P E R	lier
P O E	lier
P U B	lier +
R A L	lier +
R E P	lier +
R O L	lier
R O U	lier
S A B	lier
S E L	lier
S O U	lier
S P O	lier +
T A B	lier
T A U	lier
T U I	lier
T U L	lier
V I O	lier
V O I	lier
A F F I	lier +
B A T E	lier
B O U C	lier
C A V A	lier
D O U B	lier
E C H A	lier
E C H E	lier
E S P A	lier
E X F O	lier +
F A M I	lier
F U S I	lier
H O T E	lier
H U M I	lier +
M A N G	lier

M O B I lier	**lieu**	A M O L lîmes
O I S E lier	M I lieu	A N O B lîmes
P A R O lier	T O N lieu	A V E U lîmes
P E D A lier	**lieur**	D E M O lîmes
P E U P lier	R E lieur	D E P O lîmes
P I L U lier	**lieuse**	E T A B lîmes
R A T E lier	B I lieuse	F A I B lîmes
R E G U lier	R E lieuse	F A I L lîmes
R E S I lier +	O U B lieuse	J A I L lîmes
S A N G lier	**lige**	R E M P lîmes
S E C U lier	O B lige +	R E P O lîmes
S U P P lier +	V O lige +	S A I L lîmes
T E M P lier	A F F lige +	
	C O L lige +	**limite +**
lière	I N F lige +	D E limité +
B E lière	N E G lige +	I L limité, e
C U lière	C O O B ligé, e	**lin**
F I lière	**lignage**	C A lin, e +
P A lière	D E lignage	C O lin
S A lière	S O U lignage	F E lin, e
T O lière	**ligne +**	F I lin
V O lière	M A ligne	M A lin
E C O lière	S O U ligne +	S A lin, e
E T A lière	**ligneuse**	S O lin
G E O lière	D E ligneuse	V E lin
M E U lière	**limaçon**	B O U lin, e
P E R lière	C O limaçon	C A R lin, e
S A B lière		D E C lin, e +
T A U lière	**liment**	E N C lin, e
T E L lière	J O liment	G R E lin
T U L lière	P O liment	H Y A lin, e
B A T E lière	C O M P liment +	K A O lin
C A V A lière	I M P O liment	M E R lin
E P A U lière	**limer +**	M O U lin, e +
E R A B lière	S U B limer +	O P A lin, e
F A M I lière	**limes**	P R A lin, e +
H O T E lière	P A lîmes	A G N E linE
M O B I lière	P O lîmes	A L C A lin, e
M U S E lière	S A lîmes	A Q U I lin
O I S E lière	A B O lîmes	C I P O lin
R E G U lière	A V I lîmes	D R U M lin
R O S E lière	E M P lîmes	G I B E lin, e
S E C U lière	M O L lîmes	J O B E lin
T R E F lière		P A T E lin, e +
		R I P O lin, e +
liesse		**linéaire**
J O liesse		B I linéaire
		C O linéaire

liner	A V E U liront	C O A lise +
C A liner +	D E M O liront	C Y C lise +
D E C liner +	D E P O liront	E G A lise +
I N C liner +	E T A B liront	E N C lise
M O U liner +	F A I B liront	O P A lise +
P O U liner +	F A I L liront	O V A lise +
P R A liner +	J A I L liront	R E A lise +
D O D E liner +	R E M P liront	S T Y lise +
P A T E liner +	R E P O liront	U T I lise +
R I P O liner +	S A I L liront	B A N A lise +
V A S E liner +		B E M O lise + (≠)

lingual, e	**lis**	C A N A lise +
P E R lingual, e	(voir verbes à — limes)	C I V I lise +
S U B lingual, e	C O lis	D E V A lise +
	J O lis	F O C A lise +
lion	K A lis	I D E A lise +
G A lion	V O lis	L E G A lise +
H E lion	A M P lis	L O C A lise +
T A lion/	B R U lis	M O B I lise +
B I L lion	C O U lis	M O D E lise +
M I L lion	G A U lis	M O R A lise +
O P I lion	M A R lis	N A S A lise +
G A N G lion	O U B lis	P E N A lise +
N E M A lion	O X A lis	R I V A lise +
T R I L lion	R E P lis	S I M I lise +
T R U B lion	R O U lis	T O T A lise +
(voir verbes à — lier +)	S I A lis	V I R I lise +
	S I R lis	V O C A lise +
lionne	A L C A lis	
S I lionne	B A I L lis	**lisions**
	C H A B lis	C O L lisions
liquidité	C O U R lis	(plus verbes ci-dessus)
I L liquidité	E B O U lis	
	I M P O lis	**lissage**
lire +	N E R O lis	P A lissage
R E lire +	P A I L lis	P O lissage
R E E lire +	S I M I lis +	D E P lissage
T I R E lire	S U R P lis	E M P lissage
	T A I L lis	D E M O lissage
liront		D E P O lissage
P A liront		R E M P lissage
P O liront	**lise**	R E P O lissage
S A liront	B A lise +	
A B O liront	E G lise	**liserons**
A V I liront	E N lise +	(voir verbes à — lise +)
E M P liront	N O lise +	
M O L liront	V A lise	**liseur**
A M O L liront	A V A lise +	B A liseur
A N O B liront		A V A liseur
		N E B U liseur

lisse +	D U A liste	M Y E lite
E C lisse +	O C U liste	N U L lité
M E lisse	P A U liste	P E R lite
P A lisse +	R E A liste	P O P lité, e
P E lisse	T U L liste	P Y E lite
P O lisse	V I O liste	Q U A lité
S A lisse	A N N A liste	R E A lité
A B O lisse	B U R A liste	S T Y lite
A V I lisse	C A B A liste	U T I lité
C O U lisse +	C I V I liste	Z E O lite
F M P lisse	D U E L liste	A E R O lite
M O L lisse	F A D U liote	A N N A lité
R E G lisse	F A T A liste	B A N A lité
R O U lisse	F I N A liste	B A K E lite
A M O L lisse	G A U L liste	C H E I lite
A N O B lisse	I D E A liste	C I V I lité
A V E U lisse	L E G A liste	D E B I lite +
D E M O lisse	L O Y A liste	D O C I lité
D E P A lisse +	M O D E liste	D O T A lité
D E P O lisse	M O R A liste	F A C I lite +
E T A B lisse	N A T A liste	F A I L lite
F A I B lisse	N I H I liste	F A T A lité
J A I L lisse	P U G I liste	F I D E lité
R A V I lisse	S I M I liste	F I N A lité
R E M P lisse	V I T A liste	F U T I lité
R E P O lisse		H A B I lite +
S A I L lisse	**lit**	I D E A lité
	D E lit, e +	I N S O lite
lisseuse	C H A lit	L A B I lité
P O lisseuse	C O N F lit	L E G A lité
	(voir verbes à — limes)	L E T A lité
lissons		L O C A lité
C A lissons	**lite**	M O B I lité
E C lissons	C O lite	M O D A lité
P A lissons	D E lite +	M O R A lité
P O lissons	H A lite	M O T I lité
S A lissons	I L lite	N A S A lité
C O U lissons	M I lite +	N A T A lité
D E P A lissons	T O lite	N U B I lité
	V E lite	P E N A lité
liste +	A G I lité	P I S O lite
B A liste	A N A lité	R E G O lite
P O liste	D U A lité	R H Y O lite
S O liste	E D I lité	R I V A lité
B I B liste	E G A lité	S E N I lité
B O U liste	H O P lite	S T E L lite
C A B liste	H Y A lite	T O N A lité
C A R liste	M E L lite	T O T A lité
C Y C liste		

V E N A lité	**liure**	H O R loge,r,e
V I R I lité	P A liure	M E N O loge
V I T A lité	S U R liure	
		logique
liter +	**livrer +**	I L logique
D E liter +	D E livrer +	A N A logique
M I liter +		B I O logique
O B litérE, e +	**lobâtes**	E C O logique
D E B I liter +	P E lobates	N E O logique
F A C I liter +	E N G lobâtes	P R E logique
H A B I liter +	S T Y lobates	T R I logique
		Z O O logique
lites	**lobe**	A X I O logique
(voir à − lite, et à	B I lobé, e	E T H O logique
− limes pour les verbes)	C O lobe	E T I O logique
	E N G lobe +	I D E O logique
lithique	E P I lobe	M E T A logique
N E O lithique	T R I lobé, e	M Y C O logique
M E G A lithique	P O L Y lobé, e	O E N O logique
M E S O lithique		O N T O logique
M O N O lithique	**local, e**	P O M O logique
	N E O local, e	T H E O logique
litions	V I R I local, e	V I R O logique
D E litions		
M I litions	**locataire**	
V O litions	A L locataire	**loir**
A B O litions	C O locataire	H A loir
C O A litions		S A loir
D E B I litions	**location**	V A loir /
D E M O litions	A L location	A V A loir, e
E B U L litions	C O location	B O U loir
F A C I litions	C O L location	B R U loir
H A B I litions	D I S location	C H A loir /
		C O U loir
litons	**loch**	F O U loir
D E litons	M O loch	I S O loir
M I litons		J A B loir, e
M I R litons	**loche**	P A R loir
D E B I litons	G A loche	R A C loir
F A C I litons	T A loche +	R I F loir
H A B I litons	B O U loche +	V O U loir /
	E F F I loche +	A F F I loir
litre	G U I L loche +	D E M E loir
B E litre	M A I L loche	D E V A loir
T A litre		G R I L loir
D E C A litre	**lof +**	R E V A loir /
D E C I litre	O U O lof	S A R C loir
	K O U G lof	T A I L loir
	loge +	
	D E loge +	
	R E loge +	

	lombes/	M A I L lot	D E C A lotte +
C O	lombes	M A T E lot	D E C U lotte +
P A	lombes	M E L I lot	E P I G lotte
D E P	lombes	S A N G lot +	G I B E lotte
S U R P	lombes		R E C U lotte +
		lote	V I T E lotte
	long, ue	B E lote	
O B	long, ue	F A lote	**louer +**
B A R	long, ue	H I lote	A L louer +
		P E lote +	R E louer +
	lord	P I lote +	D E C louer +
M I	lord	Z E lote	E N C louer +
		B A L lote	R E C louer +
	lori	D O R lote +	
C O	loriS/	P A R lote	**louis**
P I	lori	P E C lote +	E B louis
V A	loriSE +	S O U lote	
E N D O	lori	C A M E lote	**louper +**
		C O M P lote +	C H A louper +
	lot	C O P I lote	
C A	lot	E C H A lote	**lourd**
C U	lot	M A T E lote	B A lourd
D A	lot	P A I L lote	
D E	lot	R I G O lote	**lourde +**
F A	lot	S A N G lote +	B A lourde
M U	lot	S I F F lote +	F A lourde
P A	lot		P A lourde
P I	lot +	**lotions**	
V E	lot	P E lotions	**ludions**
B A L	lot	P I lotions	P R E ludions
B I L	lot	D O R lotions	
B O U	lot	P E C lotions	**ludisme**
B R U	lot	C O M P lotions	P A ludisme
C A B	lot	S A N G lotions	
G O U	lot	S I F F lotions	**luge +**
G R E	lot		D E luge
H U B	lot	**lotis**	
O C E	lot	P I lotis/	**lui**
P E R	lot		C E lui/
P O U	lot	**lotte**	R E lui
R O L	lot	C A lotte +	
S O U	lot	C U lotte +	**luire +**
A N G E	lot	H U lotte	R E luire +
B I B E	lot	P A lotte	
C A I L	lot	B A L lotte +	**lunaire**
C A M E	lot	B O U lotte +	S U B lunaire
C O M P	lot +	G R E lotte +	
C U B I	lot	G O U lotte +	**lune**
F E M E	lot	R O U lotte +	F A lune +
J A V E	lot	C H A R lotte	

	lupin
T U R	lupin E +

	lurent
R E	lurent
E X C	lurent
I N C	lurent
M O U	lurent
O C C	lurent
R E E	lurent
C O N C	lurent

	lus
M A	lus
P A	lus
R E	lus
T A	lus
T O	lus
V A	lus
V E	lus
D E P	lus
E X C	lus
F A L	lus
G O U	lus
I N C	lus
M O U	lus
O C C	lus
O C U	lus
P O I	lus
R E C	lus
R E E	lus
V O U	lus
A B S O	lus
A N G E	lus
C A R O	lus
C O M P	lus
C O N C	lus
C U M U	lus
D E V O	lus
E M O U	lus
M A F F	lus
M A M E	lus
P E R C	lus
P H A L	lus
R E S O	lus
R E V A	lus
R E V O	lus
S U R P	lus
T U M U	lus

	lustre +
B A	lustre
D E	lustre +
I L	lustre +
P A	lustre

	lut
R E	lut /
S A	lut
C H A	lut
R E E	lut /

	lute +
D E	lute +
S O	lute
T A	luté, e
V O	lute
I N V O	luté, e

	lûtes
(voir à — lurent)	

	lutions
A B	lutions
D E	lutions
D I	lutions
S O	lutions
E V O	lutions
P O L	lutions
A B S O	lutions
I N V O	lutions
R E S O	lutions
R E V O	lutions

	lutte +
T U R	lutte

M

	mâcher +
R E	mâcher +

	maçon
L I	maçon
C O L I	maçon

	maçons
L I	maçons
G R I	maçons
C O L I	maçons

	maculé, e
I M	maculé, e

	magasiner +
E M	magasiner +

	mage
D A	mage
F U	mage
H U	mage
L A	mage
L I	mage
R A	mage +
C A L	mage
C H O	mage
C R E	mage
D O M	mage
E C I	mage
E C U	mage
E T A	mage
F E R	mage
F O R	mage
F R O	mage
G E M	mage
G R I	mage
H O M	mage
P L U	mage
P R I	mage
T R A	mage
A L L U	mage
A R R I	mage
B I T U	mage
C H A U	mage (≠)
C H R O	mage
E C R E	mage
E N F U	mage
E N S I	mage
R E T A	mage

	maie
O R	maie

	maigrir +
D E	maigrir +

mail

C A   mail
F E R   mail
G E M   mail
T R A   mail
T R E   mail

maille +

D E   maille +
L I   maille
R E   maille +
R I   maille +
C H A   maille +
M A R   maille
R E M   maille +

mailler

(autre que les verbes
— maille +)
C R E   maillerE

main

D E   main
H U   main, e
R O   main, e
G E R   main, e
R O U   main, e
I N H U   main, e

maire

U L   maire
B R U   maire/
F R I   maire/
M A M   maire
P A L   maire
P R I   maire
S O M   maire
G R A M   maire

mais

J A   mais
A S S A   mais
(plus verbes ci-dessous)

A I   mais
A R   mais
D A   mais
F U   mais
H U   mais
L I   mais
M I   mais
P A   mais

R A   mais
R I   mais
S E   mais
A B I   mais
A N I   mais
B L A   mais
B R A   mais
B R I   mais
C A L   mais
C H O   mais
C L A   mais
C R E   mais
E C I   mais
E C U   mais
E L I   mais
E T A   mais
F E R   mais
F I L   mais
F O R   mais
G E M   mais
G E R   mais
G O M   mais
G R I   mais
N O M   mais
P A L   mais
P A U   mais
P L U   mais
P O M   mais
P R I   mais
R H U   mais
S O M   mais
T R A   mais
T R I   mais
A F F A   mais
A L A R   mais
A L L U   mais
A R R I   mais
A S S U   mais
B I T U   mais
C H A R   mais
C H A U   mais
C H R O   mais
D E C I   mais
E C R E   mais
E N F U   mais
E N G A   mais
E N T A   mais
E S T I   mais

E X H U   mais
I N H U   mais
I N T I   mais
P E R I   mais
R A N I   mais
R E A R   mais
R E S U   mais
R E T A   mais
R Y T H   mais

maison

F U   maison
P O   maison
P L U   maison

mal, e

A N I   mal, e
A N O   mal, e
H I E   mal, e
N O R   mal, e
S I S   mal, e
A N O R   mal, e
D E C I   mal, e
M A X I   mal, e
M I N I   mal, e
O P T I   mal, e
S E I S   mal, e
T H E R   mal, e

malien, ne

M A M   malien, ne
N O R   malien, ne

manage +

L A   manage

manche

D I   manche
E M   manche +
R O   manche
E N D I   manché, e

mancie

G E O   mancie

mandant

C O   mandant
D E   mandant
C O M   mandant
Q U E   mandant
G O U R   mandant
R E D E   mandant

		mande +			**mare**		E C Z E	mas
	D E	mande +		S A	mare		O U L E	mas
	L I	mande		G A M	mare		P A N A	mas
	R O	mande		P A L	mareS/		P L A S	mas
	C O M	mande +		D I S A	mare		P Y J A	mas
	F L A	mande					S C H E	mas
	N O R	mande			**mari +**		S T R O	mas
	Q U E	mande +		T A	maris/		T R A U	mas
	A L L E	mande		S A I	mari		Z E U G	mas
	G O U R	mande +					Z Y G O	mas
	R E D E	mande +			**mariage**			
				R E	mariage			**masquer +**
		manes/		F O R	mariage		D E	masquer +
	B I	manes						
	R O	manes			**marier +**			**masse +**
	B R A H	manes		D E	marier +		D A	masse +
	M E L O	manes		R E	marier +		R A	masse +
	O P I O	manes					B I O	masse
	O T T O	manes			**marin +**		B R U	masse +
	P Y R O	manes		R O	marin		H O M	masse
				T A	marin		(voir verbes à − mates)	
		manger +						
	D E	manger +			**marine +**			**masseur, euse**
	R E	manger +		C O U	marine		R A	masseur, euse
		mangeable			**marque +**			
	I M	mangeable		D E	marque +			**mastique +**
				R E	marque +		D E	mastique +
		manie +		P O L E	marque		R E	mastique +
	R E	manie +					O N O	mastique +
	M O N O	manie			**marre +**			
	O P I O	manie		D E	marre +			**mat +**
	P Y R O	manie		S I	marre		C L I	mat
				C H A	marre +		F O R	mat
		mante		G A M	marre		I M A	mat
	A I	mante +		R E D E	marre +		P R I	mat
	F U	mante					(voir verbes à − mates)	
	C A L	mante			**mas**			
	D I A	manté, e		C O	mas			**matage**
	D O R	mante		P U	mas		D E	matage
	A L A R	mante		S I	mas		C O L	matage
	C H A R	mante		S O	mas		T R E	matage
	D I R I	mante		C O M	mas			
	I N F A	mante		D O U	mas			**mate +**
				E N E	mas		D E	mate +
		marche +		K A R	mas		T O	mate
	D E	marche		M A G	mas		A R O	mate
	R E	marche +		T R E	mas		B R O	mate
				U L E	mas		C O L	mate +
		marcheur, euse	B R E G		mas		D A L	mate
	D E	marcheur, euse	C I N E		mas		P R I	mate

T R E mate +
S T O mate
A U T O mate
C A S E mate
C H R O mate
S Q U A mate
S T I G mate
S T E M mate

matériel, le
I M matériel, le

mates
(autres que les pluriels
de − mate)
A I mâtes
A R mâtes
C A mâtes
D A mâtes
F U mâtes
H U mâtes
L A mâtes
L I mâtes
M I mâtes
P A mâtes
R A mâtes
R I mâtes
S E mâtes
A B I mâtes
A N I mâtes
B L A mâtes
B R A mâtes
B R I mâtes
C A L mâtes
C H O mâtes
C L A mâtes
C R A mâtes
C R E mâtes
E C I mâtes
E C U mâtes
E L I mâtes
E T A mâtes
F I L mâtes
F O R mâtes
G E M mâtes
G E R mâtes
G O M mâtes
G R I mâtes

N O M mâtes
P A L mâtes
P A U mâtes
P L U mâtes
P O M mâtes
P R I mâtes
R H U mâtes
S O M mâtes
T R A mâtes
A F F A mâtes
A L A R mâtes
A L L U mâtes
A R R I mâtes
A S S U mâtes
B I T U mâtes
C H A R mâtes
C H A U mâtes
C H R O mâtes
D E C I mâtes
E C R E mâtes
E N F U mâtes
E N G A mâtes
E N T A mâtes
E S T I mâtes
E X H U mâtes
I N H U mâtes
I N T I mâtes
P E R I mâtes
R A N I mâtes
R E A R mâtes
R E S U mâtes
R E T A mâtes
R Y T H mâtes

mâtine +
C H R O matine

mations
H I mations
S O mations
A N I mations
C R E mations
F O R mations
G E M mations
S O M mations
A U T O mations
D E C I mations
E S T I mations
E X H U mations

I N H U mations
I N T I mations

matis
A R O matisE +
C L I matisE +
D O G matisE +
D R A matisE +
A U T O matisE +
A X I O matisE +
S C H E matisE +
S T I G matisE +

matité
H E matite
C L E matite
D E R matite
M I G matite
P E G matite
S T O matite

mature
A R mature
I M mature
P A L mature
P R E maturé, e

maturité
I M maturité
P R E maturité

mauve
G U I mauve

mède
R E mède

médiat, e
I M médiat, e

médiates
I M médiates
R E médiâtes

médical, e
B I O médical, e
P A R A médical, e

médis
S A medis

méditer +
P R E méditer +

	mélasse	
D E	mélasse	
E M	mêlasse	
J U	melasse	
G R U	melasse	
P O M	melasse	
G R O M	melasse	
	mêle +	
D E	mêle +	
E M	mêle +	
J U	mele +	
G R U	mele +	
G R O M	mele +	
P E R A	mèle	
	mellité	
G E	mellité	
	mélo	
C A	meloT	
F E	meloT	
P O	melo	
	melon	
M A	melon	
	membrer +	
D E	membrer +	
R E	membrer +	
	même	
S E	même	
	mémorial	
I M	mémorial	
	ménage +	
D E	ménage +	
E N	ménage +	
S U R	menage	
	mène +	
D E	mène +	
E M	mène +	
E U	mène	
H Y	menéE	
R A	mène +	
M A L	mène +	
N O U	mène	

P R O	mène +	
R E M	mène +	
S U R	mène +	
T U R K	mène	
	meneur, euse	
P R O	meneur, euse	
	mense	
I M	mense	
	mental	
E M	mental	
F R O	mental	
	ment	
(autres que les verbes)		
C E	ment	
C I	ment	
D E	ment	
D U	ment/	
J U	ment	
M O	ment	
N U	ment/	
P I	ment	
A L I	ment	
A U G	ment	
C L E	ment	
C O M	ment/	
C R U	ment/	
E L E	ment	
F E R	ment	
F R O	ment	
P I G	ment	
S A R	ment	
S E R	ment	
U N I	ment/	
A G R E	ment	
A I S E	ment/	
A P R E	ment/	
A R G U	ment	
A R M E	ment	
B A T I	ment	
B E L E	ment	
B E T E	ment/	
B O N I	ment	
B R A I	ment	
D O C U	ment	
D U R E	ment/	

F I G E	ment	
F I L A	ment	
F I N E	ment/	
F I X E	ment/	
F R A G	ment	
G A I E	ment/	
G I S E	ment	
G R E E	ment	
I N D U	ment/	
J O L I	ment/	
J U G E	ment	
J U R E	ment	
L A P E	ment	
L A V E	ment	
L I G A	ment	
L I N I	ment	
L O G E	ment	
M O N U	ment	
M U R E	ment/	
O R N E	ment	
O R P I	ment	
P A I E	ment	
P A R E	ment	
P A V E	ment	
P A Y E	ment	
P E D I	ment	
P O S E	ment/	
P U R E	ment/	
R A L E	ment	
R A R E	ment/	
R E G I	ment	
R U D E	ment/	
R U D I	ment	
S A G E	ment/	
S A L E	ment/	
S A P E	ment	
S E D I	ment	
S U C E	ment	
S U R E	ment/	
T E G U	ment	
T O U R	ment	
V E H E	ment	
V E L E	ment	
V E T E	ment	
V I L E	ment/	
V I R E	ment	
V I V E	ment/	
V R A I	ment/	

mente +	**merder +**	C E R met
C E mente +	D E merder + (≠)	P L U met
C I mente +	E M merder +	S O M met
D E mente		V E R met
F O mente +	**mère**	C A L U met
J U menté	K H mère	G O U R met
L A mente +	M E mère	(voir verbes à — mette +)
P I mente +	R E méré	
A L I mente +	C H I mère	**métal**
A U G mente +	C O M mère +	B I métal
C L E mente	E N U mère +	T R I métal
C O M mente +	F O R mereT	
F E R mente +	I S O mère	**métis**
P I G mente +	T R I mère	P L U métis
S E G mente +	E P H E mère	
A G R E mente +	M E S O mère	**métra**
A R G U mente +	M E T A mère	D I A métraL, e
D O C U mente +	M O N O mère	G E O métraL, e
F R A G mente +	P O L Y mère	
O R N E mente +		**mètre +**
P A R E mente +	**merise**	T O mètre
T O U R mente +	N U mérisé +	V U mètre
V E H E mente	P O L Y mérisé +	D I A mètre
		G E O mètre
menteur	**mérite +**	L U X mètre
B O N I menteur	D E mérite +	O D O mètre
	I M mérité, e	O H M mètre
menteuse	T E mérité	T R I mètre
T O menteuse		A L T I mètre
S A R menteuse	**mes**	A R E O mètre
F I L A menteuse	(autres que les pluriels	B A R O mètre
L I G A menteuse	des mots en — me)	B O L O mètre
P A V I menteuse	H E R mès	D E C A mètre
	K E R mès	D O S I mètre
mentir +	C H E R mès	E C L I mètre
D E mentir +	T H E R mès	E N D O mètre
		F L U X mètre
mentites	**messe**	G A Z O mètre
C E mentites	K E R messe	G Y R O mètre
D E mentîtes	P R O messe	H E X A mètre
		K I L O mètre +
mentons	**mestre**	M A C H mètre
(voir à —mente +)	S E mestre	M A N O mètre
	T R I mestre	O N D E mètre
mer, s		O S M O mètre
(autres que les verbes)	**mesure +**	P A R A mètre
K H mer, s	D E mesuré, e	P A R C mètre
B O O mer, s	T E L E mesure	P E R I mètre
P A L mer, s		P I F O mètre/
S T E A mer, s	**met**	
T R I M mer, s	A R met	
	F U met	

P O D O	mètre
P O S E	mètre
P O T O	mètre
P Y R O	mètre
R H E O	mètre
S O N O	mètre
T A X I	mètre
T E L E	mètre
T Y P O	mètre
V O L T	mètre
W A T T	mètre

métrique

S Y	métrique
A S Y	métrique
I S O	métrique
G E O	métrique
B A R O	métrique
D E C I	métrique
K I L O	métrique
M A N O	métrique
O E N O	métrique
P A R A	métrique
P Y R O	métrique
T O N O	métrique
V O L U	métrique

mettable

I M	mettable

mette +

A D	mette +
D E	mette +
L I	mette
R A	mette
R E	mette +
T O	mette
C O M	mette +
F E R	mette
G O M	mette
P A L	mette
P E R	mette +
P O M	mette
P R O	mette +
S O U	mette +
T O M	mette
A L L U	mette
G O U R	mette
R E A D	mette +

metteur

P R O	metteur

mettre +

A D	mettre +
D E	mettre +
R E	mettre +
C O M	mettre +
P E R	mettre +
P R O	mettre +
S O U	mettre +
R E A D	mettre +

meuble +

D E	meuble +
I M	meuble
R E	meuble +

meure

D E	meure +

meurs

F U	meurs
H U	meurs
L I	meurs
R A	meurs
R I	meurs
R U	meurs
S E	meurs
T U	meurs
C H O	meurs
C L A	meurs
D O R	meurs
E C U	meurs
E T A	meurs
G E M	meurs
P R I	meurs
A F F A	meurs
A L L U	meurs
A R R I	meurs
C H A R	meurs
C H R O	meurs
R E T A	meurs

mica

F O R	mica

midi

H U	midiTE
T I	midiTE

mie

D E	mie
L A	mie
M O	mie
R A	mie
A M I	mie
A N E	mié, e
A N O	mie
C A D	mie +
C H I	mie
K E T	mie
T H Y	mie
T R E	mie
U R E	mie
A N O S	mie
B I G A	mie
D O L O	mie
E N D E	mie
E N N E	mie
I N F A	mie
L A T O	mieS/
S O D O	mie
T H E R	mie
T O X E	mie

miellé, e

E M	miellé +

mien

S I	mien
A D A	mien
P E R	mien
W O R	mien
W U R	mien
B O H E	mien

mienne

A D A	mienne
P E R	mienne
W U R	mienne
B O H E	mienne

mignon

L U	mignon

migrer +

I M	migrer +

mil

T A	mil

milité	
H U	milité

mille

F A mille
O R milleS/
R A mille
G R E mille
V E R mille +
C A M O mille
C H A R mille
F O U R mille +

million

V E R million

mîmes

A D mîmes
D E mîmes
G E mîmes
R E mîmes
V O mîmes
B L E mîmes
C A L mîmes
C O M mîmes
D O R mîmes
F R E mîmes
P E R mîmes
P R O mîmes
S O U mimes
R E A D mîmes

min

C U min
G A min, e
C A R min, e
C H E min, e +
J A S min

mina

G O mina (≠)
(plus verbes, voir à
— mine +)

minable

A B O minable

minage

D E minage
L A minage
C A L A minage

minates

A L U minates
(plus verbes, voir à
— mine +)

mine +

D E mine +
D O mine +
F A mine
G A mine
G O miné, e (≠)
G E mine +
L A mine !
R U mine +
A B O mine +
A L U mine
C A R miné, e
C H E mine +
C U L mine +
D I A mine
E L I mine +
E T A mine
E X A mine +
F L A mine
F U L mine +
G R A miné, e
H E R mine
S T A miné, e
T E R mine +
T H Y mine
V E R mine
A C H E mine +
A D E R mine
A L B U miné, e
B I O A mine
B R A H mine
C A L A mine +
E F F E mine +
E N L U mine +
I L L U mine +
I N N O miné, e
I N S E mine +
L E G U mine
T H I A mine
V I T A miné, e

minée

C H E minée
(plus les féminins
ci-dessus)

minent

I M minent, e
P R E E minent, e
P R O E minent, e
S U R E minent, e
(plus verbes en — mine +)

minet

E S T A minet

minette

H E R minette

mineur

D E mineur
L A mineur
E N L U mineur

minus

T E R minus

mir

G E mir +
V O mir +
B L E mir +
C A L mir +
D O R mir +
F R E mir +

mire +

A D mire +

mis

(autres que les verbes)
D E mis
K A mis
S E mis
T A mis
A G A mis
F E R mis
H O R mis
K O U mis
O T O mis
R O U mis
S A L mis
V E R mis
B R A H mis
E N N E mis
E U D E mis
F O U R mis
S A L A mis
T A T A mis

	mise
A D	mise
D E	mise
R E	mise +
T A	mise +
A T O	mise +
C H E	mise +
C O M	mise
P E R	mise
P R O	mise
S O U	mise
T H O	mise
C H R O	mise +
I S L A	mise +
M A I N	mise
M A X I	mise +
M I N I	mise +

	misse
A D	misse
D E	misse
G E	misse
R E	misse
V O	misse
B L E	misse
C A L	misse
C O M	misse
D O R	misse
F R E	misse
P E R	misse
P R O	misse
S O U	misse
R E A D	misse

	mission
A D	mission
D E	mission
R E	mission
C O M	mission
P E R	mission
S O U	mission
M A N U	mission
R E A D	mission
S U R E	mission

missions
(autres que les pluriels
des mots ci-dessus)

	missions
G E	missions
V O	missions
B L E	missions
C A L	missions
D O R	missions
F R E	missions
P R O	missions

	mit
S A	mit

(plus verbes, voir à
— mettre +)

	mite +
C O	mité
E R	mite
L I	mite +
S E	mite
S O	mite
A D A	mite
I N I	mité, e
M A M	mite
M A R	mite
S O M	mité
T E R	mite
A N N A	mite
A N T I	mite
C A L A	mité
D E L I	mite +
D O L O	mite
D Y N A	mite +
E N O R	mité
E P S O	mite
I L L I	mité, e
I N T I	mité
S O D O	mite

mites
(voir à — mimes)

mitions

D O R	mitions

mitons

M A R	mitons

(plus verbes, voir à
— mite +)

	mobile
I M	mobile
A E R O	mobile
A U T O	mobile
L O C O	mobile

	mobilier, e
I M	mobilier, e

	mobilise +
I M	mobilisé +
D E	mobilisé +

	mobilité
I M	mobilité
A E R O	mobilité

	mode
D E	mode +
D E	mode X
C O M	mode
P L A S	mode

	modéré, e
I M	modéré, e

	modique
S P A S	modique

	modeste
I M	modeste

	modestie
I M	modestie

	moduler +
D E	moduler +

	moi
S U R	moi/

	moie
O R	moie
L A R	moie
P A U	moie
A T E R	moie

	moignons
T E	moignons

	moine
A N T I	moine
S T R A	moine

	moins
T E	moins
N E A N	moins

	moire
A R	moire
M E	moire

E C U moire
G R I moire

mois
R E mois
C H A mois
S I A mois

moisa
C H A moisaGE

moise
A R moise
R E moise
C H A moise +
S I A moise

moisi, e
C R A moisi, e

moisons
P A moisons

mol
B E mol
F O R mol
T H Y mol

molaire
P R E molaire

molasse
I M molasse
F O R molasse

mole
I M mole +
S A mole
F O R mole +

molette
M I molette

mollir +
R A mollir +

mon
A R mon
D E mon
J O mon
L I mon
T I mon
A R A mon

D R O mon
E T Y mon
G E R mon
G N O mon
G O E mon
M O R mon, e
P O U mon
S A U mon, e, e
S E R mon
A R T I mon
F L E G mon
P A L E mon
T E L A mon

monde
I M monde
O S monde

monétiser +
D E monétiser +

monnaie
E U R O monnaie

mono
K I mono
K A K E mono
M A K I mono

mont
P I E mont
P I E D mont
R O D O mont

montais
P I E montais, e

monter +
D E monter +
R E monter +
S U R monter +

monteur, euse
R E monteur, euse

montoir/
P R O montoirE
S U R montoir

montre +
D E montre +
R E montre +
P R E montré

moral, e
I M moral, e
F E moral, e
H U moral, e
T U moral, e

mobiliser +
D E mobiliser +

moralisme
I M moralisme

moraliste
I M moraliste

moralité
I M moralité

morasse
R E M E morasse

mordre +
D E mordre +

mords
D E mords
R E mords

more
T I moré, e
M A T A more
R E M E more +
S Y C O more

morions
A R morions
R E M E morions

morne
C R O morne

mortalité
I M mortalité
S U R mortalité

morte
M A I N morte

mortel, le
I M mortel, le

mosan, e
F O R mosan, e

	mot
M A R	mot
P O T A	mot

	moteur
B I	moteur
P R O	moteur
T R I	moteur
A U T O	moteur
E S C A	moteur
L O C O	moteur
M O N O	moteur

	motion
C O M	motion
P R O	motion
L O C O	motion

	motions
E S C A	motions
(plus ci-dessus)	

	motivé, e
D E	motivé, e
I M	motivé, e
L E I T	motive/
L O C O	motive

	motrice
P R O	motrice
A U T O	motrice
L O C O	motrice

	motte
C H A	motte
M A R	motte +

	mou
T I N A	mou

	mouiller +
R E	mouiller +

	moulage
D E	moulage
R E	moulage
S U R	moulage

	moule +
D E	moule +
S E	moule
S U R	moule +
V E R	moule +

	mourais
S A	mouraïs

	mous
R E	mous
T I N A	mous

	mousse +
F R I	mousse
T R E	mousse +

	mouvant
P R O	mouvant
A U T O	mouvant, e

	mouvoir
P R O	mouvoir

	mue +
R E	mue +
C O M	mue +
P R O	mue

	mulard
C U	mulard

	mule
C U	mule +
L I	mule
S I	mule +
F O R	mule +
G E M	mule
P L U	mule
S T I	mule +
A C C U	mule
S Q U A	mule

	mulet
S U R	mulet

	mulons
C U	mulons
S I	mulons
F O R	mulons
S T I	mulons
A C C U	mulons

	mulot
S U R	mulot

	munie
D E	munie
C O M	munie +
P R E	munie

	munir +
D E	munir +
P R E	munir

	munis
D E	munis
I M	munisE +
C O M	munisME
C O M	munisTE
P R E	munis

	munîtes
D E	munîtes
I M	munités
P R E	munîtes

	mur +
F E	mur

	murage
S A U	murage

	murai
S A	murai

	mure +
A R	mure
E M	mure +
F U	mure
L E	mureS/
R A	mure
B R O	mure
M U R	mure|+
P A L	mure
S A U	mure +

	mus
C A	mus
H U	mus
O R E	mus
P R O	mus
T H Y	mus
T R I S	mus
V I D I	mus

	muse +
C A	muse

	museler +
D E	museler +
	mut
A Z I	mut
	mutable
C O M	mutable
P E R	mutable
	muter +
C O M	muter +
P E R	muter +
	mutes
P R O	mûtes
(plus ci-dessus)	
	mutité
A U D I	mutité

N

	nabis
C A N	nabis
	nable
M I	nable
T E	nable
D A M	nable
P R E	nable
A L I E	nable
D E V I	nable
I N T E	nable
	nagari
D E V A	nagari
	nage +
A U	nage
B I	nage
F A	nage
F I	nage
M A	nage +
M E	nage +
M I	nage
T U	nage
V I	nage

A C O	nage
A M E	nage +
A P A	nage
B O R	nage
C A N	nage
C A R	nage
C H I	nage
C O R	nage
C R E	nage
G A G	nage
G L A	nage
G R E	nage
L A I	nage
M A R	nage
P E N	nage
P L A	nage
R O G	nage
S A U	nage
S U R	nage +
U S I	nage
A C C O	nage
A F F E	nage
A F F I	nage
B A D I	nage
B O B I	nage
B U R I	nage
C A R E	nage
C H A I	nage
C O L O	nage
D E M E	nage +
D E M I	nage
D R A I	nage
E G R E	nage
E M M E	nage +
E V E I	nage
F A R I	nage
G R A I	nage
L A M A	nage
L A M I	nage
L I M O	nage
M A R I	nage
M E J A	nage
P A T I	nage
P E I G	nage
R A M O	nage
R A T I	nage
S A T I	nage
T O U R	nage

	nageur
A M E	nageur
	nageuse
A M E	nageuse
M O Y E	nageuse
	nais
R E	nais
C O N	nais
H A R	nais
R E N	nais, e
A L B A	nais, e
A N T E	nais, e
B E A R	nais, e
B O L O	nais, e
C A E N	nais, e
F O U R	naisE
G A B O	nais, e
G U Y A	nais, e
H A V A	nais, e
J A P O	nais, e
J A V A	nais, e
L I B A	nais, e
L Y O N	nais, e
M I L A	nais, e
P O L O	nais, e
S E N O	nais, e
(plus verbes, voir à	
— naît)	
	naissance
R E	naissance
C O N	naissance
	naît
B I	nait
C A	nait
D I	nait
F A	nait
G E	nait
M E	nait
M I	nait
O R	nait
P A	nait
R E	naît
V I	nait
A H A	nait
A M E	nait
A V I	nait

B E R nait	B A S A nait	R A T I nait
B O R nait	B O B I nait	R A V I nait
C A N nait	B U R I nait	R E S I nait
C E R nait	B U T I nait	R I C A nait
C H I nait	C A L I nait	R U M I nait
C O G nait	C A R E nait	S A T I nait
C O R nait	C H A I nait	S A I G nait
C R A nait	C L I G nait	S E R I nait
C R E nait	C O U I nait	S O I G nait
D A M nait	D A I G nait	S T A G nait
D O N nait	D E B I nait	S U R I nait
E M A nait	D E M E nait	T A P I nait
F L A nait	D E M I nait	T O U R nait
G A G nait	D E T O nait	T R A I nait
G A I nait	D E V I nait	
G L A nait	D O M I nait	**naître +**
G R E nait	D R A I nait	R E naître +
J E U nait	E C H I nait	C O N naître +
L A I nait	E C O R nait	
L I G nait	E F F A nait	**nana**
M A G nait	E G R E nait	Z E nana
M A R nait	E M M E nait	
O P I nait	E N R E nait	**nantir +**
P E I nait	E T O N nait	D E nantir +
P L A nait	F A L U nait	
P R O nait	F A R I nait	**naos**
R A I nait	F O U I nait	P R O naos
R E G nait	F R E I nait	
R O G nait	G E M I nait	**nard**
R U I nait	G R A I nait	B I nard
S A U nait	G R I G nait	C A nard, e +
S I G nait	G R O G nait	P A nard
S O N nait	G U I G nait	P I nard
T A N nait	L A M I nait	R E nard, e +
T O N nait	L A P I nait	B A G nard
T R O nait	L E S I nait	C O R nard
U R I nait	L O R G nait	E P I nard
U S I nait	L U T I nait	L E O nard, e
V A N nait	M A R I nait	M I G nard, e
V E I nait	M A T I nait	P E I nard, e
A B O N nait	M U T I nait	V E I nard, e
A D O N nait	P A G I nait	F O U I nard, e
A F F I nait	P A T I nait	G E I G nard, e
A L I G nait	P A V A nait	G R O G nard
A N O N nait	P E I G nait	G U I G nard, e
A S S E nait	P O T I nait	P O I G nard, e +
B A D I nait	R A M E nait	T R A I nard, e
B A I G nait	R A M O nait	
		nasse
		F I nasse +
		P I nasse

T I G	nasse		**naval**		**négation**
C A D E	nasse +	C A R	naval	A B	négation
T R A I	nasse +			D E	négation
(plus verbes, voir à			**nazi, e**		
— naît)		A N T I	nazi, e		**neiger +**
				D E	neiger +
	natal, e		**néant**	E N	neiger +
N E O	natal, e	F A I	néant, e +	R E	neiger +
P R E	natal, e				
P E R I	natal, e		**née**		**net**
P O S T	natal, e	(autres que les finales		B E	net
		de verbes)		G E	net
	natalité	A D	née	M I	net
D E	natalité	A I	née	B O N	net
S U R	natalité	A N	née	B R U	net
P E R I	natalité	A P	née	C A R	net
		A U	née	C H E	net
	nation	I G	née	C O R	net
A G	nation	I N	née	J A U	net
D O	nation	L U	née	J E U	net
C A R	nation	U S	née	S O N	net
C O G	nation	Z O	née	B A R O	net
D A M	nation	A U L	née	B E I G	net
E M A	nation	C A R	née	C A B I	net
P H O	nation	D I O	née	H A V E	net
P R O	nation	G U I	née	P O I G	net
A L I E	nation	L I M	née	R O B I	net
D E T O	nation	P E N	née		
D I V I	nation	P U I	née		**nette**
D O M I	nation	A T H E	née	B I	nette
G E M I	nation	C U T A	née	C A	nette
I M P A	nation	D Y S P	née	D I	nette
I N T O	nation	E B U R	née	D U	nette
N O M I	nation	E R R O	née	F I	nette
O R D I	nation	F O U R	née	G E	nette
P A G I	nation	G E M I	née	L U	nette
R U M I	nation	H Y M E	née	M A	nette
S T A G	nation	J O U R	née	M I	nette
S U P I	nation	P E R I	née	R E	nette
		P O I G	née	T I	nette
	national, e	R I C I	née	B A N	nette
B I	national, e	R O M A	née	B O N	nette
		R U B A	née	B R U	nette
	naturel, le	S A T A	née	C A N	nette
S U R	naturel, le	U N C I	née	C O R	nette
				E P I	nette
	nautique		**nef**	J A U	nette
M O T O	nautique	B E	nef	J E U	nette
		A E R O	nef	N O N	nette
	nautisme				
M O T O	nautisme				

R A I nette
R E I nette
S O N nette
V E I nette
V I G nette
B O B I nette
C A D E nette
C H A I nette
D E V I nette
J E A N nette
L O R G nette
M I D I nette
O R C A nette
P A T I nette
S A P I nette
S A T I nette
S E R I nette

nevé
S E nevé

nia
(autres que les verbes,
voir à − nier +)
T E nia
T A E nia
Z I N nia
B E G O nia
M A H O nia
P E T U nia
X I M E nia

niable
M A niable

niaise
D E niaise +

niche +
C A niche
D E niche +
P E niche
B O N niche
C O R niche

nichons
D E nichons
C O R nichons

nie
(autres que les verbes
ci-dessous, voir à
− nier +)
F I nie
G E nie
P U nie
S A nie
A G O nie
A T O nie
A V A nie
B A N nie
B R U nie
E T H nie
G A R nie
H E R nié, e
I R O nie
P H O nie
R E U nie
U R A nie
A C T I nie
A P H O nie
A R S E nié, e
B L E N nie
C O L O nie
D A P H nie
D E F I nie
D E S U nie
F E L O nie
F O U R nie
I M P U nie
I N F I nie
L A C I nié, e
S I M O nie
T E T A nie
V E S A nie
V I L E nie

nier +
D E nier +
H U nier
L I nier, e
M A nier +
M I nier, e
P A nier, e
R E nier +
A C O nier
C A R nier

C O R nier, e
D E R nier, e
E B E nier
E P I nier, e
G A I nier
G R E nier
L A I nier, e
M E U nier, e
P L E nier, e
P R U nier
S A U nier
T H O nier
U S I nier, e
V A N nier
V E R nier
A C C O nier
A R G A nier, e
B A N A nier
B U T A nier
C A S A nier, e
C H A I nier
C H A R nier, e
D O U A nier, e
F O U R nier
G U I G nier
L A T A nier
L I M O nier, e
M A R I nier, e
P E I G nier
P E R O nier
P I O N nier
P O T I nier, e
R E S I nier, e
R O B I nier
R U B A nier, e
S A L I nier
T I M O nier

nielle +
V E nielle

nions
(pour les verbes en
− ner, voir à − naît)
D E nions
F A nions
R E nions
T E nions
V E nions

O P I	nions			**noire**			**non**
R E U	nions		B A I G	noire		C A	non
A D V E	nions		P A T I	noire		F A	non
C E I G	nions					L I	non
D E S U	nions			**noise**		P E	non
D E T E	nions		D A	noise		R E	non
D E V E	nions		G E	noise		S I	non/
F E I G	nions		B E R	noise		T E	non
G E I G	nions		C H I	noise +		X E	non
J O I G	nions		F I N	noise		G U E	non
O B T E	nions		P E K I	noise		M I G	non
O D V E	nions		S O U R	noise		O I G	non
P E I G	nions		V I E N	noise		P E N	non
P O I G	nions					P I G	non
R E T E	nions			**nom**		R O G	non
R E V E	nions		R E	nom		B R U G	non
T E I G	nions		C R E	nom/		C A B A	non
			P R E	nom		C H A I	non
	nit		P R O	nom		C H I G	non
(autres que les finales			S U R	nom		G R I G	non
de verbes)						G R O G	non
A C O	nit			**nombre**		L O R G	non
G R A	nit, e, e		D E	nombre +		M O I G	non
			P E	nombre		Q U I G	non
	niveau		S U R	nombre/		T R O G	non
C A	niveau						
				nome			**nonce**
	niveler +		B I	nôme		A N	nonce +
D E	niveler +		G E	nome		D E	nonce +
			I N	nomé, e		R E	nonce +
	nivelle		A D E	nome		P R O	nonce +
D E	nivelle +		E C O	nome			
M A	nivelle		T R I	nôme			**none**
			A G R O	nome		A N	none
	noble		A U T O	nome		I O	none
I G	noble		M E L A	nome		R O T E	none
V I G	noble		P O L Y	nôme			
			S E M I	nome			**nonne**
	nocher +					C A	nonne +
P I G	nocher +			**nominal, e**		T E	nonne +
			P R O	nominal, e		M I G	nonne
	noir						
M A	noir			**nomme +**			**normal, e**
P L A	noir		D E	nomme +		A	normal, e
U R I	noir		I N	nommé, e		P A R A	normal, e
B O B I	noir		R E	nomme +			
L A M I	noir		P R E	nomme +			**nos**
P E I G	noir		S U R	nomme +		G U A	nos
T A M A	noir		S U S	nommé, e		L L A	nos
						P H O	nos

P I A nos
P O R nos
A L B I nos
C A S I nos
D O M I nos
K I M O nos
M E C A nos
M E R I nos
T E M E nos
T E T A nos

notateur
A N notateur

notation
A N notation
D E notation
C O N notation
L A B A notation

notatrice
A N notatrice

note +
A N note +
C A note +
D E note +
C O N note +
G Y M note
P I A note +
A C T I note
G N O G note
G R I G note +

notion
P R E notion

notre
P A T E nôtre

nouer +
D E nouer +
R E nouer +

nouille
G E nouillé, e
A G E nouille +
C O R nouille
C O R nouilleR, s
G R E nouille +
Q U E nouille

nous
A I nous
M I nous (≠)
B U R nous
N O U nous

novateur, trice
I N novateur, trice
R E novateur, trice

nover +
I N nover +
R E nover +

nubile
O B nubilé +

nue
D E nué
M E nue
T E nue
V E nue
A V E nue
C H E nue
C O N nue
C O R nue
G R E nue
A T T E nue +
C H A R nue
D E T E nue
D I M I nue +
E T E R nue +
E X T E nue +
I N G E nue +
I N S I nue +
R E T E nue
R E V E nue

nuée
D E nuée
A T T E nuée
D I M I nuée
E X T E nuée
I N S I nuée

nuise
M E nuise +
A M E nuise +

nuptial, e
P R E nuptial, e

nus
M E nus
M I nus
S I nus
T E nus
T O nus
V E nus
A C I nus
A V E nus
C H E nus
C L O nus
C O N nus
C O R nus
G R E nus
A D V E nus
C H A R nus
C O S I nus
D E T E nus
D E V E nus
I N G E nus
O B T E nus
O B V E nus
R E T E nus
R E V E nus

O

obéir +
D E S obéir +

objectif
T E L E objectif

obligé
C O obligé, e
D E S oblige +

observé, e
I N observé, e

obstruer +
D E S obstruer +

occupant, e
C O occupant, e

occupé	**odeur**	**oiseau**
I N occupé, e	B R odeur, euse	D A M oiseau
R E occupe +	D E C odeur	**oisillon**
P R E occupe +	E N C odeur	C R oisillon
ocras	V O C odeur	**oison**
H Y P ocras	**œdème**	C L oison
ocrâtes	M Y X œdème	P A M oison
A U T ocrates	**œuvre +**	**oisons**
D E M ocrates	D E S œuvré, e	C L oisons
T H E ocrates	M A N œuvre +	C R oisons
ocre +	**offensif, ive**	D E B oisons
M E D I ocre	I N offensif, ive	D E G oisons
ode	**offre**	P A M oisons
A N ode	D E C offre +	P A T oisons
A P ode	S U R offre	P A V oisons
B R ode +	**ohé/**	R E B oisons
D I ode	E V ohé/	C H A M oisons
E P ode	**ohm**	C H I N oisons
E R ode +	M E G ohm	D E C R oisons
E X ode	**oie**	**ole/**
G E ode	B R oie	D R ole
I X ode	P R oie	E T ole
D E C ode +	O R M oie	F I ole
D E M ode +	**oidie**	F R ole +
D E R ode +	R E F R oidie	G E ole
D E S odé, e	**oignons**	G N ole
D I P ode	E L oignons	G R ole
P A G ode	E M P oignons	I S ole +
S A R ode	E N J oignons	V I ole +
S Y N ode	R E J oignons	A C C ole +
T R I ode	T E M oignons	A F F ole +
C A T H ode	D I S J oignons	A R E ole
C O M M ode		A S S ole +
C O R R ode +	**oil**	C A J ole +
C U S T ode	G A S oil	C R E ole
E P I S ode		D E S ole +
I N F E ode +	**ointe**	E N J ole +
I S O P ode	E J ointe +	E N R ole +
M E T H ode	E P ointe +	E N T ole +
P E N T ode	A D J ointe	E N V ole +
P E R I ode	A P P ointe +	E T I ole +
P L A T ode	D E P ointe +	F L E ole
T E T R ode	C O N J ointe	G N I ole
T R I P ode	D I S J ointe	I M M ole +
U R O P ode		I N D ole
V O I V ode		I N S ole +
		P A R ole

P I C	ole +	
P I R	ole	
R A C	ole +	
R E C	ole +	
R E V	ole +	
R I G	ole +	
S A M	ole	
V E R	olé, e	
V I R	ole +	
A L C O	olé	
A L V E	olé, e	
A P I C	ole	
A U R E	ole +	
A V I C	ole	
A Z E R	ole	
B A B I	ole	
B A G N	ole	
B A R I	ole +	
B R I C	ole +	
C O N S	ole +	
C O N V	ole +	
C O U P	ole	
D E S S	ole +	
D U O P	ôle	
F I G N	ole +	
F O L I	ole	
F O R M	ole +	
F R I V	ole	
G O N D	ole +	
I N V I	olé, e	
L U C I	ole	
M A R I	ole	
M E N D	ole	
M O N G	ole	
N I V E	ole	
O S T I	ole	
P A C T	ole	
P E T I	olé, e	
P E T R	ole	
P H L E	ole	
P I S T	ole	
P I S T	oleT	
P Y R R	ole	
R A F F	ole +	
R I S S	ole +	
R O S E	ole	
R U B E	ole	
S C A R	ole	

S C A T	ole	
S E P I	ole	
S O M N	ole +	
S U R V	ole +	
S Y M B	ole	
S Y S T	ole	
V A C U	ole	
V A R I	olé, e	

olefine

D I	oléfine

oléum

L I N	oléum

olive

E N J	olive +

omble

C A N D	omble

ombre +

D E N	ombre +
E N C	ombre +
P E N	ombre
S U R N	ombre

omîtes

P R	omîtes
D O L	omites
E P S	omites
S O D	omites

once

E N	once +
F R	once +
P I	once +
A N N	once +
D E F	once +
D E N	once +
E N F	once +
E N G	once +
R E N	once +
S E M	once + (≠)
D E F R	once +
P R O N	once +
R A I P	once
R E N F	once +

oncle

F U R	oncle
P E T	oncle

onction

A D J	onction
I N J	onction
C O M P	onction
C O N J	onction
D I S J	onction

onde

A B	onde +
A R	onde /
B L	onde
E M	onde +
E X	ondé, e
F R	onde +
G R	onde +
I N	onde +
S P	ondéE
D E B	onde +
F A C	onde
F E C	onde +
G I R	onde
I M M	onde
O S M	onde
R O T	onde
S E C	onde +
P R O F	onde

ondin

B L	ondin, e
G R	ondin
G I R	ondin, e (≠)
R A G	ondin

ongle

S T R	ongle

ont

A M	ont
F R	ont
A F F R	ont
P I E M	ont

onze

B R	onze +

ope

C H	ope +
C L	ope
E C	ope +
M Y	ope
T R	ope

C A N	ope	
E C L	opé, e	
G A L	ope +	
H Y S	ope	
L Y C	ope	
M E T	ope	
S A L	ope +	
A P O C	ope	
C Y C L	ope	
E S T R	ope	
I S O T	ope	
Ɛ T E N	ope	
S Y N C	opé, e	
V A R L	ope +	

opérable
I N opérable

opérant
C O opérant, s
I N opérant
R E opérant

opérer +
C O opérer +
R E opérer +

opine +
C H opine
C L opine +
I N opiné, e

opportun, e
I N opportun, e

opte +
A D opte +
C O opte +
P H Y T opte
S A R C opte

option
A D option

optique
P A N optique
S Y N optique

orage
C H L orage
E S S orage
P E R F orage

oral
A M oral, e
C H oral, e
C H oral, s
F L oral, e
A U R oral, e
C A P oral
C H L oral
F E M oral, e
H U M oral, e
I M M oral, e
M A J oral, e
S U D oral, e
T U M oral, e
C O R P oral
D O C T oral, e
L I T T oral, e
P A S T oral, e
P E C T oral, e
T E M P oral, e

orange
S P orange

orant
A D orant
O D orant, e
A R B orant
C O L orant, e
D E C orant
D E V orant, e
E S S orant
H O N orant
I G N orant, e
I G N orantIN
M A J orant, s
M I N orant, s
P E R orant
P I C orant
R E D orant
D E F L orant
D E P L orant
E L A B orant
E V A P orant
E X P L orant
I M P L orant, e
P E R F orant, e

orbe
T E orbe
A B S orbe +
A D S orbe +
R E S orbe +
T H E orbe
E U P H orbe
P L A N orbe
S P I R orbe

orbite
D E S orbite +

ordonne +
C O ordonné +
D E S ordonné, e
S U B ordonne +

ordre
D E M ordre +
D E S ordre
D E T ordre +
R E T ordre +
D I S T ordre +

ore
A C ore
A D ore +
C L ore/ +
F L ore
S C ore
S P ore
S T ore
A C C ore
A R B ore +
A U R ore
C H L oré, e
C O L ore +
D E C ore +
D E D ore +
D E V ore +
E C L ore/ +
E N C ore/
E P H ore
E P L ore +
E S S ore +
F L U oré, e
H O N ore +
I G N ore +
M A J ore +

P E C	ore
P I C	ore +
P Y L	ore
R E D	ore +
S O N	ore
T I M	oré, e
A M P H	ore
A P I V	ore
D E C L	orc/ +
D E F L	ore +
D E P L	ore +
E L A B	ore +
E N C L	ore/ +
E V A P	ore +
E X P L	ore +
I M P L	ore +
I N O D	ore
M A N D	ore
M O R D	oré, e
N A U C	ore
O O S P	ore
P A N D	ore
P E R F	ore +

orée

A D	orée
C H L	orée
C O L	orée
D E C	orée
E P L	orée
E S S	orée
F L U	orée
I G N	orée
T I M	orée
C H I C	orée
E L A B	orée
E V A P	orée
J A M B	orée
M O R D	orée

organise +

I N	organisé, e
R E	organise +
D E S	organise +

orge

E G	orge +
D E G	orge +
E N G	orge +
R E G	orge +
R E N G	orge +

oriel

S A N S	oriel
T E N S	oriel
V E C T	oriel

orient

A R M	orient
C O L	orient
E X C	orient
H I S T	orient

orienter +

R E	orienter +
D E S	orienter +

orme

E N	orme
D E F	orme +
I N F	orme +
M E F	orme
R E F	orme +
A L I F	orme
C O N F	orme +
D I F F	orme
N E O F	ormé, e
P R E F	orme +
U N I F	orme

orne

V I	orne
B I C	orne
B I G	orne +
D E C	orne +
E N C	orne +
E N C	orneT
L I C	orne
L I T	orne
S U B	orne +
T A D	orne
C R O M	orne
F L A G	orne +
T R I C	orne

ors

A L	ors
A N G	ors
B U T	ors
C R U	ors
D E C	ors
D E H	ors
E S S	ors
F L U	ors
M A J	ors
M U C	ors
R E C	ors
R E T	ors
R O T	ors
T A B	ors
T E N	ors
C A S T	ors
C O N D	ors
D I S T	ors
J U N I	ors
M E N T	ors
P O R T	ors
S E N I	ors
S T A T	ors
T R E S	ors
T U S S	ors

osas

M I M	osas

(plus verbes ci-dessous)

ose +

A L	ose
C H	ose
C L	ose
G L	ose +
G N	ose
P R	ose
P T	ose
A P P	ose +
A R R	ose +
C E T	ose
D E P	ose +
E X P	ose +
G E L	ose
H E X	ose
I M P	ose +
L Y C	ose
M E I	ose
M I T	ose
M O R	ose
M Y C	ose
N I V	ose/
O P P	ose +

O S M ose	C O R R osions	D E V ote
R E P ose +	S Y M P osions	F A L ote
R I B ose	(plus verbes, voir à	H I L ote
V I R ose	— ose +)	I D I ote
A C I D ose		L I T ote
A D I P ose	**osque**	N A B ote
A M I T ose	K I osque	P O P ote
A M Y L ose		R A G ote
A P O D ose	**ost**	R I B ote
C O M P ose +	C O M P ost	S A P ote
C Y A N ose +		T A R oté, e
C Y P H ose	**otage**	Z E L ote
D I S P ose +	I L otage	Z Y G ote
E X P L ose +	A G I otage	A G R I ote
F I B R ose	C A B otage	A L I G oté
G L U C ose	C A N otage	A M N I ote
G O M M ose	C A P otage	B A L L ote
H Y P N ose	D E P otage	C A C A oté, e
I M P L ose +	E R G otage	C O M P ote
J A M B ose	F A G otage	D E S P ote
L A C T ose	L I G otage	D I C R ote
L O R D ose	P A P otage	E P I D ote
M A L T ose	P E L otage	E P I R ote
M A N N ose	P I C otage	F I E R ote
N A R C ose	P I L otage	G A L I ote
N E C R ose +	R A B otage	G A R G ote
N E V R osé, e	R A D otage	G O L M ote
N I T R osé, e	S A B otage	G Y M N ote
O R T H osé	S I L otage	J U G E ote
P E N T ose	B A C H otage	L E P I ote
P R E P ose +	B A R B otage	M A L T ote
P R O P ose +	C H I P otage	P A R L ote
S T E N ose	F O L I otage	P E T I ote
S U P P ose +	F R I C otage	P R E V oté
T Y P H ose	P I A N otage	S O U L ote
V E N T ose/	T R I C otage	
V I S C ose	T R I P otage	**ôtent**
		I M P otent, e
oside	**ote**	N I L P otent, e
H O L oside	(autres que les verbes,	(plus verbes, voir à
R U T oside	voir à — oter +)	— oter +)
G L U C oside	A Z oté, e	
	I L ote	**oter**
osier	P R oté, e	R O oter, s
J A M B osier	P R oteT	A C C oter +
	B E L ote	A N N oter +
osions	B I G ote	B E C oter +
E R osions	C A G ote	C A B oter +
E C L osions	C O Y ote	
	D E C ote	

C A H	oter +	
C A N	oter +	
C A P	oter +	
D E G	oter +	
D E N	oter +	
D E P	oter +	
E R G	oter +	
E M P	oter +	
F A G	oter +	
G I G	oter +	
J A B	oter +	
L I G	oter +	
M E G	oter +	
M I J	oter +	
P A P	oter +	
P E L	oter +	
P I C	oter +	
P I L	oter +	
P I V	oter +	
R A B	oter +	
R A D	oter +	
R E V	oter +	
S A B	oter +	
S C O	oter, s	
S H O	oter +	
S I R	oter +	
S U C	oter +	
T A P	oter +	
V I V	oter +	
Z O Z	oter +	
B A C H	oter +	
B A R B	oter +	
C L A B	oter +	
C L A P	oter +	
C R A B	oter +	
B A I S	oter +	
C H I P	oter +	
D O R L	oter +	
F O L I	oter +	
F R I C	oter +	
M A R G	oter +	
P E C L	oter +	
P I A N	oter +	
R A B I	oter +	
R E M P	oter +	
R O N E	oter +	
T R I C	oter +	
T R I P	oter +	

otions

E M	otions
D E V	otions
C O M M	otions
P R E N	otions
P R O M	otions

(plus verbes en
− oter +)

otique

A Z	otique
E R	otique
E X	otique
A R G	otique
C H A	otique
D E M	otique
M A R	otique
N I L	otique
O N C	otique
O S M	otique
R O B	otique
Z Y M	otique
A M N I	otique
D E S P	otique
H Y P N	otique
N A R C	otique
S E M I	otique

ôtons

C R	otons
P H	otons
P R	otons
M I R	otons

ouais/

(voir ci-dessous)

ouates

A V	ouâtes
C L	ouâtes
E N	ouâtes
T R	ouâtes
A L L	ouâtes
B A F	ouâtes
D E J	ouâtes
D E N	ouâtes
E B R	ouâtes
E C H	ouâtes
E C R	ouâtes
E M B	ouâtes

E N G	ouâtes
E N R	ouâtes
R E J	ouâtes
R E L	ouâtes
R E N	ouâtes
R O C	ouâtes
S E C	ouâtes
T A T	ouâtes
A M A D	ouâtes
D E C L	ouâtes
E N C L	ouâtes
R A B R	ouâtes

oubliez

T R	oubliez
D E D	oubliez
E N C	oubliez
R E D	oubliez

ouche

A B	ouche +
A C C	ouche +
B A B	ouche
D E B	ouche +
D E C	ouche +
E M B	ouche +
E S S	ouche +
F A R	ouche
M A N	ouche
R E B	ouche +
R E C	ouche +
R E T	ouche +
C A R T	ouche
P I E D	ouche
T A R B	ouche

ouf/

P L	ouf/
B A R	ouf
C H A D	ouf
P I G N	ouf

oui/

I N	ouï, e
E B L	oui, e +
E C R	oui, e +
E N F	oui, e +
R E J	oui, e +
E P A N	oui, e +
E V A N	oui, e +

M E C H	oui
S E R F	oui, e +

ouillage

B R	ouillage
E P	ouillage
B A F	ouillage
C A F	ouillage
M A G	ouillage
B A R B	ouillage

ouille +

B R	ouille +
E P	ouille +
G R	ouille +
T R	ouille
A F F	ouille +
A N D	ouille
A N D	ouilleR, s
A R S	ouille
B A F	ouille +
C A F	ouille +
D E P	ouille +
D E R	ouille +
G A Z	ouille +
G E N	ouillé, e
M A G	ouille +
P A T	ouille +
P E T	ouille +
R E F	ouille +
R E M	ouille +
V A S	ouille +
Z I G	ouille +
B A R B	ouille +
B R E D	ouille +
C H A T	ouille +
C I T R	ouille
C O R N	ouille
F R I P	ouille
G R E N	ouille +
P A T R	ouille +
P E N D	ouille +
Q U E N	ouille
T A M B	ouille

ourdir +

A L	ourdir +
E T	ourdir +
A S S	ourdir +
A B A S	ourdir +

ours

A M	ours
A T	ours/
A J	ours (≠)
D E B	ours/
D E C	ours/
D E T	ours
H U M	ours
L A B	ours
R E B	ours/
R E C	ours/
R E T	ours
S E C	ours/
S E J	ours
V E L	ours/
B O N J	ours
C O N C	ours/
D I S C	ours/
O U I G	ours
P A R C	ours/
T A M B	ours
T O U J	ours/
V A U T	ours

out

A B	out, e +
A B	out, i +
A T	out
B R	out, e +
E G	out
K N	out
R A	out
S C	out, e
S T	out
D E B	out, e +
D E G	out, e +
E M B	out, i +
M A Z	out, e +
R A G	out
P A R T	out/
S U R T	out, s

outre

A C C	outre +
B I P	outre

ouverture

R E	ouverture

ouvrir +

D E C	ouvrir +
R E C	ouvrir +
E N T R	ouvrir +

ove

A L C	ove
I N N	ove +
R E N	ove +

ovin

P R	ovin

ovule

U N I	ovulé, e

oxydant

D E S	oxydant, s
P E R	oxydant/
A N T I	oxydant, s

oxyde

D E S	oxyde +
P E R	oxyde +
H E M I	oxyde
P R O T	oxyde

oxygéné

D E S	oxygéné +
S U R	oxygéné, e

oxyton

P A R	oxyton

P

pacte

C O M	pacte

page

A L	page
C E	page
D O	page
R A	page
R I	page
T A	page
C O U	page

C R E page
G U I page
L O U page
N A P page
P O M page
P R O page +
A R E O page ·
D E C A page
D E R A page
E Q U I page
E T A M page
E T R I page
F R A P page
G R I P page
G R O U page
R E C E page
R E T A page
S T E P page
S T O P page
S T R I page
T R E M page

pagne
C A M pagne
C O M pagne
C H A M pagne

paille +
D E paille +
E M paille +
R I paille +
C O U paille +
R E M paille +
T R I paille

pain
C O pain

pairage
A P pairage

paire
A P paire +
I M paire
R E paire +
P U L paire

pal
C O pal
N O pal

P A pal
G R I P pal

palais
N E palais, e

palan
E M palanT

pale
B I pale
E M pale +
P A pale
S E pale
T E pale
T R I pale
G R I P pale

palier
E S palier

palisser +
D E palisser +

palpable
I M palpable

palpe +
P E D I palpe

pâmes
C A pâmes
D O pâmes
D U pâmes
L A pâmes
P I pâmes
R A pâmes
R I pâmes
S A pâmes
T A pâmes
T O pâmes
T Y pâmes
C A M pâmes
C H I pâmes
C H O pâmes
C O U pâmes
C R E pâmes
D R A pâmes
E C O pâmes
F R I pâmes
G U I pâmes
H A P pâmes

J A P pâmes
J A S pâmes
L A M pâmes
L O U pâmes
N A P pâmes
N I P pâmes
P A L pâmes
P O M pâmes
R A M pâmes
R I P pâmes
S O U pâmes
V A M pâmes
C L A P pâmes
C R I S pâmes
D E C A pâmes
D E R A pâmes
E Q U I pâmes
E T A M pâmes
E X C I pâmes
F R A P pâmes
G A L O pâmes
G R I M pâmes
G R I P pâmes
G R O U pâmes
O C C U pâmes
R E C E pâmes
R E T A pâmes
S A L O pâmes
S C A L pâmes
S T O P pâmes
T R E M pâmes
U S U R pâmes

pan
E M pan
S A M pan
S A P pan
T A R pan
T R E pan
T Y M pan

pane +
P R O pane
T R E pane +

panache +
E M panache +

panier
P R O panier

panique +
H I S panique
T Y M panique

panne
D E panne +
E M panne +

panons
T Y M panons
T R E panons

pansions
E X pansions

pape
S O U pape
A N T I pape

par
E S par

paraison
C O M paraison

paraître +
A P paraître +
C O M paraître +
D I S paraître +
R E A P paraître +

parasite +
A N T I parasite +

parat
A P parat
(plus verbes en − pare +)

pardons
C H A pardons

pare +
D E pare +
E M pare +
R E pare +
S E pare +
C O M pare +
O V I pare
P R E pare +
U N I pare
A C C A pare +
P U P I pare
V I V I pare

pareil
A P pareil

pareille
A P pareille +
D E pareille +

parent
A P parentE +
(plus verbes, voir à
−pare +)

parfait, e
I M parfait, e

parier +
A P parier +
D E parier +
R A P parier +

parions
H Y P parions

parité
I M parité
D I S parité
O V I parité
V I V I parité

parler +
R E parler +

parque +
H I P parque

part
D E part, i +
R E M part
P L U part/
C H A M part

partager +
C O partager +
D E partager +
R E partager +

parti +
B I parti, e
D E parti +
I M parti +
R E parti +
T R I parti, e
A N T I parti/

partial, e
I M partial, e

partîtes
B I partîtes
D E partîtes
I M partîtes
R E partîtes
S E X partites

pas
A P pas
P A pas
R E pas
C O M pas
C O P pas
P A M pas
T R E pas
G R A P pas
S T O U pas
(plus verbes, voir à
−pâmes)

passe +
B I passe +
D E passe +
I M passe
R E passe +
C O M passe +
L A M passé, e
S U R passe +
T R E passe +

passeur
R E passeur

passible
I M passible

pat
A P pât
(plus verbes, voir à
−pâmes)

patates
A P patâtes
E M patâtes
C A R A patâtes

pate
A P pate +
E M pate +

C A R A	pate +
P E R I	pate

patent

A P	patent
E M	patent
C A R A	patent

pater/

A P	pâter +
E M	pâter +
C A R A	pater +

patience

I M	patience

patient, e +

I M	patient, e +

patio

P A L	patioN
C R I S	patioN
O C C U	patioN
U S U R	patioN
et	
A P	pâtioNS
E M	pâtioNS
C A R A	patioNS

pâtir +

C O M	patir +

pâtites

H E	patites

patons

A P	pâtons
E M	pâtons
C A R A	patons

patouille +

T R I	patouille +

patrie

E X	patrie +
R A	patrie +

pâturage

S U R	pâturage

paume +

E M	paume +
A G R I	paume

pause +

D I A	pause
M E N O	pause
M E S O	pause

pavage

D E	pavage
R E	pavage

paver +

D E	paver +
R E	paver +
M O T O	paver, s

payable

I M	payable

payer +

C O	payer, s
P A	payer, s
R E	payer +
S U R	payer +

paysan

D E	paysanT

peau

A P	peau
C O	peau
P I	peau
C A R	peau
C H A	peau
D R A	peau
O R I	peau
R A M	peau
T R O U	peau

pêche ÷

D E	pêche +
E M	pêche +
R E	pêche +
C A M	pêche

pêcheur, euse

E M	pêcheur, euse

pecten

I N S	pectenT
R E S	pectenT

S U S	pectenT
P R O S	pectenT

peigne +

D E	peigne +
E M	peigne
R E	peigne +

peindre +

D E	peindre +
R E	peindre +

pelage

C A	pelage

pelard

P A	pelard, e

pelé

A P	pelé +
C A	pelé +
P I	peleT
C H A	peleT
C R E	pelé, e
R A P	pelé +
D E C A	pelé +

pelle

A P	pelle
C A	pelle
C A R	pelle
C H A	pelle
C O U	pelle
R A P	pelle
D E C A	pelle

pelure

C H A	pelure
C R E	pelure

pendre +

A P	pendre +
D E	pendre +
S U S	pendre +

pène

P R O	pène
T E R	pène
S C O R	pène

pénitent, e

I M	pénitent, e

penne
B I penne
E M penné, e
P A R I penné, e

pensable
I M pensable

pense +
D E pense +
I M penseS/
R E pense +
C O M pense +
D I S pense +
S U S pense

penseur
S U S penseur

pensif, ive
S U S pensif, ive

pension
P R O pension
S U S pension

pensions
D E pensions
R E pensions
C O M pensions
D I S pensions
P R O pensions
S U S pensions

pente
A R pente +
S E R pente +
S O U pente
S U S pente
C H A R pente +

péons
C A péons

peptique
D Y S peptique

perche +
E C O perche

perçu, e
I N A perçu, e

perçut
U P percut

percuter +
R E percuter +

perdable
I M perdable

perde
R E perde
S A perde

perdre +
R E perdre +

père
A M père
E S père +
P E père +
R E père +
S U père
V I père
C O M père
C O O père +
C O U pèreT
R E O père +
T E M père +
E X A S père +
I N E S péré, e
P R O S père +
R E C U père +
V I T U père +

périr +
D E périr +

péris
D E péris
P A U périsE +
P A U périsME

pérîtes
A S pérités
P R O S pérités

perler +
E M perler +

pers
I M pers
S U pers

C O W pers
D A W pers
C H O P pers
C L I P pers
F L I P pers
G R I M pers
S C R A pers

perte
E X perte
I N E X perte

pesé
E M pèse +
S O U pèse +

pesage
E M pesage

pesanteur
I M pesanteur

peste
E M peste +
A N A peste

pet
C L A pet
T O U pet
Y S O pet
P A R A pet

peta
N E peta
(plus verbes, voir à
— pete +)

pétale
G A M O pétale
Z Y G O pétale

pétasse
R A petasse +
R E pétasse
T E M pétasse
R O U S pétasse
T R O M pétasse

pète +
A R pète
R E péte +

P E R	pète/
T E M	pète +
R O U S	pète +
T R O M	pète +

pètent
C O M pétent, e
(voir verbes à −pète +)

péteuse
R O U S péteuse

petit
A P pétit
C O M pétitEUR
C O M pétitIF
C O M pétitION
C O M pétitIVE

peuple +
D E peuple +
R E peuple +
S U R peuplé, e

peur
D U peur
S A peur
T A peur
V A peur
C A M peur
C O U peur
J A P peur
P A L peur
S O U peur
S T U peur
T O R peur
E P U L peur
E T A M peur
F R A P peur
G A L O peur
G R I M peur
S T O P peur
T R A P peur
T R E M peur
T R O M peur

phanie
E P I phanie

pharynx
O R O pharynx

phase
B I phasé, e
D E phase +
D I phasé, e
E M phase
A N A phase
P R O phase
T R I phasé, e
M A T A phase
M O N O phasé, e
P O L Y phasé, e
T E L O phase

phone
B I G O phone
H O M O phone
M E G A phone
S A X O phone
T A X I phone
T E L E phone
X Y L O phone

phonie
E U phonie
A P O phonie
D Y S phonie
S Y M phonie
C A C O phonie
H O M O phonie
P O L Y phonie
T E L E phonie

phonique
S Y M phonique
C A C O phonique
P O L Y phonique
T E L E phonique

phraser +
P A R A phraser +

physique
B I O physique
G E O physique
M E T A physique

pic
A S pic

picole +
R U picole

pie
C O pie +
E X pie +
I M pie
P E pie +
C H I pie
F L A pie
H A R pie
M Y O pie
R O U pie
T O U pie
U T O pie
C H A R pie
C R O U pie
I N E X pié, e
R E C O pie +
S H A R pie

pièce
R A piéce +

pied
B I pied
T R E pied

pierre
E M pierre +

piète
E M piète +
I M piété

piétons
E M piétons

pieux, euse
C O pieux, euse

pigne
T R E pigne +

pignons
T R E pignons

pilage
D E pilage
E M pilage

pilant
D E S O pilant, e

pile +

D E pile +
E M pile +
C O M pile +
P O M pile
R E M pile +
E O L I pile

pileuse

E M pileuse

pillage

G A S pillage
T O R pillage
G R A P pillage

pille +

P A pille
G A S pille +
G O U pille +
P A M pille
R O U pille +
T O R pille +
T O U pille +
E P A R pille +
E T O U pille +
G R A P pille +
H O U S pille +

pilleur

G A S pilleur
T O R pilleur
G R A P pilleur
H O U S pilleur

pilleuse

P A pilleuse
G A S pilleuse
G R A P pilleuse
H O U S pilleuse

pillons

P A pillons
C A R pillons
G O U pillons
R O U pillons
T O U pillons
C R A M pillons
G R A P pillons
T R A P pillons

pilote +

C O pilote

piment+

O R piment

pin

A L pin, e +
L A pin, e +
L O pin
L U pin
O R pin
P E pin
R A pin, e
R U pin, e
S A pin
S U pin
T A pin/
T A pinE +
C H O pinE
C R E pinE
C L O pinE +
I N O pinE, e
J A S pinE +
P O U pin, e
T E R pinE
T A U pin, ée
V U L pin
Y O U pin, e
C A L E pin
C R I S pin
G A L O pin
G R A P pin

pinasse

L A pinasse
T A pinasse
C L O pinasse
J A S pinasse

pion

E S pion
P A pion
L A M pion
M O R pion
C H A M pion
C R O U pion
S C O R pion

pions
(autres que les pluriels
des mots ci-dessus)

C A pions
C O pions
D O pions
D U pions
E X pions
L A pions
P E pions
P I pions
R A pions
S A pions
T A pions
T O pions
C A M pions
C H I pions
C H O pions
C O U pions
C R E pions
D R A pions
E C O pions
F R I pions
G U I pions
H A P pions
J A P pions
J A S pions
L O U pions
N A P pions
N I P pions
P A L pions
P O M pions
R A M pions
R I P pions
S O U pions
C L A P pions
C R I S pions
D E C A pions
D E R A pions
E Q U I pions
E T A M pions
E T O U pions
E T R I pions
E X C I pions
F R A P pions
G A L O pions
G R I M pions
G R O U pions

O C C U pions
R E C E pions
R E C O pions
R E T A pions
S A L O pions
S C A L pions
S T O P pions
T R E M pions
T R O M pions
U S U R pions

piquer +
D E piquer +
R E piquer +
S U R piquer +

piquet +
S A U piquet

piqûre
S U R piqûre

pirates
A S pirâtes
E M pirâtes
E X pirâtes
I N S pirâtes
R E S pirâtes
S O U pirâtes
C O N S pirâtes

pire
A S pire +
E M pire +
E X pire +
I N S pire +
R E S pire +
S O U pire +
V A M pire
C O N S pire +

pis
K E pis
L A pis
P I pis
T A pis
T U pis
C R E pis
F L A pis
G L A pis
O K A pis

C R O U pis
G E N E pis

pisé
S I N A pisé, e

pissant
C R E pissant
G L A pissant
C R O U pissant

pisse
T A pisse
C R E pisse
G L A pisse
R O M pisse
C R O U pisse
R E C E pisse

piste
A L piste
C O piste
D E piste +
P A piste
H A R piste
L A M piste
P O M piste
U T O piste
T R A P piste

pite
C A pité, e
D E pite +
P E pite
C R E pite +
P A L pite +
P U L pite
D E C A pite +

pites
(autres que les mots
ci-dessus)
T A pîtes
G L A pîtes
R O M pîtes
C R O U pîtes

piteux, euse
C A piteux, euse

pitons
C A pitons
D E pitons
C R E pitons
P A L pitons
D E C A pitons

pitoyable
I M pitoyable

pitre
P U pitre
C H A pitre +

place +
B I place
D E place +
R E place +
R E M place +
S U R place
T R I place
M O N O place

plafonne +
D E plafonne +

plage
C O U plage
R E M plage

plaine
P E D I plaine
P E N E plaine

plaire +
D E plaire +
C O M plaire +

plan +
B I plan
T R I plan
M O N O plan
R A T A plan/

planaire
C O planaire

planche +
P A L planche

plant
I M plant
C O M plant/

C O U	plant/
P E U	plant/
T R I	plant/
D E C U	plant/
N O N U	plant/ (≠)
O C T U	plant/

planter +

D E	planter +
I M	planter +
R E	planter +
C O M	planter +
S U P	planter +
R E I M	planter +

plastie

A U T O	plastie

plat

M E	plat
R E	plat
C O U	plat/
P E U	plat/
T R I	plat/
D E C U	plat/
N O N U	plat/ (≠)
O C T U	plat/

plate

M E	plate
O M O	plate

plates

M E	plates
C O U	plâtes
O M O	plates
P E U	plâtes
T R I	plâtes
D E C U	plâtes
N O N U	plâtes (≠)
O C T U	plâtes

plâtre +

E M	plâtre
D E	plâtre +
R E	plâtre +

pleur +

A M	pleur
C O U	pleur

pleuvoir +

R E	pleuvoir +

pli

A M	pli
E M	pli
R E	pli
R E M	pli
S U R	pliS/

pliable

R E	pliable

pliage

D E	pliage

plie

D E	plie +
R E	plie +
C O M	plieS/
S U P	plie +
P A N O	plie

plier +

D E	plier +
R E	plier +
P E U	plier
S U P	plier +
T E M	plier

plions

C O U	plions
P E U	plions
T R I	plions
D E C U	plions
N O N U	plions (≠)
O C T U	plions

plissage

E M	plissage
R E M	plissage

plisse +

D E	plisse +
E M	plisse
R E	plisse +
R E M	plisse

plomb

S U R	plomb

plomber +

D E	plomber +
S U R	plomber +

plonger +

R E	plonger +

ployé

D E	ploye +
E M	ploye +
R E M	ploye +
I N E M	ployé, e
R E E M	ploye +

pluie

P A R A	pluie

plumer +

D E	plumer +
E M	plumer +
R E M	plumer +

plumes

C O M	plûmes
(plus mots ci-dessus)	

plus

D E	plus
C O M	plus
S U R	plus

pocher +

E M	pocher +

poigne, e

E M	poigne +

point

A P	point
P O U R	point

pointe +

A P	pointe +
D E	pointe +
T R E	pointe

pois, e

E M	pois, e

poison

A N T I	poison

poisser +

E M	poisser +

polaire
B I polaire
D I polaire
U N I polaire
A U T O polaire
O M N I polaire

polarisé, e
B I polarisé, e

polarité
B I polarité

pôle
D I pôle
C O U pole
D U O pole
S E R poleT
A C R O pole
E Q U I polé
M O N O pole

poli
D E poli, e
D E poli, r +
I M poli, e
R E poli, r +
M A L poli, e
P R O poliS/
T R I poli

poliment
I M poliment

politesse
I M politesse

politique
I M politique

polluer +
D E polluer +

pollution
D E pollution

polymère
C O polymère

pompe+
A U T O pompe
M O T O pompe

ponce +
R A I ponce

ponction
C O M ponction

pondeur
R E pondeur

pondre +
R E pondre +

ponter +
A P ponter +

populaire
I M populaire

pore
E V A pore +
O O S pore
P O L Y pore
T U B I pore
Z O O S pore

poreux, euse
V A poreux, euse

porions
E V A porions

port
A P port
D E port
E M port/
I M port
R E port
R A P port
S U P port
A E R O port
H E L I port

portable
E X portable
I M portable
S U P portable

portage
R E portage
C O L portage

porte +
A P porte +
D E porte +

E M porte +
E X porte +
I M porte +
C O L porte +
C O M porte +
R A P porte +
R E M porte +
S U P porte +
A E R O porté, e
H E L I porté, e
R E E X porte +
R E I M porte +

porter, s
R E porter, s

porteur
A P porteur
R E porteur
C O L porteur
R A P porteur
T R I porteur
C A L O porteur

porteuse
C O L porteuse
R A P porteuse

portrait
A U T O portrait

pose +
A P pose +
D E pose +
E X pose +
I M pose +
O P pose +
R E pose +
A D I pose
C O M pose +
D I S pose +
P R E pose +
P R O pose +
S U P pose +
A N T E posé, e
P O S T pose +
R E I M pose +

poseur
I M poseur

posions	
S Y M	posions
positif	
D I A	positif
D I S	positif
position	
A P	position
D E	position
E X	position
I M	position
O P	position
C O M	position
D I S	position
M A L	position
P R E	position
P R O	position
S U P	position
A N T E	position
P O S T	position
R E I M	position
positive	
D I A	positive
posséder +	
C O	posséder +
D E	posséder +
possible	
I M	possible
poste +	
I M	poste
R I	poste +
C O M	poste +
pot	
C A	pot
D E	pot
I M	pôt
F L I	pot
S A M	pot
S U P	pot
T R I	pot
G A L I	pot
potable	
D E C A	potable

potage	
C A	potage
D E	potage
P A	potage
C H I	potage
R E M	potage
T R I	potage
potasse	
(voir à − pote +)	
pote +	
C A	pote +
D E	pote +
E M	pote +
P A	pote +
P O	pote
S A	pote
T A	pote +
T Y	pote
C H I	pote +
C L A	pote +
C O M	pote
D E S	pote
R E M	pote +
T R I	pote +
D E C A	pote +
potence	
I M	potence
O M N I	potence
T O T I	potence
potier	
C O M	potier
potions	
(voir à − pote +)	
pou	
P A	pou
poudrer +	
S A U	poudrer +
pouille	
D E	pouille +
F R I	pouille
pouf	
P A T A	pouf
poule	
A M	poulé, e

pouls/	
P I C	pouls
pour	
K I P	pour
pourpre	
E M	pourpre +
pourvoir +	
R E	pourvoir +
pourvu, e	
D E	pourvu, e
R E	pourvu, e
pousser +	
R E	pousser +
poutre	
B I	poutre
praxie	
D Y S	praxie
précis, e	
I M	précis, e
précision	
I M	précision
prégnant	
I M	prégnant
prenable	
I M	prenable
prendre +	
A P	prendre +
D E	prendre +
M E	prendre +
R E	prendre +
C O M	prendre +
R A P	prendre +
S U R	prendre +
R E A P	prendre +
près	
A S	pres
A U	près
C A	pres
C Y	près
E X	pres, s
L E	pres

V E	pres
D I A	prés
P A M	pres
P R O	pres
S T U	pres
B E A U	prés
E P A M	prés
P O U R	pres

presse +

E M	presse +
E X	presse
O P	presse +
R E	presseUR
C O M	presse +
C O M	presseUR

pression

D E	pression
E X	pression
I M	pression
O P	pression
R E	pression
C O M	pression
S U P	pression
S U R	pression
R E I M	pression

pressions

E M	pressions

(plus les mots ci-dessus)

prêt

P R O	pret

prête

A P	prête +
P R O	preté

prêteur

A P	prêteur
P R O	prêteur

prêteuse

A P	prêteuse

préture

P R O	préture

prévision

I M	prévision

prévoyant, e

I M	prévoyant, e

prévu, e

I M	prévu, e

prière

C Y	prière

prime +

D E	prime +
E X	prime +
I M	prime +
O P	prime +
R E	prime +
C O M	prime +
S U P	prime +
S U R	prime
R E I M	prime +

primes

(autres que les mots ci-dessus)

A P	prîmes
D E	prîmes
R E	prîmes
R E A P	prîmes

primeur

I M	primeur

prise +

D E	prise
E M	prise
M E	prise +
R E	prise
C O M	prise
R A P	prise
S U R	prise
R E A P	prise

prit

E S	prit

(voir verbes à—prendre +)

probable

I M	probable

probation

I M	probation

proche

A P	proche +
R E	proche +
R A P	proche +

productif, ive

I M	productif, ive
R E	productif, ive

produire +

R E	produire +
S U R	produire +

proie

L A M	proie

propre

I M	propre
M A L	propre

propreté

M A L	propreté

propriété

C O	propriété
I M	propriété

propulsé, e

A U T O	propulsé, e

prouvable

I M	prouvable

prouver +

A P	prouver +
R E	prouver +

prudence

I M	prudence

prudent, e

I M	prudent, e

psychique

M E T A	psychique

psychose

P R E	psychose

puai

R I	puaiRE

pubère

I M	pubère

publiable	
I M	publiable
publique	
R E	publique
puce	
C A	puce
P R E	puce
pudeur	
I M	pudeur
pudicité	
I M	pudicité
pudique	
I M	pudique
pue +	
R E	pue
C R E	pue
L I P	pue
R O M	pue
T R A	pue
C O N S	pue +
puis	
D E	puis
puisé, e	
I N E	puisé, e
puissance	
I M	puissance
puissant, e	
I M	puissant, e
pulpe +	
D E	pulpe +
pulser +	
E X	pulser +
I M	pulser +
C O M	pulser +
P R O	pulser +
pulsion	
E X	pulsion
I M	pulsion
R E	pulsion
C O M	pulsion
P R O	pulsion

puni, e	
I M	puni, e
punîtes	
I M	punités
punitif, ive	
A U T O	punitif, ive
punition	
A U T O	punition
pur	
I M	pur
J O D H	purS/
pure	
D E	pure +
I M	pure
R A	pure
T A	pure
C R E	pure
C O U	pure
G U I	pure
J A S	pure
S U P	pure +
pureté	
I M	pureté
purger +	
E X	purger +
purin	
P U R	purinE
pus	
L U	pus
R E	pus
C O R	pus
C R E	pus
L I P	pus
R O M	pus
T R A	pus
put	
I N	put
C O M	put
O U T	put
C A J E	put
O C C I	put

pute	
A M	pute +
D E	pute +
I M	pute +
R E	puté, e
C O M	puté
C O M	puteR, s
S U P	pute +

Q

qualifier +	
D I S	qualifier +
querelle +	
M A	querelle
quérir/	
A C	quérir +
E N	quérir +
R E	quérir +
C O N	quérir +
quêter +	
C A	queter +
E N	quêter +
H O	queter +
P I	queter +
B A N	queter +
B E C	queter +
B R I	queter +
C L A	queter +
C L I	queter +
C R A	queter +
E T I	queter +
M A R	queter +
P A R	queter +
D E P A	queter +
E M P A	queter +
quêteur	
E N	quêteur
P A	queteur
B A N	queteur
B R I	queteur
E T I	queteur
M A R	queteur
P A R	queteur

	quêteuse
E N	quêteuse
L O	quêteuse
P A	quêteuse
E T I	queteuse
	quiétude
I N	quiétude
	quille
B E	quille +
C O	quille +
E S	quille
M A	quille +
J O N	quille
R E S	quille +
E C A R	quille +
D E M A	quille +
T R A N	quille
	quinte
E S	quinte +
C O L O	quinte
	quitter +
A C	quitter +

R

	rabe
C A	rabe
S C A	rabéE
M O Z A	rabe
	rabique
S T	rabique
	râble
C U	rable
D U	rable
L I V	rable
O P E	rable
O U V	rable
Q U E	rable
A D M I	rable
A S S U	rable

A T T I	rable
D E S I	rable
E N D U	rable
F A V O	rable
H O N O	rable
I M P A	rable
I N C U	rable
M E M O	rable
M E S U	rable
M O N T	rable
P A T U	rable
S A T U	rable
	race
V O	race
R E T	race +
D I S G	râce
P A N C	race
	racée
M O	racée
A C E	racée
L A U	racée
R E T	racée
P I P E	racée
	racer +
R E T	racer +
	rachis
A R	rachis
	racine
D E	racine +
E N	racine +
	racisme
A N T I	racisme
	raciste
A N T I	raciste
	racle
M I	racle
P A	racleT
S P I	racle
	racoler +
C A	racoler +
	radar
T E L E	radar

	rade +
D E	rade +
D O	rade
P A	rade +
T I	rade
C H A	rade
D A U	rade
D E G	rade +
E S T	rade
E X T	rade +
F E R	rade
T E T	rade
A L G A	rade
B I G A	rade
B O U R	gade
C A M A	rade
P E T A	rade +
P I P E	rade
P O I V	rade
D E F A	rade
	radio
S T	radioT
E S T	radioT
A U T O	radio
T E L E	radio
	rage +
A E	rage
C I	rage
C U	rage
D E	rage +
D O	rage
E N	rage +
F O	rage
G A	rage
M I	rage
M U	rage
P A	rage
T A	rage
T I	rage
V I	rage
A N C	rage
A Z U	rage
B A R	rage
C A D	rage
C O U	rage
E N C	rage
E T I	rage
F E R	rage

G I V rage	**rageur**	M I G raine
M E T rage	F O U R rageur	P A R raine +
M O I rage	N A U F rageur	R I V E raine
O M B rage +		S U Z E raine
O U T rage +	**rageuse**	
O U V rage +	C O U rageuse	**raire +**
P A I rage	N A U F rageuse	A G raire
S A U rage		H O raire
S E R rage	**rague**	L A raire
S E V rage	M A D rague	E X T raire +
S U C rage		L I B raire
T E R rage	**raide**	U S U raire
T I T rage	E N T raide +	A B S T raire +
V I B rage		C I N E raire
V I T rage	**raie**	C O N T raire
A C I E rage	I V raie	D I S T raire +
A M A R rage	C E D raie	F U N E raire
A R R E rageS/	E F F raie	H O N O raire
B O U R rage	H E T raie	N U M E raire
C A M B rage	O R F raie	R E N T raire +
C E N T rage	O S E raie	T E M E raire
C H L O rage	C O U D raie	
C I N T rage	P I N E raie	**rais**
C O F F rage	R O S E raie	M A rais
C U I V rage	R O U V raie	E N G rais
E S S O rage		S E G rais
F E U T rage	**rail**	S A M U rais
F L E U rage	C O rail	(plus verbes, voir à
F O U R rage +	S E rail, s	— rames)
G A U F rage	F O I rail, s	
L U S T rage	V I T rail	**raison**
M E S U rage	A T T I rail, s	D E raison
N A U F ragé, e	A U T O rail, s	P A raison
P A T U rage	M O N O rail, s	V E raison
P I E R rage	P O I T rail, s	F L O raison
P L A T rage		L I V raison
P L E U rage	**raille +**	O U V raison
P O U D rage	D E raille +	P E R O raison
R A T U rage	M U raille	
R E C U rage	T I raille +	**raisonner +**
R E N T rage	E N T railleS/	A R raisonner +
R E P E rage	F E R raille +	D E raisonner +
R E T I rage	M I T raille +	
S O U F rage		**rajouter +**
S O U T rage	**raine +**	S U rajouter +
S U F F rage	A G raine +	
T I M B rage	E G raine +	**râle +**
V A I G rage	M O raine	D U rale
	E N T raine +	M O rale
	L O R raine	M U rale
	M A R raine	

P Y	rale
R U	rale
S U	rale
V I	rale
A M I	rale
A M O	rale
A S T	rale
C H A	rale
C H O	rale
C R U	rale
F L O	rale
M I T	rale
N E U	rale
P L U	rale
S A C	rale
S P I	rale
A U G U	rale
A U R O	rale
A U S T	rale
B I A U	rale
C E N T	rale
F E D E	rale
F E M O	rale
F O U T	rale
G E N E	rale
H U M E	rale
H U M O	rale
I M M O	rale
L A T E	rale
L I B E	rale
L U S T	rale
M A J O	rale
M I N E	rale
N U M E	rale
O E S T	rale
P L E U	rale
R U D E	rale
S C L E	rale
S I D E	rale
S U D O	rale
S U T U	rale
T U B E	rale
T U M O	rale
U R E T	rale
V E N T	rale

rama

T A	rama
C I N E	rama
P A N O	rama

rame

C E	rame
M A C	ramé

rames

A E	râmes
C E	rames
C I	râmes
C U	râmes
D O	râmes
D U	râmes
F O	râmes
G A	râmes
G E	râmes
J U	râmes
M I	râmes
M U	râmes
O C	râmes
P A	râmes
T A	râmes
T I	râmes
V I	râmes
A D O	râmes
A M B	râmes
A M U	râmes
A N C	râmes
A P U	râmes
A V E	râmes
A Z U	râmes
B A F	râmes
B A R	râmes
C A B	râmes
C A D	râmes
C A R	râmes
E C U	râmes
E G A	râmes
E N C	râmes
E N T	râmes
E P U	râmes
E T I	râmes
F E R	râmes
F O I	râmes
G I V	râmes
G O U	râmes
L I V	râmes
L O U	râmes

M A C	ramés
M A R	râmes
M E T	râmes
M I G	râmes
M O I	râmes
N A C	râmes
N A V	râmes
O B E	râmes
O M B	râmes
O P E	râmes
O U T	râmes
O U V	râmes
S A B	râmes
S A C	râmes
S A U	râmes
S E V	râmes
S T E	râmes
S U C	râmes
T E R	râmes
T I T	râmes
V I B	râmes
V I T	râmes
Z E B	râmes

(plus les sorties en
4 lettres comme :

I G N O	râmes
V A U T	râmes...)

ramer

T E T	ramèrE

rami

G O U	rami

rance

E R	rance
G A	rance
G E	rance
S E	rance +
G O U	rance
O U T	rance
A T T I	rance
C L E A	rance
C L A I	rance
C O G E	rance
E N D U	rance
E S P E	rance
I G N O	rance

T O L E rance	**rapport**	**rase +**
V E T E rance	B I rapport	A B rase +
		D E rase +
ranche		E B rase +
E B ranche +	**raque +**	E C rase +
D E B ranche +	B A raque +	P H rase +
E M B ranche +	C A raque	E M B rase +
R E T ranche +	A L B raque	S U C rase
	D E T raque +	E S T E rase
rançon	E M B raque +	
J U rançon	M A T raque +	**raseur, euse**
C H A rançon	P A T raque	E C raseur, euse
C H A rançonné, e		P H raseur, euse
	rare	
rançons	C U rare	**rash**
S E rançons	T A rare	M I D rash
	C A R rare	
range +		**rasions**
A R range +		A B rasions
D E range +		D E rasions
E T range	**ras**	E B rasions
E T rangeR, e	B O ras	E C rasions
E N G range +	E Y ras	P H rasions
S P O range	H A ras/	E M B rasions
	A G O ras	C O R rasions
rani	C O B ras	
G U A rani	C O P ras	**rasons**
S O P rani/	D E G ras/	A B rasons
M A H A rani/	F A T ras/	D E rasons
	L A V ras	E B rasons
rapasse	M A D ras/	E C rasons
D E rapasse	M A T ras/	P H rasons
A T T rapasse	M U D ras	E M B rasons
E S T rapasse	N A I ras	I N F rasons
R A T T rapasse	S U T ras	U L T rasons
	T E T ras/	
rape +	U L T ras	**rat, s**
D E rape +	A N G O ras	C A rat, s
A T T rape +	A P S A ras	C E rat, s
S A T rape	D A T U ras	J U rat, s
R A T T rape +	H O U R ras	S P rat, s
	P A T A ras/	C A D rat, s
raper	R E M O ras	C E D rat, s
S C raper, s	S I E R ras	E M I rat, s
	S O U T ras	I N G rat, s
raphé		O D O rat, s
P A raphe +		Q U I rat, s
B I O G raphe	**rasa**	V E R rat, s
D I A G raphe	M A D rasa	
E P I G raphe	(plus verbes ci-après)	
G E O G raphe		
M Y O G raphe		
O L O G raphe		

A P P A	rat, s
C A S T	rat, s
C O N T	rat, s
E P H O	rat, s
F I L T	rat, s
L E V I	rat, s
M A J O	rat, s
M A L F	rat, s
P R I O	rat, s
V I Z I	rat, s

rata

E R	rata/
P R O	rata/

(plus verbes en
− rate +)

rate +

B O	rate
C A	rate
D E	raté, e
K A	raté
P I	rate +
S T	rate
S U	rate
C I T	rate
H Y D	rate +
I N G	rate
N I T	rate +
P I C	rate
S O U	rate
B U T Y	rate
C H L O	rate
S T E A	rate
T A R T	rate

rates

(voir à rames,
et à − rate)

ratier

C E D	ratier

ratine

B A	ratine +
K E	ratine

ration

A E	ration
G I	ration
A D O	ration
E P U	ration
H Y D	rationS/
I T E	ration
L I B	ration
M I G	ration
N A R	ration
N I T	ration
O P E	ration
V I B	ration
A B E R	ration
A B J U	ration
A D J U	ration
A D M I	ration
A L T E	ration
A S P I	ration
B O R U	ration
C A S T	ration
C H L O	ration
C O L O	ration
D E C O	ration
D E P U	ration
E M I G	ration
E X E C	ration
E X P I	ration
F E D E	ration
F I G U	ration
F I L T	ration
G E N E	ration
I N D U	ration
L A C E	ration
L I B E	ration
L U S T	ration
M A C E	ration
M A J O	ration
M A T U	ration
M I N O	ration
M O D E	ration
N U M E	ration
O B T U	ration
P E J O	ration
R E P A	ration
R E T I	ration
R U D E	ration
S E P A	ration
U L C E	ration
V E N E	ration

ratite

K E	ratite

rave

M O	rave
A G G	rave +
D E P	rave +
E N G	rave +
E N T	rave +
B U R G	rave
M A R G	rave

rayage

D E B	rayage
E M B	rayage

rayure

D E	rayure
E N	rayure

réaction

A B	réaction

réagir +

A B	réagir +

réal

B O	réal

réale

B O	réale
C E	réale

réaliser +

D E	réaliser +

réalisme

S U R	réalisme

réaliste

S U R	réaliste

réant

A G	réant
T O	réant
D E G	réant
M E C	réant, e
R A G	réant
R E C	réant
R E G	réant
C O N G	réant
M A U G	réant
P R O C	réant

rebelle +

T E	rebelle

rebuter +
C O N T rebuter +

rection
D I rection
C O R rection
S U R rection

rechasse +
E B rechasse

rèche
E B rèche +

récites
R E T récîtes

recollé, e
C O N T recollé, e

recouper +
E N T recouper +

recteur
D I recteur
C O R recteur
C O D I recteur

redent
E X H E rèdent

redis
C O N T redis
M E R C redis
V E N D redis

redite
H É rédité
A C C rédite +
C O N T redite
D I S C rédite +

réel
D E réel
I R réel
S U R réel

réelle
D E réelle
I R réelle

réer +
A G réer +
T O réer +

D E G réer +
R A G réer +
R E C réer +
R E G réer +
C O N G réer +
M A U G réer +
P R O C réer +

refaire
C O N T refaire

reflet
A N T I reflet

réflexion
I R réflexion

reg
T O U A reg

régent
A B règent
A G règent
E N T regent

régations
A G régations
S E G régations
C O N G régations

régions
A B régions
A G régions

registrer +
E N registrer +

réglage
A U T O réglage

régler +
D E régler +

régner +
I M P régner +

rein, e
S E rein, e

reis
N E réis

relais
C A R relais

relâtes
C A R relâtes

relever +
S U R relever +

relie +
A U relie
P A rélie

relions
C A R relions

relire
T I relire

remise +
E N T remise

rem
H A rem

remarche +
C O N T remarche

remarquer +
C O N T remarquer +

remettre +
E N T remettre +

remise +
E N T remise
S U R remise

remploi
S U remploi

renchérir +
S U R renchérir +

rénale
S U R rénale

rend
R E V E rend

rène
C A rène +
E G rène +
E N rène + (≠)
M U rène
S I rène
T H rène
A N D rène

E F F réné, e
E N G rène +
R E F rène +
S T Y rène
A N T H rène
G A N G rène +
H A L B rené, e
I S O P rène
N E O P rène
R E N G rène +
S P H Y rène

renne
E T renne +
G A renne
M A renneS /
P E renne

renons
C A rénons
E G renons
E N rênons (≠)
E N G renons
R E F rénons
G A N G rénons
R E N G rénons

rentâmes
A P P A rentâmes

rente
P A rente
A D H E rente
A F F E rente
A P P A rente +
C O H E rente
D E F E rente
E F F E rente
I N H E rente

rentier, e
D E B I rentier, e

rentrée
P R E rentrée

repasse +
D E C rêpasse +
O U T repasse +

repéra +
D E C rêpera +

répit
D E C répit, e +

reposer +
E N T reposer +

reprise
E N T reprise

résine
O L E O résine

ressasse
A D ressasse
A G ressasse
C A ressasse
P A ressasse
E M P ressasse
O P R ressasse
R E D ressasse
R E G ressasse
I N T E ressasse
P R O G ressasse

reste +
A G reste
B U P reste

rétames
A R rêtames
C U retâmes
E C rêtames
F U retâmes
A F F rétames
A P P rêtames
D E C rétames
E X C rétames
S E C rétames

retates
(voir ci-dessus)

retenir +
E N T retenir +

rétine
S E C rétine

retins
M U retins
C H A R retins

rétique
H E rétique
A P O rétique
A P Y rétique
D I U rétique
N E P H rétique
P L E U rétique
T H E O rétique

rets
A D rets
A R rets
B E rets
C A rets
F O rets
G O rets
H A rets
M U rets
S U rets
T A rets
T I rets
A P P rêts
D E C rets
F E R rets
G U E rets
J A R rets
L I V rets
M A G rets
R E G rets
S A C rets
S E C rets
S T A rets
T O U rets
C A B A rets
C L A I rets
C O F F rets
D I S C rets
F L E U rets
I N T E rêts
L A V A rets
M I N A rets
P A U V rets
P R O P rets
S O L E rets

révélé, e
I R révélé, e

revenir	
C O N T	revenir
revent	
C O N T	revent
rêver +	
E M B	rever +
revisse +	
E C	revisse
revoir	
E N T	revoir
revue	
E N T	revue
I M P	révue
ria	
F U	ria
P A	ria
V A	ria
C H A	ria
C L A	riaS/
G L O	ria
Y T T	ria
M A L A	ria
(plus verbes, voir à	
— rie +)	
rial	
F E	rial, e
A R M O	rial, e
I M P E	rial, e
M E M O	rial, e
N O T A	rial, e
P R A I	rial/
S A L A	rial, e
V I C A	rial, e
riant	
P A	riant
V A	riant, e
S O U	riant, e
V I C A	riant, e
ricain, e	
A F	ricain, e
A M E	ricain, e
riche	
D E F	riche +
B O U R	riche

ricine	
S E	ricine
ride +	
D E	ride +
M U	ride
P A	ridé
D E B	ride +
H Y B	ride +
P I E	ride
P U T	ride
S P A	ridé
T O R	ride
A N T I	rideS
A P A T	ride
A S C A	ride
B O U R	ride
L E P O	ridé
V I P E	ridé
ridée	
F L O	ridée
rident	
S T	rident, e
ridions	
T H E	ridions
ridons	
G U E	ridons
rie	
C A	rie
C U	rie
E C	rie +
F E	rié, e
F U	rie
G I	rie
K Y	rie/
M A	rie +
P A	rie +
S E	rie +
S T	rie +
A H U	rie
A I G	rie
A N E	rie
A N U	rie
A P O	rie
A V A	rie +
C H E	rie

D E C	rie +
E C U	rie
E G E	rie
F E E	rie
H O I	rie
L A T	rie/
M A I	rie
M A R	rie
O T A	rie
P A I	rie
P A T	rie
P E T	rie
P Y U	rie
R E C	rie +
S C O	rie
S T A	rie
T U E	rie
T O U	rie
V O I	rie
A C I E	rie
A N G A	rie
A P P A	rie +
A R M O	rie +
A S T E	rie
C A L O	rie
C H A R	rie +
C O K E	rie
C O L O	rie +
C O T E	rie
D A T E	rie
D E C U	rie
D E M A	rie +
D E P A	rie +
D U P E	rie
D Y S U	rie
E P H O	rie
E X C O	rie +
F L E U	rie
F R A T	rie
F U M E	rie
G A L E	rie
G A T E	rie
I N C U	rie
I N J U	rie +
L A V E	rie
L I T E	rie
L O T E	rie
M O M E	rie

N O T A	rié, e	
N O U R	rie	
P A I E	rie	
P E N U	rie	
P O T E	rie	
P O U R	rie	
P R A I	rie	
R A P E	rie	
R E M A	ric +	
R E V E	rie	
R I Z E	rie	
R O U E	rie	
S A L A	rie +	
S C I E	rie	
S O I E	rie	
T H E O	rie	
T O L E	rie	
V E N E	rie	
V O L E	rie	

riel

S E	riel, le
P L U	riel, le
A R T E	riel, le
M A T E	riel, le
M E M O	riel, le

rien

A E	rien, ne
D O	rien, ne
S Y	rien, ne
A C A	rien
A T E	rien, ne
I C A	rien, ne
O M B	rien, ne
O V A	rien, ne
T E R	rien, ne
V A U	rien, ne
A G R A	rien, ne
A L G E	rien, ne
A S S Y	rien, ne
C A M B	rien, ne
C E S A	rien, ne
C O M O	rien, ne
G A L E	rien
I L L Y	rien, ne
I V O I	rien, ne
L E M U	rien
L I B E	rien, ne

L I G E	rien, ne
L I G U	rien, ne
N E P E	rien
N I G E	rien, ne
S A H A	rien, ne
S I B E	rien, ne
S I L U	rien, ne
S U M E	rien, ne
V E N E	rien, ne

rieur

M A	rieur
P A	rieur
S U P E	rieur

rieuse

C U	rieuse
F U	rieuse
M A	rieuse
P A	rieuse
S E	rieuse
G L O	rieuse
S C A	rieuse
I M P E	rieuse
I N C U	rieuse
I N J U	rieuse
L A B O	rieuse
L U X U	rieuse

rillons/

C A	rillons
D U	rillons
M O	rillons
E M E	rillons
N E G	rillons
P H A	rillons
T A U	rillons
T O U	rillons
C E N D	rillons
E S S O	rillons/
L A M P	rillons

rimant

A R	rimant
D I	rimant, e
P E	rimant
D E P	rimant, e
E S C	rimant
E X P	rimant
I M P	rimant, e

O P P	rimant, e
R E P	rimant
C O M P	rimant
S U P P	rimant

rime +

A R	rime +
P E	rime +
D E P	rime +
E S C	rime +
E X P	rime +
I M P	rime +
O P P	rime +
C O M P	rime +
M O N O	rime
S U P P	rime +
S U R P	rime

rimes

(autres que les mots
ci-dessus)

E P	rîmes
M U	rîmes
P E	rîmes
S U	rîmes
T A	rîmes
A H U	rîmes
A I G	rîmes
A P P	rîmes
B A R	rîmes
C H E	rîmes
G U E	rîmes
M E P	rîmes
O F F	rîmes
O U V	rîmes
P E T	rîmes
R E P	rîmes
S O U	rîmes
S U R	rîmes
A M E R	rîmes
C O U V	rîmes
D E P E	rîmes
F L E T	rîmes
F L E U	rîmes
M A I G	rîmes
N O U R	rîmes
P O U R	rîmes
R E A P	rîmes
R O U V	rîmes

	rimeur	M O U R	rions	S T A	risée	
A R	rimeur	M O U V	rions	U P E	risée	
E S C	rimeur	N A I T	rions	A U T O	risée	
I M P	rimeur	P A I T	rions	M O T O	risée	
		P E N D	rions	N U M E	risée	
	rimeuse	P L A I	rions	P O L A	risée	
E S C	rimeuse	P O N D	rions	T H E O	risée	
		P O U R	rions	T U B E	risée	
	ring	R E D I	rions			
C L E A	ring	R E F E	rions		**ris**	
		R E L I	rions	A B	ris	
	rions	R E N D	rions	C A	ris	
(autres que les verbes		R O M P	rions	D O	ris/	
en −er ou −ir)		S U I V	rions	E P	ris	
A G	rions	T E N D	rions	L O	ris	
A U	rions	T O N D	rions	M A	ris	
D I	rions	T R A I	rions	M U	ris	
F E	rions	V A U D	rions	P A	ris	
H O	rions	V E R R	rions	P E	ris	
L I	rions	V O U D	rions	S A	ris	
M O	rions			S U	ris	
P O	rions		**ripage**	T A	ris	
R I	rions	E T	ripage	A H U	ris	
S E	rions	S T	ripage	A I G	ris	
T U	rions			A P P	ris	
B O I	rions		**ripâtes**	B A R	ris	
C H O	rions	E T	ripâtes	C A B	ris	
C L O	rions	P E	ripates	C A U	ris/	
C U I	rions	D E F	ripâtes	C H E	ris	
D E V	rions			D E B	ris/	
E L I	rions		**riper +**	D E P	ris/	
F R I	rions	E T	riper +	E M E	ris	
L U I	rions	D E F	riper +	G E R	ris/	
S A U	rions			G U E	ris	
V I V	rions		**ripper, S**	H O U	ris	
B A T T	rions	S T	ripper, s	I B E	ris/	
B R A I	rions			L A B	ris	
C O U D	rions		**rire +**	M A R	ris	
C R O I	rions	E C	rire +	P A T	ris	
D E C U	rions	D E C	rire +	R E P	ris/	
D E D I	rions	R E C	rire +	S A U	ris/	
D E F E	rions	S O U	rire +	S O U	ris	
E C L O	rions	I N S C	rire +	T E R	ris	
E C R I	rions			A M E R	ris	
F O N D	rions		**risée**	A S C A	ris/	
H I S T	rions	E G	risée	C A N A	ris	
M E D I	rions	D E F	risée	C E L E	ris	
M E T T	rions	D E G	risée	C O L O	ris/	
M O U D	rions	E M E	risée	C O M P	ris/	
		R E P	risée			

C R I C ris		G U E rite
D E P E ris	**rissiez**	M E T rite
F A V O ris	(autres que les verbes	N E V rite
F L E T ris	repris ci-contre)	N I T rite
F L E U ris	E P rissiez	O V A rite
G R I G ris	A P P rissiez	Q U I rite
L A M B ris	D E P rissiez	R E C rite
M A I G ris	M E P rissiez	S P I rite
M E H A ris	R E P rissiez	T H O rite
N A G A ris	C O M P rissiez	Y P E rite
N O U R ris	R E A P rissiez	A L A C rite
P A N A ris/	S U R P rissiez	A L E U rite
P E C A ris		A L T E rité
P I L O ris	**rit**	A R T E rite
P O U R ris	(autres que les verbes	A R T H rite
R A P P ris/	en — ir)	A S P E rité
S U R P ris/	D U rit	A U T O rité
T A M A ris/	E C rit	C E L E rité
	E F rit	C H L O rite
risse +	E S P rit	C I N E rite
H E risse +	H A V rit	C O H E rité +
M U risse +	L A B rit	C O N T rite
P E risse +	P R U rit	D E M E rité +
S A risse	C O N T rit	D E N D rite
S U risse +	G A B A rit	E N T E rite
T A risse +	I N S C rit	F A V O rite
A H U risse +	P R A K rit	G A S T rite
A I G risse +	R E S C rit	H I L A rité
B A R risse +		I M M E rité, e
C H E risse +	**rital**	I M P A rité
C L A risse	M A rital, e	I N A B rité, e
G U E risse +		I N S C rite
J O C risse	**rite**	L A T E rité
O F F risse +	A B rite +	M A J O rité
O U V risse +	C E rite	M A T U rité
P E T risse +	E C rite	M I N O rité
S O U risse +	H E rite +	M O L A rité
V I B risse	I R rite +	N E P H rite
A M E R risse +	K A rité	P L E U rite
C O U V risse +	M E rite +	P O L A rité
D E P E risse +	P A rité	P R I O rité
F L E T risse +	P Y rite	R E E C rité
F L E U risse +	S O rite	S E C U rité
L A M B risse +	V E rité	S E V E rité
M A I G risse +	A Z U rite	S I D E rité
N O U R risse +	C H A rité	S O N O rité
P O U R risse +	D E C rite	S Y B A rite
R O U V risse +	E F F rite +	T A B O rite
	E M E rite	
	F E R rite	

T E M E rité
T E P H rite
U R E T rite

rites
(autres que les pluriels
des mots ci-contre, voir
à —rimes)

rivage
A R rivage

rive +
A R rive +
D E rive +
E C rive
E T rive
D E C rive
R E C rive
I N S C rive

rivent
A B rivent, s
A R rivent
D E rivent

riveur
D E riveur

robage
E N robage

robâtes
A C robates
D E robâtes
E N robâtes

robe +
D E robe +
E N robe +

roc
A C C roc
E S C roc
R A C C roc/

roche
A R roche
D E roche +
A C C roche +
A P P roche +
D E B roche +
D E C roche +

E M B roche +
G A V roche
R E P roche +
A N I C roche
R A C C roche +
R A P P roche +

rocheuse
A C C rocheuse
R A C C rocheuse

rode +
D E rode +
S A rode
C O R rode +
T E T rode
A L E U rode

rodons
D E rodons
C R O rodons
T E T rodons

rogne +
I V rogne
C H A rogne
R E N F rogne +

rognonS
R E N F rognonS

rogue
P I rogue

roi
P A roi
C O R roi
C O U roi/
E F F roi
K O U roi/
O C T roi
B E F F roi
C H A R roi

rois
(autres que les pluriels
des mots ci-dessus)
N O rois
V A rois, e
A N G rois
E N G rois
N O R rois

S A R rois, e
Z A I rois, e
A L G E rois, e
B A V A rois, e
H O N G rois, e

rôle
E N rôle +
P A role
P I role
V E rolé, e
V I role +
A Z E role
P E T roleTTE
P E T roleUSE
P Y R role
S C A role
C O N T rôle +
F E V E role

roman
P R E roman
A N T I roman
C I N E roman

romane
P Y romane
P R E romane
E T H E romane

rompe
C O R rompe
D E T rompe +

ronce
D E F ronce +

rond, e
G I rond, e

rondin
G I rondin, e (≠)

rosat
A R rosât
N E C rosât
S C L E rosât

rose
A R rose +
M O rose +
V I rose

F I B	rose	
N E C	rose +	
N E V	rosé, e	
N I T	rosé, e	
A M A U	rose	
A R G Y	rose	
A R T H	rose	
C H L O	rose	
D A R T	rose	
D E X T	rose	
N E P H	rose	
O X Y U	rose	
S C L E	rose +	
S I D E	rose	

rosse

J A	rosse
C A R	rosse +
E N G	rosse +

rot

L E	rot
P E	rot
P U	rot
T A	rot
B A R	rot
C H E	rot
F I E	rot
F R E	rot
G A R	rot
B I A R	rot
B I S T	rot
C H A B	rot/
L I V A	rot
P I E R	rot
P O I V	rot

rote +

A C	roteRE
S I	rote +
T A	roté, e
C A I	rote
D I C	rote
E P I	rote
F I E	rote
B I A R	rote
C H E V	rote +
N U M E	rote +
P L E U	rote

P O I V	rote
S C L E	rote

rotin

P U	rotin
C H E V	rotin

roua

S A	rouaL

roue +

E B	roue +
E C	roue +
E N	roue +
R A B	roue +

rouge

C A	rouge

rouille +

D E	rouille +
D E B	rouille +
D E G	rouille +
C I T	rouille
E M B	rouille +
P A T	rouille +
V A D	rouille +
A N T I	rouille/

rouir +

E C	rouir +

rouler +

D E	rouler +
E C	rouler +
E N	rouler +

rouleur

D E	rouleur
E N	rouleur

rousse

J A	rousse
D E T	rousse +
R E B	rousse +
R E T	rousse +
C A M B	rousse

routage

D E	routage

route +

B I	route
D E	route +
E C	route +
M A	route
E N C	route +
A U T O	route

routier, e

A U T O	routier, e

rouvrir +

E N T	rouvrir +

ruche

A U T	ruche
P E R	ruche
B A U D	ruche
L A M B	ruche

rue +

E C	rue
F E	rue
M O	rue
S P	rue
A C C	rue
C O U	rue
D E C	rue
R E C	rue
V E R	rue
B O U R	rue
C H A R	rue
C O N G	rue
M E M B	rue
O B S T	rue +
V E N T	rue

rugine

P E	rugine

ruiné, e

E M B	ruiné, e

rus

E C	rus
F E	rus
P A	rus
V A	rus
V I	rus
X E	rus
A C C	rus

C H O rus	C L A S sable	C H A S sage
C I R rus	E P U I sable	C R E U sage
C O U rus	E X C U sable	C U I S sage/
D E C rus	H A I S sable	D E V I sage +
I N T rus	I M P O sable	D R E S sage
R E C rus	O P P O sable	E C L U sage
U T E rus	R E C U sable	E G R I sage
A B S T rus	R E V I sable	E M P E sage
A P P A rus		E N V I sage +
B O U R rus	**sac**	F R A I sage
C O N G rus	R E S sac	G L I S sage
II U M E rus		M O U S sage
J A B I rus	**sache**	P L I S sage
M E M B rus	E N sache +	P O U S sage
O E S T rus		P R E S sage
P A P Y rus	**sacre +**	R E M I sage
R E P A rus	C O N sacre +	T A M I sage
V E N T rus	M A S sacre +	T A N I sage
		T R E S sage
ruse +	**sage**	
C E ruse	D O sage	**saie**
I N T ruse	P E sage	C E R I saie
A N A C ruse	R A sage	H O U S saie
	R O sage	S A U S saie
russe	V I sage	
P A russe	A L E sage	**saillant, e**
A C C russe	B O I sage	A S saillant, e
C O U russe	B O S sage	
D E C russe	B R A sage	**saillir +**
M O U russe	C A P sage	A S saillir +
A P P A russe	C A S sage	
R E P A russe	C O P sage	**sain**
	C O R sage	F U sain
	G R E sage	M I sainE
S	G Y P sage	H O R sain
	H E R sage	M A L sain, e
	L I S sage	N A I S sain
sablage	M A S sage	
D E S sablage	M E S sage	**saisir +**
	P A N sage	D E S saisir +
sable +	P A S sage	R E S saisir +
D O sable	P A Y sage	
E N sable +	P R E sage +	**sal**
C A S sable	P U I sage	B A sal
D A N sable	T I S sage	N A sal
D E S sable +	V I S sage	S I sal, s
I R I sable	A R R O sage	C A U sal, s
P A S sable	B A L I sage	D O R sal
P E N sable	B R A S sage	V A S sal
	B R O S sage	A B Y S sal
		A M E N sal

	sala
R E	sala
D E S	sala
M A R	sala

	salaire
P R E	salaire
S U R	salaire

	sale +
B A	sale
N A	sale
R E	sale +
C A U	sale
D E S	sale +
D O R	sale
V A S	sale
A B Y S	sale
A M E N	sale
S I N U	sale

	saleur
D E S	saleur

	salie
P H Y	salie

	salis
C A U	salisME
P H Y	salis
V A S	salisE +

	salîtes
N A	salités
C A U	salités
V A S	salités

	salubre
I N	salubre

	sang
E X	sangUE
L I N	sang

	sangle +
D E S	sangle +
O B T U	sangle

	sanguin, e
C O N	sanguin, e

	sans
P I	sans
F A I	sans
P A Y	sans
P E R	sans
R I L	sans
A R T I	sans
B R E S	sans

	santé
F U	sante
G I	sante
P E	sante
R A	sante
A M U	sante
B R I	sante
C A S	sante
C A U	sante
C E S	sante
C U I	sante
D A N	sante
F R I	sante
G R I	sante
L A S	sante
L U I	sante
P A S	sante
P E N	sante
A G I S	sante
A P A I	sante
B L E S	sante
C H A S	sante
C O T I	sante
D E P O	sante
E C R A	sante
E P U I	sante
E X P O	sante
G L I S	sante
I M P O	sante
I O N I	sante
M E D I	sante
M O U S	sante
N A I S	sante
O P P O	sante
P L A I	sante +
P R E S	sante
R E P O	sante
S I N I	sante

	santons
P L A I	santons

	sarde
H A	sarde +
M U	sarde +
M A N	sarde, e
H U S	sarde
T H E	sarde
P O I S	sarde

	sarment
D E	sarment

sas
(autres que les verbes
en – ser)

M E	sas
B A L	sas
M I M O	sas

sasse
(pensez aux verbes en
–ser, en 3 lettres de
rajout)

A B U	sasse
A R A	sasse
A L E	sasse
A M U	sasse
A N I	sasse
A R I	sasse
A V I	sasse
B A I	sasse
B I S	sasse
B L A	sasse
B L E	sasse
B O I	sasse
B O S	sasse
B R A	sasse
B R I	sasse
C A S	sasse
C A U	sasse
C E S	sasse
C O R	sasse
D A N	sasse
D I E	sasse
E V A	sasse
F E S	sasse
F R A	sasse

F R I sasse
G L O sasse
G R E sasse
G R I sasse
H E R sasse
H I S sasse
L A S sasse
L I S sasse
M A S sasse
M O I sasse
P A N sasse
P A S asse
P A U sasse
P E N sasse
P I S sasse
P R I sasse
P U I sasse
P U L sasse
R E S sasse +
R O S sasse
S A S sasse
T A S sasse
T E R sasse
T I S sasse
T O I sasse
T O S sasse
V A L sasse
V E R sasse
V I S sasse

satisfait, e
I N satisfait, e

sature
I N saturé, e
O S sature
S U R sature +

saut
R E S saut
S U R saut

sauter +
R E S sauter +
S U R sauter +
T R E S sauter +

savant
P A S savant

saxons
D E saxons

scat
I M M I sçât

scelle +
D E scelle +

scie, e
F A scié, e

sciemment
C O N sciemment

science
C O N science
P R E science
O M N I science

scient
C O N scient, e
O M N I scient, e

sciez...
I M M I sciez...

scinder +
R E scinder +

scolaire
P R E scolaire
P A R A scolaire
P E R I scolaire
P O S T scolaire

sconse
A B sconse

séance
P R E séance
B I E N séance

séant, e
M A L séant, e
B I E N séant, e

seau
A S seau
B I seau
C I seau
F U seau
M U seau
N A seau

O I seau
R E seau
R O seau
C A S seau
C L O seau
G E R seau
T A S seau
B O I S seau
C U I S seau
R O U S seau
R U I S seau
P A I S seau
V A I S seau

sec
P A R sec

secable
I N secable

sécher +
A S sécher +
D E S sécher +

secte
I N secte

secteur
B I S secteur
P R O secteur
T R I secteur

section
R E section
B I S section
D I S section
T R I section
V I V I section

sécurité
I N sécurité

seille
F A seille +
O R seille
C O N seille +
G R O seille

seillons
F A seillons
C O N seillons

	seine	
C A	séine	
O S	séine	
	sel	
B I S	sel	
D I E	sel	
M I S	sel	
P E R	sel	
	sella +	
M O	sellaN, e	
	selle +	
B A	selle	
E N	sellé, e	
F U	selle	
G I	selle	
M U	selle +	
O I	selle	
A I S	selle	
B O S	selle +	
C A P	selle	
D E S	selle +	
T O U	selle	
D E M U	selle +	
F I L O	selle	
L I M O	selle	
P I L O	selle	
R U I S	selle +	
V A I S	selle	
	sellier	
V A I S	sellier	
	selon	
C I	selonS	
F U	selonS	
M U	selonS	
O I	selonS	
B O S	selonS	
D E M U	selonS	
R U I S	selonS	
	semâtes	
C A	semates	
	semble +	
A S	semble +	
E N	semble	
R A S	semble +	
R E S	semble +	

	semence	
E N	semence +	
R E E N	semence +	
	semer +	
P A R	semer +	
R E S	semer +	
S U R	semer +	
	sèment	
A I	sément/	
G I	sement	
O S	sementS/	
P O	sément/	
A M U	sement	
A R A	sement	
B A I	sement	
B A S	sement/	
B L E	sement	
B O I	sement	
B R I	sement	
C A S	sement	
C E N	sément/	
E V A	sement	
P A N	sement	
P A R	sèment/	
P A S	sement, e +	
P I S	sement	
P U I	sement	
R E S	sèment/	
S A S	sement	
S E N	sément/	
S U R	sèment/	
T A S	sement	
V E R	sement	
V O I	sement	
A D O S	sement	
A P A I	sement	
C L A S	sement	
C O A S	sement	
C R E U	sement	
C R I S	sement	
C R O I	sement	
D E R A	sement	
E B R A	sement	
E C R A	sement	
E N L I	sement	
E N V A	sement	
E P U I	sement	

F A U S	sement/	
G L I S	sement	
H A U S	sement	
N I A I	sement/	
N O L I	sement	
P I E U	sement/	
P L I S	sement	
	séné	
A S	sène +	
K E R O	sène	
	sénile	
P R E	sénile	
	sensé, e	
I N	sensé, e	
	sensible	
I N	sensible	
	sent, e	
A B	sent, e +	
P R E	sent, e +	
	sentir +	
C O N	sentir +	
R E S	sentir +	
P R E S	sentir +	
	seoir	
A S	seoir	
R A S	seoir	
S U R	seoir	
	sépale	
G A M O	sépale	
M O N O	sépale	
	séparable	
I N	séparable	
	sept	
T R A N	sept	
	séquence	
C O N	séquence	
	séreuse, eux	
M I	séreuse, eux	
	série	
B O I	serie	
C A U	serie	

C L O	serie	
G R I	serie	
M A I	serie	
N U R	serie	
P R E	série	
R O S	serie	
V I S	serie	
B R A S	serie	
B R O S	serie	
C A I S	serie	
G R A S	serie	
G U E U	scrie	
H U I S	serie	
L A M A	serie	
N I A I	serie	

sérine

A N	sérine
P A S	serine

serment

A S	sermentE +
I N	sermentE

serra

D E S	serraGE

serrer +

E N	serrer +
D E S	serrer +
R E S	serrer +

serons

L I	serons

(plus verbes, voir à
— sasse)

sert

D E	sert, e +
D I	sert, e
I N	sert/
D E S	sert, e

sertir +

D E S	sertir +

serve

A S	serve
O B	serve +
R E	serve +
C O N	serve +
D E S	serve +

P R E	serve +	
R E S	serve	
I N O B	servé, e	

serveur

C O N	serveur

servir +

A S	servir +
D E S	servir +
R E S	servir +

set

B I	set
B A S	set
C O R	set, e +
G R I	set
O F F	set
V E R	set
C R E U	set
F A U S	set
G O U S	set
G R A S	set

setons

C O R	setons

scule

E S	seulé, e

sexuel, le

B I	sexuel, le
B I S	sexuel, le
U N I	sexuel, le
H O M O	sexuel, le

sidérer +

C O N	sidérer +

sied

A S	sied
R A S	sied

siège +

A S	siège +
T E L E	siège

sien

O A	sien, ne
C A P	sien
E T E	sien
P E R	sienNE
T A R	sien, ne

A C C I	sien	
A R L E	sien, ne	
A R T E	sien, ne	
E U R A	sien, ne	
F U C H	sien, ne	
P A R I	sien, ne	
P R U S	sien, ne	
S A L E	sien, ne	
T U N I	sien, ne	
V E N U	sien, ne	

sieur

M E S	sieurS/
M O N	sieur/
P L U	sieurS/

signe +

A S	signe +
D E	signe +
I N	signe
R E	signe +
C O N	signe +
R E A S	signe +
S O U S	signé, e

sil

F U	sil
F R A	sil
G R E	sil
P E R	sil
F R A I	sil
G R O I	sil

sillage

B O U	sillage

sillon

O I	sillon
C R O I	sillon
E T R E	sillon

sillons

(autres que les mots
ci-dessus)

F U	sillons
N A	sillons
B O U	sillons
B R E	sillons
D E S	sillons
E G O	sillons
G R E	sillons

| | **simien** |
| P R O | simien |

| | **simuler +** |
| D I S | simuler + |

| | **sincérité** |
| I N | sincérité |

| | **single** |
| R E | single |

	sinon
L E	sinonS
R E	sinonS
B A S	sinonS
C O U	sinonS
C U I	sinonS
D E S	sinonS
V O I	sinonS
A V O I	sinonS

| | **sinus** |
| C O | sinus |

	sire
D E	siré +
M E S	sire, s

	sis
A S	sis
O A	sis
R O	sis
B R I	sis
C A S	sis
M O I	sis
M Y O	sis
P A R	sis
P T O	sis
Q U A	sis
R A S	sis
S A I	sis
S U R	sis
C H A S	sis
C H O I	sis
G R O S	sis
M Y C O	sis
P A R I	sis/
P Y R O	sis
R E U S	sis
R O U S	sis

| S Y C O | sis/ |
| T R A N | sis |

	sise
A S	sise
R A S	sise
S U R	sise

	site
V I	site +
B L E	sité
D E N	sité
H U S	site
I N U	sité, e
M Y O	site
O B E	sité
A N D E	site
C E R U	site
G L O S	site
M O R O	sité
M U C O	sité
N O D O	sité
O P P O	site/
P A R A	site +
P I L O	sité
P O R O	sité
R E U S	site
R U G O	sité
S E R O	sité
S I N U	site
T R A N	site +
V I N O	sité

	sites
	(autres que les mots
	ci-dessus)
A S	sîtes
R O	sîtes
C O U	sîtes
L U I	sîtes
M O I	sîtes
N U I	sîtes
R A S	sîtes
S A I	sîtes
C H O I	sîtes
G R O S	sîtes
R O U S	sîtes

| | **sitôt/** |
| A U S | sitôt/ |

| | **slave** |
| P A N | slave |

| | **slavisme** |
| P A N | slavisme |

| | **slaviste** |
| P A N | slaviste |

	soc
T R I	soc
P O L Y	soc

| | **sociable** |
| D I S | sociable |

	social, e
D Y S	social, e
A N T I	social, e

| | **socialité** |
| D Y S | socialité |

	sode
D E	sodé, e
E P I	sode
R H A P	sode

	sodique
E P I	sodique
P R O	sodique

| | **sœur** |
| C O N | sœur |

| | **soif** |
| A S | soifFE + |

| | **soin** |
| B E | soin |

	soir
M U	soir
R A	soir
A L E	soir
B O N	soir
B O S	soir
L I S	soir
P A S	soirE
P I S	soir
V E R	soir

A R R O	soir
C H A S	soir
D E C I	soirE
E P I S	soir, e
P O U S	soir
P R E S	soir
V O U S	soir

sois

A S	sois
B L E	sois, e
G E R	sois, e
H E S	sois, e
R A S	sois
S U R	sois
C R E U	sois, e
T U N I	sois, e

soit

A S	soit
R A S	soit
S U R	soit

sol

C O N	sol
C R E	sol
A E R O	sol
C R E O	sol
G I R A	sol
P A R A	sol

sole +

A S	sole +
D E	sole +
I N	sole +
C O N	sole +
D E S	sole +
R I S	sole +
B O U S	sole
C A M I	sole
E M I S	sole

solide

C O N	solide +

soluble

I N	soluble
R E	soluble
L I P O	soluble

solution

A B	solution
R E	solution
D I S	solution
I R R E	solution

solvable

I N	solvable

solvant

A B	solvant
R E	solvant, e
D I S	solvant, e

somite

E P	somite

sommable

C O N	sommable

sommation

C O N	sommation

sommer +

A S	sommer +
C O N	sommer +

son

B I	son
M E	son
O I	son
P E	son
T I	son
V I	son
B A S	son
B E S	son
B L A	son
C A S	son
F O I	son
F R I	son
G R I	son
M A I	son
O U R	son
P A C	son
P I N	son
P O I	son
P R I	son
R A I	son
S A I	son
T E L	son
T E N	son

T E S	son
T O I	son
A L Y S	son
B L O U	son
B O I S	son
B U I S	son
C A I S	son
C H A N	son
C L O I	son
C O U R	son
C R E S	son
C U I S	son
E C U S	son
F R I S	son
L I A I	son
M O I S	son
M O U S	son
O R A I	son
P O I S	son
U N I S	son

sons

(pensez également aux
verbes comme :

C A	sons
B R A	sons
E X C U	sons, etc.)

sonates

D I S	sonâtes

sone

D I S	sone +
P E R	soné, e

songe

M E N	songe

songer

M E N	songer, e

sonne +

R E	sonne +
T I	sonne +
B E S	sonne
B L A	sonne +
C O N	sonne
F R I	sonne
G R I	sonne +
M A I	sonnéE
P E R	sonne

P E R sonneL
R A I sonne +
S I S sonne
C H A N sonne +
C L O I sonne +
C O U R sonne
E C U S sonne +
F R I S sonne +
L I A I sonne +
M O I S sonne +

sonneur
R A I sonneur
M O I S sonneur

sonore
I N sonore

sonorise +
I N sonorise +

sonorité
I N sonorité

sorbe
A B sorbe +
A D sorbe +
R E sorbe +
R E A B sorbe +

sore
E S sore +

sors
E S sors
T R E sors
T U S sors
S P O N sors

sort
C O N sort
R E S sort
R E A S sort

sortir +
A S sortir +
R A S sortir +
R E S sortir +
R E A S sortir +

sot
C U I S sot
Q U E U sot

sotte
F R I sotte +

souche
E S souche +

souciant
I N souciant, e

soude +
C O N soude
D E S soude +
R E S soude +

soudure
D E S soudure

soufre +
E N soufre +

souille +
A R souille
V A souille +

souler +
D E S souler +

soumis, e
I N soumis, e

sous
A B sous
B I sous
R E sous
V E sous
D E S sous
D I S sous
G R I sous

soute
A B soute
D I S soute

soyez
A S soyez
R A S soyez
S U R soyez

spat
J A spat
C R I spat

sperme
E N D O sperme
M O N O sperme
P E R I sperme

sphère
O O sphère
B I O sphère
A T M O sphère
H E M I sphère
I O N O sphère
M E S O sphère
N A V I sphère

spic
T E R A spic

spin
C R I spin

spire
I N spire +
R E spire +
C O N spire +
T R A N spire +

spore
O O spore
Z O O spore
A S C O spore

sportif, ive
A N T I sportif, ive

squames
R I squâmes
B R U squâmes
D E B U squâmes
D E M A squâmes
E M B U squâmes
O F F U squâmes

stabilise +
D E stabilise +

stabilité
I N stabilité

stable
I N stable
C O N stable
D E T E stable
M E T A stable

stage
L E stage
P I stage
P O stage
A J U stage
D E L E stage
D E P I stage

stalle
I N stalle +
R E I N stalle +

stance
D I stance +
I N stance
C O N stance
C U I stance
P R E stance
S U B stance
A S S I stance
I N S I stance
R E S I stance

star
I N star/

staries/
S U R E staries/

stase
D I A stase
H E M O stase
H Y P O stase
M E T A stase

station
G E station
G U station
P R E station
A E R O station
A R R E station
A T T E station
D E G U station
I N F E station

stations
C O N stations
(plus mots ci-dessus)

statique
E U statique
I S O statique

statique
P R O statique
A E R O statique
H E M O statique
H Y P O statique
M E T A statique

stère
A U stère
M Y stère
Z O stère
C L Y stère
M A G I stère
M I N I stere
M O N A stère

sterne
B A sterne
C O N sterne +
P R O sterne +

sthène
D I sthène

stocker +
D E stocker +

strates
B I strâtes
C A strâtes
L U strâtes
F R U strâtes
C A D A strâtes
C L A U strâtes
D E L U strâtes
E N C A strâtes
I L L U strâtes

strict
D I strict

strions
H I strions

strophe
A N A strophe
A P O strophe +
C A T A strophe +

suai
O S suaiRE

succès
I N succès

sucée
R E sucée

suer +
B O S suer +
R E S suer +

suffisance
I N suffisance

suffisant, e
I N suffisant, e

suinter +
D E S suinter +

suite
E N suite/
J E suite
P O U R suite

suivant, e
P O U R suivant, e

suivre +
E N suivre +
P O U R suivre +

sulfate
B I sulfate
P E R sulfate

sulfure +
B I sulfure
D E sulfure +
O X Y sulfure
P E R sulfure

sultan
I N sultanT
R E sultanT
C O N sultanT

sûmes
A S sumes
R E sumés
C O N sumes
P R E sumés

supposer +
P R E supposer +

surates
A S surâtes
M E surâtes
C E N surâtes
F I S surâtes
P R E surâtes
R A S surâtes
T O N surâtes
P R E S surâtes
R E A S surâtes

sure
A S sure +
C E sure
M A sure
M E sure +
B R A sure
B R I sure
C A S sure
C E N sure +
E V A sure
F I S sure +
F R I sure
M O R sure
P R E sure +
R A S sure +
T O N sure +
B L E S sure
C R E U sure
D E M E suré, e
E P I S sure
F R A I sure
F R E S sure
I N C I sure
P L I S sure
P R E S sure +
R E A S sure +
S C I S sure
V O U S sure

surgeons
I N surgeons

surgir +
R E surgir +

sus
I N sus
I S sus
J E sus/

A B U sus/
B O S sus
B Y S sus/
C O S sus
C O U sus
C R E sus/
D E S sus/
F E S sus
L A P sus/
P A N sus
R H E sus/
T I S sus
V E R sus/
M O U S sus

suscite +
R E S suscite +

sutes
H I R sutes

syllabe
D Y S syllabe
T R I syllabe
D E C A syllabe
M O N O syllabe
O C T O syllabe
P O L Y syllabe

sylvain
T R A N sylvain, e

système
E C O système

T

table +
A T table +
D A table
J E table
M U table
N O table
P O table
R E table
C A R table
E V I table
I M I table

I N S table
M E T table
P O R table
R E N table
S O R table
T E S table
A B A T table
A C H E table
A D A P table
A D O P table
C O M P table
C O N S table
D E B I table
D I L A table
D O M P table
E J E C table
E Q U I table
E X C I table
F L O T table
H A B I table
I M P U table
I N D A table
I R R I table
R E F U table
R E J E table
T R A C table
V E R I table

tache +
A T tache +
D E tache +
E N tache +
P A tache
P O tache
P I S tache
R A T tache +
S O U tache
M O U S tache

tacle
O B S tacle
P E N tacle
H A B I tacle
S P E C tacle

tact
I N tact, e
C O N tact, e +

tactique
S Y N tactique

taie
F U taie

taille +
D E taille +
E N taille +
F U taille
I N taille
R E taille +
A V I taille +
P I E taille
V E N taille
E N F U taille +
R A V I taille +

tailleur
B A tailleur
A V I tailleur
R A V I tailleur

tain
P U tain
C E R tain, e
C H A tain
H A U tain, e
H U I tain, e
S E P tain
V O U tain
A Q U I tain, e
L O I N tain, e
L U S I tain, e
P L A N tain
P U R I tain, e
T I B E tain, e
T R E N tainE

taire
C A taire
H E taïre
N O taire
C H A taire
D E N taire
E L I taire
L A C taire
N E C taire
S E C taire
U N I taire

V O L taire
C O M E taire
D O N A taire
E V E N taire
L E G A taire
L O C A taire
M I L I taire
M I N U taire
M O N E taire
O R B I taire
P A R I taire
P L A N taire
S A L U taire
S A N I taire
S O L I taire

taise
F O U taise
M A L taise
M O R taise +
N A N taise

taiseuse
M O R taiseuse

taisons
M O N taisons
F L O T taisons

talé
D E tale +
D O tale
F A tale
L E tale
N A tale
O C tale
P E tale
T O tale
V I tale
A P E tale
B R U tale
C O M tale
C O S tale
C R O tale
D E N tale
F O E tale
M E N tale
P O S tale
R E C tale
S E P tale

T A N tale
V E S tale
C A P I tale
C U B I tale
D I G I tale
E R I S tale
F R A C tale
F R O N tale
G E N I tale
G L O T tale
M A R I tale
O R B I tale
P A L A tale
S C R O tale
V E G E tale

talent
D E talent

talon
P A N talon

talons
D E talons
P A N talons

talonner +
D E talonner +

tamis
T A tamis

tampons
E S tampons

tan
A N tan/
A U tan
G I tan, e
M I tan
T I tan, e
C A F tan
F L E tan
S U L tan, e
T A R tan, e
C A F E tan
C A P I tan
O C C I tan, e

tance +
P I tance
B E C tance

D I S	tance +
I N S	tance
J A C	tance
L A I	tance
P A R	tance/
P O R	tance
C O N S	tance
C U I S	tance
P R E S	tance
Q U I T	tance +
S U B S	tance

tanise +

T E tanise +

tant
(autres que les
participes présents)

A C	tant
A U	tant/
O C	tant
V O	tant
D I S	tant
I N S	tant
S E X	tant
S P I	tant
C O N S	tant
D E B U	tant
E Q U I	tant
P O U R	tant/

tante

M U	tante
O C	tante
P E	tante
V O	tante
B A T	tante
C O U	tante
D I S	tante
E P A	tante
H U I	tante/
I N S	tante
M O N	tante
P A R	tante
P O R	tante
R E S	tante
S E P	tante/
S O R	tante
S P I	tante

T E N	tante
A D O P	tante
C A H O	tante
C H A N	tante
D E B.I	tante
D E B U	tante
D I L A	tante
E M B E	tante
E N T E	tante
E X A L	tante
E X C I	tante
F L O T	tante
H A B I	tante
H A L E	tante
H E S I	tante
I N V I	tante
I R R I	tante
M E R I	tante
M I L I	tante
P I V O	tante
R E B U	tante
R E C I	tante
S U I N	tante .

tapage

R E tapage

taper +

R E taper +

taques

A T	taques
P A	taquès/

taras

P A taras/

tard

B A	tard
F E	tard
P E	tard
P O	tard
R E	tard
T E	tard
C O S	tard
M O U	tard
P I S	tard
R O U	tard
V A N	tard
B R O U	tard

F L O T	tard
P L A N	tard

tarde +

A T	tarde +
B A	tarde
O U	tarde
R E	tarde +
M O U	tarde
V A N	tarde

tare +

T A	tare
G U I	tare
H E C	tare
T A R	tare

targue +

P O U targue

tarie

N O	tarié, e
U N I	tarieN, ne

tarin

P A tarin

taris

G U I	tarisTE
S E C	tarisME
P E L O	taris

tartré, e

D E	tartré, e
E N	tartré, e

tas
(autres que les verbes
en – ter)

B E	tas
J O	tas
D E L	tas
P I E	tas
Q U O	tas
R A S	tas
B A L A	tas
G A L E	tas/
H U E R	tas
M U L E	tas
P E S E	tas

tasse

B A	tasse	
B E	tasse	
B U	tasse	
C I	tasse	
C O	tasse	
D A	tasse	
D O	tasse	
F E	tasse	
G A	tasse	
G I	tasse	
H A	tasse	
J E	tasse	
J U	tasse	
L I	tasse	
L U	tasse	
M A	tasse	
M I	tasse	
M U	tasse	
N O	tasse	
O P	tasse	
P E	tasse	
R A	tasse	
R O	tasse	
T A	tasse	
T E	tasse	
V O	tasse	
B E C	tasse	
C A F	tasse	
C A L	tasse	
D I C	tasse	
D O U	tasse	
E D I	tasse	
E P A	tasse	
E T E	tasse	
E V I	tasse	
F A R	tasse	
F A U	tasse	
F R E	tasse	
G A N	tasse	
G O U	tasse	
H A N	tasse	
I M I	tasse	
J A C	tasse	
J O U	tasse	
L A T	tasse	
L E S	tasse	
L I F	tasse	

L I S	tasse
L U T	tasse
M A L	tasse
M O N	tasse
M O T	tasse
N A T	tasse
O U A	tasse
P E S	tasse
P I E	tasse
P I N	tasse
P I S	tasse
P O N	tasse
P O R	tasse
P O S	tasse
P R E	tasse
Q U E	tasse
R E S	tasse
R O U	tasse
S A U	tasse
T A N	tasse
T E S	tasse
T I N	tasse
V A N	tasse
V O L	tasse
V O U	tasse

(plus les verbes comme :

A B R I	tasse
D E L I	tasse
F R I T	tasse
Z I E U	tasse, etc.)

tasser +

E N	tasser +
P O	tasser +
R A P E	tasser +

tâta

R E	tâta
C O N S	tata
T A R A	tata/

tâte

A S	tate
P A	tate
R E	tâte +
A C E	tate
A Z O	tate
C A N	tate
L A C	tate

A P O S	tate
C O N S	tate +
P R O S	tate

tâtes
(voir verbes à — tasse)

tateur

M U	tateur
N O	tateur
R O	tateur
A G I	tateur
C A P	tateur
D I C	tateur
I M I	tateur
S E C	tateur
T E N	tateur
T E S	tateur
A D A P	tateur
A N N O	tateur
D I L A	tateur
E X C I	tateur
I N C I	tateur
S C R U	tateur
S P E C	tateur

tations

C I	tations
C O	tations
D A	tations
D O	tations
M U	tations
N A	tations
N U	tations
R E	tations
R O	tations
V O	tations
A G I	tations
C A P	tations
G E S	tations
G U S	tations
I M I	tations
L A C	tations
N I C	tations
R E P	tations
T E N	tations
A D A P	tations
A M P U	tations
A N N O	tations

C A V I	tations
C O G I	tations
C O N S	tations
C O O P	tations
D E P U	tations
D I L A	tations
E Q U I	tations
E R U C	tations
E X A L	tations
E X C I	tations
E X U L	tations
F L O T	tations
H A B I	tations
H E S I	tations
I M P U	tations
F L U A	tations
I N C I	tations
I N V I	tations
I R R I	tations
L E V I	tations
L I C I	tations
L I M I	tations
M E D I	tations
P L A N	tations
P R E S	tations
R E C I	tations
R E F U	tations
S A L U	tations
T R A C	tations
V I S I	tations

tâtons

R E	tâtons
C O N S	tatons

taud

P A	taud, e
C O S	taud
R U S	taud, e
C O U R	taud, e

taure

C E N	taure
I N S	taure +
R E S	taure +

teille

B O U	teille

teiller

B O U	teiller, s

teillons

B O U	teillons

teindre +

A T	teindre +
D E	teindre +
R E	teindre +

tel

A R	tel
A U	tel
B E	tel
H O	tel
M O	tel
R A	tel
U N	tel/
C A R	tel
C A S	tel
L I S	tel
M A R	tel/
M O R	tel
P A S	tel
C H E P	tel

télé

A T	télé +
D A	teleT
C O	telé, e
D E	telé +
R A	telé +
P O	telé, e
B O T	telé +
C A U	tèle
C H A	teleT
D E N	telé +
G A N	teleT
M A N	telé, e
M A N	teleT
M A R	telé +
P R O	tèle
R O I	teleT
B R E T	telé +
E C A R	telé +

telle

A T	telle
C A	telle
P A	telle

P O	telle
T U	telle
B O T	telle
B R E	telle
D E N	telle
M A R	telle
M I S	telle
M O R	telle
S I T	telle
U N E	telle/
V A N	telle
B A G A	telle
C O N S	telle +
C O T U	telle
C U R A	telle

tempérant, e

I N	tempérant, e

temple

C O N	temple +

temporel, le

I N	temporel, le

tenable

I N	tenable
S O U	tenable

tenais

A N	tenais, e

tenant

A T	tenant, e
D E	tenant
R E	tenant
O B	tenant
A B S	tenant
C O N	tenant
S O U	tenant
L I E U	tenant
M A I N	tenant/

tendance

I N	tendance

tendant

I N	tendant, e

(plus verbes ci-après)

	tendre +	
A T	tendre +	
D E	tendre +	
E N	tendre +	
R E	tendre +	
D I S	tendre +	
P R E	tendre +	

tendu, e

A T	tendu, e
D E	tendu, e .
E N	tendu, e
R E	tendu, e
D I S	tendu, e
I N E	tendu, e
P R E	tendu, e
H Y P O	tendu, e
I N A T	tendu, e

teneur

C O N	teneur
S O U	teneur
M A I N	teneur

tenir +

D E	tenir +
O B	tenir +
R E	tenir +
A B S	tenir +
C O N	tenir +
S O U	tenir +
M A I N	tenir +

tenseur

E X	tenseur
H Y P O	tenseur

tension

B I	tension
E X	tension
D I S	tension
S U R	tension
H Y P O	tension

tentât

A T	tentat, s
I N	tentât
P A	tentât
P O	tentat, s
C O N	tentât
S U S	tentât

tente +

A T	tente +
D E	tente
E N	tente
I N	tente +
L A	tente
P A	tente +
C O N	tente +
S U S	tente +
I M P O	tente
P E N I	tente
R E N I	tente

tentions

A T	tentions
D E	tentions
I N	tentions
O B	tentions
P A	tentions
R E	tentions
A B S	tentions
C O N	tentions
P R E	tentions
S U S	tentions
I N N A	tentions
M A N U	tentions

tenu, e

C O D E tenu, e
(plus verbe en — tenir +)

ter
(autres que les verbes)

A S	ter
E S	ter
I N	ter
P A	ter/
W A	terS/
B I T	ter
C A N	ter
C A R	ter
C U T	ter
G E T	ter
H U N	ter
L I N	ter
P O R	ter
P O S	ter
Q U A	ter/
R O O	ter

S E T	ter
S I N	ter
W E L	ter
B L I S	ter
B O O S	ter
C H E S	ter
C L U S	ter
D E B A	ter
G E A S	ter
H A M S	ter
M U N S	ter
P O I N	ter
R I C H	ter/
S C O O	ter
S P A L	ter
S T A R	ter
S W E A	ter
T W E E	ter

terbium

Y T terbium

terce

R E	terce +
S E S	terce

termine +

D E	termine +
E X	termine +

terne

A L	terne +
C I	terne
E X	terne
I N	terne +
P A	terne
P O	terne
A L A	terne
B A S	terne
F R A	terneL
L A N	terne
S A U	terneS/
C O N S	terne
P R O S	terne +

terni

F R A	terniSE +
F R A	terniTE

terrai
S O U terraiN, e
(plus verbes, voir à
— terre +)

terrasse +
A L terrasse
D E terrasse
E N terrasse

terre +
A L terre +
D E terre +
E N terre +
P A R terre
C I M E terre
F U M E terre

testât
I N testat, s
(plus verbes, voir à
— tester +)

tester +
A T tester +
D E tester +
C O N tester +
P R O tester +

têt
M O tet
O C tet
F U S tet
P O N tet
P R O tet

tête
E N tête +
N E T teté
C H A S teté
S A I N teté

texte
C O N texte
P R E texte +

textuel, le
C O N textuel, le

texture
C O N texture

thalamus
H Y P O thalamus

thalle
P R O thalle

thé
M Y the
M E N the
S P A the
A C A N the
C E R I the
E O L I the
M A R A the
O O L I the
P L I N the

théine
D E theine

thème
A N A thème
A P O thème
E R Y thème
E N A N thème
E X A N thème

thérapie
B I O thérapie
O P O thérapie
Z O O thérapie
C R Y O thérapie
S E R O thérapie

thermes/
I S O thermes
A E R O thermes
E U R Y thermes
H O M O thermes

thermie
D I A thermie
G E O thermie
E U R Y thermie
H O M O thermie
H Y P O thermie

thèse
P R O thèse
S Y N thèse
A N T I thèse
E P E N thèse

thèse
H Y P O thèse
M E T A thèse
P R O S thèse

thon
P Y thon
Z Y thon
B E R thon
M A R A thon

thorax
P R O thorax
M E S O thorax
M E T A thorax

thrène
A N thrène

thymie
D Y S thymie
L I P O thymie

tiare
C E N tiare

tic
M A S tic
L O U S tic
P L A S tic

tiédir +
A T tiédir +

tien
B E O tien
H A I tien
K A N tien
L A O tien
M A R tien
S O U tien
C A P E tien
C H R E tien
E G Y P tien
I M P A tienS/
M A I N tien
T A H I tien
V E N I tien

tienne
A N tienne
B E O tienne
H A I tienne

K A N tienne	S O U tiers	U N I tif
L A O tienne	A L F A tiers	A B L A tif
M A R tienne	B E N I tiers	A B O R tif
S O U tienne	C A F E tiers	A D D I tif
C A P E tienne	C A N O tiers	A D O P tif
C H R E tienne	C H A N tiers	A U D I tif
M A I N tienne	C L O U tiers	C U R A tif
T A H I tienne	C O C O tiers	D U R A tif
V E N I tienne	C O U R tiers	E L E C tif
tient	D O I G tiers	E R G A tif
P A tient, e +	D R O I tiers	E R U P tif
Q U O tient	E C H O tiers	F I X A tif
I M P A tient, e +	E G O U tiers	F U G I tif
	E M E U tiers	G E N I tif
tiento	F A G O tiers	I N A C tif
P A tientoNS	F R U I tiers	J O I N tif
I M P A tientoNS	G A Z E tiers	L A X A tif
tiers	H E R I tiers	L E N I tif
A L tiers	K O L A tiers	L O C A tif
C O tiers	L U N E tiers	N E G A tif
E N tiers	M I N O tiers	O P T A tif
H A tiers	M I N U tiers	P O S I tif
L O tiers	M O R U tiers	P U N I tif
M E tiers	M U L E tiers	P U T A tif
P O tiers	P A N E tiers	R E A C tif
P U tiers	P A P E tiers	R O T A tif
R A tiers	P S A U tiers	S E D A tif
S E tiers	Q U A R tiers	S P O R tif
A R E tiers	R E G A tiers	T A X A tif
B O I tiers	S A B O tiers	T R A C tif
B O T tiers	S A P O tiers	V O C A tif
B U S tiers	S A V E tiers	V O L I tif
C A R tiers		V O M I tif
D E N tiers	**tif**	
G A N tiers	A C tif	**tige**
G R U tiers	D A tif	A T tige +
I L O tiers	H A tif	L I tige
L A I tiers	M O tif	M I tigé, e
L I F tiers	N A tif	F U S tige +
M O R tiers	R E tif	V E R tige
M O U tiers	V O tif	V E S tige
N A T tiers	C A P tif	V O L tige +
P O N tiers	C H E tif	P R E S tige
P O R tiers	E M O tif	
P O S tiers	F A U tif	**tignasse**
R E N tiers	F I C tif	E G R A tignasse
R O U tiers	F U R tif	**tillage**
S E N tiers	M A S tifF	B A tillage
	S T A tif	O U tillage

P A S	tillage
T O R	tillage
P O I N	tillage

tille

O U	tille +
P E	tille +
T I	tille +
V E	tille +
B A S	tillé, e
B O I	tille +
D I S	tille +
F R E	tille +
G E N	tille
G E N	tilleT, te
I N S	tille +
L E N	tille
M A N	tille
M Y R	tille
P A S	tille
S A U	tille +
T O R	tille +
A P O S	tille +
B R O U	tille
E C O U	tille
F L O T	tille
P A C O	tille
P O I N	tille +
S A P O	tille
S C I N	tille +
V E R E	tille

tillons
(autres que les verbes
ci-dessus)

C O	tillons
T A	tillons
B O T	tillons
L E N	tillons
P O R	tillons
P O S	tillons

timide

I N	timide +

timons

A R	timons
I N	timons
E S	timons
L E G I	timons

tin

B U	tin, e +
C A	tin
L A	tin, e
L U	tin, e +
M A	tin, e +
M U	tin, e +
P A	tin, e +
P O	tin, e +
R O	tin
S A	tin, e +
T E	tin, e
C R E	tin, e
D E S	tin, e +
F E S	tin
F O R	tin
F R E	tin
G R A	tin, e +
H A U	tin
P A N	tin
P I E	tin, e +
B A R A	tin, e +
C A B O	tin, e +
C A L O	tin
C R O T	tin
F A G O	tin
M U R E	tin
P A L A	tin, e
P I C O	tin
P I L O	tin
P U R O	tin
S C R U	tin
T H E A	tin

tinette

P A	tinette
S A	tinette
T R O T	tinette

tinte +

A Q U A	tinte

tira

A T	tira
B A	tira
D E	tira
M A	tira
L O	tira
P A	tira

R E	tira
R O	tira
V E	tira
A B E	tira
A M A	tira
G L A	tira
M E N	tira
N A N	tira
P A R	tira
S E N	tira
S E R	tira
S O R	tira
S O U	tira
A B O U	tira
A B R U	tira
A M O R	tira
A P L A	tira
A V E R	tira
B L E T	tira
B L O T	tira
D E B A	tira
D E C A	tira
D E V E	tira
R E B A	tira
R E V E	tira

tirage

R E	tirage
S O U	tirage

tire

S A	tire

(plus certains verbes,
voir à — tira)

tirent
(autres que les verbes
en — tira)

A B A T	tirent
E B A T	tirent

tirons
(autres que les verbes
en — tira)

P O	tirons

tisane

A R	tisane
P A R	tisane
C O U R	tisane

	tisons		**tisse +**		**titre +**
A T	tisons	B A	tisse +	A T	titre +
C O	tisons	L O	tisse +		
B A P	tisons	M A	tisse +		**titube**
E T A	tisons	M E	tisse +	M U L	titube
P A C	tisons	P A	tisse +		
P O E	tisons	R A	tisse +		**toc**
A S E P	tisons	R E	tisse +	E S	toc
C O U R	tisons	R O	tisse +	M A S	toc/
D E R A	tisons	V E	tisse +	N O S	toc
F A N A	tisons	A B E	tisse +		
M O N E	tisons	A M A	tisse +		**toge**
P O L I	tisons	B O U	tisse	E P I	toge
		G L A	tisse +		
		M A N	tisse		**toilage**
	tissage	M E N	tisse +	E N	toilage
M E	tissage	N A N	tisse +	R E N	toilage
R A	tissage	P A R	tisse +		
R O	tissage	S E N	tisse +		**toile +**
S E R	tissage	S E R	tisse +	E N	toile +
D E C A	tissage	S O R	tisse +	R E N	toile +
		T O N	tisse		
		A B A T	tisse +		**toise +**
	tissant	A B O U	tisse +	M A	toise
B A	tissant	A B R U	tisse +	P A	toise +
L O	tissant	A M O R	tisse +	C O M	toise
M A	tissant	A P L A	tisse +	C R E	toise
M E	tissant	A V E R	tisse +	G A N	toise
P A	tissant	B L E T	tisse +	P A N	toise
R A	tissant	B L O T	tisse +	B R E S	toise
R E	tissant	D E B A	tisse +	C O U R	toise
R O	tissant	D E C A	tisse +		
A B E	tissant	D E V E	tisse +		**tole +**
A M A	tissant	E B A T	tisse +	E N	tole +
G L A	tissant	R A P E	tisse +	P A C	tole
N A N	tissant	R E B A	tisse +	P I S	tole
S E R	tissant	R E V E	tisse +	P I S	toleT
A B O U	tissant			S C A	tole
A B R U	tissant		**tisseur**	S E X	toleT
A M O R	tissant	B A	tisseur	S Y S	tole
A P L A	tissant	R O	tisseur	D I A S	tole
A P P E	tissant	S E R	tisseur		
A V E R	tissant	A M O R	tisseur		**tolérable**
B L E T	tissant	A P L A	tisseur	I N	tolérable
B L O T	tissant	A V E R	tisseur		
D E B A	tissant	D E C A	tisseur		**tomate**
D E C A	tissant			A U	tomate
R A P E	tissant		**titi**		
R E B A	tissant	O U I S	titi		**tombe +**
				R E	tombe +
				H E C A	tombe

	tome
B U	tome
D I A	toméE
D I S	tome
E P I	tome
F A N	tôme
P R O	tomé
S C O	tome
H E M A	tome
S T E A	tome
S Y M P	tôme

	ton
B A	ton
B E	ton
C O	ton
G I	ton
J E	ton
M A	ton
P A	ton
P E	ton
P I	ton
R A	ton
S E	ton
T E	ton
T O	ton
B O S	ton
B O U	ton
B R E	ton
C A R	ton
C A N	ton
C E N	ton
C H A	ton
C H I	ton
C O R	ton
C R A	ton
C R O	ton
D E U	ton
D I C	ton
F I S	ton
F R I	ton
L A I	ton
L E T	ton
L I S	ton
N E C	ton
O X Y	ton
P H O	ton
P I E	ton
P I S	ton

P L U	ton
P O N	ton
P R O	ton
R H Y	ton
S A N	ton
T E S	ton
T E U	ton
A V O R	ton
B A R Y	ton
C A N E	ton
C A P I	ton
C R O U	ton
F R O N	ton
G L O U	ton
K R Y P	ton
M A N E	ton
M I R O	ton
N E G A	ton
P A N E	ton
P E L O	ton
P H A E	ton
P L A N	ton
P O S I	ton
R E J E	ton
R O G A	ton
S T I L	ton
V I R E	ton

	tonal, e
C A N	tonal, e

	tondant
C O N	tondant, e

	tonie
I S O	tonie
M Y A	tonie
S Y N	tonie
H Y P O	tonie
M O N O	tonie

	tonique
C E	tonique
D I A	tonique
I S O	tonique
P H O	tonique
P L A	tonique
P L U	tonique
P R O	tonique
T E C	tonique

T E U	tonique
H Y P O	tonique

	tonna
B A S	tonnaDE
(plus verbes, voir à	
— tonne +)	

	tonnage
B E	tonnage
E N	tonnage
P I	tonnage
B O U	tonnage
C A R	tonnage
C A P I	tonnage

	tonnât
B A	tonnât
(plus verbes, voir à	
— tonne +)	

	tonne +
B A	tonneT
C O	tonne +
D E	tonne +
E N	tonne +
M A	tonne
M I	tonne +
P I	tonne +
T A	tonne +
B O U	tonne +
B R E	tonne
C A N	tonne +
C A R	tonne +
F E S	tonne +
L E T	tonne
M E N	tonneT
M O U	tonne +
P I E	tonne
P I S	tonne +
O X Y	tonne
T E U	tonne
C A P I	tonne +
C H A N	tonne +
G L O U	tonne
K I L O	tonne
M E G A	tonne
P E L O	tonne +

	toquer +
E S	toquer +

		tope +		P L U	tôt /		**tout**
M E	tope			T A N	tôt /	F A I	tout
I S O	tope			B I E N	tôt /	P A R	tout /
		tord		C U I S	tot	S U R	tout
B I	tord			P A L E	tot		
		tordeuse					**toxine**
R E	tordeuse				**touche** +	A N A	toxine
		tordre +		R E	touche +	E X O	toxine
D E	tordre +			C A R	touche	A N T I	toxine
R E	tordre +			P O L A	touche	D I G I	toxine
D I S	tordre +					E N D O	toxine
		torque			**toucheur**		**toxique**
E X	torque +			R E	toucheur	I N	toxique +
R E	torque +					A N T I	toxique
		tors			**touille** +		**trac**
B U	tors			P A	touille +	T R I C	trac
D E	tors			P E	touille +		
R E	tors			C H A	touille +		**tracasse**
R O	tors			D E P A	touille +	R E	traçasse
C A S	tors			R A T A	touille		
D I S	tors						**trace** +
M E N	tors				**tour**	R E	trace +
S T A	tors			A U	tour	M O N O	trace
P O R	tors			D E	tour, e +		
M O N I	tors			E N	tourE +		**traçons**
S T E N	tors			R E	tour	O S	traçons
		torse		C O N	tour	R E	traçons
E N	torse			B I S	tourI		
R E	torse			P R O	tourE		**tracte** +
		torsion		V A U	tour	E N	tracte
D E	torsion			A L E N	tour	R E	tracte +
E X	torsion			P O U R	tour	C O N	tracte +
R E	torsion						**tracteur**
C O N	torsion				**tournage**	D E	tracteur
D I S	torsion			R E	tournage	E X	tracteur
		tort		B I S	tournage	L O C O	tracteur
N A S I	tort					M O T O	tracteur
		tortille +			**tourner** +		**tractif, ive**
D E	tortille +			D E	tourner +	A T	tractif, ive
E N	tortille +			R E	tourner +	E X	tractif, ive
		tôt /		B I S	tourner +	R E	tractif, ive
S I	tôt /			C O N	tourner +	S O U S	tractif, ive
				R I S	tourner +		**traction**
				C H A N	tourner +	A T	traction
					tourons	E X	traction
				D E	tourons	R E	traction
				E N	tourons	A B S	traction
						C O N	traction

D I S	traction	
S O U S	traction	
	tractrice	
D E	tractrice	
	train	
E N	train	
V I	train	
P I E	train	
Q U A	train	
A E R O	train	
	traîne +	
E N	traîne +	
	traire	
E X	traire +	
A B S	traire +	
C O N	traire	
D I S	traire +	
R E N	traire +	
A R B I	traire	
S O U S	traire +	
	trait	
A T	trait, s	
E N	trait, s	
E X	trait, s	
M E	trait	
R E	trait, s	
T I	trait	
V I	trait	
A B S	trait, e	
B I S	trait	
C A S	trait	
C E N	trait	
C H A	trait	
C I N	trait	
C O N	trait	
D I S	trait, e	
F E U	trait	
F I L	trait	
L U S	trait	
M O N	trait	
P L A	trait	
P O R	trait, s	
R E N	trait	
V A U	trait	

A R B I	trait
A T T I	trait
C L O I	trait
D E P E	trait
E M M E	trait
E M P E	trait
E V E N	trait
F E N E	trait
F O L A	trait
F R U S	trait
I M P E	trait
P E N E	trait
S O U S	trait

	traitable
I N	traitable

	traite +
E X	traite
R E	traite +
A B S	traite
D I S	traite
M A L	traite +

	trames
E N	trâmes
M E	trâmes
O U	trâmes
T I	trâmes
V I	trâmes
B I S	trâmes
C A S	trâmes
C E N	trâmes
C H A	trâmes
C I N	trâmes
C O N	trâmes
F E U	trâmes
F I L	trâmes
L U S	trâmes
M O N	trâmes
P L A	trâmes
R E N	trâmes
V A U	trâmes
A R B I	trâmes
A T T I	trâmes
C L O I	trâmes
D E P E	trâmes
E M M E	trâmes
E M P E	trâmes

E V E N	trâmes
F O L A	trâmes
F R U S	trâmes
I M P E	trâmes
P E N E	trâmes

	tranche +
R E	tranche +

	transitif, ive
I N	transitif, ive

	traque +
D E	traque +
M A	traque +
P A	traque

	travail
R E	travailLE +
S U R	travail

	traverse +
R E	traverse +

	trémie
N A	trémie

	trempage
A T	trempage

	trempant
A T	trempant
D E	trempant /
R E	trempant /
A U T O	trempant

	trempe +
A T	trempe +
D E	trempe +
R E	trempe +

	trépasse +
O U	trepasse +

	trépide
I N	trépide

	tresse +
D E	tresse
M A I	tresse
P R E	tresse
T R A I	tresse

tribut
A T tribut

trie
L A trie/
P A trie
P E trie
F L E trie
F R A trie
D I O P trie
E X P A trie +
M E U R trie
P H R A trie
R A P A trie +
S Y M E trie

trier +
V I trier
D E S trier
H U I trier
P L A trier
C H A R trier
E X P A trier +
M E N E trier
M E U R trier
R A P A trier +

trière
N I trière
H U I trière
P L A trière
V E N trière
M E U R trière

trimes
P E trîmes
F L E trîmes
M E U R trîmes

trions
(autres que les verbes en
− trer, voir à − trames)
B A T trions
H I S trions
M E T trions
N A I trions
P A I trions
C R O I trions
E X P A trions
R A P A trions

trique
C I trique
I N trique +
M E trique
N I trique
Y T trique
G A S trique
T A N trique
T A R trique
D I O P trique
E L E C trique
S Y M E trique

trisme
C A S trisme
C E N trisme

trisse +
P E trisse +
F L E trisse +
M E U R trisse +

triste
A T triste +
C A S triste
C E N triste

tromper +
D E tromper +

tronât
P A tronât

trôner +
D E trôner +

trope
A S trope
A M E trope
I S O trope
M O N O trope

troque +
E N troque

trot
B I S trot

troupe
A T troupe +

trousse +
D E trousse +
R E trousse +

trouve +
R E trouve +
C O N trouvé, e

truite
I N S truite

tuber +
E N tuber +
T I tuber +

tue
T E tue
B A T tue
L A I tue
P A T tue
P E N tue
T O R tue
A B A T tue
I N F A tué, e
P O I N tue
(plus verbes ci-dessous)

tuer +
S I tuer +
S T A tuer +
E V E R tuer +
F L U C tuer +
H A B I tuer +
P O N C tuer +

tueuse
F A S tueuse
M O N tueuse
O N C tueuse
T O R tueuse
V E R tueuse
V U L tueuse
F R U C tueuse
I M P E tueuse
S O M P tueuse

tûmes
B I tumes
C O S tumes
C O U tumes
A M E R tumes

tune
F O R tuné, e

		turions
O	B	turions
P	A	turions
R	A	turions
S	A	turions
S	U	turions
B O	U	turions
C A	P	turions
C L	O	turions
F A	C	turions
T O	R	turions
V O	I	turions
A V E	N	turions
C E I	N	turions
D E N	A	turions
F R A	C	turions
L I G	A	turions

		turne
S	A	turne
N O	C	turne
T A C	I	turne

		tus
F	E	tus
H	O	tus
I	C	tus
L	O	tus
M	O	tus
O	B	tus
T	E	tus
T	U	tus
V	E	tus
B A	T	tus
C A	C	tus
F O	E	tus
H I	A	tus
P A	T	tus
P E	N	tus
Q U	I	tus
R I	C	tus
V E	R	tus
A B A	T	tus
C U B	I	tus
D E V	E	tus
E B A	T	tus
P O I	N	tus

R E V	E	tus
S A N	C	tus
S T R	A	tus
T R A	C	tus

		tut
S T	A	tut

		tutelle
C	O	tutelle

		tuteur
C	O	tuteur

		tutrice
C	O	tutrice

U

		uniates
C O M	M	uniâtes

		unie
B	R	unie
R	E	unie
D E	S	unie
I M	P	unie
C E R	A	unie
C O M	M	unie+

		unifier +
R	E	unifier +

		unions
J	E	unions
R	E	unions
S	A	unions
D E	S	unions
F A	L	unions
D E J	E	unions

		unique
F	A	unique
C O M	M	unique +

		unités
A	L	unites
B	R	unîtes

J	A	unîtes
R	E	unîtes
D E	M	unîtes
D E	S	unîtes
P R E	M	unîtes
R A J	E	unîtes

		univoque
B	I	univoque

		urates
A	M	urâtes
A	P	urâtes
A	Z	urâtes
E	P	urâtes
G	O	urâtes
L	O	urâtes
S	A	urâtes
A B	J	urâtes
A D	J	urâtes
A J	O	urâtes
A P	E	urâtes
A S	S	urâtes
A U	G	urâtes
B I	T	urâtes
D E	P	urâtes
E M	M	urâtes
E N	D	urâtes
F I	G	urâtes
F L	E	urâtes
I N	D	urâtes
M E	S	urâtes
O B	T	urâtes
P A	T	urâtes
P L	E	urâtes
R A	T	urâtes
R E	C	urâtes
S A	T	urâtes
S U	T	urâtes
B O U	T	urâtes
C A P	T	urâtes
C A R	B	urâtes
C E N	S	urâtes
C L O	T	urâtes
C O N	J	urâtes
C Y A	N	urâtes
D E M	E	urâtes
D E T	O	urâtes

E B A V	urâtes	A N O	ure	T A P	ure
E C O E	urâtes	A R C	ure	V E T	ure
E N T O	urâtes	A R M	ure	V I D	ure
F A C T	urâtes	B A V	ure	V I R	ure
F I S S	urâtes	C E N	ure	Z O N	ure
F U L G	urâtes	C E S	ure	A Z O T	ure
H A C H	urâtes	C H I	ure	B I F F	ure
L A B O	urâtes	D E L	uré, e	B O R D	ure
M A C H	urâtes	D O R	ure	B R A S	ure
M O U L	urâtes	E N T	ure	B R I S	ure
M U R M	urâtes	F A N	ure	B R O M	ure
N E R V	urâtes	F E L	ure	B R U L	ure
N I T R	urâtes	F O R	ure	C A S S	ure
P A R J	urâtes	F U M	ure	C H I N	ure
P R E S	urâtes	F U T	ure	C O E N	ure
P R O C	urâtes	G A L	ure	C O L L	ure
R A I N	urâtes	G E L	ure	C O U L	ure
R A S S	urâtes	I N J	ure	C O U P	ure
S A U M	urâtes	I M P	ure	C O U T	uré, e
S A V O	urâtes	I O D	uré, e	C R E P	ure
S U L F	urâtes	L A V	ure	C U L T	ure
S U P P	urâtes	L E V	ure	D A S Y	ure
T O N S	urâtes	L I G	ure	D E N T	ure
T O R T	urâtes	L U N	ure	E C A L	ure
T R I T	urâtes	L U X	ure	E N F L	ure
T U T E	urâtes	M A L	ure	E V A S	ure
V O I T	urâtes	M A S	ure	E X H A	ure
		M A T	ure	F E R R	ure
	urbain, e	M E N	ure	F L E X	ure
S U B	urbain, e	M O L	ure	F O U L	ure
P E R I	urbain, e	N A T	ure	F R I S	ure
		N O U	ure	F R I T	ure
	ure	O R D	ure	G A G E	ure
A M	ure +	O X Y	ure	G A R B	ure
A P	ure +	P A G	ure	G E R C	ure
A Z	ure +	P A N	ure	G I V R	ure
E P	ure +	P A R	ure	G L A C	ure
G O	ure +	P I Q	ûre	G L A N	ure
H E	ure	P E L	ure	G R A V	ure
L A	uré, e	P L I	ure	G R E N	ure
L O	ure +	R A M	ure	G U I P	ure
M A	ure	R A P	ure	H Y D R	ure
S A	ure +	R A Y	ure	J A S P	ure
T A	ure	R I V	ure	L E C T	ure
U S	ure	R O T	ure	L E O N	ure
(à part les verbes		S A L	ure	L E P T	ure
repris à — urates)		S C I	ure	M A D R	ure
A L L	ure	S I L	ure	M A J E	ure

M E R C ure	I N S urge +	E X C use +
M I N E ure	D E M I urge	G U E use
M I X T ure		I N C use
M O I R ure	**urgent**	I N F use +
M O R S ure	E X P urgent/	L I E use
M O U T ure	I N S urgent/	M E D use +
O B S C ure		O B T use
O P H I ure	**urine** +	P I E use
O S M I ure	D O urine	R E C use +
P A L I ure	T A urine	R E F use +
P A L M ure	A N E urine	R I E use
P E N T ure	C H O urine +	T U E use
P I N C ure	F I G urine	A E T H use
P L A C ure	P U R P urine	A Q U E use
P O S T ure		A R B O use
P O U T ure	**urique**	A R M E use
P R E T ure	D Y S urique	B A V E use
P R I E uré		B I N E use
R A C L ure	**urne**	B O U E use
R E G L ure	D I urne	B U V E use
R E L I ure	E B urnéE	C A M B use
R I N C ure	A J O urne +	C I R E use
R O G N ure	S A T urne	C O N F use
R O U L ure	C O T H urne	C O N T use
R U P T ure	D E F O urne +	C R I E use
S E R R ure	D E T O urne +	D I F F use +
S O U D ure	N O C T urne	D I N E use
S T A T ure	R E T O urne +	D I S E use
S T R I ure	S E J O urne +	D O R E use
T E L L ure		D U P E use
T E N T ure	**use** +	E P I E use
T E X T ure	A B use +	F A M E use
T O I T ure	A M use +	F A N E use
T O N T ure	B O use	F I L E use
V A N N ure	C A use +	F O R E use
V E I N ure	C L use	F U M E use
V E R D ure	L A use	G A G E use
V O I L ure	P A use	G A L E use
Z E B R ure	Y E use	G A T E use
	A C C use +	G E N E use
urée	B L O use +	G O B E use
M I J A urée	C A M use	H A V E use
(en plus des verbes tr.	C A N use	H I D E use
en – urer, voir à	C E R use	I N C L use
– urates)	C L A use	I N T R use
	C R E use +	J A L O use +
urge	E C L use +	J A S E use
C O urge	E M P use	J E T E use
E X P urge +	E P O use +	
	E T H use	

J O U E use
J O Y E use
J U G E use
J U T E use
L A C E use
L A V E use
L I M E use
L I S E use
L O G E use
L O U E use
L U G E use
M I R E use
M I T E use
N A G E use
N O C E use
N O U E use
O C R E use
O D I E use
O I S E use
O S S E use
P A T E use
P A Y E use
P E L O use
P E S E use
P E T E use
P I L E use
P I T E use
P L I E use
P O R E use
P O S E use
R A G E use
R A L E use
R A M E use
R A P E use
R A S E use
R E V E use
R I M E use
R O D E use
S A L E use
S E M E use
S E R E use
S K I E use
S O Y E use
S U C E use
T A P E use
T E N E use
T I R E use
T R I E use

V A R E use
V A S E use
V E R E use
V I D E use
V I N E use
V I R E use
V O L E use

usée
N A usée
(plus verbes tr. en − use)

user +
M A user, s

usine +
C O usine +
M E L usine
L I M O usine

usions
A F F usions
A L L usions
E F F usions
I L L usions
O B T usions
C O L L usions
C O N F usions
C O N T usions
E X C L usions
E X T R usions
I N C L usions
I N T R usions
O C C L usions
P E R F usions
P R O F usions
R E C L usions
S U F F isions
(plus verbes en
− use +)

usuel, le
I N usuel, le

usure
C R E usure
D E C O usure

usus
A B usus

utile
I N utile

utilisé, e
I N utilisé, e

utilité
I N utilité

uvée
C O uvée
E T uvée
L O uvée
S A uvée
D E C uvée
E N C uvée
P R O uvée
T R O uvée
A B R E uvée
E P R O uvée

V

vaccin
A U T O vaccin

vacciner +
R E vacciner +

vache
G A vache
B R A vache
C R A vache +

vagin
I N vaginE +
S A U vagin, e

vaguer +
D I vaguer +

vaille
T R A vaille +
E C R I vaille +
R E L E vailleS/
T R O U vaille

vain
L E vain
C O U vain
D O U vain
S Y L vain
E C R I vain

vaincre +
C O N vaincre +

vaincu, e
I N vaincu, e
C O N vaincu, e

vaine
C H E vaine
N E U vaine

val
N A val, s
N I val
R A val, s
R I val
C H E val
N A R val, s
O G I val
S E R val, s
E S T I val

valence
B I valence
C O valence
A M B I valence
E Q U I valence
P O L Y valence

valent
B I valent, e
D I valent, e
T R I valent, e
A M B I valent, e
E Q U I valent, e
M O N O valent, e
P O L Y valent, e

valet
C H E valet

valeur
C A valeur
R A valeur

valide +
I N valide +

validité
I N validité

valine
C H E valine

valise
D E valise +
R I valise +

valoir
D E valoir, s
R E valoir +
P R E valoir +
E Q U I valoir

valorise +
D E valorise +
R E valorise +

vals +
N A vals
R A vals
N A R vals
S E R vals

value
D E value +
R E E value +
S U R E value +

valve
B I valve
U N I valve

van
D I van

vante +
S A vante
V I vante
C R E vante
M O U vante
S E R vante
S U I vante
A D J U vante
A R R I vante
D E C E vante
E M O U vante

E N E R vante
E P O U vante
M O T I vante

vaque +
S L O vaque

var
I N var
B O L I var
S A M O var

variable
I N variable

variant, e
I N variant, e

variance
I N variance

vase
E N vase +

vaste
D E vaste +

vas
D I vas
J A vas
N O vas
C A L vas
C U E vas
C A N E vas/
(pensez également
aux verbes comme :
G A vas
C L I vas
E X C A vas, etc.)

veau
B I veau
C A veau
C U veau
N I veau
C E R veau
C L A veau
N O U veau
B A L I veau
C A N I veau
E C H E veau
G O D I veau

H A T I	veau		**vendeur, euse**	S U R	vente	
S O L I	veau	C O	vendeur, euse	R E I N	vente +	
		R E	vendeur, euse			
	vecteur				**venu, e**	
C O N	vecteur		**vendre +**	M A L	venu, e	
		R E	vendre +	B I E N	venu, e	
	veille +			(plus verbes en		
R E	veille +		**vendu, e**	− venir)		
M E R	veille	I N	vendu, e			
S U R	veille +	R E	vendu, e			
E M E R	veille				**verbal, e**	
			vénéneux, euse	D E	verbal, e	
	veine +	A N T I	vénéneux, euse			
D E	veine		**venimeux, euse**		**verbaux**	
M A U	veine	A N T I	venimeux, euse	D E	verbaux	
V E R	veine					
			venir		**verbe**	
	vela +	A D	venir	A D	verbe	
F A	vela	D E	venir	P R E	verbe	
		O B	venir	P R O	verbe	
	velas	R E	venir			
F A	velas	C O N	venir		**verdir +**	
C E R	velas /	P A R	venir	R E	verdir +	
		P R E	venir			
	vele +	S O U	venir		**verge, r**	
C U	velé +	S O U	venir, s	C O N	verge +	
J A	velé +	S U B	venir			
R E	vélé +	S U R	venir		**vergue**	
T A	velé +	R E D E	venir	E N	vergue +	
C L A	velé, c					
G R I	velé +		**vent**		**vérin**	
D E N I	vele +	(autres que les verbes,		P U L	verin	
E C E R	velé, e	comme		R O U	verin	
E C H E	velé +	R E	vent			
E N J A	velé +	C L I	vent		**vérité**	
		A C H E	vent, etc.)	S E	vérité	
	veleuse	A U	vent			
C L A	veleuse	C O N	vent		**vernal, e**	
G R A	veleuse	C O U	vent	H I	vernal, e	
		F E R	vent			
	velîtes	S O U	vent /		**vernaux**	
E N S E	velîtes	A B R I	vent	H I	vernaux	
		P A R A	vent			
	vélo				**verne**	
T R A	velo		**vente +**	C A	verne	
		I N	vente +	H I	verne +	
	velu, e	M E	vente	T A	verne	
C H E	velu, e	R E	vente	G O U	verne +	
		F E R	vente	B A L I	verne	
	vende	S I R	venteS /			
R E	vende				**vernir +**	
P R O	vende			D E	vernir +	
				R E	vernir + (≠)	

vers

D E vers
D I vers
E N vers
H I vers
L E vers
R E vers
C O N vers
D R I vers
P E R vers
T R A vers
U N I vers
V E T I vers

verse +

A D verse
D E verse +
D I verse
I N verse +
R E verse +
C O N verse +
P E R verse
R E N verse +
T R A verse +
U N I verseL

version

D E versionS
D I version
I N version
R E version
C O N version
P E R version
R E N versionS
S U B version
T R A versionS

vert

O U vert
P I vert
C O L vert
C O U vert
P I C vert
R O U vert

verte

O U verte
C O U verte
R O U verte

vertébré, e

I N vertébré, e

vérole

F E vérole

vet

C I vet
D U vet
N A vet
O R vet
R I vet
B O U vet
B R E vet
C H E vet
L O U vet
O L I vet
V E R vet

vêtant

D E vêtant
D U vetant
R E vêtant
R I vetant
B R E vetant
C L A vetant
L O U vetant

vête

D E vête
D U veté +
R E vête
R I veté +
B R E veté +
C L A veté +
L O U veté
N A I veté
S A U veté
B R I E veté
O I S I veté

vêtement

R E vêtement
S U R vêtement

vêtir +

D E vêtir +
R E vêtir +

vêtons

D E vêtons
D U vetons
R E vêtons
R I vetons
B R E vetons
C L A vetons
G R I vetons
L O U vetons

via

E N via
O B via
C O N via
O C T A via

viable

E N viable
S E R viable

vibrateur

P E R vibrateur

vibration

P E R vibration

vibrer +

P E R vibrer +

vice

N O vice
S E viceS/
S E R vice

vidage

D E vidage
R E N vidage

vidâmes

D E vidâmes
R E N vidâmes

vide +

B O vidé
D E vide +
L I vide
C E R vidé
C O R vidé
G R A vide
R E N vide +
I M P A vide

videur
D E videur
R E N videur

videuse
D E videuse

vie
D E vie +
E N vie +
O B vie +
P A vie
C O N vie +
E X U vie
S U I vie
S U R vie
I N D U vie
O C T A vie +
S Y N O vie

viens
J O viens
P E L viens
B O L I viens
D I L U viens
P E R U viens
(plus les verbes en
— venir)

vienne
J O vienne
P E L vienne
B O L I vienne
D I L U vienne
P E R U vienne

vient
O B vient

vieux
E N vieux
P L U vieux
R O U vieux

vif
R E vif

vigne
P R O vigne +

vil
C I vil
I N C I vil

vile
C I vile
S E R vile
I N C I vile

ville
C A L ville
C H E ville +

vîmes
R A vîmes
R E vîmes
S E vîmes
G R A vîmes
P R E vîmes
S E R vîmes
S U I vîmes
E C R I vîmes

vin
A L vin
B O vin
D E vin
D I vin
R A vin
A L E vin
B A N vin
P R O vin
A N G E vin
C H A U vin
E C H E vin
E P A R vin

vinage
A L E vinage

vinasse
D E vinasse
R A vinasse
A L E vinasse
P L E U vinasse

vine +
A L vine
B O vine
D E vine +
D I vine

vine +
R A vine +
A L E vine +
F L A vine
O L I vine
A N G E vine
C H A U vine
P L E U vine +

viola
M O viola

viole +
I N violé, e
T R A viole/

virage
S U R virage

virât
L E virat
D U U M virat
(plus verbes ci-dessous)

vire +
D E vire +
N A vire
C H A vire +
S U R vire +
T R E vire +

virement
R E virement
C H A virement

vireuse
S U R vireuse

virons
D E virons
E N virons
R A virons
S E virons
C H A virons
G R A virons
S E R virons
S U R virons
T R E virons

vis
D E vis
L A vis
R A vis

C A R	vis
C O U	vis
G R A	vis
M A U	vis
N E R	vis
P E L	vis
S E R	vis
S U I	vis
S U R	vis
P E H L	vis

visage

D E	visage +
E N	visage +

vise +

D E	vise +
D I	vise +
R A	vise +
R E	vise +
S L A	vise +
S U S	visé, e
I N D I	visé, e
M A L A	visé, e
T E L E	vise +

viseur

D I	viseur
R E	viseur
P R O	viseur
T E L E	viseur

visible

D I	visible
I N	visible
P R E	visible
I N D I	visible

vision

D I	vision
R E	vision
P R E	vision
P R O	vision
I N D I	vision
T E L E	vision

visse +

D E	visse +
R A	visse +
R E	visse +
S E	visse +

C L O	visse
G R A	visse +
S E R	visse +
S U I	visse +
E C R E	visse
E C R I	visse +

vissions

D E	vissions
R A	vissions
R E	vissions
S E	vissions
G R A	vissions
P R E	vissions
S E R	vissions

visuel, le

T E L E	visuel, le

vit

R E	vit
S E	vit
G R A	vit
P R E	vit
S E R	vit
A K V A	vit, s
A Q U A	vit, s

vitamine

P R O	vitamine

vite

C A	vité
I N	vite +
L E	vite
G R A	vité
S E R	vite
S U A	vité
V U L	vite
A C T I	vité
G E L I	vité
N A T I	vité
N O C I	vité
S Y N O	vite

vites
(voir ci-dessus, et à
— vîmes)

vitesse

S U R	vitesse

vitrage

S U R	vitrage

vivable

I N	vivable

vivant

R A	vivant
R E	vivant
S U R	vivant, e

vive

R A	vive +
R E	vive
C O N	vive
S U R	vive

vivifier +

R E	vivifier +

vivipare

O V O	vivipare

vivre +

R E	vivre +
S U R	vivre +

vocale

V O L	vocale

vocation

I N	vocation
R E	vocation
C O N	vocation
P R O	vocation

voici/

R E	voici/

voila

D E	voila
R E	voila/

voile +

D E	voile +

voir

B A	voir
L A	voir
R A	voir
R E	voir
R I	voir
C O U	voir

M O U	voir		**volter +**		**voyeuse**	
P O U	voir	R E	volter +	E N	voyeuse	
P O U	voirS	S U R	volter +			
P R E	voir +	V I R E	volter +		**vraie**	
D E C E	voir			R O U	vraie	
E M O U	voir		**volute**			
P L E U	voir	I N	voluté, e		**vrais**	
P O U R	voir +	C O N	voluté, e	D E	vrais	
R E C E	voir			G I	vrais	
R E D E	voir (≠)		**vos**	H A	vrais, e	
		B R A	vos	L I	vrais	
	vois			N A	vrais	
P A	vois		**vote +**	O U	vrais	
R E	vois	R E	vote +	S E	vrais	
G R A	vois	V I	vote +	V I	vrais	
G R I	vois	P R E	vôté	C O U	vrais	
P R E	vois	P L E U	vote +	C U I	vrais	
G E N E	vois			E N I	vrais	
P O U R	vois		**votions**	M O U	vrais	
		D E	votions	O E U	vrais	
	voise	R E	votions	P O I	vrais	
P A	voise +	V I	votions	R O U	vrais	
C E R	voise			D E C E	vrais	
G R I	voise		**voué, e**	D E G I	vrais	
G E N E	voise	I N A	voué, e	D E L I	vrais	
				R E C E	vrais	
	vol		**voûter +**	R E D E	vrais	
E N	vol	E N	voûter +	R E V I	vrais	
S E N E	vol					
			voyage +		**vue**	
	volât	C O N	voyage	B E	vue	
E N	volât			R E	vue	
R E	volât		**voyance**			
C O N	volât	P R E	voyance		**vus**	
S U R	volât			F A	vus	
B E N E	volât, s		**voyant, e**	R E	vus	
		D E	voyant	N A E	vus	
	vole +	E N	voyant			
E N	vole +	R E	voyant			
R E	vole +	C O N	voyant			
C O N	vole +	L O U	voyant			
F R I	vole	M A L	voyant, s		**Y**	
S U R	vole +	P R E	voyant, e			
B E N E	vole	R E N	voyant			
V E L I	vole	V O U	voyant			
		F O U R	voyant		**yasse**	
	volet	P O U R	voyant	B A	yasse +	
B A	volet			L A	yasse +	
			voyeur	N O	yasse +	
	voltage	E N	voyeur	P A	yasse +	
S U R	voltage	C O N	voyeur	R A	yasse +	

A B O	yasse +	D E L A	yasse +	R E P A	yasse +
B R O	yasse +	D E N O	yasse +	R U D O	yasse +
C H O	yasse +	D E R A	yasse +	T U T O	yasse +
D R A	yasse +	D E V O	yasse +	Z E Z A	yasse +
E G A	yasse +	E N N U	yasse +		
E T A	yasse +	E N R A	yasse +		
F R A	yasse +	E N V O	yasse +		
P L O	yasse +	E S S A	yasse +		
A P P U	yasse +	E S S U	yasse +		
B A L A	yasse +	F A S E	yasse +		
B E G A	yasse +	O N D O	yasse +		
C A P E	yasse +	P A G A	yasse +		
C O T O	yasse +	R E L A	yasse +		

Z

	zygote
H O M O	zygote
M O N O	zygote

NOTES PERSONNELLES

HOMOPHONES

HOMOPHONES

Mots de même prononciation, mais d'orthographes différentes, et parfois de sens différents.

Vous trouverez ici également des "à peu près" (l'expression est de Philippe Lormant) qui nous ont semblé utiles pour le Scrabble, tels PELUCHE et PLUCHES/, ayant plus ou moins la même prononciation, PERE et PERRE, n'ayant pas du tout la même prononciation mais ayant par contre une construction atypique intéressante pour le Scrabble.

ABATIS	n.m.	terrain
ABATTIS	n.m.	amas de choses abattues
ABSIDE	n.f.	extrémité du chœur d'une église
APSIDE	n.f.	point de l'orbite d'un astre
ACADIEN,NE	n.	d'Acadie
AKKADIEN,NE	n.	d'Akkad
ACCON ACON	n.m.	petit bateau
ACCONAGE ACONAGE	n.m.	opération qu'effectue l'acconier
ACCONIER ACONIER	n.m.	manutentionnaire
ACCORD	n.m.	harmonie
ACCORE	n.f.	pièce de bois
ACORE	n.m.	plante des marais
ACETIQUE	adj.	se dit d'un acide
ASCETIQUE	adj.	relatif à une vie austère
ASCITIQUE	adj.	relatif à la présence d'un liquide dans le péritoine
ACHAINE AKENE	n.m.	fruit sec
ACQUET	n.m.	bien acquis pendant le mariage
HAQUET	n.m.	charrette étroite

AEROLITE AEROLITHE	n.m.	météorite
AGA AGHA	n.m.	dignitaire musulman
AGROSTIS/ AGROTIS/	n.m. n.m.	plante papillon
AICHE ECHE ESCHE	n.f.	appât
AIGLEFIN EGLEFIN	n.m.	poisson (pensez aussi à AIGREFIN : escroc)
AILLOLI AIOLI	n.m.	coulis d'ail
AIR	n.m.	fluide gazeux
AIRE	n.f'	surface
ERE	n.f.	époque
ERRE +	n.f.	vitesse acquise d'un navire (verbe intr. ERRER)
ERS	n.m.	légumineuse
HAIRE	n.f.	chemise de crin
HERE	n.m.	jeune cerf
AKVAVIT AQUAVIT	n.m.	eau-de-vie
ALAISE ALESE +	n.f.	drap
ALENE	n.f.	poinçon
ALLENE	n.m.	hydrocarbure
HALEINE	n.f.	souffle
ALFA	n.m.	plante
ALPHA/	inv.	lettre grecque
ALGONKIEN,NE ALGONQUIEN,NE	adj.	période géologique
ALISE	n.f.	fruit
ALIZE	n.m.	vent
ALLO/	interj.	servant d'appel téléphonique
HALO	n.m.	cercle lumineux
ALLOGENE	adj.	d'une autre race que les autochtones
HALOGENE	adj.	se dit du chlore (féminin : HALOGENEE)
ALOUATE	n.m.	singe
ALLOUATES/		du verbe tr. ALLOUER
AMANDE	n.f.	graine
AMENDE+	n.f.	punition (verbe tr. AMENDER)

AMMONIAC AMMONIAQUE	] adj.	relatif à un gaz
AMPLI	n.m.	amplificateur (abrév. familière)
EMPLI+	v.t.	du verbe EMPLIR +
ANAL,E ANAUX	] adj.	relatif à l'anus
ANNAL,E ANNAUX	] adj.	qui ne dure qu'un an
ANALITE	n.f.	détermination psychique
ANNALITE	n.f.	qui dure un an
ANCRAGE	n.m.	action de placer une ancre
ENCRAGE	n.m.	action d'encrer
ANCRE+	n.f.	pièce d'un navire (verbe tr.)
ENCRE+	n.f.	préparation colorée (verbe tr.)
ANGROIS ENGROIS	] n.m.	coin de fer
ANGLAIS	n.m.	d'Angleterre
ANGLET	n.m.	cavité
ANNONE	n.f.	impôt
ANONE	n.f.	arbre
ANONNE+	v.t.	du verbe ANONNER, réciter avec peine
ANSE	n.f.	partie courbée en arc
HANSE	n.f.	compagnie de marchands
ANTE	n.f.	pilastre
ENTE+	v.t.	du verbe ENTER, greffer
HANTE+	v.t.	du verbe HANTER, obséder
ANTRE	n.m.	abri
ENTRE+	v.t.	du verbe ENTRER, pénétrer
APPAS	n.m.pl.	attraits
APPAT+	n.m.	ce qui attire
APPRET+	n.m.	préparation
APRES	adv.	postérieur (au sing., APRE: rude)
ARA	n.m.	perroquet
HARAS/	n.m.	établissement équestre
ARCHER	n.m.	celui qui tire à l'arc
ARCHET	n.m.	baguette
ARE	n.m.	unité de mesure d'aire
ARS	n.m.	point d'union du membre antérieur du cheval avec le poitrail
ART	n.m.	idéal esthétique
ARRHES	n.f.pl.	somme d'argent versée à l'avance
HART	n.f.	corde de pendaison

ARETE	n.f.	ligne saillante
ARRETE+	v.t.	du verbe ARRETER, stopper
ARIEN,NE	adj.	d'Arius
ARYEN,NE	adj.	propre aux Aryens
ARISER+ ⎤	v.t.	réduire une voile (transitif
ARRISER+ ⎦		d'après le règlement)
AROME	n.m.	odeur
ARUM	n.m.	plante
ARRET+	n.m.	action d'arrêter
HARET	adj.	se dit d'un chat sauvage
ASHRAM/ ⎤ ASRAM/ ⎦	n.m.	inv. lieu de retraite
ASSAUT	n.m.	attaque
ASSEAU	n.m.	marteau
ASPE ⎤ ASPLE ⎦	n.m.	dévidoir
ATELE	n.m.	singe
ATTELE+	v.t.	du verbe ATTELER, attacher
ATTELLE	n.f.	soutien
AUBERE	n.m.	robe d'un cheval
HAUBERT	n.m.	cotte de mailles
AUBIER	n.m.	partie d'arbre
OBIER	n.m.	arbrisseau
AULNAIE ⎤ AUNAIE ⎦	n.f.	lieu planté d'aunes
AUNEE	n.f.	plante
AUNE ⎤ AULNE ⎦	n.m.	arbre
AURIFIER+	v.t.	obturer une dent
HORRIFIER+	v.t.	causer un sentiment d'effroi
AUSSIERE ⎤ HAUSSIERE ⎦	n.f.	cordage
AUSPICES	n.m.pl.	présage
HOSPICE	n.m.	maison d'assistance
AUTAN	n.m.	vent
AUTANT/	adv.	marque l'égalité
AVALOIR ⎤ AVALOIRE/ ⎦	n.m.	sangle d'un cheval
AVANT	n.m.	partie antérieure
AVEN	n.m.	puits
AVENT	n.m.	période précédant Noël

BACANTES/	n.f.pl.	moustaches
BACCHANTE	n.f.	prêtresse
BACCARA	n.m.	jeu
BACCARAT	n.m.	cristal
BACHOTE+	v.i.	du verbe BACHOTER, préparer un examen
BACHOTTE	n.f.	tonneau
BAGAGE	n.m.	paquets
BAGUAGE	n.m.	pose d'une bague à un oiseau
BAGASSE	n.f.	plante
BAGUASSE +	v.t.	du verbe BAGUER
BAGOU BAGOUT	n.m.	facilité de parole
BAI	adj.	se dit de la robe d'un cheval
BAIE	n.f.	échancrure d'un littoral
BEE	adj.f.	ne s'accorde qu'avec ''bouche''
BEER +	v.i.	être grand ouvert
BEEZ		du verbe BEER
BEY	n.m.	titre ottoman
BAIGNE+	v.t.	du verbe se BAIGNER
BEIGNE	n.f.	coup
BAILLER+	v.i.	ouvrir largement la bouche
BAYER+	v.i.	(aux corneilles) : regarder bêtement
BAIRAM BAYRAM	n.m.	fête musulmane
BALADE+	n.f.	promenade (verbe tr. BALADER)
BALLADE	n.f.	poème
BALAI	n.m.	outil de nettoyage
BALLAI+	v.i.	du verbe BALLER, osciller
BALLET	n.m.	composition chorégraphique
BALAISE BALEZE	n.	grand et fort
BALLUCHON BALUCHON	n.m.	paquet
BANQUETTE+	v.i.	du verbe BANQUETER, fait bonne chère
BANQUETTE	n.f.	banc
BAPTISTE	adj.	adepte du baptisme
BATISTE	n.m.	toile de lin
BARATTE+	v.t.	du verbe BARATTER, agiter de la crème
BARRATES	v.t.	du verbe BARRER, obstruer
BARBOTE+ BARBOTTE	n.f.	poisson et aussi du v.t. BARBOTER : s'agiter dans l'eau

BARDEAU BARDOT	n.m.	hybride
BARREAU	n.m.	petite barre
BARROT	n.m.	poutre d'un navire
BASILIC	n.m.	plante
BASILIQUE	n.f.	édifice
BASTAING BASTING	n.m.	madrier
BAT+	v.t.	du verbe BATTRE (également BAS)
BATE +	v.t.	du verbe BATER, mettre un bât
BAHT,S	n.m.	unité monétaire de la Thaïlande
BATH/	adj.	inv. très beau
BATTE+	n.f.	du verbe BATTRE, également outil
BAU	n.m.	poutre d'un navire
BAUD	n.m.	unité de vitesse
BEAU	adj.	joli
BOT	adj.	difforme (fémin. BOTE)
BAUME	n.m.	onguent
BOME	n.f.	sorte de vergue (adj. BOME,E)
BECARD	n.m.	saumon mâle
BECARRE	n.m.	terme musical
BECQUET BEQUET	n.m.	petit papier signalant une modification
BECQUETER+	v.t.	donner des coups de bec
BECTER+	v.i.	manger
BEL,S	n.m.	logarithme décimal
BELE+	v.i.	du verbe BELER, crier, en parlant des moutons
BELLE	adj.	beau, au féminin
BELEMENT	n.m.	cri des moutons
BELLEMENT/	adv.	de belle façon
BELOUGA BELUGA	n.m.	cétacé
BESEF BEZEF	adv.	beaucoup
BETE	n.f.	sot
BETTE	n.f.	plante (également BLETTE)
BILLETE,E	adj.	terme héraldique
BILLETTE	n.f.	morceau de bois
BILEUX,SE	adj.	qui s'inquiète facilement
BILIEUX,SE	adj.	enclin à la colère
BIOCENOSE BIOCOENOSE	n.f.	association végétale et animale équilibrée

BIPOLAIRE DIPOLAIRE	adj.	ayant deux pôles
BISCAIEN,NE BISCAYEN,NE	adj.	de la Biscaye
BISEXUE,E BISSEXUE,E BISEXUEL,LE BISSEXUEL,LE	adj.	qualifie la plante ou l'animal qui a les deux sexes
BISOU BIZOU	n.m.	petit baiser
BISTRO BISTROT	n.m.	débit de boissons
BIT BITTE	n.m. n.f.	unité d'information pièce pour fixer les amarres (pensez à BITTER,S : liqueur amère)
BIVALENT,E DIVALENT,E	adj.	pouvant remplir deux fonctions
BIZUT + BIZUTH	n.m.	élève de première année (uniquement verbe tr. BIZUTER, et BIZUTAGE)
BLASE BLAZE	n.m.	nom (argot : de blason)
BLASER+ BLAZER,S	v.t. n.m.	rendre indifférent veston
BOB(≠) BOP	n.m. n.m.	traîneau (également BOBSLEIGH) danse
BOGHEI BOGUET	n.m.	cabriolet (également BUGGY,S)
BOILLE BOUILLE+	n.f.	grand bidon
BOETE BOETTE BOITTE BOUETTE	n.f.	appât
BOITE+		coffret (verbe intr. BOITER)
BOLCHEVIK BOLCHEVIQUE	adj.	membre d'un parti soviétique
BOULE + BOULLE	n.f. n.m.	sphère (verbe intr. BOULER) meuble
BOOLEEN,NE BOOLIEN,NE	adj.	relatif aux théories de Boole

BOOM	n.m.	hausse en bourse
BOUM+	n.m.	bruit sonore (verbe BOUMER, défectif)
BOOMERANG BOUMERANG	n.m.	arme
BORAIN,E BORIN,E	adj.	du Borinage
BORCHTCH BORTSCH	n.m.	potage
BORD+	n.m.	rivage
BORE	n.m.	métalloïde (BORÉE n.m. : vent)
BORT	n.m.	diamant
BOSS+	n.m.	patron
BOSSE+	n.f.	grosseur
BOTE	adj.	difforme (fém. de BOT)
BOTTE+	n.f.	chaussure (verbe tr. BOTTER)
BOUCAU	n.m.	entrée d'un port
BOUCAUD BOUCOT	n.m.	crevette grise
BOUCAUT	n.m.	tonneau
BOUE	n.f.	terre détrempée d'eau (BOUÉE n.f.)
BOUS	v.i.	du verbe BOUILLIR
BOUT+	n.m.	extrémité
BOULEAU	n.m.	arbre
BOULOT	n.m.	travail
BOULETE,E	adj.	se dit d'un cheval
BOULETTE	n.f.	petite boule
BOUTEILLER BOUTILLIER	n.m.	officier
BRAI	n.m.	résidu pâteux
BRAIES/	n.f.pl.	pantalons
BRICK	n.m.	navire à voile
BRIQUE+	n f.	élément de construction (verbe tr. BRIQUER)
BRIE	n.m.	fromage
BRIS+	n.m.	fracture
BRISCARD BRISQUARD	n.m.	soldat chevronné
BRISE+	v.t.	du verbe BRISER
BRIZE	n.f.	plante
BROCARD+	n.m.	chevreuil mâle (verbe tr. BROCARDER : railler)
BROCART	n.m.	étoffe

BROUTARD BROUTART	] n.m.	veau ayant brouté de l'herbe
BUCRANE	n.m.	motif architectural
BUGRANE	n.f.	plante
BURELE BURELLE	] n.f.	terme héraldique (adj. : BURELE,E)
BUTER+	v.t.	heurter
BUTTER+	v.t.	entourer de terre
BUTEUR	n.m.	celui qui marque des buts
BUTTEUR	n.m.	charrue (également BUTTOIR)
BUTOIR	n.m.	obstacle
BUTTOIR	n.m.	charrue
CABALE KABBALE	] n.f.	interprétation ésotérique de la Bible
CABALISTE KABBALISTE	] adj.	relatif à la kabbale
CABILLAU CABILLAUD	] n.m.	poisson
CABILLOT	n.m.	cheville de bois
CABLEAU CABLOT	] n.m.	petit câble
CACAHOUETE CACAHUETE	] n.f.	fruit
CACHA+		du verbe CACHER
KACHA	n.f.	plat russe ou polonais
CACHER/+ CASHER/ KASHER/	] adj.	inv. en genre et en nombre : préparation culinaire suivant des préceptes religieux hébraïques - CACHER (v.tr.)
CADDIE	n.m.	personne portant des clubs de golf
CADDY,S	n.m.	petit chariot
CADI	n.m.	juge musulman (kadi est sorti du *P.L.I.* en 1981)
CACATOES KAKATOES	] n.m.	oiseau
CADOGAN CATOGAN	] n.m.	chignon
CADRAN	n.m.	surface portant des divisions
CADRANT	v.t.	du verbe CADRER
QUADRANT	n.m.	quart de circonférence
CADUC CADUQUE	] adj.	périmé

CAHOT/+	n.m.	secousse due à une inégalité de terrain
CHAOS/	n.m.	désordre
CAIEU ⎤ CAYEU ⎦	n.m.	bulbe
CAESIUM ⎤ CESIUM ⎦	n.m.	métal alcalin
CAFETAN ⎤ CAFTAN (≠) ⎦	n.m.	manteau
CAFTANT	v.i.	du verbe CAFTER : moucharder
CAGEOT	n.m.	panier
CAGOT	adj.	hypocrite (fém : CAGOTE)
CAGNEUX,SE	adj.	atteint d'une malformation des jambes
KHAGNEUX,SE	n.	élève d'une khagne
CALIFE ⎤ KHALIFE ⎦	n.m.	titre arabe (uniquement CALIFAT)
CALA+	v.t.	du verbe CALER
CALLA	n.f.	plante
CALAMAR ⎤ CALMAR ⎦	n.m.	mollusque
CALO+	n.m.	argot espagnol
CALOT	n.m.	coiffure militaire
CANA+	v.i.	du verbe CANER, céder
CANNA+	v.t.	du verbe CANNER, garnir de jonc
KANA/	n.m.	(inv) signe de l'écriture japonaise
CANAQUE ⎤ KANAK,E ⎦	adj.	se dit des Mélanésiens de Nouvelle-Calédonie
CANAR	n.m.	tube d'aération
CANARD+	n.m.	oiseau
CANARA ⎤ KANNARA ⎦	n.m.	langue dravidienne
CANDIDA	n.m.	levure
CANDIDAT,E	n.	postulant,e
CANE+	v.i.	du verbe CANER, céder
CANNE+	v.t.	du verbe CANNER, garnir de jonc
CANISSE ⎤ CANNISSE ⎦	n.f.	tige de roseaux
CANTIQUE	n.m.	chant religieux
QUANTIQUE	adj.	relatif aux quanta
CANTONAIS	n.m.	dialecte chinois (attention : pas de féminin)
CANTONNAIS	v.t.	du verbe CANTONNER, isoler

CAPER+	v.t.	poser la cape d'un cigare
CAPEER+ CAPEYER+	v.i.	rester à la cape (marine)
CARACUL KARAKUL	n.m.	mouton d'Asie
CARASSE	n.f.	empilage de tabacs
CARRASSE +	v.i.	du verbe SE CARRER, se tenir à l'aise
CARAT	n.m.	quantité d'or
CARRAT	v.i.	du verbe SE CARRER
CARBONADE CARBONNADE	n.f.	ragoût
CARI+ CARRY,S CURRY,S	n.m.	épice
CARIATIDE CARYATIDE	n.f.	statue
CARTE	n.f.	carton
QUARTE	n.m.	pari
CARTER,S	n.m.	pièce mécanique
QUARTER+	v.t.	réduire
CARTIER	n.m.	fabricant de cartes à jouer
QUARTIER	n.m.	portion d'un quart
CASAQUE	n.f.	veste
KAZAKH	n.m.	langue turque
CASSIE CASSIER,S	n.f. n.m.	arbre
CATAIRE CHATAIRE	n.f.	plante
CATARRHE	n.m.	inflammation
CATHARE	adj.	adepte d'une secte manichéenne
CAUSE+	n.f.	origine (verbe tr. CAUSER)
CAUSSE	n.m.	plateau calcaire
COSSE+	n.f.	enveloppe de certains légumes (verbe int. COSSER)
CEANS	adv.	logis
SEANT	adj.	décent (fém. : SEANTE)
CEINS CEINT		du verbe CEINDRE
SAIN	adj.	bien constitué (fém. SAINE)
SAINT	adj.	parfait (fém. SAINTE)
SEIN	n.m.	glande
SEING	n.m.	signature

CEIGNE+	v.t.	du verbe CEINDRE
SAIGNE+	v.t.	du verbe SAIGNER
CELLIER	n.m.	lieu où l'on entrepose les vins
SELLIER	n.f.	fabricant de selles
CENS	n.m.	quotité
SENS	n.m.	direction
CENSE,E	adj.	supposé,e
SENSE,E	adj.	ayant du bon sens
CENSEMENT/	adv.	pour ainsi dire
SENSEMENT/	adv.	de façon sensée
CENSUEL,LE	adj.	relatif aux cens
SENSUEL,LE	adj.	voluptueux
CENDRE	n.f.	résidu de combustion
SANDRE	n.f.	poisson
CENTON	n.m.	pièce de vers
SANTON	n.m.	figurine décorative
SENTONS	v.t.	du verbe SENTIR
CENURE ⎤ COENURE ⎦	n.m.	ténia
CEP	n.m.	pied de vigne
CEPE	n.m.	champignon (CEPEE n.f. touffe de bois)
SEP	n.m.	pièce de charrue
CERAT	n.m.	onguent
SERA+	v.t.	du verbe ETRE
SERRA+	v.t.	du verbe SERRER
CERF	n.m.	ruminant
SERF	n.m.	esclave (fém. : SERVE)
CERITE	n.f.	silicate de cérium
CERITHE	n.m.	mollusque
CERS	n.m.	vent
SERS	v.t.	du verbe SERVIR
CERTES/	adv.	assurément
SERTE	n.f.	enchâssement de pierres fines
CESSION	n.f.	transmission d'un bien
SESSION	n.f.	examen
CET ⎤ CETTE ⎦	adj.	démonstratif
SET	n.m.	manche, au tennis
SEPT/	adj.	numéral (invariable)
CETACE	n.m.	mammifère
SETACE,E	adj.	en forme de soie de porc

CHABROL/ CHABROT/	inv.	(faire) : verser du vin dans la soupe
CHACONE CHACONNE	n.f.	danse
CHAH SHAH	n.m.	souverain d'Iran
CHAS	n.m.	trou d'une aiguille
CHAT	n.m.	mammifère (fém. : CHATTE)
CHAIR	n.f.	substance des muscles
CHAIRE	n.f.	siège
CHEIRE	n.f.	coulée volcanique
CHER,E	n.f.	d'un prix élevé
CHAMAEROPS CHAMEROPS	n.m.	palmier
CHAMSIN KHAMSIN	n.m.	vent de sable en Égypte
CHANLATE CHANLATTE	n.f.	chevron
CHANT+	n.m.	air musical
CHAN	n.m.	langue thaïe
TCHAN	n.m.	secte
CHANTOUNG SHANTUNG	n.m.	étoffe de soie
CHAPE	n.f.	vêtement (adj. CHAPE,E)
SCHAPPE	n.f.	bourre de soie
CHARDONAY CHARDONNAY	n.m.	cépage
CHARIA	n.f.	loi canonique
CHARRIA+	v.t.	du verbe CHARRIER
CHARPIE	n.f.	filaments de linge
SHARPIE	n.m.	petit voilier
CHASSIE	n.f.	liquide découlant des yeux
CHASSIS	n.m.	cadre
CHAUD	adj.	(fém : CHAUDE)
CHAUT	v.i.	du verbe CHALOIR (défectif)
CHAUX	n.f.	oxyde de calcium
SHOW	n.m.	spectacle
CHAUMER+	v.t.	arracher le chaume
CHOMER+	v.t.	ne pas travailler faute d'emploi
CHEBEC CHEBEK	n.m.	navire

CHEMINEAU	n.m.	mendiant
CHEMINOT	n.m.	employé de chemin de fer
CHERIF	n.m.	prince musulman
SHERIF	n.m.	officier
CHERI	adj.	tendrement aimé (verbe tr. CHERIR)
CHERRY	n.m.	liqueur de cerise
SHERRY	n.m.	vin de Xérès
CHEVAINE CHEVENNE CHEVESNE	n.m.	poisson
CHEVROTAIN	n.m.	petit ruminant
CHEVROTIN	n.m.	fromage (CHEVROTINE : gros plomb)
CHIMIE	n.f.	science
SHIMMY	n.m.	mouvement d'oscillation des roues d'une automobile
CHIROPTERE CHEIROPTERE	n.m.	chauve-souris
CHOPER+	v.t.	prendre
CHOPPER,S	n.m.	outil (pas de verbe)
CHORAL,S	adj.	du chœur (autre pluriel : CHORAUX)
CHORALE	n.f.	ensemble de chanteurs
CORRAL,S	n.m.	cour d'une arène
CHORDE CORDE+	n.f.	plante (verbe tr. CORDER)
CHREME	n.m.	huile bénite
CREME	n.f.	pâte
CIL	n.m.	poil
SCILLE	n.f.	plante
SIL	n.m.	argile rouge
CILICE	n.m.	chemise
SILICE	n.f.	oxyde de silicium
CIMAISE CYMAISE	n.f.	moulure
CIME	n.f.	sommet
CYME	n.f.	groupement de fleurs
CINGALAIS,E CINGHALAIS,E	n.	de Ceylan
CINQ/	adj.	numér. (inv.)
SCINQUE	n.m.	reptile

CIRE+	n.f.	substance sécrétée par l'abeille
SIRE	n.m.	seigneur (attention, *erreur*: sir)
CIRRE CIRRHE	n.m.	vrille de certaines plantes
CISTRE	n.m.	instrument de musique à cordes
SISTRE	n.m.	instrument de musique à percussion
CITHARE	n.f.	lyre grecque
SITAR	n.m.	instrument de musique indien
CIVAISME SIVAISME	n.m.	courant religieux
CLAIE	n.f.	treillage
CLE CLEF	n.f.	servant à ouvrir une serrure
CLEPHTE KLEPHTE	n.m.	montagnard grec
CLEPTOMANE KLEPTOMANE	n.m.	voleur (idem avec la finale –NIE)
CLABOT CRABOT	n.m.	pièce de mécanique
CLABOTER+ CRABOTER+	v.t.	assembler deux arbres mécaniques
CLABOTAGE CRABOTAGE	n.m.	accouplement de ces pièces.
CLAUSE	n.f.	disposition particulière
CLOSE+		du verbe CLORE (masculin : CLOS)
CLIC/	interj.	exprime un claquement sec
CLICK	n.m.	phonème
CLIQUE	n.f.	groupe de personnes
CLIQUETEMENT CLIQUETTEMENT	n.m.	bruit (également CLIQUETIS)
CHLORE	n.m.	gaz
CLORE+	v.t.	fermer
COB	n.m.	cheval demi-sang
KOB	n.m.	antilope
COKE	n.m.	combustible
COQ	n.m.	oiseau
COQUE	n.f.	enveloppe
COCHER+	v.tr.	marquer d'un trait
COCHER,S	n.m.	conducteur
COCHET	n.m.	jeune coq
CHOEUR	n.m.	ensemble de chanteurs
COEUR	n.m.	organe

COIN	n.m.	angle
COING	n.m.	fruit
COI	adj.	calme
COIT	n.m.	accouplement
COITE	adj.	calme (*erreur :* coitte)
COLA ⎤ KOLA ⎦	n.m.	fruit (uniquement KOLATIER : arbre)
CHOLERIQUE	adj.	relatif au choléra
COLERIQUE	adj.	prompt à se mettre en colère
COLOMBIUM ⎤ COLUMBIUM ⎦	n.m.	métal
COLONNE	n.f.	soutien
COLONES/	n.m.pl.	de COLON, monnaie (COLONS également)
CHOLINE	n.f.	corps azoté
COLLINE	n.f.	petite montagne
COMA	n.m.	état morbide
COMMA	n.m.	coupure d'un ton
COMANDANT,S	n.m.	qui donne un mandat
COMMANDANT,S	n.m.	officier
COMMANDE+	n.f.	du verbe tr. COMMANDER
COMMENDE	n.f.	collation d'un bénéfice ecclésiastique
COMTE	n.m.	titre de noblesse
COMPTE+	v.t.	du verbe COMPTER
CONTE+	v.t.	du verbe CONTER
CONGAIE ⎤ CONGAYE ⎦	n.f.	jeune Vietnamienne
CONSOL+	n.m.	procédé de navigation
CONSOLE+	n.f.	table
COOLIE	n.m.	travailleur asiatique
COULIS/	n.m.	jus de viande
COPRA ⎤ COPRAH ⎦	n.m.	amande de coco
COQUARD ⎤ COQUART ⎦	n.m.	coup
CORE ⎤ KORE ⎦	n.m.	statue grecque
CORNIAUD ⎤ CORNIOT ⎦	n.m.	imbécile
COQUILLARD	n.m.	bandit
COQUILLART	n.m.	pierre calcaire

COSTAUD	adj.	fort (pas de fém.)
COSTAUX	adj.	pluriel de COSTAL
COU	n.m.	partie du corps
COUT+	n.m.	prix
COUP+	n.m.	choc (verbe tr. COUPER)
COUFIQUE KUFIQUE	n.m.	écriture arabe
COULOMB	n.m.	unité de mesure
COULONS		du verbe tr. COULER
COUR+	n.f.	terrain délimité par des bâtiments
COURE+		du verbe COURIR
COURRE/	inv.	terme de chasse
COURT	n.m.	terrain de tennis
COUREE	n.f.	impasse habitée
COUREZ COURREZ	v.i.	du verbe COURIR
COUROS KOUROS	n.m.	statue grecque
COUROI/ KOUROI/	n.m.	pluriel de COUROS, KOUROS
COURROIE	n.f.	sangle
CRAC/	interj.	exprimant un bruit
CRACK	n.m.	qui se distingue
CRAQUE+	n.f.	mensonge (verbe tr. CRAQUER)
KRAK	n.m.	ensemble fortifié
CROSS+	n.m.	course
CROSSE+	n.f.	bâton (verbe tr. CROSSER)
CROTON	n.m.	arbuste
CROTTONS	v.i.	du verbe CROTTER
CROUP	n.m.	diphtérie
CROUPE	n.f.	partie postérieure d'un animal
CUISSEAU	n.m.	partie du veau
CUISSOT	n.m.	cuisse de sanglier
CURE	n.m.	prêtre
CUREE	n.f.	lutte avide
CUREZ	v.t.	du verbe CURER
CYCLE	n.m.	suite de phénomènes répétitifs
SICLE	n.m.	poids
CYMBALUM CZIMBALUM	n.m.	instrument de musique

CYON	n.m.	canidé sauvage
SCION	n.m.	pousse de l'année
SILLON	n.m.	rigole (verbe tr. SILLONNER)
CYSTEINE	n.f.	acide aminé
CYSTINE	n.f.	substance qui en dérive
DANSE+	n.f.	art (verbe tr. DANSER)
DENSE	adj.	compact
DATE+	n.f.	indication du jour (verbe tr. DATER)
DATTE	n.f.	fruit
DAURADE DORADE	n.f.	poisson
DECA/	adv.	de ce côté
DECCA	n.m.	système de radionavigation
DECURENT	v.t.	du verbe DECEVOIR (pensez au ç)
DECURRENT,E	adj.	terme de botanique
DEFAIS	v.t.	du verbe DEFAIRE
DEFAIT	adj.	pâle (fém. DEFAITE)
DEFET	n.m.	feuillet d'un livre
DEFEND,S+	v.t.	du verbe DEFENDRE
DEFENS	n.m.	interdiction de pacage
DEFERER+	v.t.	traduire devant un tribunal
DEFERRER+	v.t.	ôter les fers
DEGOTER+ DEGOTTER+	v.t.	trouver
DEGOUTER+	v.t.	inspirer du dégoût
DEGOUTTER+	v.i.	couler goutte à goutte
DESCELLER+	v.t.	ôter de son scellement
DESSELLER+	v.t.	ôter la selle
DESOLER+	v.t.	navrer
DESSOLER+	v.t.	ôter la sole
DESSEIN	n.m.	intention
DESSIN+	n.m.	figuration (verbe tr. DESSINER)
DETONER+	v.i.	exploser
DETONNER+	v.i.	sortir du ton
DAIS	n.m.	pièce d'étoffe
DE	n.m.	étui de métal
DES	prép.	marque le point de départ
DEY	n.m.	officier de janissaires
DIFFEREND	n.m.	désaccord
DIFFERENT,E	adj.	dissemblable (fém. DIFFERENTE)
DEVIEZ	v.t.	du verbe DEVOIR
DEVIIEZ	v.i.	du verbe DEVIER

DIGEST	n.m.	résumé
DIGESTE	adj.	facile à digérer
DENGUE	n.f.	maladie
DINGUE+	adj.	fou (verbe DINGUER, défectif)
DINE+	v.i.	du verbe DINER
DYNE	n.f.	unité de mesure
DOLIC ⎤	n.m.	plante
DOLIQUE ⎦		
DOSE+	n.f.	quantité (verbe tr. DOSER)
DOSSE	n.f.	planche de bois
DRAINE+ ⎤	n.f.	grive (verbe tr. DRAINER)
DRENNE ⎦		
DREGE ⎤	n.f.	filet de pêche
DREIGE ⎦		
DRILL	n.m.	singe
DRILLE	n.m.	soudard
DUAUX	adj.	pluriel de DUAL (maths)
DUO	n.m.	à deux voix
ECHO	n.m.	répétition d'un son
ECOT	n.m.	quote-part
ECOUMENE ⎤	n.m.	partie habitable du globe
OEKOUMENE ⎦		
ELAEIS ⎤	n.m.	palmier
ELEIS ⎦		
ELLEBORE ⎤	n.f.	plante
HELLEBORE ⎦		
ELODEE ⎤	n.f.	plante
HELODEE ⎦		
EMMENTAL ⎤	n.m.	fromage
EMMENTHAL ⎦		
EMPOISE	n.f.	pièce d'un laminoir
EMPOISSE+	v.t.	du verbe EMPOISSER : enduire de poix
ENCEIGNE	v.t.	du verbe ENCEINDRE
ENSEIGNE+	v.t.	du verbe ENSEIGNER
ENTERA+	v.t.	du verbe ENTER
ENTERRA+	v.t.	du verbe ENTERRER
ENVI/+	loc.	à l'envi : avec émulation
ENVIE+	n.f.	sentiment de convoitise (verbe tr. ENVIER)

EOCENE	n.m.	période de l'ère tertiaire
EOGENE	n.m.	début du tertiaire
EOLIPILE EOLIPYLE	] n.m.	appareil à vapeur d'eau
EPAIR	n.m.	aspect du papier jugé par transparence
EPEIRE	n.f.	araignée
EPAR	n.m.	barre de fermeture
EPARS,E	adj.	dispersé
EPICER+	v.t.	relever d'épices
EPISSER+	v.t.	assembler deux cordages
EPISSOIR EPISSOIRE	] n.f.	poinçon
EPULIDE EPULIE EPULIS	] n.f.	tumeur
AEPYORNIS EPYORNIS	] n.m.	oiseau
EQUIPOLE EQUIPOLLE	] adj.m.	terme héraldique
ESCARRE ESQUARRE	] n.f.	terme héraldique
ESKUARA EUSCARA EUSKERA	] n.m.	la langue basque
ESKUARIEN,NE EUSCARIEN EUSKERIEN	] adj.	du Pays basque
ESTOC	n.m.	épée
ESTOQUE+	v.t.	du verbe ESTOQUER, porter l'estocade
ETAL+	n.m.	table
ETALE+	adj.	immobile (verbe tr. ETALER)
ETHIQUE	adj.	concernant les principes de la morale
ETIQUE	adj.	maigre
ETRIER	n.m.	anneau de métal
ETRILLER+	v.t.	frotter avec l'étrille (grattoir)
EURISTIQUE HEURISTIQUE	] adj.	ayant une utilité dans la recherche
EVIDEMENT	n.m.	action d'évider
EVIDEMMENT/	adv.	certainement
EXAUCER+	v.t.	satisfaire
EXHAUSSER+	v.t.	augmenter en hauteur

EXPRES, SE	adj.	formel, le
EXPRESS	adj.	rapide
EXTRAVERTI,E EXTROVERTI,E ⎤	adj.	tourné vers le monde extérieur
FACE	n.f.	visage
FASCE	n.f.	pièce héraldique
FAIGNANT,E FEIGNANT,E ⎤	adj.	paresseux
FAINEANT,E	adj.	paresseux
FENIAN,E	adj.	relatif à la libération de l'Irlande
FAIS +	v.t.	du verbe FAIRE
FAIT +	n.m.	action
FAIX	n.m.	fardeau
FAITE +	n.m.	sommet
FETE +	n.f.	solennité (verbe tr. FETER)
FANTASME PHANTASME ⎤	n.m.	situation imaginaire (uniquement verbe intr. FANTASMER)
FAR	n.m.	gâteau breton
FARD+	n.m.	fond de teint (verbe tr. FARDER)
FART+	n.m.	enduit pour les skis (verbe tr. FARTER)
PHARE	n.m.	foyer de lumière
FAROUCH FAROUCHE ⎤	n.m.	plante
FASEILLER + FASEYER+ ⎤	v.i.	battre au vent (voile)
FELE + FELLE ⎤	n.f.	tube de verre (verbe tr. FELER)
FELLAGA,S FELLAGHAS,S ⎤	n.m.	partisan algérien ou tunisien
FEDAYIN / FEDDAYIN / ⎤	n.m.	(inv.) résistant palestinien
FEERIE	n.f.	merveille
FERIE	n.f.	jour de congé (adj. FERIE,E)
FELLATIO FELLATION ⎤	n.f.	caresse
FENESTRAGE FENETRAGE ⎤	n.m.	disposition des fenêtres
FERA+, FEREZ	v.t.	du verbe FAIRE
FERRA+, FERREZ	v.t.	du verbe FERRER

FESSE+	n.f.	partie du corps (verbe tr. FESSER)
FECES/	n.f.pl.	matières fécales
FEU,X	n.m.	combustion
FEU,S FEUE	] adj.	défunt,e
FI	interj.	marque le dédain
FIS, FIT		du verbe tr. FAIRE
PHI/	inv.	lettre grecque
FILANTE	adj.	qui file
PHILANTHE	n.m.	insecte
FILER!	v.t.	partir vite
FILLER,S	n.m.	roche
FILTRE+	n.m.	contrôle (verbe tr. FILTRER)
PHILTRE	n.m.	breuvage
FISSIBLE FISSILE	] adj.	qui se divise facilement en lames minces
FLAMAND,E	adj.	de la Flandre
FLAMANT	n.m.	oiseau
FLACHE	n.f.	bois mis à nu
FLASH,S FLASHES	] n.m.	éclair (deux pluriels)
FLEGMON PHLEGMON	] n.m.	inflammation
FLEOLE PHLEOLE	] n.m.	plante
FLAMENCA FLAMENCO	] n.m.	folklore andalou
FLOCAGE FLOCKAGE	] n.m.	application de fibres
FLOCHE	adj.	se dit d'une étoffe
FLUSH,S FLUSHES/	] n.m.	terme de poker (deux pluriels)
FLOCON	n.m.	amas léger de neige
FLOQUONS	v.t.	du verbe FLOQUER, appliquer des fibres
FOEHN FOHN	] n.m.	vent du sud
FOENE FOUENE	] n.f.	gros harpon
FOI	n.f.	confiance
FOIE	n.m.	organe
FOIS	n.f.	marque la quantité (*erreur :* foix)

FOND+	n.m.	l'endroit le plus bas (verbe tr. FONDER)
FONDS	n.m.	ensemble de biens
FONT		du verbe tr. FAIRE
FONTS	n.m.pl.	bassin baptismal
FOR+	n.m.	for extérieur : autorité de la justice
FORE+		du verbe tr. FORER
FORS	prép.	excepté
FORT	n.m.	fortification (adj. FORT,E)
FORAIN,E	adj.	d'une foire
FORINT	n.m.	unité monétaire hongroise
FOUACE / FOUGASSE	n.f.	galette
FOX	n.m.	chien
FOXE,E	adj.	se dit d'un vin américain
FRAI	n.m.	œufs de poissons
FRAIS	adj.	froid léger (fém. FRAICHE)
FRASER+	v.t.	rouler de la pâte (également FRAISER)
PHRASER+	v.i.	parler d'une manière affectée
FRETER+	v.t.	louer
FRETTER+	v.t.	garnir d'une frette (cercle métallique)
FRISON,NE	adj.	de la Frise
FRISSON,NE	n.m.	et verbe intr. FRISSONNER
FRITE	n.f.	pomme de terre frite
FRITTE+	n.f.	mélange de sable et de soude verbe tr. FRITTER
FRITON	n.m.	résidu frit
FRITTONS		du verbe tr. FRITTER
FUHRER,S	n.m.	titre allemand
FUREUR	n.f.	colère
GAI, E	adj.	de bonne humeur
GUAI	adj.m.	se dit d'un hareng (pas de féminin)
GUE	n.m.	passage d'une rivière
GUET	n.m.	surveillance
GAL,S	n.m.	unité de mesure
GALE	n.f.	affection de la peau
GALLE	n.f.	excroissance végétale
GALEACE / GALEASSE	n.f.	navire
GALERIE	n.f.	large passage
GALLERIE	n.f.	insecte
GALLON	n.m.	ancienne mesure
GALON	n.m.	ruban (verbe tr. GALONNER)

GALLO,S	n.m.	dialecte breton
GALOP+	n.m.	allure du cheval
GAMAY ⎤	n.m.	cépage
GAMET ⎦		
GAUDE	n.f.	réséda
GODE+	v.i.	faire de faux plis (également GODAILLER)
GAUR	n.m.	buffle sauvage
GORD	n.m.	pêcherie fluviale
GAUSS+	n.m.	unité d'induction
GAUSSE+	v.pr.	se moquer ouvertement
GOSSE	n.m.	enfant
GEAI	n.m.	oiseau
JAIS	n.m.	pierre noire
JET+	n.m.	action de jeter
GEINDRE,S ⎤	n.m.	ouvrier boulanger
GINDRE,S ⎦		(v.i. GEINDRE)
GENS	n.pl.	personnes en nombre indéterminé
GENT	n.f.	nation
JAN	n.m.	table du trictrac
JEAN	n.m.	pantalon de treillis
GERMAINE	adj.	de Germanie (masc. GERMAIN)
GERMEN	n.m.	terme de biologie
GERSEAU	n.m.	filin
GERZEAU	n.m.	nielle des blés
GHILDE ⎤		
GILDE	n.f.	organisation du Moyen Age
GUILDE ⎦		
GIRAUMON ⎤	n.m.	courge
GIRAUMONT ⎦		
GLACIAIRE	adj.	relatif aux glaciers
GLACIERE	n.f.	frigo
GLECHOME ⎤	n.m.	plante
GLECOME ⎦		
GNOLE ⎤		
GNIOLE		
GNAULE	n.f.	eau-de-vie
NIAULE ⎦		
GOLF	n.m.	sport (pas de verbe, mais GOLFEUR,SE)
GOLFE	n.m.	partie de mer avançant dans les terres

GON	n.m.	unité de mesure
GOND	n.m.	pièce de métal sur laquelle pivote une porte
GONG	n.m.	instrument de musique
GONELLE GONNELLE	n.f.	poisson
GOTHIQUE	n.f.	écriture
GOTIQUE	n.m.	langue germanique
GOULACHE GOULASCH	n.m.	ragoût de bœuf à la hongroise
GOUTER+	n.m.	petit repas, et verbe tr. apprécier
GOUTTER+	v.i.	laisser tomber des gouttes
GOURME	adj.	affectant un maintien composé (fém. GOURMÉE)
GOURMET	n.m.	connaisseur en vins et en mets (GOURMETTE : chaîne)
GOUROU GURU	n.m.	maître spirituel
GOI,S GOY,S	n.m.	nom donné par les juifs aux étrangers à leur culture
GOIM/ GOYIM/	n.m.	pluriels hébreux de GOI,GOY
GRAM/	n.m.	(inv) coloration
GRAMME	n.f.	mesure de masse
GRAINAGE GRENAGE	n.m.	production d'œufs de vers à soie
GRAINER+ GRENER+	v.t.	produire en grains
GRANIT GRANITE	n.m.	roche (adj. GRANITE,E)
GRATERON GRATTERON	n.m.	plante
GRAU	n.m.	chenal
GROS,SE	adj.	épais
GRAISSAGE	n.m.	action de graisser
GRESAGE	n.m.	action de gréser
GRAISSER+	v.t.	enduire de graisse
GRESER+	v.t.	polir
GRIMACE+	n.f.	contorsion du visage (verbe intr. GRIMACER)
GRIMASSE+		du verbe GRIMER

GRIZZLI GRIZZLY	n.m.	ours
GROLE GROLLE	n.m.	chaussure
GROUP+	n.m.	sac d'argent
GROUPE+	n.m.	ensemble
GUERE/	adv.	pas beaucoup
GUERRE	n.f.	épreuve de force
GUETE	n.f.	tourelle d'un château
GUETTE+		verbe tr. GUETTER
ALE	n.f.	bière anglaise
HALE+	n.m.	teint (verbe tr. HALER)
HALL	n.m.	grand vestibule
HALLE	n.f.	grand bâtiment de commerce
HAIKAI HAIKU	n.m.	poème japonais
ANCHE	n.f.	languette d'un instrument à vent
HANCHE	n.f.	partie du tronc
HACHISCH HASCH HASCHICH HASCHISCH	n.m.	résine de chanvre
HAST/ HASTE,E	adj.	arme d'Hast (inv.) : arme blanche ayant la forme d'un fer de lance, en botanique
HAUTAIN,E	adj.	méprisant
HAUTIN	n.m.	vigne
HERAUT	n.m.	officier public
HEROS	n.m.	grand homme
HERCHER+ HERSCHER+	v.i.	pousser une berline dans une mine
HERCHEUR,EUSE HERSCHEUR,EUSE	n.f.	ouvrier faisant le roulage de ces berlines
ERS	n.m.	légumineuse
ERSE	n.f.	anneau de cordage
HERSE+	n.f.	instrument agricole (verbe tr. HERSER)
HEUR/	n.m.	(inv.) chance
HEURE	n.f.	unité de mesure
HEURT+	n.m.	opposition (verbe tr. HEURTER)
HIEBLE YEBLE	n.m.	arbre

HILOTE ILOTE	⟩ n.m.	esclave d'État à Sparte
HOBBY	n.m.	passe-temps
OBI	n.m.	ceinture japonaise
HOCKEY	n.m.	sport
HOQUET+	n.m.	contraction du diaphragme
HOMONCULE HOMUNCULE	⟩ n.m.	avorton
HOP/	interj.	servant à stimuler
OPE	n.m.f.	trou dans un mur
HORSAIN HORSIN	⟩ n.m.	occupant d'une résidence secondaire
AUTEL	n.m.	table où se célèbre la messe
HOTEL	n.m.	habitation
HOU/	interj.	marquant la réprobation
HOUE	n.m.	pioche (verbe tr. HOUER)
HOUX	n.m.	arbuste
HOUILLE	n.f.	combustible
OUILLE+		du verbe tr. OUILLER : terme de viticulture
HOURRA HURRAH	⟩ n.m.	cri d'acclamation
HULULER+ ULULER+	⟩ v.i.	crier, en parlant des oiseaux rapaces
HYACINTHE JACINTHE	⟩ n.f.	plante
ICHTHYOSE ICHTYOSE	⟩ n.f.	maladie de la peau
HYPHE	n.f.	filament d'un champignon
IF	n.m.	arbuste
IMPATIENS/	n.f.	plante
IMPATIENT,E+	adj.	
INNOME,E INNOMME,E	⟩ adj.	n'ayant pas reçu de nom
INTERCESSION	n.f.	action d'intercéder
INTERSESSION	n.f.	temps qui s'écoule entre deux sessions
IODLER+ JODLER	⟩ v.i.	chanter comme les Tyroliens (*erreur :* iouler)
IRAKIEN,NE IRAQIEN,NE	⟩ adj.	d'Irak attention : pas de U après le Q

| JABLOIR | n.m. | outil de tonnelier |
| JABLOIRE | n.f. | |

JACK	n.m.	douille métallique
JACQUES (≠)	n.m.	faire le jacques
JAQUE	n.m.	fruit du jaquier

| JACQUIER | | |
| JAQUIER | n.m. | arbre |

| JAINISME | | religion de l'Inde |
| JINISME | n.m. | (*erreur* : djanisme) |

| JARS | n.m. | mâle de l'oie (*erreur* : jar) |
| JARRE | n.f. | grand vase |

| JERRICAN | | bidon |
| JERRICANE | n.m. | (*erreur* : jerrycan,e) |

JAVEL/ +	inv.	eau de Javel
JAVELE+		du verbe tr. JAVELER
JAVELLE +	n.f.	poignée de céréales

JUMEL	adj.m.	variété de coton d'Égypte
JUMELE +		du verbe tr. JUMELER
JUMELLE+		

| KEFIR | | |
| KEPHIR | n.m. | boisson au petit-lait |

| KERMES/ | n.m. | puceron |
| KERMESSE | n.f. | grande fête populaire |

| KHAT | | arbrisseau |
| QAT | n.m. | (attention : pas de U après le Q) |

| KHOIN | n.m. | langue parlée en Afrique |
| KOINE | n.f. | langue ancienne de Grèce |

KHOL		
KOHEUL	n.m.	fard
KOHOL		

| KSI/ | | |
| XI/ | inv. | quatorzième lettre grecque |

| KVAS | | |
| KWAS | n.m. | boisson |

| KOLKHOZ | | |
| KOLKHOZE | n.m. | coopérative agricole en U.R.S.S. |

| KOUMIS | | |
| KOUMYS | n.m. | lait fermenté |

| LABEL | n.m. | marque |
| LABELLE | n.m. | pétale |

LABRI LABRIT	] n.m.	chien de berger
LAIC LAIQUE	] n.m.	n'appartenant pas au clergé
LAITON	n.m.	alliage de cuivre et de zinc
LETTON	adj.	de Lettonie (fém : LETTONNE)
LESE +		du verbe tr. LESER
LEZ	prép.	près de (également LES)
LARD+	n.m.	graisse de porc (verbe tr. LARDER)
LARE	n.m.	divinité romaine
LAURE	n.f.	monastère (adj. LAURÉ,E)
LORD	n.m.	titre anglais
LORS/	adv.	à cette heure
LAUSE LAUZE	] n.f.	tuile
LEADER	n.m.	chef d'une organisation
LIEDER/	n.m.	autre pluriel que LIEDS
LEST+	n.m.	matière pesante (verbe tr. LESTER)
LESTE+	adj.	léger
LICE	n.f.	palissade de bois
LIS+	n.m.	fleur
LISSE+	adj.	uni (verbe tr. LISSER)
LYS	n.m.	fleur
LISE+		du verbe tr. LIRE
LYSE	n.f.	destruction d'une cellule
LICIER LISSIER	] n.m.	ouvrier d'un métier à tisser
LISSIEZ	v.t.	du verbe LISSER
LIEU,S	n.m.	poisson
LIEU,X	n.m.	partie déterminée de l'espace
LIEUE	n.f.	ancienne mesure linéaire
LIMACE	n.f.	mollusque
LIMASSE+	v.t.	du verbe LIMER
LINGA LINGAM	] n.m.	symbole phallique
LIRE +	n.f.	unité monétaire d'Italie
LYRE	n.f.	instrument de musique
LOB+	n.m.	coup de ballon (verbe tr. LOBER)
LOBE+	n.m.	partie de l'oreille
LOCH	n.m.	lac d'Écosse
LOCHE	n.f.	poisson

LODS/	n.m.pl.	redevance
LOT	n.m.	portion d'un tout
LOMBAGO LUMBAGO	] n.m.	douleur lombaire
LORI	n.m.	petit perroquet
LORRIES/		autre pluriel que LORRYS
LORRY,S	n.m.	petit chariot
LOUPIOTE	n.f.	petite lampe
LOUPIOTTE	n.f.	enfant (masc. : LOUPIOT)
LOURD+	adj.	pesant (fém : LOURDE)
LOURE+	n.f.	cornemuse (verbe tr. LOURER)
LOTE LOTTE	] n.f.	poisson
LUDDISME	n.m.	organisation anglaise du XIXe siècle
LUDISME	n.m.	attitude de jeu
LUT	n.m.	enduit plastique
LUTH	n.m.	instrument de musique
LUTER+	v.t.	boucher avec du lut
LUTTER+	v.i.	combattre
MADRASA MEDERSA	] n.f.	collège musulman
MAERL MERL	] n.m.	sable calcaire
MERLE	n.m.	oiseau
MAFFIA MAFIA	] n.f.	organisation de malfaiteurs
MAFFIOSO,S MAFIOSO,S	] n.m.	membre de la mafia
MAFFIOSI/ MAFIOSI/	] n.m.	autres pluriels que MAFIOSOS
MAGASINE+	v.i.	au Québec, du v. MAGASINER : faire des courses
MAGAZINE	n.f.	revue
MAHARAJA/ MAHARADJAH/	] n.m.	inv. titre indien
MAIA	n.m.	grand crabe
MAYA	n.m.	langue indienne
MAIEUR MAYEUR	] n.m.	bourgmestre rural en Belgique
MAIL	n.m.	petit maillet
MAILLE+	n.f.	boucle de fil (verbe tr. MAILLER)

MAIN	n.f.	partie du corps
MAINT,E	adj.	un grand nombre
MAISON	n.f.	habitation
MESON	n.m.	particule subatomique
MAKI	n.m.	singe
MAQUIS	n.m.	association végétale
MALEKISME		
MALIKISME	] n.m.	école juridique de l'Islam sunnite
MAELSTROM		
MALSTROM	] n.m.	gouffre
MANNE	n.f.	grand panier
MANNES/	n.m.pl.	divinités
MANSE	n.f.	exploitation agricole du Moyen Age
MENSE	n.f.	ensemble de biens
MANSION	n.f.	lieu théâtral médiéval
MENTION	n.f.	témoignage
MANTISSE	n.f.	terme de maths
MENTISSE+	v.i.	du verbe MENTIR
MANTE	n.f.	insecte
MENTE+	v.i.	du verbe MENTIR
MENTHE	n.f.	plante
MARATHE		
MARATHI	] n.m.	langue parlée à Bombay
MARCHAND,E+	adj.	en rapport avec le commerce
MARCHANT,E	adj.	qui marche
MARE	n.f.	petite étendue d'eau
MARRE+	v.pr.	du verbe SE MARRER
MAREE	n.f.	mouvement de la mer
MARREE	v.pr.	du verbe SE MARRER
MARGAUTER+		
MARGOTER+	] v.i.	crier, en parlant de la caille
MARGOTTER+		
MARIHUANA		
MARIJUANA	] n.f.	feuille de cannabis
MARIOLE		
MARIOLLE	] adj.	malin
MARK	n.m.	unité monétaire allemande
MARQUE+	n.f.	signe
MAROCAIN,E	adj.	du Maroc
MAROQUIN+	n.m.	peau de chèvre (verbe tr. MAROQUINER)

MAROILLES/ MAROLLES/	] n.m.	fromage (toujours avec S final)
MARONNE+	v.i.	du verbe MARONNER, rager
MARRONNE	adj.f.	clandestine
MARI,E+	v.t.	du verbe MARIER
MARRI,E	adj.	fâché
MAS	n.m.	maison provençale
MASSE	n.f.	grande quantité
MAT,E+	adj	sans éclat
MATH,S	n.f.	abrév. de mathématiques
MATTE	n.f.	substance métallique
MAURE MORE	] adj.	de Mauritanie
MORD+ MORDS	]	du verbe tr. MORDRE
MORS	n.m.	pièce de la bride du cheval
MORT,E	adj.	qui a cessé de vivre
MAURESQUE MORESQUE	] adj.	propre aux Mores
MAELENA MELENA	] n.m.	émission de sang noir
MELCHITE MELKITE	] n. et adj.	chrétien de Syrie
MELITTE	n.f.	plante
MELLITE	n.m.	médicament
MENACE+	n.f.	présage qui fait craindre quelque chose
MENASSE+		du verbe MENER
MES	adj.	possessif
MESS	n.m.	salle de repas
MESSE	n.f.	sacrifice religieux
METRE+	n.m.	unité de mesure (verbe tr. METRER)
METTRE+	v.t.	placer
MICELLE	n.f.	particule
MISSEL	n.m.	livre de messe
MIL	n.m.	plante
MILE	n.m.	mesure anglaise
MILLE,S	n.m.	mesure itinéraire romaine
MILIAIRE	adj.	ressemblant à un grain de mil
MILLIAIRE	adj.	se rapporte à une borne romaine

MIR+	n.m.	communauté villageoise
MIRE+	n.f.	règle graduée (verbe tr. MIRER)
MYRRHE	n.f.	résine odorante
MIROBOLANT,E	adj.	merveilleux
MYROBALAN	n.m.	fruit desséché
MIRONTON MIROTON	n.m.	ragoût de viande
MIS, MISSE	v.t.	du verbe METTRE
MISS	n.f.	reine de beauté
MITAN	n.m.	milieu
MITANT	v.pr.	du verbe SE MITER
MITE+	n.m.	insecte
MYTHE	n.f.	figure de légende
MOERE	n.f.	lagune
MOHAIR	n.m.	étoffe
MOFETTE MOUFETTE MOUFFETTE	n.f.	mammifère
MOIE MOYE	n.f.	couche tendre dans une pierre dure (adj.MOYE,E)
MOLASSE MOLLASSE	n.f.	grès tendre
MOLETE	v.t.	du verbe MOLETER
MOLETTE+	n.f.	roulette striée
MOLLETTE	adj.	fém. de MOLLET
MORILLON	n.m.	canard
MORION	n.m.	casque
MOU	adj.	manquant de fermeté
MOUD+	v.t.	du verbe MOUDRE
MOUE	n.m.	grimace
MOUT	n.m.	jus de raisin
MUFTI MUPHTI	n.m.	interprète de la loi musulmane
MUSC	n.m.	substance odorante
MUSQUE, E	adj.	rappelant l'odeur du musc
NARD	n.m.	graminacée
NARRE+	v.t.	du verbe NARRER
NARGHILE NARGUILE	n.m.	pipe orientale
NASAUX	adj.	pluriel de NASAL
NASEAU,X	n.m.	narine

NEGONDO NEGUNDO	] n.m.	érable
NELOMBO NELUMBO	] n.m.	plante indienne
NIVAUX NIVEAU, X	adj. n.m.	pluriel de NIVAL (relatif à la neige) degré d'élévation
NOME NOMME+	n.m. v.t.	division administrative en Grèce du verbe NOMMER
NONE NONNE	n.f. n.f.	quatrième partie du jour religieuse
NORDE NORDET	] n.m.	vent
NOROIS NOROIT NORROIS	] n.m. n.m.	vent langue scandinave
ŒNILISME ŒNOLISME	] n.m.	alcoolisme
ŒNOTHERA ŒNOTHERE	] n.m.	plante
OOLITE OOLITHE	] n.f.	corps sphérique
OPERANDE OPERANTE	n.m. adj.	élément d'information efficace
OR,S ORE HORS	n.m. n.m. prép.	métal monnaie scandinave excepté
ORDINAND,S ORDINANT,S	n.m. n.m.	clerc évêque
OSTIAK OSTYAK	] n.m.	langue sibérienne
OSTROGOT,E OSTROGOTH,E	] adj.	relatif aux Ostrogoths
OUIE OUILLE+	] interj.	mais également : sens (n.f.) du verbe tr. OUILLER
OUKASE UKASE	] n.m.	édit du tsar
OULEMA ULEMA	] n.m.	docteur de la loi musulmane
OURDOU URDU	] n.m.	langue du Pakistan

OUST/ OUSTE/	interj.	servant à chasser
OZOCERITE OZOKERITE	n.f.	paraffine
PACAGE	n.m.	action de faire paître le bétail
PACQUAGE	n.m.	action de PACQUER (mettre du poisson en baril)
PAGAIE + PAGAILLE	n.f.	désordre
PAGAYE +	v.i.	du verbe PAGAYER
PAIE + PAYE+	n.f.	salaire
PAIEMENT PAYEMENT	n.m.	action de payer
PAIR PAIRE	adj.	divisible par deux
PERD+	v.t.	du verbe PERDRE
PERE	n.m.	celui qui a un ou des enfants
PERRE	n.m.	revêtement de pierres
PERS	adj.	entre le vert et le bleu (fém. PERSE)
PAIERIE	n.f.	bureau d'un trésorier-payeur
PAIRIE	n.f.	titre d'un pair
PAIRLE	n.m.	terme héraldique
PERLE+	v.t.	du verbe PERLER
PAL	n.m.	pieu
PALAIS	n.m.	édifice
PALE PALLE	n.f.	linge couvrant le calice
PALET	n.m.	pièce d'un jeu
PALIER	n.m.	plate-forme
PALLIER+	v.t.	remédier
PALMAIRE	adj.	relatif à la paume de la main
PALMER,S+	n.m.	instrument de mesure (verbe tr. PALMER)
PANATELA PANATELLA	n.m.	cigare
PANE+	v.t.	du verbe PANER : couvrir de chapelure
PANNE	n.f.	arrêt accidentel
PANETON	n.m.	petit panier
PANNETON	n.m.	partie d'une clé
PANDIT	n.m.	titre indien
PENDIT	v.t.	du verbe PENDRE

PANIC	n.m.	plante
PANIQUE+	n.f.	terreur subite (verbe intr. PANIQUER)
PANTENE/ PANTENNE/	inv.	en désordre (terme de marine)
PAPILLON	n.m.	insecte
PAPION	n.m.	singe
PAQUE	n.f.	fête juive
PAQUES	n.f.pl.	fête chrétienne
PARAFE+ PARAPHE+	n.m.	signature (et verbes tr.)
PARCMETRE PARCOMETRE	n.m.	appareil de contrôle
PARELIE PARHELIE	n.m.	phénomène lumineux
PARUSSIONS	v.t.	du verbe PARAITRE
PARUTION	n.f.	publication
PAT,S	n.m.	terme du jeu d'échec
PATE	n.f.	farine détrempée
PATTE	n.f.	membre d'animal
PATER/	n.m.	inv. prière
PATERE	n.f.	support
PATRONAT	n.m.	ensemble des employeurs
PATRONNAT	v.t.	du verbe PATRONNER
PAUCHOUSE POCHOUSE	n.f.	matelote de poissons
PEAUCIER	adj.m.	muscle
PEAUSSIER	adj.m.	commerçant en peaux
PEINTE	v.t.	du verbe PEINDRE
PINTE+	n.f.	mesure de capacité (verbe tr. PINTER)
PEKIN PEQUIN	n.m.	civil, par opposition à militaire (adj. PEKIN,E)
PELAGIEN,NE	adj.	relevant de Pélage
PELASGIEN,NE	adj.	relatif aux Pélasges
PELAMIDE PELAMYDE	n.f.	poisson
PELUCHE	n.f.	étoffe (verbe tr. PELUCHER)
PLUCHES/	n.f.pl.	épluchures de légumes
PEINE+	n.f.	punition (verbe tr. PEINER)
PENE	n.m.	verrou
PENNE	n.f.	plume (adj. PENNE,E)

PENNON	n.m.	flamme portée par un gentilhomme
PENON	n.m.	girouette
PENTHODE PENTODE	n.f.	tube électronique
PEPE.RE	n.m.	homme d'un certain âge
PEPEE	n.f.	jeune fille
PERCE +	n.f.	outil (verbe tr. PERCER)
PERSE	n.m.	langue iranienne
PERPETE/ PERPETTE/	inv.	(à) perpétuité
PERSONE	adj.	se dit d'une fleur (fém : PERSONEE)
PERSONNE	n.f.	individu
PESE +	v.t.	du verbe PESER
PEZE	n.m.	argent
PHANATRON PHANOTRON	n.m.	tube électrique
PHENIX PHŒNIX	n.m.	palmier
PICAGE	n.m.	affection d'oiseaux
PIQUAGE	n.m.	action de piquer
PICVERT PIVERT	n.m.	oiseau
PIEMOND PIEMONT	n.m.	plaine alluviale
PINCON	n.m.	marque
PINSON	n.m.	oiseau
PINEAU	n.m.	vin
PINOT	n.m.	cépage
PIPI	n.m.	urine
PIPIT	n.m.	oiseau
PIQUETE + PIQUETTE +	v.t.	du verbe PIQUETER, tacheter
PISE	n.m.	maçonnerie
PISSE +	n.f.	urine
PITON	n.m.	clou
PYTHON	n.m.	serpent
PLACAGE	n.m.	feuille de bois
PLAQUAGE	n.m.	terme de rugby

PLAIN,E	adj.	terme héraldique
PLEIN,E	adj.	rempli
PLAINTE	n.f.	mécontentement
PLINTHE	n.f.	saillie au bas d'un mur
PLASTIC	n.m.	explosif
PLASTIQUE+	v.t.	du verbe PLASTIQUER, détruire
PLASTICAGE PLASTIQUAGE ⎤	n.m.	action de plastiquer
POGROM POGROME ⎤	n.m.	mouvement antisémite
POIDS	n.m.	unité de mesure
POIS	n.m.	plante (POISE : unité de mesure)
POIX	n.f.	résine
POUAH/	interj.	exprime le dégoût
POELE+	n.m.	appareil de chauffage
POIL+	n.m.	pelage
POELER+	v.t.	cuire à la poêle
POILER+	v.pr.	rire
POLICE	n.f.	administration (adj. POLICE,E)
POLISSE+	v.t.	du verbe POLIR
POMERIUM POMOERIUM ⎤	n.m.	zone sacrée romaine
POMMETE	adj.	terme héraldique (fém. POMMETEE)
POMMETTE	n.f.	partie saillante du visage
POP	n.m.	style de musique
POPE	n.m.	prêtre
POSITON POSITRON ⎤	n.m.	antiparticule
POU,X	n.m.	insecte
POULS	n.m.	battement des artères
POUCETTES/	n.f.pl.	chaînettes
POUSSETTE	n.f.	voiturette
POUCIER	n.m.	protection du pouce
POUSSIER	n.m.	débris de charbon
POUSSIEZ	v.t.	du verbe POUSSER
POUDING PUDDING ⎤	n.m.	gâteau
POUDINGUE	n.m.	conglomérat
POULE	n.f.	oiseau
POOL	n.m.	groupement de producteurs
PULL	n.m.	vêtement

PRAESIDIUM PRESIDIUM	] n.m.	présidence soviétique
PRAGOIS,E PRAGUOIS,E	] adj.	de Prague
PREFIX,E+ PREFIXE+	] adj.	délai (verbe tr. PREFIXER)
PREMICES/	n.f.pl.	premiers effets d'un événement
PREMISSE	n.f.	fait d'où découle une conséquence
PROPANE	n.m.	hydrocarbure gazeux
PROPENE	n.m.	hydrocarbure éthylénique
PROSOME	n.m.	céphalothorax
PROTOME	n.m.	élément décoratif
PROU/	inv.	beaucoup
PROUE	n.f.	partie avant d'un navire
PROVOCANT,E	adj.	qui provoque
PROVOQUANT/	v.t.	du verbe PROVOQUER
PUIS+	adv.	ensuite
PUITS/	n.m.	trou creusé dans le sol
PUY	n.m.	montagne volcanique
PUREAU	n.m.	partie d'une tuile
PUROT	n.m.	fosse à purin
PUTIER PUTIET	] n.m.	arbre
PIROLE	n.f.	plante
PYRROLE	n.m.	extrait de goudron de houille
QUEUE	n.m.	extrémité
QUEUX	n.m.	cuisinier
RA	n.m.	coup de baguette sur un tambour (*erreur:* ran)
RAS+	adj.	coupé (fém : RASE)
RAT+	n.m.	mammifère
RAZ	n.m.	courant très violent
RAB RABE	] n.m.	rabiot
RABAB REBAB	] n.m.	instrument de musique arabe
RACK	n.m.	meuble de rangement
RAQUE+	v.t.	du verbe RAQUER, payer
RACKET	n.m.	extorsion d'argent
RAQUETTE	n.f.	accessoire de tennis

RACKETTEUR	n.m.	malfaiteur
RAQUETTEUR	n.m.	qui se déplace sur des raquettes de neige
RADIAN	n.m.	unité de mesure
RADIANT,E	adj.	qui émet des radiations
RAI	n.m.	rayon
RAIE	n.f.	poisson
RAY	n.m.	culture sur brûlis (*erreur:* rez)
RE/	n.m.	note de musique (inv.)
RETS	n.m.	filet
RAIA		
RAYIA	] n.m.	Turc non musulman
RAYA+	v.t.	du verbe RAYER
RAINE+	v.t.	du verbe RAINER (pratiquer des rainures)
REINE	n.f.	souveraine
RENE	n.m.	courroie
RENNE	n.m.	mammifère
RAINETTE	n.f.	grenouille
REINETTE	n.f.	petite pomme
RENETTE	n.f.	outil (pas de verbe)
RAIPONCE	n.f.	plante
REPONSE	n.f.	qu'on adresse en retour
RAISINE	n.m.	confiture
RESINE+	n.f.	substance de certains arbres (verbe tr. RESINER)
RAISONNER+	v.t.	réfléchir
RESONNER+	v.i.	renvoyer le son
RADJAH		
RAJA	] n.m.	titre indien
RAJAH		
RALIEZ	v.i.	du verbe RALER
RALLIEZ	v.t.	du verbe RALLIER
RAMI	n.m.	jeu de cartes
RAMIE	n.f.	plante
RANCARD+		
RENCARD+	] n.m.	rendez-vous (et verbe tr.)
RANCART	n.m.	rebut
RAPACE	n.m.	oiseau
RAPASSE+	v.t.	du verbe RAPER
RAUQUE	adj.	se dit d'une voix enrouée
ROC	n.m.	masse de pierre
ROCK	n.m.	style de musique
ROQUE+	n.m.	terme d'échec (verbe int. ROQUER)

RECHAPER+	v.t.	réparer un pneu
RECHAPPER+	v.i.	échapper par chance à un danger
RECOLER+	v.t.	vérifier
RECOLLER+	v.t.	coller de nouveau
RECORD+	n.m.	exploit
RECORS/	n.m.	témoin
RECRU,E	adj.	harassé,e
RECRUE	n.f.	militaire
RECU,E	adj.	admis,e
RESSUE+	v.i.	du verbe RESSUER (terme industriel)
REDAN REDENT	n.m.	découpure en forme de dent
REDIE	n.f.	forme larvaire
REDIS+ REDIT+	v.t.	du verbe REDIRE
REFLEX	adj.	se dit d'un système de visée photographique
REFLEXE	n.m.	réaction rapide
RELAX+ RELAXE+	adj.	décontracté (verbe tr. RELAXER)
RENAIS+	v.i.	du verbe RENAITRE
RENNAIS,E	adj.	de Rennes
RENE	n.f.	courroie
RENNE	n.m.	mammifère
RENOM	n.m.	opinion favorable sur quelqu'un
RENON	n.m.	résiliation d'un bail
REPAIRE+	n.m.	retraite de bêtes sauvages (v.i. REPAIRER)
REPERE+	n.m.	marque (verbe tr. REPERER)
REPOND+	v.t.	du verbe REPONDRE
REPONS	n.m.	chant liturgique
RESIDANT,S	adj.	se dit de quelqu'un qui réside dans un lieu (fém : RESIDANTE)
RESIDENT,S	n.m.	qui réside hors de son pays (pas de féminin)
RETIQUE RHETIQUE	adj.	de Rhétie
REVEREZ	v.i.	du verbe REVER
REVERREZ	v.t.	du verbe REVOIR
REVERSI REVERSIS	n.m.	jeu de cartes
RHO	inv.	lettre grecque
ROT+	n.m.	émission de gaz par la bouche (v.i. ROTER)

RHOMBE	n.m.	instrument de musique
RHUMB	n.m.	quantité angulaire
RIGAUDON RIGODON	] n.m.	air et danse vive
RIKIKI/ RIQUIQUI/	] adj.	petit et étriqué (inv.)
RILLONS	n.m.pl.	dés de poitrine de porc
RIIONS RIONS	] v.i.	du verbe RIRE
RIPER+	v.t.	dresser une pierre
RIPPER,S	n.m.	matériel de terrassement
ROB+ ROBRE	] n.m.	terme de bridge
ROBE+	n.f.	vêtement
ROMAN,E	adj.	qualifie un art médiéval
ROMAND,E	adj.	se dit de la partie francophone de la Suisse
ROESTI/ ROSTI/	] n.m.pl.	pommes de terres rissolées
RONDEAU	n.m.	poème
RONDO	n.m.	forme musicale
ROOF ROUF	] n.m.	pont d'un navire
ROOKERIE ROOKERY,S	] n.f.	rassemblement d'oiseaux polaires
ROQUETTE ROUQUETTE	] n.m.	plante (*erreur :* rocket)
ROTROUENGE ROTRUENGE	] n.f.	poème médiéval
ROUVERAIN ROUVERIN	] adj.m.	se dit d'un fer cassant (pas de féminin)
RUFFIAN RUFIAN	] n.m.	homme débauché
SACQUER+ SAQUER+	] v.t.	chasser
SAKE	n.m.	boisson japonaise
SADDUCEEN,NE SADUCEEN,NE	] n.	membre d'une secte juive
SAGINA SAGINE	] n.f.	plante
SAL+	n.m.	grand arbre de l'Inde
SALE+	adj.	couvert de crasse
SALLE	n.f.	pièce d'une habitation

SALACE	adj.	lubrique
SALASSE+	v.t.	du verbe SALER
SAMOURAI ⎤ SAMURAI ⎦	n.m.	guerrier japonais
SANSCRIT,E ⎤ SANSKRIT,E ⎦	adj.	se dit d'une langue indo-européenne
SAOUL,E+ ⎤ SOUL,E+ ⎦	adj. et v.tr.	ivre (verbes SAOULER et SOULER)
SATIRE	n.f.	pamphlet
SATYRE	n.m.	individu se livrant à des attentats à la pudeur
SATIRIQUE	adj.	appartenant à la satire
SATYRIQUE	adj.	relatif aux satyres
SAUCAIT+	v.t.	du verbe SAUCER
SAUSSAIE	n.f.	lieu planté de saules (également SAULAIE)
SAUR,E+	adj.	salé (verbe tr. SAURER, fumer)
SORE	n.m.	sporange
SORS	v.i.	du verbe SORTIR
SORT+	n.m.	décision par le hasard
SAYON	n.m.	casaque romaine
SEILLON	n.m.	petit baquet
SCATOL ⎤ SCATOLE ⎦	n.m.	composé chimique
SCHEOL ⎤ SHEOL ⎦	n.m.	séjour des morts dans la Bible
SCHILLING	n.m.	monnaie autrichienne
SHILLING	n.m.	monnaie anglaise
SCIE+	v.t.	du verbe SCIER
SIED	v.i.	du verbe SEOIR, convenir à
CILIE,E	adj.	garni de cils
CILLE+	v.t.	du verbe CILLER (fermer et rouvrir les paupières)
SCONSE ⎤ SKUNSE ⎦	n.m.	fourrure (*erreurs :* skons, scons, skunks)
CEANS	adv.	logis
SEANT,E	adj.	décent
SEYANT,E	adj.	qui sied
SECHE+	v.t.	du verbe SECHER
SEICHE	n.f.	mollusque
SEIME	n.f.	fente du sabot d'un cheval
SEME+	v.t.	du verbe SEMER

CENE,S	n.f.	dernier repas du Christ
SAINE	adj.	en bonne santé (masc : SAIN)
SCENE	n.f.	lieu où se passe une action
SEINE SENNE	] n.f.	filet de pêche
SEN	n.f.	unité monétaire
SCEPTIQUE	adj.	incrédule
SEPTIQUE	adj.	qui cause une infection
SCIENNE	n.f.	poisson
SIENNE	adj.	possessif - féminin de SIEN
SERA+		du verbe ETRE
SERRA+	n.f.	montagnes (également SIERRA)
SEREIN,E	adj.	calme
SERIN,E+	n.	oiseau
SERINGA SERINGAT	] n.m.	arbuste
SHOGOUN SHOGUN	] n.m.	chef militaire japonais
SHOGOUNAL,E SHOGUNAL,E	] adj.	relatif aux shôguns (pluriels en −AUX)
SHOPING SHOPPING	] n.m.	course dans les magasins
SHRAPNEL SHRAPNELL	] n.m.	obus
SIBILANT,E	adj.	ayant le caractère d'un sifflement
SIBYLLIN,E	adj.	obscur
SIC/	adv.	ainsi
SIKH	n.m.	adepte d'une secte indienne
CYGNE	n.m.	oiseau
SIGNE+	n.m.	marque (verbe tr. SIGNER)
SIERA	v.i.	du verbe SEOIR
SIERRA	n.f.	montagnes (également SERRA)
SCIEUR	n.m.	ouvrier qui scie (pas de féminin)
SIEUR	n.m.	qualification juridique
CYON	n.m.	mammifère
SCIIONS	v.t.	du verbe SCIER
SCION	n.m.	jeune pousse
SILLON	n.m.	rigole
SILPHE	n.m.	insecte
SYLPHE	n.m.	génie de l'air
SISSONE SISSONNE	] n.	saut chorégraphique (masc. ou fém.)

SIXAIN SIZAIN	n.m.	poème de six vers
SMALA SMALAH	n.f.	famille nombreuse
SOC	n.m.	partie de charrue
SOCQUE	n.m.	chaussure (*erreur:* soque)
SOMA	n.m.	ensemble de cellules non reproductives
SOMMA+	v.t.	du verbe SOMMER
SOMATION	n.f.	variation biologique
SOMMATION	n.f.	mise en demeure
SOMITE	n.m.	unité anatomique
SOMMITE	n.f.	personne éminente
SONE	n.m.	unité de mesure
SONNE+	v.t.	du verbe SONNER
SOTIE SOTTIE	n.f.	genre dramatique
SAOUL+	adj.	ivre (verbe tr. SAOULER)
SOU	n.m.	pièce de monnaie
SOUE	n.f.	étable
SOUL+	adj.	ivre (verbe tr. SOULER)
SOUS	prép.	en dessous
SOUAHELI,E SWAHILI,E	adj.	se dit d'une langue bantoue
SOUFFRE+	v.i.t.	du verbe SOUFFRIR
SOUFRE+	v.t.	du verbe SOUFRER (enduire de soufre)
SOUFI SUFI	n.m.	mystique de l'islam
SOURATE SURATE	n.f.	chapitre du Coran
SOUTRA SUTRA	n.m.	texte indien
SPART SPARTE	n.m.	herbe
SPAT	n.m.	unité d'angle
SPATH	n.m.	minerai
SPATHE	n.f.	feuille
SPIRAL	n.m.	petit ressort
SPIRALE	n.f.	courbe
SPORE	n.f.	élément d'un champignon
SPORT	n.m.	exercice physique

SQUIRE	n.m.	titre anglais
SQUIRRE ⎤ SQUIRRHE ⎦	n.m.	tumeur (adj. SQUIRREUX,SE)
STARETS/ ⎤ STARIETS/ ⎦	n.m.	ermites (toujours au pluriel)
STATUE+	n.f.	sculpture (verbe intr. STATUER)
STATUT	n.m.	texte
STEM ⎤ STEMM ⎦	n.m.	virage en ski
STOCK+	n.m.	ensemble de marchandises
STOCKE+	v.t.	du verbe STOCKER
STOKES/	n.m.	unité de mesure (toujours avec S final)
STOCKER+	v.t.	mettre en stock
STOKER,S	n.m.	dispositif d'alimentation
STORAX ⎤ STYRAX ⎦	n.m.	arbrisseau
STRAS ⎤ STRASS ⎦	n.m.	verre coloré (*erreur :* strasse)
STUKA	n.m.	avion de combat
STUQUA	v.t.	du verbe STUQUER, enduire de stuc
STOUPA ⎤ STUPA/ ⎦	n.m.	monument bouddhique
SUCCIN	n.m.	ambre jaune
SUCCINCT,E	adj.	bref
SUCENT	v.t.	du verbe SUCER
SUSSENT	v.t.	du verbe SAVOIR
SUCCION	n.f.	action de sucer
SUCIONS	v.t.	du verbe SUCER
SUFFI	v.i.	du verbe SUFFIRE
SUFI	n.m.	mystique de l'islam (également SOUFI)
SUPER	n.m.	supercarburant (abrév. familière)
SUPERE	adj.	ovaire d'une plante
SURAUX	adj.	pluriel de SURAL, du mollet
SUREAU	n.m.	arbuste
SUROS	n.m.	tumeur
SURFAIT,E	adj.	surestimé
SURFAIX	n.m.	attache
SYNDIC	n.m.	responsable
SYNDIQUE+	v.t.	du verbe SYNDIQUER
TACAUD	n.m.	poisson
TACOT	n.m.	vieille voiture

TACHIONS	v.t.	du verbe TACHER
TACHYON	n.m.	particule hypothétique
TAENIA TENIA	n.m.	ver solitaire
TAIAUT/ TAYAUT/	interj.	cri du veneur
TAIN	n.m.	amalgame d'étain
TEINT	n.m.	coloris
THYM	n.m.	plante
TIN	n.m.	poutre de bois
TALE,E	adj.	meurtri
TALLE+	n.f.	pousse (verbe int. TALLER)
THALLE	n.m.	appareil végétatif
TALENT	n.m.	aptitude
TALLENT	v.i.	du verbe TALLER
TALETH TALLETH	n.m.	châle rituel juif
TALITH TALLITH	n.m.	autres graphies de TALETH
TALION/	inv.	loi
TALLIONS	v.i.	du verbe TALLER
TALLONS	v.i.	du verbe TALLER
TALON	n.m.	partie du pied
TALWEG THALWEG	n.m.	ligne d'une vallée
TAMARIS TAMARIX	n.m.	arbrisseau
TANIN TANNIN	n.m.	écorce de chêne
TANISAGE TANNISSAGE	n.m.	action de taniser
TANISER+ TANNISER+	v.t.	ajouter du tan, ou du tanin
TANREC TENREC	n.m.	mammifère
TANTE	n.f.	sœur du père, de la mère
TENTE+	n.f.	abri de toile (verbe tr. TENTER)
TACHINA	n.m.	mouche noire
TAQUINA+	v.t.	du verbe TAQUINER
TARBOUCH TARBOUCHE	n.m.	bonnet

TARD+	adv.	après le temps fixé (verbe imp. TARDER)
TARE+	n.f.	poids (adj. TARE,E)
TARAUD+	n.m.	outil (verbe tr. TARAUDER)
TARO	n.m.	plante
TAROT	n.m.	jeu de cartes (adj. TAROTE,E)
TAU	n.m.	figure héraldique
TAUD	n.m.	tente de toile
TAUX	n.m.	prix fixé
TOT/	adv.	de bonne heure
TAULARD,E TOLARD,E	n,m,	détenu
TAULE TOLE	n.f.	prison
TAULIER,E TOLIER,E	n.	patron d'hôtel borgne
TAURE	n.f.	génisse
TORD+	v.t.	du verbe TORDRE
TORE+	n.m.	moulure
TORR	n.m.	unité de mesure
TORS,E	adj.	courbé
TORT	n.m.	préjudice
TECK TEK	n.m.	arbre
TEL,LE	adj.	semblable
TELL	n.m.	colline artificielle
TELOUGOU TELUGU	n.m.	langue dravidienne
TANDIS/		partie d'une locution
TENDIS+	v.t.	du verbe TENDRE
TEOCALI TEOCALLI	n.m.	pyramide
TEORBE THEORBE	n.m.	grand luth
TAIRE+	v.t.	cacher
TER	adv.	trois fois
TERRE+	n.f.	sol
TERCER+ TERSER+	v.t.	donner un troisième labour (également TIERCER+)
TERFESSE TERFEZE	n.m.	grosse truffe

TERME	n.m.	fin
THERMES/	n.m.pl.	bains
TERRI ⎤		
TERRIL ⎦	n.m.	entaissement minier
TETE+	n.f.	partie du corps
TETTE	n.f.	bout de la mamelle des animaux
THIOFENE ⎤		
THIOPHENE ⎦	n.m.	composé organique
THONAIRE	n.m.	grand filet de pêche
TONNERRE	n.m.	bruit de foudre
TRAMP	n.m.	navire
TREMPE+	n.f.	force d'âme (verbe tr. TREMPER)
THRENE	n.m.	lamentation funèbre
TRAINE+	v.t.	du verbe TRAINER
THUNE	n.f.	pièce de monnaie
TUNE	n.f.	couchis de fascines
TIC	n.m.	contraction involontaire
TIQUE+	n.f.	parasite (verbe int. TIQUER)
TIGLON ⎤		
TIGRON ⎦	n.m.	hybride des espèces tigre et lion
TOCANTE ⎤		
TOQUANTE ⎦	n.f.	montre
TOCARD,E ⎤		
TOQUARD ⎦	n.	incapable
TOKAI ⎤		
TOKAJ	n.m.	vin hongrois
TOKAY ⎦		
TOKAMAK ⎤		
TOKOMAK ⎦	n.m.	machine
TOLE	n.f.	prison (adj. fém. TOLEE: neige fondue)
TOLLE	n.m.	cri d'indignation
TOMBOLA	n.f.	loterie
TOMBOLO	n.m.	flèche de sable
TOME ⎤		
TOMME ⎦	n.f.	fromage (pas de verbe tomer)
TOMETTE ⎤		
TOMMETTE ⎦	n.f.	brique de carrelage
THON	n.m.	poisson
TON	n.m.	inflexion de la voix humaine
TOUCHAU ⎤		
TOUCHEAU ⎦	n.m.	étoffe

TOUPIE	n.f.	jouet
TOUPILLE+	v.t.	du verbe TOUPILLER, travailler le bois
TOUR	n.f.	construction en hauteur
TOURD	n.m.	poisson
TRAINGLOT ⎤ TRINGLOT ⎦	n.m.	militaire du train
TRECHEUR ⎤ TRESCHEUR ⎦	n.m.	terme héraldique
TREGOROIS,E ⎤ TREGORROIS,E ⎦	adj.	de Tréguier
TREPAN	n.m.	instrument chirurgical
TREPANG	n.m.	animal marin (également TRIPANG)
TRIBU	n.m.	groupement de famille
TRIBUT	n.m.	redevance
TRICK	n.m.	terme de bridge
TRIQUE	n.f.	gros bâton (pas de verbe)
TRIER+	v.t.	choisir (penser à TRIERE)
TRILLER+	v.i.	exécuter une trille (ornement musical)
TRIMBALER+ ⎤ TRIMBALLER+ ⎦	v.t.	traîner partout avec soi
TRIMER+	v.i.	travailler dur (penser à TRIMERE)
TRIMMER,S	n.m.	engin de pêche
TRIPLACE	adj.	à trois places
TRIPLASSE+	v.t.	du verbe TRIPLER
TRIPOUS/ ⎤ TRIPOUX/ ⎦	n.m.pl.	plat auvergnat
TRISCELE ⎤ TRISKELE ⎦	n.f.	motif décoratif
TROC	n.m.	échange
TROQUE+	v.t.	du verbe TROQUER, échanger
TROLL	n.m.	gnome
TROLLE	n.f.	terme de chasse (pensez à TROLLEY)
THROMBINE	n.f.	enzyme
TROMBINE	n.f.	visage
TRUC	n.m.	astuce
TRUCK	n.m.	wagon
TRUCAGE ⎤ TRUQUAGE ⎦	n.m.	artifice
CZAR ⎤ TSAR ⎥ TZAR ⎦	n.m.	titre slave

TSAREVITCH TZAREVITCH	] n.m.	fils du tsar
TSARINE TZARINE	] n.f.	épouse du tsar
TSIGANE TZIGANE	] adj.	bohémien
TUFEAU TUFFEAU	] n.m.	roche calcaire
TUPAIA TUPAJA	] n.m.	mammifère
TURC TURQUE	] adj.	de Turquie
TUTHIE TUTIE	] n.f.	oxyde de zinc
TUTTI,S	n.m.	terme musical
HUNE	n.f.	plate-forme d'un mât de navire
UNE	n.f.	première page d'un journal
HUNNIQUE	adj.	relatif aux Huns
UNIQUE	adj.	seul en son genre
VACANT,E	adj.	libre
VAQUANT	v.i.	du verbe VAQUER
VAINE	adj.	sans valeur (masc: VAIN)
VEINE+	n.f.	vaisseau (verbe tr. VEINER)
VAIR	n.m.	terme héraldique
VER	n.m.	insecte
VERRE+	n.m.	récipient
VERS+	n.m.	préposition (verbe tr. VERSER)
VERT	adj.	couleur (fémin: VERTE)
VAIRON	adj.m.	se dit des yeux de couleurs différentes
VERRONS	v.t.	du verbe VOIR
VALONS	v.i.	du verbe VALOIR
WALLON	n.m.	dialecte roman de langue d'oïl
VANTAIL	n.m.	battant
VENTAIL VENTAILLE	] n.m.	partie d'un casque
VANTAUX		pluriel de VANTAIL
VENTAUX		pluriel de VENTAIL
VARAN	n.m.	reptile
WARRANT	n.m.	bulletin de gage (verbe tr. WARRANTER)

VAUT	v.i.	du verbe VALOIR
VAUX	n.m.pl.	pluriel de VAL (également VALS)
VEAU	n.m.	bovin
VOS	adj.	possessif (*erreur :* vau)
VELCHE WELCHE	} adj.	étranger, pour les Allemands (*erreur :* welsch)
VELD	n.m.	plateau en Afrique du Sud
VELTE	n.f.	jauge
VERRA+	v.t.	du verbe VOIR
VERRAT	n.m.	porc
VESCE	n.f.	plante
VESSE	n.f.	gaz fétide (pas de verbe)
VIELE+ VIELLE+	} n.f.	instrument de musique (uniquement VIELLER+, VIELLEUR,SE)
VIGNEAU VIGNOT	} n.m.	mollusque
VIL,E	adj.	méprisable
VILLE	n.f.	agglomération
VIPEREAU VIPERIAU	} n.m.	petite vipère
VOLET+	n.m.	panneau de bois
VOLLEY	n.m.	sport
VOLT+	n.m.	unité de mesure
VOLTE+	n.f.	figure d'équitation (verbe intr. VOLTER)
WILAYA WILLAYA	} n.f.	division administrative en Algérie
XYLEME	n.m.	tissu végétal
XYLENE	n.m.	hydrocarbure
YACK YAK	} n.m.	ruminant
YACHTMAN,S YACHTSMAN,S	} n.m.	celui qui pratique le yachting (autre pluriel en −MEN/)
YASS YASSE	} n.m.	jeu de cartes
ZANI,S ZANNI,S	} n.m.	bouffon
ZAOUIA ZAWIYA	} n.f.	complexe religieux islamique
ZIG ZIGUE	} n.m.	individu (*erreur :* mezigue)

Mots en –IER ayant un homophone en IEZ (verbe)

ALEVINIER	FARDIER	POTINIER
BAGUIER	FOURRIER	POUSSIER
BAISSIER	GAINIER	PRESSIER
BALISIER	GERBIER	RADIER
BORDIER	GOMMIER	RAMIER
BROSSIER	HATIER	REGATIER
CABLIER	HAUSSIER	REMISIER
CALIER	HUILIER	RESINIER
CASSIER	LAINIER	ROCHIER
CHAINIER	LISIER	ROULIER
CIRIER	LISSIER	SABOTIER
CLOUTIER	MASSIER	SAUCIER
CORDIER	MEULIER	SAUNIER
CORNIER	MINUTIER	SELLIER
COUDRIER	MURIER	SOUDIER
CUVIER	PARQUIER	TRUFFIER
DOUBLIER	PEIGNIER	USINIER
EPINIER	PERLIER	VERRIER
ETALIER	PIQUIER	VIOLIER
ETIER	PLACIER	VIVRIER
FAGOTTIER	PONTIER	

LETTRES
DOUBLÉES

CONSONNES SIMPLES ET DOUBLES

Débuts de mots

Certains mots, qui commencent par une voyelle suivie d'une consonne ou d'une consonne doublée, sont si peu nombreux que vous en trouverez ici la liste complète : elle vous sera facile à mémoriser et, de ce fait, très utile.

ABB –

ABBATIAL,E,AUX	ABBE	ABBEVILLIEN,NE
ABBAYE	ABBESSE	

ADD –

ADDAX	ADDITIF,IVE	ADDUCTION
ADDENDA/	ADDITION,NE +	ADDUCTEUR

AF –

AFGHAN,E	AFOCAL,E,AUX	AFRIKANER
AFGHANI	AFRICAIN	AFRO/
AFIN/	AFRIKAANS/	

AGG –

AGGLOMERE +	AGGLUTINE+	AGGRAVER+

AMM –

AMMOCETE	AMMONIAQUE	AMMONIUM
AMMONAL	AMMONITE	AMMOPHILE
AMMONIAC		

ECC —

ECCHYMOSE ECCLESIA ECCLESIAL,E,AUX

Erreur : ecce homo (2 mots)

EF —

EFAUFILE + EFOURCEAU EFRIT
EFENDI

ELL —

ELLE ELLIPSE ELLIPTIQUE
ELLEBORE

EMM —

EMMAGASINE + EMMANCHE + EMMITOUFLE +
EMMAILLOTE + EMMIELLE + EMMURE +

ILE —

ILE ILEITE ILEUS
ILEAL,E,AUX ILEON *Erreur :* ilet

ILI —

ILIAQUE ILIEN,NE ILION

IMI —

IMITABLE IMITATIF,VE IMITER +

IMMI —

IMMIGRE IMMINENT,E IMMIXTION
IMMINENCE IMMISCER +

INNE —

INNE,E INNEISTE INNERVE +
INNEISME INNEITE

INNO –

INNOCENCE	INNOME,E ou	INNOMMABLE
INNOCENT,E +	INNOMME,E	INNOVE +
INNOCUITE	INNOMINE,E	

OCCU –

OCCULTE +	OCCURRENCE	OCCURENT,E
OCCUPE +		

OCU –

OCULAIRE	OCULISTE	OCULUS
		Erreur : oculi

OPO –

OPOPANAX	OPOSSUM	OPOTHERAPIE

OTT –

OTTOMAN,E	OTTONIEN,NE

ULL –

ULLUQUE

UP –

UPAS	UPSILON/	UPWELLING
UPERISE +		

UPP –

UPPERCUT

Fins de mots

— ANE

Les mots comportant cette finale sont trop nombreux pour figurer sur ces listes, mais voici quelques conseils.

Attention : tous les masculins (adjectifs relatifs à un pays, une ville, etc.) en — AN forment un féminin en ajoutant simplement un E (CATALAN,E...), sauf PAYSAN,NE et ROUAN,NE.

Ne confondez pas l'adjectif RUBANE,E et le verbe ENRUBANNER.

Attention: dans l'édition 1981 du *P.L.I.* est mentionné à tort KENYAN, KENYANNE. Seul KENYANE est correct.

— ANNE

CHANNE	PAYSANNE	VALAISANNE
DEPANNE +	PYRANNE	VANNE +
EMPANNE +	ROUANNE	VERRANNE
ENRUBANNE +	SURANNE	
FIBRANNE	TANNE +	

— ATTE

BARATTE +	DEWATTE,E	LATTE +
BLATTE	FLATTE +	NATTE +
CHATTE	GRATTE +	REGRATTE +
DEBATTE	JATTE	

Attention : peuvent prendre les deux finales BATE, BATTE ; CHANLATE, CHANLATTE ; DATE, DATTE ; PATE, PATTE. N'oubliez pas les deux verbes BATER et BATTRE qui donnent : BATAIS, BATTAIS...

— FE

AGRAFE +	DEGRAFE +	PARAFE +
ANATIFE	ESBROUFE +	PONTIFE
ATTIFE +	GIRAFE	TARIFE +
AUTODAFE	GUELFE	TARTUFE
CALIFE	KHALIFE	
CARAFE	LOFE +	

Erreurs : tartuffe (uniquement avec un F), kalife, piffer, ténérife.

— FFE

AGRIFFE +	DECOIFFE +	REBIFFE +
ASSOIFFE,E	EBOURIFFE +	RECHAUFFE +
AULOFFEE	ECHAUFFE +	RECOIFFE +
BAFFE	ESCLAFFE +	REGREFFE +
BIFFE +	ETOFFE +	SUIFFE +
BLUFFE +	ETOUFFE +	TOUFFE
BOUFFE +	GAFFE +	TRUFFE +
CHAUFFE +	PIAFFE +	
COIFFE +	POUFFE +	

— FFIER

GREFFIER	TRUFFIER,E	*Erreur :* escoffier

— FIN

AFIN/	CONFIN,E	PEAUFINE +
AIGLEFIN	EGLEFIN	SURFIN,E
AIGREFIN	ENFIN	

— FFIN

AFFINE +	COUFFIN	PUFFIN
BIFFIN	MUFFIN	RAFFINE +
COFFIN	PARAFFINE	

— FFLE

BAFFLE	JOUFFLU,E	*Erreurs :* écornifle,
BUFFLE	SIFFLE +	mistoufle.
ESSOUFFLE +	SOUFFLE +	
INSUFFLE +	*Attention :* SIFFLE et PERSIFLE	

— FLE

CAMOUFLE +	MAROUFLE	RAFLE +
DEGONFLE +	MISTOUFLE	REGONFLE +
DESENFLE +	MORNIFLE	RENFLE +
ENFLE +	MOUFLE	RENIFLE +
ERAFLE +	MUFLE	RIFLE
GIFLE +	NEFLE	RONFLE +
GIROFLE,E	PANTOUFLE +	TREFLE
GONFLE +	PERSIFLE +	

— FFON

BOUFFON,NE   GREFFON
CHIFFON,NE +   GRIFFON,NE +

— FON

BALAFON   CARAFON

— FFRE

AFFRES/	ECHIFFRE/	GOUFFRE
CHIFFRE +	DECOFFRE +	ENGOUFFRE +
COFFRE +	EMPIFFRE +	OFFRE
DECHIFFRE +	ENCOFFRE +	SUROFFRE

Attention : AFFRES toujours au pluriel, ECHIFFRE invariable.

— FRE

BAFRE +	ENSOUFRE +	GAUFRE +
BALAFRE +	FIFRE	SAFRE
CAFRE	GOINFRE +	SOUFRE +

Autres mots avec F

RAFALE   RATAFIA
RAFIOT   TAFIA

Autres mots avec FF

BOUFFI +	KEFFIEH	*Erreurs :*
BIFFA	RAFFUT	couffa, kouffa.

Attention : RUFIAN ou RUFFIAN ; TUFEAU ou TUFFEAU ; MAFIA ou MAFFIA ; MAFIOSO ou MAFFIOSO ; MAFIOSOS ou MAFFIOSOS ; MAFIOSI/ ou MAFFIOSI/.

− LET

AGNELET	DROLET,TE	PIOLET
AIGRELET,TE	FILET,E +	PIPELET,TE
ANNELET	FILET,TE	PISTOLET
ARGOULET	FLAGEOLET	PORCELET
BATELET	GALET,TE	POULET,TE
BAVOLET	GANTELET	ROITELET
BOLET	GIBELET	RONDELET,TE
BOULET,E	GILET	RUISSELET
BOULET,TE	GOBELET	SERPOLET
BOURRELET	GOULET,TE	SEXTOLET
BRACELET	GRANDELET,TE	SIFFLET
CABRIOLET	GRINGALET	SIFILET
CACOLET	GUIGNOLET	SURMULET
CAPELET	INCOMPLET	TIERCELET
CAPULET	LANDAULET	TOLET
CARRELET	MAIGRELET,TE	TONNELET
CASSOULET	MULET,TE	TRIOLET
CERVELET	MUSELET	TRIOULET
CHALET	NOULET	
CHAPELET	OISELET	*erreurs:*
CHATELET	ORGELET	hatelet,
		miquelet,
CHEVALET	OSSELET	rousselet.
CISELET	PALET,TE	
CORSELET	PILET	

− LLET

		MAILLET
BALLET	EPILLET	MILLET
BARILLET	FEUILLET,E +	MOLLET,TE
BILLET,E	FEUILLETE,TE	OEILLET,TE
BILLET,TE	FOLLET,TE	PAILLET,E +
BRESILET	GAILLET,TE	PAILLET,TE +
COLLET,E +	GENTILLET,TE	RECOLLET
DOUILLET,TE	JUILLET/	SILLET

− ON, E et − ON, NE

En règle générale, les mots en −ON doublent le N final au féminin, ainsi que dans tous les verbes:
LION,NE, PION,NE, SAVON,NE+, BETON,NE+, CARTON,NE+, sauf:
LAPON,E, MORMON,E, NIPPON,E, SAUMON,E,E, ZIRCON,E

Peuvent prendre un ou deux N:
NONE, NONNE, DETONE +, DETONNE +, PERSONE, PERSONNE.
Attention: ANNONE (n.f.); ANONE (n.f.) et verbe ANONNER+.

– OT,E

ABRICOT,E	CLABOT,E +	PETIOT,E
ASTICOT,E +	CRABOT,E	PICOT,E +
BACHOT,E +	COMPLOT,E +	PILOT,E +
BECOT,E +	DEPOT,E +	PIVOT,E +
BIAROT,E	DEVOT,E	POIVROT,E
BIGOT,E	DOT,E +	PREVOT,E
CABOT,E +	ERGOT,E +	POT,E
CAGOT,E	HUGUENOT,E	RABOT,E +
CAHOT,E+	IDIOT,E	RABIOT,E +
CAMELOT,E	ILOT,E	RAGOT,E +
CANOT,E +	JABOT,E+	ROT,E +
CAPOT,E +	LIGOT,E+	SABOT,E +
CHARIOT,E +	LOUPIOT,E	SANGLOT,E +
CHICOT,E	MASSICOT,E +	SHOOT,E +
FAGOT,E +	MATELOT,E	
FALOT,E	MANCHOT,E	
FAYOT,E +	MEGOT,E +	
FIEROT,E	MENDIGOT,E +	
FOLIOT,E +	NABOT,E	
FRICOT,E +	OSTROGOT,E	
GIGOT,E +	PARIGOT,E	

– OT,TE

BACHOT,TE	GARROT,TE +	MOT,TE
BALLOT,TE +	GOULOT,TE	PALOT,TE
BOULOT,TE +	GRELOT,TE +	SOT,TE
CALOT,TE +	GRIO,TE	TROT,TE +
CULOT,TE +	JEUNOT,TE	VIEILLOT,TE
FLOT,TE +	MARMOT,TE	

Erreurs : bellot,te - boscot,te - poulot,te

– OTE

ACCOTE +	ANTIDOTE	CHEVROTE +
ACTINOTE	AZOTE,E	CHIPOTE +
AGRIOTE	BAISOTE +	CHUCHOTE +
ALIGOTE	BELOTE	CLAPOTE +
ALIQUOTE	CACAOTE,E	CLIGNOTE +
ANECDOTE	CAMELOTE	COMPOTE
ANNOTE +	CATAPHOTE	COPILOTE

COYOTE	GYMNOTE	RIBOTE
CRACHOTE +	HILOTE	RIGOLOTE
CREOSOTE,E	JUGEOTE	SIFFLOTE +
CHYPRIOTE	LEPIOTE	SIROTE +
CYPRIOTE	LITOTE	SUCOTE +
DECAPOTE +	MALTOTE	SYMBIOTE
DECOTE	MIGNOTE +	TAPOTE +
DENOTE +	NUMEROTE +	TOUSSOTE +
DESPOTE	PAILLOTE	TREMBLOTE +
DICROTE	PAPOTE +	VIVOTE +
DORLOTE +	PARLOTE	VOTE +
ECHALOTE	PATRIOTE	ZELOTE
EMPOTE +	PELOTE +	ZOZOTE +
EPIROTE	PHOLIOTE	ZYGOTE
ESCAMOTE +	PIANOTE +	
FOLIOTE +	PLEUROTE	
GALIOTE	POPOTE	
GARGOTE	PROTE	
GNOGNOTE	RADOTE +	
GOLMOTE	RAVIGOTE +	
GRIGNOTE +	REMPOTE +	

	CHIOTTES/	GROTTE
	CHOCOTTES/	HULOTTE
	COCOTTE	LINOTTE
– OTTE	CROTTE	LONGOTTE
	DANSOTTE+	MARCOTTE +
	DEBOTTE+	MAROTTE
	DECROTTE+	MASCOTTE
BACHOTTE	EMOTTE +	MENOTTE
BARBOTTE+	FRISOTTE +	QUENOTTE
BISCOTTE	FROTTE +	RIGOTTE
BOYCOTTE +	GAVOTTE	ROULOTTE
CAGNOTTE	GELINOTTE	SCIOTTE
CAROTTE +	GLOTTE	
CHAMOTTE	GRIOTTE	

– OTE ou – OTTE

BACHOTE +	ou BACHOTTE	DEGOTE + ou	DEGOTTE +
BALLOTE	BALLOTTE +	HOTE	HOTTE
BARBOTE +	BARBOTTE	LOTE	LOTTE
BOTE	BOTTE +	LOUPIOTE	LOUPIOTTE
COTE +	COTTE	MARGOTE +	MARGOTTE +

— PPE

ACHOPPE +	ENVELOPPE +	LIPPE
AGRIPPE +	FRAPPE +	NAPPE +
CHOPPE +	GRAPPE	NIPPE +
CIPPE	GRIPPE +	RECHAPPE +
CLAPPE +	HAPPE +	SCHAPPE
DEVELOPPE +	HOUPPE	STEPPE
ECHAPPE +	HUPPE,E	STOPPE +
ECHOPPE	JAPPE +	TRAPPE
EGRAPPE +	KIDNAPPE +	VARAPPE +

Attention: ATTRAPE et SATRAPE, CHAPE et ECHAPPE, CHOPE+ et CHOPPER,s, JAPER+ et LAPER+, TRAPPE et ATTRAPE, VAPES toujours au pluriel.

— RRIR

AGUERRIR	ATTERRIR	NOURRIR
AMERRIR	BARRIR	POURRIR

Attention: GUERIR et AGUERRIR

NOTES PERSONNELLES

DOUBLES VOYELLES

N'oubliez pas les verbes à finale en —IER qui doublent ce I aux 1ère et 2e personnes du pluriel à l'imparfait de l'indicatif ainsi qu'au présent du subjonctif : vous pliiez, nous liions, etc., de même pour les deux verbes RIRE et SOURIRE.

AA

AFRIKAANS
CAATINGA
DJAMAA/
KRAAL

II

CHAFIISME
CHIISME
CHIITE
HAWAIIEN,NE
TORII/

OO

ALCOOL
ALCOOLAT
ALCOOLISE +
ALCOOMETRE
ALCOOTEST
BAZOOKA
BLOOM
BOOKMAKER

BOOLEEN,NE
BOOLIEN,NE
BOOM
BOOMERS
BOOMERANG
BOOSTER,S
BOOTLEGGER

BOOTS/
BOSKOOP
BROOK
CARTOON
CHINOOK
COCOON/
COOBLIGE,E

COOCCUPANT,E
COOCCURRENCE
COOL
COOLIE
COOPERANT
COOPERATEUR
COOPERATIF,VE

COOPERATION
COOPERATISME
COOPERATIVE
COOPERER+
COOPTATION
COOPTER +
COORDINATEUR

COORDINATION
COORDINENCE
COORDONNATEUR
COORDONNE +
CROONER,S
DIALCOOL
ENZOOTIE

EPILOON
EPIZOOTIE
EPIZOOTIQUE
FLOOD/
FOOT
FOOTBALL
FOOTBALLEUR

FOOTBALLEUSE
FOOTING
GROOM
IGLOO
LAMBSWOOL
LOOPING
OOGONE

OOLITE
OOLITHE
OOLITHIQUE
OOSPHERE
OOSPORE
OOTHEQUE
POLYALCOOL

POOL	SLOOP	ZOOPHOBIE
RACOON	WITLOOF	ZOOPHYTE
ROOF	ZOO	ZOOPSIE
ROOKERIE	ZOOGLEE	ZOOSPORE
ROOKERY	ZOOIDE	ZOOTECHNIE
ROOTER,S	ZOOLATRE	ZOOTECHNIQUE
SALOON	ZOOLATRIE	ZOOTHERAPIE
SCHOONER,S	ZOOLOGIE	**UU**
SCOOP	ZOOLOGIQUE	
SCOOTER,S	ZOOLOGISTE	CONTINUUM
SCOOTERISTE	ZOOM	DUUMVIR
SHAMPOOING	ZOOMORPHE	DUUMVIRAT
SHOOT	ZOONOSE	ENCLOUURE
SHOOTER +	ZOOPHILE	NOUURE

Erreurs : zOOlogue, zOOphore, vacUUm.

NOTES PERSONNELLES

FINALES

Finales

–A		
	AURA	KOLA
	BABA	LAMA
2	BATA +	LAPA +
C A	BAYA +	LAYA +
D A /	BETA	LITA +
F A /	BORA	LOFA +
H A /	CACA	LUTA +
K A	CELA +	MAIA
L A	COCA	MANA
M A	CODA +	MAYA
N A /	COLA	MESA
R A	COMA	MICA
S A	CUBA +	MOKA
T A	CULA +	MOXA
V A	DADA	MUSA +
	DECA /	NAJA
	DEJA /	NANA
	DELA /	NOVA +
	DIVA	PAPA
3	DONA	PARA +
A G A	ENTA +	PIPA +
A N A /	EYRA	PUMA
A R A	FADA	PUNA
B E A +	FANA +	QUIA /
B O A	FERA	RAIA
D I A /	GAGA	RADA +
E T A /	GALA	RAGA /
F L A /	GODA +	RAJA
L I A +	GREA +	ROBA +
R E A +	HAVA +	SAGA
R I A	HOLA /	SANA
V I A /	INCA /	SAPA +
	IOTA /	SIMA
	ISBA	SKUA
	IXIA	SODA
4	JAVA	SOFA
A G H A	JOTA	SOJA
A L E A	JUTA +	SOMA
A L F A	KANA /	SOYA
A L L A +	KAWA	TAPA +
A R I A		

T A T A +	G R A N A	S A U N A
T O P A +	H A K K A	S E P I A
T O U A +	H A L V A	S E R R A +
T U B A +	H E V E A	S H A M A
V A R A /	H O U K A	S I G M A /
V I N A +	I N F R A /	S M A L A
Y O G A	I P E C A	S O L E A
Z E T A /	J A I N A	S T U K A
Z O N A	K A C H A	S T U P A /
	K A P P A /	S U N N A
	K A R M A	S U P R A /
5	K O A L A	S U T R A
A B A C A	L A V R A	S Y M P A /
A G O R A	L I N G A	T A C C A
A L P H A /	L U F F A	T A F I A
A S A N A	M A F I A	T A I G A
A T O C A	M A G M A	T A N K A /
B A L S A	M E D I A	T E N I A
B A R D A +	M E L B A /	T E S L A
B A S T A /	M E L I A	T H E T A /
B E E R A +	M U D R A /	T H U Y A
C A G N A	M U L L A	T I B I A
C A L L A	N A H U A	T O N K A
C A L V A	N A I R A	T R E M A
C E L L A	N A Z C A	U L E M A
C O B E A	N O R I A	U L T R A
C O B R A	N O U B A	V A L G A /
C O L Z A	O M E G A /	V A N D A
C O M M A	O P E R A +	V I L L A
C O N G A	O R I Y A	V O D K A
C O P P A	P A C H A	V O I L A +
C O P R A	P A M P A	Y U C C A
C U E V A	P A N D A	Z A M I A
D E C C A	P A N K A	
D E L T A	P A R K A	
D I F F A	P E L T A	**6**
D O U M A	P I E T A	A C A C I A
E N E M A	P I Z Z A	A G E N D A
E X T R A /	P O L K A	A L I E N A +
F A E N A	Q I B L A	A L I N E A
F L U T A	Q U O T A	A L P A G A
F O V E A	R A S T A	A N G O R A
F U R I A	R A Y I A	A R M A D A
G A M B A	R E C T A /	A R N I C A
G A M M A /	R E E R A +	A P S A R A
G A N G A	R U M B A	A U C U B A
G O U D A	S A I G A	A Y M A R A
G O U R A +	S A M B A	B A L A T A

BALBOA	MEDINA	TUPAJA
BARAKA	MEHARA /	VAISYA /
BELUGA	MELENA	VEDIKA /
BREGMA	MIMOSA	VIHARA /
BRISKA	MINIMA /	VIMANA /
CAITYA	MORULA	WILAYA
CAMERA	MULETA	YTTRIA
CANADA	NAPHTA	ZAOUIA
CANARA	NAVAJA	ZAWIYA
CARDIA	NEPETA	ZENANA
CHAPKA	OPTIMA /	ZEUGMA
CHARIA	OULEMA	ZINNIA
CHOUIA	OUVALA	ZYGOMA
CINEMA	PAELLA	
CORYZA	PANAMA	**7**
CUESTA	PESETA	ADDENDA /
DAHLIA	PIAZZA	AGLOSSA
DATCHA	PIRAYA	ALTHAEA
DATURA	PLASMA	ANOMALA
DJAMAA /	PYJAMA	APADANA
ECZEMA	QASIDA	BACCARA
EPICEA	QUANTA /	BAKLAVA
ERRATA /	QUARTA +	BAMBARA
EUREKA /	QUELEA	BATAVIA
FASCIA	QUINOA	BAZOOKA
FAVELA	RADULA	BEGONIA
FIESTA	RAPHIA	BELOUGA
GEISHA	RAZZIA	BERMUDA
GLORIA	REMORA	BOUDDHA
GOMINA (≠)	RESEDA	CAMELIA
GOPURA	SAGINA	CANASTA
GRAPPA	SCHEMA	CANDELA
HAMADA	SEBKHA	CANDIDA
HOURRA	SEGALA	CARIOCA
HUERTA	SEGUIA	CATALPA
JUDOKA	SIERRA	CELESTA
KENTIA	SMEGMA	CHAPSKA
KERRIA	SOUTRA	CHECHIA
KOUBBA	STADIA	CHIASMA
LAMBDA /	STIGMA	CHOLERA
LOGGIA	STOUPA	CORDOBA
MACULA	STROMA	CORRIDA
MAFFIA	TAENIA	COTINGA
MAKILA	TARAMA	CURCUMA
MALAGA	TORANA	DIGAMMA /
MARACA	TRAUMA	DIORAMA
MAXIMA /	TROIKA	DRACENA
MECHTA	TUPAIA	DROSERA

ECTHYMA	POLENTA	DICENTRA
EPHEDRA	PRORATA /	DJELLABA
ESKUARA	PSILOPA	ECCLESIA
EUSCARA	PURPURA	ESTANCIA
EUSKERA	QUASSIA	FANTASIA
FALBALA	QUECHUA	FANTASMA
FAZENDA	RATAFIA	FELLAGHA
FELLAGA	REVOILA /	FLAMENCA
FLAGADA /	SANGRIA	FOUCHTRA /
FOGGARA	SEQUOIA	GANDOURA
FORMICA	SERINGA	GARDENIA
FUCHSIA	SIKHARA	GASTRULA
GALIDIA	SOPHORA	GUERILLA
HAOUSSA	TACHINA	GYMKHANA
HARISSA	TANAGRA	HABANERA
HOSANNA	TANGARA	HACIENDA
HYGROMA	TAPIOCA	HATTERIA
JANGADA	TEQUILA	JUSSIAEA
KANNARA	TOCCATA	KARATEKA
LANTANA	TOMBOLA	KATCHINA
LEMPIRA	TOUNDRA	MAESTRIA
MACUMBA	TRALALA	MAGNOLIA
MADRASA	VERANDA	MAHARAJA /
MAGENTA	WILLAYA	MERZLOTA
MAHATMA /	XIMENIA	MOUSSAKA
MAHONIA	ZYGNEMA	PANATELA
MALARIA		PANORAMA
MANDALA		PARANOIA
MARANTA	8	PIASSAVA
MARSALA		PIZZERIA
MASTABA	ALLELUIA	PLACENTA
MAZURKA	ANACONDA	POLYGALA
MEDERSA	BAMBOULA /	RAPLAPLA /
MELAENA	BAUHINIA	RAVANELA
MONILIA	BIGNONIA	RUTABAGA
MOVIOLA	BLASTULA	SACOLEVA
NEURULA	BROUHAHA	SENORITA
NIRVANA	BRUCELLA	SESBANIA
NYMPHEA	CAATINGA	SIMABURA
OCARINA	CACHUCHA	SQUATINA
ONDATRA	CALDEIRA	SVASTIKA
OPUNTIA	CATTLEYA	SZLACHTA
OUGUIYA	CHARABIA	TAMANDUA
PAPRIKA	CHISTERA	TARATATA /
PARTITA	CHLOASMA	TRICHOMA
PERGOLA	CHURINGA	VENDETTA
PETUNIA	CINERAMA	VICTORIA
PIRANHA	CLAUSTRA +	ZARZUELA

9

ANGUSTURA
ARAUCARIA
BALALAIKA
BARRACUDA
CAFETERIA
CAMARILLA
CASUARINA
CHIHUAHUA
CHIPOLATA
DUPLICATA /
FORSYTHIA
GANADERIA
GARGANTUA
HARMONICA
HORTENSIA
INFLUENZA
JACARANDA
MARIHUANA
MARIJUANA
NEOPILINA
OENOTHERA
PANATELLA
PAULOWNIA
PROTONEMA
QUINQUINA
RAUWOLFIA
RUDBECKIA
SOUIMANGA
SUPERNOVA
TRATTORIA

Erreurs :
buna
émia +
giga
hoca
houa +
mama
méga
méta
pica
tera
toma +
anona
belga
guzla

harka
koppa
lotta
spica
alpaca
chacha
couffa
gomina
kouffa
patata
posada
telega
vaicya
aethusa
caramba
echtyma
euskara
kendoka
nagaika
nahaika
quichua
quinola
aikidoka
crassula

–B

3

BOB
CAB
COB
FOB /
JOB
KOB
LOB +
PUB
RAB
ROB
TUB

4

CLUB
CRIB
SNOB +

5

ACHEB
NABAB
PLOMB +
RABAB
REBAB
RHUMB
STILB

6

APLOMB
BAOBAB
MIHRAB /
RADOUB
TOUBIB

7

COULOMB
MAHALEB

8

SURPLOMB

Erreurs : cub, bulb

–C

2

OC

3

ARC
BAC
BEC
DUC
FIC
FOC
HIC /
LAC
MEC
PIC

ROC	**5**	TANREC
SAC	AJONC	TENREC
SEC	ASDIC	TILLAC
SIC /	ASPIC	TOMBAC
SOC	BLANC	TRAFIC
SUC	CADUC	TRISOC
TAC /	CLERC	VIADUC
TIC	COUAC	
TOC	COUIC /	**7**
	DOLIC	ALAMBIC
4	ECHEC	AQUEDUC
AREC	ESTOC	ARSENIC
AVEC /	FLANC	BASILIC
BANC	FRANC	BIVOUAC
BLOC	GAIAC	CLINFOC
BOUC	HAMAC	ESTOMAC
BROC	INDIC	GAZODUC
BUSC	MEDOC	LOMBRIC
CHIC	PANIC	LOUSTIC
CHOC	PLOUC	MUNTJAC
CLAC /	REBEC	NEOGREC
CLIC /	SERAC	OLEODUC
CRAC /	SUMAC	OMBILIC
CRIC	TABAC	PLASTIC
CROC	TRONC	POLYSOC
DONC /	VAINC	RACCROC /
FISC		
FLIC		
FRAC		**8**
FRIC	**6**	AMMONIAC
FROC	ACCROC	ARCHIDUC
GREC	AGARIC	ARMAGNAC
JONC	BOLDUC	CALAMBAC
LAIC	CHEBEC	CONVAINC
MARC	COGNAC	COTIGNAC
MUSC	CORNAC	FENUGREC
PARC	DECLIC	HAVRESAC
PORC	ESCROC	MONOBLOC
SPIC	FENNEC	POLYTRIC
STUC	MANIOC	TERASPIC
TALC	MASTIC	TRICTRAC
TRAC	MASTOC /	
TROC	MICMAC	
TRUC	NOSTOC	**9**
TURC	PARSEC	ANTITABAC /
UBAC	PUBLIC	KOULIBIAC
VRAC	RESSAC	PRONOSTIC
ZINC	SYNDIC	SALAMALEC

Erreurs :
bic
etc
mac
onc
rac
ric
tuc
bric
caïc
étoc
flac
floc
ploc
adonc
repic
bissac
lambic
almelec
cétérac

—D

(pour les finales en
—ARD, voir ci-après)

3
LAD
NID
SUD /
YOD

4
BAUD
BLED
BOND, E
BORD +
CAID
FOND +
GOND
GORD
LAID, E
LAND //
LIED //
LORD
MUID
NORD /
OUED
PIED
RAID, E
RAID, I +
RAND
ROND, E
SHED
SIED /
TAUD
VELD
ZEND, E

5
ABORD +
BAGAD
BLOND, E
BLOND, I +
CHAUD, E
EPHOD
EGARD
ELAND
FARAD
FJELD
FJORD
FLOOD /
FROID, E
GLAND +
GRAND, E
GRAND, I +
GOURD, E
HOURD +
LAIRD
LLOYD
LOURD, E +
NOEUD
PLAID +
QUAND /
ROUND
SOURD, E
STAND
TOURD, E
TREND
TWEED

6
ACCORD +
BABORD
BADAUD, E
BAROUD
BIPIED
BITORD
BLIAUD
DJIMAD
FARAUD, E
FECOND +
FINAUD, E
FRIAND, E
GIROND, E
KOBOLD
LIGAND
MARAUD +
MILORD
NIGAUD, E
OXFORD
PATAUD, E
PENAUD, E
REBOND, I +
REBORD
RECORD +
REFEND+
RIBAUD, E
ROMAND, E
SABORD +
SALAUD
SECOND +
TACAUD
TARAUD +
TRUAND +

7
BALOURD, E
BOUCAUD
BRIGAND
CHALAND, E
CLABAUD +
COMMAND +
CRAPAUD
FLAMAND, E
GOELAND
GRIMAUD
NOIRAUD, E

NORMAND, E
OERSTED
PLAFOND
PROFOND, E
QUINAUD, E
RACCORD +
RECHAUD
RHODOID
RUSTAUD, E
TABLOID
TREPIED
TRIBORD
WERGELD

8

ALLEMAND, E
BICKFORD
COMPOUND /
CORNIAUD
COURTAUD, E
ECHAFAUD +
FURIBOND, E
GOURMAND +
INFECOND, E
LOURDAUD, E
MANIFOLD
MARCHAND +
MARYLAND
MORIBOND, E
MORICAUD, E
ORDINAND
POLAROID
PORTLAND
PUDIBOND, E
REVEREND, E
ROUGEAUD, E
RUBICOND, E
SALIGAUD, E
SHETLAND
VAGABOND +
WHIPCORD

9

CELLULOID
DESACCORD +
DIFFEREND
OPENFIELD

Erreurs :

pound
taled
vibord
boghead
discord
weekend
icefield

– ARD

4

DARD +
FARD +
LARD +
NARD
TARD +
YARD

5

EGARD
ISARD
LIARD

6

BATARD, E
BAVARD +
BECARD
BEGARD
BINARD
BOBARD
BOYARD
BRIARD, E
BUSARD
BUVARD
CAFARD +
CAMARD, E
CANARD +
COUARD, E
CRIARD, E
FAYARD
FETARD
FOYARD

FUYARD
HAGARD, E
HASARD +
HOMARD
JOBARD, E
LEZARD +
MITARD
MOTARD
MULARD, E
NASARD
PANARD, E
PELARD
PETARD
PICARD, E
PINARD
POLARD, E
POTARD
REGARD +
RENARD, E
RETARD +
SAGARD
TABARD
TETARD
TOCARD, E
TOLARD, E
TUBARD, E
ZONARD

7

BAGNARD
BILLARD
BLAFARD, E
BOLLARD
BROCARD +
CLEBARD
COQUARD
CORNARD
COSSARD, E
COSTARD
CREVARD
DEMIARD
DOSSARD
EPINARD
FAUCARD +
FOULARD
GRISARD
GUEPARD
HUSSARD, E

LEONARD, E
LEOPARD, E, E
LOLLARD
LOMBARD, E
LOUBARD
MIGNARD, E
MOUTARD, E
NULLARD, E
PEINARD, E
PENDARD, E
PILLARD, E
PINCARD, E
PISTARD
PLACARD +
PLUMARD
POCHARD, E
POMMARD
POUPARD, E
PUISARD
RACCARD
RANCARD +
RENCARD +
RICHARD, E
RIFLARD
RINGARD, E
ROSSARD
ROUTARD
SMICARD, E
SOUDARD
SOULARD, E
STEWARD
TAULARD, E
THESARD, E
TOQUARD
TRIMARD
VACHARD, E
VANTARD, E
VEINARD, E

8

BLIZZARD
BRANCARD +
BRASSARD
BRISCARD
BROUTARD
CAMISARD
CHAMBARD +
CHAUMARD

CLOCHARD, E
CUISSARD, ES/
CUMULARD
EPAULARD
ETENDARD
FAIBLARD, E
FAUCHARD
FLAMBARD
FLEMMARD +
FLOTTARD
FOUINARD, E
FURIBARD, E
GAILLARD, E
GEIGNARD, E
GROGNARD
GUEULARD, E
GUIGNARD, E
JACQUARD
MILLIARD
MOUCHARD +
PAILLARD, E
PAPELARD, E
PILCHARD
PINCHARD, E
PLANTARD
PLEURARD, E
POIGNARD +
POISSARD, E
RIGOLARD, E
ROUBLARD, E
SALOPARD
SAVOYARD, E
SOIFFARD, E
STANDARD
TRAINARD, E

9

BABILLARD, E
BALBUZARD
BINOCLARD, E
BOULEVARD
BRAILLARD, E
BRISQUARD
CABOCHARD, E
CAGOULARD
CHAUFFARD
COMBINARD, E

COMMUNARD, E
EGRILLARD, E
FEUILLARD
FOUETTARD
FROUSSARD, E
GOGUENARD, E
MAQUISARD
NASILLARD, E
OREILLARD, E
PANIQUARD
POUILLARD
RENIFLARD
SALONNARD, E
SNOBINARD, E
SOUFFLARD
SOUILLARD
VIEILLARD

Erreurs :
bard
boiard
malard
vasard
beggard
bezoard
cagnard
frocard
housard
lignard

−E

En règle générale, les mots féminins se terminant par le son É s'écrivent − EE. Exemples : une POUPEE, une ALLEE, etc.

Par contre, voici quelques mots féminins dont la finale ne prend qu'un seul − E :

ACME	DURETE	MATITE	PITIE
ACNE	ENTITE	MOITIE	PURETE
ACRETE	FERTE	MOUSME	RARETE
ACUITE	FIERTE	MUTITE	SALETE
BONTE	FIXITE	NUDITE	SANTE
CAVITE	GAIETE	PARITE	SURETE
DEITE	LAXITE	PIETE	UNITE

plus quasiment tous les mots de plus de 6 lettres : MOCHETE, MODICITE, PAUVRETE...

VANITE
VERITE

Voici quelques mots masculins prenant une finale en −ÉE

ANDROCEE	EMPYREE	PERIGEE	SCARABEE
APOGEE	HYPOGEE	PERINEE	SIGISBEE
ATHEE	JAMBOREE	PROPYLEE	SPONDEE
ATHENEE	LYCEE	PROTEE	TROCHEE
CADUCEE	MACCHABEE	PRYTANEE	TROPHEE
CONOPEE	MAUSOLEE	PYGMEE	
DUNDEE	MUSEE	ROMANEE	

−ÉÉE

CONGREEE
CREEE
ENUCLEEE
GREEE
INCREEE

NUCLEEE
RAGREEE

RECREEE
REGREEE
SUPPLEEE

Erreur :
délinéée.

−F

Les adjectifs masculins en − IF prenant un féminin en − IVE sont repris en fin de chapitre, ainsi que les finales − IFE et −FF.

2				OEUF		6
IF				PIAF		BAROUF
				POUF		OUOLOF
				ROOF		RELIEF
3				ROUF		
BOF /				SAUF		
CAF /				SELF /		**7**
LOF +				SERF		AERONEF
NEF				SURF		CHADOUF
OFF /				TURF		KOUGLOF
OUF /				VEUF		WITLOOF
PAF /						
TUF						
				5		**8**
				BENEF		ASTRONEF
4				BESEF /		DERECHEF /
BIEF				BEZEF /		PATAPOUF
BREF				BOEUF		
CERF				GRIEF		
CHEF				MATAF		
CLEF				PILAF		
FIEF				PLOUF /		*Erreurs :*
GOLF				TARIF		bishof, cif, elbeuf,
NERF				WHARF		éteuf, kief.
NEUF						

−IF

(permettant également la finale − IVE)

3		5		OISIF
VIF		ACTIF		RETIF
		DATIF		REVIF
		GELIF		VOTIF
4		HATIF		
JUIF		MOTIF		**6**
NAIF		NATIF		ABUSIF
SUIF		NOCIF		CAPTIF

CHETIF
CURSIF
EMOTIF
EROSIF
ESQUIF
EVASIF
FAUTIF
FICTIF
FURTIF
LASCIF
MASSIF
MUSSIF
PASSIF
PENSIF
STATIF
TARDIF
UNITIF

7

ABLATIF
ABORTIF
ABRASIF
ADDITIF
ADHESIF
ADOPTIF
ALLUSIF
AUDITIF
COHESIF
CREATIF
CURATIF
DECISIF
DOLOSIF
DURATIF
EFFUSIF
ELECTIF
EMISSIF
EMULSIF
ERUPTIF
FIXATIF
FUGITIF
INACTIF
INCISIF
JOINTIF
LAXATIF
LENITIF
LOCATIF
MALADIF

NEGATIF
OBLATIF
POSITIF
POUSSIF
PUNITIF
PUTATIF
REACTIF
RELATIF
ROTATIF
SEDATIF
SPORTIF
TRACTIF
VOLITIF
VOMITIF

8

ADJECTIF
ADVENTIF
AFFECTIF
AGRESSIF
APERITIF
ARBUSTIF
ATTENTIF
BIJECTIF
CAPTATIF
CAUSATIF
COGNITIF
COMBATIF
CORROSIF
CRAINTIF
DEDUCTIF
DEFECTIF
DEFENSIF
DETERSIF
DIGESTIF
DIRECTIF
DORMITIF
EDUCATIF
EFFECTIF
EVOLUTIF
EXCESSIF
EXCLUSIF
EXECUTIF
EXPANSIF
EXPLETIF
EXPLOSIF
EXPULSIF

EXTENSIF
EXTRUSIF
FACTITIF
FORMATIF
FRICATIF
GUSTATIF
IMITATIF
IMPULSIF
INCLUSIF
INDUCTIF
INJECTIF
INTENSIF
INTUITIF
INVENTIF
ITERATIF
JOUISSIF
LAUDATIF
LUCRATIF
NARRATIF
NORMATIF
NUTRITIF
OBJECTIF
OCCLUSIF
OFFENSIF
OLFACTIF
PARTITIF
PLAINTIF
PORTATIF
PRIMITIF
PRIVATIF
PULSATIF
PURGATIF
RADIATIF
RECEPTIF
RECESSIF
RECURSIF
REPLETIF
REPULSIF
REVULSIF
SELECTIF
SENSITIF
SICCATIF

9

ABROGATIF
ADAPTATIF
ADMIRATIF

A F F L I C T I F	M E D I T A T I F	**–IF**
A G R E G A T I F	N O M I N A T I F	
A M P L E C T I F	O P P R E S S I F	(sans féminin en – IVE)
A M P L I A T I F	P A L L I A T I F	
A N N U L A T I F	P E J O R A T I F	
A T T R A C T I F	P E R C E P T I F	**3**
B O U R R A T I F	P E R F E C T I F	K I F
C O E R C I T I F	P E R M I S S I F	P I F
C O L L E C T I F	P E R S U A S I F	T I F
C O M P L E T I F	P O S S E S S I F	
C O M P U L S I F	P R E V E N T I F	
C O N C E S S I F	P R O C E S S I F	**4**
C O N C L U S I F	P R O D U C T I F	S O I F
C O N G E S T I F	P R O J E C T I F	
C O N T E N T I F	P R O P U L S I F	
C O N V U L S I F	R E C R E A T I F	**5**
C O P U L A T I F	R E F L E C T I F	B O U I F
C O R R E C T I F	R E G R E S S I F	C A N I F
C U M U L A T I F	R E P E T I T I F	R E C I F
D E C O R A T I F	R E P R E S S I F	T A R I F +
D E F I N I T I F	R E S O L U T I F	
D E G R E S S I F	R E S P E C T I F	
D E P R E S S I F	R E T R A C T I F	**6**
D E P U R A T I F	S U B J E C T I F	C H E R I F
D E V O L U T I F	S U B V E R S I F	P O N C I F
D I M I N U T I F	S U C C E S S I F	R O S B I F
D I S C U R S I F	S U G G E S T I F	S H E R I F
D I S P E R S I F	S U P P L E T I F	
D I S R U P T I F	S U R J E C T I F	
D I S S U A S I F	S U S P E N S I F	**7**
D U B I T A T I F	T R A N S I T I F	E R G A T I F
E S T I M A T I F	U L C E R A T I F	G E N I T I F
E X H A U S T I F	V E G E T A T I F	O P T A T I F
E X P E D I T I F		V O C A T I F
E X P R E S S I F		
E X T R A C T I F		
F E D E R A T I F		**8**
F I G U R A T I F		G E R O N D I F
G E N E R A T I F		P L U M I T I F
I M P E R A T I F		
I N C H O A T I F	*Erreurs :*	
I N D I C A T I F	immersif,	**9**
I N F I N I T I F	inversif,	A C C U S A T I F
I N H I B I T I F	manif,	A N T I G E L I F
I N J O N C T I F	perif,	C O N N E C T I F
I N V O L U T I F	proactif,	D E R I V A T I F
I R R I T A T I F	rif,	P E N D E N T I F
L I M I T A T I F	taxatif	R E C I T A T I F

–IFE

ANATIFE,
ATTIFE +
CALIFE
IFE
KHALIFE
PONTIFE
TARIFE +

–G

(Autres que les finales
– ING précédées
d'une consomne)

3
ERG
GAG
REG
ZIG

4
BANG
DONG
DRAG
GANG
GONG
GROG
JOUG
LONG
OING
RANG
SANG
SMOG
THUG
WHIG
YANG

5
BOURG
COING
ECANG
ETANG
OFLAG
POING
SEING
SLANG
XIANG

6
DUGONG
GOULAG
HARENG
LADANG
OBLONG
ROTANG
SARONG
STALAG
TALWEG
ZIGZAG

7
BARLONG
GINSENG
HARFANG
ICEBERG
LANDTAG
LINSANG
MUSTANG
PFENNIG
SIAMANG
THALWEG
TOUAREG
TREPANG
TRIPANG

8
ANTIGANG/
BASTAING
FAUBOURG
FOLKSONG
FRIBOURG
KAOLIANG
PARPAING
SHANTUNG
SOUCHONG

9
BOOMERANG
BOUMERANG
CHANTOUNG
INSELBERG
MINNESANG
WATERGANG

Erreurs :
leg, bog, bowstring,
filibeg, reishstag,
shampoing.

–ING

(précédées
d'une consonne)

4
RING

5
SWING

6
CASING
COKING
DOPING
FADING
FIXING
HONING
LIVING
RATING
ROWING
VIKING

7
BASTING
BOWLING

CAMPING
CURLING
DANCING
DUMPING
FOOTING
FORCING
FOULING
HOLDING
JOGGING
JUMPING
KARTING
LAPPING
LEASING
LEMMING
LIFTING
LISTING
LOOPING
MEETING
NURSING
PARKING
PEELING
POUDING
PUDDING
SHAVING
SHOPING
SMOKING

8
BRIEFING
BROWNING
BRUSHING
BUILDING
CLEARING
CRACKING
PLANNING
PRESSING
RIESLING
SHILLING
SHIRTING
SHOPPING
STAKNING
STANDING
STARKING
STERLING/
TRAINING
TRAMPING
TREKKING

TROTTING
YACHTING
YEARLING

9
FACTORING
HAPPENING
MARKETING
REFORMING
REVOLVING
REWRITING
SCHILLING
STRIPPING
UPWELLING

Erreurs :

bing, boxing, desing,
betting, bouling,
feeling, lasting, legging,
shocking, skating,
sleeping, surfing.

–H

2
A H/
E H/
O H/

3
BAH/
EUH/

4
BATH/
BUSH

CASH/
CHAH
LOCH
LUTH
MATH
RASH
RUSH
SHAH
SIKH

5
ALEPH/
ANETH
CATCH
COACH
CRASH
FLASH
FLUSH
HASCH
KETCH
KRACH
LUNCH
MATCH
PATCH
POUAH/
PUNCH
RAJAH
RANCH
SMASH
SOTCH
SPATH
SURAH
WINCH

6
BIZUTH
CASBAH
CHEIKH
CHLEUH
COPRAH
FELLAH
FINISH
FLYSCH
HADITH
HURRAH
JOSEPH

KAZAKH	**9**	FOI
KIRSCH	AYATOLLAH	GAI
KITSCH/	BOBSLEIGH	GOI
MOLLAH	FELDSPATH	GUI
MOLOCH	HASCHISCH	ICI/
PUTSCH	OSTROGOTH	KHI/
RADJAH		KSI/
RUPIAH		LAI
SAKIEH		LEI/
SCOTCH	*Erreurs :*	LOI
SKETCH	arch, beuh, koch, lakh,	LUI
SMALAH	mach, peuh, pouh,	MAI
SPEECH	lynch, roich, schah,	MOI
SQUASH	smach, auroch, eberth,	NUI
TALETH	mellah, trench, tussah,	OBI
TALITH	wetsh, hachich,	OUI
VARECH	padichah, scottish,	PHI/
ZENITH	turbith,	PLI
		PSI/
		QUI/
7	_____	RAI
BISMUTH		ROI
BORTSCH		SAI
CHAOUCH		SKI
FAROUCH	**–I**	SOI
KEFFIEH		TOI/
MIDRASH		TRI
POUSSAH		UNI
SCRATCH	**2**	
TALLETH	A I	
TALLITH	C I/	**4**
YIDDISH/	F I	ABRI
	L I	ALOI
8	M I	AMUI
ALMANACH	N I/	ASTI
BAKCHICH	P I	BEAI
BORCHTCH	R I	BIBI
CETERACH	S I	BONI
CROMLECH	X I/	BRAI
DAHABIEH		BRUI
GOULASCH		CADI
HACHISCH	**3**	CARI
HASCHICH	AGI	CECI/
MAMMOUTH	AMI	CEDI
POTLATCH	API/	CHAI
SANDWICH	BAI	CUTI
TARBOUCH	COI	DEFI
VERMOUTH	CRI	DEMI
WISIGOTH	EPI	

DENI
ENVI/
EMOI
ETAI
ETUI
FOUI
FRAI
GUAI
JOLI
KAKI
KALI
KAMI
KAWI
KEPI
KIKI
KIWI
LORI
MARI
MATI
MEGI
MAKI
MIDI
NABI
NAZI
PAGI/
PARI
PIPI
QUAI
QUOI/
RAKI
RANI
REAI
ROSI
ROUI
SAKI
SARI
SATI
SEVI
SKAI
SOLI/
SUFI
TAPI
TAXI
THAI
TITI
TUPI
VAGI
VOMI

VRAI
YOGI
ZANI
ZIZI

5

ACINI/
AGAMI
AINSI/
ALIBI
AMPHI
APPUI
ASSAI
AUSSI/
AZERI
BALAI
BLINI
CABRI
CANDI
CARVI
CELUI/
CHERI
COATI
COUVI
DELAI
EMERI
ENNUI
ENVOI
ESSAI
FERMI
FLAPI
HARDI
HINDI
HOURI
INDRI
INOUI
JEUDI
LABRI
LAZZI
LUNDI
MAHDI
MAORI
MARDI
MARLI
MARRI
MEIJI
MERCI
MUFTI

NAEVI /
NERVI
OKAPI
OTOMI
OUBLI
OURDI
PARDI/
PARMI/
PAROI
PARSI
PUTTI/
QUASI
RABBI
RACHI
REPLI
ROSTI/
ROUMI
SIRLI
SOUCI
SPAHI
SUFFI
TERRI
TOKAI
TORII/
TUTTI
VERDI
VOICI/
ZANNI/

6

AGOUTI
ALCALI
AUTRUI
BARZOI
BIHARI
BIKINI
BOGHEI
BOUFFI
BRAHMI
CABIAI
CAGIBI
CANARI
CELERI
CHICHI
CHTIMI
CONGAI
CONVOI
CORROI
COUROI/

D E B L A I	B E F F R O I	**8**
D E C A D I	B E N G A L I	A N T I N A Z I
D E C A T I	B I G O U D I	A P P R E N T I
E F E N D I	B I P A R T I	A R M A I L L I
E F F R O I	B R O C O L I	B E R I B E R I
E M P L O I	C A N Z O N I /	B I S T O U R I
E N N E M I	C H A R R O I	C A T I M I N I /
F A V O R I	C H E R G U I	C O N F E T T I
F O U R B I	C H I A N T I	C R A M O I S I
F O U R M I	C O L I B R I	D E S A R R O I
G E N E P I	F R I C H T I	F O R T I O R I /
G O U R B I	G N O C C H I	G R A F F I T I /
G R I G R I	G O U R A M I	G U J A R A T I
G R I S B I	G U A R A N I	H O U R V A R I
H A I K A I	H A L L A L I	I N T E R R O I
H O U A R I	K A M I C H I	K O L I N S K I
I M P O L I	L A P I L L I /	L I B R E T T I /
I N F I N I	M A L P O L I	M A C A R O N I
K O U R O I /	M A R A T H I	M A F F I O S I /
L E T C H I	M A R C O N I	M A H A R A N I
L I T C H I	M O N O S K I	M E R C R E D I
M E H A R I	M U S C A R I	M I S T I G R I
N A G A R I	N I A O U L I	M O N O K I N I
N E R O L I	N U R A G H I /	O U I S T I T I
O C T R O I	P A N J A B I	P A L E F R O I
P A R O L I	P I R O J K I /	P E L O T A R I
P E C A R I	P O U R V O I	P O U R Q U O I /
P E H L V I	P U P A Z Z I /	R A B O U G R I
P I L O R I	R A V I O L I	R I Q U I Q U I /
P R I O R I /	R E M B L A I	S A C R I S T I /
R E N V O I	R E M P L O I	S A P R I S T I /
R E S S U I	R E V E R S I	S A M O U R A I
R I K I K I /	R E V O I C I /	T E O C A L L I
R O E S T I /	S A I M I R I	T R I P A R T I
R O U C H I	S A M U R A I	V E N D R E D I
S A L A M I	S I R T A K I	Z A K O U S K I /
S A M E D I	S L O U G H I	
S I M I L I	S O P R A N I /	
S U R M O I	T A S S I L I	**9**
T A R G U I	T E L E S K I	A N T I P A R T I /
T R A N S I	T H L A S P I	C H A R I V A R I
T R U L L I /	T O U R N O I /	G R U P P E T T I /
V E L A N I	T R I P O L I	I N A S S O U V I
V O C E R I /	T S U N A M I	J A B O R A N D I
W A P I T I	V E N T U R I	P A T C H O U L I
7	V I R E L A I	R A C C O U R C I
A I L L O L I	V R E N E L I	S P A G H E T T I /
A L I Z A R I	Z I N G A R I /	T R A N S F I N I

Erreurs : bi, gi, hi, dei, hui, cati, deci, epoi ,feri, glui, hifi, kadi, mimi, mini, maxi, semi, sidi, sofi, veti, atémi, broui, duodi, elegi, halbi, lenti, milli, nenni, oculi, pepsi, richi, rishi, sampi, tridi, survi, askari, biribi, champi, chauvi, icelui, nonidi, octifi, orfroi, patati, piloti, rousti, scampi, sesaui, sesqui, suterni, clapiti, hadjdji, martini, papegai, primidi, rossoli, septidi, sextidi, stimili, toccati, babinski, concetti, daiquiri, devadasi, quartidi, quintidi, papegeai, tricouni, fontalini, comitadji.

–L

(pour les finales — AL, –AIL, –LL, –OL, voir pages suivantes)

2		
I L	N O E L	F U S I L
	O E I L	H O T E L
3	P E U L	J A V E L /
B E L	P O I L	J U M E L
C I L	Q U E L	L A B E L
C U L	R E E L	L E B E L
F I L	R I E L	M A E R L
G E L	S E U L	M O T E L
K I L	S O U L	N A P E L
M I L	T A E L	N A V E L
N U L		O U T I L
O I L /		P A G E L
S E L	**5**	P E N I L
S I L	A I E U L	P E R I L
T E L	A P P E L	R A T E L
V I L	A R T E L	R E C E L
	A U T E L	R E C U L
	A V R I L /	R E G E L
	B A B I L	S A O U L
	B A R I L	S E U I L
4	B E R Y L	T A M I L
C I E L	B E T E L	T O R I L
D U E L	C I V I L	T R I A L
E X I L	C R A W L	U N T E L /
F I E L	C R U E L	U S U E L
F U E L	C U C U L /	V I E I L /
F U L L	C U M U L	V I R I L
G I R L	D E G E L	
G R I L	D E U I L	**6**
M A U L	E V E I L	A C T U E L
M E R L	F E N I L	A M A R I L
M I E L	F E U I L	

A N N U E L	P O N T I L	G R O I S I L
A U Q U E L	P R O F I L	I N C I V I L
B I S S E L	P U E R I L	I N C O N E L
C A L C U L	R A P P E L	L I G N E U L
C A N C E L	R E D O U L	M E N S U E L
C A R C E L	R E V E I L	N A H U A T L
C A R T E L	R I M M E L	N A T U R E L
C A S T E L	R I T U E L	N O M B R I L
C A S U E L	R H O V Y L	O R G U E I L
C H E N I L	S E R I E L	P A R T I E L
C O N S U L	S E X U E L	P I C A R E L
C O U T I L	S O L E I L	P I C P O U L
C R E S Y L	S U B T I L	P L U R I E L
D I E S E L	S U R F I L	P O I N T I L
D J E B E L	T A M O U L	R E C U E I L
D U Q U E L /	T E C K E L	S C A L P E L
E C U E I L	T E R R I L	S U R R E E L
F A U F I L	T O R T I L	T A P E C U L
F O R M E L	T R E U I L	T E X T U E L
G A S O I L	T U N N E L	T I L L E U L
G E N T I L	V E N I E L	T R O M M E L
G O S P E L	V I S U E L	V E R M E I L
G R E S I L		V I R T U E L
I R R E E L		V O L A T I L
K U M M E L	**7**	
L A M B E L	A C C U E I L	
L E Q U E L /	A N T I G E L	**8**
L I S T E L	A X O L O T L	A L G U A Z I L
M A B O U L	B R E T Z E L	A P P A R E I L
M A N U E L	C A L O M E L	A R C H I P E L
M A R T E L /	C A R A C U L	A R T E R I E L
M E T E I L	C A R A M E L	B E C H A M E L
M I N D E L	C E N S U E L	B I S A I E U L
M I S S E L	C H A N C E L	B I S E X U E L
M O R F I L	C H A R N E L	C A P I T O U L
M O R T E L	C H E P T E L	C E R C U E I L
M U R M E L	C O L O N E L	C O R P O R E L
M U T U E L	C O N S E I L	C R I M I N E L
N I C K E L	D E C I B E L	C U L T U R E L
N O U V E L /	E T E R N E L	E C U R E U I L
O R T E I L	F A C T U E L	E P A G N E U L
P A R E I L	F E N O U I L	E S T O P P E L
P A S T E L /	F I L L E U L	E V E N T U E L
P E R S E L	F O U R N I L	F A U T E U I L
P E R S I L /	F R A I S I L	H A B I T U E L
P E T R E L	G E S T U E L	H Y D R O G E L
P E Y O T L	G L A I E U L	H Y D R O M E L
P I S T I L	G R A D U E L	I M M O R T E L

INACTUEL	BIMENSUEL	MISPICKEL
INFORMEL	BISSEXUEL	NOTIONNEL
MATERIEL	BOUVREUIL	PASSEPOIL
MEMORIEL	CARENTIEL	PERPETUEL
OFFICIEL	CARROUSEL	PERSONNEL
PATERNEL	CHEVREUIL	POTENTIEL
PONCTUEL	CONTINUEL	PROCONSUL
RESIDUEL	DEMENTIEL	RATIONNEL
SHRAPNEL	ESSENTIEL	SENSORIEL
SOLENNEL	FELDWEBEL	SOUPIRAIL
TEMPOREL	FRATERNEL	SPIRITUEL
	LESIONNEL	TENSORIEL
	MATRICIEL	TRISAIEUL
9	MENESTREL	UNISEXUEL
ACCENTUEL	MENSTRUEL	UNIVERSEL
ACTUARIEL	MERCURIEL	VECTORIEL

Erreurs : acul, anel, agnel, bacul, monel, aignel, barrel, rondel, asexuel, permagel, coeternel, courbaril, hydrophil, nonpareil.

–AL

ayant un pluriel régulier uniquement en −AUX

3	COXAL	NASAL
MAL	DOTAL	NIVAL
	DUCAL	NODAL
4	DURAL	NUCAL
ANAL	FANAL	OCTAL
DUAL	FECAL	PAPAL
EGAL	FOCAL	PENAL
FEAL	GLIAL	RENAL
ORAL	HADAL	RIVAL
REAL	ILEAL	ROYAL
UVAL	JOUAL	RURAL
	JUGAL	SURAL
5	LEGAL	TOTAL
ANNAL	LETAL	VAGAL
AXIAL	LOCAL	VENAL
BASAL	LOYAL	VIRAL
BOCAL	METAL	VITAL
CANAL	MODAL	VOCAL
	MORAL	ZONAL

6	PLURAL	DIGITAL
AFOCAL	POSTAL	DIURNAL
AMICAL	RACIAL	ELUVIAL
AMIRAL	RADIAL	ESTIVAL
AMORAL	RECTAL	FEDERAL
ANIMAL	SACRAL	FEMORAL
ANOMAL	SEPTAL	FLUVIAL
APICAL	SIGNAL	FRONTAL
ASTRAL	SISMAL	GENERAL
ATONAL	SOCIAL	GENITAL
BRUTAL	SPINAL	GLOTTAL
BUCCAL	SPIRAL	GRIPPAL
CAECAL	TIBIAL	HOPITAL
CAUDAL	URINAL	HUMERAL
CHENAL	VASSAL	HUMORAL
CHEVAL	VERBAL	ILLEGAL
COMTAL	VERNAL	IMMORAL
COSTAL		INITIAL
CRURAL	7	JOURNAL
CURIAL	ABSIDAL	LATERAL
DENTAL	ABYSSAL	LEXICAL
DISCAL	AFFIXAL	LIBERAL
DORSAL	AMENSAL	LIMINAL
FACIAL	ANORMAL	LINGUAL
FEODAL	ARSENAL	LUSTRAL
FERIAL	ASOCIAL	MAJORAL
FILIAL	AUGURAL	MARITAL
FISCAL	AURORAL	MARTIAL
FLORAL	BATHYAL	MATINAL
FOETAL	BESTIAL	MAXIMAL
FRUGAL	BIAURAL	MEDICAL
GENIAL	BIENNAL	MINERAL
GLOBAL	BIFOCAL	MINIMAL
HIATAL	BIMETAL	MONACAL
HIEMAL	CAMBIAL	MONDIAL
INEGAL	CAPITAL	MUSICAL
LABIAL	CAPORAL	NOMINAL
LILIAL	CENTRAL	NUMERAL
LINEAL	CLOACAL	NUPTIAL
LUTEAL	COAXIAL	OESTRAL
MENTAL	CORDIAL	OPTIMAL
MITRAL	CORONAL	ORBITAL
NEURAL	CRISTAL	ORDINAL
NORMAL	CRUCIAL	ORIGNAL
OGIVAL	CUBITAL	OVOIDAL
ONCIAL	DECANAL	PALATAL
PINEAL	DECIMAL	PALLEAL
PLAGAL	DELOYAL	PARTIAL

PLEURAL	CERVICAL	OBJECTAL
PLUVIAL	CLERICAL	OFFICIAL
QUINTAL	COLONIAL	ORIENTAL
RACINAL	COLOSSAL	ORIGINAL
RADICAL	COMITIAL	PALATIAL
ROSTRAL	COMMUNAL	PARENTAL
RUDERAL	CONJUGAL	PARIETAL
SCLERAL	CORPORAL	PASTORAL
SCROTAL	CORTICAL	PATRONAL
SEISMAL	CULTURAL	PECTORAL
SEMINAL	CYCLONAL	PERINEAL
SIDERAL	DECENNAL	PICTURAL
SINUSAL	DEVERBAL	PONDERAL
SPATIAL	DIACONAL	POSTURAL
SPECIAL	DIAGONAL	PRANDIAL
STERNAL	DOCTORAL	PREFIXAL
SUDERAL	DOMANIAL	PREVOTAL
SUTURAL	DUODENAL	RECTORAL
SYNODAL	EPIDURAL	REGIONAL
THERMAL	EXTREMAL	REVERSAL
TRIVIAL	FAMILIAL	SABURRAL
TUMORAL	GERMINAL	SAGITTAL
UNGUEAL	GINGIVAL	SALARIAL
URETRAL	GUTTURAL	SENECHAL
VAGINAL	HIBERNAL	SHOGUNAL
VEGETAL	HIVERNAL	SOMMITAL
VENTRAL	HORMONAL	SPECTRAL
VESICAL	ILLUVIAL	STAMINAL
VICINAL	IMPERIAL	STOMACAL
	INAMICAL	SUFFIXAL
8	INGUINAL	SYNCOPAL
ABBATIAL	INFERNAL	SYNDICAL
ABSIDIAL	INTEGRAL	SYNOVIAL
ALLODIAL	KHEDIVAL	TEMPORAL
ALLUVIAL	LACRYMAL	TERMINAL
ARBITRAL	LITTERAL	THEATRAL
ARMORIAL	LITTORAL	TOROIDAL
AUTOMNAL	MACHINAL	TRACHEAL
AZIMUTAL	MADRIGAL	TRIBUNAL
BEYLICAL	MARECHAL	TRIENNAL
BINAURAL	MARGINAL	TRIMETAL
BINOMIAL	MEDIEVAL	TROPICAL
BRACHIAL	MEMORIAL	TYMPANAL
CANONIAL	MENISCAL	URETERAL
CANTONAL	MONAURAL	VACCINAL
CARCERAL	NATIONAL	VERTICAL
CARDINAL	NEOLOCAL	VESPERAL
CEREBRAL	NOTARIAL	VICARIAL

VICENNAL	DIALECTAL	PALPEBRAL
VICOMTAL	DIAMETRAL	PARADOXAL
VISCERAL	DOCTRINAL	PATRICIAL
ZENITHAL	DOMINICAL	PERIDURAL
ZODIACAL	DYSSOCIAL	PETECHIAL
	ECCLESIAL	PHARYNGAL
9	ECHEVINAL	PIEDESTAL
ABDOMINAL	EDITORIAL	POLYGONAL
ADVERBIAL	ELECTORAL	PRESIDIAL
ANCESTRAL	EPISCOPAL	PRETORIAL
ARSENICAL	ETHMOIDAL	PRIMATIAL
ARTISANAL	FROMENTAL	PRINCIPAL
BAPTISMAL	GEOMETRAL	PROVENCAL
BASILICAL	GLENOIDAL	PUERPERAL
BILATERAL	HEXAGONAL	PYRAMIDAL
BRANCHIAL	HOMOFOCAL	SEPTENNAL
CADASTRAL	IMPARTIAL	SEPULCRAL
CATARRHAL	INAUGURAL	SHOGOUNAL
CEGESIMAL	ISOCLINAL	SPIROIDAL
CENSORIAL	KHEDIVIAL	STERCORAL
CENTENNAL	LIBIDINAL	SYNCLINAL
CHAPITRAL	MAGISTRAL	THEOLOGAL
CLAUSTRAL	MARSUPIAL	TRICENNAL
COLLEGIAL	MEDICINAL	TRIOMPHAL
COLLOIDAL	MUNICIPAL	VERTEBRAL
COMMENSAL	OCCIPITAL	VICESIMAL
CONVIVIAL	OCTOGONAL	VIRILOCAL
CYCLOIDAL	OFFICINAL	
DECAGONAL	OMBILICAL	

–AL,S

3	GAYAL	**6**
BAL	KRAAL	ACETAL
CAL	NATAL	BANCAL
GAL	NAVAL	CANTAL
PAL	NOPAL	CAPTAL
SAL	RAVAL	CAUSAL
	REGAL	CHACAL
4	RITAL	CORRAL
AVAL	RIYAL	FOIRAL
GOAL	SISAL	GALGAL
SIAL	TAGAL	GAVIAL
	TICAL	NARVAL
5	TONAL	SERIAL
COPAL	TRIAL	SERVAL
FATAL		

T E R G A L	Q U E T Z A L	F U R F U R A L
T I N C A L	R E C I T A L	M A T O R R A L
	R O R Q U A L	N E O N A T A L
7	S A R O U A L	
A M M O N A L		**9**
C A R A C A L		A E R O N A V A L
C H L O R A L	**8**	C H R Y S O C A L
F O U T R A L	C A R N A V A L	E M M E N T H A L
F R A C T A L	E M M E N T A L	P I P E R O N A L
M I S T R A L	F E S T I V A L	S P I R I T U A L

–ALS ou –AUX

(double pluriel)

AUSTRALS	IDEALS	PERINATALS
AUSTRAUX	IDEAUX	PERINATAUX
BANALS	JOVIALS	POSTNATALS
BANAUX	JOVIAUX	POSTNATAUX
BOREALS	MARIALS	PRENATALS
BOREAUX	MARIAUX	PRENATAUX
CHORALS	MINERVALS	SANTALS
CHORAUX	MINERVAUX	SANTAUX
ETALS	MURALS	TRIBALS
ETAUX	MURAUX	TRIBAUX
FINALS	NYMPHALS	VALS
FINAUX	NYMPHAUX	VAUX
GLACIALS	PASCALS	VIRGINALS
GLACIAUX	PASCAUX	VIRGINAUX

–AL/

invariable

–AIL,S

	EVENTAIL
	FOIRAIL
	HARPAIL
	MAIL
AIGUAIL	POITRAIL
ATTIRAIL	PORTAIL
AUTORAIL	MONORAIL
CAMAIL	RAIL
ARCHAL /	CHANDAIL	SERAIL
FLOREAL /	COCKTAIL	TRAMAIL
PRAIRIAL /	DETAIL	TREMAIL

−AIL
pluriel − AUX

BAIL	GEMMAIL	VANTAIL
BAUX	GEMMAUX	VANTAUX
CORAIL	SOUPIRAIL	VENTAIL
CORAUX	SOUPIRAUX	VENTAUX
FERMAIL	SURTRAVAIL	VITRAIL
FERMAUX	SURTRAVAUX	VITRAUX

Double pluriel
−AILS ou AUX

AILS	EMAILS	TRAVAILS
AULX	EMAUX	TRAVAUX

−AIL
invariable

BETAIL /
BERCAIL /

Erreurs : al, el, grill, fusel, accul, bradel, isorel, pyrrol, rastel, gremail, bracteal, rational, vavassal.

−EUIL
s'écrit inversement (− UEIL)
derrière un C− ou un G−

ACCUEIL
CERCUEIL
ECUEIL
ORGUEIL
RECUEIL

−IUM

4	6
S I U M	A E R I U M
	A T R I U M
5	C E R I U M
O P I U M	C E S I U M

CURIUM	TRITIUM	VELARIUM
ERBIUM	URANIUM	VIVARIUM
HELIUM	YTTRIUM	
INDIUM		**9**
KALIUM		ALUMINIUM
LABIUM	**8**	AMERICIUM
MEDIUM	ACTINIUM	BERKELIUM
MINIUM	AMMONIUM	BERYLLIUM
OIDIUM	AQUARIUM	COLOMBIUM
OMNIUM	CALADIUM	COLUMBIUM
OSMIUM	CIBORIUM	CRITERIUM
PODIUM	EMPORIUM	DEUTERIUM
RADIUM	EUROPIUM	ECBALLIUM
SODIUM	FRANCIUM	GERMANIUM
	GERANIUM	GLUCINIUM
	GYNERIUM	HARMONIUM
7	HYMENIUM	IMPLUVIUM
CADMIUM	ILLUVIUM	LACTARIUM
CAESIUM	IMPERIUM	MAGNESIUM
CALCIUM	LUTECIUM	MARTYRIUM
CAMBIUM	MECONIUM	MILLENIUM
CELTIUM	MYCELIUM	NEPTUNIUM
FERMIUM	NOBELIUM	PALLADIUM
GALLIUM	PATAGIUM	PALMARIUM
HAFNIUM	PHORMIUM	PLUTONIUM
HAHNIUM	POLONIUM	POMOERIUM
HOLMIUM	POMERIUM	POTASSIUM
IRIDIUM	PSYLLIUM	PRESIDIUM
LITHIUM	RUBIDIUM	RHIZOBIUM
NIOBIUM	SAMARIUM	RHUTENIUM
OXONIUM	SCANDIUM	STRONTIUM
PALLIUM	SELENIUM	SYMPOSIUM
RHENIUM	SILICIUM	SYNCYTIUM
RHODIUM	SOLARIUM	TERRANIUM
TERBIUM	TAXODIUM	TRIFORIUM
THORIUM	THALLIUM	YTTERBIUM
THULIUM	VANADIUM	ZIRCONIUM

Erreurs : atomium, herbium, palfium, valium.

–UM
(autres que
ceux-ci-dessus)

3
HUM/

4
ARUM
BOUM
DOUM
GOUM
RHUM

5
ALBUM
BEGUM
FATUM
FORUM
OLEUM
PEDUM
PILUM
SEBUM

SEDUM	**7**	CYMBALUM
SERUM	DECORUM	DUODENUM
VELUM	ERRATUM	ELECTRUM
	JEJUNUM	EXTRENUM
6	LABARUM	FACTOTUM
BARYUM	LADANUM	GALBANUM
CAECUM	LOUKOUM	LABDANUM
FACTUM	MAXIMUM	LAUDANUM
GNETUM	MINIMUM	LINOLEUM
LOKOUM	OPOSSUM	PALLIDUM
MAGNUM	OPPIDUM	POPULEUM
MUSEUM	OPTIMUM	SERAPEUM
NATRUM	PANICUM	SPECULUM
PARFUM	PANTOUM	SUPRENUM
PENSUM	PUNCTUM/	
PEPLUM	QUANTUM	**9**
PHYLUM	SCROTUM	ARBORETUM
PLENUM	STERNUM	CALCANEUM
QUORUM	SURBOUM	CASTOREUM
RECTUM		COLOSTRUM
SACRUM		CONTINUUM
SEPTUM	**8**	CZIMBALUM
SUMMUM	ADIANTUM	MOLLUSCUM
TARGUM	AGERATUM	RECTICULUM
ZYTHUM	COAGULUM	ULTIMATUM

Erreurs : balatum, dumdum, fanum, ileum, opposum, vacuum.

–M

(autres que ceux ci-dessus)

3	DAIM	WURM
DAM/	EDAM	ZOOM
DOM	FAIM	
HEM/	FILM	
NOM	GOIM	**5**
OHM	GRAM/	ASRAM/
REM	IDEM/	BLOOM
	IMAM	CLAIM
	ITEM/	GOYIM/
4	STEM	GROOM
BOOM	TRAM	HAREM
CLAM	THYM	ISLAM

K I L I M	M E G O H M	**8**
M O D E M	N A P A L M	A L A S T R I M
O G H A M	P A S S I M /	A N G S T R O M
R E N O M	P O G R O M	D I A Z E P A M
S T E M M	P R E N O M	J E R O B O A M
T O T E M	P R O N O M	M A L S T R O M
	Q U I D A M	M A T E F A I M
6	R A M D A M	R E H O B O A M
A S H R A M /	S A C H E M	T E L E F I L M
B A I R A M	S L A L O M	S C H I E D A M
B A Y R A M	S U R N O M	S E F A R D I M /
C H E L E M	T A N D E M	
C O N D O M	T O U T I M	**9**
C R E N O M /	W I G W A M	L A N D S T U R M
D I R H A M		M A D A P O L A M
D U R H A M	**7**	M A E L S T R O M
E S S A I M	I N T E R I M	M A L A Y A L A M
H A M M A M	M A C A D A M	M I C R O F I L M
I B I D E M /	R E Q U I E M	M I D R A S H I M
L I N G A M	S C H L A M M	
L I T H A M	W O L F R A M	

Erreurs : lem, alem, olim, nizam, schelem, tamtam, microhm, tearoom.

–O

2	A L L O /	K O T O
D O	A L T O	L I D O
G O	A U T O	L I N O
H A /	B O B O	L O T O
N O	B R I O	M E L O
	C A L O	M O N O
3	C I A O /	M O T O
D U O	C O C O	O R D O
E G O /	D I T O /	O U Z O
L A O	D O D O	P E S O
O X O /	E C H O	P O L O
P R O	F A D O	P R A O
R H O	G O G O	S A X O
Z O O	H A L O	S I L O
	H A R O /	S O L O
4	J O J O	S O N O
A F R O /	J U D O	S U M O
A G I O	K I L O	T A R O

TOPO	MACHO	ASIAGO
TOTO	MAMBO	BAGUIO
TRIO	METEO	BISTRO
TYPO	METRO	BOLERO
VELO	MICRO	CARACO
VETO/	MOLLO/	CASINO
ZERO	MOLTO/	CHROMO
	MORIO	CHRONO
5	NIOLO	CICERO
APERO	PAREO	COGITO
AVISO	PATIO	COROZO
BANCO/	PHONO	CUADRO
BANJO	PHOTO	DAIMYO/
BINGO	PIANO	DOMINO
BOLDO	POLIO	DUETTO
BOSCO	PORNO	DYNAMO
BRAVO	PORTO	ENDURO
CACAO	POTTO	ESCUDO
CALAO	PRIMO/	FIASCO
CARGO	PROLO	FIGARO
CLODO	PUTTO/	FRANCO/
COMBO	QUIPO	GABBRO
CORSO	RADIO	GALAGO
CREDO/	RECTO	GAUCHO
DELCO	REGLO	GHETTO
DIAPO	RETRO	GIGOLO
DINGO	RODEO	GINKGO
DISCO	RONDO	GIORNO/
DOURO	RONEO	ILLICO/
FOLIO	SEXTO/	INDIGO
FRIGO	SHAKO	KIMONO
FUERO	STENO	LADINO
GALLO	STYLO	LAVABO
GECKO	TANGO	LEGATO/
GOMBO	TEMPO	LIBERO
GUANO	TURCO	LIBIDO
HECTO	VERSO	LIVEDO
HELIO	VIDEO	MECANO
HOCCO	XIPHO	MIKADO
IGLOO		MODULO
IMAGO	**6**	NUMERO
JUMBO		PACHTO
KENDO	ADAGIO	PEDALO
KONDO	AIKIDO	POMELO
LARGO	ALBEDO	PONCHO
LASSO	ALBUGO	POPULO
LENTO/	AMERLO	PRESTO/
LITHO	ARIOSO	QUARTO
	ARROYO	

QUINTO/
RANCIO
RIGOLO
ROCOCO
RUBATO/
SCHUPO
SERTAO
SHINTO
SORGHO
STEREO
STUDIO
SUBITO/
TENUTO/
TERTIO/
TORERO
TRULLO
ULTIMO/
VIRAGO
VOCERO

7

AGITATO/
ALLEGRO
AMOROSO/
ASIENTO
AZULEJO
BRASERO
BROCCIO
BUSHIDO
CALIPSO
CEBUANO
CENTAVO
CHICANO
CHORIZO
COLLABO
COLOMBO
CURACAO
DACTYLO
DAZIBAO (≠)
DIABOLO
EMBARGO
FURIOSO/
GALVANO
GUANACO
HIDALGO
LAMENTO
LAMPARO
LENTIGO

LOMBAGO
LUMBAGO
MAESTRO
MAFIOSO
MAGNETO
MARENGO
MEMENTO
METALLO
NEGONDO
NEGUNDO
NELOMBO
NELUMBO
PAMPERO
PICCOLO
PLACEBO
PROPRIO
PRURIGO
PUPAZZO
RIPIENO
RISOTTO
SCHERZO
SECUNDO/
SEPTIMO
SFUMATO
SIROCCO
SOPRANO
TAMPICO
TOMBOLO
TORPEDO
TRANSFO
TRAVELO
TREMOLO
VERTIGO
VIBRATO
ZEMSTVO
ZINGARO

8

ANTIHALO
BARRANCO
CAUDILLO
COCORICO
COMMANDO
CONCERTO
CONJUNGO
CONTINUO
CRUZEIRO
ELDORADO
FANDANGO

FELLATIO
FLAMENCO
GASPACHO
GRAZIOSO/
IMPETIGO
KAKEMONO
LIBECCIO
LIBRETTO
MAESTOSO/
MAFFIOSO
MAKIMONO
MODERATO/
NEUTRINO
ORATORIO
OSTINATO
SALADERO
SCENARIO
SOLIDAGO
SOMBRERO
STACCATO
TENORINO
TERZETTO
VITILIGO

9

ANDANTINO
AUTORADIO
CARBONADO
CARBONARO
CIGARILLO
CONTRALTO
CRESCENDO
DESPERADO
DISTINGUO
ESPERANTO
GLISSANDO
GRUPPETTO
IMBROGLIO
INCOGNITO
LARGHETTO
PIZZICATO
QUASIMODO
QUEBRACHO
QUIPROQUO
ROMANCERO
SFORZANDO
SOSTENUTO/
TELERADIO
ZAPATEADO

Erreurs : ro, quo, rio, capo, dojo, faro, gruo, homo, hypo, lolo, miro, moco, myso, nano, oslo, pipo, popo, viso, veto, yoyo, aequo, amigo, burgo, canto, crado, dauto, ferro, negro, socko, sulfo, volgo, decimo, octavo, quatro, rancho, schako, speleo, vomito, gestapo, fantasio, statuquo.

−P

3	SLIP	SLOOP
BOP	STOP	TRAMP
CAP	SWAP	
CEP	TRIP	**6**
HEP/	TROP	TURNEP
HOP/	VAMP	
KIP		**7**
SEP		BOSKOOP
TOP	**5**	KETCHUP
	CHAMP	MIDSHIP
4	CLAMP	
CAMP	CROUP	**8**
CLIP	GALOP	BEAUCOUP/
COUP	GROUP	HANDICAP
DRAP	HANAP	
DROP	JALAP	
JEEP	JULEP	**9**
LOUP	SCALP	CANTALOUP
LUMP	SCOOP	MOTORSHIP
SKIP	SIROP	SPARADRAP

Erreurs : cop, oup, houp, acoup, cloup, pinup, gallup, holdup, pickup.

−R

Autres que les verbes en −ER ou −IR (pour les finales −EUR et −OIR, voir p. 64 à 68 et 73).

Mots de moins de 4 lettres :

2	CAR	FUR/	SUR
OR	COR	KIR	TER/
	DER	MER	TIR
3	DUR	MIR	VAR
AIR	FAR	MUR	VER
BAR	FER	PAR	
BER	FOR	PUR	*Erreur* : jar.

–AR

4		LUPANAR
ANAR	CASOAR	MALABAR
CHAR	CAVIAR	MINICAR
CZAR	DOLLAR	MUDEJAR
EPAR	FALZAR	REALGAR
KSAR	HANGAR	SAMOVAR
STAR	INSTAR/	
TSAR	JAGUAR	**8**
TZAR	LASCAR	ANTICHAR
	MAGYAR	COLCOTAR
5	MINBAR	COQUEMAR
BAZAR	NECTAR	COUGOUAR
CANAR	PULSAR	CULTIVAR
CESAR	QUASAR	HOSPODAR
DINAR	SIRDAR	KANJLAR
DOUAR	TABLAR	MILLIBAR
ESPAR	THENAR	NENUPHAR
INVAR		RACONTAR
OSCAR	**7**	ZANZIBAR
POLAR	ALCAZAR	
RADAR	AUTOCAR	**9**
SITAR	BEDEGAR	ANTIRADAR
SONAR	BOLIVAR	BALTHAZAR
TATAR	CALAMAR	BICHLAMAR
VELAR	CANULAR	CAUCHEMAR
	CHEDDAR	SUPERSTAR
6	COALTAR	TELERADAR
AVATAR	DRAKKAR	TRAFALGAR/
CALMAR	KANDJAR	
	KANGLAR	

–IR

(sauf verbes
et finales – OIR :
voir ces chapitres)

4		
CUIR	SOIR	
EMIR	VAIR	
HOIR		
LOIR	**5**	
NOIR	BLAIR	
PAIR	CHAIR	

	6	7
C L A I R	A V E N I R	D U U M V I R
D A H I R	D I A P I R	E L Z E V I R
D E S I R	E C L A I R	P L A I S I R
E P A I R	E L I X I R	
F A K I R	I M P A I R	8
F L A I R	K E P H I R	D E C E M V I R
K E F I R	L O I S I R	T R I U M V I R
N A D I R	M E N H I R	
S A B I R	M O H A I R	9
T A P I R	S A P H I R	C E N T U M V I R
V I Z I R		

–OR

(aucun mot de 4 lettres)

5	O C T U O R	S T R I D O R
A N G O R	P O R T O R	T C H A D O R
B U T O R	S E N I O R	
C R U O R	S T A T O R	8
D E C O R	T R E S O R	C O R R I D O R
E S S O R	T U S S O R	L A B R A D O R
F L U O R		M E D I A T O R
M A J O R		M E S S I D O R /
M U C O R	7	T O R E A D O R
R O T O R	M A T A D O R	
T A B O R	M I R A D O R	9
T E N O R	M O N I T O R	A L L I G A T O R
	P I C A D O R	C O N F I T E O R
6	Q U A T U O R	E S C A L A T O R
C A S T O R	S E P T U O R	F R U C T I D O R /
C O N D O R	S E X T U O R	S O L I C I T O R
J U N I O R	S P O N S O R	T H E R M I D O R /
M E N T O R	S T E N T O R	T H Y R I S T O R

–UR

(pour les finales
–EUR
voir p. 64 à 68)

4	5
A Z U R	A J O U R (≠)
C O U R	A M O U R
F O U R	F E M U R
J O U R	F U T U R
P O U R /	I M P U R
S A U R	K S O U R /
T O U R	R E G U R

6	7	8
A U T O U R	B O N J O U R	A L E N T O U R
D E T O U R	C O N T O U R	C H A U F O U R
H U M O U R	K I P P O U R	D E L E A T U R /
L A B O U R	O U I G O U R	P O U R T O U R
O B S C U R	T A M B O U R	
R E T O U R	V A U T O U R	**9**
S E J O U R		C A L E M B O U R
		C A R R E F O U R
		E X E Q U A T U R /

–YR

MARTYR
ZEPHYR

Erreurs : jar, ker, sar, sir, csar, gour, havir, ichor, kebir, tabar, entour, képhyr, lindor, tungar, casimir, couguar, elinvar, jodhpur (toujours avec un S final), kroumir, modulor, pandour, rambour, cellular, cyclecar.

–U

Mots bizarres uniquement, ou d'une construction atypique (pour les finales – EAU, voir p. 107).

2	4	U R D U
M U	A C C U	Z E B U
R U	B R O U	
S U	E M B U	**5**
T U	E M E U	A I N O U
W U	F E R U	A L L E U
	F E T U	A V E N U
3	G N O U	B A G O U
B A U	H O T U	B A Y O U
B R U	I N D U	B I S O U
D R U	I T O U /	B I Z O U
G L U	P R O U /	B O Y A U
H E U /	R E D U	C A G O U
H O U /	R E P U	C A I E U
L E U	T O L U	C A J O U /
P I U /	T U T U	C H E N U
T A U	U N A U	C O R N U

C O S S U	T A T O U	T U D I E U /
E N F E U	U R U B U	V A U D O U
E P I E U	V E S O U	
E X I G U	V O Y O U	**7**
F E S S U	Z A Z O U	C A M A I E U
F I C H U		C A R I B O U
F L E N U		C O R B L E U /
G A R O U	**6**	F A B L I A U
G L U A U	A L O Y A U	F E U I L L U
G R E N U	A M A D O U	M O R B L E U /
H A I K U	A T R I A U	N O B L I A U
H E R B U	B A N T O U	S A P A J O U
H O Y A U	B I N I O U	T I N A M O U
L I C O U	B O U B O U	T O N L I E U
L I P P U	B O U C A U	
M E R L U	B U R A K U	**8**
M I A O U	B U R G A U	B A R B I C H U
M O Y E U	C O P A H U	C A R C A J O U
N O Y A U	G A G A K U	C H O U C H O U
P A N S U	G R I G O U	E M P O S I E U
P A P O U	J A B I R U	G L O U G L O U
P E N T U	M A R L O U	M A N D C H O U
P A T T U	M O U S S U	N U N C H A K U
P I L O U	N A N D O U	T E L O U G O U
Q U I P U	N O U N O U	V I P E R I A U
R E C R U	O U R D O U	
R O C O U	S A R R A U	**9**
S A G O U	S O D O K U	C H A B I C H O U
S A J O U	S U R B A U	G U I L L E D O U
T A B O U	T E L E G U	P O U R F E N D U
		T R A N S P A R U

Erreurs : gu, hu, fu, vau, begu, bohu, dahu, ossu, tohu, visu, padou, pilau, tortu, lanturlu, pioupiou.

Attention : les mots à finale — EU ont un pluriel régulier en — EUX, sauf : bleu,s — emeu,s — leu,s (≠) et pneu,s.

De même pour les finales — AU,X, sauf : LANDAU,S et UNAU,S.

Prennent les deux pluriels :
CAMAIEUS/CAMAIEUX — ENFEUS/ENFEUX — FEUS/FEUX — LIEUS/LIEUX — SARRAUS/SARRAUX.

Les mots féminins se terminant par le son U s'écrivent — UE, sauf : BRU, GLU, TRIBU, VERTU.

Attention : BASILEUS/ : toujours avec S final.

–US

(autres que les pluriels en – U)

4

ABUS+
ANUS
NOUS
OBUS
OPUS
TOUS
URUS
USUS
VOUS

5

ARGUS
BONUS
CABUS
CAMUS,E
FAVUS
FICUS
FUCUS
GIBUS
HUMUS
ICTUS
ILEUS
INFUS+
JESUS
LAIUS
LOCUS
LOTUS
LUPUS
MALUS
MINUS
MOTUS
MUCUS
NEGUS
OBTUS,E
PAGUS
PALUS
REBUS
REFUS+
SINUS

TALUS
TONUS
VARUS
VIRUS
XERUS

6

ABUSUS
ACINUS
BLOCUS
BYSSUS
CACTUS
CAMPUS
CHORUS
CIRRUS
CLONUS
CONFUS,E
CORPUS
CRESUS
CROCUS
CURSUS
DESSUS
DIFFUS+
FOETUS
FUNDUS
HIATUS
INCLUS,E
INTRUS,E
LAPSUS
MEDIUS
NAEVUS
NIMBUS
OCULUS
OREMUS
PLEXUS
QUITUS
RADIUS
RAPTUS
RECLUS,E
REMOUS

RHESUS
RICTUS
THYMUS
TOPHUS
TYPHUS
URAEUS
UTERUS
VALGUS
VERJUS
VERSUS

7

ABRIBUS
ABSTRUS,E
ANGELUS
AUTOBUS
BURNOUS
CAROLUS
COSINUS
CUBITUS
CUMULUS
DESSOUS
HABITUS
HUMERUS
ICHTHUS
MINIBUS
NUCLEUS
OESTRUS
OMNIBUS
PAPYRUS
PERCLUS,E
PHALLUS
RASIBUS
SANCTUS
STRATUS
SURPLUS
TRACTUS
TRISMUS
TUMULUS
VIDIMUS

8	STIMULUS	BIBLIOBUS
BASILEUS	SYLLABUS	BLOCKHAUS
BORASSUS	TERMINUS	COLLAPSUS
COUSCOUS	THALAMUS	CONSENSUS
DETRITUS	THROMBUS	DECUBITUS
HIBISCUS	VITELLUS	ENTREVOUS
MORDICUS	VOLVULUS	INFARCTUS
NAUPLIUS		NYSTAGMUS
OLIBRIUS	9	PARDESSUS
PANDANUS	AMPHIOXUS	PEMPHIGUS
PHTIRIUS	ANTIVIRUS	PROCESSUS
RISORIUS	ASPARAGUS	PROLAPSUS

–V

Deux mots seulement : LEV, S (≠) et LEITMOTIV, S ou LEITMOTIV,E/.
Autre pluriel de LEV : LEVA (pensez aussi à LEVAS, du verbe LEVER).

Erreurs : le cocktail "molotov" n'est pas repris au *P.L.I.*, de même que
"tupolev", dont l'anagramme valable est VOLUPTE.

Finales en doubles consonnes

–FF

BLUFF
MASTIFF
OFF/
SKIFF
STAFF

–LL

ATOLL
BILL
BRINELL
CROSKILL
DRILL
FOOTBALL
FULL
HALL
HANDBALL
KRILL
MANDRILL
MAXWELL
PULL
SCULL
SHRAPNELL
(ou SHRAPNEL)
TELL
TROLL

Erreurs : grill, tyndall, churchill.

–MM

SCHLAMM
STEMM

–NN

DJINN

–RR

BIRR
BRRR/
TORR

–SS

BOSS	SPEISS
BUSINESS	STRASS
CRISS	STRESS
CROSS	
EXPRESS	*Erreurs :* mistress,
GAUSS	tarantass.
GNEISS	
KRISS (≠)	
LOESS	N'oubliez pas de rajouter
MESS	un deuxième S aux mots
MISS	suivants :
MOTOCROSS	CRIS, – EXPRES,S –
RISS	MES,S – MIS,S – RIS,S
SCHUSS	STRAS,S.

–TT

BOYCOTT
CHOTT
KILOWATT
·PSITT/
WATT

NOTES PERSONNELLES

MOTS UTILES CLASSÉS PAR CATÉGORIES

Mots utiles classés par catégories

Fromages

ASIAGO
BEAUFORT
BLEU
BRIE
BROCCIO
CAMEMBERT
CANTAL,S

CHABICHOU
CHEDDAR
CHESTER
CHEVRE
CHEVROTIN
COMTE
COULOMMIERS/

EDAM
EMMENTAL
EMMENTHAL
EPOISSES/
FONTINE
FOURME
FRIBOURG

FROMAGEON
GAPERON
GEROME
GORGONZOLA
GOUDA
GRANA
GRUYERE

HOLLANDE
JONCHEE
LAGUIOLE
LANGRES/
LIVAROT
MAROILLES/
MAROLLES/

MIMOLETTE
MORBIER
MOZZARELLE
MUNSTER
NEUFCHATEL
NIOLO
OLIVET

PARME
PARMESAN
REBLOCHON
RIGOTTE
ROLLOT
ROQUEFORT
SALERS

SBRINZ
SEPTMONCEL
SERAC
STILTON
TOME
TOMME
VACHERIN

VALENCAY

Erreurs :
boursin, herve,
sassenage, tilsit.

Potages

BISQUE
BORCHTCH
BORTSCH
GARBURE
GASPACHO
JULIENNE
MINESTRONE

PISTOU

Erreurs :
bourride, oille,
soubise.

Pain

AILLADE	GRESSIN	TOURTEAU
AZYME	GRIGNON	SANDWICH //
BIS	LONGUET	
BISCOME	MUFFIN	*Erreurs :*
BISCOTTE	QUIGNON	bolus, jocko,
CHAPON	PANURE	mousseau,
CRAMIQUE	TOAST	moussot, triscotte.

Gâteaux et divers

			MUFFIN
			PITHIVIERS/
			PRALIN
			PRALINE
			POUDING
			PUDDING
			RISSOLE
AMANDINE	CHIPOLATA	GENOISE	SABAYON
BABA	CLAFOUTIS/	GIMBLETTE	SAVARIN
BAKLAVA	COTIGNAC	GOUGERE	TOURON
BAVAROIS	COUQUE	HALVA	TOURTE
BEIGNET	CRACKER,S	KOUGLOF	VACHERIN
BISCOTIN	CREPE	LOKOUM	ZAKOUSKI/
BLINI	CROQUET	LOUKOUM	
BRETZEL	DARTOIS	MACARON	
BRIOCHE	FAR	MADELEINE	
CAKE	FONDANT	MATEFAIM	*Erreurs :*
CALISSON	FOUACE	MELBA	speculoos,
CASSATE	FOUGASSE	MERINGUE	suzette, tatin.
CHANTILLY	FRANGIPANE	MILLAS/	
CHIPS	FRIAND	MILLIASSE	

Champignons
(et termes s'y rapportant)

		COULEMELLE	MORILLE
		ENTOLOME	MOUSSERON
		EUMYCETE	OIDIUM
		FISTULINE	ORONGE
		GEASTER	PEZIZE
		GIROLLE	PHOLIOTE
		HELVELLE	PLASMOPARA
ADNE,E	CHANTERELLE	HIDNE	PLEUROTE
AGARIC	CLAVAIRE	INOCYBE	PSALLIOTE
AMANITE	CLITOCYBE	LACTAIRE	PUCCINIE
ASQUE	COLLYBIE	LEPIOTE	RUSSULE
BOLET	CONIDIE	MARASME	TRICHOLOME
BOTRYTIS	COPRIN	MERULE	VOLVAIRE
CEPE	CORTINAIRE	MONILIA	VOLVE

Bières	ALE CERVOISE GUEUSE GUEUZE PORTER,S STOUT ZYTHON	ZYTHUM *Erreurs :* export, faro, kriek, lambic, pils.

Vins et divers

ÁLICANTE	CORBIERES/	MERCUREY	RIVESALTES/
ALIGOTE	CORTON	MEURSAULT	ROMANEE
AMONTILLADO	CREMANT	MINERVOIS	SANCERRE
ASTI	FALERNE	MOUSSEUX	SANGRIA
AY,S	FENDANT	MOUT	SAUTERNES/
BEAUJOLAIS	GAMAY	MUSCADET	SAUVIGNON
BIBINE	GAMET	MUSCAT	SHERRY
BORDEAUX	GRAPPA	MOSELLE	SILVANER
BOURGOGNE	GRAVES	NECTAR	TOKAI
CABERNET	GRENACHE	PICARDAN	TOKAJ
CHABLIS/	HYPOCRAS	PICPOUL	TOKAY
CHABROL/	JEREZ	PICRATE	VERMOUTH
CHABROT/	JURANCON	PINARD	VOUVRAY
CHAMBERTIN	KIR	PINEAU	XERES
CHAMPAGNE	MACON	PINOT	*Erreurs :*
CHARDONAY	MADERE	PIQUETTE	
CHARDONNAY	MALAGA	POMMARD	émilion, gevray,
CHIANTI	MALVOISIE	POUILLY	ginguet, pomerol,
CIDRE	MANZANILLA	QUINQUINA	pommery,
CLAIRET	MARSALA	RANCIO	regingard.
CLAIRETTE	MEDOC	RIESLING	

Eaux-de-vie et divers

ABSINTHE	ARMAGNAC	CASSIS	GENEPI
AKVAVIT	BITTER,S	CHARTREUSE	GENIEVRE
ANIS	BOURBON	CHERRY	GIN
ANISETTE	BRANDY	COGNAC	GNAULE
APERO	BRULOT	CURACAO	GNIOLE
AQUAVIT	CALVA	DRINK	GNOLE
ARAK	CALVADOS	DRY/	GROG

GUIGNOLET	PULQUE	ROGOMME	TAFIA
KAWA	PUNCH	SABAYON	TEQUILA
KIRSCH	QUETSCHE	SAKE	VODKA
KUMMEL	RAKI	SCHIEDAM	WHISKY,S
KVAS	RATAFIA	SCHNAPS	WHISKIES
KWAS	RHUM +	SCOTCH +	WILLIAMS/
MARASQUIN	RINCETTE	SOYER,S	
MARC			
MIRABELLE			
NIAULE			
OUZO	*Erreurs :*		
PASTIS			
PORTO	bokma, brandevin, campari, daiquiri, fizz, martini,		
PRUNELLE	picon, ricard.		

Termes héraldiques

ADEXTRE,E	CIMIER	FASCE	PATTEE
AMPHIPTERE	COMPONE,E	GIRONNE	POMMETE,E
BILLETE,E	COTICE	LAMBEL	SENESTRE
BRETESSE,E	EQUIPOLE	LAMPASSE,E	SINOPLE
BURELE	EQUIPOLLE	ORLE	TORTIL
BURELLE	ESCARRE	PAIRLE	TRECHEUR
CHAUSSE	ESQUARRE	PARTITE	TRESCHEUR

Papillons

ACIDALIE	COCHYLIS	PHALENE	ZEUZERE
AGLOSSA	DANAIDE	PIERIDE	ZYGENE
AGROSTIS	EUDEMIS/	PYRALE	
ALUCITE	LEUCANIE	SATURNIE	
ARGUS	LYCENE	SPHINX	
BAUHINIA	MORIO	VANESSE	
BOMBYX	NOCTUELLE	VULCAIN	

Danses, style de musique, etc.

			ROCK
			SARDANE
			SCAT
			SIRTAKI
			SEGUEDILLA
			SEGUEDILLE
			SLOW
ARAGONAISE	CHARLESTON	HOPAK	SOUL
BAYADERE	CLAQUETTES	HUSSARDE	SWING +
BIGUINE	CONGA	JAZZ	TACONEOS
BLUES	COTILLON	JAZZMAN//	TANGO
BOLERO	CRACOVIENNE	JAZZMEN/	TWIST
BOP	CSARDAS	JAVA	VALSE+
BOSTON	DIXIE	JERK/	
BOURREE	DIXIELAND	JOTA	*Erreurs :*
CACHUCHA	FADO	MAMBO	bamba, bossanova,
CALYPSO	FLAMENCA	MAZURKA	casatchok, chacha,
CANCAN	FLAMENCO	PASSACAILLE	ksardas, paso,
CHACONE	FORLANE	REGGAE	tamoure, tsardas,
CHACONNE	GOPAK	RIGAUDON	twister.
CHAHUT	GOSPEL	RIGODON	

Jeux et termes annexes

			QUINQUET
			RAMI
			RAMPEAU
			REBOT
			REVERSI
			ROB
			ROBRE
ALUETTE	BRIDGEUSE	JAN	SCRABBLE
BACCARA	BRISQUE	LOTO	SCRABBLEUR
BASSETTE	CANASTA	MARELLE	SCRABBLEUSE
BASTE	CHELEM	MIKADO	SHOGOUN
BELOTE	CORBILLON	NEMEENS/	SHOGUN
BESIGUE	CRICKET	PAT,S	SINGLETON
BINGO	CROQUET	PHILIPPINE	SWEEPSTAKE
BONNETEAU	DIABOLO	POKER	TAROT
BOULISME	DOMINO	POQUER +	TAROTE,E
BOULISTE	FLIPPER,S	PUZZLE	TILT,S
BOWLING	FLUSH//	QUADRETTE	TRICK
BRELAN	FULL	QUEUTER +	TRICTRAC
BRIDGE +	GO,S	QUINE	TRIQUET
BRIDGEUR	JACQUET	QUINOLA	WHIST

YASS	mikado, quinquet, shogoun, shogun ne sont pas repris
YASSE	comme tels par le *P.L.I.*
ZANZI	*Erreurs :* bassette, belotée, besas, beset, bog, bouling,
ZANZIBAR	crapette, équabble, hoca, hombre, lotto, rencaver +,
	rummy, scrabbler +, shelem, spare, squeez, squeze,
	strike, yam.

Titres étrangers

Tous ces titres prennent la forme du pluriel, même s'ils n'ont été ou ne sont portés que par un seul individu, sauf indication contraire.

AGA	HOSPODAR	MIKADO	TSAREVITCH
AGHA	IMAM	MILORD	TZAREVITCH
AYATOLLAH	IMAN	MOLLAH	TSARINE
BEGUM	INFANT,E	MULLA	TZARINE
BEY	JUNKER	NABAB	VIZIR
BOYARD	KAMI	NEGUS	VOIVODE
CADI	KAISER	PACHA	VOIEVODE
CALIFE	KHALIFE	PANDIT	
CAUDILLO	KHAN	RADJAH	
CHAH	KHEDIVE	RAJA	
CHAMAN	KRONPRINZ	RAJAH	
CHAOUCH	LADY//	RANI	
CHEIKH	LORD	REIS/	
CHERIF	MAHARAJA/	RHINGRAVE	*Erreurs :*
DEY	MAHARADJAH/	SATRAPE	amman, baile,
DOM	MAHARANI/	SHAH	baillie, baillive,
DUCE	MAHATMA/	SHERIF	boiar, dalai-lama,
EMIR	MAIEUR	SIRDAR	kadi, mamaouchi,
FUHRER	MAYEUR	SULTAN,E	margravine, milady
HADJDJ	MARGRAVE	TSAR	nizam, padichah,
HIDALGO	MENIN,E	TZAR	sherpa, sir.

Militaires, policiers, etc.	ALGUAZIL	CIPAYE
	ARGOUSIN	CLEPHTE
	ARMATOLE	CORONER
	BABORDAIS	EVZONE
	BIDASSE	FEDAYIN/
	CAID	FEDDAYIN/
	CIBARE	FELDWEBEL

FELLAGA	MAMELOUK	SHOGOUN	TOMMIES
FELLAGHA	MATAF	SHOGUN	TOUAREG
FLIC	MIDSHIP/	SCHUPO	TRIBORDAIS
HARKI	PANDORE	SIRDAR	UHLAN
HOPLITE	SAMOURAI	SKIPPER	ZOUAVE
KAMIKAZE	SAMURAI	TARGUI,E	
KLEPHTE	SHERIF	TOMMY,S	

Erreurs : argoulet, comitadji, heiduque, pandour, poulaga.

Noms propres repris comme noms communs, adjectifs ou verbes (parfois dans un sens différent)

ADONIS	DEBYE	MAXWELL	ROUSSEAU
ANGSTROM	DEDALE	MINERVE	RUOLZ
APOLLON	DERBY	MOISE	SATURNE
ATLAS	DERNY	NAPOLEON	SHRAPNEL
BARDOT	DIESEL	NEWTON	SHRAPNELL
BECHAMEL	DUCE	OERSTED	SIEMENS
BESSEMER	DOM	OLYMPE	SIRDAR
BICKFORD	EROS	PASCAL	SPENCER
BRINELL	FRANCO/	PASTEUR	STRAS,S
BROWNING	FUHRER	PAULOWNIA	TARTUFE
CARDIGAN	GARGANTUA	PAVIE	TELL
CAMUS	GRAM/	PHAETON	TESLA
CARTER	GRAY	PICARD	VENUS
CAUDILLO	HERCULE	PLUTON	VERNE
CERDAN	HERMES	POULBOT	VICTORIA
CESAR	HERTZ	PSYCHE	VOLTAIRE
CHARLEMAGNE/	JESUS	PULLMAN	WATT
CHATTERTON	JOB	QUASIMODO	WEBER
CHOUAN	JUDAS/	RAGLAN	WEHNELT
CHRIST	LEBEL	RICHELIEU	WILLIAMS
COLT	LIBERTY	RONTGEN	ZEPPELIN
CORNEILLE	LLOYD		
COULOMB	LUPIN	*Erreurs :*	
COWPER	MACADAM	escobar, macfarlane,	
CURIE	MACHAON	mackintosh, molière, molotov,	
CRESUS	MARCONI	parmentier, pompadour, titus,	
CROSKILL	MATHUSALEM	wallace.	
CYCLOPE	MATISSE		

NOMS PROPRES (suite)
Villes, pays, contrées, habitants, etc.

ACORES	CORSE	MADERE	SUEDE
ACROPOLE	CUBA	MADRAS	SUEZ
ALICANTE	CURACAO	MAGYAR	SUISSE
ALPES	DALLAS	MALAGA	TANAGRA
ANGORA	DAMAS	MARATHON	TOURNAI
ARCADIE	DROME	MAROILLES/	TRAFALGAR/
ASTRAKAN	ECOSSE	MARYLAND	TRIPOLI
BACCARAT	ELDORADO	MEDOC	VALENCAY
BALTIQUE	EMMENTHAL	MERCUREY	VALENCE
BATAVIA	FLANDRE	MILAN	VICHY
BEAUJOLAIS	FLORENCE/	MINDEL	VIENNE
BORDEAUX	FRIBOURG	MINERVOIS	ZANZIBAR
BOSKOOP	GIRONDE	NAVARIN	
BOSTON	GOUDA	NEUFCHATEL	
BOURGOGNE	GOULETTE	OXFORD	*Erreurs :*
BRABANT	GRUYERE	PALMA	elbeuf, inde,
BRISTOL	GUINEE	PANAMA	sassenage, sedan,
CACHEMIRE	GUNZ	PARIS	valkyrie.
CALVADOS	HAVANE	PAROS	
CAMBRAI	HITTITE	PEKIN	
CAMEMBERT	HOLLANDE	PERSE	
CANADA	HOTTENTOT	PHILIPPINES	
CANCALE	HOUDAN	PISE	
CANTAL	JAPON	PORTLAND	
CAPITOLE	JAVA	PORTO	
CARAIBES	JEREZ	POUILLY	
CHAMBERTIN	JERSEY	RABAT	
CHAMPAGNE	JURA	ROQUEFORT	
CHANTILLY	JURANCON	SAVARIN	
CHARLESTON	LANDAU	SAXE	
CHATELET	LANGRES/	SCHIEDAM	
CHESTER	LAOS	SEINE	
CHINE	LIMOUSIN	SENNE	
COGNAC	LONDRES/	SEVRES	
CORDOBA	LORRAINE	SHETLAND	

NOMS PROPRES (suite)
Prénoms

AIMABLE	CLEMENCE	GERONTE	JULIENNE
AIME	CLEMENT	GILLES	JUMBO
AIMEE	CLEMENTINE	GISELLE	JUSTE
AMOUR	COCO	GLORIA	KID
ANGE	COLIN	GRACE	KIKI
ANGELIQUE	CONSTANCE	GRACIEUSE	LAURE
AUBIN	CONSTANT	GUI	LEGER
AUGUSTE	CRISPIN	GUILLAUME	LEONARD
AUGUSTIN	DAHLIA	HENRY	LISE
AUGUSTINE	DAN	HERCULE	LOIS
AURORE	DANAIDE	HERMES	LORETTE
BALTHAZAR	DAPHNE	HERMINE	LORRAINE
BAPTISTE	DENIS	HILAIRE	LOUIS
BARBE	DESIRE	HONORAT	LOULOU
BENJAMIN	DESIREE	HONORE	MADELEINE
BENJAMINE	DIANE	HORTENSIA	MANUEL
BENOIT	DORA	HYACINTHE	MANUELLE
BENOITE	DORIS	INNOCENT	MARC
BERNARDIN	EGLANTINE	IRIS	MARGUERITE
BERNARDINE	ELISE	ISABELLE	MARIA
BIBI	EMILIEN	IVE	MARIE
BILL	EMILIENNE	IVETTE	MARINA
BLANCHE	FELICITE	JACINTHE	MARTIAL
BLONDINE	FIACRE	JACQUES (≠)	MATHURIN
CANDIDA	FIDELE	JACK	MAXIME
CANDIDE	FIGARO	JAN	MELUSINE
CAROLUS	FLEUR	JASMIN	MERLIN
CELESTIN	FLORENCE/	JEAN	MICHELINE
CENDRILLON	FLORENTIN	JEANNETTE	MINERVE
CESAR	FLORENTINE	JESUS	MODESTE
CHARLOTTE	FRANCO/	JOJO	MOISE
CICERO	FRITZ	JOSEPH	MUGUET
CLAIRE	GAVROCHE	JUDA	MYRTILLE
CLAIRETTE	GERMAIN	JULES	NAPOLEON
CLARISSE	GERMAINE	JULIEN	NARCISSE

NECTAIRE	PIERRETTE	SERAPHIN	VIOLETTE
NOEL	PIERROT	SERGE	VIRGINIE
OCTAVE	PRUDENCE	SEVERE	VULCAIN
OLIVE	PSYCHE	SIBYLLE	ZIZI
OLIVIER	PYTHIE	SILENCE	ZOE
OLYMPE	RAMONA	SPENCER	
OSCAR	RAY	SYLVAIN	
PADDY	REGIS	SYLVESTRE	*Erreurs :*
PANCRACE	REINE	TANTALE	
PANDORE	REMIS	THIBAUDE	ben, boniface,
PAQUERETTE	RENAUDE	TOMMY	casimir, fanchon,
PASCAL	RENE	TOPAZE	jacobus, jenny,
PASCALE	RICHARD	TOTO	jocko, léontine,
PARFAIT	ROBIN	URANIE	lisette, margot,
			mimi, robert,
			titus, valentin,
PAT	ROMAIN	URBAIN	valentine.
PATRICE	ROSE	URSULINE	
PAULETTE	ROSETTE	VERONIQUE	
PEGASE	SABINE	VICTOIRE	
PERVENCHE	SATURNE	VICTORIA	
PETER	SATURNIN	VICTORIEN	
PIERRE	SEPTIME	VICTORIENNE	

Autres erreurs. Ces mots repris dans des expressions connues ne sont pas valables : *tendon d'Achille, grosse Bertha, reine-Claude, trompe d'Eustache, dame-Jeanne, Louise-bonne, Martin-pêcheur, fesse-Mathieu, crêpe Suzette.*

Entraînez-vous à rechercher l'anagramme ou les anagrammes éventuelles de votre prénom.

Par exemple : LAURENT = NATUREL ; FRANÇOIS = CONFIRAS et FRONCAIS ; VALERIE = LAVERIE, LEVERAI, RELEVAI, REVELAI, VELAIRE et VELERAI ; BEATRICE = BACTERIE ; ADOLPHE = PHOLADE ; etc.

Monnaies et termes annexes

AFGHANI	CAROLUS	COLONES/	DOLLAR
ASPRE	CAURIS	CORDOBA	DONG
BAHT	CEDI	CRUZEIRO	DOUBLON
BESANT	CENT,S	DARIQUE	DOURO
BIRR	CENTAVO	DECIME	DOUZAIN
BOLIVAR	CENTIME	DINAR	DRACHME
CARLIN	COLON,S	DIRHAM	DUCAT

ESCUDO	MARAVEDIS	REAL	TESTON
FILLER,S	MARK	REAUX	THALER
FLORIN	NAIRA	REICHSMARK	THUNE
FORINT	NAPOLEON	RIEL	TICAL,S
FRANC	ORE	RIXDALE	TOURNOIS
GUARANI	OUGUIYA	RIYAL,S	VRENELI
GUINEE	PARA	ROUBLE	WON
GULDEN	PENCE/	ROUPIE	YUAN/
JAUNET	PENNY//	RUPIAH	ZAIRE
KIP	PENNIES/	SAPEQUE	ZLOTY
KOPECK	PARISIS	SCHILLING	
KYAT	PESETA	SEN	
LEI/	PESO	SEQUIN	*Erreurs :*
LEK	PEZE	SESTERCE	agnel, aignel,
			boliviano,
			centesimo,
LEMPIRA	PFENNIG,S	SHILLING	échars,e, esterlin,
LEU//	PFENNIGE/	SICLE	flouze, groschen,
LEV//	PIASTRE	SILY	jacobus, kreuzer,
LEVA	PISTOLE	SOL	krone, millime,
LIARD	QUETZAL	SOU	patar, patard,
LIRE	QUINAIRE	STATERE	quruch, serrate,
LIVRE	RAND	TAEL	xu.

Mesures, unités, etc.

ACRE	BEL,S	DECILE	GAUSS
ALCOOTEST	BILLION	DECIME	GON
AMPERE	BIT	DEMIARD	GRAY
ARE	BOISSEAU	DIGIT	HECTARE
ARPENT +	CANDELA	DIOPTRIE	HENRY,S
AUNE	CARAT	DYNE	HERTZ
AVOIRDUPOIS	CENTIARE	ERG	JEROBOAM
BAR	CENTIBAR	ETALON	JOULE
BARN	CHOPINE	FARAD	KA
BARYE	CICERO	FARADAY	KAON
BARYON	COULOMB	FERMI	KELVIN
BAUD	CURIE	FRIGORIE	KIL
BEAUFORT,S	DEBYE	GAL,S	KILO
BECQUEREL	DECIBEL	GALLO	KILOMETRE

KILOTONNE	MILLIVOLT	QUANTA/	STERE +
KILOWATT	MOLE	QUANTUM,S	STHENE
LEPTON	MU	QUARTAUT	STILB
LEXIE	MUID	QUARTE	STOKES/
LI	MUON	QUINTAL	TESLA
LITRE	NEWTON	QUINTAUX	TEX
LITRON	NIT	RAD	THERMIE
LUMEN	OERSTED	RADIAN	TOISE
LUX	OHM	REM	TORR
MAGNUM	OHMMETRE	RICHTER/	TRILLION
MARC	ONCE	RONTGEN	VAR
MATHUSALEM	PARSEC	SAVART	VELTE
MAXWELL	PASCAL,S	SETIER	VERSTE
MEGATONNE	PHANIE	SICLE	VOLT
MICRON	PHONE	SIEMENS	VOLTAMPERE
MIL	PHONON	SONE	VENTURI
MILE	PHOT	SONIE	WATT
MILLE,S	PICOTIN	SPAT	WATTMETRE
MILLIARD	PIEZE	STADIA	WEBER
MILLIBAR	PINTE	STATERE	YARD
MILLION	POISE	STERADIAN	

Erreurs : anstrom, arrobe, asa, barrel, din, hemine, inch, lack, lakh, mach, microampère, microfarad, minot, modulor, ounce, pint, poiseuille.

Géophysique et termes annexes

ABATIS/	BARRANCO	CHEIRE	DRUMLIN
ABER	BAYOU	CHOTT	DUIT
ABYSSE	BETOIRE	CINERITE	ECLOGITE
ADOS	BIEF	CLUSE	EMPOSIEU
ADRET	BIOME	COMBE	ENNOYAGE
ALFATIER,E	BOULBENE	CRATON	EOGENE
ALIOS/	BRISIS	CRET	FAILLER +
ALPE	BUSH	CUESTA	FJELD
AMONT	CAATINGA	DALOT	FJORD
ANATEXIE	CALANQUE	DELTA,S	FOGGARA
ASPRE	CALDEIRA	DIAPIR	GABBRO
AVAL,S	CANYON	DIDYME	GALGAL,S
AVAUX	CAUSSE	DOLDRUMS/	GAULIS/
AVEN	CHAUSSE	DOUBLIER,S	GUNZ

GUYOT	MASCARET	PODZOL	SYENITE
HORST	MESA	PODZOLIQUE	RASSILI
HUERTA	MINDEL	POLJE	TALWEG
HURONIEN,NE	MOERE	PERGELISOL	THALWEG
IGUE	MORAINE	PERMAFROST	TELL
ILLIVIUM	MOFETTE	PLUTON	TEOCALI
INLANDSIS	NECK	PUNA	TEOCALLI
KARST	NEOGENE	PUY	TARREFORT
KLIPPE	NIFE	REGOLITE	TJALE
LACCOLITE	NUNATAK	RIA	TOMBOLO
LAGUNAIRE	OPENFIELD	RUZ	UBAC
LAGUNE	OROGENESE	SCHORRE	UPWELLING
LAPIAZ	OROGENIE	SEBKHA	VALLEUSE
LAPIE	OROGENIQUE	SEGUIA	
LIDO	OROGRAPHIE	SERRA	*Erreurs :*
LITHOSOL	OUED	SERTAO	
LLANOS/	OUVALA	SHED	abée, cloup, hums,
MAELSTROM	PACK	SIERRA	ichor, permagel,
MALSTROM	PALEOSOL	SOTCH	ponor, rio, scrub.
MANGROVE	PALUS	SOUFFLARD	
MARNAGE	PLANEZE	SOULANE	

Vents

			NORDET
			NOROIS/
ALIZE	BOURRASQUE	FOHN	NOROIT
AQUILON	CERS	HARMATTAN	OURAGAN
AUTAN	CHAMSIN	JORAN	PAMPERO
BAGUIO	CHERGUI	KHAMSIN	SIMOUN
BLIZZARD	CHINOOK	LIBECCIO	SIROCCO
BORA	ETESIEN	MISTRAL	SUROIT
BOREE	FOEHN	NORDE	ZEPHYR

Langues, écritures, etc.

AFRIKAANS/	AYMARA	BERBERE	CAJUN
AINOU	AZERI	BICHLAMAR	CANANEEN
ALEMANIQUE	BALBOA	BIHARI	CANARA
ALEOUTE	BALOUTCHI	BISCAIEN	CANTONAIS
ALGOL	BAMBARA	BISCAYEN	CALO
AMHARIQUE	BANTOU	BRAHMI	CEBUANO
ASSAMAIS	BENGALI	BRAILLE,S	CELTE

CELTIQUE	IDIOME	OCCITAN	SOUAHELI,E
CHAN	JOBELIN	OGHAM	SWAHILI,E
CHARABIA	JOUAL/	OGHAMIQUE	TADJIK
CHLEUH,E	JOUAUX	OIL/	TAGAL
COBOL	KANNARA	ORIYA	TAMIL
COCKNEY	KAWI	OSSETE	TAMOUL
COPTE	KAZAKH	OSTIAK	TELUGU
CORNIQUE	KHMER,E	OSTYAK	TELOUGOU
COUFIQUE	KHOIN	OTOMI	THAI,E
CREOLE	KHOISAN	OUIGOUR	TOGOLAIS
DALMATE	KIRGHIZ	OUOLOF	TOKHARIEN,NE
DAYAK	KOINE	OURDOU	TOURANIEN,NE
DEVANAGARI	KUFIQUE	OXYTON	TUPI
DRAVIDIEN	KURDE	PACHTO	TURKMENE
ESKUARA	KYMRIQUE	PAHLAVI	URDU
EUSCARA	LADIN	PALI,E	VEDIQUE
EUSKERA	LADINO	PANJABI	VOGOULE
ESPERANTO	LAO	PARSI	WALLON,NE
FINNOIS	LATIN,E	PEHLVI	WU
FLAMAND	LETTE	PICARD	XIANG
FORTRAN	LETTON	PIDGIN	YIDDISH
FRANCIEN	MALAIS	PINYIN	ZEND
FRANGLAIS	MALAYALAM	PRAKRIT	ZENDE
GAELIQUE	MALINKE	QUECHUA	
GALLO,S	MALTAIS	RAJASTHANI	
GOTHIQUE	MOZABITE	ROMAN,E	
GOTIQUE	MZABITE	ROMANCHE	
GUARANI	MANDINGUE	ROUCHI	
GUJATARI	MARATHE	RUNE	*Erreurs :*
HAKKA	MARATHI	SABIR	
HAOUSSA	MIN	SAMOYEDE	adstrat, bantoue,
HEBREU	MYCENIEN	SANSCRIT,E	euskara, francique,
HINDI	NAGARI	SANSKRIT,E	ichthys, mahrate,
HINDOUSTANI	NORROIS	SLANG	ougrien, quichua,
ICHTHUS	OC/	SLAVON	sampi.

Lettres étrangères

Elles sont considérées invariables par le règlement : néanmoins, certaines peuvent prendre la forme du pluriel, étant parfois reprises sous un autre sens.

ALPHA/	THETA/	OMICRON/	KHI/
BETA,S	IOTA/	PU,S	PSI/
GAMMA/	KAPPA/	RHO/	OMEGA/
DELTA,S	LAMBDA/	SIGMA/	
EPSILON/	MU,S	TAU,X	
ZETA/	NU,S	UPSILON/	
ETA/	KSI/ ou XI/	PHI/	

DIGAMMA/ ancienne lettre grecque correspondant au son W.

Ne pas confondre IOTA/ avec la danse espagnole JOTA,S ; et YOD,S qui n'est pas une lettre grecque.

ALEPH/ lettre de l'alphabet hébreu (également invariable).

Erreurs : dzéta, koppa, ro, sampi.

Mots d'origine étrangère

De trop nombreux joueurs n'acceptent pas les mots de racines étrangères, alors que ceux-ci figurent en caractères gras, et en majuscules, dans le *Petit Larousse illustré*.

Tous ces mots sont admis.

N'oubliez pas que, d'après le règlement, le pluriel français avec —S est admis à côté du pluriel étranger.

Racines anglaises

ACE	AUDIT	BALLAST +	BEAGLE
AIREDALE	AUTOCOAT	BANJO	BEATNIK
ALDERMAN,S	BABY,S	BARBECUE	BICKFORD
ALDERMEN/	BABIES	BARMAN,S	BIFTECK
ASDIC	BACON	BARMEN/	BILL
ATTORNEY	BADGE	BASKET	BIT
AUBURN/	BAFFLE	BAZOOKA	BLAZER,S

BLISTER	CARTER,S	COOLIE	DUMPING
BLIZZARD	CARTOON	COPRA	DUNDEE
BLOOM	CASH/	COPRAH	DURHAM
BLUES	CASING	COPS/	ESQUIRE
BOBSLEIGH	CATCH	CORNER,S	EXPRESS
BO(G)GIE	CATGUT	CORONER,S	FADING
BOGHEI	CENT,S	COWPER	FEEDER,S
BOGUET	CHADBURN	CRACK	FILLER,S
BOOM	CHARTER,S	CRACKER,S	FINISH
BOOMER,S	CHEDDAR	CRACKING	FIXING
BOP	CHELEM	CRASH	FLASH,S
BOOSTER	CHERRY	CRAWL+	FLASHES/
BOOTS/	CHINTZ	CRIB	FLIPPER,S
BOSS	CHIPS	CRICKET	FLINT
BOWLING	CHOKE	CROONER	FLIRT+
BOX	CHOPPER,S	CROSS	FLOOD
BOY	CLAIM	CROUP	FLUSH,S
BRANDY	CLAMP	CRUISER,S	FLUSHES/
BREAK	CLEARING	CUTTER,S	FOLK
BREAKFAST	CLINKER,S	DAMPER,S	FOLKLORE
BRICK	CLIPPER,S	DANCING	FOLKSONG
BRIDGE +	CLOWN	DANDY,S	FOOTBALL
BRIEFING	CLUB	DEALER	FOOTING
BRISTOL	CLUSTER,S	DEBATER,S	FORCING
BROOK	COACH	DISCOUNT	FORMICA
BROWNING	COALTAR	DIXIE	FOULING
BRUSHING	COB	DOCK	FREAK
BUGGY	COCKER,S	DOCKER	FREEZER
BUILDING	COCKNEY	DOLDRUMS/	FUEL
BULGE	COCKPIT	DOLLAR	FULL
BUNGALOW	COCKTAIL	DOMINION	GADGET
BUSH	COKE	DORIS/	GAG
BUSINESS	COKING	DRAG	GAGMAN,S
CAB	COLLEY	DRAGLINE	GAGMEN/
CADDIE	COLT	DRAWBACK	GALGAL,S
CADDY,S	COMBO	DRIBBLE+	GANG
CAIRN	COMICS/	DRINK	GANGSTER
CAKE	COMPOUND/	DRIVE+	GASOIL
CAMPING	COMPUTER,S	DRIVER,S	GENTRY,S
CANOE	CONVENT,S	DROP	GETTER,S
CANTER,S	CONVICT	DRUMLIN	GIRL
CARRICK	COOL	DRY/	GOAL

GOLDEN	JURY,S	LORRY,S	PACK
GOLF	KAPOK	LUMP	PADDOCK
GOSPEL	KART	LUNCH,S	PALACE
GREEN	KARTING	LUNCHES/	PAMPHLET
GRIZZLI	KEEPSAKE	MALT+	PANEL
GRIZZLY,S	KETCH,S	MANAGER,S	PANORAMA
GROG	KETCHUP	MANGROVE	PARKING
GROGGY,S	KICK	MANIFOLD	PATCH
GROOM	KILT	MARYLAND	PATTERN
HADDOCK	KNICKERS/	MASER,S	PEELING
HAGGIS/	LABEL	MASTIFF	PEMMICAN
HALL	LADY,S	MATCH,S	PENALTIES/
HANDICAP+	LADIES/	MATCHES/	PENALTY,S
HARDWARE	LAMBSWOOL	MAUL	PENCE/
HEREFORD	LAPPING	MEETING	PENNY,S
HIPPIE	LASER,S	MESS	PENNIES/
HIPPY,S	LAVATORY,S	MIDSHIP	PERCHMAN,S
HOBBY,S	LAVATORIES/	MILE	PICKLES/
HOBBIES/	LEADER	MILORD	PIDGIN
HOCKEY,S	LEASING	MISS	PIPELINE
HOLDING	LEGGINS/	MISSES	PITCHPIN
HOME	LEGHORN	MIXER,S	PLAID
HOMESPUN	LET/	MOTEL	PLANNING
HUNTER,S	LIBERTY/	MUFFIN	POKER
IN/	LIFT+	MUSTANG	POLO
INLAY,S	LIFTING	NAPHTA	POOL
INPUT	LINER,S	NAVICERT/	PORRIDGE
INSIGHT	LINKS/	NECK	PORTER,S
JACK	LINO	NURSERY,S	PONEY
JAZZ	LINOLEUM	NURSERIES/	POSTER,S
JAZZMAN,S	LISTING	NURSING	POUDING
JAZZMEN/	LIVING	OFF/	PUDDING
JEAN	LLOYD	OFFSET	PRESSING
JEEP	LOB+	OFFSHORE/	PUB
JERK+	LOBBY,S	OPEN	PULL
JERSEY,S	LOBBIES/	OPENFIELD	PULSAR
JOB	LOADER	ORIEL	PUNCH
JOCKEY,S	LOCH	OUT/	PUNK
JOGGING	LOFT	OUTLAW	PUZZLE
JOKER	LOOPING	OUTPUT	RACER,S
JUMBO	LORD	OUTSIDER	RACK
JUMPING	LORRIES/	OVERDOSE	RACKET

RACOON	SCOOTER,S	SLOGAN	STEWARD
RADAR	SCORE	SLOOP	STICK
RADOME	SCOTCH+	SLOW	STOCK+
RAGTIME	SCOUT,E	SMART	STOKER,S
RAID	SCRABBLE	SMACH+	STOKES/
RALLYE	SCRAPPER,S	SMOCKS/	STOP
RANCH	SCRATCH	SMOG	STOUT
RANGER,S	SCRIPT	SMOKING	STRESS+
RATING	SCRUBBER,S	SNACK	STUDIO
RECORD	SCULL	SNOB+	SULKY
REGENCY/	SELECT	SOFTWARE	SUNLIGHT
REGGAE	SELF	SONAR	SUPERMAN,S
REM	SET	SPARDECK	SUPERMEN/
REPRINT	SETTER,S	SPEAKER	SURF
REPS/	SHAKER,S	SPEECH,S	SUSPENSE
RING	SHARPIE	SPEECHES/	SWAP
ROCK	SHAVING	SPENCER,S	SWEATER,S
ROCKER,S	SHED	SPIDER	SWEEPSTAKE
ROMSTECK	SHERIF	SPIN	SWING
RUMSTECK	SHERRY,S	SPINNAKER	TANDEM
ROOF	SHETLAND	SPLEEN	TANK
ROOKERIE,S	SHIFT	SPONSOR	TANKER,S
ROOKERY,S	SHILLING	SPRAT	TARTAN
ROOTER,S	SHIRTING	SPRAY	TEE
ROTARY	SHOOT+	SPRINT+	TENDER,S
ROUND	SHOPING	SPRINTER,S	TENNIS
ROWING	SHOPPING	SPRUE	TENNISMAN,S
ROYALTIES/	SHORT	SQUARE	TENNISMEN/
RUGBY	SHOW	SQUASH	TERMINUS
RUGBYMAN,S	SHUNT+	SQUAT	THRILLER,S
RUGBYMEN/	SILT	SQUATTER,S	TICKET
RUNABOUT	SINGLE	SQUAW	TILBURY,S
RUSH,S	SKATE	SQUIRE	TILT,S
RUSHES/	SKATEBOARD	STAFF+	TOAST
SALOON	SKEET	STAND	TOBOGGAN
SANDOW	SKETCH,S	STANDING	TOMMY,S
SANDWICH,S	SKETCHES/	STAR	TOMMIES/
SANDWICHES/	SKIP	STARTER,S	TORY,S
SCALP+	SKIPPER,S	STAYER,S	TORIES/
SCAT	SKUNKS/	STEAK	TRACT+
SCHOONER,S	SLANG	STEEPLE	TRAM
SCOOP	SLIP	STERLING/	TRAMP

TRAMPING	TWEETER,S	WATTMAN,S	WINCHESTER
TRAMWAY	TWIST	WATTMEN/	WINDSURF
TREKKING	UPPERCUT	WEBER	WOLFRAM
TRIAL	UPWELLING	WELTER	WYANDOTTE
TRICK	VAMP+	WERGELD	YACHTING
TRIMMER,S	VERDICT	WESTERN	YANKEE
TROLLEY	VOLAPUK	WHARF	YARD
TROTTING	VOLLEY	WHIG	YAWL
TRUCK	WAGON	WHIPCORD	YEARLING
TRUST+	WALKMAN,S	WHISKY,S	YEOMAN,S
TUNER,S	WAPITI	WHISKIES/	YEOMANRY
TURF	WARRANT+	WHIST	YEOMEN/
TWEED	WATERS/	WILLIAMS/	ZOOM
TWEEN	WATT	WINCH	

Erreurs : boxing, breeder, bulb, cant, clubman, christmas, deck, desk, esterlin, ferry, feeling, filibeg, gallup, hurdler, jock, keeper, legging (toujours avec un s final), milady, mistress, practice, pound, rancho, royalty (toujours royalties), sleeping, squeeze, surfing, schelem, philibeg, spoliers, sir, skeleton, team.

Racines arabes

		CANDI	DAHIR
		CASBAH	DIRHAM
		CETERACH	DJAMAA/
		CHADOUF	DJIHAD
		CHAFIISME	DOUAR
		CHAMSIN	ERG
		CHARABIA	FAKIR
ACHEB	BABOUCHE	CHARIA	FANTASIA
AFGHANI	BARAKA	CHEBEC	FEDAYIN/
ALAMBIC	BARKHANE	CHEBEK	FEDDAYIN/
ALCALI	BARDA	CHECHIA	FELLAGA
ALCAZAR	BAROUD	CHEIKH	FELLAGHA
ALEM/	BESEF/	CHERGUI	FELLAH
ALEZAN,E	BEZEF/	CHERIF	FENNEC
ALFA	BLED	CHOTT	FOGGARA
ALGEBRE	BURNOUS/	CHOUIA	FONDOUK
ALIZARI	CADI	COLCOTAR	GANDOURA
ALMANACH	CAFETAN	COUFIQUE	GOUM
AMAN	CAID	COUSCOUS	GOURBI
ARAK	CALIFAT	CURCUMA	GUITOUNE
AYATOLLAH	CALIFE	DAHABIEH	HACHISCH

HAIK	KOHEUL	MULLA	SEGUIA
HASCHICH	KIF	MUFTI	SLOUGHI
HADITH	KOUBBA	MUPHTI	SMALA
HADJDJ	KRAK	MUTAZILITE	SMALAH
HAMADA	KSAR,S	NADIR	SOFA
HAMMAM	KSOUR/	NOUBA	SOUFI
HAOUSSA	KUFIQUE,	OUED	SUFI
HAREM	LITHAM	OUGUIYA	SOUK
HARISSA	MACACHE	QASIDA	SOURATE
HARKI	MADRASA	QAT	SULTAN
ISLAM	MAGASIN	QIBLA	SUNNA
IWAN	MAHDI	QUIRAT	SURATE
JASMIN	MAKHZEN	RABAB	TAJINE
JULEP	MAMELOUK	REBAB	TALC
KALI	MECHOUI	RAMADAN/	TARGUI
KANDJAR	MECHTA	RAMDAM	TARGUIE
KANDJLAR	MEDERSA	RAKI	TASSILI
KANGLAR	MEDINA	RAZZIA	TOUBIB
KARITE	MEHALLA	REALGAR	OULEMA
KAWA	MEHARA/	REG	ULEMA
KEFFIEH	MEHARI,S	REIS/	WILAYA
KERMES/	MELCHITE	RIYAL,S	WILLAYA
KHALIFE	MELKITE	ROB	ZAOUIA
KHAMSIN,	MERGUEZ	ROUMI	ZAWIYA
KHAT	MIHRAB/	SAFRAN	ZOUAVE
KHEDIVE	MOHAIR	SAGAIE	
KHOL	MOKA	SAROUAL,S	
KOHOL	MOLLAH	SEBKHA	

Erreurs : al, ben,ibn, couffa, kouffa, hadhdji, jaseran, kadi, kief, looch, maghzen, millime, zagaie.

Racines asiatiques

AIKIDO	BUSHIDO	CHAN	DAZIBAO (≠)
AINOU	CACATOES	CONGAI	DONG
BAHT	CAITYA	CONGAYE	DUGONG
BAMBOU	CALAMBAC	CRISS	GAGAKU
BONSAI	CARACUL	DAIMYO/	GEISHA
BOUDDHA	CASOAR	DAN	GINSENG
BURAKU	CEBUANO	DAYAK	GOURAMI

HAIKAI	KERRIA	PANTOUM	TAGAL
HAIKU	KHMER,E	POUSSAH	TAMARA
HAKKA	KIMONO	PIDGIN	TANKA/
IOURTE	KIP	PINYIN	TAO
JOMON	LETCHI	PRAO	TATAMI
JORURI	LITCHI	RIEL	TCHAN
JUDO	LI	ROTANG	TICAL,S
JUDOKA	MAKIMONO	RUPIAH	TORII/
KABUKI	MEIJI,S	SAGOU	TSUNAMI
KAKATOES	MIKADO	SAKE	TUPAIA
KAKEMONO	MIN	SAMPAN	TUPAJA
KAMI	MOUSME	SAMOURAI	WON
KAMIKAZE	MOXA	SAMURAI	WU
KANA/	MUNTJAC	SEN	XIANG
KAOLIANG	NEGONDO	SHAMISEN	YACK
KAOLIN	NEGUNDO	SHINTO	YAK
KARAKUL	NETSUKE	SHOGUN	YANG
KARATE	NO	SHOGOUN	YEN
KARATEKA	NUNCHAKU	SIAMANG	YIN
KAWI	OBI	SOUCHONG	YOURTE
KENDO	OUIGOUR	SUMO	YUANG
			ZEN,S

Erreurs : amok, atémi, aikidoka, dojo, fen, hikébana, iai, judogi, ippon, kata, kendoka, kiai, satang, sensei, shinai, sumotori, sutémi, tonfa, tsuba, tsuki,yu, xu.

Racines espagnoles

ABACA	AUBERE	CANASTA	COROZO
ADOBE	AVISO	CANYON	CORRAL,S
ALBERGE	AXOLOTL	CARACAL	CORRIDA
ALCADE	AZEROLE	CARAMEL	CORTES
ALCAZAR	AZULEJO	CAUDILLO,S	CUADRO
ALGUAZIL	BALBOA	CENTAVO	CUESTA
ALICANTE	BANDERA	CHACONNE	CUEVA
ALPAGA	BOLERO	CHARABIA	CURCUMA
AMARIL,E	BRASERO	CHICLE	DONA
ARAUCARIA	CACAO	CHORIZO	DOURO
ARGOUSIN	CACHUCHA	COCA	DUEGNE
ARMADA	CACIQUE	CONDOR	EMBARGO
ARROYO	CAIMAN	COPAL,S	ESKUARA
ASIENTO	CALO	CORDOBA	EUSCARA

EUSKERA	LASSO	PAMPA	SAYNETE
ESCOBAR	LEMPIRA	PAMPERO	SENORITA
FAENA	LLANOS/	PANAMA	SERRA
FANDANGO	MACHETTE	PANATELLA	SIERRA
FLAMENCO	MACHO	PARADOS/	SILO
FUERO	MALAGA	PATACHE	SOLEA,S
GAIAC	MAMBO	PATIO	SOLEARES/
GAIACOL	MANADE	PESETA	SOMBRERO
GAMBA	MANGLE	PEYOTL	TACONEOS/
GANADERIA	MATADOR	PICADOR	TANGO
GASPACHO	MATAMORE	PIRANHA	TEOCALI
GAUCHO	MARACA	PIRAYA	TEOCALLI
GOUAPE	MENIN	PONCHO	TEQUILA
GUANO	MENINE	PUMA	TILDE
GUERILLA	MERINOS	PUNA	TONKA
HABANERA	MESA	QUININE	TOREADOR
HACIENDA	MIRADOR	RANCHO	TORERO
HIDALGO	MORION	REAL	TORIL
HUERTA	MULETA	REALE	TORPEDO
IGNAME	NANDOU	REAUX	
IGUANE	NAVAJA	RIA	
INDIGO	NAZCA	RODEO	*Erreurs :*
INFANT	NINAS/	RUBICAN	
INFANTE	NOPAL,S	RUMBA	caramba, quicha,
JADE	NORIA	SABIR	panatela, posada,
JALAP	OURAGAN	SALADERO	vomito, salpicon,
JOTA,S	PAELLA	SANGRIA	miquelet.
LADINO	PALABRE	SAVANE	

Mots esquimaux

ALEOUTE
ANORAK
IGLOO
KAYAK
PARKA

Racines germaniques

AUROCHS/	COBALT
BISMUTH	CROMORNE
BLENDE	DIKTAT
BOCK	DOLMAN,S
BUNKER	ERSATZ
BURGRAVE	FUCHSIA
CLINFOC	FUHRER,S

GNEISS	LANDTAG	NAZI,E	SCHUSS
GRABEN	LIED,S	OFLAG	SPATH
HALBRAN	LIEDER/	PANZER	SPIEGEL
HANDBALL	LOESS	PRESSPAHN	STAFF+
HANSE	MARGRAVE	PFENNIG,S	STALAG
HASE	MARK	PFENNIGE/	STUKA
IODLER+	MAUSER	PINSCHER	TALWEG
JODLER+	KRACH	PUTSCH	THALWEG
JUNKER	KRAFT	SARRAU,S, X	THALER
KIRSCH	KREUZER	SAXHORN	UHLAN
KITSCH/	KUMMEL	SCHILLING	VELCHE
KLIPPE	LAND,S	SCHLAGUE	WELCHE
KOBOLD	LANDAU,S	SCHNAPS	WERGELD
KONZERN	LANDER/	SCHUPO	YIDDISH/

Erreurs : anschluss, gestapo, groschen, kapo.

Racines hébraïques

AMAN/	GOIM/	RABBI	TALLETH
ALLELUIA	GOY,S	RABBIN	TALITH
CACHER/	GOYIM/	SABBAT	TALLITH
CASHER/	KIBBOUTZ	SEFARDI,S	*Erreurs :* agorot,
KASHER/	KIBBOUTZIM/	SEFARDIM/	cawcher,e, goye,
EPHOB	KIPPOUR	SEFARADE	kosher, massore,
GOI,S	PAQUE	TALETH	seffaradi.

Racines italiennes

AGIO,S	ARIOSO,S	BRIO,S	CARBONARO,S
ALLEGRO,S	ASSAI/	BROCOLI,S	CARBONARI/
ALTO,S	ATLANTE,S	CAFETERIA,S	CASINO,S
AMOROSO,S	BANCO/	CAMERA,S	CASSATE,S
ANDANTE,S	BEMOL,S	CANTABILE,S	CENTESIMO,S
ANDANTINO,S	BONI,S	CANZONE,S	CENTISIMI/
ARIA,S	BRAVO,S	CANZONI/	CHIANTI,S

CHIPOLATA,S	LAZZARONE,S	PIETA,S	TAFFETAS/
CIAO/	LAZZARONI/	PIU/	TEMPO,S
CICERONE,S	LAZZI,S	PIZZA,S	TENOR,S
CIPOLIN,S	LEGATO/	PIZZERIA,S	TENORINO,S
CODA,S	LENTIGO,S	PIZZICATI/	TERZETTO,S
COGITO,S	LENTO/	PIZZICATO,S	TOCCATA,S
CONCERTO,S	LIBRECIO,S	POLENTA,S	TOCCATE/
CONJUNGO,S	LIBERO,S	PRESTO/	TOMBOLA,S
CONTRALTO,S	LIBIDO,S	PUNCTUM/	TOMBOLO,S
CORSO,S	LIBRETTI/	PUPAZZO,S	TRATTORIA,S
CRESCENDO,S	LOGGIA,S	PUPAZZI/	TREMOLO,S
DOLCE/	LOTO,S	PUTTI/	TRIO,S
DUCE,S	MACARONI,S	PUTTO,S	TRULLO,S
DUETTO	MAESTOSO/	RAPTUS/	TRULLI/
DUO,S	MAESTRIA,S	RAVIOLI/	TUTTI,S
FARNIENTE,S	MAESTRO,S	REVERSI,S	VENDETTA,S
FIASCO,S	MAFFIA,S,	RIPIENDO,S	VILLA,S
FIGARO,S	MAFIA,S	RISOTTO,S	ZANI,S
FURIA,S	MAFFIOSO,S	RONDO,S	ZANNI/
FURIOSO/	MAFIOSO,S	RUBATO/	ZINGARI/
GABBRO,S	MAFFIOSI/	SALAMI,S	ZINGARO,S
GALA,S	MAFIOSI/	SCENARII/	
GHETTO,S	MALARIA,S	SCENARIO,S	
GLISSANDO,S	MERCANTI,S	SCHERZO,S	
GNOCCHI,S	MOLTO/	SEPIA,S	
GRACIOSO/	NURAGHE,S	SIROCCO,S	
GRAFFITI/	NURAGHI/	SOLI/	
GRUPPETTO,S	OCARINA,S	SOLO,S	
GRUPPETTI/	OSTINATO,S	SOPRANI/	*Erreurs :*
IMPRESARIO,S	PARTITA,S	SOPRANO,S	Bene, biribi,
IMPRESARII/	PARTITE	SORGHO,S	concetti, duetti,
INFLUENZA,S	PERGOLA,S	SOSTENUTO/	Fontalini,
LARGHETTO,S	PIANO,S	SPAGHETTI/	pifferaro
LARGO,S	PIAZZA,S	STACCATO,S	
LASAGNE/	PICCOLO,S	STUC,S	

Racines néerlandaises	AFRIKAANS/	GULDEN	SCHIEDAM
	AFRIKANER	KRAAL	SCHORRE
	APARTHEID	LIPPE	SLIKKE
	BITTER	LOF+	VELD
	BLOC	POLDER	WITLOOF
	BLOCUS	RABAN	YACHT
	COLZA	RHUMB	YOLE

Racines persanes

TALPACK
TARBOUCH
TARBOUCHE
TCHADOR
VILAYET
VIZIR
YAOURT

AGA	FIRMAN,S	LOUKOUM	YATAGAN
AGHA	HALVA	MUEZZIN	YOGOURT
APADANA	HOURI	NARGHILE	ZEND
AZERI	IMAM	NARGUILE	ZENDE
BAKCHICH	IMAN	PACHA	
BAIRAM	IMAMAT	PACHALIK	
BAYRAM	IMANAT	PILAF	
BEY	KAZAKH	RAIA	*Erreurs :* chibouk,
BIHARI	KHAN	RAYIA	chibouque, kurus,
CAVIAR	KHANAT	SANDJAK	pilau, pilaw,
CHAH	KIOSQUE	SHAH	padichah, couffa,
CHAOUCH	KIRGHIZ	SIRDAR	kouffa, kan,
COLBACK	LASCAR	SPAHI	kebab.
DEY	LOKOUM	TADJIK	

Racines portugaises

AREC	COUGOUAR	SERRA
BARRANCO	CRUZEIRO	SERTAO
BETEL	ESCUDO	TAPIOCA
CACHOU	FADO	TATOU
CALDEIRA	FAVELA	TECK
CANGUE	FAZENDA	TEK
CENTAVO	MACUMBA	VERANDA
CIPAYE	MANDARIN	ZEBRE +
COATI	MANGUE	
COBRA	PAGODE	
COCO	PARIA	
COPAHU	PETUN	
CORNAC	PORTO	
COMMANDO	SAMBA	

Racines sanskrites et indiennes

			SIKH
			SIKHARA
			SIMABURA
			SITAR
			SOUTRA
			SUTRA
			STUPA/

ASANA	GUJARATI	MAYA	STOUPA
ASHRAM/	GYMKHANA	MUDRA/	SURAH
ASRAM/	HINDI	NABAB	SVASTIKA
ASPARA	HOUKA	NAGARI	TAMIL
ASSAMAIS/	JODHPURS/	NELOMBO	TAMOUL
AVATAR	JUNGLE	NELUMBO	TELOUGOU
AYMARA	KAKI	NIRVANA	TELUGU
BANIAN	KANNARA	NIZAM	TORANA
BEGUM	KARMA	ORIYA	URDU
BERIBERI	KARMAN	OURDOU	VAISYA/
BOUDDHA	KATCHINA	PANDIT	VEDIKA/
BRAHMI	LINGA	PANJABI	VIHANA/
BRAHMINE	LINGAM	RAJA	YOGA,S
CAATINGA	MADRAS	RADJAH	YOGI,S
CANARA	MAHATMA/	RADJAH	YUCCA
CHINOOK	MAHARAJA/	RAGA/	ZEN,S
DATURA	MAHARADJAH/	RAJASTHANI	
DEVANAGARI	MAHARANI/	RANI	*Erreurs :*
GOPURA	MALAYALAM	SARI	devadas, mahrate,
GOUROU	MANDALA	SATI	ourdu, paisa,
GURU	MANDARIN	SHAMA	vaicya.

Racines scandinaves

AKVAVIT	GEYSER	ORE	STAKKING
AQUAVIT	HARFANG	ROHART	TJALE
ANGSTROM	ICEBERG	RUNE	VIKING
CLAMP	INLANDSIS	RUTABAGA	YOLE
DRAKKAR	LEMMING	SAGA	
FJELD	MALSTROM	SAUNA	
FJORD	MAELSTROM	SLALOM+	

Erreurs : aurar, eyrir, krinur, krona, krone, lotta, markka, markaa, penni.

Racines slaves

ARTEL	KALMOUK,E	POGROM	TOKOMAK
ASTRAKAN	KEPHIR	POGROME	TROIKA
AZERI	KEFIR	POLJE	TSAR
BARZOI	KEPHYR	POPE	TZAR
BELUGA	KNOUT	RASKOL	TSAREVITCH
BELOUGA	KOLKHOZ	RENDZINE	TZAREVITCH
BLINI	KOLKHOZE	ROUBLE	TSARINE
BORA	KOPECK	SAMIZDAT	TZARINE
BORTSCH	KOULAK	SAMOVAR	TSIGANE
BORCHTCH	KOULIBIAC	SHAKO	TZIGANE
BOYARD	KOUMIS	SOTCH	OUKASE
BRISKA	KOUMYS	SOVIET	UKASE
CHAPKA	LEK	SOVKHOZE	VODKA
CSARDAS	LEV,S	STARETS/	VOIEVODE
CZAR	LEVA	STARIETS/	VOIVODE
DATCHA	MAMMOUTH	SZLACHTA	VOIEVODIE
DINAR	MANOUCHE	TAIGA	VOIVODIE
DOUMA	MAZOUT+	TOKAI	YAOURT
FILLER,S	MAZURKA	TOKAJ	YOGOURT
FORINT	MENCHEVIK	TOKAMAK	ZEMSTVO
GOPAK	MERZLOTA	TOKAY	ZLOTY,S
HOPAK	MIR		
GOULACHE	MOUJIK		
GOULASCH	OUZBEK		
GOULAG	UZBEK	*Erreurs* : *boir,* chapska, comitadji,
HOSPODAR	PAPRIKA	comitat, coomys, czardas, grosz,
ISBA	PIROJKI	groszy, dinara, heiduque, ksardas, lew,
KACHA	PODZOL	nagaika, nahaida, pandour, schako,
		spoutnik, téléga.

Belgicismes (français, flamands, wallons)

ACCISES/
ACCISIEN
ARCHELLE
AUBETTE
BRABANT
COUQUE
COURRERIES/

CRAMIQUE	ESSUIE	MAYEUR	TAISEUSE
DEFORCER+	FRANSQUILLON	MINERVAL	TAISEUX
DOUBLEUR	GRISOU	NONANTE/	TIRETTE
DREVE	GUEUZE	PLEUTRE	
ECOLAGE	KERMESSE	SEPTANTE/	
ENDEANS/	LICHETTE	SCHORRE	
ENTIERETE	MAIEUR	SPITANT,E	

Erreurs : acter+, balatum, bazinnen, bolus, buser+, copion, cumulet, diplomer+, drache, faro, herve, lambic, lotto, minque, passette, ramassette, singlet, socquet, speculoos, subsidier+, tute, unalit, zot.

Canadianismes

ABATTIS	GOGLU	TOURTIERE	
ACHIGAN	JOUAL	TUQUE	
BATTURE	MAGASINER+	VIVOIR	
BERNACHE	MANITOU		
BRUNANTE	MILAGE		
CARIBOU	MILLAGE		
FRASIL	PEKAN		

Helvétismes

		GRIBICHE	RANZ
		GRINGE	REPOURVOIR+
		GUILLON	ROESTI/
		HUITANTE/	ROSTI
		MAYEN	SBRINZ
		MAZOT	SOMMELIERE
		NEVE	TABELLE
ARMAILLI	CUISSETTES/	NONANTE/	TACON
ATRIAU,X	DEVALOIR,S	OCTANTE/	TAVILLON
BEAUFORT	DICASTERE	ORDREE	VENGERON
BISCOME	ECOLAGE	PANOSSER+	VOTATION
BISSE	EFFEUILLEUSE	PARCHET	VRENELI
BOILLE	ENCOUBLER+	PECLOTER+	YASS
BONDELLE	ENUQUER+	PETOUILLER+	YASSE
BRANTE	FION	PIVE	*Erreur :*
BRICELET	FOEHN	PLANELLE	helvète.
CAQUELON	FOHN	POCHON	
CARNOTSET	FOYARD	POUSSINE	
CATELLE	GALETAS/	POUTSER+	
CHANNE	GOUILLE	RACCARD	
CIBARE	GRAVIERE	RAMASSOIRE	

Racines diverses

PAREO
PECARI
POTLATCH
PULQUE
RAND
RAPHIA
QUETZAL

AGAMI	COLIBRI	KRISS	QUIPO
AGOUTI	CRISS	MAKI	QUIPU
ATOCA	CURACAO	MALINKE	SACHEM
ATOLL	GNOU	MANA	SAFARI
BALAFON	GOURA	MANDRILL	SAMOYEDE
BAMBARA	HAMAC	MANIOC	SILY
BANTOU	HAMICHI	MOUSSAKA	TAMANDUA
BOOMERANG	KANAK,E	NAHUA	TANAGRA
BOUBOU	KAWA	NAHUATL	TANREC
BIRR	KINKAJOU	NAIRA	VAHINE
CARBET	KHOIN	NAJA	WALLABY
CATALPA	KHOISAN	NEGUS	WIGWAM
CEDI	KOALA	OTOMI	WOMBAT
CHURINGA	KOINE	OUOLOF	ZOMBIE

Français (dialectes et patois)

ABER	CASTEL	FARADET	OGHAM
AIGUAIL	CAUSSE	FAROUCH	PISE
ALIOS/	CHISTERA	FRICHTI	QUETSCHE
AMADOU	CHTIMI	GENEPI	QUICHE
BAGAD	COUFFIN	GRIGOU	RATAFIA
BALADIN	COPPA	GUIMBARDE	RIESLING
BAGASSE	CROMLECH	ISARD	SERAC
BINIOU	DONZELLE	KOUGLOF	TAFIA
BRAIES/	DOLMEN,S	MAGNAN	TAN
BRAN	ESKUARA	MAKILA	TRABOULE
BRETZEL	ESTAGNON	MASCARET	VOCERO,S
CABRI	EUSCARA	MELEZE	VOCERI/
CAGNARD	EUSKERA	MENHIR	
CAPELAN	FAR	MESCLUN	

Erreurs : braies (toujours au pluriel) cloup, gouglof, euskara, ker.

Mots désuets

APPENDRE +	suspendre	FORS	hors
BAILLI	agent du roi	GAZETIER	publiant des gazettes
BELITRE	coquin	MISTOUFLE	misère
BEUGLANT	café-concert	MITAN	milieu
BOUTER +	repousser	MOUTIER	monastère
BOUTEILLON	marmite	NANAN/	chose exquise
CAUTELE	prudence	OCCIRE/	tuer (OCCIS,E)
CHALAND,E	client, e	OUIR/	entendre
CLYSTERE	lavement	PECAIRE/	exclamation de pitié
COTILLON	jupe	PETUN	tabac
DAMOISELLE	fille noble	POTARD	pharmacien
ESTAMINET	petit café	RIPAILLE +	débauche de table
FICULINE	objet en terre	SAPIENCE	sagesse
FILOSELLE	fil de soie	SEILLON	petit baquet

Erreurs : accordailles, affutiau, aiguade, argoulet, autostrade, blandices, champi, champisse, charrée, chaumine, clergie, coquecigrue, dextre, escarole, gemeau, gemelle, goton, gourmade, icelui, icelle, iceux, ja, lippée, matiutinal, meistre, moult, nenni, onc, oncques, onques, oyez, papegai, papegeai, pipo, pioupiou, roy, ruiniste, sauvagesse, vesser +.

Mots familiers, populaires, argotiques, triviaux, péjoratifs...

(Les mots suivis du signe (≠), bien que n'étant pas repris au *P.L.I.* 1981, sont néanmoins autorisés par le règlement).

ABOULER+	BAHUT	BECTANCE	BILEUX
ALLUMEUSE	BAISOTTER+	BECTER+	BILEUSE
ALPAGUER+	BAKCHICH	BEDAINE	BINETTE
AMERLO,	BALAISE	BEDON	BINOCLARD,E
AMERLOQUE	BALEZE	BEDONNER+	BINOCLE
AMOCHER+	BAMBOCHE+	BEIGNE	BIRBE
ANAR	BAMBOULA/	BEUGLANT,S	BIROUTE
ARGOUSIN	BANQUER+	BEUGLANTE	BISBILLE
ARNAQUER+	BARATIN	BENEF	BISQUER+
ARNAQUEUR	BARATINER+	BESEF/	BISOU
ARSOUILLE	BARATINEUR	BEZEF	BIZOU
ATTIGER+	BARATINEUSE	BIBI	BISTRO
BABIOLE	BARBANT,E	BIBINE	BISTROT
BACANTES/	BARBOUZE	BICHER+	BITTE
BACCHANTE,S	BARDA	BIDASSE	BITURE
BACHOT	BAROUD	BIDE	BITURER+
BACHOTAGE	BAROUDEUR	BIDOCHE	BIZARROIDE
BACHOTER+	BAROUF	BIDONNER+	BIZUT
BACLER+	BASTOS	BIDULE	BIZUTH
BAFFE	BASTRINGUE	BIFFE	BIZUTAGE
BAFOUILLE+	BATH/	BIFFIN	BIZUTER+
BAFOUILLEUR	BAVASSER+	BIGLER+	BLACKBOULER+
BAFOUILLEUSE	BAZARDER+	BIGLEUX	BLAIR
BAFRER+	BECANE	BIGLEUSE	BLAIRER+
BAFREUR	BECHEUR	BIGOPHONE	BLAZE
BAFREUSE	BECHEUSE	BIGORNER+	BLOUSER+
BAGOU	BECOT	BIGREMENT	BOBARD
BAGOUT	BECOTER+	BILER+	BOBONNE (≠)

BOCHE	BRIQUER+	CARNE	CHIPER+
BOF/	BROQUETTE	CAROTTER+	CHIPIE
BONNICHE	BROUHAHA	CARREE	CHIPEUR
BORDEL	BROUILLE	CASQUER+	CHIPEUSE
BORDELIQUE	BROUILLERIE	CATIMINI/	CHIQUEMENT
BOSS	BRUTION	CATIN	CHLEUH,E
BOSSER+	BUCHEUR	CAUSETTE/	CHOCHOTTE
BOSSEUR	BUCHEUSE	CAVALCADER+	CHOCOTTES/
BOSSEUSE	CABOCHE	CAVALE	CHOPER+
BOUCAN	CABOT	CAVALER+	CHOUCHOU,TE+
BOUFFARDE	CABOTIN	CAVALEUR,EUSE	CHOUIA
BOUFFE +	CABOTINE	CHAMBARD	CHOURINER+
BOUFFETANCE	CABOTINER+	CHAMBARDER+	CHOUTE
BOUGEOTTE/	CABOULOT	CHAMBOULER+	CIAO/
BOUGNAT	CAFOUILLER+	CHARCUTER+	CIBOULOT
BOUGONNER+	CAFOUILLIS	CHARRIER+	CINGLE,E
BOUGRE	CAFTER +	CHEROT	CINOCHE
BOUGREMENT	CAFTEUR	CHIADER+	CLAMSER+
BOUGRESSE	CAFTEUSE	CHIADEUR	CLANDE
BOUIF	CAGIBI	CHIADEUSE	CLAPET
BOUILLASSE	CAGNA	CHIALER+	CLAQUANT,E
BOUILLE	CAID	CHIALEUR	CLEBARD,
BOULONNER+	CALO	CHIALEUSE	CLEBS
BOULOT	CALOTIN	CHIANT	CLOCHARD,E
BOULOTTE	CALOTTER +	CHIANTE	CLOCHER+
BOULOTTER+	CAMBROUSSE	CHIASSE	CLODO
BOUM	CAMBUSE	CHICANO	CLOPE
BOUMER+	CAMELOT	CHICHI	CLOPINER+
BOUQUINER+	CAMELOTE	CHICHITEUX	CLOPINETTES/
BOURDE	CAMER +	CHICHITEUSE	COCASSE
BOURRATIF	CANARDER +	CHICOT	COCHONNAILLE
BOURRATIVE	CANCAN	CHIEE	COCHONNE+
BOURRICHON/	CANCANER +	CHIENLIT	COCHONNERIE
BOURRIN	CANCRE	CHIENNERIE	COCO
BOUSEUX	CANER +	CHIER+	COCOTTE
BOUSILLER+	CANULAR	CHIFFE	COCU,E
BREME	CANULER +	CHIGNOLE	COCUAGE
BRICOLER+	CAPITULARD,E	CHINER+	COCUFIER+
BRIMBALER+	CAQUETER+	CHINETOQUE	COFFRER+
BRINGUE	CARABINEE	CHINEUR	COGITER+
BRINGUEBALER+	CARAPATER+	CHINEUSE	COLLABO
BRINQUEBALER+	CARBURER +	CHIOTTES/	COLLEUR

COLLEUSE	CUISTOT	EMPOTE,E	FLAMBER +
COMBINARD,E	CUITER+	ENDEVER/	FLAMBEUR
COMMERE+	DADA	ENGROSSER+	FLANCHER+
CON	DANDIN	ENGUEULADE	FLANQUER+
CONCOCTER +	DEBECTER+	ENGUEULER+	FLEMMARD,E+
CONDE	DEBINE	ENTOLAGE	FLEMME
CONJUNGO	DEBINEUR	ENTOLER+	FLIC
CONNE	DEBINEUSE	ENTUBER+	FLINGOT
CONNERIE	DEBOUSSOLER+	ERGOTER+	FLINGUE
COPINAGE	DECANILLER+	ERGOTEUR	FLINGUER+
COPINER+	DECARCASSER+	ERGOTEUSE	FLIPPER+
COQUARD	DECERVELER+	ESBIGNER+	FLONFLON
COQUART	DECONNER+	ESBROUFE+	FLOPEE
CORNARD	DEGELEE	ESBROUFEUR	FLOTTARD
CORNIAUD	DEGLINGUER+	ESBROUFEUSE	FLOUER+
CORNIOT	DEGOBILLER+	ESCOGRIFFE	FOFOLLE
CORRIDA	DEGOISER+	ESGOURDE	FOIRER+
COSSARD,E	DEGOMMER+	ESQUINTER+	FOIREUX
COSTARD	DEGOTER	ESTOURBIR +	FOIREUSE
COSTAUD	DEGOTTER+	FAGOTER+	FONCEUR
COUILLE	DEGOULINER+	FAIBLARD,E	FONCEUSE
COUILLON	DEGUEULER+	FALOT,E	FOOT
COUILLONNER+	DEMERDER (≠)	FALZAR	FORTICHE
COUINER+	DEPATOUILLE+	FANA	FOUINARD,E
COURSER+	DEPIAUTER+	FARAUD,E	FOUINER+
CRAMER+	DEPUCELER+	FARFELU,E	FOUINEUR
CRANER+	DER/	FARFOUILLER+	FOUINEUSE
CRANERIE	DEVEINE	FAYOT	FOURBI
CRANEUR	DINGUE	FAYOTER+	FOURGUER +
CRANEUSE	DINGUER/	FEINTER+	FOUTAISE
CRAPAHUTER+	DONDON	FETARD	FOUTOIR
CRAVATER+	DOUDOUNE	FIASCO	FOUTRAL,E
CRECHER+	DRAGUER+	FIEROT,E	FOUTRALS
CRETIN,E	DRAGUEUR	FIESTA	FOUTRE/+
CRETINERIE	DRAGUEUSE	FIFRELIN	FOUTREMENT
CREVARD	EMBOBINER+	FIGARO	FOUTRIQUET
CRINCRIN	EMBRINGUER+	FILOU	FOUTU,E
CROQUENOT	EMMERDEMENT	FILOUTER+	FRANGIN,E
CROULANT,E	EMMERDER+	FION	FRANQUETTE/
CROUTER+	EMMERDEUR	FISTON	FRELUQUET
CUCUL/	EMMERDEUSE	FLAGADA/	FREROT
CUISTANCE	EMPOCHER+	FLAMBARD	FRIC

FRICHTI	GIGOTER+	GRIVETON	JOBARDISE
FRICOT	GINGUET	GROLE	JOBELIN
FRICOTER+	GIROND,E	GROLLE	JOJO
FRICOTEUR	GLANDER+	GROMMELER+	JULES/
FRICOTEUSE	GLANDEUR	GROUILLOT	JUTEUX
FRIGO	GLANDEUSE	GUEULANTE	KHAGNE
FRIMER+	GLAVIOT	GUEULARD,E	KIKI
FRIMOUSSE	GLOUGLOU	GUEULER+	KIL
FRINGALE	GNANGNAN/	GUEULETON	LACHEUR
FRINGANT,E	GNOGNOTE	GUIBOLLE	LACHEUSE
FRINGUER+	GNAULE	GUIGNARD,E	LAIUS
FRIPOUILLE	GNIOLE,	GUIGNE	LAIUSSER+
FRISQUET	GNOLE	GUIGNER+	LAIUSSEUR
FRISQUETTE	GNON	GUIGNON	LAIUSSEUSE
FRITZ	GOBERGER+	GUIMBARDE	LAMBIN,E+
FROC	GOBER+	GUINDER+	LAMPER+
FROUSSARD,E	GOBEUR	GUINCHER+	LAPINISME
FRUSQUES/	GOBEUSE	GUITOUNE	LARBIN
FUMANT,E	GODASSE	HARPIE	LARDON
FURAX	GODICHE	HARPONNER+	LARIGOT,S
FURIBARD,E	GODILLOT	HASCH	LASCAR
GABEGIE	GOGO	HOBEREAU	LAVASSE
GADIN (≠)	GOGUENOTS/	HURON,NE	LECHEUR
GAFFER+	GOGUES/	ILLICO/	LECHEUSE
GAFFEUR	GOGUETTE/	IMPAYABLE	LICHER+
GAFFEUSE	GOINFRER+	IMPER	LIQUETTE
GAGA	GONDOLER+	INDIC	LONGUET,TE
GALIPETTE	GONZESSE	INTER	LOUBARD
GALOPIN	GOSSE	ITOU/	LOUFIAT
GALURE	GOUAPE	JABOTER+	LOUFOQUE
GALURIN	GOULEE	JACASSER+	LOULOU
GALVAUDER+	GOUPILLER+	JACASSEUR	LOUPER+
GAMBERGER+	GOURANCE,	JACASSEUSE	LOUPIOT
GAMBETTE	GOURANTE	JACQUES (≠)	LOUPIOTE
GAMBILLER+	GOURER+	JACTER+	LOUPIOTTE
GARCE	GRABUGE	JARGONNER+	LOURDAUD,E
GARGOTIER,E	GRENOUILLER+	JASPINER+	LOURDER+
GARS	GRIBOUILLER+	JEUNET,TE	LOUSTIC
GAUDRIOLE	GRIBOUILLIS	JEUNOT,TE	LUBIE
GAUPE	GRIGOU	JOB	LUPANAR
GEIGNARD,E	GRINGALET	JOBARD,E	LURETTE/
GIGOLO	GRISBI	JOBARDERIE	MABOUL,E

MACACHE/	MAZETTE	MOUCHARDAGE	PATHOS
MACAQUE	MEC	MOUCHARDER+	PATOCHE
MACCHABEE	MECANO	MOUFLET,TE	PATOUILLER+
MACHIN	MEGOT	MOUFTER+	PATRIOTARD,E
MACHO	MEGOTER+	MOUISE	PAUMER+
MACHOUILLER+	MELO	MOUMOUTE	PECORE
MAGISTER,S	MEMERE	MOUSSAILLON	PEDALEUR
MAGNER+	MENDIGOT,E	MOUTARD	PEDALEUSE
MAGOT	MERDE	MUFLE	PEDE
MAGOUILLER+	MERDER+	MUFLERIE	PEINARD,E
MAIGRICHON,NE	MERDEUSE	MUSARDER+	PEKIN,
MAIGRIOT,TE	MERDEUX	NANA	PELOTER+
MALABAR	MERDIER	NANAN/	PENATES/
MALFRAT	MERDIQUE	NIAULE	PENDARD,E
MAMELU,E	METALLO	NIPPER+	PENDOUILLER+
MANIGANCER+	MICHETON	NOCEUR	PEPE
MANITOU	MICMAC	NOCEUSE	PEPEE
MAOUS	MICRO	NOUBA,S	PEPERE
MAOUSSE	MIDINETTE	NULLARD,E	PEPETTES/
MAQUEREAU	MINABLE	OCCASE	PEQUENOT
MAQUERELLE	MINET	OLIBRIUS	PEQUIN
MARGIS/	MINETTE	OUAIS	PERPETE/
MARGOUILLIS/	MINOU (≠)	OUST	PERPETTE/
MARGOULIN	MINUS	OUSTE/	PETIOT,E
MARIOLE	MIOCHE	PACSON	PETOCHE
MARIOLLE	MIRETTES/	PAF/	PETOIRE
MARLOU	MIROBOLANT,E	PAGEOT	PETON
MARMAILLE	MISTIGRI	PALICHON,NE	PETROLETTE
MARMOT	MISTOUFLE	PALTOQUET	PEZE
MARMOTTER+	MITAN	PALUCHE	PIAF
MARMOUSET	MITARD	PANARD	PIAFFER+
MARONNER+	MOCHE	PANIQUARD	PIAILLER+
MAROTTE	MOCHETE	PANIQUER+	PIAILLERIE
MARRANT,E	MOINILLON	PANTOUFLARD,E	PIAULE
MARRER+	MOLLASSERIE	PAPOTAGE	PICAILLONS/
MASCOTTE	MOLLASSON,NE	PAPOTER+	PICHENETTE
MASTOC/	MOLLO/	PARIGOT,E	PICOLER+
MASTROQUET	MOME	PARLOTE	PIEUTER+
MATAF	MORNIFLE	PARTOUZE	PIF
MATHEUX	MORPION	PATACHON	PIFOMETRE/
MATHEUSE	MOTARD	PATAPOUF	PIGEONNER+
MATON,NE	MOUCHARD	PATAUD,E	PIGER+

PIGNOUF	POMPIER,E	RALEUR	RIBOTE
PIMBECHE	POPOTE	RALEUSE	RIBOULDINGUE/
PINAILLER+	POPULO	RAMDAM	RICAIN,E
PINARD	POTACHE	RANCARD	RICHARD
PINARDIER	POTARD	RANCARDER+	RICHARDE
PINGRE	POTASSER+	RANCART	RIFIFI
PINTER+	POTE	RENCARD	RIFLARD
PIOCHER+	POTIN	RENCARDER+	RIGOLARD,E
PIOCHEUR	POTINER+	RAPETASSAGE	RIGOLO
PIOCHEUSE	POUILLERIE	RAPETASSER+	RIGOLOTE
PION	POUILLEUSE	RAPIAT,E	RIKIKI
PIONCER+	POUILLEUX	RAPINE	RINCETTE
PIONNE	POULBOT	RAPLAPLA/	RINGARD,E
PIPER+	POUPONNER+	RAPPLIQUER+	RIPAILLE+
PISSER+	PROF	RAQUER+	RIPAILLEUR
PISSOIR	PROLO	RASEUR	RIPAILLEUSE
PISSOTIERE	PROPRIO	RASEUSE	RIQUIQUI/
PISTARD	PUCEAU	RASIBUS	RITAL,S
PISTONNER +	PUCELAGE	RATATOUILLE	ROBIN
PLANCHER+	PUCELLE	RATIBOISER+	ROGATON
PLANQUE	PUCIER	RAVIGOTER+	ROGOMME
PLANQUER+	PUNAISER+	REAC	ROMBIERE
PLAQUER+	PUROTIN	REBIFFER+	RONCHON
PLASTRONNER+	PUTAIN	REBIQUER+	RONCHONNER+
PLEURARD,E	PUTE	RECALER+	RONDELET,TE
PLOUC	QUENOTTE	RECTA/	RONDOUILLARD,E
PLUCHES/	RAB	REGLO	ROUBLARD,E
PLUMARD	RABE	RELAX	ROUBLARDISE
PLUMER+	RABIOT	RELUQUER+	ROUDOUDOU
POCHARD,E	RABIOTER+	REMPILER+	ROUFLAQUETTE
POGNE	RACOLER+	REMPLUMER+	ROUGEAUD,E
POGNON	RACONTAR	RENAUDER+	ROULURE
POILER+	RADIN,E+	RENGORGER+	ROUPIE
POIREAUTER+	RADINERIE	REQUINQUER+	ROUPILLER+
POISSE+	RAFIOT	RESQUILLER+	ROUPILLON
POIVRE,E	RAFISTOLAGE	RESQUILLEUR	ROUSCAILLER+
POIVROT,E	RAFISTOLER+	RESQUILLEUSE	ROUSPETANCE
POLAR	RAGEANT,E	RESUCEE	ROUSPETER+
POLARD,E	RAGER+	RETAPER+	ROUSPETEUR
POLITICARD,E	RAGEUR	RETRO	ROUSPETEUSE
POLOCHON	RAGEUSE	REVOYURE/	ROUTARD
POMPETTE	RAGOT	RIBAMBELLE	RUPIN

RUPINE	TAPANT,E	TOUILLER+	TUBARD,E
SACQUER+	TAPETTE	TOUPET	TUDESQUE
SAQUER	TAPEUR	TOURNEBOULER+	TURBIN,ER+
SALAMALECS/	TAPEUSE	TOURNIQUER+	TURLUPINER+
SALAUD	TAPIN/	TOUTIM	TURLUTUTU/
SALIGAUD,E	TAPINER+	TOUTOU	TURNE
SALONNARD,E	TAPOTER+	TRACASSIN	TUYAUTER+
SALOPARD	TARABUSTER+	TRAINAILLER+	TYPO
SALOPE	TARATATA/	TRAINARD,E	TYPOTE
SALOPER+	TARDILLON,NE	TRAINASSER+	URGER+/
SALOPERIE	TARTEMPION	TRAINGLOT	VACHARD,E
SAPAJOU	TATA	TRAINTRAIN	VACHEMENT
SAPER+	TATANE	TRALALA	VACHERIE
SATANE,E	TAULARD,E	TRANSBAHUTE+	VADROUILLE+
SAUCEE	TAULIER,E	TRAVELO	VALDINGUER+
SAUVETTE/	TÉLÉ	TRAVIOLE/	VAMPER+
SBIRE	TÉTON	TREMBLOTE+	VANNER+
SELECT	THÉSARD,E	TREMPETTE/	VAPES/
SLANG	TIF,S	TRIFOUILLER+	VASOUILLER+
SMICARD,E	TIGNASSE	TRIMARD	VENTREE
SNOBER+	TINTOUIN	TRIMARDEUR	VERLAN
SNOBINARD,E	TIQUER+	TRIMBALAGE	VESSE
SOEURETTE	TITI	TRIMBALER+	VIVOTER+
SOIFFARD,E	TOC,S	TRIMER+	ZAZOU
SONO	TOCANTE	TRINGLOT	ZIEUTER+
SOUBRETTE	TOCARD,E	TRINQUER+	ZIG
SOUILLON	TOLARD,E	TRIPETTE/	ZIGOUILLER+
SOUILLURE	TOLE	TRIPOTER+	ZIGUE
SOULAUD,E	TOQUANTE	TRIPOTEUR	ZINZIN
SOULOT,E	TOQUARD	TRIPOTEUSE	ZIZI
SOURDINGUE	TAULE	TRIQUE	ZONARD
SUBITO/	TOLIER,E	TRISSER+	(pas de fém.)
SUCON	TOMBEUR	TROMBINE	
SURBOUM	TONTON	TRONCHE	
SURIN	TOPO	TROQUET	
SURINER+	TOQUER+	TROUFION	
SYMPA/	TORCHONNER+	TROUILLARD.E	
TABASSER+	TORDANT,E	TROUILLE	
TACOT	TORGNOLE	TROUPIER	
TALOCHE+	TORTILLARD	TRUANDER+	
TAMBOUILLE	TOTO	TRUCIDER+	
TANTINE	TOUBIB	TUANT,E	

Erreurs : bâcleur (CURABLE), bahutage, baiseur (AUBIERS), banban, bigor, biribi, bagouse (BOUGEAS), branleur, cagne, cagneux, cagneuse (ECANGUES), carogne (COGNERA, CONGREA, CORNAGE), chattemitte, connard, connasse, couvrante, dahut, dégobillage, dindonne+, émécher (adj. oui), enculer+, enculée (ENUCLEE, NUCLEE), épateur (PATUREE), escoffier+, fadée, fayotter (FAYOTER), feinteur (FEUTRINE), fistot, flambart, flouze, (FLOUEZ, FOULEZ), frégaton (FORGEANT), frocard, furibard, futal, galvaudeux, gaminer+ (GERMAIN), goton, intox, intoxe (TOXINE), jacasserie, jar (JARS), lorgneur, mac (MEC), mafflu,e, manif, marmitage, merdoyer+, mezigue, mimi, miro, moco, morfale, musard (MUSARDER), myro, nase, naze, negro, nenni, nichon (NICHONS),niquer (REQUIN), pandour, pante, patafioler, pebroque, pecque, périf, perm, perme, piaffeur, pinteur, pionnor l, ploupiou, pinner+, pipeuse, pipo, pouffiasse, poulaga, quedalle, quéquette, ragoter+, rapiner+, robert, roubignole, roupette, rouston (OUTRONS, ROUTONS, TOURONS, TROUONS), schnock, schnouf, sensas, soiffer+, tapineuse, tousserie, tousseur, trimarder+, trimeuse, triquer+, tronche, troncher+, trottin, trulutaine, venette, vesser+, vicelard, zigomard, zigoto.

NOTES PERSONNELLES

Liste des termes médicaux courants ne figurant pas au P.L.I.

De très nombreux médecins et membres de professions paramédicales se passionnant pour le Scrabble, il nous a paru utile de dresser cette liste de *fautes à ne pas commettre*, certains de ces termes médicaux, fort utilisés, ne figurant pas (ou pas encore) au *Petit Larousse illustré*. C'est ainsi que VARA (coxa vara) et VARUS (varus équin) sont acceptés, alors que *varum* (genu varum) ne l'est pas.

Nous remercions le docteur Jean-Marie Thiebaud (du Scrabble Club de Pontarlier) de sa collaboration.

Entre parenthèses, on trouvera soit les mots similaires repris au *P.L.I.*, soit leurs éventuelles anagrammes, qui, elles, sont valables au Scrabble.

acinésie, alcoylant (ALCOYLE), anhiste (HANTISE), anite (AIENT, TENIA...), aphaque, aspartate, asperme, aspermie, athymie, baxter, bezoard (ABORDEZ), blaste (STABLE, BALTES...) cacinose, carus (CURAS, SUCRA), cephaline (CEPHALIQUE), césariser +, cholerèse, clampage, clamper (CLAMP), clonal (CLONE), cortine (CROIENT), coxa (COXAL,E), curariser + (CURERAIS, RECUIRAS...), cyte (MONOCYTE, LEUCOCYTE...), cytopénie, dacryon, décidual, déplétif (DEPLETION), dermoïde, énostose, épitrochlée (TROCHLEE), eschare (ESCARRE), eupepsie, exitus, favisme (FAVUS), fongus, glomique, glomus, gonalgie, gynoïde, hallus, hème, heptose (HEXOSE), hyperlordose (LORDOSE), ingesta (GATINES), intuber (TRIBUNE, INTUBATION), keratosis (KERA-TOSE), leprome, léprose (EPLORES), leptosome, léthal,e (THALLE, LETAL,E), lacanien (CANNELAI), lysat (LYSE), lysis, malarien (LAMINERA), monocytose (MONOCYTE), moria, néo, névroser + (NEVROSE, E), œstriol, osmole, ovuler +, ozène, palfium, pancréasé (PANCREAS), pédèse, perfuser +, polymitose (MITOSE), précoma (COMPARE), procolis (PROCOLIVE), prophage (PROPHASE), pycnique, réagine (ANERGIE, NEIGERA...), récipe (CREPIE, EPICER), rhinorrhée (OTORRHEE, PYORRHEE...), ruginer + (RUGINE), schizonte, scopie (COPIES), scybales, sérotype, splenite, strip (STRIPAGE, STRIPPER, STRIPPING), sudamina (MINAUDAS), taeniasis, taenifuge, tarsite (ARTIS-TE), thécal, theque, thopi (THOPUS), tuphos, typage (TYPER +), thyréose, ulcus, valgum, valium, varioliser +, varum, virion (VIRIONS), whezing, xérosis...

Marques déposées

Bien que repris au *P.L.I.* avec la première lettre majuscule, ces mots sont autorisés au Scrabble.

Heureusement, car c'est justement le cas de ...Scrabble.

ABRIBUS	ESCALATOR	PYREX	THERMOS
AEROTRAIN	FIBROCIMENT	RESTOROUTE	THYRATRON
BAKELITE	FORMICA	RHODOÏD	TRIPLEX
BIKINI	GALALITHE	RHOVYL	VERRANNE
BIMETAL	INFOGRAPHIE	RILSAN	VISAGISME
BRUSHING	INVAR	RIMMEL	VISAGISTE
CANADAIR	KLAXON	RIPOLIN	WINDSURF
CATAPHOTE	LASTEX	RONEO	XEROCOPIE
CELLOPHANE	LIBERTY	RUSTINE	
CELLULOID	LINOTYPE	SANDOW	
CINEMASCOPE	MONOTYPE	SCIALYTIQUE	
CINERAMA	MOULINETTE	SCRABBLE	
CLIMATISEUR	MOVIOLA	SILENTBLOC	
COCOON/	NEOPRENE	SILIONNE	
CRESYL	NICHROME	SKAI	
DACRON	NYLON	TARTAN	
DELCO	ORLON	TAXIPHONE	
DICTAPHONE	OXYTONNE	TEFLON	
DRALON	PEDALO	TELETYPE	
DURALUMIN	PLEXIGLAS	TERGAL	
DURIT	POLAROID	TERYLENE	

Tel est le cas également pour d'autres mots comme :

CARIOCA	MELBA/
KIPPOUR	NOEL
KIR	PAQUES
LAND	PENTECOTE
LANDER/	QUASIMODO
LLOYD	TOUSSAINT
MARK	TRAFALGAR/
	etc.

Rien n'interdit donc à ces mots de prendre la marque du pluriel : NOELS, DRALONS, etc.

NOTES PERSONNELLES

MOTS PARTICULIERS
A MÉMORISER

Abréviations et apocopes

ACCU	DYNAMO	OCCASE	STENO
AMERLO	FANA	OFLAG	STEREO
AMPHI	FOLK	OVNI,S	STUKA
AMPLI	FOOT	PARA	STYLO
ANAR	FORTRAN	PHONIE	SUPER
APERO	FOX	PHONO	SYMPA/
ASDIC	FRIGO	PHOTO	TAXI
AUTO	FUEL	PNEU	TELE
AUTOBUS	FURAX	POLIO	TOPO
AVE	GALVANO	POP	TRAM
BASKET	GESTAPO	PORNO	TRANSAT
BENEF	HASCH	PRO	TRANSFO
BOB	HECTO	PROF	TRAUMA
BOP	HELIO	PROLO	TYPO,TE
BUS	ICHTHUS	PROPRIO	ULTRA
CAF	IMPER	PULL	VELO
CALVA	INTER	RAB	VIDEO
CAR	IPECA	RABE	VOLLEY
CEDEX	JEAN	RACHI	WATERS/
CHOKE	KILO	RADAR	XIPHO
CHROMO	KYRIE/	RADIO	ZANZI
CHRONO	LINO	RASTA	ZIG
CINE	LITHO	RATA	ZOO
CINEMA	LORAN	REAC	
COBOL	MATH,S	REM	
COGITO	MECANO	RETRO	
COLLABO	MELO	SANA	
COSY	METALLO	SAXO	
CURSUS	METEO	SCHUPO	*Erreur* : crado,
CUTI	METRO	SELF	dias (DIA/), etc.
DACTYLO	MODEM	SIAL	gradus,
DIAPO	MONO	SIMA	igame, mac,
DISCO	MOTO	SNACK	manif, maxi,
DIXIE	NAZI,E	SONO	mini, miro, myro,
DROP	NIFE	STALAG	pneumo, provo,
			turbo, vulgo.

Interjections

Invariables, sauf celles changeant de sens, et dans ce cas, leur pluriel sera mentionné.

2

AH	HE
EH	HO
OH	FI,S
IIA	VA,S

3

AIE,S	HUE,S
BAH	HUM
BOF	OHE
DIA	OLE
EUH	OUF
GUE,S	PAF
HEM	PIF,S
HEP	PST
HEU	ZUT
HOP	

4

ALLO	FOIN,S
BOUM	GARE,S
BRRR	HEIN
CHUT	HOLA
CIAO	OUIE,S
CLAC	OUST
CLIC	POUF,S
CRAC	STOP,S
CRIC,S	VLAN
EVOE	

5

BASTA	MOTUS
BASTE,S	OUAIS
BIGRE	OUSTE
BRAVO,S	PARDI
COUIC	PLOUF
HARDI,S	POUAH
HELAS	PSITT

6

BOUGRE,S	HURRAH,S
CHICHE,S	OUILLE,S
CRENOM	TAIAUT
EUREKA	TAYAUT
HOURRA,S	TUDIEU

7

BAGASSE,S	PARBLEU
CORBLEU	PARDIEU
DIANTRE	PECAIRE
FICHTRE	PECHERE
MORBLEU	

8

BERNIQUE,S	SACRISTI
FOUCHTRA	SAPRISTI
PEUCHERE	TARATATA

Erreurs : beuh, caramba, flac, floc, hi, houp, hu, huhau, peuh, ploc, pouh, ve, vertubleu, vertuchou, vertudieu.

Onomatopées

AHAN	COCORICO	PATAPOUF	TRICTRAC
BANG/	DADAIS	PATATRAS/	
BATACLAN	FLAGADA/	RATAPLAN/	
BOUM	HAN/	TAC	*Erreurs :* patati,
BROUHAHA	HIC/	TIC	patata (en 2 mots,
CHOUCAS/	MIAOU	TOC	ainsi que hi-han).
CLIQUETIS/	OUISTITI	TRALALA	

Remarques : AHAN donne le verbe int. AHANER + comme BOUM donne le verbe défectif BOUMER/ qui ne se conjugue qu'à la troisième personne (ça boume, ça bouma ...). BOUM étant un nom masculin peut donc prendre la marque du pluriel : BOUMS.

Mots cachés du dictionnaire

Ces mots n'y sont pas répertoriés à leur place alphabétique, mais situés à la suite d'un mot synonyme.

MOTS CACHÉS	RÉPERTORIÉS À	MOTS CACHÉS	RÉPERTORIÉS À
ADAMIEN,NE	ADAMITE	CISELAGE	CISELEMENT
ASCARIS	ASCARIDE	COITE	COI
ASRAM	ASHRAM	COKAGE	COKING
AZERI	AZERBAIDJANAIS	CORNIOT	CORNIAUD
BACANTES/	BACCHANTES	CREVARD	CREVE
BARBOTTE	BARBOTE	CUTI	CUTI-REACTION
BAYRAM	BAIRAM	DECHAUX	DECHAUSSE
BIZUTH	BIZUT	DOLIQUE	DOLIC
BOB	BOBSLEIGH	DOUBLER,S	DOUBLE
BOGGIE	BOGIE	EFFILEUR	EFFILOCHEUR
BOUTILLIER	BOUTEILLER	EPHORIE	EPHORAT
CABLOT	CABLEAU	EUSKERA	EUSCARA
CAROUGE	CAROUBE	EUSKERIEN	EUSCARIEN
CHOUTE	CHOU (1)	FOHN	FOEHN

MOTS CACHÉS	RÉPERTORIÉS À	MOTS CACHÉS	RÉPERTORIÉS À
FOX	FOX-TERRIER	PUTE	PUTAIN
FUMAISON	FUMAGE	QUIPO	QUIPU
GAGNERIE	GAGNAGE	RACHI	RACHIANESTHESIE
GAMET	GAMAY	RAIA	RAYIA
GNAULE	GNOLE	RASTA	RASTAQUOUERE
GNAULE	GNIOLE	RIGODON	RIGAUDON
GUETE	GUETTE	RIPEMENT	RIPAGE
IRAQIEN	IRAKIEN	ROBELAGE	ROBAGE
JONCHERE	JONCHAIE	ROBRE	ROB
LACEMENT	LAÇAGE	SAGOUINE	SAGOUIN (2)
LENTIGINE	LENTIGO	SAMURAI	SAMOURAI
LIMETTE	LIME	SERINGAT	SERINGA
LINO	LINOLEUM	SLAVISTE	SLAVISANT
MAFIA	MAFFIA	SOTIE	SOTTIE
MAFIOSO,S	MAFFIOSO,S	SOULOT	SOULAUD
MEGISSER	MEGIR	SPARTE	SPART
MIELLURE	MIELLEE	SQUIRRHE	SQUIRRE
NARGHILE	NARGUILE	TALLETH	TALETH
NOUVEL	NOUVEAU	TIGLON	TIGRON
OXALIS	OXALIDE	TOUCHEAU	TOUCHAU
PANAMEEN	PANAMIEN	TRISME	TRISMUS
PARSE	PARSI	TRUSTIS/	TRUSTE
PEUCHERE/	PECHERE/	VALGA/	VALGUS
PIEDMONT	PIEMONT	VARA/	VARUS
PIEFORT	PIED-FORT	XIPHO	XIPHOPHORE
PIRAYA	PIRANHA	ZAOUIA	ZAWIYA
PLION	PLEYON	ZIGUE	ZIG
PST/	PSITT/	ZINCAGE	ZINGAGE

(1) CHOUTE : féminin de CHOU
(2) SAGOUINE : féminin de SAGOUIN.

Mots invariables

Certains mots sont définis comme tels par le règlement de la Fédération internationale du Scrabble, en dehors de ceux indiqués dans le *P.L.I.* (adverbes, noms de mois, notes de musique, etc.).

ACINI	AUTRUI	CLIC
ADDENDA	AVE	COCOON
AFIN	AVEC	COMBIEN
AFRO	AVRIL	COMME
AGITATO	BASTA	COMMENT
AMEN	BATH	COMPOUND
AMOROSO	BEAUCOUP	CONFER
ANA	BELLEMENT	CONFITEOR
ANTIBRUIT	BERCAIL	CORBLEU
ANTIDOPAGE	BESEF	COUIC
ANTIDOPING	BÉTAIL	CRAC
ANTIGANG	BEZEF	CREDO
ANTIGLISSE	BIENTOT	CRUMENT
ANTIHAUSSE	BIGRE	CUCUL
ANTIPARTI	BOF	DA
ANTIPOISON	BONHOMME	DAIMYO
ANTIPOLLUTION	BRAVISSIMO	DEBOUT
ANTITRUST	BRRR	DECA
AOUT	BRUMAIRE	DECEMBRE
APPERT	CACHER	DEJA
ASHRAM	CASHER	DELA
ASRAM	CAF	DELEATUR
ASSAI	CANZONI	DEMAIN
AUBURN	CHAQUE	DER
AUPARAVANT	CHUT	DERECHEF
AUSSI	CI	DESIDERATA
AUSSITOT	CIAO	DIA
AUTANT	CLAC	DIANTRE

DIGAMMA	GRACIOSO	MACACHE
DIMINUENDO	GRAFFITI	MADAME
DITO	GRAM	MAESTOSO
DJAMAA	GROIE	MAFFIOSI
DUMENT	HAN	MAFIOSI
DUPLICATA	HIC	MAHARADJAH
EMBLEE	HIER	MAHARAJA
ENFIN	HOLA	MAHARANI
ENQUERRE	IBIDEM	MAHATMA
ENSUITE	ICI	MANGETOUT
EPSILON	IDEM	MASTOC
ERRATA	ILLICO	MAXIMA
EST	IN	MEHARA
ETA	INCA	MELBA
EUREKA	INCIPIT	MESSIDOR
EVOE	INFRA	MIHRAB
EVOHE	INSTAR	MISERERE
EXEAT	IOTA	MOL
EXEQUATUR	ITOU	MOLLO
EXIT	JANVIER	MOLTO
EXTRA	JARNICOTON	MONSIEUR
FA	JEUN	MORBLEU
FEDAYIN	JUILLET	MUDRA
FEDDAYIN	JUIN	NA
FEVRIER	KANA	NAEVI
FICHTRE	KAPPA	NAVICERT
FLA	KASHER	NI
FLAGADA	KHI	NIVOSE
FLOOD	KITSCH	NON
FLOREAL	KOUROI	NORD
FOB	KSI	NOUVEL
FOISON	KSOUR	NOVEMBRE
FOL	KYRIE	NUMENT
FORTISSIMO	LAMBDA	NURAGHI
FOUCHTRA	LANDER	OC
FRIMAIRE	LAPILLI	OCTANTE
FRUCTIDOR	LAPSI	OCTOBRE
FURIOSO	LASAGNE	OFFSHORE
GAMMA	LEGATO	OIL
GOIM	LENTO	ONZE
GOPURA	LET	ONZIEME
GOYIM	LIEDER	ORDO

OUEST	QUINTO	TANKA
OUF	QUINZE	TANT
OUST	RAGA	TANTOT
OUSTE	RAMADAN	TARATATA
OUT	RAPLAPLA	TARD
OXO	RAVIOLI	TAYAUT
PAF	RE	TELLEMENT
PAGI	RECTA	TENUTO
PARBLEU	REGENCY	TER
PARDI	RHO	TERTIO
PARDIEU	RIKIKI	THERMIDOR
PARMI	RIQUIQUI	THETA
PASSIM	ROESTI	TORII
PECAIRE	ROSAT	TOT
PECHERE	ROSTI	TREIZE
PENCE	RUBATO	TRICOURANT
PEUCHERE	RUDEMENT	TRIPLICATA
PHI	SACRISTI	TROT
PIANISSIMO	SAPRISTI	TRULLI
PIU	SECUNDO	TUDIEU
PLOUF	SEFARDIM	TURLUTUTU
PLUTOT	SEPT	ULTIMO
PLUVIOSE	SEPTANTE	UNETELLE
POURQUOI	SEPTIMO	UNTEL
PRAIRIAL	SEXTO	UPSILON
PRESQUE	SEXY	UT
PRESTO	SFORZANDO	VAISYA
PRIMO	SIC	VALGA
PRORATA	SIGMA	VARA
PSI	SOPRANI	VEDIKA
PSITT	SOSTENUTO	VENDEMIAIRE
PST	SPAGHETTI	VENTOSE
PUPAZZI	SOUVENT	VETO
PUTTI	STERLING	VIA
QUAND	STIMULI	VIEIL
QUANT	SUBITO	VIHARA
QUANTA	SUD	VIMANA
QUARTO	SUPRA	VINDICTE
QUASIMENT	SUREMENT	VLAN
QUATORZE	SURMOI	VOCERI
QUATRE	SYMPA	VOICI
QUIA	TAIAUT	VOIRE

YIDDISH	Sont en revanche variables certains mots indiqués comme
YUAN	noms et adjectifs invariables au *P.L.I.* : ANTIFRICTION,
ZAKOUSKI	ANTIROUILLE, CARMIN, CELADON, GNANGNAN,
ZETA	LIBERTY(S), OFFSET, PARME, PAT, ROCOCO,
ZINGARI	STEREO.

Sont également invariables les mots sans définition en dehors d'une expression toute faite :

de cet ACABIT : de cette espèce

pierre d' ACHOPPEMENT : cause de difficulté, d'échec

l' ALPHA et l' OMEGA : le commencement et la fin

mais où sont passées les neiges d' ANTAN : ... d'autrefois

pomme d' API : petite pomme rouge et blanc

fil d' ARCHAL : fil de laiton

assemblage à queue d' ARONDE : qui rappelle une queue d'hirondelle

faire la BAMBOULA : faire la noce

faire BANCO : tenir seul l'enjeu contre la banque

à la BARIGOULE : se dit d'un artichaut farci

faire BOMBANCE : festoyer

œuvre de BIENFAISANCE : aide aux pauvres

avoir la BOUGEOTTE : bouger sans cesse

se monter le BOURRICHON : se faire des illusions

mal de BROUT : inflammation intestinale (verbe BROUTER+)

avoir la BERLUE : avoir une hallucination

noix de CAJOU : fruit de l'anacardier

mettre en CAPILOTADE : réduire en bouillie

faire la CAUSETTE : bavarder familièrement un instant

faire CHABROL ou faire CHABROT : mélanger du vin à son bouillon

faire CHARLEMAGNE : se retirer du jeu étant le vainqueur

faire la CHATTEMITE : affecter un air de douceur

mât de COCAGNE : mât glissant

déclaration de COMMAND : acte de vente (verbe COMMANDER+)

louage à COMPLANT : bail à charge pour le preneur

bail à CONVENANT : bail à domaine congéable

en bec de CORBIN : recourbé en pointe

droit de CUISSAGE : abus féodal

au grand DAM : au préjudice de

pêcher à la DANDINETTE : pêcher avec un leurre

au DEBOTTER : au moment de l'arrivée

être dans la DECHE : être dans la misère

sentiment de DEREALISATION : impression d'étrangeté

culte de DULIE : culte rendu aux anges

mur d'ECHIFFRE : mur central d'une cage d'escalier

capacité d'EMPORT : charge maximale d'un avion (verbe EMPORTER+)

à bon ENTENDEUR salut : que celui qui comprend en fasse son profit

prendre la poudre d' ESCAMPETTE : s'enfuir

à bon ESCIENT : sciemment

point d'EUTEXIE : température de fusion

voie d'EVITEMENT : voie secondaire

crin de FLORENCE : crin employé pour la pêche

FRANCO de port : sans frais

loi de FRONTALITE : symétrie du corps humain

au FUR et à mesure : successivement

être en GESINE : être sur le point d'accoucher

être en GOGUETTE : être légèrement ivre

trancher le nœud GORDIEN : résoudre une difficulté d'une manière violente

terre de GROIE : sol argileux

courir le GUILLEDOU : chercher des aventures galantes

à ma GUISE : selon ma manière

crier HARO sur : s'élever avec indignation

arme d'HAST : arme blanche (pensez à HASTE,E)

avoir l'HEUR de plaire : avoir la chance de lui plaire

à l'INSU de : sans qu'on le sache

eau de JAVEL : solution décolorante et désinfectante (verbe JAVELER+)

tir au JETER : tir par surprise à courte distance

eau de JOUVENCE : eau fabuleuse

au JUGER : d'après une approximation sommaire

culte de LATRIE : culte rendu à Dieu seul

en LIESSE : en joie

il est LOISIBLE de : il est possible de

il y a belle LURETTE : il y a longtemps

se mettre MARTEL en tête : se faire du souci (verbe MARTELER+)

essence de MIRBANE : dérivé nitré de benzène

côté MONTOIR : côté gauche du cheval

c'est du NANAN : c'est une chose délicieuse

faire la NIQUE à quelqu'un : lui faire un signe de mépris (pas de verbe)

chercher NOISE à quelqu'un : lui chercher querelle

en PANTENNE ou PENTENNE : en désordre

le plus OFFRANT : celui qui offre le plus haut prix

tomber en PAMOISON : s'évanouir

faire PAROLI : doubler sa mise quand on vient de gagner

en PARTANCE : sur le point de partir

mener une vie de PATACHON : mener une vie désordonnée

poudre de PERLIMPINPIN : poudre, prétendue magique, des charlatans

au PIFOMETRE : en suivant son intuition

de PLAISANCE : que l'on utilise pendant les vacances

le POUR : le bon côté

courir la PRÉTANTAINE ou la PRETENTAINE : vagabonder au hasard

édition PRINCEPS : la première édition d'un ouvrage

peu ou PROU : peu ou beaucoup

PUNCTUM proximum : point de vision

par RACCROC : d'une manière heureuse et inattendue

lettre de RECREANCE : lettre de rappel

à la RESCOUSSE : au secours

à RETARDEMENT : quand il est trop tard

prix de REVIENT : total des dépenses

au REVOIR : formule de politesse

à la REVOYURE : au revoir (populaire)

faire la RIBOULDINGUE : faire la noce

échelle de RICHTER : graduation mesurant l'intensité des séismes

à la SAUVETTE : en hâte

faire SEMBLANT : donner l'apparence de

au SORTIR de : au moment où l'on sort de

la SUBSTANTIFIQUE moelle : l'essentiel d'un écrit

en SURNOMBRE : en trop

répondre du TAC au TAC : rendre vivement la pareille

loi du TALION : qui autorise à rendre coup pour coup

un TANTINET : un peu

faire le TAPIN : faire le trottoir (verbe int. TAPINER+)

sur le TARD : vers la fin

marchandise de TONNELAGE : marchandise que l'on met en tonneau

en un TOURNEMAIN : en un instant

coup de TRAFALGAR : accident imprévu et désastreux

faire TREMPETTE : prendre un petit bain

cela ne vaut pas TRIPETTE : cela ne vaut rien

par le TRUCHEMENT de : par l'intermédiaire de

à tout VENANT : au premier venu

sans VERGOGNE : sans pudeur

la VINDICTE publique : poursuite d'un crime au nom de la société

bon, mauvais VOULOIR : des intentions favorables, défavorables

essence de WINTERGREEN : essence tirée des feuilles de la gaultheria

Erreur : au diable VAUVERT, "vauvert" n'est repris qu'en petits caractères, et uniquement dans les commentaires de "DIABLE".

Les mots sans leurs prépositions sont acceptés. Ces mots sont également invariables. Il existe cependant parfois une autre définition à l'un de ces mots, qui dans ce sens devient variable. Ce mot sera alors suivi de la lettre (S) :

AFFILEE (d')(S)

AVEUGLETTE (à l')

CALIFOURCHON (à)

CATIMINI (en)

CONTESTE (sans) (S)

CONTREBAS (en)

CONTREDIT (sans)

CROUPETONS (à)

DEMEURANT (au)

DEROBEE (à la)(S)

EMBLEE (d')

ENVI (à l')

FORTIORI (a)

FRANQUETTE (à la bonne)

GIORNO (à)

GO (tout de) (S)

GOGO (à) (S)

GUINGOIS (de)

IMPROVISTE (à l')

JAVEL (eau de)

JEUN (à)

LARIGOT (à tire)(S)

LATERE (à)

MEGARDE (par)

MINIMA (à)

OPPOSITE (à l')

PERPETE (à)

PERPETTE (à)

PIBLE (à)

PLUPART (la)

POSTERIORI (a)

PRIORI (a)

QUIA (à)

RECULONS (à)

REDRESSE (à la)(S)

SAUVETTE (à la)

TAPINOIS (en)

TATONS (à)

TRAVIOLE (de)

Bien qu'ils soient repris dans des expressions toutes faites et sans parenthèses, les mots suivants (toujours invariables) sont également acceptés :

AFIN de, à l'ENCONTRE de, à l'INSTAR de, INDEPENDAMMENT de, QUANT à, TANDIS que.

Attention : parce (parce que) n'est pas accepté.

Pluriels irréguliers

Certains mots étrangers ont, d'après le *P.L.I.*, deux pluriels, l'un français, l'autre suivant la règle du pluriel étranger. La F.I.S.F. a décidé d'étendre cette règle à tous les mots étrangers ayant un pluriel spécifique.

ALDERMANS	ALDERMEN	PENNYS	PENNIES/ou
BABYS	BABIES		PENCE/
BARMANS	BARMEN/	PFENNIGS	PFENNIGE/
CANZONES	CANZONI/	PIFFERAROS	PIFFERARI/
CAMERAMANS	CAMERAMEN/	PIZZICATOS	PIZZICATI/
CARBONAROS	CARBONARI/	POLICEMANS	POLICEMEN/
CLERGYMANS	CLERGYMEN/	PUPAZZOS	PUPAZZI/
COLONS	COLONES	QUANTUMS	QUANTA/
DANDYS	DANDIES/	RANCHS	RANCHES/
FLASHS	FLASHES/	RECORDMANS	RECORDMEN/
GAGMANS	GAGMEN/	SANDWICHS	SANDWICHES/
GOIS, GOYS	GOIM/	SCENARIOS	SCENARII/
GOYSH	GOYIM/	SEFARDIS	SEFARDIM/
GRUPETTOS	GRUPETTI/	SKETCHS	SKETCHES/
IMPRESARIOS	IMPRESARII/	SOLOS	SOLI/
INSELBERGS	INSELBERGE/	SOPRANOS	SOPRANI/
KSARS	KSOUR/	SPEECHS	SPEECHES/
LANDS	LANDER/	SUPERMANS	SUPERMEN/
LAVATORYS	LAVATORIES	SUPERNOVAS	SUPERNOVAE/
LAZZARONES	LAZZARONI/	TARGUIS	TOUAREG,S
LEITMOTIVS	LEITMOTIVE/	TENNISMANS	TENNISMEN/
LEUS	LEI/	TOCCATAS	TOCCATI/
LIBRETTOS	LIBRETTI/	TORYS	TORIES/
LIEDS	LIEDER/	TOMMYS	TOMMIES/
LOBBYS	LOBBIES/	TRULLOS	TRULLI/
LUNCHS	LUNCHES/	VOCEROS	VOCERI/
MAFFIOSOS	MAFFIOSI/	WATTMANS	WATTMEN/
MAFIOSOS	MAFIOSI/	WHISKYS	WHISKIES/
MATCHS	MATCHES/	YEOMANS	YEOMEN/
MEHARIS	MEHARA/	ZANIS ou	
NOVAS	NOVAE/	ZANNIS	ZANNI
NURAGHES	NURAGHI/	ZINGAROS	ZINGARI/

Voici d'autres mots (étrangers ou non) ayant un pluriel irrégulier :

ACINUS/	ACINI/	KIBBOUTZ	KIBBOUTZIM/
AILS	AULX	NAEVUS/	NAEVI/
COUROS/	COUROI/	PAGUS/	PAGI/
KOUROS	KOUROI/	STIMULUS/	STIMULI/

Féminins irréguliers ou insolites

Certains de ces mots ne sont pas forcément le féminin du mot en regard.

FEMININS	MASCULINS	FEMININS	MASCULINS
ABBESSE	ABBE	JEUNOTTE	JEUNOT
AGNELLE	AGNEAU	LAQUELLE	LEQUEL
AMIRALE	AMIRAL	LASSE	LAS
ANESSE	ANE	LEVRETTE	LEVRIER
BENIGNE	BENIN	LIONNE	LION
BENJAMINE	BENJAMIN	MAHARANI /	MAHARAJA/
BETASSE	BETA	MAITRESSE	MAITRE
BONZESSE	BONZE	MALI(G)NE	MALIN
BOUGRESSE	BOUGRE	MAQUERELLE	MAQUEREAU
BRAHMINE	BRAHMANE	MATELOTE	MATELOT
CANUSE	CANUT	MENINE	MENIN
CHAMELLE	CHAMEAU	METISSE+	METIS
CHANOINESSE	CHANOINE	NEGRESSE	NEGRE
CHEFTAINE	CHEF	NOTAIRESSE	NOTAIRE
CHASSERESSE,		OFFICIERE	OFFICIER
CHASSEUSE	CHASSEUR	OGRESSE	OGRE
CHOUTE	CHOU	PAIRESSE	PAIRE
CHOUCHOUTE	CHOUCHOU	PAPESSE	PAPE
COITE	COI	PAYSE	PAYS
COLONELLE	COLONEL	PECHERESSE,	
COPINE	COPAIN	PECHEUSE	PECHEUR
DAINE	DAIM	PIONNE	PION
DEVINERESSE	DEVIN	POETESSE	POETE
DIABLESSE	DIABLE	POULAINE	POULAIN
DOCTORESSE	DOCTEUR	POUSSINE	POUSSIN
ESQUIMAUDE	ESQUIMAU	PREFETE	PREFET
FAUNESSE	FAUNE	PRETRESSE	PRETRE
FAVORITE	FAVORI	PUCELLE	PUCEAU
FEUILLANTINE	FEUILLANT	QUAKERESSE	QUAKER
FRANCHE,		RENARDE+	RENARD
FRANQUE	FRANC	RICHARDE	RICHARD
HEBRAIQUE	HEBREU	RIGOLOTE	RIGOLO
HOTESSE	HOTE	SAGOUINE	SAGOUIN
IVROGNESSE	IVROGNE	SALVATRICE	SAUVEUR
JAUNETTE	JAUNET	SECHE	SEC

FEMININS	MASCULINS	FEMININS	MASCULINS
SERVE	SERF	TYPOTE	TYPO
SOLDATE	SOLDAT	UNETELLE/	UNTEL/
SPEAKERINE	SPEAKER	VALGA/	VALGUS
STUDETTE	STUDIO	VARA/	VARUS
SUCCUBE	INCUBE		
SUISSESSE	SUISSE		
SULTANE	SULTAN		
SYLPHIDE	SYLPHE		
TIERCE	TIERS		
TIGRESSE	TIGRE		
TRAITRESSE	TRAITRE		
TSARINE	TSAR		
TZARINE	TZAR		
TYPESSE	TYPE		

Erreurs: bailleresse, baillie, baillive, butorde, champi, champisse, gemeau, gemelle, goye, larronnesse, mairesse, ponette, sauvageresse, voyoute.

NOTES PERSONNELLES

Mots comportant G et H

			HYPOGE,E
			INSIGHT
			LEGHORN
			LITHARGE
			NARGHILE
			NURAGHE
			NURAGHI/

AFGHAN,E	GRAPHEME	HERITAGE	OGHAM
AFGHANI	GRAPHIE	HERSAGE	PHALANGE
AGHA	GRAPHIQUE	HEXOGENE	PHOSGENE
AGNATHE	GRAPHISME	HIDALGO	PHRYGANE
AGRAPHIE	GRAPHISTE	HOLDING	PHRYGIEN,NE
BAHUTAGE	GRAPHITE	HONGRE +	SHAVING
BOGHEI	GRYPHEE	HONGREUR	SHILLING
BRUSHING		HONGROIE	SHIRTING
DINGHY	HAGARD,E	HONGROIS,E	SHOGO(U)N
FELLAGHA	HAGGIS	HONGROYE +	SHOP(P)ING
GALLUCHAT	HALAGE	HONING	SHUNTAGE
GASPACHO	HALOGENE	HORLOGE	SLOUGHI
GEHENNE	HANGAR	HORLOGER,E	SORGHO
GEISHA	HARANGUE +	HOURDAGE	SOUCHONG
	HARENG		
GHANEEN		HUGUENOT,E	SPAGHETTI/
GHANEENNE	HARFANG	HUILAGE	SPHAIGNE
GHETTO	HARGNE	HUMAGE	SPINGHE
GHILDE	HARGNEUSE	HYDROGEL	SUNLIGHT
GLYPHE	HARGNEUX	HYGIENE	THEURGIE
GOUACHE +	HAVAGE	HYGROMA	THUG
GRAPHE	HEGELIEN,NE	HYGROSTAT	
	HEGIRE		

H incorporé dans certains mots

Uniquement des mots peu courants, ou ayant une orthographe douteuse.

ABHORRER +	ANHYDRE	APARTHEID	ATHEE
AETHUSE	ANHYDRIDE	APATHIE	ATHEISME
AFGHAN,E	ANHYDRITE	ARRHES/	ATHENEE
AGNATHE	ANTHEMIS	ARTHRITE	ATHEROME
AMHARIQUE	ANTHERE	ARTHROSE	ATHETOSE
ANHELER +	ANTHRAX	ASTHENIE	ATHREPSIE
ANHEPATHIE	ANTHRENE	ASTHME	BAHT

BARKHANE	FELLAH	LUTH	RHO
BATH/	FOEHN	MAGHREBIN,E	RHODITE
BATHOLITE	FOHN	MAHDI	RHODOID
BATHYAL,E	FUHRER	MAHONIA	RHOMBE
BATHYAUX	GEHENNE	MAHONNE	RHOVYL
BENTHOS	GEISHA	MARATHE	RHYOLITE
BERTHON	GHANEEN,NE	MARATHI	RHYTINE
BIATHLON	GHETTO	MATH,S	RHYTON
BISMUTH	HADITH	MATHEUX,SE	ROHART
BOGHEI	HAIKAI	MATHURIN	RUPIAH
DOUDDIIA	HAIKU	MEHARA/	RUTHENE
BRAHMANE	HAMADRYAS	MEHAREE	RUTHENIUM
BRAHMINE	HELIANTHE	MEHARI	RYTHME +
CATHARE	INHERENT,E	MENTHE	SAXHORN
CATHETER	INSIGHT	MENTHOL,E,E	SEBKHA
CATHODE	ISOBATHE	METHANE	SLOUGHI
CETERACH	ISTHME	METHANOL	SORGHO
CHEIKH	KHAGNE	METHYLE	SOUAHELI
CIRRHOSE	KHAN	MOHAIR	SPATHE
CLEPHTE	KHANAT	MOLLAH	STHENE
COTHURNE	KHAT	MYRRHE	SWAHILI
CRITHME	KHEDIVE	MYTHE	TALETH
DAHLIA	KHALIFE	NARTHEX	TALITH
DECATHLON	KHAMSIN	NURAGHE,S	TALLETH
DIARRHEE	KHMER,E	NURAGHI/	TALLITH
DINGHY	KHOL	OGHAM	THAI,E
DIRHAM	KLEPHTE	OOLITHE	THALAMUS
DURHAM	KOHEUL	ORTHOSE	THALER
ENTHALPIE	KOHOL	PAHLAVI	THALLE
EOLITHE	KOLKHOZ,E	PEHLVI	THALLIUM
ESTHETE	LANTHANE	PLINTHE	THANATOS
ETHANE	LECYTHE	POUSSAH	THEATIN
ETHER	LEGHORN	PYTHIE	THENAR
ETHERE,E	LITHAM	PYTHON	THETA/
ETHMOIDE	LITHARGE	RADJAH	THOMISE
ETHNIE	LITHIASE	RHENAN,E	THORINE
ETHNIQUE	LITHINE,E	RHENIUM	THORITE
ETHOS	LITHIQUE	RHESUS	THORIUM
ETHUSE	LITHO	RHINGRAVE	THRENE
ETHYLE	LITHOBIE	RHINITE	THRIDACE
ETHYLENE	LITHOGENE	RHIZOIDE	THRILLER
EXHALER +	LITHOSOL	RHIZOME	THUG

THUYA	THYRSE
THYIADE	UHLAN
THYMIE	VARECH
THYMOL	WISHBONE
THYMUS	ZENITH
THYRISTOR	ZYTHON
THYROIDE	ZYTHUM

Double orthographe (avec et sans H)

AGA	FELLAGA	RETIQUE	THUNE
AGHA	FELLAGHA	RHETIQUE	TUNE
BIZUT	GHILDE	SMALA	THROMBINE
BIZUTH	GILDE	SMALAH	TROMBINE
CIRRE	LUT	TALVEG	
CIRRHE	LUTH	TALWEG	
ETHIQUE	RAJA	TEORBE	
ETIQUE	RAJAH	THEORBE	

Mots comportant SH

		SHAKER	SHOG (O) UN
		SHAKO	SHOOT +
		SHAMA	SHOP (P) ING
		SHANTUNG	SHORT
		SHARPIE	SHRAPNEL (L)
		SHED	SHUNT +
		SHEOL	SMASH,S
ASHRAM/	FLUSHES/	SHERIF	SMASHER +
CASH/	GEISHA	SHERRY,S	YIDDISH/
CASHER/	FINISH,S	SHETLAND	
CRASH	KASHER/	SHIFT	*Attention :*
FLASH,S	RASH,S	SHIMMY	scottish-terrier
FLASHES/	RUSH,S	SHINTO	toujours en
FLUSH,S	RUSHES/	SHIRTING	deux mots.

Mots comportant I et Y

I – Y

		HICKORY	SALICYLE
		ICHTHYOSE	SHIMMY
		ICHTYOL	SIBYLLE
		ICHTYOSE	SIBYLLIN
		INLAY	SIBYLLINE
		INOCYBE	TILBURY
		LIBYEN	TRIONYX
AEPIORNYS	DINGHY	LIBYENNE	VAISYA/
AISY	DIPTYQUE	MISOGYNE	VILAYET
CAITYA	DISTYLE (1)	ORIYA	VINYLE
CIPAYE	EOLIPYLE	OUGUIYA	WILAYA
DAIMYO	EPIORNYS	PIRAYA	WILLAYA
DICARYON	GIRODYNE	RIMAYE	ZAWIYA
DIDYME	GRIZZLY	RIYAL,S	

1. ainsi que tous les mots à finale en –STYLE.

Y – I

ACHYLIE	DYSTOCIE	KYRIE/	MYOSIS
ARYTHMIE	DYSURIE	KYRIELLE	MYROSINE
BUTYRINE	DYTIQUE	LYCHNIS	MYRIADE
COCHYLIS	ENDYMION	LYDDITE	MYSIDACE
COLLYBIE	FEDAYIN/	LYDIEN	ONYXIS
CYMAISE	FEDDAYIN/	LYDIENNE	PHYLLIE
CYNIPS	GLYCINE	LYSINE	PHYSALIE
CYRPIN	GOYIM/	LYTIQUE	PHYSALIS
CYSTIQUE	GYRIE	MYCOSIS	PSYLLIUM
CYSTITE	HYALIN	MYDRIASE	PYELITE
CYTISE	HYALINE	MYELINE	PYRIDINE
DYADIQUE	HYBRIDE +	MYELITE	PYRITE
DYSALIE	HYDRIE	MYIASE	PYURIE
DYSPLASIE	HYOIDE	MYLONITE	RAYIA

RHYOLITE	SYLVAIN	THYMIQUE
RHYNCHITE	SYNECHIE	THYRISTOR
RHYTINE	SYNTONIE	YIDDISH
SYBARITE	SYRPHIDE	YPERITE
SYCOSIS	SYRINX	
SYENITE	THYIADE	
SYLPHIDE	THYMIE	

Attention : LIBYEN,NE et LYDIEN,NE

MOTS AYANT 2 Y : CYTOLYSE,   HYPOGYNE,   LYSOZYME,
PYROXYLE,   SYPHYSE,   SYSTYLE,
SYZYGIE,   YEOMANRY.

autres difficultés :   ILLYRIEN,NE ,   PINYIN , SYPHILIS.

Verbes en –ER, –IR

			MURER
			MURIR
			OUVRER
			OUVRIR
			RECOUVRER
			RECOUVRIR
ABONNER	BOUFFER	FLEURER	REJOUER
ABONNIR	BOUFFIR	FLEURIR	REJOUIR
ABOUTER	CALMER	FORCER	ROTER
ABOUTIR	CALMIR	FORCIR	ROTIR
AFFERMER	DECREPER	GRAVER	ROUER
AFFERMIR	DECREPIR	GRAVIR	ROUIR
ATTERRER	ECROUER	JOUER	SALER
ATTERRIR	ECROUIR	JOUIR	SALIR
BARRER	FAILLER	MATER	TAPER
BARRIR	FAILLIR	MATIR	TAPIR
BATER	FLECHER	MOISER	TARER
BATIR	FLECHIR	MOISIR	TARIR

Attention :

ALUNIR + (et non aluner),   BONDIR + (et non bonder),
COTER + (et non cotir),   DEGROSSIR + (et non dégrosser),
ETABLIR + (et non établer),   RABOUTER + (et non raboutir),
RENFORCER + (et non renforcir),   DEBATIR + et DEBATER,S.

Attention aussi aux doubles consonnes : FERRER, FERIR ; GEMMER,
GEMIR ; SOUFRER, SOUFFRIR.

Verbes en –ELER, –ETER

En règle générale, ces verbes doublent la consonne finale devant un E muet, comme JETER : JETTE ; APPELER : APPELLENT, etc. sauf :

–ELER

CELER	ECARTELER	REGELER
CISELER	ENCASTELER	
CONGELER	GELER	
CORRELER	MARTELER	(Néanmoins,
DECELER	MODELER	il y a PELLE
DEGELER	PELER	et le pronom
DEMANTELER	RECELER	CELLE).

–ETER

ACHETER	CORSETER	FURETER
BEGUETER	CROCHETER	HALETER
BREVETER	FILETER	RACHETER

Verbes intransitifs

ABONDER	AMERRIR	BAILLER	BEER
ABOUTIR	ANHELER	BAMBOCHER	BEGUETER
ABOYER	ANORDIR	BANQUER	BELER
ABREAGIR	APPARTENIR (R)	BANQUETER	BESOGNER
ACCEDER	APPONTER	BARGUIGNER	BETIFIER
ACHOPPER	ARGUMENTER	BARRIR	BIAISER
ACQUIESCER	ARISER	BATAILLER	BICHER
ADHERER	ARRISER	BATIFOLLER	BIFURQUER
AFFLUER	ATERMOYER	BAVARDER	BISER
AGIR	ATTENTER	BAVASSER	BISQUER
AGONISER	ATTIGER	BAVER	BIVOUAQUER
AHANER	BABILLER	BAYER	BLATERER
ALLUVIONNER	BACHOTER	BECTER	BLEMIR
AMBLER	BADINER	BEDONNER	BLESER

BLETTIR	CAQUETER	CONSISTER	DEFAILLIR
BOITER	CARACOLER	CONTREVENIR	DEFLAGRER
BOITILLER	CARCAILLER	CONVERGER	DEGOULINER
BONDIR	CARROYER	CONVERSER	DEGOUTTER
BOUBOULER	CASCADER	CONVOLER	DEGUERPIR
BOUGONNER	CAVALCADER	COOPERER	DEJAUGER
BOULANGER	CHALOIR	COPINER	DEJEUNER
BOULER	CHANDELER	COPULER	DELIRER
BOULOCHER	CHANCIR	COQUILLER	DEMANGER
BOUMER	CHARIOTER	COSSER	DEMERITER
BOURDONNER	CHATOYER	COUCHAILLER	DEMORDRE
BOURGEONNER	CHEVROTER	COUINER	DEPERIR
BOURLINGUER	CHIALER	COURCAILLER	DEPLAIRE (≠)
BOURSICOTER	CHICOTER	COURRE	DERADER
BRACONNER	CHINOISER	COUSINER	DERAGER
BRAIRE	CHIPOTER	CRACHINER	DERAILLER
BRAMER	CHUINTER	CRACHOTER	DERAISONNER
BRIDGER	CIRCULER	CRAILLER	DERAPER
BRILLER	CLABAUDER	CRANER	DEROGER
BROCANTER	CLAMSER	CRAPAHUTER	DESEMPLIR
BRONCHER	CLAPOTER	CRAQUETER	DESENFLER
BROUILLASSER	CLAPPER	CRAWLER	DETALER
BRUINER	CLAQUETER	CRECHER	DETONER
BRUIRE	CLAUDIQUER	CRAMER	DETONNER
BRUITER	CLICHER	CREPITER	DEVISER
BRUMASSER	CLIGNOTER	CRIAILLER	DIALOGUER
BRUMER	CLIQUETER	CRISSER	DINER
CABOTER	CLOPINER	CROASSER	DINGUER
CABOTINER	COASSER	CROITRE	DISCONTINUER
CABRIOLER	COEXISTER	CROUSTILLER	DISCOURIR
CACABER	COHABITER	CROUTER	DISCUTAILLER
CACARDER	COHERITER	CULMINER	DISSERTER
CAFOUILLER	COINCIDER	DEAMBULER	DISSONER
CAFTER	COMMERCER	DEBLATERER	DIVAGUER
CALMIR	COMMERER	DEBOUQUER	DIVERGER
CANCANER	COMMUNIER	DECANILLER	DODELINER
CANER	COMPAROIR	DECELERER	DOGMATISER
CANOTER	COMPATIR	DECHANTER	DORMIR
CAPEER	COMPLAIRE (≠)	DECOLERER	DRAGEONNER
CAPEYER	CONCORDER	DECONNER	ECRIVAILLER
CAPITULER	CONCOURIR	DECOUCHER	EMANER
CAPOTER	CONFLUER	DECOULER	EMBOUER

EMERGER	FLUCTUER	GODER	JARGONNER
EMPIETER	FOIRER	GODILLER	JASER
ENCHERIR	FOISONNER	GOUAILLER	JASPINER
ENDEVER	FOLATRER	GOUTTER	JERKER
ENQUETER	FONCTIONNER	GRAILLONNER	JEUNER
EPILOGUER	FORCIR	GRASSEYER	JODLER
ERRER	FORFAIRE	GRAVITER	JONGLER
ESSAIMER	FORNIQUER	GRELOTTER	JOUIR
ESTER	FOUGER	GRENOUILLER	JOUTER
ETERNUER	FOUINER	GRESILLER	JUBILER
ETINCELER	FOURCHER	GRIGNER	JUTER
ETRE	FOURGONNER	GRINCHER	KLAXONNER
EXCELLER	FOURMILLER	GRISOLLER	LAIUSSER
EXCIPER	FOURRAGER	GRISONNER	LAMBINER
EXISTER	FRAICHIR	GROGNER	LANTERNER
EXPLOSER	FRATERNISER	GUERROYER	LAPINER
EXULTER	FREMIR	GUEULETONNER	LARMOYER
FABULER	FRETILLER	GUINCHER	LEGIFERER
FAIBLIR	FRIMER	HALETER	LESINER
FAINEANTER	FRISSONNER	HENNIR	LOFER
FALLOIR	FROUFROUTER	HERBORISER	LOUCHER
FANFARONNER	FRUCTIFIER	HERCHER	LOUVETER
FANTASMER	FULGURER	HERSCHER	LOUVOYER
FARFOUILLER	FURETER	HESITER	LUGER
FASEILLER	GALEJER	HIBERNER	LUIRE
FASEYER	GALOPER	HIVERNER	LUTTER
FAUTER	GAMBADER	HOQUETER	MAGASINER
FAYOTER	GAMBILLER	HULULER	MAGOUILLER
FERIR	GARGOUILLER	IMPLOSER	MALFAIRE
FERRAILLER	GATIFIER	INCOMBER	MARAUDER
FEULER	GAZOUILLER	INFLUER	MARCHER
FIENTER	GEINDRE	INSISTER	MARGAUDER
FINASSER	GEMIR	INSTRUMENTER	MARGOTER
FLAGEOLER	GESIR	INTERAGIR	MARGOTTER
FLAMBOYER	GESTICULER	INTERCEDER	MARIVAUDER
FLANCHER	GITER	INTERCEPTER	MARONNER
FLANER	GLANDOUILLER	IODLER	MAZOUTER
FLEMMARDER	GLAPIR	IRONISER	MEDIRE
FLIPPER	GLATIR	JABOTER	MEGOTER
FLIRTER	GLOUGLOUTER	JACASSER	MENTIR
FLOCONNER	GLOUSSER	JACTER	MENUISER
FLOCULER	GODAILLER	JAPPER	MERDER

MEUGLER	PATELINER	POIREAUTER	RECIDIVER
MIAULER	PATIENTER	POLEMIQUER	RECOMPARAITRE
MIGRER	PATIR	POLISSONNER	RECRIMINER
MILITER	PATOISER	PONTIFIER	REDEMARRER
MINAUDER	PATOUILLER	POQUER	REER
MINCIR	PATROUILLER	POSTILLONNER	REFLEURIR
MIROITER	PECLOTER	POTINER	REFLUER
MOUCHERONNER	PEDALER	POUDROYER	REGATER
MOUFTER	PENDILLER	POUFFER	REGIMBER
MOUSSER	PENDOUILLER	POULINER	REGNER
MUGIR	PENDULER	POUPONNER	REGORGER
MUSARDER	PEPIER	POUVOIR	REGRESSER
NASILLER	PERDURER	PREDOMINER	RELUIRE
NAVIGUER	PERICLITER	PREEXISTER	REMARCHER
NIDIFIER	PERIR	PRELUDER	REMEDIER
NOMADISER	PERORER	PREVARIQUER	RENACLER
NORDIR	PERSEVERER	PROCEDER	RENAITRE
NUIRE	PERSISTER	PROFITER	RENAUDER
OBLIQUER	PESTER	PROGRESSER	RENCHERIR
OBTEMPERER	PETARADER	PROLIFERER	RENGRAISSER
OBVIER	PETILLER	PROSPERER	REPAIRER
OCCIRE	PETOUILLER	PROVENIR	REPAITRE
OCTAVIER	PHILOSOPHER	QUERIR	REPARAITRE
OEUVRER	PHRASER	QUEUTER	REPARLER
OFFICIER	PIAFFER	RADOTER	REPLEUVOIR
OISELER	PIANOTER	RAFFOLER	REPUGNER
OPINER	PIAULER	RAGER	RESIDER
OPTER	PICOLER	RAIRE	RESISTER
OSCILLER	PIETER	RALER	RESONNER
PACTISER	PIGNOTER	RAMPER	RESPLENDIR
PAGAYER	PINAILLER	RANCIR	RESSEMBLER
PALABRER	PIONCER	RAPPLIQUER	RESSORTIR
PALPITER	PIROUETTER	RASSIR	RESSUER
PANTOUFLER	PIVOTER	RATIOCINER	RETENTIR
PAPILLONNER	PLAIRE (≠)	RAVOIR	REVASSER
PAPILLOTER	PLANCHER	REAGIR	REVEILLONNER
PAPOTER	PLASTRONNER	REAPPARAITRE	REVOLER
PARADER	PLEURNICHER	REBIQUER	RICANER
PARESSER	PLEUVASSER	RECAUSER	RICOCHER
PARLEMENTER	PLEUVINER	RECHAPPER	RIGOLER
PARTICIPER	PLEUVOIR	RECHIGNER	RIPAILLER
PATAUGER	PLEUVOTER	RECHUTER	RIPOSTER

RIRE	SOMNOLER	TEMPORISER	TRIMER
RIVALISER	SONGER	TENORISER	TRINQUER
ROCHER	SONNAILLER	TERGIVERSER	TRIOMPHER
RODAILLER	SOUPER	TINTINNABULER	TRONER
RONCHONNER	SOUPIRER	TIQUER	TROTTINER
RONFLER	SOURCILLER	TITUBER	ULULER
RONRONNER	SOURDRE	TONITRUER	URGER
ROQUER	SPECULER	TONNER	VACILLER
ROSIR	SPORULER	TOPER	VAGABONDER
ROTER	SPRINTER	TOREER	VAGIR
ROUGEOYER	STAGNER	TOSSER	VAGUER
ROUPILLER	STATUER	TOURBILLONNER	VALDINGUER
ROUSCAILLER	STRIDULER	TOURILLONNER	VAQUER
ROUSPETER	SUBSISTER	TOURNAILLER	VARAPPER
RUGIR	SUBVENIR	TOURNIQUER	VASOUILLER
RUISSELER	SUCCEDER	TOURNOYER	VATICINER
RUTILER	SUCCOMBER	TOUSSER	VEGETER
SALIVER	SUFFIRE	TOUSSOTER	VELER
SANGLOTER	SUINTER	TRAINAILLER	VERDOYER
SAUCISSONNER	SUPPURER	TRAINASSER	VERMILLER
SAUNER	SURABONDER	TRANSIGER	VETILLER
SAUTILLER	SURENCHERIR	TRANSMIGRER	VIELLER
SCINTILLER	SURIR	TRANSPARAITRE	VILLEGIATURER
SEJOURNER	SURNAGER	TRANSPIRER	VIREVOLTER
SEMBLER	SURSAUTER	TRANSSUDER	VOCALISER
SEOIR	SURVIRER	TRAVAILLOTER	VOGUER
SERPENTER	SURVIVRE	TREMATER	VOISINER
SEVIR	SWINGUER	TREMBLOTER	VOLETER
SIEGER	SYMPATHISER	TREPIDER	VOLTER
SKIER	TALLER	TREPIGNER	VOLTIGER
SLALOMER	TANGUER	TRESSAILLIR	VOYAGER
SMASHER	TAPINER	TRESSAUTER	VROMBIR
SOLILOQUER	TARDER	TRICHER	ZEZAYER
SOMBRER	TATONNER	TRIFOUILLER	ZIGZAGUER
SOMMEILLER	TEMPETER	TRILLER	ZOZOTER

(≠) transitif d'après le règlement

Exception : D'après le règlement de la F.I.S.F., article 3.3.1. : les participes passés des verbes pronominaux peuvent varier sauf :

APPARTENU, COMPLU, DEPLU, PLU, SUCCEDE et SUFFI.

Article 3.3.2. : Bien que le *P.L.I.* les signale seulement comme intransitifs, les verbes suivants sont à considérer comme transitifs directs :

COGITER, FESTOYER, GLOSER, GRIMACER et RABONNIR.

Article 3.3.3. Sont considérés comme variables, outre les participes passés des verbes signalés au Bescherelle par un losange noir ou rouge, les participes suivants :

DESOBEI, GERME, JAILLI, OBEI, REJAILLI, RESURGI, SURGI ; en revanche, DAIGNE et SURSIS sont invariables.

Adjectifs invariables en genre (masculins uniquement)

ADDUCTEUR	CYAN	NEMEENS	SELECT
ALENOIS	DECAFEINE	NEPERIEN	SENNEUR
ALIZE	DEFATIGANT	OFFICIANT	TABLOID
AMATEUR	DETACHANT	PEAUCIER	TATEUR
ANTIPARTI/	EQUIPOLE	PEAUSSIER	TELLUREUX
AQUILIN	ETESIEN	PEIGNIER	TENSEUR
AUBURN	EXINSCRIT	PELARD	TOMBEUR
AUBURNIEN	FAT	PERONIER	TOUAREG
AZOTEUX	FERREUX	PIETRAIN	TROUPIER
BATH/	FOLLET	PRETORIEN	TURQUIN
BENET	FOUETTARD	PUNITIF	URANEUX
BENGALI	FRANGEANT	RAVALEUR	VAIRON
BROWNIEN	FRAPPEUR	REDOX	WORMIEN
BUVARD	GIRONNE	REGALIEN	ZAIN
CABUS	GORDIEN	ROTATEUR	ZINGUEUR
CALOPORTEUR	GREGOIS	ROUVERAIN	
CACHER/	GUAI	ROUVERIN	*Erreurs :*
CASHER/	GUAIS	RUBICAN	abaisseur, banban,
CHATAIN	IGNORANTIN	SALANT	epiphane,
CHEROT	JAIN	SALICYLE	metonien,moussot,
CLINICIEN	KASHER/	SAUR	nostras, urgonien.

COKEFIANT	LEVANT	Depuis 1981, les adjectifs suivants varient:
COMPTANT	MALVOYANT	ANIMALIER,E,DEWATTE,E,
CONSULTEUR	MARTELEUR	GALLO,S, HURONIEN,NE, IRIDIE,E,
COSTAUD	MASSETER	LIQUIDIEN,NE, MANUELIN,E,
COULIS	NAGARI	PANTOIS,E, PERMIEN,NE,
COUVI	NAHUATL	TISSEUR,EUSE et VIBRE,E (le verbe
CREMANT	NEGRIER	VIBRER est devenu transitif).

(féminins uniquement)	ACCORTE	SURRENALE
	ADRAGANTE	TOMBALE
	AFFRIQUEE	TREMIERE
	AGNELINE	VOGOULE
	BENARDE	
	BILABIALE	*Erreur :*
	SURJALEE	aliquante.

Doubles syllabes

BABA	PIPI	CRICRI	CHOUCHOU
BEBE	TATA	DONDON	CRINCRIN
BIBI	TETE	GALGAL	COUSCOUS
BOBO	TITI	GRIGRI	FLONFLON
CACA	TOTO	JOUJOU	FROUFROU
COCO	TUTU	LOULOU	GLOUGLOU
DADA	USUS	NOUNOU	GNANGNAN
GAGA	ZIZI	RONRON	TRAINTRAIN
GOGO	BONBON	TESTES	
JOJO	BOUBOU	TONTON	
MEME	CANCAN	TOUTOU	
NANA	CHECHE	ZINZIN	
PAPA	CHICHI	BERIBERI	
PEPE	COUCOU	CHERCHER	

Erreurs : lolo, mimi, néné, banban, chacha, pioupiou, quinquin, et toujours en deux mots : ye-ye, yo-yo, bla-bla, dum-dum, fla-fla, kif-kif, tam-tam, agar-agar, boui-boui, chow-chow, ilangilang, et culcul (mais CUCUL/). POMPOM, contrairement à BONBON, prend M devant le P.

Tirages avec 3 fois la même lettre

A A A

Pensez aux verbes ayant une finale en −AI, −AIS, −AIT, −ANT, etc. comme BALADAIS, CRAVATA, APAISAMES ainsi qu'aux finales en −AGE.

Voici quelques autres exemples :

ABBATIAL	ASTRAKAN	CASUARINA	MALAGA
ACACIA	AVANTAGE	CATALAN,E	MALARIA
ACCAPARE +	AVATAR	CHARABIA	MALAXAGE
AGALAXIE	AYMARA	DAVANTAGE	MANDALA
AFFAITAGE	BACCARA	DJAMAA/	MARACA
ALBANAIS,E	BALATA	FALBALA	MARANTA
AGRAPHAGE	BALAYAGE	FANTASIA	MARAUDAGE
ALCAZAR	BAMBARA	FARADAY	MARSALA
ALGARADE	BARAKA	FLAGADA/	MASTABA
ALMANACH	BARRATAGE	GABARIAGE	MAZAGRAN
ALPAGA	BATACLAN	GALANDAGE	NAVAJA
ALTHAEA	BATAVIA	GALAPIAT	PALATAL,E
AMALGAME +	BAVARDAGE	GANADERIA	PALATAUX
AMANDAIE	CAATINGA	GARANCAGE	PALATIAL,E
AMARANTE	CAFARDAGE	HABANERA	PALATIAUX
AMARRAGE	CALAMAR	HAMADA	PALATINAT
ANACARDE	CALFATAGE	HAMADRYAS	PANACHAGE
ANACONDA	CALAMBAC	HAUBANAGE	PANAMA
ANOMALA	CAMARADE	HAVANAIS,E	PANATELA
APANAGE	CANADA	JANGADA	PANORAMA
APLANAT	CANADAIR	JAVANAIS,E	PARABASE
APPAIRAGE	CANARA	LAMANAGE	PARANOIA
APPARAT	CANASTA	LANTANA	PATARAS/
APPARAUX	CARACAL,S	MACADAM	PATATRAS/
APSARA	CARAPACE	MAHARANI	PIASSAVA
ARMADA	CARAPATE +	MAHARAJA/	RABACHAGE
ARMAGNAC	CARAVANE	MAHATMA	RABATTAGE
ARRACHAGE	CARNAVAL	MALABAR	RAMADAN/

RAMASSAGE
RAPLAPLA/
RATAFIA
RATAPLAN
RAVAUDAGE
RUTABAGA
SALARIAL,E

SALARIAUX
TAMANDUA
TANAGRA
TANGARA
TARAUDAGE
TRAFALGAR/
TRALALA
YATAGAN

I I I

Pensez aux finales de verbes
en −AI, −IEE, −IMES, etc.
et surtout aux finales −IIONS, IIEZ
(FINIRAI, VICIIEZ, IMITIONS...).

Quelques autres exemples :

BIKINI	IRITIS/
BILIAIRE	IVOIRIEN,NE
CATIMINI/	IVOIRIN,E
CILIAIRE	LIGNIFIE +
CIVILISE +	LIVIDITE
CIVILITE	MILIAIRE
CUISINIER	MILICIEN
DIVINISE +	MILLIAIRE
DIVINITE	MINIMISE +
DIVISION	MISTIGRI
FINITION	NITRIFIE +
FRIGIDITE	OUISTITI
IDIOTIE	PRIMITIF
IGNITION	RIGIDITE
ILLICITE	RIKIKI/
ILLIMITE	RIQUIQUI/
IMITATIF	SAIMIRI
INCIPIT/	SICILIEN,NE
INCISIF,IVE	SIGNIFIE +
INCISION	SILICIUM
INCIVIL,E	SIMILIS
INDIVIDU	SIMILISE +
INDIVIS,E	TIMIDITE
INFINI,E	TIGRIDIE
INFINITE	VIEILLI +
INIQUITE	VIRILISE +
INITIAL,E	VIRILITE
INITIAUX	VITILIGO
INITIER +	VITRIFIE +
INSIPIDE	VIVIDITE
INTIMIDE +	VIVIFIE +
INTIMITE	
INTUITIF,VE	
IRIDIE,E	
IRIDIUM	

B B B
(avec un joker)

BAOBAB

C C C
(avec un joker)

ACCROCHE +
ACCROC
ACCOUCHE +
CACHUCHA
CACTACEE
COACCUSE
COCCIDIE

COCCOLITE
COCCYGIEN
COCCYX
COCORICO
CONCOCTE+
RACCROC/
SUCCINCT,E

D D D

ADDENDA/

E E E

3 fois la même lettre
plus une autre lettre

EEE	RRR	C	=	RECREER
EEE	RRR	F	=	REFERER
EEE	RRR	G	=	REGREER
EEE	RRR	P	=	REPERER
EEE	RRR	V	=	REVERER
EEE	SSS	C	=	CESSEES
EEE	SSS	D	=	DEESSES
EEE	SSS	F	=	FESSEES
EEE	SSS	N	=	SENSEES
EEE	TTT	N	=	ETETENT, NETTETE

F F F
(avec un joker)

AFFECTIF
EFFECTIF
FIEFFE
OFFENSIF

G G G
(avec un joker)

GROGGY
JOGGING
LEGGINGS/

L L L

			# M M M
		HALLALI	
		ILLEGAL,E	
		LABELLE	
		LAMELLE,E	
		LAPILLI/	
		LENTILLE	HAMMAM
		LIBELLE +	MAMMAIRE
AILLOLI	CELLULE	LILIALE	MAMMALIEN
ALLELE	CELLULITE	LILLOIS,E	MAMMALIENNE
ALLELUIA	CELLULOID	LOLLARD	MAMMIFERE
ALLYLE	CELLULOSE	PALLEAL,E	MAMMITE
ALLYLIQUE	FILLEUL,E	PULLULE +	MAMMOUTH
CALVILLE	FLAGELLE +	TILLEUL	MAXIMUM,S
CELLULASE	FLANELLE	VOLAILLE	SUMMUM

N N N

Pensez aux finales des verbes ayant 2 N

ANCIENNE	BANNETON	HENNIN	PANTENNE
ANNEXION	CANONNE +	INCONNU,E	RONRONNE +
ANNONCE +	CANTONNE +	INNOCENT +	SONNANT
ANNONE	CONSONNE	IONIENNE	TANNANT
ANONNE +	ENTONNE +	LINNEEN,NE	TANNIN
ANTENNE	GONFANON	NONANTE/	TONNANT
ANTIENNE	HANNETON	PANNETON	

O O O

			ROCOCO/
			OUAOUARON
			OUOLOF
			ROCOUONS
AMOROSO	COTOYONS	OOSPORE	RODOMONT
BOSKOOP	HONORONS	ORATORIO	ROUDOUDOU
COCOON/	MONOBLOC	OSTROGOT,E	SOLOGNOT,E
COCORICO	MONOPOLE	OSTROGOTH	TOMBOLO
COLOMBO	MONOTONE	OTOCYON	ZOOLOGIE
COLORONS	OCTOPODE	OTOLITHE	ZOOLOGUE
COOPTONS	OOGONE	OTOSCOPIE	ZOOSPORE

R R R

Pensez aux verbes comme **ARRIVER, PARJURER** etc. ainsi qu'au préfixe
R – ou RE : ROUVRIR, RECOURRAI...

ARMURIER	BARRIERE	FERRURE	ROTURIER
ARRIMEUR	BEURRIER	FOURRIER,E	SERRURE
ARRETOIR	CARRARE	GUERRIER,E	TERREUR
ARRIERE,E	CARRURE	HORREUR	TERRIER
ARROSEUR	COURRIER	MARBRIER	TERROIR
ARROSOIR	DERRIERE	PARTERRE	VERRIER,E
BARREUR	ERREUR	PIERRIER	

S S S

(autres que
les pluriels
des mots
ayant déjà 2 S).

ASSISTE	SARISSE	SISSONE
DESSOUS	SASSEUR	SISSONNE
LISSEUSE	SAUSSAIE	STRASS
RASSIS,E	SCISSURE	SUSPENSE
RASSASIE	SECOUSSE	SUSVISE,E
OSSEUSE	SESSILE	
SAGESSE	SESSION	

T T T

Pensez aux finales verbales –ANT,
–ENT, –AIT, –ATES, etc... pour
tous les verbes ayant déjà 2 T : FROT-
TAIT, TATOUENT, TENTANT...

STATUT	TINETTE
STEATITE	TIRETTE
STRETTE	TITISTE
TABLETTE	TOILETTE +
TACHETTE+	TOMMETTE
TANTINET	TOPETTE
TANTOT/	TOTALITE

ATTEINTE	ATTRISTE +	TAPETTE	TRIPETTE
ATTEINTS	ETATISE+	TARGETTE	TROTTE +
ATTENTE +	HITTITE	TARTRATE	TROTTEUR
ATTESTE +	INSTITUT	TASSETTE	TROTTINE +
ATTIFET	INTESTAT	TECTITE	TROTTING
ATTITRE +	NETTETE	TERZETTO	TROTTOIR
ATTRAIT	POTENTAT	TIGETTE	TURLUTTE

U U U

EUNUQUE	SUBJUGUE +	URUGUAYEN,NE
FOUGUEUX,SE	TRUQUEUR	USUFRUIT
FUGUEUR,SE	TUBULEUX,SE	VULTUEUX,SE
LUXUEUX,SE	TUBULURE	
MUQUEUX,SE	UBUESQUE	
ROUDOUDOU	ULLUQUE	
RUGUEUX,SE	URUBU	

Tirages avec 4 fois la même lettre

A A A A	**I I I I**	**N N N N**	ANONNANT
			ANONNENT
ACCAPARA+	INFINITIF		ANONNONS
AMALGAMA+	INHIBITIF		
APADANA	INIMITIE		
ARAUCARIA	INITIAI	**R R R R**	SERRURIER
BALALAIKA	INITIIEZ		
CARAPATA+	INITIIONS		
JACARANDA	NIDIFIAI+		
MAHARAJA			

S S S S		RASASSES	SESSILES
		RASSASIES	SESSIONS
Majorité de verbes		RASSISES	SEVISSES
		RASSISSE	SISSONES
		RESSAISIS	SKIASSES
		ROSISSES	STRASSES
		ROSSASSE	STRESSAS
ASSASSIN	FESSASSE	RUSASSES	STRESSES
ASSISTAS	FUSASSES	SAGESSES	SUBISSES
ASSISTES	HISSASSE	SAISISSE	SUCASSES
BASASSES	JASASSES	SALASSES	SUISSES,SE
BASSESSE	LASSASSE	SALISSES	SURISSES
BISASSES	LESASSES	SAPASSES	SURSISSE
BISSASSE	LISSASSE	SARISSES	SUSVISES
BOSSASSE	MASSASSE	SASSAMES	TASSASSE
CASASSES	MISASSES	SASSATES	TISSASSE
CASSASSE	MUSASSES	SASSEURS	VISASSES
CESSASSE	OSSEUSES	SASSEUSE	VISSASSE
COSSASSE	PASSASSE	SAUSSAIES	
DESOSSAS	PISSASSE	SCIASSES	
DOSASSES	POSASSES	SEMASSES	*Erreur* : vessasse.

T T T T	ATTENTAT ATTESTAT TROTTAIT TROTTANT TROTTENT	U U U U	TURLUTUTU/

Et si vous avez

S S S S S	ASSASSINS ASSISSES	RASSISSES RESSASSES	SASSASSE SUISSESSE

NOTES PERSONNELLES

LETTRES
"CHÊRES"

LETTRES « CHÈRES »

On appelle lettres «chères» les lettres de 8 et de 10 points.

Vous trouverez donc dans les pages suivantes :

■ Les mots de 2 à 8 lettres comportant J, K, Q, W, X, Y et Z ; ces mots sont classés d'après le nombre de lettres et l'emplacement de la lettre chère. Ils sont suivis (entre parenthèse) de leurs éventuelles anagrammes.

■ Les raccords possibles avec une seule de ces lettres chères, soit par l'avant, soit par l'arrière ; les «sorties» possibles sur les mots de 2 à 5 lettres ; les fautes à ne pas commettre ; les remarques appropriées.

■ Les Scrabbles «secs» (mots de 7 lettres), qui peuvent former d'autres Scrabbles de 8 lettres grâce à l'une de ces lettres chères. Pour la lettre Z, ne seront mentionnées les formes verbales en −EZ que si celles-ci sont des anagrammes d'autres mots ; les autres lettres chères, à droite d'un mot de 8 lettres ainsi formé, indiquent que ces mêmes Scrabbles «secs» peuvent aussi former des mots de 8 lettres avec une de ces lettres chères.

Exemple : à la lettre J, vous trouverez :

APAISER, (suivi de ses trois anagrammes) et le mot de 8 lettres JASPERAI (APAISER + J), suivi des lettres X et Y. En cherchant donc le même mot de base APAISER au chapitre de la lettre X (raccords des mots de 7 lettres avec X), vous trouverez APRAXIES (APAISER + X), etc.

J

2/1

J
J E

3/1

J . .
J A N
J A S
J E T+
J E U
J O B
J U S

J . . .
J A C K
J A D E
(déjà)
J A I N
J A I S
J A L E
J A R S
J A S A+
J A S E+
J A V A
J A Z Z
J E A N
J E E P
J E R K+
J E T A+
J E T E+
J E U N /+
J E U X
J O I E
J O J O
J O L I

J O N C
J O T A
J O U A+
J O U E+
J O U G
J O U I+
J O U R
J U B E
J U D O
J U G E+
J U I F
J U I N /
J U P E
J U R A+
J U R E+
J U R Y
J U T A+
J U T E+

4/3

. . J .
D E J A /
(jade)
J O J O
N A J A
R A J A
S O J A

5/1

J . . . .
J A B L E
J A B O T+
J A C E E
J A C T A+

J A C T E+
J A D I S
J A I N A
J A L A P
J A L O N
J A M B E
J A N T E
J A P O N
J A P P A+
J A P P E+
J A Q U E
J A R D E
J A R R E
J A S E R+
J A S P A+
J A S P E+
J A T T E
(jetât)
J A U G E+
(jugea)
J A U N E
(jeûna)
J A U N I+
J A V E L /+
J E R E Z
J E R K A+
J E R K E+
J E S U S
J E T E E
J E T A T
(jatte)
J E T E R+
(rejet)
J E T O N
J E T T E
J E U D I

J E U N A+
(jaune)
J E U N E+
(enjeu)
J O D L A+
J O D L E+
J O I N S
J O I N T
J O K E R
J O L I E
J O M O N
J O R A N
J O U A L
J O U A S
(sajou)
J O U A T
(ajout)
(jouta)
J O U E E
J O U E R+
J O U E T
(joute)
J O U I R+
J O U I S
J O U I T
J O U L E
J O U T A+
(ajout)
(jouât)
J O U T E+
(jouet)
J O Y A U
J U C H A+
J U C H E+
J U D A S /
J U G A L
J U G E A+
(jauge)
J U G E E
J U G E R+
J U I V E
J U L E P
J U L E S /
J U M B O
J U M E L+
J U N T E
J U P O N
J U R A T

J U R E E
J U R E R+
J U R O N
J U S T E
(jutes)
(sujet)
J U T E R+
J U T E S
(juste)
(sujet)

5/2

. J . . .
A J O N C
A J O U R (≠)
A J O U T+
(jouat)
(jouta)
D J I N N
F J E L D
F J O R D
T J A L E

5/3

. . J . .
B I J O U
C A J O U /
C A J U N
E N J E U
(jeune)
M A J O R
O B J E T
R A J A H
R E J E T
(jeter)
S A J O U
(jouas)
S U J E T
(jutes)
(juste)

5/4

. . . J .
B A N J O
M E I J I
P O L J E

5/5

. . . . J
T O K A J

6/1

J . . . . .
J A B I R U
J A B O T A+
J A B O T E +
J A C T E R+
J A G U A R
J A I L L I+
J A L O U X
J A M A I S
J A M B O N
J A N T E S
(jasent)
J A P P E R+
J A R D I N+
J A R D O N
J A R G O N
J A R R E T
J A S E N T
(jantes)
J A S E U R
J A S M I N
J A S P E E
J A S P E R+
J A U G E A+
J A U G E E
J A U G E R+
(jugera)
J A U N E T
(jeunât)
J A U N I E
J A U N I R+
J A V A R T
J A V E L A+
J A V E L E+
J E R K E R+
J E R S E Y
J E T A G E
J E T E U R
J E U N A S
(jaunes)
J E U N A T
(jaunet)

J E U N E R+
J E U N E T
J E U N O T
(jouent)
J O B A R D
J O C K E Y
J O D L E R+
J O I G N E
J O I N T E
J O L I E T
J O N C H A+
J O N C H E+
J O N G L A+
J O N G L E+
J O N Q U E
J O R U R I
J O S E P H
J O U A U X
J O U E N T
(jeunot)
J O U E R A
(ajouré)
(rejoua)
J O U E U R
J O U I R A+
J O U J O U
J O U T A I+
(jouait)
J O U T E R+
J O U X T A+
J O U X T E+
J O V I A L
J O V I E N
J O Y A U X
J O Y E U X
J U B I L A+
J U B I L E+
J U C H E E
J U C H E R+
J U D O K A
J U G A L E
J U G A U X
J U G E R A+
(jauger)
J U G E U R
J U G U L A+
J U G U L E+
J U J U B E

J U L I E N
J U M E A U
J U M E L A+
J U M E L E+
J U M E N T
J U N G L E
J U N I O R
J U N K E R
J U R A T S
J U R E U R
J U S A N T
J U S Q U E /
J U T E U X

6/2

. J . . . .
A J I S T E
A J O U R A+
A J O U R E+
(jouera)
rejoua)
A J O U T A+
A J O U T E+
A J O U T S
(joutas)
A J U S T A+
A J U S T E+
D J A M A A /
D J E B E L
D J I H A D

6/3

. . J . . .
A B J E C T
A B J U R A+
A B J U R E+
A D J U G E+
A D J U R A+
A D J U R E+
B A J O U E
C A J O L A+
C A J O L E+
D E J E T A+
D E J E T E+
D E J O U A+
D E J O U E+
D E J U G E+

E N J E U X
E N J O L A+
E N J O L E+
I N J U R E
J U J U B E
M A J E U R
M E J U G E+
M I J O T A+
M I J O T E+
P Y J A M A
R A J O U T+
R E J E T A+
R E J E T E+
R E J O U A+
(ajouré)
R E J O U E+
R E J O U I+
S E J O U R
T A J I N E

6/4

. . . J . .
A C A J O U
D O N J O N
G O U J A T
G O U J O N
H A D J D J
J O U J O U
M O U J I K
P R O J E T+
R A D J A H
S U R J E T+
T A D J I K
T R A J E T
V E R J U S

6/5

. . . . J .
B I N T J E
G A L E J A+
G A L E J E+
N A V A J A
T U P A J A

6/6

. . . . . J
H A D J D J

7/1

J . . . . . .
JABLOIR
JABOTER+
JACASSA+
JACASSE+
JACHERE
JACISTE
JACOBEE
JACOBIN
JACQUES (≠)
JACQUET
JADEITE
  (déjetai)
JAILLIR+
JALONNA+
JALONNE+
JALOUSA+
JALOUSE+
JAMBAGE
JAMBIER
JAMBOSE
JANGADA
JANVIER/
JAPPEUR
JAQUIER
JARDINA+
JARDINE+
JAROSSE
JARRETE
JASEURS
  (jurasse)
JASEUSE
JASPINA+
JASPINE+
JASPURE
JAUGEUR
JAUNIES
  (jeûnais)
JAVELEE
JAVELER+
JAVELLE
JAVELOT
JAZZMAN //
JAZZMEN /
JECISTE
JEJUNUM

JESUITE
JETAMES
  (majesté)
JETEUSE
JEUNAIS
  (jaunies)
JEUNEUR
JINISME
JOBARDE
JOBELIN
JOCISTE
JOGGING
JOIGNES
JOINDRA+
JOINDRE+
JOINTIF
JONCHEE
JONCHER+
JONCHET
JONGLER+
JOUABLE
JOUATES
  (ajoutés)
JOUERAI+
  (rejouai)
JOUERAS
  (ajourés)
  (rejouas)
JOUEUSE
JOUFFLU
JOUJOUX
JOURNAL
JOURNEE
JOUTERA+
  (ajouter)
  (rajoute)
  (rejouat)
JOUTEUR
JOUXTEE
JOUXTER+
JOVIALE
JOVIALS
JOVIAUX
JOYEUSE
JUBARTE
JUBILER+
JUCHOIR
JUDAISA+

JUDAISE+
JUGEOTE
JUGEUSE
JUGULEE
JUGULER+
JUILLET/
JUMEAUX
JUMELEE
JUMELER+
JUMELLE
JUMENTE
JUMPING
JUNIORS
  (jurions)
JUPETTE
JUPONNA+
JUPONNE+
JURAMES
  (majeurs)
JURANDE
JURASSE
  (jaseurs)
JURATES
  (ajuster)
  (juteras)
  (rajuste)
  (surjeta)
JURIONS
  (juniors)
JURISTE
JUSSION
JUSTICE
JUTASSE
  (ajustés)
JUTERAS
  (ajuster)
  (jurâtes)
  (rajuste)
  (surjeta)
JUTEUSE
JUVENAT

7/2

. J . . . .
AJOUREE
AJOURER+
AJOUTEE

A J O U T E R+
(joutera)
(rajoute)
A J O U T E S
(jouâtes)
A J U S T E E
A J U S T E R+
(jurâtes)
(juteras)
(rajuste)
(surjeta)
A J U S T E S
(jutasse)
A J U T A G E
E J A C U L A+
E J A C U L E+
E J E C T E E
E J E C T E R+
E J O I N T A+
E J O I N T E+

7/3

. . J . . . .
A B J E C T E
A B J U R E E
A B J U R E R+
A D J O I N S
A D J O I N T
A D J U G E E
A D J U G E R+
A D J U V A T
B A J O Y E R
B E J A U N E
C A J E P U T
C A J O L E E
C A J O L E R+
D E J A N T A+
D E J A N T E+
D E J A U G E+
D E J E T A I+
(jadéite)
D E J E T E E
D E J E T E R+
D E J E U N A+
D E J E U N E+
D E J O U E E
D E J O U E R+
D E J U C H A+

D E J U C H E+
D E J U G E E
D E J U G E R+
E N J A M B A+
E N J A M B E+
E N J O I N S
E N J O I N T
E N J O L E E
E N J O L E R+
E N J U G U A+
E N J U G U E+
I N J E C T A+
I N J E C T E+
I N J U R I A+
I N J U R I E+
I N J U S T E
J E J U N U M
M A J E S T E
(jetâmes)
M A J E U R E
M A J E U R S
(jurâmes)
M A J O R A L
M A J O R A T
M A J O R E E
M A J O R E R+
M E J U G E A+
M E J U G E E
M E J U G E R+
M I J O T E E
M I J O T E R+
O B J E C T A+
O B J E C T E+
R A J E U N I+
R A J O U T A+
R A J O U T E+
(ajouter)
(joutera)
(rejouat)
R A J U S T A+
R A J U S T E+
(ajuster)
(jurâtes)
(juteras)
(surjeta)
R E J E T E E
R E J E T E R+
R E J E T O N

R E J O I N S
R E J O I N T
R E J O U A I+
(jouerai)
R E J O U A S
(ajourés)
(joueras)
R E J O U A T
(ajouter)
(joutera)
(rajouté)
R E J O U E E
R E J O U E R+
R E J O U I E
R E J O U I R+

7/4

. . . J . . .
A B A J O U E
B E N J O I N
B O N J O U R
C O N J U R A+
C O N J U R E+
P A N J A B I
P A R J U R A+
P A R J U R E+
P R E J U G E+
P R O J E T A+
P R O J E T E+
S U R J E T A+
(ajuster)
(jurâtes)
(juteras)
(rajuste)
S U R J E T E+
V E R J U T E

7/5

. . . . J . .
G A L E J E R+
K A N D J A R
M U D E J A R
M U N T J A C
P I R O J K I
S A N D J A K
S A P A J O U

7/6

. . . . .J .
A Z U L E J O

8/1

J . . . . . .
J A B L O I R E
J A C A S S E R+
J A C I N T H E
J A C O B I N E
J A C O B I T E
J A C Q U A R D
J A C Q U I E R
J A C T A N C E
J A I N I S M E
J A L O N N E E
J A L O N N E R+
J A L O U S E E
J A L O U S E R+
J A L O U S E Z
 (azulejos)
J A L O U S I E
J A M B E T T E
J A M B I E R E
J A M B O R E E
J A P O N A I S
J A P P E U S E
J A Q U E T T E
J A R D I N E E
J A R D I N E R+
J A R D I N E T
J A R G O N N A+
J A R G O N N E+
J A R O U S S E
J A R R E T E E
J A S P I N E R+
J A U G E A G E
J A U M I E R E
J A U N A T R E
J A U N E T T E
J A U N I S S E
J A V A N A I S
J A V E L A G E
J A V E L E U R
J A V E L I N E
J A Z Z M A N S
J E R O B O A M

J E R R I C A N
J E R S I A I S
J E T T E R A I+
 (rejetait)
J E U N E S S E
J E U N E T T E
J E U N E U S E
J E U N O T T E
J O C R I S S E
J O D H P U R S/
J O I N T I V E
J O I N T O I E+
J O I N T O Y A+
J O I N T O Y E+
J O I N T U R E
 (jouirent)
J O L I E S S E
J O L I E T T E
J O L I M E N T/
J O N C A C E E
J O N C H A I E
J O N C H E R E
J O N C T I O N
 (conjoint)
J O N G L E U R
J O U B A R B E
J O U E R A I S
 (rejouais)
J O U E R A I T
 (jouterai)
 (rejouait)
J O U E R E N T
J O U E R I E Z
 (rejouiez)
J O U E R O N S
 (rejouons)
J O U F F L U E
J O U I R E N T
 (jointure)
J O U I S S I F
J O U R N A D E
J O U R N A U X
J O U R N E E S
 (séjourne)
J O U T E R A I+
 (jouerait)
 (rejouait)

J O U T E R A S
 (rajoutés)
J O U T E U S E
J O U V E N C E
J O V I E N N E
J U B I L A N T
J U D A I Q U E
J U D A I S E E
J U D A I S E R+
J U D A I S M E
J U G E A B L E
J U G E M E N T
J U J U B I E R
J U L I E N N E
J U M E L A G E
J U P O N N E E
J U P O N N E R+
J U R A I E N T
 (rajeunit)
J U R A N C O N
J U R E M E N T
J U S S I A E A
J U S T E S S E
J U S T I F I A+
J U S T I F I E+
J U T E R A I S
 (surjetai)
J U V E N I L E

8/2

. J . . . . .
A J O U R E N T
 (rejouant)
A J O U R N E E
A J O U R N E R+
A J O U R N E S
 (séjourna)
A J U S T A G E
A J U S T E R A+
 (réajusta)
A J U S T E U R
D J E L L A B A
E J A C U L E E
E J A C U L E R+
E J E C T E U R
E J E C T I O N
E J O I N T E R
 (rejointe)

8/3

. . J . . . . .
ADJACENT
ADJECTIF
ADJUDANT
ADJUVANT
BAJOYERS
BIJECTIF
CAJOLEUR
DEJANTEE
DEJANTER+
DEJAUGER+
(déjugera)
DEJEUNER+
DEJUCHEE
DEJUCHER+
DEJUGERA+
(déjauger)
ENJAMBEE
ENJAMBER+
ENJAVELA+
ENJAVELE+
ENJOIGNE
ENJOINTE
ENJOLEUR
ENJOLIVA+
ENJOLIVE+
ENJUGUEE
ENJUGUER+
GUJARATI
INJECTEE
INJECTER+
INJURIEE
INJURIER+
JUJUBIER
MAJORATS
MAJORAUX
MAJORITE
(mijotera)
MEJANAGE
MIJAUREE
MIJOTERA+
(majorité)
OBJECTAL
OBJECTEE

OBJECTER+
OBJECTIF
RAJEUNIE
RAJEUNIR+
RAJEUNIT
(juraient)
RAJOUTEE
RAJOUTER+
RAJOUTES
(jouteras)
RAJUSTEE
(réajuste)
RAJUSTER+
RAJUSTES
(surjetas)
REJAILLI+
REJETAIT
(jetterai)
REJOIGNE
REJOINTE
(éjointer)
REJOUAIS
(jouerais)
REJOUAIT
(jouerait)
(jouterai)
REJOUANT
(ajourent)
REJOUENT
(jouèrent)
REJOUIEZ
(joueriez)
REJOUONS
(jouerons)
SEJOURNA+
(ajournés)
SEJOURNE+
(journées)
SUJETION

8/4

. . . J . . . .
BENJAMIN
CISJURAN
CONJOINT
(jonction)

CONJUGAL
CONJUGUA+
CONJUGUE+
CONJUNGO
CONJUREE
CONJURER+
DISJOINS
DISJOINT
GOUJONNA+
GOUJONNE+
PARJUREE
PARJURER+
PREJUGEE
PREJUGER+
PROJETEE
PROJETER
REAJUSTA+
(ajustera)
REAJUSTE+
(rajustée)
SUBJUGUA+
SUBJUGUE+
SURJALEE
SURJETAI
(juterais)
SURJETAS
(rajustes)
SURJETEE
SURJETER+
TOUJOURS/
VERJUTEE

8/5

. . . . J . . .
GALEJADE
KANDJLAR
MINIJUPE

8/6

. . . . . J . .
AZULEJOS
(jalousez)
CARCAJOU
KINKAJOU

8/7

. . . . . . J .
MAHARAJA /

Erreurs : ja, dojo, jabler+, jocko, jayet, jenny, jar, ejet, hadj, eject, cajet, jupee, juper+, jigger, jacobus, jaseran, jetisse, jectisse, jointee, forjeter+, jerrycan, junonien, ajointer+, bajocien.

J peut se placer devant les mots suivants :

ACQUET	ARRETEE	ETAIT	ONCTION
ACQUIERS	ARS	ETANT	ONGLE
ACTE	AS	ETAT	ONGLONS
ACTIONS	ASE	ETE	OTA
AIS	ASPE	ETIEZ	OUI
ALE	AUGE	ETIONS	OUIR
AMBAGES /	AUNE	EU	OUIS
AMBON	AVELINE	EUX	URE
AN	ET	OIE	UREE
ANTE	ETA	OIGNONS	US
APPATES	ETABLE	OINDRE	USANT
ARGON	ETAGE	OINT	
ARRET	ETAIENT	OINTE	
ARRETE	ETAIS	OINTS	

Aucun raccord final possible : 2 mots seulement à finale J : HADJDJ, TOKAJ

Raccords des mots avec JE

Pour les rallonges possibles de 7 lettres, est mentionnée l'éventuelle anagramme (sous le mot de 9 lettres) représentant le Scrabble sec possible qui
donne avec JE le mot en question. Dans le cas où plusieurs Scrabbles secs
sont possibles, le signe + indiquera leur nombre.

+ 1	J E T	+ 3	J E REZ		J E TON
	J E U		J E RKA		J E TTE
			J E RKE		J E UDI
			J E SUS		J E UNA
+ 2	JEE P		J E TAI		J E UNE
	J E RK		J E TAS	F	J E LD
	J E T A		J E TAT	EN	J E U
	J E T E		J E TEE	O B	J E T
	J E UN		J E TER	RE	J E T
	J E UX		J E TEZ	P O L	J E

+4
JE RKER
JE RKEZ
JE RSEY
JE TAGE
JE TAIS
JE TAIT
JE TANT
JE TEUR
JE TIEZ
JE UNET
JE UNOT
D JE BEL
E JE CTA
E JE CTE
AB JE CT
DE JE TA
DE JE TE
RE JE TA
RE JE TE
PRO JE T
SUR JE T
TRA JE T
BINT JE

+5
JE JUNUM
JE SUITE
JE TABLE
JE TEUSE
JE UNEUR
AB JE CTE
CA JE PUT
DE JE UNA
DE JE UNE
IN JE CTA
IN JE CTE
OB JE CTA
OB JE CTE
RE JE TON
SU JE TTE
PRO JE TA
PRO JE TE
SUR JE TA
SUR JE TE

+6
JE ROBOAM
JE RRICAN
JE RSIAIS

JE UNESSE
JE UNETTE
JE UNEUSE
JE UNOTTE
D JE LLABA
AD JE CTIF
BI JE CTIF
OB JE CTAL
OB JE CTIF
SU JE TION

+7
JE NNERIEN
JE REMIADE
(admirée + 2)
JE RRICANE
(rincera + 3)
JE TTERAIS
(restait + 10)
JE TTERAIT
(attitré)
JE TASSENT
(tassent)
JE TTERONS
(sortent + 1)
JE UNEMENT
JE UNAIENT
(annuité)
JE UNERAIS
(saurien + 3)
JE UNERAIT
(ruaient + 2)
JE UNERONS
(sonneur)
JE UNOTTES
(teutons)
AB JE CTION
(cabotin)
AD JE CTIVE
BI JE CTION
BI JE CTIVE
DE JE CTION
DE JE TAMES
(démâtés)
DE JE TASSE
DE JE TATES
(détesta)
DE JE TIONS
(éditons)

DE JE UNERA	OB JE CTALE	PRO JE TAIT
(renaude)	(clabote)	(portait + 1)
DE JE UNERS	OB JE CTAUX	PRO JE TEUR
(rendues + 1)	OB JE CTEUR	(porteur +1)
IN JE CTAIS	OB JE CTIVE	PRO JE TIEZ
(incisat + 1)	RE JE TABLE	(portiez)
IN JE CTAIT	(retable + 2)	PRO JE TONS
(incisat)	RE JE TASSE	(portons + 1)
IN JE CTERA	(essarte)	PRO JE TTES
(cernait + 7)	RE JE TIONS	(protets)
IN JE CTEUR	(étirons + 2)	SUR JE TAIT
IN JE CTION	SU JE TIONS	(trustai)
(contins)	(situons) + 1	SUR JE TTES
IN JE CTIVE	PRO JE CTIF	(trustés)
OB JE CTERA	PRO JE TAIS	
(caboter)	(portais + 1)	

Raccords des mots de 3 lettres avec J

(au maximum 5 lettres)

	JAN			+3	JAS EUR
+2	JAN TE				JAS MIN
+4	JAN GARA				JAS PER
	JAN VIER			+4	JAS EUSE
DE	JAN TA+				JAS PINE+
DE	JAN TE+				JAS PURE
+5 ME	JAN AGE			NAVA	JAS
				TUPA	JAS
					JET
					(voir à JE)
	JAS				**JOB**
+1	JAS A			+3	JOB ARD
	JAS E			+4	JOB ARDE
+2	JAS AI+				JOB ELIN
	JAS AS				
	JAS AT				**JUS**
	JAS ER+			+2	JUS TE
	JAS EZ			+3	JUS ANT
NA	JAS				JUS QUE
RA	JAS			VER	JUS
SO	JAS				

+4		JUS	SION		+5		JUS	SIAEA
		JUS	TICE				JUS	TESSE
	IN	JUS	TE				JUS	TIFIE+
	RA	JUS	TE+			REA	JUS	TA+
						REA	JUS	TE+

Raccords des mots de 4 lettres avec J

	DEJA	
+3	DEJA	NTA+
	DEJA	NTE+
	DEJA	UGE+

	JADE		
+3	JADE	ITE	
GALE	JADE		+4

	JAIN	
+1	JAIN	A
+4	JAIN	ISME

		JALE		
+1	T	JALE		
SUR		JALE	E	+4

	JASE+	
+2	JASE	UR
+3	JASE	USE

	JAVA	
+2	JAVA	RT
+4	JAVA	NAIS
+5	JAVA	NAISE

	JAZZ	
+3	JAZZ	MAN
	JAZZ	MEN/
+4	JAZZ	MANS

	JEAN	
+5	JEAN	NETTE

		JETA+	
+2		JETA	GE
	DE	JETA	+
	RE	JETA	+
+3		JETA	BLE
	PRO	JETA	+
	SUR	JETA	+
+5	RE	JETA	BLE

		JOLI	
+1		JOLI	E
+2		JOLI	ET
+4		JOLI	ESSE
		JOLI	ETTE
		JOLI	MENT
	EN	JOLI	VE+

		JONC	
+1	A	JONC	
+2		JONC	HA+
		JONC	HE+
+3		JONC	HER+
		JONC	HET
+4		JONC	ACEE
		JONC	HAIE
		JONC	HERE
		JONC	TION
+5	IN	JONC	TIF

JOUA+

+1		JOUA	L
+2		JOUA	UX
+3		JOUA	BLE
+5	IN	JOUA	BLE

(pour les conjugaisons, voir
à JOUE +)

JOUE+

+1		JOUE	T
+2		JOUE	UR
	BA	JOUE	
	DE	JOUE	+
	EN	JOUE	
	RE	JOUE	+
+3		JOUE	USE
	EN	JOUE	E
	ABA	JOUE	

JOUI+

+2	RE	JOUI	+
	RE	JOUI	E
	RE	JOUI	R+
	RE	JOUI	S.
	RE	JOUI	T
+5		JOUI	SSANT
		JOUI	SSEUR

JOUR

+1	A	JOUR	(≠)
+2	A	JOUR	E+
	SE	JOUR	
+3		JOUR	NAL
		JOUR	NEE
	A	JOUR	ER+
	A	JOUR	NE+
+4		JOUR	NADE
		JOUR	NAUX
	A	JOUR	NER+
	SE	JOUR	NE+
	TOU	JOUR	S

JUDO

| +2 | | JUDO | KA |

JUGE+

+2		JUGE	UR
	AD	JUGE	+
	DE	JUGE	+
	ME	JUGE	+
+3		JUGE	OTE
		JUGE	USE
	PRE	JUGE	+
+4		JUGE	ABLE
		JUGE	MENT

JUPE

| +2 | | JUPE | TTE |
| | MINI | JUPE | +4 |

JURA+

+2		JURA	TS
	AB	JURA	+
	AD	JURA	+
	CIS	JURA	N +4
+5		JURA	TOIRE
	CIS	JURA	NE

JURE+

+2		JURE	UR
	AB	JURE	+
	AD	JURE	+
	IN	JURE	
+4		JURE	MENT

JUTE+

+2		JUTE	UX
+3		JUTE	USE
	VER	JUTE	
	VER	JUTE	E +4

RAJA

| +1 | | RAJA | H |
| | MAHA | RAJA | +4 |

Raccords des mots de 5 lettres avec J

		AJOUR +(≠)			**JANTE**	
+2		AJOUR ER+	+2	DE	JANTE +	
		AJOUR NE+	+3	DE	JANTE E	
				DE	JANTE R+	
		AJOUT +			**JAPON**	
+1	R	AJOUT +	+3		JAPON AIS	
+2		AJOUT ER+	+4		JAPON AISE	
	R	AJOUT E+				
	R	AJOUT S			**JAPPE**	
			+2		JAPPE UR	
		JADIS	+3		JAPPE USE	
+5			+4		JAPPE MENT	
	POU	JADIS ME				
	POU	JADIS TE			**JARRE**	
			+1		JARRE T	
		JALON	+2		JARRE TE	
+2		JALON NE+	+3		JARRE TEE	
+3		JALON NEE	+5		JARRE TELLE	
		JALON NER+			JARRE TIERE	
+4		JALON NEUR				
					JAUGE +	
		JAMBE	+2		JAUGE UR	
+2	EN	JAMBE +		DE	JAUGE +	
+3		JAMBE TTE	+3		JAUGE AGE	
	EN	JAMBE E				
	EN	JAMBE R+			**JAUNE**	
ENTRE		JAMBE +5	+1		JAUNE T	
			+2	BE	JAUNE	
			+3		JAUNE TTE	

Raccords des mots de 7 lettres avec J

```
A B O R D E S
A D S O R B E
D E R O B A S
S A B O R D E        J O B A R D E S

A B O U L E S
A B S O L U E
E B O U L A S        J O U A B L E S

A C I E R A T
C A R A I T E
C A T A I R E
E C A R T A I        J A C T E R A I

A C O N I T S
A C T I O N S
C A T I O N S
C O N T A I S        J A C T I O N S

A C Q U E T S
C A Q U E T S        J A C Q U E T S

A C T I N I E
C A N I T I E        I N J E C T A I

A G N E L A T
E G A L A N T
G A L A N T E
L A N G E A T        G A L E J A N T

A G N E L E T
E G A L E N T
E L E G A N T        G A L E J E N T

A I G L O N S
G A L I O N S        J O N G L A I S

A I S S E A U        J U S S I A E A

A L D O S E S
D E S O L A S
D E S S O L A        J O D L A S S E

A L E N O I S
L E O N A I S        E N J O L A I S
```

```
A L E V I N E
A V E L I N E
E N L E V A I     J A V E L I N E

A M E N A G E
M E N A G E A     M E J A N A G E

A M O R A U X     M A J O R A U X

A M O R T I E     M A J O R I T E,
                  M I J O T E R A

A M U R E E S
R A M E U S E     M A J E U R E S   Q

A N A T I D E     D E J A N T A I

A N C H O I S     J O N C H A I S

A N O R D I S
R A D I O N S     J O I N D R A S

A N O U R E S
E N R O U A S
N O U E R A S     A J O U R N E S,
R E N O U A S     S E J O U R N A

A N U R I E S
S A U N I E R
S A U R I E N
U R A N I E S
U S I N E R A     R A J E U N I S   QZ

A O U T E E S
O U A T E E S     A J O U T E E S

A O U T I E N
O U A T I N E     J O U A I E N T   Q

A P A I S E R
P A I E R A S
S A P E R A I
S E P A R A I     J A S P E R A I   XY

A P E U R E R
E P U R E R A
R E P A R U E     P A R J U R E E

A P O S T E R
A P O T R E S
O P T E R A S
P O S T E R A
P R O T A S E
R E P O S A T
T O P E R A S     P R O J E T A S   X
```

APPATES	JAPPATES	
ARBUSTE		
BUTERAS		
REBUTAS		
TUBERAS	JUBARTES	
ARGUAIT		
RAGUAIT		
TARGUAI	GUJARATI	
ARGUTIE		
GUETRAI		
GUITARE		
TARGUIE		
URGEAIT	JUGERAIT	Q
ARIETTE		
ATTIREE		
TETERAI	JETTERAI,	
TRAITEE	REJETAIT	KX
ARRETEE	JARRETEE	Y
ARRETES		
ARTERES		
ERRATES		
RARETES		
RESTERA		
STERERA		
TERSERA	JARRETES	Y
ASCITES		
CESSAIT		
CITASSE		
SCIATES	JACISTES	
ASOCIAL		
COALISA	CAJOLAIS	
ASSIDUE	JUDAISES	QX
ASSIERA	JASERAIS	Y
ASSURAT		
SATURAS	RAJUSTAS	X
ASSURES		
RESSUAS		
RUASSES		
RUSASSE		
SASSEUR	JURASSES	Y
ASTERIE	REJETAIS	X

A T O N I E S	A J O I N T E S,	XY
O S A I E N T	E J O I N T A S	
A T T E N D E		
E D E N T A T		
E N D E T T A	D E J E T A N T	X
A T T E N U E	J A U N E T T E	X
A U B E R E S	A B J U R E E S	Q
A U G U R E S	J A U G E U R S	
A U R I G E S		
S A R I G U E	J U G E R A I S	
A U S T E R E		
S A T U R E E	R A J U S T E E,	QXY
U R A E T E S	R E A J U S T E	
A U T E U R S		
S A U T E U R	A J U S T E U R	Q
A U V E N T S	J U V E N A T S	
A V A L E N T	J A V E L A N T	
A V A L I S E	J A V E L A I S	
B A I S O T A		
S A B O T A I	J A B O T A I S	
B A L L A D E		
D E B A L L A	D J E L L A B A	
B A R I O L E		
L O B A I R E		
L O B E R A I	J A B L O I R E	
B A R R E A U	A B J U R E R A	Q
B E C O T A I	O B J E C T A I	
B E C O T A S		
C A B O T E S	O B J E C T A S	
B E C O T A T	O B J E C T A T	
B E C O T E E	O B J E C T E E	
B E C O T E R	O B J E C T E R	
B E C O T E S	O B J E C T E S	
B E C O T E Z	O B J E C T E Z	
B E L A T E S		
E T A B L E S		
T A B L E E S	J E T A B L E S	

BELIONS	JOBELINS	
BLAGUEE		
GUEABLE	JUGEABLE	
BLEUIRA	JUBILERA	Y
BOSNIEN	BENJOINS	
BOULINS	JUBILONS	
CAHUTES	JUCHATES	
CANETTE	EJECTANT	
CARATES		
ECARTAS		
ECRASAT	JACTERAS	
CARESSA		
CASERAS		
CASSERA		
ECRASAS	JACASSER	
CARNIER		
RACINER		
RICANER		
RINCERA	JERRICAN	
CASATES		
CASSATE	JACTASSE	
CASASSE	JACASSES	
CASTINE		
NATICES	INJECTAS	XZ
CAUSALE	EJACULAS	
CEINTES		
ESCIENT		
INCESTE		
INSECTE	INJECTES	XY
CETOINE	EJECTION	
CHAUDES	DEJUCHAS	
CHAUMES	JUCHAMES	
CHAUSSE	JUCHASSE	
CINTREE		
CITERNE		
CRETINE	INJECTER	
CLABOTE	OBJECTAL	

COENURE		
ENCOURE		
ENCROUE	CONJUREE	
CONSOLA	CAJOLONS	
CONTEES	EJECTONS	
CORNUES		
ECURONS		
ENCOURS		
NOCEURS	CONJURES	
COTISES		
SCOTIES	JOCISTES	
COULERA		
ECROULA	CAJOLEUR	Q
COURANT	CONJURAT	Q
CROISES		
CROISSE		
SCORIES	JOCRISSE	
CURACAO	CARCAJOU	
CURETEE		
ERUCTEE	EJECTEUR	X
DAMEURS		
DURAMES		
MUSARDE	MUDEJARS	
DANSEUR		
ENDURAS	JURANDES	
DATIONS		
SONDAIT		
TONDAIS	ADJOINTS	
DECANAT		
DECANTA	ADJACENT	
DENIERA		
DRAINEE	JARDINEE	X
DENOTAI		
DETONAI	ADJOINTE	Y
DENOTES		
DETONES	DEJETONS	Y
DENOUAT	DEJOUANT	
DENUEES	DEJEUNES	

```
        DESOLAT
        DOTALES        JODLATES

        DETESTE        DEJETTES

        DIANTRE
        DRAIENT
        RADIENT
        RENDAIT
        TENDRAI
        TIENDRA        JARDINET

        DINERAS
        DRAINES
        RADINES
        RANIDES
        RENDAIS
        SARDINE        JARDINES

        DISIONS        DISJOINS

        DORSALE
        LOADERS
        SOLDERA        JODLERAS

        DRAGUEE        DEJAUGER,
        GRADUEE        DEJUGERA

        DRAINER
        RENDRAI        JARDINER

        DRAINEZ        JARDINEZ

        ECHINAT
        ENTICHA        JACINTHE

        EDENTAS        DEJANTES        XY

        EDUQUAI        JUDAIQUE

        EGALAIS
        EGALISA        GALEJAIS        X

        EGALAIT
        LAITAGE        GALEJAIT

        EGALERA        GALEJERA

        EGALIEZ        GALEJIEZ

        EGALONS
        LONGEAS
        LOSANGE        GALEJONS

        ELAVEES        JAVELEES
```

```
E M B A T T E
E M B E T A T      J A M B E T T E

E M U R E N T
M E N T E U R
M E U R E N T
M U E R E N T
R E M U E N T      J U R E M E N T

E N D U R A T
T R U A N D E      A D J U R E N T

E N D U R E E      D E J E U N E R

E N G O U A S
N O U A G E S      J A U G E O N S

E N R O U A T
E N T O U R A      A J O U R E N T,
R E N O U A T      R E J O U A N T      Y

E N R O U E S      J O U R N E E S,
R E N O U E S      S E J O U R N E

E N R O U L E
L E O N U R E      E N J O L E U R

E N T E T A I
T E T A N I E      J E T A I E N T

E N T E T E R
R E N E T T E      J E T E R E N T

E N T I O N S
T E N I O N S
T E N S I O N
T I S O N N E      E N J O I N T S

E N T O I L A
E N T O L A I
L A O T I E N      E N J O L A I T

E N T O R S E
O S E R E N T
T R O E N E S      R E J E T O N S

E N T O U R E      J O U E R E N T,
T O U R N E E      R E J O U E N T      Q

E N V O L A I      E N J O L I V A

E N V O L A S      J A V E L O N S

E P U R G E S
P U R G E E S      P R E J U G E S      X
```

```
ESSORAS      JAROSSES

ESTROPE
PORTEES      PROJETES      X

ETENDRA      DEJANTER      Y

ETIRONS
ORIENTS
SIERONT      REJOINTS      KY

EVALUER
REVALUE      JAVELEUR

EVERTUE
REVETUE      VERJUTEE

FORATES      FORJETAS      W

GANOIDE      ADJOIGNE

GATEUSE      JUGEATES

GAUSSEE
USAGEES      JUGEASSE      YZ

GOURENT      JUGERONT

GOUTEES      JUGEOTES

GUEUSES      JUGEUSES

IGNOREE      REJOIGNE

IMPUNIE      MINIJUPE

INNOVEE      JOVIENNE

INTACTE      INJECTAT      X

IODLERA
ORDALIE      JODLERAI

IODLONS      JODLIONS

ISOLEES      JOLIESSE

LACEUSE      EJACULES

LAUREES
RALEUSE      SURJALEE

LONGIEZ      JONGLIEZ

LOUERAS
RELOUAS
SAOULER
SOULERA      JALOUSER

LOUASSE
SAOULEE      JALOUSES
```

L O V A T E S		
S O L V A T E		
V O L A T E S		
V O L E T A S	J A V E L O T S	
L O N G E N T	J O N G L E N T	
L U G E U S E	J U G U L E E S	
M A T R O N E		
M O N T E R A		
R E M O N T A	M A J O R E N T	
M E D U S A I	J U D A I S M E	
M E N U E T S	J U M E N T E S	
M E N U I S A	J A U N I M E S	QX
M E U L A G E	J U M E L A G E	
M E U L A I S		
M I A U L E S		
M U S E L A I	J U M E L A I S	Q
M E U L A I T	J U M E L A I T	
M E U L A N T	J U M E L A N T	
M E U L E E S		
M U S E L E S	J U M E L E E S	
M E U L O N S	J U M E L O N S	
M E U L I E Z	J U M E L I E Z	
M I S A I N E	J A I N I S M E	X
M O I S A I T	M I J O T A I S	
M O N T A I T	M I J O T A I T	
M O T I O N S	M I J O T O N S	
N A U S E E S	J E U N A S S E	
N I V E O L E	E N J O L I V E	
N O T E R A S		
O R A N T E S		
O R N A T E S	J A S E R O N T	X
N U I R A I S		
R U I N A I S		
S U R I N A S		
U N I R A I S		
U R I N A I S	I N J U R I A S	

N U I R A I T		
R U I N A I T		
U N I R A I T		
U R I N A I T	I N J U R I A T	Q
N U I R I E Z		
R U I N I E Z		
U N I R I E Z		
U R I N I E Z	I N J U R I E Z	
O N C T I O N	J O N C T I O N	
O N U S I E N	J E U N I O N S	Q
O P E R A I T		
O P T E R A I		
T O P E R A I	P R O J E T A I	XY
O P T E R E Z		
T O P E R E Z	P R O J E T E Z	X
O R A T E U R		
O U T R E R A		
R O U T E R A		
T R O U E R A	R A J O U T E R	Q
O R I E N T E	E J O I N T E R, R E J O I N T E	
O R N A S S E	J A S E R O N S	
O T A I E N T	E J O I N T A T	Y
O U A T A I S	A J O U T A I S	
O U A T A I T		
T A T O U A I	A J O U T A I T	
O U A T A N T	A J O U T A N T	Y
O U A T E N T	A J O U T E N T	Q
O U A T E R A	A J O U T E R A	
O U A T I E Z	A J O U T I E Z	Q
O U A T O N S	A J O U T O N S	
O U T R E N T		
R O U T E N T		
T O N T U R E		
T R O U E N T		
T U E R O N T	J U T E R O N T	Q
O V A L I S E	J O V I A L E S	

```
P A M A S S E
S A P A M E S      J A S P A M E S

P A N I E R S
P R E N A I S
R A P I N E S      J A S P I N E R

P A N S A I S      J A S P I N A S

P A N S A I T
P A T I N A S      J A S P I N A T

P A N S I E Z      J A S P I N E Z

P A R A S S E
P A R E S S A
P A S S E R A
R A P A S S E
R E P A S S A
S A P E R A S
S E P A R A S      J A S P E R A S

P A R U R E S
P R E S U R A
R A P U R E S
R E P A R U S      P A R J U R E S    Y

P A R U S S E
P A S S E U R
S A P E U R S      J A S P U R E S    Y

P A S S I O N
S A P I O N S      J A S P I O N S

P E N S A I S
P I N A S S E
P I S A N E S
S A P I N E S      J A S P I N E S

R A I L L A I
R A L L I A I      J A I L L I R A

R A I N U R E
R E U N I R A
R U I N E R A
U R I N E R A      R A J E U N I R

R A M O N A T      M A J O R A N T

R A S E T T E
S T A T E R E
T E S T E R A
T E T E R A S      J E T T E R A S
```

R A T U R E S		
S A T U R E R	R A J U S T E R	XY
R E M U A G E	M E J U G E R A	
R E S S A U T		
R E S S U A T		
R U S A T E S		
S A T U R E S		
S A U R E T S		
S U R A T E S	R A J U S T E S	XY
R E U S S I T		
S U R I T E S		
T I S S E U R		
T I S S U R E	J U R I S T E S	
R E V E T U S		
V E T U R E S	V E R J U T E S	
R O N D E A U	J O U R N A D E	
R O U A S S E	J A R O U S S E	Q
R O U A T E S		
S O U R A T E		
T O U E R A S	J O U T E R A S	QXY
R O U C H I S	J U C H O I R S	X
R O U E R A I	R E J O U I R A	Q
R O U I O N S	J O U I R O N S	Q
R O U T I N E	J O I N T U R E, J O U I R E N T	
R U A I E N T		
T A U R I N E	J U R A I E N T,	
U R A N I T E	R A J E U N I T	Q
R U E R A I S		
R U S E R A I	J U R E R A I S	Q
R U E R A I T	J U R E R A I T	
R U E R E N T	J U R E R E N T	
R U E R O N S	J U R E R O N S	
R U E R O N T		
T O U R N E R	J U R E R O N T	Q
S A B O T E E	J A B O T E E S	
S A G O U I N	J A U G I O N S	

S A O U L A I	J A L O U S A I	
S A O U L A S	J A L O U S A S	
S A O U L A T	J A L O U S A T	
S A O U L E E	J A L O U S E E	
S A O U L E Z	A Z U L E J O S, J A L O U S E Z	
S A P A T E S T A P A S S E	J A S P A T E S	
S A P A S S E	J A S P A S S E	
S A P E R E Z S E P A R E Z	J A S P E R E Z	
S A T U R A I	R A J U S T A I	QX
S A T U R A S	R A J U S T A S	X
S A T U R A T	R A J U S T A T	QX
S A T U R E Z	R A J U S T E Z	X
S A U R A G E	J A U G E R A S	Z
S A U T A N T	A J U S T A N T	
S A U T E E S	A J U S T E E S	Q
S A U T E N T T U A N T E S	A J U S T E N T	
S A U T E R A	A J U S T E R A, R E A J U S T E	
S A U T I E Z Z I E U T A S	A J U S T I E Z	Q
S A U T O N S	A J U S T O N S	
S E D U I R A	J U D A I S E R	QX
S E M A T E S	M A J E S T E S	Z
S E R D E A U	A D J U R E E S	
S E R I A I S	J E R S I A I S	K
S I M I E N S	J I N I S M E S	
S I T U E E S S U I T E E S U S I T E E S	J É S U I T E S	

S I T U E R A		
S U E R A I T		
T U E R A I S	J U T E R A I S,	QZ
U S E R A I T	S U R J E T A I	
S O I G N A I	J O I G N A I S	
S O N G E U R		
S U R G E O N	J U G E R O N S	
S O U T I E N	S U J E T I O N	
S O Y E U S E	J O Y E U S E S	
S T A T U E R		
S T A T U R E		
T A T E U R S	S U R J E T A T	Q
S U A I E N T		
U N I A T E S		
U S A I E N T	J A U N I T E S	Q
S U B O R N A	A B J U R O N S	Q
S U E R O N T		
T O N S U R E		
T O U R N E S		
T U E R O N S		
U S E R O N T	J U T E R O N S	Q
S U I N T E S	I N J U S T E S	
S U R E T E S	S U R J E T E S	
S U R E T T E		
T R U S T E E	S U R J E T T E	X
S U S C I T E	J U S T I C E S	
T A L O N N A	J A L O N N A T	
T A L O N N E	E N J O L A N T	
T A P O T E R	P R O J E T A T	X
T A S S E E S	J E T A S S E S	
T A T O U E S		
T O U A T E S	J O U T A T E S	Q
T A V E L A I	J A V E L A I T	X
T E N T U R E		
T U E R E N T	J U T E R E N T	
T O U E R E Z	J O U T E R E Z	Q
T O U A M E S	J O U T A M E S	QZ

TOUASSE	JOUTASSE	
TOUERAI	JOUERAIT,	
	JOUTERAI,	
	REJOUAIT	QZ
TOUIONS	JOUTIONS	Q
TOURNOI	JOUIRONT	
TRUANDA	ADJURANT	Q
TUAIENT	JUTAIENT	QZ
TUASSES	JUTASSES	
TUERIEZ		
ZIEUTER	JUTERIEZ	
TUEUSES	JUTEUSES	
URANATE	JAUNATRE	
URETRES	SURJETES	
URGENTE	JUGERENT	
VALLEES	JAVELLES	
VEINULE	JUVENILE	

K

2/1

K .

K A

3/1

K . .

K H I /
K I D
K I F
K I L
K I P
K I R
K I T
K O B
K S I
 (ski)

3/2

. K .

S K I
 (ksi)

3/3

. . K

L E K
T E K
Y A K

4/1

K . . .

K A K I
K A L I
K A M I
 (maki)

K A N A /
K A O N
K A R T
K A W A
K A W I
K E P I
K H A N
K H A T
K H O L
K I C K
K I K I
K I L O
K I L T
K I W I
K O L A
K O R E
K O T O
K R A K
K S A R
K V A S
K W A S
K Y A T

4/2

. K . .

S K A I
 (saki)
 (skia)
S K I A+
 (saki)
 (skai)
S K I E+
S K I P
S K U A

4/3

. . K .

C A K E
C O K E
D Y K E
K A K I
K I K I
M A K I
 (kami)
M O K A
R A K I
S A K E
S A K I
 (skai)
 (skia)
S I K H

4/4

. . . K

A R A K
B O C K
D O C K
F O L K
H A I K
J A C K
J E R K+
K I C K
M A R K
N E C K
P A C K
P U N K
R A C K
R O C K
S O U K
T A N K
T E C K
Y A C K

5/1

K . . . .
K A C H A
K A N A K
K A P O K
K A P P A /
K A R M A
K A R S T
(karts)
K A Y A K
K E F I R
K E N D O
K E T C H
K H M E R
K H O I N
K I L I M
K N O U T
K O A L A
K O H O L
K O I N E
K O N D O
K R A A L
K R A C H
K R A F T
K R I L L
K R I S S
K S A R S
K S O U R /
K U R D E
K Y R I E /
K Y S T E

5/2

. K . . .
A K E N E
O K A P I
S K A T E
(steak)
S K E E T
S K I E R+
S K I F F
U K A S E

5/3

. . K . .
F A K I R
H A K K A

J O K E R
P E K A N
P E K I N
P O K E R
T O K A I
T O K A J
T O K A Y

5/4

. . . K .
C H O K E
G E C K O
H A I K U
H A K K A
H A R K I
H O U K A
J E R K A +
J E R K E +
L I N K S /
P A N K A
P A R K A
P O L K A
S H A K O
S T U K A
S U L K Y
T A N K A /
T O N K A
V O D K A

5/5

. . . . K
B A T I K
B R E A K
B R I C K
B R O O K
C L I C K
C R A C K
D A Y A K
D R I N K
F R E A K
G O P A K
H O P A K
K A N A K
K A Y A K
K A P O K
Q U A R K
S N A C K

S T E A K
(skate)
S T I C K
S T O C K+
T R I C K
T R U C K
U Z B E K

6/1

K . . . . .
K A B U K I
K A B Y L E
K A I S E R
(skiera)
K A L I U M
K A N A K E
K A O L I N
K A R A T E
K A R I T E
K A R M A N
K A S H E R /
K A Z A K H
K E L V I N
K E N T I A
K E N Y A N
K E P H I R
K E R M E S /
K E R R I A
K E T C H S
(sketch)
K E T M I E
K H A G N E
K H A N A T
K H M E R E
K I M O N O
K I N A S E
K I R S C H
K I T S C H /
K L A X O N
K L I P P E
K O B O L D
K O H E U L
K O P E C K
K O U L A K
K O U M I S
K O U M Y S
K O U R O I /
K O U R O S
K U M M E L

6/2

.K....

OKOUME
SKETCH
 (ketchs)
SLIERA
 (kaiser)
SKIEUR
SKIIEZ
SKUNKS/

6/3

..K...

AIKIDO
ARKOSE
BIKINI
COKAGE
COKEUR
COKING
DIKTAT
LOKOUM
MAKILA
MIKADO
OUKASE
PEKINE
SAKIEH
RIKIKI/
TOKAYS
 (ostyak)
VIKING

6/4

...K..

BASKET
BUNKER
COCKER
DOCKER
GINKGO
HAIKAI
HOCKEY
JERKER+
JOCKEY
JUNKER
NANKIN
NICKEL+
QUAKER
RACKET
RASKOL

ROCKER
SEBKHA
SHAKER
SLIKKE
STIKES/
STOKER
TANKER
TECKEL
TICKET
YANKEE

6/5

....K.

BARAKA
BRISKA
CHAPKA
CHEIKH
EUREKA/
GAGAKU
JUDOKA
KABUKI
KANAKE
KAZAKH
REMAKE
RIKIKI/
SKUNKS
SLIKKE
SMOCKS/
SODOKU
STOCKA+
STOCKE+
TROIKA
VEDIKA
WHISKY

6/6

.....K

ANORAK
CHEBEK
KOPECK
KOULAK
MOUJIK
OSTIAK
 (tokais)
OSTYAK
 (tokays)
OUMIAK
OUZBEK
TADJIK

7/1

K......

KABALLE
KAINITE
KALMOUK
KAMICHI
KANDJAR
KANGLAR
KANNARA
KANTIEN
KARAKUL
KARTING
KEFFIEH
KENYANE
KETCHUP
KHALIFE
KHAMSIN
KHEDIVE
KHOISAN
KINESIE
KIOSQUE
KIPPOUR
KIRGHIZ
KLEPHTE
KOLKHOZ
KONZERN
KOUGLOF
KRYPTON
KUFIQUE
KUMQUAT

7/2

.K.....

AKVAVIT
SKIABLE
SKIERAS
 (kaisers)
SKIEUSE
SKIIONS
SKIPPER

7/3

..K....

BAKLAVA
COKEFIA+
COKEFIE+
COKERIE
ESKUARA

L A K I S T E
M A K H Z E N
P E K I N E E
S I K H A R A
T O K A M A K
T O K O M A K

7/4

. . . K . . .
B O S K O O P
C O C K N E Y
C O C K P I T
D R A K K A R
E U S K E R A
H I C K O R Y
I R A K I E N
K O L K H O Z
L I N K A G E
L O U K O U M
M E L K I T E
P A R K I N G
P I C K L E S /
P R A K R I T
R O O K E R Y
S M O K I N G
W A L K M A N

7/5

. . . . K . .
C H A P K A S
(chapska)
C R A C K E R
C L I N K E R
C R I C K E T
D R A K K A R
K A R A K U L
S T O C K E E
S T O C K E R +
W H I S K Y S

7/6

. . . . . K .
B A Z O O K A
C H A P S K A
(chapkas)

B U N R A K U
M A L I N K E
M A Z U R K A
M O N O S K I
(kimonos)
N E T S U K E
P A P R I K A
P I R O J K I /
S I R T A K I
T E L E S K I

7/7

. . . . . . K
B E A T N I K
B I F T E C K
C A R R I C K
C H I N O O K
C O L B A C K
D E R R I C K
F O N D O U K
H A D D O C K
K A L M O U K
N A N S O U K
N U N A T A K
P A D D O C K
S A N D J A K
T A L P A C K
T O K A M A K
T O K O M A K
V O L A P U K

8/1

K . . . . . .
K A F K A I E N
K A K A T O E S
K A K E M O N O
K A L I E M I E
K A L M O U K E
K A M I K A Z E
K A N D J L A R
K A N T I S M E
K A O L I A N G
K A P O K I E R
K A R A T E K A
K A T C H I N A
K E E P S A K E

K E R A T I N E
K E R A T I T E
K E R A M O S E
K E R M E S S E
K E R O G E N E
K E R O S E N E
K H A G N E U X
K H E D I V A L
K H E D I V A T
K I B B O U T Z
K I D N A P P A +
K I D N A P P E +
K I L O W A T T
K I N K A J O U
K L A X O N N A +
K L A X O N N E +
K L Y S T R O N
K N I C K E R S /
K O L A T I E R
K O L I N S K I
K O L K H O Z E
K Y R I E L L E

8/2

. K . . . . . .
A K I N E S I E
A K K A D I E N
S K E T C H E S

8/3

. . K . . . . .
A K K A D I E N
A N K Y L O S A +
A N K Y L O S E +
B A K C H I C H
B A K E L I T E
C O K E F I E E
C O K E F I E R +
E N K Y S T E E
E N K Y S T E R +
K A K A T O E S
K A K E M O N O
M A K I M O N O
P E K I N O I S
S A K T I S M E
Z A K O U S K I /

8/4	8/5	8/7
. . . K	. . . K . . .	. . . . . . K .
B A R K H A N E	C R A C K I N G	D E S T O C K A +
B I C K F O R D	C R O S K I L L	D E S T O C K E +
C O C K T A I L	F L O C K A G E	K A L M O U K E
F O L K L O R E	K A M I K A Z E	K A R A T E K A
F O L K S O N G	K A P O K I E R	K E E P S A K E
K A F K A I E N	K N I C K E R S /	K O L I N S K I
K I N K A J O U	M O N O K I N I	M O U S S A K A
K O L K H O Z E	S A N S K R I T	N U N C H A K U
N I C K E L E E	S T A R K I N G	S V A S T I K A
N I C K E L E R +	S T O C K A G E	Z A K O U S K I /
R O O K E R I E	T R E K K I N G	**8/8**
S O V K H O Z E	T R I S K E L E	. . . . K
S T A K N I N G	W H I S K I E S	D R A W B A C K
T A N K I S T E		M A M E L O U K
T R E K K I N G	**8/6**	P A C H A L I K
T U R K M E N E	. . . . . K . .	R O M S T E C K
	A S T R A K A N	R U M S T E C K
		S P A R D E C K
		T O M A H A W K

Erreurs : kadi, amok, koppa, jocko, kouffa, askari, schako, kreuzer, kroumir, euskara, nagaika, nahaika, chibouk, skeleton, brik, caktisme, valkyrie, spoutnik, ok, ko, kan, koch, harka, parkinson.

K peut se placer :

devant les mots : AMI - ANA / - ANTIENNE - ART - AS - ENDOS - EPI - EROGENE - HAN / - IF - IL - LIPPE - ORE - RISS - SI - VAS.

derrière les mots : ARA - BATI - CLIC - CRAC - FOL - HAI - LE - ROC - SOU - TAN - TE - TRUC.

Raccords des mots avec KA

	KA				KA	RITE
+2	KA	KI			KA	RMAN
	KA	LI			KA	SHER/
	KA	MI			KA	ZAKH
	KA	NA/		CO	KA	GE
	KA	ON		MI	KA	DO
	KA	RT		OU	KA	SE
	KA	WA		BARA	KA	
	KA	WI		BRIS	KA	
S	KA	I		CHAP	KA	
MO	KA			EURE	KA	/
+3	KA	CHA		JUDO	KA	
	KA	NAK		STOC	KA	+
	KA	POK		TROI	KA	
	KA	PPA/		VEDI	KA	
	KA	RMA		+5	KA	BBALE
	KA	RST			KA	INITE
	KA	YAK			KA	MICHI
O	KA	PI			KA	NDJAR
S	KA	TE			KA	NTIEN
U	KA	SE			KA	RAKUL
PE	KA	N			KA	RTING
TO	KA	I		TO	KA	MAK
TO	KA	J		DRAK	KA	R
TO	KA	Y		BAZOO	KA	
HAK	KA			CHAPS	KA	
HOU	KA	/		MAZUR	KA	
PAN	KA			PAPRI	KA	
PAR	KA			+6	KA	FKAIEN
POL	KA				KA	KATOES
STU	KA				KA	KEMONO
TON	KA				KA	LIEMIE
VOD	KA				KA	LMOUKE
+4	KA	BUKI			KA	MIKAZE
	KA	BYLE			KA	NDJLAR
	KA	ISER			KA	NTISME
	KA	LIUM			KA	OLIANG
	KA	OLIN			KA	POKIER
	KA	RATE			KA	RATEKA

```
                 KA TCHINA      +7              KA NGOUROU
         A K  KA DIEN                           KA RSTIQUE
           K A KA TOES                          KA NTISMES
         K A F KA IEN                           (missent)
         K I N KA JOU                        KA OLIANGS
       F L O C KA GE                            (aiglons + 1)
       K A M I KA ZE              A F R I KA ANS
       S T O C KA GE                            (farinas)
     A S T R A KA N               A F R I KA NER
   K A R A T E KA                               (farines + 1)
   M O U S S A KA                A S T R A KA NS
   S V A S T I KA                               (rasants)
                              B A L A L A I KA
```

Raccords des mots de 3 lettres avec K

```
        KID                           KOB
+3   A I KID O            +3     KOB OLD

        KIF                           SKI
+2     S KIF F           +2     SKI ER+
                                SKI FF
        KIL              +3     SKI EUR
+1     KIL O             +4     SKI ABLE
       KIL T                    SKI EUSE
+2     KIL IM                   SKI PPER
+3  M A KIL A            M O N O SKI
+5     KIL OWATT         T E L E SKI
                         +5 C R O SKI LL
        KIT                W H I SKI ES/
+3     KIT SCH/          K O L I N SKI
+4 M E L KIT E           Z A K O U SKI /

        KIR                           YAK
+2   F A KIR             +3 O S T YAK
+3     KIR SCH
```

Raccords des mots de 4 lettres avec K

```
         COKE                          DOCK
+3    COKE RIE          +2     DOCK ER
      COKE FIA+         +3 H A D DOCK
      COKE FIE+           P A D DOCK
```

		FOLK				**MAKI**	
+4		FOLK	LORE	+2		MAKI	LA
		FOLK	SONG	+4		MAKI	MONO
		HAIK				**PACK**	
+1		HAIK	U	+3	TAL	PACK	
+2		HAIK	AI			**RACK**	
		HAIK	US				
+3	N A	HAIK	A	+2		RACK	ET
		KALI				**RAKI**	
+2		KALI	UM	+3	I	RAKI	EN
+4		KALI	EMIE	+5	I	RAKI	ENNE
		KAMI				**ROCK**	
+3		KAMI	CHI	+2		ROCK	ER
+4		KAMI	KAZE				
		KART				**SAKE**	
+3		KART	ING		KEEP	SAKE	+4
		KHAN				**SAKI**	
+2		KHAN	AT	+2		SAKI	EH
+4	B A R	KHAN	E			**SIKH**	
	G Y M	KHAN	A	+3		SIKH	ARA
		KIKI				**SOUK**	
+2	R I	KIKI	/	+3 N A N		SOUK	
						TANK	
		KILO		+1		TANK	A/
				+2		TANK	ER
+4		KILO	WATT	+4		TANK	ISTE
+5		KILO	METRE				
		KILO	TONNE			**TECK**	
				+2		TECK	EL
		KOLA		+3 B I F		TECK	
					R O M S	TECK	+4
+3		KOLA	TIER		R U M S	TECK	

Raccords des mots de 5 lettres avec K

		C R A C K					K Y S T E		
+ 3		C R A C K	I N G	+ 2	E N		K Y S T E	+	
					T R O T S		K Y S T E		+ 5
		K A P O K							
+ 3		K A P O K	I E R				P E K I N		
				+ 1			P E K I N	E	
		K A R M A		+ 2			P E K I N	E E	
+ 1		K A R M A	N	+ 3			P E K I N	O I S	
				+ 4			P E K I N	O I S E	
		K A R S T							
+ 4		K A R S T	I Q U E				S T O C K		
				+ 2			S T O C K	E R +	
		K E T C H		+ 3			S T O C K	A G E	
+ 1	S	K E T C H		+ 4	D E		S T O C K	E R +	
+ 2	S	K E T C H	S	+ 5			S T O C K	F I S C H	
+ 3	S	K E T C H	E S /						
							U K A S E		
		K H M E R		+ 1	O		U K A S E		
+ 1		K H M E R	E						
							U Z B E K		
		K Y R I E	/	+ 1	O		U Z B E K		
+ 3		K Y R I E	L L E						

Raccords des mots de 7 lettres avec K

A I G N E L S	
A L G I N E S	
A L I G N E S	
L E A S I N G	
S I G N A L E	L I N K A G E S
A L T I S E S	
L E S T A I S	
L I T A S S E	
S A L I T E S	L A K I S T E S X
A R A S A N T	A S T R A K A N
A R I E T T E	
A T T I R E E	
T E T E R A I	
T R A I T E E	K E R A T I T E JX
A S S I S E S	
A S S I S S E	S K I A S S E S
A S S U R E E	
R A S E U S E	
S A U R E E S	E U S K E R A S QY
A S T I C O T	
C O T I S A T	S T O C K A I S
A T R O C E S	
C O R S E T A	
C O T E R A S	
C R O A T E S	
E S C O R T A	
O C R A T E S	
R O T A C E S	S T O C K E R A
B A I S E N T	
B I N A T E S	B E A T N I K S
B A L I S E S	
B I L A S S E	
B L E S S A I	
B L E S A I S	S K I A B L E S

```
C A G E O T S      S T O C K A G E

C A L I C O T      C O C K T A I L

C A L I N E S
S A N I C L E      N I C K E L A S

C A P T A L S
S C A L P A T      T A L P A C K S

C E S T O D E
D E C O T E S      D E S T O C K E

C H A I N A T
C H A N T A I
C H A T A I N
T A C H I N A      K A T C H I N A

C I T A M E S      C A K T I S M E

C O D A T E S      D E S T O C K A

C O N S T A T
O C T A N T S      S T O C K A N T

C O S S A I T
C O T I S A T      S T O C K A I S

C O T I S E Z      S T O C K I E Z

C R O I S E E      C O K E R I E S      X

E M U R E N T
M E N T E U R
M E U R E N T
M U E R E N T
R E M U E N T      T U R K M E N E      J

E N T E R A I
E R E I N T A
R A T I N E E
R E A I E N T
T A N I E R E
T R A I N E E      K E R A T I N E

E N T I E R S
E T R E I N S
I N E R T E S
N I T R E E S
R E T E I N S
R E T I E N S
R E T I N E S
S E N T I E R
S E R I E N T
T E R N I E S      S K I E R E N T
```

E P A R S E S		
E S P E R A S		
P A R E S S E		
P E S E R A S		
R E P A S S E		
S E P A R E S	**S P E A K E R S**	
E P I I O N S	**P E K I N O I S**	**X**
E P I N E E S		
P E I N E E S	**P E K I N E E S**	
E R O G E N E	**K E R O G E N E**	
E S Q U I E S	**K U F I Q U E S**	
E S S U I E S	**S K I E U S E S**	**Q**
E S T I M A S		
M A T I S S E		
M E T I S S A		
M I S A T E S		
M I T A S S E		
T A M I S E S	**S A K T I S M E**	
E T A B L I E	**B A K E L I T E**	
E T I R A I T		
S E R I A I T		
S T E R A I T	**S K I E R A I T**	
E T I R O N S		
O R I E N T S		
S I E R O N T	**S K I E R O N T**	**JY**
G R A N I T S		
G R A T I N S		
G R I S A N T		
I N G R A T S	**K A R T I N G S**	
I N S E R A I		
N I E R A I S		
R A I S I N E		
R E N I A I S		
R E S I N A I		
S E R I N A I	**I R A K I E N S**	**Q**
L A C I N I E	**N I C K E L A I**	
L A M I N E S		
M A L I E N S		
S E M I N A L	**L I N K A G E S**	
M A I N T E S		
M A T I N E S		
M E N T A I S		
M I N A T E S		
S T A M I N E	**K A N T I S M E**	

```
METEILS      MELKITES    Y
NANTIES
TANNISE      KANTIENS
NOSTOCS      STOCKONS
RAGLANS      KANGLARS
RECTUMS      RUMSTECK
RESSEME      KERMESSE
SAUNANT      NUNATAKS
SAUNONS      NANSOUKS
SENIORS
SERIONS      SKIERONS    JY
SERIAIS      SKIERAIS    J
SERIAIT
SIERAIT      SKIERAIT
SERIIEZ      SKIERIEZ
SEYANTS      ENKYSTAS    X
SIGNANT      STAKNING
SILENCE      NICKELES
STRIAIS
TRISSAI      SIRTAKIS
STYRENE      ENKYSTER
TANNISE
NANTIES      KANTIENS
TOLERAI      KOLATIER
TRANSIS      SANSKRIT
```

Q

3/1

Q . .
QAT
QUE
QUI

3/3

. . Q
COQ

4/1

Q . . .
QUAI
(quia)
QUEL
QUIA/
(quai)
QUOI

4/4

. . . Q
CINQ

5/1

Q . . . .
QIBLA
QUAIS
(quasi)
QUAND
QUANT
QUARK
QUART+
QUASI
(quais)
QUETA+
(taque)

QUETE+
QUEUE
QUEUX
QUIET
(tique)
QUINE
(équin)
(nique)
QUIPO
QUIPU
QUOTA
(toqua)

5/2

. Q . . .
EQUIN
(nique)
(quine)
SQUAT
SQUAW

5/3

. . Q . .
ARQUA+
(raqua)
ARQUE+
(raque)
ASQUE
(saque)
BIQUE
CAQUA+
CAQUE+
COQUE
JAQUE
LAQUA+

LAQUE+
MOQUA+
MOQUE+
NIQUE/
(équin)
(quine)
NUQUE
ORQUE
(roque)
OSQUE
PAQUE
PIQUA+
PIQUE+
POQUA+
POQUE+
RAQUA+
(arqua)
RAQUE+
(arque)
ROQUA+
ROQUE+
(orque)
SAQUA+
SAQUE+
(asque)
TAQUA+
TAQUE+
(q uêta)
TIQUA+
TIQUE+
(quiet)
TOQUA+
(quota)
TOQUE+
TUQUE
VAQUA+
VAQUE+

6/1

Q . . . . .
Q A S I D A
Q U A K E R
Q U A N T A /
Q U A R T A +
 (arquât)
 (raquât)
 (tarqua)
Q U A R T E +
 (quater)
 (quatre)
 (taquer)
 (traque)
Q U A R T O /
 (roquât)
 (troqua)
Q U A R T S
Q U A R T Z
Q U A S A R
 (arquas)
 (raquas)
Q U A T E R /
 (quarte)
 (quatre)
 (taquer)
 (traque)
Q U A T R E /
 (quarte)
 (quater)
 (taquer)
 (traque)
Q U E L E A
 (laquée)
Q U E L L E
 (lequel)
Q U E T A T
 (taquet)
Q U E T E E
Q U E T E R +
Q U E U T A +
Q U E U T E +
Q U I C H E
 (chique)
Q U I D A M
Q U I E T E
 (équité)
 (étique)

Q U I L L E
Q U I N E S
 (enquis)
 (équins)
 (niques)
 (sequin)
Q U I N O A
Q U I N T E
 (enquit)
Q U I N T O (≠)
Q U I N Z E /
Q U I R A T
Q U I T T A +
 (tiquât)
Q U I T T E +
Q U I T U S
Q U O R U M

6/2

. Q . . . .
A Q U E U X
E Q U I D E
E Q U I N E
E Q U I N S
 (enquis)
 (niques)
 (quines)
 (sequin)
E Q U I P A +
 (apiqué)
E Q U I P E +
 (épique)
 (piquée)
E Q U I T E
 (étique)
 (quiète)
S Q U A L E
 (laques)
S Q U A M E
 (masque)
S Q U A R E
 (arques)
 (raques)
 (saquer)
S Q U A S H
S Q U I R E
 (requis)
 (risque)

6/3

. . Q . . .
A C Q U E T
 (caquet)
A C Q U I S
A C Q U I T
A R Q U A S
 (raquas)
 (quasar)
A R Q U A T
 (raquât)
 (traqua)
A R Q U E E
 (raquée)
A R Q U E R +
 (raquer)
A U Q U E L /
B A Q U E T
B E Q U E T
B I Q U E T
C A Q U A S
 (casqua)
 (sacqua)
C A Q U E E
C A Q U E R +
 (craque)
C A Q U E S
 (casque)
 (sacque)
C A Q U E T
 (acquet)
C O Q U E T
C O Q U I N
D U Q U E L /
E N Q U I S
 (équins)
 (niques)
 (quines)
 (sequin)
E N Q U I T
 (quinte)
E S Q U I F
E X Q U I S
F A Q U I N
H A Q U E T
H O Q U E T
L A Q U A T
 (talqua)

L A Q U E E
(quelea)
L A Q U E R+
L A Q U E S
(squale)
L E Q U E L /
(quelle)
L O Q U E T
M A Q U I S
M O Q U E E
M O Q U E R+
N A Q U I T
(taquin)
N I Q U E S
(équins)
(enquis)
(quines)
(sequin)
P A Q U E S
P A Q U E T
P E Q U I N
P I Q U E E
(épique)
(équipe)
P I Q U E R+
(piqûre)
P I Q U E T
P I Q U R E
(piquer)
P O Q U E R+
(porque)
P O Q U E S
(psoque)
P O Q U E T
R A Q U A S
(arquas)
(quasar)
R A Q U A T
(arquât)
(traqua)
R A Q U E E
(arquée)
R A Q U E R+
(arquer)
R E Q U I N
R E Q U I S
(risque)
(squire)

R E Q U I T
(tiquer)
(trique)
R O Q U A T
(quarto)
(troqua)
R O Q U E R+
R O Q U E T
(toquer)
(torque)
(troque)
S A Q U A T
(taquas)
S A Q U E E
S A Q U E R+
(arques)
(square)
S E Q U I N
(enquis)
(équins)
(niques)
(quines)
T A Q U A S
(saquat)
T A Q U E E
T A Q U E R+
(quarte)
(quater)
(quatre)
(traque)
T A Q U E T
(quêtat)
T A Q U I N+
(naquit)
T I Q U A T
(quitta)
T I Q U E R+
(requit)
(trique)
T O Q U E E
T O Q U E R+
(roquet)
(torque)
(troque)
V A Q U E R+
6/4
. . . Q . .
A B A Q U E
A P I Q U A+

A P I Q U E+
(équipa)
B A N Q U A+
B A N Q U E+
B A R Q U E
(braque)
B A S Q U E
B I S Q U A+
B I S Q U E+
(biques)
B L O Q U A+
B L O Q U E+
B R A Q U A+
B R A Q U E+
(barque)
B R I Q U A+
B R I Q U E+
B U S Q U E
C A I Q U E
C A L Q U A+
(claqua)
C A L Q U E+
(claque)
C A S Q U A+
(caquas)
(sacqua)
C A S Q U E+
(caques)
(sacque)
C H A Q U E /
C H E Q U E
C H I Q U A+
C H I Q U E+
(quiche)
C H O Q U A+
C H O Q U E+
C I R Q U E
(crique)
C L A Q U A+
(calqua)
C L A Q U E+
(calque)
C L I Q U E
C L O Q U A+
C L O Q U E+
C O N Q U E
C R A Q U A+

C R A Q U E+
(caquer)
C R I Q U E
(cirque)
C R O Q U A+
C R O Q U E+
D I S Q U E
E D U Q U A+
E D U Q U E+
E N U Q U A+
E N U Q U E+
E P I Q U E
(équipe)
(piquée)
E P O Q U E
E T I Q U E
(quiète)
(équité)
E V E Q U E
E V O Q U A+
E V O Q U E+
F L A Q U E
F L O Q U A+
F L O Q U E+
H O U Q U E
I C A Q U E
I N I Q U E
J O N Q U E
J U S Q U E/
L A I Q U E
M A N Q U A+
M A N Q U E+
M A R Q U A+
M A R Q U E+
M A S Q U A+
M A S Q U E+
(squame)
M U S Q U E
O P A Q U E
O T I Q U E
P A C Q U A+
P A C Q U E+
P A R Q U A+
P A R Q U E+
P H O Q U E
P L A Q U A+
P L A Q U E+

P O R Q U E
(poquer)
P S O Q U E
(poques)
P U L Q U E
R A U Q U E
R I S Q U A+
R I S Q U E+
(requis)
(squire)
S A C Q U A
(casqua)
(caquas)
S A C Q U E+
(caques)
(casque)
S O C Q U E
S O U Q U A+
S O U Q U E+
S T U Q U A+
S T U Q U E+
(tuques)
T A L Q U A+
(laquât)
T A L Q U E+
T O R Q U E
(roquet)
(toquer)
(troque)
T O U Q U E
T R A Q U A+
(arquât)
(raquât)
T R A Q U E+
(quarte)
(quarter)
(quatre)
(taquer)
T R I Q U E
(requit)
(tiquer)
T R O Q U A+
(quarto)
(roquât)
T R O Q U E+
(roquet)
(toquer)
(torque)

T R U Q U A+
T R U Q U E+
(turque)
T U R Q U E
(truque)
U N I Q U E
U R I Q U E
V A S Q U E
(vaques)

7/1

Q . . . . . .
Q U A L I T E
(téquila)
Q U A N T U M
Q U A S S I A
(saquais)
Q U A T U O R
Q U E C H U A
Q U E L Q U E
Q U E T A I S
(astique)
Q U E T A I T
(attique)
Q U E T A N T
(taquent)
Q U E T E R A+
(étarque)
(traquée)
Q U E T E U R
(queuter)
(trùquée)
Q U E T Z A L
(talquez)
Q U E U S O T
(touques)
Q U E U T E R+
Q U E U T E S
(stuquée)
Q U I G N O N
Q U I L L O N
Q U I N A U D
Q U I N I N E
Q U I N O N E
Q U I N T A L
Q U I R I T E

Q U I T T A I+
(tiquait)
Q U I T T E E
(tiqueté)
Q U I T T E R+
(triquet)
Q U O I Q U E/
Q U O T I T E

7/2

. Q . . . . .
A Q U A V I T
A Q U E D U C
(caduque)
A Q U E U S E
A Q U I L I N
A Q U I L O N
E Q U E R R E
E Q U E U T A+
E Q U E U T E+
E Q U I P A T
(piqueta)
E Q U I P E E
E Q U I P E R+
(repique)
E Q U I L L E
S Q U I R R E

7/3

. . Q . . . .
A C Q U I S E
(caiques)
A C Q U I T S
A R Q U A I T
(traquai)
A R Q U E E S
(réséqua)
C A Q U A I S
(casquai)
(sacquai)
C A Q U E E S
(casquée)
(sacquée)
C A Q U E R A+
(caraque)

C A Q U E T A+
C A Q U E T E+
C O Q U A R D
C O Q U A R T
C O Q U I N E
(conique)
E N Q U I S E
(équines)
E S Q U I R E
(requise)
(risquée)
(sérique)
E S Q U I V A+
E S Q U I V E+
E X Q U I S E
H O Q U E T A+
H O Q U E T E+
I N Q U I E T
J A Q U I E R
L A Q U A I T
(talquai)
L A Q U E U R
(reluqua)
L I Q U E U R
L I Q U I D A+
L I Q U I D E+
L O Q U A C E
(cloaque)
M O Q U E E S
(mosquée)
M O Q U E U R
M U Q U E U X
P I Q U A G E
P I Q U E R A+
(apiquer)
(repiqua)
P I Q U E T A+
(équipât)
P I Q U E T E+
P I Q U E U R
(purique)
P I Q U E U X
P I Q U I E R
R A Q U E E S
(arquées)
(réséqua)
R E Q U E T E

R E Q U I S E
(esquire)
(risquée)
(sérique)
R O Q U A I T
(taquoir)
(troquai)
R O Q U A N T
(tronqua)
R O Q U E N T
(tronque)
S A Q U A I S
(quassia)
S A Q U A I T
(astiqua)
(taquais)
S E Q U O I A
T A Q U A I S
(astiqua)
(saquait)
T A Q U E N T
(quêtant)
T A Q U I N A+
T A Q U I N E+
(antique)
T A Q U O I R
(roquait)
(troquai)
T E Q U I L A
(qualité)
T I Q U A I T
(quittai)
T I Q U E R A+
T I Q U E T E
(quittée)
T I Q U E U R
T O Q U A D E
T O Q U E E S
(estoque)

7/4

. . . Q . . .
A D E Q U A T
A P I Q U E E
A P I Q U E R+
(piquera)
(repiqua)

B A N Q U E R+
B A N Q U E T+
B E C Q U E E
B E C Q U E T
B I S Q U E R/
(briques)
(brisque)
B L O Q U A I+
(biloqua)
(obliqua)
B L O Q U E E
B L O Q U E R+
B O S Q U E T
B O U Q U E T
B O U Q U I N+
B R A Q U E E
B R A Q U E R+
B R A Q U E T
B R I Q U E E
(rebique)
B R I Q U E R+
B R I Q U E T+
B U S Q U E E
C A L Q U A I
(claquai)
C A L Q U A S
(claquas)
C A L Q U A T
(claquât)
C A L Q U E E
(claquée)
C A L Q U E R+
(claquer)
C A L Q U E Z
(claquez)
C A S Q U A I
(sacquai)
(caquais)
C A S Q U A S
(sacquas)
C A S Q U A T
(sacquât)
C A S Q U E E
(sacquée)
C A S Q U E R+
(sacquer)
C A S Q U E Z
(sacquez)

C H I Q U E E
C H I Q U E R+
C H O Q U E E
C H O Q U E R+
C L A Q U A I
(calquai)
C L A Q U A S
(calquas)
C L A Q U A T
(calquât)
C L A Q U E E
(calquée)
C L A Q U E R+
(calquer)
C L A Q U E Z
(calquez)
C L I Q U E T+
C L O Q U E E
C L O Q U E R+
C O N Q U I S
(coquins)
C O N Q U I T
C R A Q U E E
C R A Q U E R+
C R A Q U E S
(sacquer)
C R I Q U E T
C R O Q U E E
C R O Q U E R+
C R O Q U E T
C R O Q U I S/
E D U Q U E E
E D U Q U E R+
E N U Q U E E
E N U Q U E R+
E V O Q U E E
E V O Q U E R+
(révoque)
F L A Q U E S
(flasque)
F L O Q U E E
F L O Q U E R+
F R I Q U E T
I R A Q I E N
J A C Q U E S
J A C Q U E T
K U M Q U A T

L A I Q U E S
(salique)
M A N Q U E E
M A N Q U E R+
M A R Q U E E
M A R Q U E R+
M A R Q U I S
M A S Q U E E
M A S Q U E R+
(marques)
M E S Q U I N
M O S Q U E E
(moquées)
P A C Q U E E
P A C Q U E R+
P A R Q U E E
(éparque)
P A R Q U E R+
P A R Q U E T+
P L A Q U E E
P L A Q U E R+
P L A Q U I S/
R I S Q U E E
(esquire)
(requise)
(sérique)
R I S Q U E R+
(squirre)
R O R Q U A L
R O U Q U I N
S A C Q U A I
(caquais)
(casquai)
S A C Q U A S
(casquas)
S A C Q U A T
(casquât)
S A C Q U E E
(casquée)
S A C Q U E R+
(casquer)
(craques)
S A C Q U E Z+
(casquez)
S O U Q U E E
S O U Q U E R+
S T U Q U E E
(queutes)

S T U Q U E R+
T A L Q U A I
(laquait)
T A L Q U E E
T A L Q U E R+
T A L Q U E Z
(quetzal)
T O U Q U E S
(queusot)
T R A Q U A I
(arquait)
T R A Q U E E
(étarque)
(quêtera)
T R A Q U E R+
T R A Q U E T
T R I Q U E T
(quitter)
T R O Q U A I
(roquait)
(taquoir)
T R O Q U E E
T R O Q U E R+
T R U Q U E E
(quêteur)
(queuter)
T R U Q U E R+
T U R Q U I N

7/5

. . . . Q . .
A B D I Q U A+
A B D I Q U E+
A L G I Q U E
A N T I Q U E
(taquine)
A R E I Q U E
A S T I Q U A+
(saquait)
(taquais)
A S T I Q U E+
(quêtais)
A T T A Q U A+
A T T A Q U E+
A T T I Q U E
(quêtait)
A U L I Q U E
A U R I Q U E

A Z O I Q U E
A Z T E Q U E
B A R A Q U A+
B A R A Q U E+
B A R O Q U E
B A S I Q U E
B I C O Q U E
B I L O Q U A+
(bloquai)
(obliqua)
B I L O Q U E+
(oblique)
B O R I Q U E
B R I S Q U E
(bisquer)
(briques)
B R U S Q U A+
B R U S Q U E+
C A C I Q U E
C A D U Q U E
(aqueduc)
C A N A Q U E
(encaqua)
C A R A Q U E
(caquera)
C A S A Q U E
C I V I Q U E
C L O A Q U E
(loquace)
C O L I Q U E
C O M I Q U E
C O N I Q U E
(coquine)
C O S A Q U E
C U B I Q U E
C Y N I Q U E
D A R I Q U E
D E F E Q U A+
D E F E Q U E+
D E P I Q U A+
D E P I Q U E+
D I O I Q U E
(iodique)
D O L I Q U E
D O R I Q U E
D Y T I Q U E
E N A R Q U E

E N C A Q U A+
(canaque)
E N C A Q U E+
E P A R Q U E
(parquée)
E S T O Q U A+
E S T O Q U E+
(toquées)
E T A R Q U A+
(taquera)
E T A R Q U E+
(quêtera)
(traquée)
E T H I Q U E
E T R I Q U E
(rétique)
E U N U Q U E
E X A R Q U E
F E T U Q U E
F I A S Q U E
F L A N Q U A+
F L A N Q U E+
F L A S Q U E
(flaques)
F O L I Q U E
F O U L Q U E
F R A S Q U E
F R E S Q U E
G E N I Q U E
G L A U Q U E
G O T I Q U E
G R E C Q U A+
G R E C Q U E+
H O U L Q U E
I L I A Q U E
I O D I Q U E
(dioique)
I O N I Q U E
I S I A Q U E
K I O S Q U E
K U F I Q U E
L E X I Q U E
L O G I Q U E
L O R S Q U E /
L U D I Q U E
L Y R I Q U E
L Y T I Q U E
M A C A Q U E

M A G I Q U E	R E S E Q U A+	Q U A L I F I A+
M A L I Q U E	(arquées)	Q U A L I F I E+
M A N I Q U E	(raquées)	(liquéfia)
M A N O Q U E	R E S E Q U E+	Q U A N T E U R
M E D I Q U E	R E T I Q U E	Q U A N T I T E
M E L I Q U E	(étriqué)	(équitant)
M E T E Q U E	R E V O Q U A+	Q U A N T U M S
M I M I Q U E	R E V O Q U E+	Q U A R A N T E /
M O D I Q U E	(évoquer)	Q U A R T A G E
M U S I Q U E	R U N I Q U E	Q U A R T A I S
N A S I Q U E	S A D I Q U E	(traquais)
O B L I Q U A+	S A L I Q U E	Q U A R T A U T
(biloqua)	(laïques)	Q U A R T I E R
(bloquai)	S A P E Q U E	(équarrit)
O B L I Q U E+	S C I N Q U E	Q U A R T I E Z
(biloque)	S E M I Q U E	(traquiez)
O H M I Q U E	S E R I Q U E	Q U A S S I E R
O L E I Q U E	(esquire)	Q U A T E R N E
O N T I Q U E	(requise)	Q U A T O R Z E /
(tonique)	(risquée)	Q U A T R A I N
O P T I Q U E	S I L I Q U E	Q U E M A N D A+
(topique)	S O D I Q U E	Q U E M A N D E+
O S M I Q U E	S O N I Q U E	Q U E N E L L E
P A N I Q U A+	S T O I Q U E	Q U E N O T T E
P A N I Q U E+	T C H E Q U E	Q U E R A B L E
P L A N Q U A+	T O N I Q U E	Q U E R E L L A+
P L A N Q U E+	(ontique)	Q U E R E L L E+
P R E S Q U E /	T O P I Q U E	Q U E S T E U R
P U D I Q U E	(optique)	(étrusque)
P U R I Q U E	T O R I Q U E	(questure)
(piqueur)	T O X I Q U E	(quêteurs)
Q U E L Q U E	T R I N Q U A+	(truquées)
Q U O I Q U E /	T R I N Q U E+	Q U E S T I O N
R A B I Q U E	T R O N Q U A+	(ontiques)
(rebiqua)	T R O N Q U E+	(quêtions)
R E B I Q U A+	(roquent)	(toniques)
(rabique)	T U N I Q U E	Q U E S T U R E
R E B I Q U E+	T Y P I Q U E	(étrusque)
(briquée)	U L L U Q U E	(questeur)
R E L I Q U E	V A L A Q U E	(quêteurs)
R E L U Q U A+	V E D I Q U E	(truquées)
(laqueur)	V E L I Q U E	Q U E T E R A S
R E L U Q U E+	V I N I Q U E	(étarques)
R E P I Q U A+	V O M I Q U E	(quartées)
(apiquer)		(réséquât)
(piquera)	**8/1**	(traquées)
R E P I Q U E+	Q	Q U E T I O N S
(équiper)	Q U A D R A N T	(ontiques)
	Q U A D R I G E	

(question)
(toniques)
Q U E T E U S E
(équeutés)
Q U E T S C H E
Q U E U T E R A+
(équateur)
Q U I E T U D E
Q U I N A I R E
Q U I N A U D E
Q U I N Q U E T
Q U I N T A U X
Q U I N T E U X
Q U I R I T E S
(réquisit)
Q U I S C A L E
Q U I T T E R A+
Q U O L I B E T
Q U O T I E N T

8/2

. Q . . . . . .
A Q U A R I U M
A Q U I C O L E
A Q U I F E R E
A Q U I T A I N
(taquinai)
E Q U A R R I E
(aréquier)
E Q U A R R I S
(risquera)
E Q U A R R I T
(quartier)
E Q U A R R I R+
E Q U A T E U R
(queutera)
E Q U A T I O N
(atonique)
E Q U E S T R E
(requêtes)
E Q U E U T E E
E Q U E U T E R+
E Q U E U T E S
(quêteuse)
E Q U I N O X E
E Q U I P A G E
E Q U I P A I T
(piquetai)

E Q U I P A N T
(apiquent)
(piquante)
E Q U I P I E R
E Q U I P O L E
E Q U I T A N T
(quantité)
S Q U A M A T E
(taquâmes)
S Q U A M E U X
S Q U A T I N A
(taquinas)
S Q U A T T E R
(traquets)
S Q U I R R H E

8/3

. . Q . . . . .
A C Q U E R E Z
(caquerez)
A C Q U E R I R
A C Q U E R R A+
(craquera)
A C Q U I E R E+
A C Q U I E R S
A C Q U I E R T
(arctique)
A C Q U I S E S
(acquisse)
A C Q U I S S E+
(acquises)
A C Q U I T T A+
A C Q U I T T E+
(tactique)
A R Q U A M E S
(marasque)
(masquera)
A R Q U A S S E+
(saqueras)
A R Q U A T E S
(étarquas)
(taqueras)
(tarasque)
B E Q U I L L A+
B E Q U I L L E+
B I Q U E T T E
C A Q U A M E S
(macaques)

C A Q U A S S E+
(casaques)
C A Q U A T E S
(caquetas)
C A Q U E L O N
C A Q U E R E Z
(acquerez)
C A Q U E T A S
(caquâtes)
C A Q U E T E R+
(craquete)
C A Q U E T T E+
C O Q U E L E T
C O Q U E M A R
C O Q U E R I E
C O Q U E R O N
C O Q U E T T E
C O Q U I L L A+
C O Q U I L L E+
E N Q U E R E Z
E N Q U E R I R
E N Q U E R R A+
E N Q U E T E R+
E N Q U I E R E+
E N Q U I E R S
E N Q U I E R T
E N Q U I M E S
(ménisque)
(mesquine)
(mnésique)
E N Q U I S E S
(enquisse)
E N Q U I S S E+
(enquises)
E N Q U I T E S
(esquinte)
E S Q U I L L E
(équilles)
E S Q U I M A U
E S Q U I N T A+
(antiques)
(naquîtes)
(taquines)
E S Q U I N T E+
(enquîtes)
E S Q U I S S A+
E S Q U I S S E+
E S Q U I V E E

E S Q U I V E R+
H A Q U E N E E
H O Q U E T E R
H O Q U E T O N
H O Q U E T T E+
I N Q U I E T A+
I N Q U I E T E+
J A Q U E T T E
L A Q U E L L E /
L A Q U I O N S
   (aquilons)
   (quinolas)
L I Q U E F I A+
   (qualifié)
L I Q U E F I E+
L I Q U E T T E
L I Q U I D E E
L I Q U I D E R+
M A Q U E T T E
M A Q U I L L A+
M A Q U I L L E+
M O Q U A T E S
   (toquâmes)
M O Q U E R A S
   (roquâmes)
M O Q U E R I E
M O Q U E T T A+
M O Q U E T T E+
M O Q U E U S E
M U Q U E U S E
N A Q U I S S E+
   (nasiques)
N A Q U I T E S
   (antiques)
   (esquinta)
   (taquines)
P A Q U E B O T
P E Q U E N O T
P I Q U A N T E
   (apiquent)
   (équipant)
P I Q U A N T S
P I Q U A T E S
   (piquetas)
P I Q U E R A I
   (repiquai)
P I Q U E R A S
   (repiquas)

P I Q U E R E Z
   (repiquez)
P I Q U E T A I
   (équipait)
P I Q U E T A S
   (piquâtes)
P I Q U E T E E
P I Q U E T E R+
P I Q U E T T E
P I Q U E U S E
R A Q U E T T E
R E Q U E T E S
   (équestre)
R E Q U E R E Z
R E Q U E R I R
R E Q U E R R A+
R E Q U I E M S
   (requîmes)
R E Q U I E R E+
R E Q U I E R S
R E Q U I E R T
R E Q U I M E S
   (requiems)
R E Q U I S E S
   (esquires)
   (requisse)
   (risquées)
   (sériques)
R E Q U I S I T
   (quirites)
R E Q U I S S E+
   (esquires)
   (requises)
   (risquées)
   (sériques)
R E Q U I T E S
   (étriques)
   (rétiques)
   (stérique)
R I Q U I Q U I /
R O Q U A M E S
   (moqueras)
R O Q U A T E S
   (toqueras)
R O Q U E T T E
S A Q U A T E S
   (taquasse)

S A Q U E R A S
   (arquasse)
S E Q U E L L E
S E Q U E N C E
T A Q U A M E S
   (squamate)
T A Q U A S S E+
   (saquâtes
T A Q U A T E S
   (attaques)
T A Q U E R A I+
   (étarquai)
T A Q U E R A S
   (étarquas)
   (arquâtes)
   (tarasque)
T A Q U E R E Z
   (étarquez)
T A Q U I N A I+
   (aquitain)
T A Q U I N A T
T A Q U I N E E
   (enquêtai)
T A Q U I N E R+
   (renaquit)
T I Q U A M E S
   (mastiqué)
T I Q U A S S E+
   (astiques)
T I Q U A T E S
   (attiques)
   (statique)
T I Q U E R A I+
T I Q U E R A S
   (astiquer)
T I Q U E R E Z
T I Q U E T E E
   (étiqueté)
T I Q U E U S E
T O Q U A M E S
   (moquâtes)
T O Q U A N T E
T O Q U A R D E
T O Q U A S S E+
   (estoquas)
T O Q U A T E S
   (estoquat)

T O Q U E R A I+
(aortique)
T O Q U E R A S
(roquâtes)

8/4

. . . Q . . . .
A C O Q U I N A+
A C O Q U I N E+
A L I Q U O T E
A P I Q U A G E
A P I Q U A N T/
(paniquât)
A P I Q U E N T
(équipant)
(piquante)
A R E Q U I E R
(équarrie)
A U X Q U E L S
B A N Q U E T A+
B A N Q U E T E
B A N Q U I E R
B A N Q U I S E
(basquine)
B A S Q U A I S
B A S Q U I N E
(banquise)
B E C Q U E T A+
B E C Q U E T E
B I S Q U E R A
(rabiques)
(rebiquas)
B L O Q U A I S
(biloquas)
(obliquas)
B L O Q U A I T
(biloquât)
(obliquât)
B L O Q U I E Z
(biloquez)
(obliquez)
B O U Q U E T E
B O U Q U I N A+
B O U Q U I N E+
B R A Q U A G E
B R A Q U E R A+
(baraquer)

B R I Q U E R A+
(barrique)
B R I Q U E T A+
(rebiquât)
B R I Q U E T E
C A L Q U A I S
(claquais)
C A L Q U A I T
(claquait)
C A L Q U A G E
(claquage)
C A L Q U A N T
(claquant)
C A L Q U E E S
(claquées)
C A L Q U E N T
(claquent)
C A L Q U E R A+
(claquera)
(craquela)
C A L Q U I E Z
(claquiez)
C A L Q U O N S
(claquons)
C A R Q U O I S
(croquais)
C A S Q U A I S
(sacquais)
C A S Q U A N T
(sacquant)
C A S Q U E E S
(sacquées)
C A S Q U E N T
(sacquent)
C A S Q U E R A+
(caqueras)
(caraques)
(sacquera)
C A S Q U I E Z
(sacquiez)
C A S Q U O N S
(sacquons)
C H E Q U I E R
C H I Q U E U R
C L A Q U A G E
(calquage)
C L A Q U A I S
(calquais)

C L A Q U A I T
(calquait)
C L A Q U E N T
(calquent)
C L A Q U E R A+
(calquera)
(craquela)
C L A Q U E T A+
C L A Q U E T E
C L A Q U E U R
C L A Q U I E Z
(calquiez)
C L A Q U O I R
C L A Q U O N S
(calquons)
C L I Q U E T A+
(lactique)
C L I Q U E T E
C O N Q U E T E
C O N Q U I S E
(coniques)
(coquines)
C R A Q U A G E
C R A Q U E E S
C R A Q U E L A+
(calquera)
(claquera)
C R A Q U E L E
C R A Q U E R A+
(acquerra)
C R A Q U E T A+
C R A Q U E T E
(caqueter)
C R A Q U E U R
C R O Q U A I S
(carquois)
C R O Q U E U R
D E S Q U A M A+
(démasqua)
D E S Q U A M E+
(démasqué)
D E S Q U E L S
E L O Q U E N T
E T I Q U E T A+
(étatique)
E T I Q U E T E
(tiquetée)
F R E Q U E N T

ICAQUIER
INIQUITE
IROQUOIS
JACQUARD
JACQUIER
LESQUELS
MARQUAGE
MARQUERA+
(remarqua)
MARQUETA+
MARQUETE
MARQUEUR
MARQUISE
(marisque)
MARQUOIR
MASQUAGE
MASQUAIT
(mastiqua)
MASQUERA+
(arquâmes)
(marasque)
MESQUINE
(enquîmes)
(ménisque)
(mnésique)
NARQUOIS
PACQUAGE
PARQUAIT
(pratiqua)
PARQUETA+
(patraque)
PARQUETE
PARQUEUR
PARQUIER
PLAQUAGE
PLAQUANT
(planquât)
PLAQUEUR
RISQUANT/
RISQUENT
(trinques)
RISQUERA+
(équarris)
SACQUAIS
(casquais)
SACQUAIT
(casquait)

SACQUANT
(casquant)
SACQUEES
(casquées)
SACQUENT
(casquent)
SACQUERA+
(caqueras)
(caraques)
(casquera)
SACQUIEZ
(casquiez)
SACQUONS
(casquons)
TRAQUAIS
(quartais)
TRAQUEES
(étarques)
(quartées)
(réséquât)
(quêteras)
TRAQUEUR
(truquera)
TRAQUIEZ
(quartiez)
TRAQUONS
(tronquas)
(quartons)
TROQUAIS
(taquoirs)
TROQUANT
(tronquât)
TROQUEES
(estoquer)
TROQUERA+
(rétorqua)
TRUQUAIS
(rustiqua)
TRUQUAGE
TRUQUERA+
(traqueur)
TRUQUEUR
UBIQUITE
VISQUEUX

8/5

. . . . Q . . .
ABDIQUEE
ABDIQUER+

ASTIQUEE
ASTIQUER+
(tiqueras)
ASTIQUES
(tiquasse)
ATTAQUEE
ATTAQUER+
(étarquat)
BARAQUEE
BARAQUER+
(braquera)
BILOQUAI+
(obliquai)
BILOQUAS
(bloquais)
(obliquas)
BILOQUAT
(obliquât)
(biloquât)
BILOQUEE
BILOQUER+
(obliquer)
BILOQUEZ
(bloquiez)
(obliquez)
BORIQUEE
BRUSQUEE
BRUSQUER+
DEFEQUEE
DEFEQUER+
DEPIQUEE
DEPIQUER+
(prédique)
ENCAQUEE
ENCAQUER+
ESTOQUAS
(toquasse)
ESTOQUAT
(toquâtes)
ESTOQUEE
ESTOQUER+
(troquées)
ETARQUAS
(arquâtes)
(taqueras)
(tarasque)
ETARQUAT
(attaquer)

E T A R Q U E E
E T A R Q U E R+
E T A R Q U E S
(quartées)
(quêteras)
(réséquât)
(traquées)
E T A R Q U E Z
(taquerez)
E T R I Q U E E
F L A N Q U E E
F L A N Q U E R+
F R I S Q U E T
(friquets)
F R U S Q U E S/
G R E C Q U E E
G R E C Q U E R+
I N D I Q U E E
I N D I Q U E R+
I N V O Q U E E
I N V O Q U E R+
M O U S Q U E T
O B L I Q U A I+
(biloquai)
O B L I Q U A S
(biloquas)
(bloquais)
O B L I Q U A T
(biloquât)
(bloquait)
O B L I Q U E R+
(biloquer)
O B L I Q U E Z
(biloquez)
(bloquiez)
O B S E Q U E S/
O N T I Q U E S
(toniques)
P A N I Q U A T
(apiquant)
P A N I Q U E E
P A N I Q U E R+
P A R A Q U E S/
P L A N Q U A T
(plaquant)
Q U I N Q U E T
R A B I Q U E S
(bisquera)
(rebiquas)

R E B I Q U A S
(bisquera)
(rabiques)
R E B I Q U A T
(briqueta)
R E B I Q U E R+
R E L U Q U E E
R E L U Q U E R+
R E N A Q U I T
(taquiner)
R E P I Q U A I+
(piquerai)
R E P I Q U A S
(piqueras)
R E P I Q U E E
R E P I Q U E R+
R E P I Q U E Z
(piquerez)
R E S E Q U A I+
(aréiques)
R E S E Q U A T
(étarquât)
(quartées)
(quêteras)
(traquées)
R E S E Q U E E
R E S E Q U E R+
R E V O Q U E E
R E V O Q U E R+
T O N I Q U E S
(ontiques)
T R I N Q U E R+
T R I N Q U E S
(risquent)
T R I N Q U E T
T R O N Q U A S
(traquons)
(quartons)
T R O N Q U A T
(troquant)
T R O N Q U E E
(entroque)
T R O N Q U E R+
T R U S Q U I N
(turquins)

8/6

. . . . . Q . .
A C E T I Q U E
A L B R A Q U E

A L C A I Q U E
A L O G I Q U E
A L T A I Q U E
A M I M I Q U E
A M Y L I Q U E
A N E M I Q U E
A N O D I Q U E
A O R T I Q U E
(toquerai)
A P P L I Q U A+
A P P L I Q U E+
A R A B I Q U E
A R C T I Q U E
(acquiert)
A T A V I Q U E
A T A X I Q U E
A T O M I Q U E
A T O N I Q U E
(équation)
A Z O T I Q U E
B A C H I Q U E
B A L T I Q U E
B A R B A Q U E
B A R R I Q U E
(briquera)
B E C H I Q U E
B E R N I Q U E/
B I B L I Q U E
B I F U R Q U A+
B I F U R Q U E+
B O U T I Q U E
B R E L O Q U E
B R O M I Q U E
C A L A N Q U E
C A L C I Q U E
C A N T I Q U E
C H I M I Q U E
C I T R I Q U E
(critique)
C L A N I Q U E
C L I N I Q U E
C L O N I Q U E
C O L L O Q U A+
C O L L O Q U E+
C O N V O Q U A+
C O N V O Q U E+
C O S M I Q U E
(comiques)

COUFIQUE
CRAMIQUE
CRITIQUA+
CRITIQUE+
(citrique)
CUPRIQUE
CYCLIQUE
CYSTIQUE
DEBARQUA+
DEBARQUE+
DEBLOQUA+
DEBLOQUE+
DEBOUQUA+
DEBOUQUE+
DEBUSQUA+
DEBUSQUE+
DECALQUA+
DECALQUE+
DEFALQUA+
DEFALQUE+
DEMARQUA+
DEMARQUE+
DEMASQUA+
(desquama)
DEMASQUE+
(desquame)
DERMIQUE
(merdique)
DETRAQUA+
DETRAQUE+
DIADOQUE
DIPTYQUE
DISLOQUA+
DISLOQUE+
DISSEQUA+
(sadiques)
DISSEQUE+
DUPLIQUA+
DUPLIQUE+
DYADIQUE
EDENIQUE
EMBARQUE+
(embraque)
EMBOUQUA+
EMBOUQUE+
EMBRAQUA+
(embarqua)
EMBUSQUA+

EMBUSQUE+
EMETIQUE
ENTROQUE
(tronquée)
ESCROQUA+
ESCROQUE+
(croquées)
ETATIQUE
(étiqucta)
ETHNIQUE
ETRUSQUE
(questeur)
(questure)
(quêteurs)
(truquées)
EXOTIQUE
EXPLIQUA+
EXPLIQUE+
EXTORQUA+
EXTORQUE+
FABRIQUA+
FABRIQUE+
FEERIQUE
FELOUQUE
FILMIQUE
FONGIQUE
FORMIQUE
FORNIQUA+
FORNIQUE+
GAELIQUE
GALLIQUE
GLOBIQUE
GNOMIQUE
GOTHIQUE
GYMNIQUE
HECTIQUE
HELIAQUE
HEROIQUE
HIPPIQUE
HYDRIQUE
IAMBIQUE
IBERIQUE
ICONIQUE
IMBRIQUA+
IMBRIQUE+
IMPLIQUA+
IMPLIQUE+
INCULQUA+

INCULQUE+
IRENIQUE
IRONIQUE
(onirique)
ITALIQUE
JUDAIQUE
KYMRIQUE
LACTIQUE
(cliqueta)
LIASIQUE
(iliaques)
LINEIQUE
LOUFOQUE
LUBRIQUE
MANIAQUE
MANTIQUE
MARASQUE
(arquâmes)
(masquera)
MARISQUE
(marquise)
MASSIQUE
MASTIQUA+
(masquait)
MASTIQUE+
(tiquâmes)
MATRAQUA+
MATRAQUE+
(marqueta)
MENISQUE
(enquîmes)
(mesquine)
(mnésique)
MERDIQUE
(dermique)
METRIQUE
MNESIQUE
(enquîmes)
(ménisque)
(mesquine)
MONARQUE
MONOIQUE
MORESQUE
MORISQUE
MOSAIQUE
MYSTIQUE
MYTHIQUE
(thymique)

NAUTIQUE
NAVARQUE
NITRIQUE
NOETIQUE
NORDIQUE
OFFUSQUA+
(suffoqua)
OFFUSQUE+
(suffoque)
ONIRIQUE
(ironique)
OOTHEQUE
ORGIAQUE
ORPHIQUE
OXALIQUE
PALANQUE
PASTEQUE
PATRAQUE
(parqueta)
PECTIQUE
PEPTIQUE
PERRUQUE
PERSIQUE
PETANQUE
PHASIQUE
(saphique)
PHENIQUE
PHOBIQUE
PHONIQUE
PHYSIQUE
PICRIQUE
POETIQUE
PORTIQUE
(tropique)
PRATIQUA+
PRATIQUE+
(repiquât)

PREDIQUA+
PREDIQUE+
(dépiquer)
PROVOQUA+
PROVOQUE+
PUBLIQUE
REEDUQUA+
REEDUQUE+
REMARQUA+
(marquera)
REMARQUE+
REMORQUA+
REMORQUE+
REPLIQUA+
REPLIQUE+
RETORQUA+
(troquera)
RETORQUE+
RHETIQUE
RIQUIQUI/
RUSTIQUA+
RUSTIQUE+
(tiqueurs)
SAPHIQUE
(phasique)
SCENIQUE
SEPTIQUE
(piquetés)
SISMIQUE
SLOVAQUE
STATIQUE
(attiques)
(tiquâtes)
STERIQUE
(étriques)
(réquîtes)

(rétiques)
(triquées)
SUFFOQUA+
(offusqua)
SUFFOQUE+
(offusque)
SURPIQUA+
SURPIQUE+
SYNDIQUA+
SYNDIQUE+
SYRIAQUE
TACTIQUE
(acquitte)
TANNIQUE
TARASQUE
(arquâtes)
(étarquas)
(taqueras)
THETIQUE
THYMIQUE
(mythique)
TRAFIQUA+
TRAFIQUE+
TROPIQUE
(portique)
TUDESQUE
TURCIQUE
TYPHIQUE
UNIVOQUE
URANIQUE
UREMIQUE
UTOPIQUE
VIATIQUE
YTTRIQUE
ZODIAQUE

Erreurs : quarre, onques, oncques, pecque, quid, waqf, quint, quote, aequo, biquer+, niquer+, quiller+, banquière, triquer+, quichua, quinola, coqueter+, inquart, conquet, pasquin, étriquer+, hourque, musiquer+, quartidi, quassine, quiddite, miquelet, troqueur, talqueux, tuniquée, déliaque, embecquer+, palanque, tictaquer+, vehmique.

Remarque :
– Il y a 6 mots dont la lettre Q n'est pas suivie d'un U : COQ,S, QAT,S, CINQ/, QIBLA,S, QASIDA,S, IRAQIEN,NE.
– Pour placer la lettre Q, seule, dans la grille, il faut que le mot PI soit séparé par une case du mot URE de façon à former PIQURE.

Raccords des mots avec COQ

+ 2	COQ|U E	
+ 3	COQ|U E T	
	COQ|U I N	
+ 4	COQ|U A R D	
	COQ|U A R T	
	COQ|U I N E	

+ 5	COQ|U E L E T	
	COQ|U E M A R	
	COQ|U E R I E	
	COQ|U E R O N	
	COQ|U E T T E	
	COQ|U I L L E +	
A|COQ|U I N E +	

Raccords des mots de 4 lettres avec Q

		C I N Q	
+ 3	S	C I N Q	U E
+ 5		C I N Q	U I E M E
		C I N Q	U A N T E /

		Q U A I	
+ 4 BAS		Q U A I	S
+ 5 BAS		Q U A I	S E

(pensez également aux
verbes en − QUER)

		Q U E L	
+ 2		Q U E L	E A
		Q U E L	L E
	A U	Q U E L	
	D U	Q U E L	
	L E	Q U E L	
+ 3		Q U E L	Q U E
+ 4	L A	Q U E L	L E
	S E	Q U E L	L E
	A U X	Q U E L	S

		Q U E L	
	D E S	Q U E L	S
	L E S	Q U E L	S

		Q U I A	/
+ 5	E	Q U I A	N G L E
	J U S	Q U I A	M E

		Q U O I	
+ 3		Q U O I	Q U E
	S E	Q U O I	A
	T A	Q U O I	R
	C A R	Q U O I	S +4
	C L A	Q U O I	R
	D A C	Q U O I	S
	I R O	Q U O I	S
	M A R	Q U O I	R
	N A R	Q U O I	S
P O U R	Q U O I	/
	D A C	Q U O I	S E + 5
	I R O	Q U O I	S E
	N A R	Q U O I	S E
	T U R	Q U O I	S E

Raccords des mots de 5 lettres avec Q

		ARQUA +	
+1	M	ARQUA	+
	P	ARQUA	+
+2	ET	ARQUA	+
+3	M	ARQUA	GE
	DEB	ARQUA	+
	DEM	ARQUA	+
	EMB	ARQUA	+
	REM	ARQUA	+
	REMB	ARQUA	+ +4
	DEM	ARQUA	GE +5

		ARQUE +	
+1	B	ARQUE	
	M	ARQUE	+
	P	ARQUE	+
+2	EN	ARQUE	
	EP	ARQUE	
	ET	ARQUE	+
	EX	ARQUE	
+3	M	ARQUE	UR
	DEB	ARQUE	+
	DEM	ARQUE	+
	EMB	ARQUE	+
	MON	ARQUE	
	NAV	ARQUE	
	REM	ARQUE	+
+4		ARQUE	BUSE
	B	ARQUE	TTE
	M	ARQUE	TER
	M	ARQUE	TTE+
	P	ARQUE	TER
	ANAS	ARQUE	
	ETHN	ARQUE	
	HIPP	ARQUE	
	OLIG	ARQUE	
	PHYL	ARQUE	
	REMB	ARQUE	+
	TAXI	ARQUE	
	TETR	ARQUE	

		ASQUE	
+1	B	ASQUE	
	C	ASQUE	+
	M	ASQUE	+
	V	ASQUE	
+2	FI	ASQUE	
	FL	ASQUE	
	FR	ASQUE	
+3	DEM	ASQUE	+
	MAR	ASQUE	
	TAR	ASQUE	
+4	C	ASQUE	TTE
	FANT	ASQUE	
	BOURR	ASQUE	+5
	MONEG	ASQUE	

		BIQUE	
+1	B	IQUE	T
+2	CU	BIQUE	
	RA	BIQUE	
	RE	BIQUE	+
+3		BIQUE	TTE
	RE	BIQUE	R+
	ARA	BIQUE	
	IAM	BIQUE	
	GLO	BIQUE	
	PHO	BIQUE	
	ALAM	BIQUE	+4
	RHOM	BIQUE	
	STRA	BIQUE	
	ASCOR	BIQUE	+5
	SYLLA	BIQUE	

		CAQUE	
+1		CAQUE	E
		CAQUE	R+
		CAQUE	T
+2	EN	CAQUE	+
	MA	CAQUE	
+3		CAQUE	TER
		CAQUE	TTE+
+4		CAQUE	TAGE

COQUE

+ 1		COQUE	T
+ 2	BI	COQUE	
+ 3		COQUE	LET
		COQUE	MAR
		COQUE	RIE
		COQUE	RON
		COQUE	TER+
		COQUE	TTE
+ 4		COQUE	TIER
	GONO	COQUE	
	MONO	COQUE	
	SALI	COQUE	
+ 5		COQUE	LICOT
		COQUE	LUCHE
		COQUE	RELLE
	DIPLO	COQUE	
	MICRO	COQUE	

EQUIN

+ 1		EQUIN	E
	P	EQUIN	
	R	EQUIN	
	S	EQUIN	
+ 3		EQUIN	OXE
	ARL	EQUIN	
	RAM	EQUIN	
+ 4	R	EQUIN	QUE+
	BROD	EQUIN	
	MANN	EQUIN	
+ 5		EQUIN	OXIAL
	R	EQUIN	QUEE
	R	EQUIN	QUER+
	LAMBR	EQUIN	

LAQUA +

+ 1	C	LAQUA	+
	P	LAQUA	+
+ 2		LAQUA	GE
+ 3	C	LAQUA	GE
	P	LAQUA	GE
+ 4	C	LAQUA	NTE
	C	LAQUA	NTS

LAQUE +

+ 1	C	LAQUE	+

	F	LAQUE	
	P	LAQUE	+
+ 2		LAQUE	UR
	PO	LAQUE	
	VA	LAQUE	
+ 3	C	LAQUE	UR
	P	LAQUE	UR
+ 4	C	LAQUE	TER+
	C	LAQUE	TTE
	P	LAQUE	TTE
+ 5	C	LAQUE	MENT
	C	LAQUE	MURE+
	P	LAQUE	MINE

LOQUE

+ 1		LOQUE	T
	B	LOQUE	+
	C	LOQUE	+
	F	LOQUE	+
+ 2	BI	LOQUE	+
+ 3	E	LOQUE	NT
	BRE	LOQUE	
	COL	LOQUE	+
	DEB	LOQUE	+
	DIS	LOQUE	+
+ 4		LOQUE	TEAU
		LOQUE	TEUX
	E	LOQUE	NCE
	E	LOQUE	NTE
	AMER	LOQUE	
	SOLI	LOQUE	
+ 5		LOQUE	TEUSE
	INTER	LOQUE	
	PENDE	LOQUE	

MOQUE +

+ 2		MOQUE	UR
+ 3		MOQUE	RIE
		MOQUE	TTE+
		MOQUE	USE
+ 4		MOQUE	TTER+

NIQUE

+ 1	I	NIQUE	
	U	NIQUE	
+ 2	CO	NIQUE	
	CY	NIQUE	

```
      I  O  NIQUE
      G  E  NIQUE
      M  A  NIQUE
      P  A  NIQUE
      P  U  NIQUE
      R  U  NIQUE
      S  O  NIQUE
      T  O  NIQUE
      T  U  NIQUE
      V  I  NIQUE
+3    P  A  NIQUE  E
      P  A  NIQUE  R+
     A TO  NIQUE
     A XE  NIQUE
     B ER  NIQUE  /
     B IO  NIQUE
     C LA  NIQUE
     C LI  NIQUE
     C LO  NIQUE
     E DE  NIQUE
     E TH  NIQUE
     F AU  NIQUE
     F OR  NIQUE
     G YM  NIQUE
     I CO  NIQUE
     I RE  NIQUE
     I RO  NIQUE
     H UN  NIQUE
     P HE  NIQUE
     P HO  NIQUE
     S CE  NIQUE
     T AN  NIQUE
     U RA  NIQUE
+4   F OR  NIQUE  R+
     P HE  NIQUE  E
    A CLI  NIQUE
    A CTI  NIQUE
    A NIO  NIQUE
    A RSE  NIQUE
    A VIO  NIQUE
    B OTA  NIQUE
    B UBO  NIQUE
    C ANO  NIQUE
    C ETO  NIQUE
    C HRO  NIQUE
    C ORA  NIQUE
    E UGE  NIQUE
    G ALE  NIQUE

     L ACO   NIQUE
     M ALO   NIQUE
     M ECA   NIQUE
     M ELA   NIQUE
     O CEA   NIQUE
     O RGA   NIQUE
     P HRE   NIQUE
     S ATA   NIQUE
     S ELE   NIQUE
     S TAN   NIQUE
     T ECH   NIQUE
     T ETA   NIQUE
     T HIO   NIQUE
     T ITA   NIQUE
     T OUR   NIQUE  +
     V ERO   NIQUE
+5       I   NIQUE  MENT
         U   NIQUE  MENT
     T OUR   NIQUE  R+
     T OUR   NIQUE  T
    A LEMA   NIQUE
    A STHE   NIQUE
    B ALKA   NIQUE
    B ENZE   NIQUE
    C ARBO   NIQUE
    C ATIO   NIQUE
    C OMMU   NIQUE  +
    C YCLO   NIQUE
    D IATO   NIQUE
    E UPHO   NIQUE
    F ULMI   NIQUE
    G ALVA   NIQUE
    G ERMA   NIQUE
    G NOMO   NIQUE
    H ARMO   NIQUE
    H ELLE   NIQUE
    H ISPA   NIQUE
    H YGIE   NIQUE
    I SOIO   NIQUE
    I SOTO   NIQUE
    M ACON   NIQUE
    M ANGA   NIQUE
    M NEMO   NIQUE
    M ORAI   NIQUE
    O ROGE   NIQUE
    O SSIA   NIQUE
    P LATO   NIQUE
    P LUTO   NIQUE
```

```
P O L L I |N I Q U E|                    + 2        |P I Q U A|N T
P R O T O |N I Q U E|                    + 3        |P I Q U A|N T E
R A B B I |N I Q U E|                               |P I Q U A|N T S
S A R D O |N I Q U E|                         A     |P I Q U A|G E
S U B S O |N I Q U E|                    + 4  D E   |P I Q U A|G E
S U C C I |N I Q U E|                         R E   |P I Q U A|G E
T E C T O |N I Q U E|
T E R P E |N I Q U E|                               |P I Q U E|+
T E U T O |N I Q U E|
T Y M P A |N I Q U E|                    + 1        |P I Q U E|T
T Y R A N |N I Q U E|                         A     |P I Q U E|
V O L C A |N I Q U E|                         E     |P I Q U E|
                                         + 2        |P I Q U E|T E
          |N U Q U E|                               |P I Q U E|U R
                                                    |P I Q U E|U X
+ 1     E |N U Q U E|+                        A     |P I Q U E|E
+ 2     E |N U Q U E|E                        A     |P I Q U E|R+
        E |N U Q U E|R+                       D E   |P I Q U E|+
      E U |N U Q U E|                         L U   |P I Q U E|
                                              R E   |P I Q U E|+
          |O R Q U E|                         T O   |P I Q U E|
                                              T Y   |P I Q U E|
+ 1     P |O R Q U E|                    + 3        |P I Q U E|T E R
        T |O R Q U E|                               |P I Q U E|T T E+
+ 3 E X T |O R Q U E|+                              |P I Q U E|U S E
    R E M |O R Q U E|+                       A T Y  |P I Q U E|
    R E T |O R Q U E|+                       H I P  |P I Q U E|
                                             T R O  |P I Q U E|
          |O S Q U E|                        U T O  |P I Q U E|
                                         + 4        |P I Q U E|T A G E
+ 2   K I |O S Q U E|                        S A U  |P I Q U E|T
                                           O L Y M  |P I Q U E|
          |P A Q U E|                      S T E P  |P I Q U E|
                                         H Y D R O  |P I Q U E|          + 5
+ 1       |P A Q U E|T                    I S O T O |P I Q U E|
        O |P A Q U E|                     S A T R A |P I Q U E|
+ 3       |P A Q U E|B O T
+ 4       |P A Q U E|T A G E                        |P O Q U E|+
          |P A Q U E|T E U R
      D E |P A Q U E|T E                  + 1        |P O Q U E|R+
      E M |P A Q U E|T E                       E     |P O Q U E|
+ 5       |P A Q U E|R E T T E
          |P A Q U E|T E U S E                      |Q U A N T|/
      D E |P A Q U E|T E R
      D E |P A Q U E|T T E+               + 1        |Q U A N T|A/
      E M |P A Q U E|T E R                + 2        |Q U A N T|U M
      E M |P A Q U E|T T E+               + 3        |Q U A N T|E U R
                                                    |Q U A N T|I T E
          |P I Q U A|+                               |Q U A N T|U M S
+ 1     A |P I Q U A|
```

+ 4		QUANT	IEME
		QUANT	IFIA+
		QUANT	IFIE+
		QUANT	IQUE
	CLIN	QUANT	
	CLIN	QUANT	E + 5

(plus tous les verbes en –QUER,
comme TOQUANT, CLAQUANT, etc.)

		QUART	
+ 1		QUART	A+
		QUART	E+
		QUART	O/
		QUART	S
		QUART	Z
+ 2		QUART	EE
		QUART	ER+
	CO	QUART	
+ 3		QUART	AGE
		QUART	AUT
		QUART	IER
+ 4		QUART	ERON
		QUART	ETTE
		QUART	ZEUX
		QUART	ZITE
	TRIN	QUART	
+ 5		QUART	ATION
		QUART	ZEUSE

		QUASI	
+ 1		QUASI	S
+ 4		QUASI	MENT
		QUASI	MODO

		QUETA +	
+ 4	CA	QUETA	GE
	PA	QUETA	GE
	PI	QUETA	GE
+ 5	BRI	QUETA	GE
	ETI	QUETA	GE
	PAR	QUETA	GE

		QUETE +	
+ 2		QUETE	UR
	CA	QUETE	+
	EN	QUETE	+
	HO	QUETE	+

	PI	QUETE	
	RE	QUETE	
	TI	QUETE	
+ 3		QUETE	USE
	TI	QUETE	E
+ 5	BAN	QUETE	
	BEC	QUETE	
	BOU	QUETE	
	BRI	QUETE	
	CLA	QUETE	
	CLI	QUETE	
	CON	QUETE	
	CRA	QUETE	
	ETI	QUETE	
	MAR	QUETE	
	PAR	QUETE	
+ 4	BO	QUETE	AU
	EN	QUETE	UR
	DEPA	QUETE	
	ECHI	QUETE	
	EMPA	QUETE	
+ 5	EN	QUETE	USE
	BAN	QUETE	UR
	BRI	QUETE	UR
	ETI	QUETE	UR
	MAR	QUETE	UR
	PAR	QUETE	UR
	ECHI	QUETE	E
	DECHI	QUETE	
	DECLI	QUETE	
	ENCLI	QUETE	
	RECON	QUETE	
	REMPA	QUETE	

		QUEUE	
	HOCHE	QUEUE	+ 5

		QUEUX	
+ 1	A	QUEUX	
+ 2	LA	QUEUX	
	MU	QUEUX	
+ 3	VIS	QUEUX	
	VARI	QUEUX	+ 4
	BELLI	QUEUX	+ 5
	VERRU	QUEUX	

		QUIET	
+ 1		QUIETE	

+2	IN	QUIET	
+3		QUIET	UDE
	IN	QUIET	E+
+4		QUIET	ISME
		QUIET	ISTE
	IN	QUIET	EE

QUINE

+1	E	QUINE		
+2	CO	QUINE		
	TA	QUINE	+	
+3	ACO	QUINE	+	
	BAS	QUINE		
	BOU	QUINE	+	
	MES	QUINE		
	ROU	QUINE		
	MARO	QUINE	+	+4
	TRUS	QUINE	+	
+5	CO	QUINE	RIE	
	TA	QUINE	RIE	
	BOU	QUINE	UR	
	DAMAS	QUINE	+	
	ENQUI	QUINE	+	
	MAJOR	QUINE		
	MINOR	QUINE		

QUIPO

+3	E	QUIPO	NS
	E	QUIPO	LE
+4	E	QUIPO	LLE
+5	E	QUIPO	TENT

RAQUE +

+1	B	RAQUE	+
	C	RAQUE	+
	T	RAQUE	+
+2	B	RAQUE	E
	B	RAQUE	R+
	B	RAQUE	T
	C	RAQUE	E
	C	RAQUE	R+
	T	RAQUE	E
	T	RAQUE	R+
	T	RAQUE	T
	BA	RAQUE	+
	CA	RAQUE	

+3		RAQUE	TTE	
	C	RAQUE	LE+	
	C	RAQUE	UR	
	T	RAQUE	UR	
	BA	RAQUE	E	
	BA	RAQUE	R+	
	DET	RAQUE	+	
	EMB	RAQUE	+	
	MAT	RAQUE	+	
	PAT	RAQUE		
+4	C	RAQUE	LER	
	C	RAQUE	LLE+	
	C	RAQUE	LIN	
	C	RAQUE	TER	
	T	RAQUE	USE	
+5		RAQUE	TTEUR	
	B	RAQUE	MART	
	B	RAQUE	MENT	
	C	RAQUE	LAGE	
	C	RAQUE	LURE	
	C	RAQUE	MENT	

ROQUE +

+1	C	ROQUE	+	
	T	ROQUE	+	
+2	C	ROQUE	E	
	C	ROQUE	R+	
	C	ROQUE	T	
	T	ROQUE	E	
	T	ROQUE	R+	
	BA	ROQUE		
+3	C	ROQUE	UR	
	DEF	ROQUE	+	
	ENT	ROQUE		
	ESC	ROQUE	+	
+4	B	ROQUE	LIN	
	B	ROQUE	TTE	
	C	ROQUE	NOT	
	C	ROQUE	TTE	
	C	ROQUE	USE	
	DEF	ROQUE	E	
	DEF	ROQUE	R+	
	ESC	ROQUE	E	
	ESC	ROQUE	R+	
	PER	ROQUE	T	
	MAST	ROQUE	T	+5
	RECIP	ROQUE		

		SAQUE	+
+ 2	C A	SAQUE	
	C O	SAQUE	
		TAQUE	+
+ 1		TAQUE	E
		TAQUE	T
+ 2	A T	TAQUE	+
+ 3	A T	TAQUE	E
	A T	TAQUE	R +
		TIQUE	+
+ 1	E	TIQUE	
	O	TIQUE	
+ 2		TIQUE	N T
		TIQUE	R A +
		TIQUE	T E
		TIQUE	U R
	A N	TIQUE	
	A S	TIQUE	
	A T	TIQUE	
	D Y	TIQUE	
	G O	TIQUE	
	L Y	TIQUE	
	O N	TIQUE	
	Ô P	TIQUE	
	R E	TIQUE	
+ 3		TIQUE	T E E
		TIQUE	U S E
	E	TIQUE	T E +
	A C E	TIQUE	
	A O R	TIQUE	
	A R C	TIQUE	
	A Z O	TIQUE	
	B A L	TIQUE	
	B I O	TIQUE	
	B O U	TIQUE	
	C A N	TIQUE	
	C E L	TIQUE	
	C R I	TIQUE	+
	C Y S	TIQUE	
	D I S	TIQUE	
	E M E	TIQUE	
	E R O	TIQUE	
	E T A	TIQUE	
	E X O	TIQUE	
	H E C	TIQUE	

		TIQUE	
	K Y S	TIQUE	
	L A C	TIQUE	
	M A N	TIQUE	
	M A S	TIQUE	+
	M Y S	TIQUE	
	N A U	TIQUE	
	N O E	TIQUE	
	P E C	TIQUE	
	P E P	TIQUE	
	P O E	TIQUE	
	P O R	TIQUE	
	P R A	TIQUE	
	R H E	TIQUE	
	R U S	TIQUE	
	S T A	TIQUE	
	T A C	TIQUE	
	T H E	TIQUE	
	V I A	TIQUE	
+ 4		TIQUE	T U R E
	E	TIQUE	T E R +
	E	TIQUE	T T E
	A L O E	TIQUE	
	A Q U A	TIQUE	
	A R G O	TIQUE	
	A S C E	TIQUE	
	A S C I	TIQUE	
	A S E P	TIQUE	
	A S I A	TIQUE	
	A S T A	TIQUE	
	A V E S	TIQUE	
	C A U S	TIQUE	
	C H A O	TIQUE	
	C I N E	TIQUE	
	C L A S	TIQUE	
	D E M O	TIQUE	
	D R A S	TIQUE	
	E I D E	TIQUE	
	E L A S	TIQUE	
	E L E A	TIQUE	
	E R I S	TIQUE	
	E R R A	TIQUE	
	E X T A	TIQUE	
	F A N A	TIQUE	
	G E N E	TIQUE	
	G L O T	TIQUE	
	G N O S	TIQUE	
	G L Y P	TIQUE	
	H A M I	TIQUE	

H E M A	T I Q U E	
H E P A	T I Q U E	
H E R E	T I Q U E	
H Y D A	T I Q U E	
I D E N	T I Q U E	
K A R S	T I Q U E	
L U N A	T I Q U E	
M A R O	T I Q U E	
M I M E	T I Q U E	
M O U S	T I Q U E	
N E M A	T I Q U E	
N E R I	T I Q U E	
N I L O	T I Q U E	
O N C O	T I Q U E	
O S M O	T I Q U E	
P L A S	T I Q U E	+
P O L I	T I Q U E	
Q U A N	T I Q U E	
R O B O	T I Q U E	
S C E P	T I Q U E	
S C I A	T I Q U E	
S E M I	T I Q U E	
S M E C	T I Q U E	
S O M A	T I Q U E	
S T Y P	T I Q U E	
T A B E	T I Q U E	
+5 E	T I Q U E	T A G E
A C O U S	T I Q U E	
A G N O S	T I Q U E	
A M N I O	T I Q U E	
A N A L Y	T I Q U E	
A P O L I	T I Q U E	
A P O R E	T I Q U E	
A P Y R E	T I Q U E	
A R O M A	T I Q U E	
A R T I S	T I Q U E	
A T H L E	T I Q U E	
A T L A N	T I Q U E	
A U T I S	T I Q U E	
B A L I S	T I Q U E	
B A S A L	T I Q U E	
C H R I S	T I Q U E	
C L I M A	T I Q U E	
C O S M E	T I Q U E	
D A L M A	T I Q U E	
D E C O R	T I Q U E	+
D E M A S	T I Q U E	+
D E S E R	T I Q U E	

D E S P O	T I Q U E	
D E T R I	T I Q U E	
D I A B E	T I Q U E	
D I D A C	T I Q U E	
D I E T E	T I Q U E	
D I U R E	T I Q U E	
D O G M A	T I Q U E	
D O M E S	T I Q U E	+
D R A M A	T I Q U E	
D R O L A	T I Q U E	
D Y N A S	T I Q U E	
E C L E C	T I Q U E	
E C L I P	T I Q U E	
E L L I P	T I Q U E	
E M P H A	T I Q U E	
E N C L I	T I Q U E	
E N U R E	T I Q U E	
E R E M I	T I Q U E	
E S T H E	T I Q U E	
E U P H O	T I Q U E	
E U R I S	T I Q U E	
E U S T A	T I Q U E	
E U T E C	T I Q U E	
E X E G E	T I Q U E	
F R E N E	T I Q U E	
G A L A C	T I Q U E	
G A N G E	T I Q U E	
G R A N I	T I Q U E	
H E L V E	T I Q U E	
H E R M E	T I Q U E	
H E R P E	T I Q U E	
H I E R A	T I Q U E	
H Y P N O	T I Q U E	
J E S U I	T I Q U E	
K A R P A	T I Q U E	
L O G I S	T I Q U E	
M A G M A	T I Q U E	
M A G N E	T I Q U E	
M A I E U	T I Q U E	
M E P H I	T I Q U E	
M E R C A	T I Q U E	
M O N A S	T I Q U E	
N A R C O	T I Q U E	
N E C R O	T I Q U E	
N E V R I	T I Q U E	
N I G R I	T I Q U E	
P A L M I	T I Q U E	
P A N O P	T I Q U E	

PAROP	TIQUE		**TOQUA**	+
PATHE	TIQUE	+2	TOQUA	DE
PHONE	TIQUE		TOQUA	NT
PHREA	TIQUE	ES	TOQUA	+
PHYLE	TIQUE	+3	TOQUA	NTE
PROBA	TIQUE			
RACHI	TIQUE		**TOQUE**	+
ROMAN	TIQUE	+2 ES	TOQUE	+
SABBA	TIQUE	+3 ES	TOQUE	E
SEMAN	TIQUE	ES	TOQUE	R+
SEMIO	TIQUE	+4 PAL	TOQUE	T
SOCRA	TIQUE	CHINE	TOQUE	+5
SUVIE	TIQUE			
SYNAP	TIQUE		**TUQUE**	
SYNOP	TIQUE	+2 FE	TUQUE	
THEMA	TIQUE			
TOREU	TIQUE		**VAQUE**	+
TUNGS	TIQUE	+3 SLO	VAQUE	

Raccords des mots de 7 lettres avec Q

ABRUTIE		
BUTERAI		
EBRUITA		
REBUTAI		
TUBAIRE	**BRIQUETA,**	
TUBERAI	**REBIQUAT**	**Z**
ABSTENU		
ABUSENT		
BUTANES	**BANQUETS**	
ABUSAIS	**BASQUAIS**	
ACCUEIL	**CALCIQUE**	
AERIUMS		
MAIEURS		
MESURAI		
MUERAIS		
REMUAIS	**MARISQUE,**	
RESUMAI	**MARQUISE**	

A L U C I T E	**C L I Q U E T A,**	
	L A C T I Q U E	**X**
A M A T E U R		
M A R T E A U	**M A R Q U E T A**	
R A M E U T A	**M A T R A Q U E**	**X**
A M E U T A S	**T A Q U A M E S**	
A M E U T E R		
E T A M E U R		
E T A M U R E	**M A R Q U E T E**	
A M E U T E S	**Q U E T A M E S**	
A M U I R A S		
A M U R A I S		
S A M U R A I	**M A R Q U A I S**	
A M U I R E Z		
A M U R I E Z	**M A R Q U I E Z**	
A M U I S S E		
M E S U S A I	**M A S S I Q U E**	**X**
A M U R A I S		
A M U I R A S	**M A R Q U A I S**	
A M U R A I T	**M A R Q U A I T**	**X**
A M U R A N T	**M A R Q U A N T**	
A M U R E E S		
R A M E U S E	**M A R Q U E E S**	**J**
A M U R E R A	**M A R Q U E R A,**	
	R E M A R Q U E	
A M U R I E Z		
A M U I R E Z	**M A R Q U I E Z**	
A M U R O N S	**M A R Q U O N S**	
A M U S A I S		
A S S U M A I	**M A S Q U A I S**	
A M U S A I T	**M A S Q U A I T,**	
	M A S T I Q U A	
A M U S A N T	**M A S Q U A N T**	
A M U S E E S		
A S S U M E E	**M A S Q U E E S**	
A M U S E R A	**A R Q U A M E S,**	
	M A R A S Q U E,	
	M A S Q U E R A	**Z**
A M U S I E Z	**M A S Q U I E Z**	
A M U S O N S		
S A U M O N S	**M A S Q U O N S**	

```
A N U R I E S
S A U N I E R
S A U R I E N
U R A N I E S
U S I N E R A      R E N A Q U I S      JZ

A O U T I E N      A T O N I Q U E,      J
O U A T I N E      E Q U A T I O N

A P E U R A I      A P I Q U E R A

A P E U R E S
A P U R E E S      E P A R Q U E S
R A P E U S E      P A R Q U E E S      Y

A P U R A I T      P A R Q U A I T,
P A T U R A I      P R A T I Q U A      X

A P U R A N T      P A R Q U A N T

A P U R E N T
E P U R A N T      P A R Q U E N T

A P U R O N S      P A R Q U O N S

A R G U T I E
G U E T R A I
G U I T A R E
T A R G U I E
U R G E A I T      T R A G I Q U E      J

A S S I D U E      D I S S E Q U A
                   S A D I Q U E S      JX

A S S U R E E
R A S E U S E
S A U R E E S      R E S E Q U A S      KY

A U B E R E S      B R A Q U E E S      J

A U B I E R S      R E B I Q U A S

A U M O N E S
N O U A M E S
S A U M O N E      M A N O Q U E S

A U R I O N S      A R Q U I O N S,
                   N A R Q U O I S      Z

A U R O R E S
R O U E R A S      R O Q U E R A S

A U S T E R E      E T A R Q U E S,
S A T U R E E      Q U A R T E E S,
U R A E T E S      Q U E T E R A S,
                   R E S E Q U A T,
                   T R A Q U E E S      JXY
```

A U T E U R S		
S A U T E U R	S T U Q U E R A	J
A V O U E N T		
E N V O U A T	E V O Q U A N T	
A Z U R E E S	S A Q U E R E Z	
A Z U R I T E	Q U A R T I E Z,	
	T R A Q U I E Z	
B A G U E R A	B R A Q U A G E	
B A R B E A U	B A R B A Q U E	
B A R R E A U	B A R A Q U E R,	
	B R A Q U E R A	J
B E U R R A I	B R I Q U E T A	
B I T U R E S		
B U S T I E R		
B R U I T E S	B R I Q U E T S	
B L E U T A I	B A L T I Q U E	
B L O U S A I		
O U B L I A S	B I L O Q U A S,	
	B L O Q U A I S,	
	O B L I Q U A S	
B L O U S E S		
E B O U L E S	B L O Q U E E S	
B O S S U E E	O B S E Q U E S	
B O U L A I T	B I L O Q U A T,	
	B L O Q U A I T,	
	O B L I Q U A T	
B O U L A N T	B L O Q U A N T	
B O U L E N T	B L O Q U E N T	
B O U L I E R		
E B L O U I R	B I L O Q U E R,	
O U B L I E R	O B L I Q U E R	
B O U L I E Z	B I L O Q U E Z,	
O U B L I E Z	B L O Q U I E Z,	
	O B L I Q U E Z	
B R U I S S E	B R I S Q U E S	
B R U I T A I	B R I Q U A I T	
B U R I N A T		
T U R B I N A	B R I Q U A N T	
B U R I N E E	B E R N I Q U E	
B U T I N A S	B I S Q U A N T	

B U T I N E R	
T R I B U N E	
T U R B I N E	B R I Q U E N T Y
B U T I N E S	B I S Q U E N T
C A E S I U M	
E C U M A I S	A C Q U I M E S
C A R R E A U	A C Q U E R R A,
	C R A Q U E R A
C A U D A L E	D E C A L Q U A
C A U S A I S	C A S Q U A I S,
S A U C A I S	S A C Q U A I S
C A U S A I T	C A S Q U A I T,
S A U C A I T	S A C Q U A I T
C A U S A N T	C A S Q U A N T
S A U C A N T	S A C Q U A N T
C A U S E E S	C A S Q U E E S,
S A U C E E S	S A C Q U E E S
C A U S E N T	
C U T A N E S	C A S Q U E N T
S A U C E N T	S A C Q U E N T
C A U S E R A	C A Q U E R A S,
E U S C A R A	C A R A Q U E S
R E C A U S A	C A S Q U E R A,
S A U C E R A	S A C Q U E R A
C A U S I E Z	C A S Q U I E Z,
S A U C I E Z	S A C Q U I E Z
C A U S O N S	C A S Q U O N S,
S A U C O N S	S A C Q U O N S
C A U T E L E	C L A Q U E T E
C A U T E R E	C R A Q U E T E,
R U T A C E E	C A Q U E T E R
C E R N E A U	
C R E N E A U	E N C A Q U E R
C H U I N T A	C H I Q U A N T
C H U T E E S	Q U E T S C H E,
	T C H E Q U E S
C L O S E A U	C L O A Q U E S,
E C O U L A S	L O Q U A C E S
C L O U A I S	
C O U L A I S	C L O Q U A I S
C L O U A I T	
C O U L A I T	C L O Q U A I T

C L O U A N T	
C O U L A N T	C L O Q U A N T
C L O U E E S	
C O U L E E S	
E C O U L E S	
L E U C O S E	C L O Q U E E S
C L O U E N T	
C O U L E N T	
N O C T U L E	C L O Q U E N T
C L O U E R A	
C O U L E R A	
E C R O U L A	C L O Q U E R A
C L O U I E Z	
C O U L I E Z	C L O Q U I E Z
C L O U O N S	
C O U L O N S	C L O Q U O N S
C L O U T E E	C O Q U E L E T
C O N T E U R	
C O U R E N T	
E N C O U R T	C R O Q U E N T
C O U A R D S	
C O U D R A S	C O Q U A R D S
C O U E T T E	C O Q U E T T E
C O U I L L E	
L U C I O L E	C O Q U I L L E
C O U I N A S	
C O U S I N A	C A Q U I O N S
C O U I N E R	C O R N I Q U E
C O U I N E S	C O N I Q U E S
C O U S I N E	C O N Q U I S E
	C O Q U I N E S
C O U R A I S	C A R Q U O I S
	C R O Q U A I S
C O U R A I T	C R O Q U A I T
C O U R A N T	C R O Q U A N T J
C O U R O N S	
C O U R S O N	C R O Q U O N S
C O U R T E S	
C O U T R E S	
C R O U T E S	
S E C O U R T	
S U C O T E R	C R O Q U E T S

```
C R E U S A I
R E C U S A I
S A U C I E R
S U C E R A I        A C Q U I E R S      X

C R O U L A I        C L A Q U O I R

C U I R A I T        C R I T I Q U A

C U I S T R E
C U R I S T E
R E C U I T S        C R I Q U E T S

C U I T E R A
C U R E T A I
E R U C T A I        A C Q U I E R T
R A U C I T E        A R C T I Q U E

D A U B I E Z        A B D I Q U E Z

D E B O U L A        D E B L O Q U A

D E M E U R A        D E M A R Q U E

D E N O U A I        A N O D I Q U E

D E P U R A I
D U P E R A I
P A R D I E U
R E P U D I A        P R E D I Q U A

D E P U T A I        D E P I Q U A T

D I L U A I T        L I Q U I D A T

D I L U I E Z        L I Q U I D E Z

D I S E U S E
S E D U I S E        D I S S E Q U E

D O U A T E S        T O Q U A D E S

D O U R I N E        N O R D I Q U E

D U P E R I E        D E P I Q U E R,
R E P U D I E        P R E D I Q U E

E B L O U I S
E B O U L I S        B I L O Q U E S,
O U B L I E S        O B L I Q U E S

E B L O U I T        Q U O L I B E T

E B R U I T E        B R I Q U E T E

E C L U S A I        Q U I S C A L E

E C O U L A I        A Q U I C O L E

E C O U R T E
E C O U T E R
E C R O U T E        C O Q U E T E R
E C O U T A I        C O Q U E T A I
```

E C O U T A S	
S E C O U A T	C O Q U E T A S
E C O U T E R	C O Q U E T E R
E C R O U E S	
O C R E U S E	
R E C O U S E	
S E C O U E R	C R O Q U E E S,
S E C O U R E	E S C R O Q U E
E C R O U I E	C O Q U E R I E
E C R O U L A	C L O Q U E R A
E C R O U T E	C O Q U E T E R
E C U I S S A	A C Q U I S E S, X
	A C Q U I S S E
E M B U E R A	E M B A R Q U E,
	E M B R A Q U E
E M O U S S A	M O Q U A S S E
E N C L O U A	C A Q U E L O N
E N F O U I R	
F O U I N E R	
F O U R N I E	F O R N I Q U E
E N S U I T E	E N Q U I T E S,
N U I T E E S	E S Q U I N T E
E N S U I V I	V I N I Q U E S
E N T O U R E	
T O U R N E E	T R O N Q U E E J
E N V O U T E	E V O Q U E N T
E P A T E U R	P A R Q U E T E
E P I E U R S	P E R S I Q U E,
E P U I S E R	R E P I Q U E S
E P O U S A S	
S O U P E S A	P O Q U A S S E
E P O U S A T	
E T O U P A S	P O Q U A T E S
E P U I S A S	P I Q U A S S E
E P U I S A T	P I Q U E T A S,
	P I Q U A T E S
E P U I S E E	E Q U I P E E S
E P U R A I S	
P U E R A I S	P I Q U E R A S,
P U I S E R A	R E P I Q U A S
S U R P A I E	

E P U R A I T	
P U E R A I T	**P R A T I Q U E,**
T A U P I E R	**R E P I Q U A T**
E P U R I E Z	**P I Q U E R E Z,**
	R E P I Q U E Z
E S S U I E S	**E S Q U I S S E**
E T E R N U E	
R E T E N U E	**E N Q U E T E R X**
E T U V A I S	
S U A V I T E	**E S Q U I V A T X**
E V A L U A S	**V A L A Q U E S**
E V O L U A S	
S O U L E V A	**S L O V A Q U E**
F A L U N A I	**F L A N Q U A I**
F A L U N E E	**F L A N Q U E E**
F A L U N E R	
F L A N E U R	**F L A N Q U E R**
F A L U N E S	**F L A N Q U E S**
F A L U N E Z	**F L A N Q U E Z**
F A N E U R S	
F A N U R E S	**F R A N Q U E S**
F A U S S E R	
F U S E R A S	
R E F U S A S	**F R A S Q U E S**
F E U T R A I	
F U R E T A I	
R E F U T A I	**T R A F I Q U E X**
F I L O U T A	
F L O U A I T	
F O U L A I T	**F L O Q U A I T**
F L O U A I S	
F O U L A I S	**F L O Q U A I S**
F L O U A N T	
F O U L A N T	**F L O Q U A N T**
F L O U E E S	
F O U L E E S	**F L O Q U E E S**
F L O U E N T	
F O U L E N T	**F L O Q U E N T**
F L O U E R A	
F O U L E R A	
R E F O U L A	**F L O Q U E R A**

F L O U I E Z	
F O U L I E Z	F L O Q U I E Z
F L O U O N S	
F O U L O N S	F L O Q U O N S
F R U I T E S	F R I Q U E T S,
T U F I E R S	F R I S Q U E T
F U S E L A S	F L A S Q U E S
G E R C U R E	G R E C Q U E R
G L A I E U L	G A L L I Q U E
G U I N E E S	G E N I Q U E S
I N D U I S E	I N D I Q U E S
I N O C U L E	C L O N I Q U E
I N O U I E S	I O N I Q U E S
I N S E R A I	
N I E R A I S	
R A I S I N E	
R E N I A I S	
R E S I N A I	
S E R I N A I	I R A Q I E N S K
I N S I N U E	Q U I N I N E S
I N U S I T E	I N Q U I E T S
I O D U R E S	
O U R D I E S	
R U D O I E S	
S O U D I E R	D O R I Q U E S
L A I T U E S	Q U A L I T E S,
L I S T E A U	T E Q U I L A S
L A I U S S E	S A L I Q U E S
L E U C I T E	C E L T I Q U E,
	C L I Q U E T E
L I M E U S E	
S I M U L E E	M E L I Q U E S
M E N U I S A	M A N I Q U E S,
	N A Q U I M E S JX
M E N U I S E	E N Q U I M E S,
U N I E M E S	M E N I S Q U E,
	M E S Q U I N E,
	M N E S I Q U E
M E U L A I S	
M I A U L E S	
M U S E L A I	M A L I Q U E S

MIREUSE		
RIMEUSE	REQUIEMS,	
UREMIES	REQUIMES	
MOUETTE	MOQUETTE	
MOUISES		
SOUMISE	OSMIQUES	
MOURRAI	MARQUOIR	
MUAIENT	MANTIQUE	
NITRURE	TRINQUER	
NUIRAIT		
RUINAIT		
UNIRAIT		
URINAIT	TRINQUAI	J
OBTUSES	BOSQUETS	
OEUVRAI		
VOUERAI	REVOQUAI	
OEUVRAS		
SAVOURE		
VOUERAS	REVOQUAS	
OEUVRAT		
VOUTERA	REVOQUAT	
OEUVRER	REVOQUER	Y
OEUVRES		
OUVREES	REVOQUES	
OEUVREZ		
VOUEREZ	REVOQUEZ	
ONUSIEN	QUINONES	J
OPHIURE	ORPHIQUE	
ORATEUR		
OUTRERA		
ROUTERA	RETORQUA,	
TROUERA	TROQUERA	J
ORIPEAU		
POIREAU	POQUERAI	
OUATENT	TOQUANTE	J
OUATIEZ	AZOTIQUE	J
OUBLIAI	BILOQUAI,	
	OBLIQUAI	

```
O U T R A I S
R O U T A I S
S A U T O I R
S O U T I R A      T A Q U O I R S ,
T R O U A I S      T R O Q U A I S

O U T R A I T
R O U T A I T
T R O U A I T      T R O Q U A I T

O U T R A N T
R O U T A N T
T O U R N A T      T R O N Q U A T ,
T R O U A N T      T R O Q U A N T

O U T R E E S
R O U T E E S      E S T O Q U E R ,
T R O U E E S      T R O Q U E E S

O U T R E N T
R O U T E N T
T O N T U R E
T R O U E N T
T U E R O N T      T R O Q U E N T     J

O U T R I E Z
R O U T I E Z
T R O U I E Z      T R O Q U I E Z

P A L I U R E
P A R U L I E
P I A U L E R
P L E U R A I      R E P L I Q U A

P A R I E U R      P A R Q U I E R

P A R U T E S
P A S T E U R
P A T U R E S
T A P E U R S
T R A P U E S      P A R Q U E T S

P E T U N I A      A P I Q U E N T ,
P U A I E N T      E Q U I P A N T ,
                   P I Q U A N T E

P E U P L A I      A P P L I Q U E

P I A U L A S      P L A Q U A I S

P I A U L E Z      P L A Q U I E Z

P I T E U S E      P I Q U E T E S ,
                   S E P T I Q U E
```

PLANEUR	PLANQUER	
PUISAGE	PIQUAGES	
PUISANT		
PUTAINS		
TAUPINS	PIQUANTS	
PUNAISE	PANIQUES	
RATUREE		
TERREAU	ETARQUES	X
REFUSES	FRESQUES	
RELUISE		
RUILEES	RELIQUES	
REMUERA	REMARQUE	
RESEAUX	EXARQUES	
RESSUAI		
SUAIRES		
SUERAIS		
USERAIS	QUASSIER	Y
RESSUIE	ESQUIRES,	
REUSSIE	REQUISES,	
RIEUSES	REQUISSE,	
	RISQUEES,	
	SERIQUES	
REUNIES		
RUINEES		
SURINEE	ENQUIERS	X
REUSSIR	SQUIRRES	
RIBAUDE	ABDIQUER	
ROUASSE	ROQUASSE	J
ROUATES		
SOURATE	ROQUATES,	JXY
TOUERAS	TOQUERAS	
ROUERAI	ROQUERAI	J
ROUIONS	ROQUIONS	J
RUAIENT		
TAURINE	RENAQUIT,	
URANITE	TAQUINER	
RUBEFIA	FABRIQUE	
RUERAIS	EQUARRIS,	J
RUSERAI	RISQUERA	
RUERONT		
TOURNER	TRONQUER	J

SALUAIT	TALQUAIS	
SATURAI	QUARTAIS,	
SAURAIT	TRAQUAIS	X
SAUNAIT	TAQUINAS	
SAURERA	ARQUERAS	Z
SAURONT	QUARTONS,	
TONSURA	TRAQUONS,	
TOURNAS	TRONQUAS	
SAUTAIS	ASTIQUAS	
SAUTAIT	SQUATTAI,	
STATUAI	ASTIQUAT	
SAUTEES	QUETASSE	J
SAUTIEZ		
ZIEUTAS	ASTIQUEZ	J
SAUVERA	VAQUERAS	
SECOUAS	COSAQUES	
SEDUIRA	DARIQUES	JX
SEREUSE	RESEQUES	
SITUAIS		
SUERAIT	ASTIQUER,	
TUERAIS	ETRIQUAS,	
USERAIT	TIQUERAS	JZ
SITUAIT	QUITTAIS	
SOUPERA	POQUERAS	
SOUTENU	QUEUTONS,	
	SOUQUENT	
SOUTIEN	ONTIQUES,	
	QUESTION,	
	QUETIONS,	
	TONIQUES	JZ
STATUEE	SQUATTER	
STATUER		
STATURE	SQUATTER,	
TATEURS	TRAQUETS	J
SUAIENT	ANTIQUES,	
UNIATES	NAQUITES,	
USAIENT	TAQUINES	J
SUBIRAI	BRIQUAIS	
SUBORNA	BRAQUONS	
SUEDOIS	SODIQUES	

SUERONT		
TONSURE		
TOURNES		
TUERONS		
USERONT	TRONQUES	J
SURINAT	RISQUANT,	
TAURINS	TRINQUAS	
SUTURAI	RUSTIQUA,	
	TRUQUAIS	
TASSEAU	TAQUASSE,	
	SAQUATES	
TATOUES	ESTOQUAS,	
TOUATES	TOQUATES	J
TAULIER	RELIQUAT	XY
TENEUSE	ENQUETES	
TIREUSE	ETRIQUES,	
TRIEUSE	REQUITES,	
TUERIES	RETIQUES,	
	TRIQUEES	
TORTUES		
TOURETS		
TOURTES	TROQUETS	
TOUAMES	MOQUATES,	
	TOQUAMES	JZ
TOUASSE	ESTOQUAS	
TOUCHAI	CHOQUAIT	
TOUERAI	AORTIQUE,	
	TOQUERAI	JZ
TOUEREZ	TOQUEREZ	J
TOUIONS	TOQUIONS	J
TOUPIES	OPTIQUES,	
UTOPIES	TOPIQUES	
TOURNAI	TRONQUAI	
TOURNEZ	TRONQUEZ	
TRETEAU	RAQUETTE	
TRUANDA	QUADRANT	J
TRUITES	TRIQUETS	
TUAIENT	EQUITANT	JZ
	QUANTITE	
TUERAIT	ETRIQUAT,	
	QUITTERA	J

TUERIEZ	ETRIQUEZ,	
ZIEUTER	TIQUEREZ	
TUEUSES	STUQUEES	J
TUNIQUE	QUINQUET	X
TUTOIES	QUOTITES	
URBAINE	BANQUIER	
USINEES	ENQUISES,	
	ENQUISSE	X
UTERINE	ENQUIERT	
UNIPARE	PANIQUER	
VIREUSE	ESQUIVER	

W

2/1	WEBER	6/3
W .	WHARF	
W U	WHIST	. . W . . .
	WINCH	COWPER
3/1		NEWTON
W . .		ROWING
WON	5/2	ZAWIYA
WUS		
	. W . . .	
4/1	SWING	6/4
W . . .	TWEED	
WATT	TWEEN	. . . W . .
WHIG	TWIST	CRAWLA +
WURM		CRAWLE +
		TALWEG
4/2	5/4	
. W . .		6/6
i WAN	. . . W .	
KWAS	CLOWN	. . . . . W
SWAP	CRAWL +	OUTLAW
		SANDOW
4/3	5/5	
. . W .		7/1
KAWA	. . . . W	
KAWI	SQUAW	W . . . . .
KIWI		WALKMAN
YAWL		WALLABY //
	6/1	WARRANT +
4/4		WATTMAN //
. . . W	W	WATTMEN /
SHOW	WAGAGE	WEHNELT
SLOW	WALLON	WERGELD
	WAPITI	WESTERN
5/1	WATERS /	WHISKYS
W	WELCHE	WILLAYA
WAGON	WELTER	WITLOOF
	WHISKY	WOLFRAM
	WIGWAM	WORMIEN
	WILAYA	WURMIEN
	WOMBAT	

7/2	8/1	8/4
. W	W	. . . W . . . .
S W A H I L I	W A G O N N E T	B R O W N I E N
S W E A T E R	W A R R A N T A +	B R O W N I N G
S W I N G U A +	W A R R A N T E +	C R A W L E U R
S W I N G U E +	W H I P C O R D	D R A W B A C K
S W E E T E R	W H I S K I E S /	
	W I L L I A M S /	
7/3	W I N D S U R F	8/5
. . W	W I S H B O N E	. . . . W . . .
B O W E T T E	W I S I G O T H	H A R D W A R E
B O W L I N G		K I L O W A T T
D E W A T T E		L A N D W E H R
	8/2	S A N D W I C H
7/4	. W	
. . . W . . .	S W A H I L I E	
C R A W L E R +	S W I N G U E R +	8/7
M A X W E L L		. . . . . . W .
S T E W A R D		T O M A H A W K
7/5	8/3	
. . . . W . .	. . W	8/8
T H A L W E G	D E W A T T E E	. . . . W
T R A M W A Y	H A W A I I E N	B U N G A L O W

Erreurs : wé, wc, daw, lew, writ, twin, lawn, wood, wende, twister +, wiski, pilaw, cawcher, e, welsch, wagonnée, wesleyen,ne, wallace.

Raccords avec W seul

ON – WON, US – WUS, ALLONS – WALLONS (*Erreur :* pilaW).

A noter : aucune anagramme dans les mots avec W.

Raccords des mots avec W

		W A T T				**C R A W L**	S
+ 1		W A T T	S	+ 2		C R A W L	E R +
+ 3		W A T T	M A N	+ 3		C R A W L	E U R
		W A T T	M E N /	+ 4		C R A W L	E U S E
	D E	W A T T	E				
+ 4		W A T T	M A N S			**S W I N G**	
	D E	W A T T	E E	+ 2		S W I N G	U A +
K I L O		W A T T				S W I N G	U E +
+ 5		W A T T	H E U R E				
		W A T T	M E T R E			**W A G O N**	
				+ 3		W A G O N	N E T
		W U R M		+ 4		W A G O N	N I E R
+ 3		W U R M	I E N				
						W I N C H	
		C L O W N		+ 5		W I N C H	E S T E R
+ 4		C L O W N	E R I E				
+ 5		C L O W N	E S Q U E			**N E W T O N**	
				+ 3		N E W T O N	I E N
		C R A W L	+	+ 5		N E W T O N	I E N N E
+ 1		C R A W L	A +				
		C R A W L	E +			**W A L L O N**	
				+ 2		W A L L O N	N E

Raccords des mots de 7 lettres avec W

```
ATTERRI
ATTIRER
RETIRAI
RETRAIT
TERRAIT
TITRERA
TRAITER
TRAITRE        REWRITAT

BIGLONS        BOWLINGS

BOETTES
BOTTEES        BOWETTES

CARRELA
RACLERA        CRAWLERA

CENTRAL
RACLENT        CRAWLENT

CRURALE
RACLEUR
RACLURE        CRAWLEUR

DETESTA        DEWATTES

DRESSAT        STEWARDS

ESSARTE        SWEATERS

ETRIERS
REITRES
RETIRES
TRIERES        REWRITES

FORATES        SOFTWARE    J

HARDERA        HARDWARE

INSURGE
RUGINES        SWINGUER

MERINOS
MINORES        WORMIENS    XY
```

M I N E U R S	
R U M I N E S	W U R M I E N S
N E G A T O N	
T O N N A G E	W A G O N N E T
R A C L A I S	
S A R C L A I	C R A W L A I S
R A C L A I T	C R A W L A I T
R A C L A N T	C R A W L A N T
R A C L I E Z	C R A W L I E Z
R A C L O N S	C R A W L O N S
R A N A T R E	W A R R A N T A Y
R A T I E R S	
R E T I R A S	
S E R R A I T	
S E R T I R A	
S T R I E R A	
T A R S I E R	
T E R R A I S	
T I R E R A S	
T R I E R A S	R E W R I T A S
R E I T E R E	
R E T I R E E	R E W R I T E E
R E S S E N T	
S T E R N E S	W E S T E R N S Y
R E T I R A I	
T I R E R A I	
T R I E R A I	R E W R I T A I
R E T I R E R	
T E R R I E R	R E W R I T E R
R E T I R E Z	
T E R R I E Z	
T I R E R E Z	
T R I E R E Z	R E W R I T E Z
Z I N G U E S	S W I N G U E R

X

2/1

X .

X I /

3/2

. X .

A X A+

A X E+

O X O /

3/3

. . X

A U X

B O X+

D I X

E U X

F O X

L U X+

S I X

T E X

4/2

. X . .

A X E E

A X E R+

A X I S

E X I L+

E X I T /

I X I A

  (axai)

4/3

. . X .

B O X A+

B O X E+

F I X A+

  (faix)

F I X E+

F O X E

L U X A+

  (aulx)

L U X E+

M I X A+

M I X E+

M O X A

N I X E

R I X E

S A X E

S A X O

S E X E

S E X Y /

T A X A+

T A X E+

T A X I

V E X A+

V E X E+

4/4

. . . X

A P E X

A U L X

  (luxa)

B A U X

C E U X

D E U X

D O U X

E A U X

F A I X

  (fixa)

F A U X

F E U X

F L U X

H O U X

I N O X (≠)

  (noix)

J E U X

L Y N X

M A U X

N O I X

  (inox)

O N Y X

O R Y X

P A I X

P E U X

P O I X

P O U X

P R I X

R O U X

T A U X

T O U X

V A U X

V E U X

V O I X

Y E U X

5/1

X . . . .

X E N O N

X E R E S

X E R U S

X I A N G

X I P H O

X Y L O L

X Y S T E

5/2

. X . . .

A X A I T

  (taxai)

A X E N T
(texan)
A X I A L
A X I L E
(exila)
A X O N E
A X O N S
(saxon)
E X A C T
E X C E S
E X C L U
(culex)
E X E A T/
(taxée)
E X I G E+
E X I L A+
(axile)
E X I L E+
(lexie)
E X I L S
(silex)
E X O D E
E X P I A+
E X P I E+
E X T R A/
(taxer)
I X O D E
O X I M E
O X Y D A+
O X Y D E+

5/3

. . X . .
B O X E E
B O X E R+
D I X I E
F I X E E
F I X E R+
L E X I E
(exile)
L U X E E
L U X E R+
M I X E E
M I X E R+
M I X T E
R I X E S
(sirex)

S A X O N
(axons)
S E X T E
S E X T O/
S I X T E
T A X A I
(axait)
T A X E E
(exéat)
T A X E R+
(extra)
T A X I E
T E X A N
(axent)
T E X T E
V E X E E
V E X E R+

5/4

. . . X .
B I A X E

5/5

. . . . X
A D D A X
A I E U X
A L P A X
A N A U X
A V E U X
(veaux)
B E A U X
B O R A X
C A R E X
C E D E X
C H A U X
C H O I X
C H O U X
C I E U X
C O D E X
C R E U X
C R O I X
C U L E X
(exclu)
D I E U X
D O N A X
D U A U X
E G A U X

E M A U X
E P O U X
E T A U X
F E A U X
F R E U X
F U R A X
G R A U X
G U E U X
H A P A X
H E L I X
I N D E X+
L A T E X
L I E U X
M I E U X
M U R E X
O R A U X
P A N A X
P E A U X
P H L O X
P I E U X
P R E U X
P Y R E X
Q U E U X
R E A U X
R E D O X
R E L A X+
R U M E X
S E A U X
S I L E X
(exils)
S I O U X
S I R E X
(rixes)
S P H E X
T E L E X+
U V A U X
V E A U X
(aveux)
V I E U X
V O E U X

6/1

X . . . . .
X Y L E M E
X Y L E N E

6/2

. X . . . .

A X I A L E
A X I A U X
A X I O M E
A X O N G E
E X A C T E
E X A L T A+
E X A L T E+
- (telexa)
E X A M E N
E X A U C A+
E X A U C E+
E X C A V A+
E X C A V E+
E X C E D A+
E X C E D E+
E X C I P A+
E X C I P E+
E X C I S A+
E X C I S E+
E X C I T A+
E X C I T E+
E X C L U E+
E X C L U T
E X C U S A+
(sceaux)
E X C U S E+
E X E C R A+
(exerca)
E X E C R E+
(exerce)
E X E D R E
E X E M P T+
E X E R C A+
(exécra)
E X E R C E+
(exècre)
E X H A L A+
E X H A L E+
E X I G E A+
E X I G E E
E X I G E R+
E X I L E E
E X I L E R+
E X I S T A+
(taxies)
E X I S T E+

E X O C E T
E X O N D E
E X O R D E
E X P E R T
E X P I E E
E X P I E R+
(expire)
E X P I R A+
E X P I R E+
(expier)
E X P O S A+
E X P O S E+
E X P R E S
E X Q U I S
E X S U D A+
E X S U D E+
E X T A S E
(taxées)
E X U L T A+
(létaux)
E X U L T E+
E X U V I E
O X A L I S /
O X F O R D
O X Y D E E
O X Y D E R+
O X Y T O N
O X Y U R E

6/3

. . X . . . .

A I X O I S
A U X I N E
(uniaxe)
B O X E R S
B O X E U R
B O X O N S
C O X A U X
F I X A G E
F I X I N G
F I X I T E
H E X O S E
L A X I T E
(exilat)
L E X E M E
L U X U R E
M A X I M A /
M I X A G E

M I X E R S
M I X E U R
M I X I T E
M Y X I N E
P Y X I D E
S E X A G E
S E X U E L
(luxées)
S I X A I N
T A X E E S
(extase)
T A X I E S
(exista)
T E X A N E
T O X I N E

6/4

. . . X . .

A L E X I E
A N O X I E
A S E X U E
A T A X I E
E L I X I R
J O U X T A+
J O U X T E+
K L A X O N
O N Y X I S
P L E X U S
P R A X I E
P R A X I S

6/5

. . . . X .

A N N E X A+
A N N E X E+
A F F I X E
D E S A X A+
D E S A X E+
D E T A X A+
D E T A X E+
I N D E X A+
I N D E X E+
I N F I X E
M A L A X A+
M A L A X E+
R E L A X A+
R E L A X E+

T E L E X A+
(exalte)
T E L E X E+
U N I A X E
(auxine)

6/6

. X
A D I E U X
A F F L U X
A L L E U X
A N N A U X
A Q U E U X
A X I A U X
B A N A U X
B A S A U X
B A V E U X
B I J O U X
B I L E U X
B O C A U X
B O M B Y X
B O U E U X
B O Y A U X
C A I E U X
C A N A U X
C A Y E U X
C I R E U X
C L I M A X
C O C C Y X
C O R A U X
C O R T E X
C O X A U X
D O T A U X
D U C A U X
D U P L E X+
D U R A U X
E N F E U X
E N J E U X
E P I E U X
F A M E U X
F A N A U X
F E C A U X
F I N A U X
F L E A U X
F O C A U X
F U M E U X
G A L E U X

G A T E U X
G A Z E U X
G E N O U X
G L I A U X
G L U A U X
G R U A U X
H A D A U X
H I B O U X
H I D E U X
H O Y A U X
I D E A U X
I L E A U X
I N F L U X
J A L O U X
J O U A U X
J O Y A U X
J O Y E U X
J U G A U X
J U T E U X
L A R Y N X
L A S T E X
L E G A U X
L E T A U X
(exulta)
L O C A U X
L O Y A U X
M E T A U X
M I T E U X
M O D A U X
M O R A U X
M O Y E U X
M U R A U X
N A S A U X
N E V E U X
N I V A U X
N O D A U X
N O U E U X
N O Y A U X
N U C A U X
O C R E U X
O C T A U X
O D I E U X
O I S E U X
O S S E U X
P A P A U X
P A T E U X
P E N A U X
P E T E U X

P H E N I X
P I L E U X
P I T E U X
P O R E U X
P R E A U X
(râpeux)
P R E F I X+
R A M E U X
R A P E U X
(préaux)
R E D O U X
R E F L E X
R E F L U X
R E N A U X
R I V A U X
(viraux)
R O Y A U X
R U R A U X
S C E A U X
(excusa)
S C O L E X
S E R E U X
S M I L A X
S O Y E U X
S P A L A X
S P H I N X
S T O R A X
S T Y R A X
S U R A U X
S Y R I N X
T H O R A X
T O T A U X
T U Y A U X
V A G A U X
V A S E U X
V E N A U X
V E R E U X
V E R T E X
V I N E U X
V I R A U X
(rivaux)
V I R E U X
V I T A U X
V O C A U X
V O L V O X
V O R T E X
Z O N A U X

7/1

X . . . . . .
X I M E N I A

7/2

. X . . . . .
A X E R A I T
(taxerai)
A X O L O T L
E X A G E R A+
E X A G E R E+
E X A L T E E
E X A L T E R+
E X A M I N A+
E X A M I N E+
E X A R Q U E
E X A U C E E
E X A U C E R+
E X C A V E E
E X C A V E R+
E X C E D E E
E X C E D E R+
E X C E L L A+
E X C E L L E+
E X C E P T A+
E X C E P T E+
E X C I P E R+
E X C I S A T
(excitas)
E X C I S E E
E X C I S E R+
E X C I T E E
E X C I T E R+
E X C L A M A+
E X C L A M E+
E X C L U R E
E X C O R I A+
E X C O R I E+
E X C R E T A+
E X C R E T E+
E X C U S A I+
(ciseaux)
E X C U S E E
E X C U S E R+
E X E C R A I+
(exerçai)
E X E C R A S
(exerças)

E X E C R A T
(exerçât)
(excréta)
E X E C R E E
(exercée)
E X E C R E R+
(exercer)
E X E C R E Z
(exercez)
E X E C U T A+
(acéteux)
E X E C U T E+
E X E G E S E
E X E G E T E
E X E M P L E
E X E M P T A+
E X E M P T E+
E X E R C A I+
(exécrai)
E X E R C A S
(exécras)
E X E R C A T
(excréta)
(exécrât)
E X E R C E E
(exécrée)
E X E R C E R+
(exécrer)
E X E R C E Z
(exécrez)
E X E R E S E
E X E R G U E
E X F O L I A+
E X F O L I E+
E X H A L E E
E X H A L E R+
E X H A U R E
E X H I B E E
E X H I B E R+
E X H O R T A+
E X H O R T E+
E X H U M A T
(matheux)
E X H U M E E
E X H U M E R+
E X I S T E R+
E X O G A M E
E X O G E N E

E X O N D E E
E X O N E R A+
E X O N E R E+
E X P E D I A+
E X P E D I E+
E X P E R T E
E X P I I E Z
E X P I R A S
(praxies)
E X P I R A T
(extirpa)
E X P I R E E
E X P I R E R+
E X P L O I T+
E X P L O R A+
E X P L O R E+
E X P L O S A+
E X P L O S E+
E X P O R T A+
E X P O R T E+
E X P O S E E
E X P O S E R+
E X P R E S S
E X P R I M A+
E X P R I M E+
E X P U L S A+
E X P U L S E+
E X P U R G E+
E X Q U I S E
E X S U D A T
E X S U D E E
E X S U D E R+
E X T A S I A
(ataxies)
E X T E N U A+
E X T E N U E+
E X T E R N E
E X T I R P A+
E X T I R P E+
E X T R A D A+
E X T R A D E+
(adextré)
(détaxer)
E X T R A I S
E X T R A I T
E X T R E M E
E X U L T A I+

(laiteux)
(liteaux)
E X U L T E R+
O X A C I D E
O X A L A T E
O X A L I D E
O X O N I U M
O X Y D A N T
O X Y D A S E
O X Y G E N A+
O X Y G E N E+

7/3

. . X . . . .
A I X O I S E
A N X I E T E
A N X I E U X
A U X I N E S
(sanieux)
(uniaxes)
B U X A C E E
D I X I E M E
F I X A T I F
F I X I S M E
F I X I S T E
(fixités)
L A X A T I F
L A X I S M E
L A X I S T E
(laxités)
L E X I C A L
L E X I Q U E
L U X U E U X
M A X I L L E
M A X I M A L
M A X I M U M
M A X W E L L
M I X T I O N
M I X T U R E
R E X I S M E
R E X I S T E
R I X D A L E
S A X H O R N
S A X O N N E
S E X I S M E
S E X I S T E
S E X T A N T

S E X T I N E
S E X T U O R
S I X I E M E
T A X A C E E
T A X E R A I+
(axerait)
T E X T I L E
T E X T U E L
T E X T U R E
T O X E M I E
T O X I Q U E
V E X A N T E
V E X A N T S
V E X I L L E

7/4

. . . X . . .
A D E X T R E
(détaxer)
(extradé)
A T A X I E S
(extasia)
B A U X I T E
B I O X Y D E
C O A X I A L
D I O X Y D E
E P O X Y D E
F L E X I O N
F L E X U R E
F L U X I O N
I N E X A C T
I N E X P I E
J O U X T E E
J O U X T E R+
M A R X I E N
P R A X I E S
(expiras)

7/5

. . . . X . .
A F F I X A L
A F F I X E E
A N N E X E E
A N N E X E R+
A P R A X I E
B I S E X U E
D E S A X E E
D E S A X E R+

D E T A X E E
D E T A X E R+
E U T E X I E/
G A L A X I E
H Y P O X I E
I N D E X E E
I N D E X E R+
M A L A X E E
M A L A X E R+
P Y R E X I E
R E L A X E E
R E L A X E R+
T E L E X A S
(exaltes)
T E L E X E E
T E L E X E R+

7/6

. . . . . X .
C O N N E X E
C O N V E X E
D U P L E X A+
D U P L E X E+
I M P L E X E
N E V R A X E
P R E F I X A+
P R E F I X E+
P R O L I X E
R E F L E X E
S T O M O X E
S U F F I X A+
S U F F I X E+
S U R T A X A+
S U R T A X E+
S Y N T A X E

7/7

. X
A C E T E U X
(exécuta)
A D I P E U X
A F F R E U X
A F O C A U X
A G N E A U X
A L O Y A U X
A M I C A U X
A M I R A U X
(mariaux)

A M O R A U X
A N I M A U X
A N N E A U X
A N O M A U X
A N T H R A X
A N X I E U X
A P H T E U X
A P I C A U X
A P P E A U X
A P T E R Y X
A R C E A U X
A S S E A U X
A S T R A U X
A T O N A U X
A T R I A U X
A Z O T E U X
B A T E A U X
B E D E A U X
B I G L E U X
B I L I E U X
B I S E A U X
B I V E A U X
B L O C A U X
B O I T E U X
B O R E A U X
B O U C A U X
B O U S E U X
B R U M E U X
B R U T A U X
B U C C A U X
B U L B E U X
B U L L E U X
B U R E A U X
B U R G A U X
C A D E A U X
C A E C A U X
C A G N E U X
C A L L E U X
C A S E E U X
C A U D A U X
C A V E A U X
C H E N A U X
C H E V A U X
C H E V E U X
C H O R A U X
C I S E A U X
(excusai)
C O M T A U X

C O P E A U X
C O P I E U X
C O S T A U X
C O T E A U X
C O U T E U X
C R E M E U X
C R U R A U X
C U R I A U X
C U R I E U X
C U V E A U X
D E C H A U X
D E M O D E X
D E N T A U X
D I S C A U X
D O R S A U X
D O U T E U X
E C U M E U X
E N V I E U X
(veineux)
E P I N E U X
E S S I E U X
F A C H E U X
F A C I A U X
F A N G E U X
F E O D A U X
F E R I A U X
F E R M A U X
F E R R E U X
F I B R E U X
F I L I A U X
F I S C A U X
F L O R A U X
F O E T A U X
F O I R E U X
F R I L E U X
F R U G A U X
F U R I E U X
F U S E A U X
G A T E A U X
G E M M A U X
G E N I A U X
(inégaux)
G I V R E U X
G L O B A U X
G O M M E U X
G R E L E U X
G R E S E U X
G Y P S E U X

H A I N E U X
H A M E A U X
H E B R E U X
(herbeux)
H E R B E U X
(hébreux)
H E U R E U X
H I A T A U X
H I E M A U X
H O N T E U X
H O U L E U X
H U I L E U X
I N E G A U X
(géniaux)
J O U J O U X
J O V I A U X
J U M E A U X
L A B I A U X
L A I N E U X
(linéaux)
L A I T E U X
(exultai)
(liteaux)
L E P R E U X
L I E G E U X
L I G N E U X
L I L I A U X
L I N E A U X
(laineux)
L I T E A U X
(exultai)
(laiteux)
L U T E A U X
L U X U E U X
M A R I A U X
(amiraux)
M A R N E U X
M A T H E U X
(exhumât)
M E C H E U X
M E N E A U X
M E N T A U X
M E R D E U X
M I L I E U X
M I T R A U X
M O R V E U X
M O T T E U X
M U Q U E U X

MUSEAUX	ROCHEUX	VITREUX
NARTHEX	RONCEUX	YPREAUX
NASEAUX	ROSEAUX	
NEIGEUX	RUGUEUX	**8/1**
NERVEUX	RUINEUX	X . . . . . .
NEURAUX	SABLEUX	XANTHOME
NITREUX	SACRAUX	XIPHOIDE
NIVEAUX	SANIEUX	XYLIDINE
NORMAUX	(auxines)	XYLOCOPE
NUAGEUX	(uniaxes)	
OGIVAUX	SARRAUX	**8/2**
OISEAUX	SEPTAUX	. X . . . . .
OMBREUX	SERIEUX	AXASSIEZ
ONCIAUX	SIGNAUX	EXACTEUR
ONEREUX	SINUEUX	EXACTION
ORAGEUX	SISMAUX	EXAGEREE
ORMEAUX	SOCIAUX	EXAGERER+
PASCAUX	SPINAUX	EXALTANT
PEDIEUX	SPIRAUX	EXALTENT
PERDRIX	SPUMEUX	(telexant)
PESTEUX	SURBAUX	EXAMINEE
PETREUX	SUREAUX	EXAMINER+
PEUREUX	SURFAIX	EXARCHAT
PHARYNX	SURTAUX	EXCEDANT
PHOENIX	TAISEUX	EXCEDENT
PINEAUX	TAMARIX	EXCELLER+
PIPEAUX	TERREUX	EXCENTRA+
PIQUEUX	TETEAUX	(exécrant)
PISSEUX	TIBIAUX	(exerçant)
PLAGAUX	TRAVAUX	EXCENTRE+
PLUMEUX	TRIBAUX	EXCEPTEE
PLURAUX	TRIONYX	EXCEPTER+
POMPEUX	TRIPLEX	EXCESSIF
PONCEUX	TRIPOUX/	EXCISANT
POSTAUX	TUBIFEX	(inexacts)
POTEAUX	TUFEAUX	EXCISERA+
PUCEAUX	URANEUX	(exécrais)
PULPEUX	URINAUX	(exerçais)
PUREAUX	VANTAUX	EXCITANT
RACIAUX	VASSAUX	EXCITERA+
RADIAUX	VEINEUX	(excrétai)
RADIEUX	VENTAUX	(exécrait)
(rideaux)	VENTEUX	(exerçait)
RAMEAUX	VERBAUX	EXCLAMEE
RATEAUX	VERNAUX	EXCLAMER+
RECTAUX	VICIEUX	EXCLURAS
RESEAUX	VILLEUX	(scléraux)
RIDEAUX	VITRAUX	EXCLUSIF

E X C O R I E E
E X C O R I E R+
E X C O R I E S
 (exorcise)
E X C R E T A I+
 (excitera)
 (exécrait)
 (exerçait)
E X E C R A I S
 (excisera)
 (exerçais)
E X E C R A I T
 (excitera)
 (excrétai)
 (exerçait)
E X E C R A N T
 (excentra)
 (exerçant)
E X E C R E N T
 (exercent)
E X E C R E R A+
 (exercera)
E X E C R I E Z
 (exerciez)
E X E C R O N S
 (exerçons)
E X E C U T E E
E X E C U T E R+
E X E C U T I F
E X E M P T E E
E X E M P T E R+
E X E R C A I S
 (excisera)
 (exécrais)
E X E R C A I T
 (excitera)
 (excrétai)
 (exécrait)
E X E R C A N T
 (excentra)
 (exécrant)
E X E R C E N T
 (exècrent)
E X E R C E R A+
 (exécrera)
E X E R C I C E
E X E R C I E Z
 (exécriez)

E X E R C O N S
 (exécrons)
E X F O L I E E
E X F O L I E R+
E X H O R T E E
E X H O R T E R+
E X I G E A N T
E X I G E N C E
E X I G I B L E
E X I G U I T E
E X I L A T E S
 (telexais)
E X I S T A N T
E X I S T E R A+
 (extasier)
 (extraies)
E X O C R I N E
E X O G A M I E
E X O N E R A I+
 (anorexie)
E X O N E R E E
E X O N E R E R+
E X O R B I T E
E X O R C I S A+
E X O R C I S E+
 (excories)
E X O S M O S E
E X O S T O S E
E X O T I Q U E
E X O T I S M E
E X P A N S E E
E X P A N S I F
E X P E D I E E
E X P E D I E R+
E X P I A B L E
E X P I I O N S
E X P I R A I T
 (extirpai)
E X P I R A N T
E X P I R E N T
 (inexpert)
E X P L E T I F
E X P L O I T A+
E X P L O I T E+
E X P L O R E S
 (exploser)
E X P L O R E E
E X P L O R E R+

E X P L O S E R+
 (explores)
E X P L O S I F
E X P O R T E E
E X P O R T E R+
E X P O S A N T
E X P R E S S E
E X P R I M E E
E X P R I M E R+
E X P U L S E E
E X P U L S E R+
E X P U L S I F
E X P U R G E A
E X P U R G E E
E X P U R G E R+
E X S A N G U E
E X S U D A T S
E X S U D E R A+
 (serdeaux)
E X T A S I E E
E X T A S I E R+
 (existera)
 (extraies)
E X T E N S I F
E X T E N U E E
E X T E N U E R+
E X T E R N A T
 (taxèrent)
E X T I R P A I+
 (expirait)
E X T I R P E E
E X T I R P E R+
E X T O R Q U A+
E X T O R Q U E+
E X T R A D E E
E X T R A D E R+
E X T R A D O S
E X T R A I E S
 (existera)
 (extasier)
E X T R A I R E+
E X T R A I T E
E X T R E M A L
E X T R E M U M
E X T R O R S E
E X T R U S I F
E X U T O I R E
O X A L I Q U E

O X Y D A B L E
O X Y D A N T E
O X Y D A N T S
O X Y D A S S E+
(oxydases)
O X Y G E N E E
O X Y G E N E R+
O X Y L I T H E
O X Y T O N N E
O X Y U R O S E

8/3

. . X . . . . .
A U X Q U E L S
C O X A L G I E
C R Y O G E N E
D E X T R I N E
D E X T R O S E
F I X A T I O N
F I X A T I V E
F I X E M E N T
H E X A E D R E
H E X A G O N E
H E X O G E N E
L U X A I E N T
(linteaux)
L U X A T I O N
L U X M E T R E
L U X U E U S E
M A X I M A L E
M A X I M U M S
M E X I C A I N
S A X I C O L E
S E X T O L E T
S E X T U P L A+
S E X T U P L E+
S E X U E L L E
T A X A T I O N
T A X E R E N T
(externat)
T A X O D I U M
T O X I C I T E
T O X I C O S E
V E X A T E U R
V E X A T I O N

8/4

. . . X . . . .
A D E X T R E E
(extradée)
A N O X E M I E
A T A X I Q U E
C O A X I A L E
C O A X I A U X
C O E X I S T A+
C O E X I S T E+
D E U X I E M E
F L E X I B L E
F L E X U E U X
I N E X A C T E
I N E X A C T S
(excisant)
I N E X A U C E
I N E X E R C E
I N E X P E R T
(expirent)
K L A X O N N A+
K L A X O N N E+
M A R X I S M E
M A R X I S T E
R E E X A M E N
S O I X A N T E /

8/5

. . . . X . . .
A F F I X A L E
A F F I X A U X
A N N E X I O N
A N N E X I T E
B I S E X U E L
B I S E X U E S
(bissexué)
D E S A X A I T
(détaxais)
D E S O X Y D A+
D E S O X Y D E+
D E T A X A I S
(désaxait)
I N D E X A G E
M A L A X A G E
M A L A X E U R
P E R O X Y D A+
P E R O X Y D E+
P Y R O X E N E

P Y R O X Y L E
T E L E X A I S
(exilâtes)
T E L E X A N T
(exaltent)

8/6

. . . . . X . .
A G A L A X I E
A N A T E X I E
A N O R E X I E
(exonerai)
A P O M I X I E
A P Y R E X I E
A S P H Y X I A+
A S P H Y X I E+
A T A R A X I E
B I S S E X T E
B I S S E X U E
(bisexués)
C A C H E X I E
C O N T E X T E
D U P L E X E E
D U P L E X E R+
D Y S L E X I E
E P I T A X I E
G E O T A X I E
P R E F I X A L
P R E F I X E E
P R E F I X E R+
P R E T E X T A+
P R E T E X T E+
R E F L E X I F
S U F F I X E E
S U R T A X E E
S U R T A X E R+
U N I S E X U E

8/7

. . . . . . X .
C O M P L E X E
E Q U I N O X E
P A R A D O X E
P A R A T A X E
P E R P L E X E
S U F F I X E E
S U F F I X E R+

8/8

. . . . X
ABSIDAUX
ABYSSAUX
AFFIXAUX
AMENSAUX
AMOUREUX
ANGINEUX
ANGULEUX
ANORMAUX
APPARAUX
ARGILEUX
(glaireux)
ARSENAUX
ASOCIAUX
AUGURAUX
AURORAUX
AUSTRAUX
BANDEAUX
BARBEAUX
BARDEAUX
BARREAUX
BATHYAUX
BERCEAUX
BESTIAUX
BIAURAUX
BIENNAUX
BIFOCAUX
BIMETAUX
BORDEAUX
BOULEAUX
BOURBEUX
BRUINEUX
BUTYREUX
CABLEAUX
CAHOTEUX
CAILLOUX
CAMAIEUX
CAMBIAUX
CAPITAUX
CAPITEUX
(captieux)
CAPORAUX
CAPTIEUX
(capiteux)
CARNEAUX
CARPEAUX
CARREAUX

CASSEAUX
CENDREUX
CENTRAUX
CERAMBYX
CERCEAUX
CERNEAUX
(créneaux)
CERVEAUX
CHAMEAUX
CHANCEUX
CHAPEAUX
CHATEAUX
CHENEAUX
CHLOREUX
CHROMEUX
CLAVEAUX
CLOACAUX
CLOSEAUX
COAXIAUX
COLEREUX
COMATEUX
CONTUMAX
CORBEAUX
CORDEAUX
CORDIAUX
CORONAUX
COTIDAUX
COURROUX
COUTEAUX
CRASSEUX
CRENEAUX
(cerneaux)
CRISTAUX
CROUTEUX
CRUCIAUX
CRUCIFIX
CUBITAUX
CUIVREUX
DARTREUX
DECANAUX
DECIMAUX
DELOYAUX
DESAVEUX
DESIREUX
DIGITAUX
DIURNAUX
DRAPEAUX
DUVETEUX

ELOGIEUX
ELUVIAUX
ENNUYEUX
ESTIVAUX
FABLIAUX
FABULEUX
FACTIEUX
FARDEAUX
FARINEUX
FASTUEUX
FAUCHEUX
FEDERAUX
FEMORAUX
FIELLEUX
FIEVREUX
FLACHEUX
FLEXUEUX
FLUVIAUX
FONGUEUX
FOUGUEUX
FRONTAUX
GENERAUX
GENEREUX
GENITAUX
GERSEAUX
GERZEAUX
GIBOYEUX
GLACIAUX
GLAIREUX
(argileux)
GLAISEUX
GLORIEUX
GLOTTAUX
GOITREUX
GOUTTEUX
GRACIEUX
GRIPPAUX
GRUMEAUX
HARGNEUX
HERNIEUX
HOPITAUX
HOUSEAUX
HUMERAUX
HUMORAUX
ILLEGAUX
IMMORAUX
INITIAUX
JOURNAUX

KHAGNEUX	NOMINAUX	RONDEAUX
LACUNEUX	NOUVEAUX	ROSTRAUX
LAMBEAUX	NUMERAUX	ROULEAUX
LAMINEUX	NUPTIAUX	ROUVIEUX
LATERAUX	NYMPHAUX	RUDERAUX
LEXICAUX	OESTRAUX	SAINDOUX
LIBERAUX	ONCTUEUX	SCABIEUX
LIMINAUX	ONDULEUX	SCABREUX
LIMONEUX	OPOPANAX	SCARIEUX
LINGUAUX	OPTIMAUX	SCLERAUX
LINTEAUX	ORBITAUX	(exsudera)
(luxaient)	ORDINAUX	SCLEREUX
LISTEAUX	ORIGNAUX	SCROTAUX
LOBULEUX	ORIPEAUX	SEISMAUX
LOCULEUX	OUBLIEUX	SEMINAUX
LUMINEUX	OUVREAUX	SERDEAUX
LUSTRAUX	OVOIDAUX	(excluras)
MACAREUX	PAILLEUX	SIDERAUX
MAJORAUX	PALATAUX	SILICEUX
MANCEAUX	PALLEAUX	SINUSAUX
MANTEAUX	PANNEAUX	SIRUPEUX
MARITAUX	PAPULEUX	SOIGNEUX
(martiaux)	PARTIAUX	SOUCIEUX
MARTEAUX	PIERREUX	SPACIEUX
MARTIAUX	PINCEAUX	(spéciaux)
(maritaux)	PLATEAUX	SPATIAUX
MATINAUX	PLATREUX	SPECIAUX
MAXIMAUX	PLEURAUX	(spacieux)
MEDICAUX	PLUMEAUX	SPECIEUX
MIELLEUX	PLUVIAUX	SQUAMEUX
MINERAUX	PLUVIEUX	STANNEUX
MINIMAUX	POIREAUX	STERNAUX
MIREPOIX	POISSEUX	STUDIEUX
MISEREUX	POLYPEUX	SUBEREUX
MOELLEUX	POMMEAUX	SUDORAUX
MOINEAUX	PONCEAUX	SUIFFEUX
MONACAUX	POPULEUX	SURCHOIX
MONCEAUX	POUDREUX	SUTURAUX
MONDIAUX	PRECIEUX	SYNODAUX
MONTUEUX	PRUNEAUX	TABLEAUX
MORCEAUX	QUINTAUX	TARTREUX
MOUSSEUX	QUINTEUX	TASSEAUX
MUSICAUX	RABOTEUX	TAUREAUX
NAUSEEUX	RACINAUX	TEIGNEUX
NEBULEUX	RADICAUX	TERREAUX
NOBLIAUX	RAMPEAUX	THERMAUX
NODULEUX	RESINEUX	TOMBEAUX
NOMBREUX	RINCEAUX	TONLIEUX

TONNEAUX	TUILEAUX	VENENEUX
TORTUEUX	TUMORAUX	VENIMEUX
TOUCHAUX	ULCEREUX	VENTRAUX
TOURBEUX	UNGUEAUX	VERTUEUX
TRETEAUX	URETRAUX	VESICAUX
TRIVIAUX	VAGINAUX	VICINAUX
TRUMEAUX	VANITEUX	VIDEOTEX
TUBEREUX	VANNEAUX	VIELLEUX
TUBULEUX	VAPOREUX	VISQUEUX
TUFFEAUX	VEGETAUX	VULTUEUX

Erreurs : ex, pax, rex, axel, foix, maxi, rixer+, meaux, iceux, oxymel, dextre, baxter, aréneux, boxing, boxcalf, sextidi, alexine, erseaux, laqueux, oxyacide, opoponax, talqueux, verseaux, taximan, taxiderme, intox, intoxe.

Raccords avec X seul

Derrière les mots suivants (pluriels exceptés)

AU, BORA, CEDE, CODE, CULE, DEMODE, DONA, EU, MURE, LU, PANA, SI, SIRE, TE, TELE, TRIPLE, VERTE.

Devant un seul mot : ERES.

Raccords avec XI

		XI					XI	
		XI				E	XI	LE+
						E	XI	LS
+2	A	XI	S			O	XI	ME
	E	XI	L+		D	I	XI	E
	E	XI	T/		L	E	XI	E
	I	XI	A		T	A	XI	E
	TA	XI			+4	A	XI	ALE
+3		XI	ANG			A	XI	AUX
		XI	PHO			A	XI	OME
	A	XI	AL			A	XI	ONS
	A	XI	EZ			E	XI	GEA+
	A	XI	LE			E	XI	GEE
	E	XI	GE+			E	XI	GER+
	E	XI	GU			E	XI	GUE
	E	XI	LA+					

```
        E XI STA+              VE XI ONS
        E XI STE+           BAU XI TE
   AU XI NE                 COA XI AL
   BO XI EZ                 FLE XI ON
  F I XI EZ                 FLU XI ON
  F I XI TE                 MAR XI EN
   LA XI TE                APRA XI E
   LU XI EZ                EUTE XI E/
   MA XI MA/               GALA XI E
   MA XI ME                HYPO XI E
   MI XI EZ                PREA XI S
   MI XI TE                PYRE XI E
   MY XI NE        + 6        XI PHOIDE
   TA XI EZ                   E XI GUITE
   TO XI NE                  LE XI CALE
   VE XI EZ                  LE XI CAUX
  ALE XI E                  MA XI MALE
  ANO XI E                  MA XI MAUX
  ATA XI E                  MA XI MISA+
  ELI XI R                  MA XI MISE+
  ONY XI S                  MA XI MUMS
 PRA XI E                   SA XI COLE
 PRA XI S                   TO XI COSE
+ 5        XI MENIA        ATA XI QUE
        E XI STER+         COA XI ALE
  AN XI ETE                COA XI AUX
  AN XI EUX                COE XI STA+
  BO XI ONS                COE XI STE+
  D I XI EME               FLE XI BLE
  F I XI ONS               MAR XI SME
  F I XI SME               MAR XI STE
  F I XI STE              ANNE XI ON
   LA XI SME              DESA XI EZ
   LA XI STE              DETA XI EZ
   LE XI CAL              INDE XI EZ
   LE XI QUE              MALA XI EZ
   LU XI ONS              RELA XI EZ
   MA XI LLE             AGALA XI E
   MA XI MUM             ANATE XI E
   MI XI ONS             ANORE XI E
   RE XI SME             APOMI XI E
   RE XI STE             ASPHY XI A+
   SE XI SME             ASPHY XI E+
   SE XI STE             DYSLE XI E
   S I XI EME            GEOTA XI E
   TA XI ONS             REFLE XI F
   TO XI QUE     + 7        A XI LLAIRE
   VE XI LLE                      (alliera + 2)
```

A	XI	O L O G I E	
E	XI	G E A N C E	
		(agencée + 1)	
E	XI	G E A N T E	
E	XI	G E A N T S	
		(géantes + 2)	
E	XI	G I B L E S	
		(biglées)	
E	XI	S T A N T E	
		(nattées + 2)	
E	XI	G E A T E S	
		(étagées)	
E	XI	G E R A I S	
		(érigeas + 1)	
E	XI	G E R A I T	
		(gâterie + 2)	
E	XI	G E R E N T	
		(régente)	
E	XI	G E R O N S	
		(rongées + 1)	
E	XI	L A S S E S	
		(lassées + 1)	
E	XI	L E R A I S	
		(réélise + 3)	
E	XI	L E R A I T	
		(atelier + 3)	
E	XI	N S C R I T	
		(crétins + 1)	
E	XI	S T A M E S	
		(semâtes)	
E	XI	S T A N T E	
		(nattées + 2)	
E	XI	S T A N T S	
		(tassent)	
AN	XI	E U S E S	
		(nausées)	
AN	XI	O G E N E	
MA	XI	M I S E E	
MA	XI	M I S E R +	
		(mimeras + 2)	
ME	XI	C A I N E	
ME	XI	C A I N S	
		(cinémas + 2)	
S A	XI	F R A G E	
		(agrafés)	
T A	XI	A R Q U E	
		(taquera + 1)	
T A	XI	N O M I E	

T A XI	P H O N E	
	(phaéton)	
T O XI	C I T E S	
	(coittes + 2)	
C O E XI	S T E R +	
	(escorte + 1)	
D E U XI	E M E S	
	(médusés)	
M A R XI	E N N E	
A N N E XI	T E S	
	(tannées)	
A P R A XI	Q U E	
D E S A XI	O N S	
	(endossa)	
D E T A XI	O N S	
	(dénotas + 1)	
I N D E XI	O N S	
	(dénions + 2)	
I N T O XI	Q U E +	
	(tonique)	
R E L A XI	O N S	
	(enrôlas)	
T E L E XI	O N S	
	(entoles)	
T E L E XI	S T E	
A P Y R E XI	E S	
	(repayés)	
A S P H Y XI	E R +	
C A C H E XI	E S	
	(cachées)	
C O N N E XI	O N	
C O N N E XI	T E	
C O N V E XI	T E	
E P I T A XI	E S	
	(épiâtes)	
P R O L I XI	T E	
	(piloter +)	
R E F L E XI	O N	
R E F L E XI	V E	
S U R T A XI	E Z	
	(saturez)	
T H Y R O XI	N E	
A P O P L E XI	E	
C H R O N A XI	E	
	(enrocha)	
E P I S T A XI	S	
	(tapisse + 3)	

Raccords des mots de 3 lettres avec X

```
              AXA +                           LUX
 +1      T    AXA +            +1      F      LUX
 +3           AXA SSE          +2             LUX EE
    D E S     AXA +                           LUX ER+
    D E T     AXA +            +3             LUX URE
    M A L     AXA +                 A F F     LUX
    R E L     AXA +                 I N F     LUX
 +4        L  AXA TIF                R E F     LUX
           T  AXA CEE          +4             LUX UEUX
  S U R T     AXA +                     F    LUX ION
 +5           AXA SSIEZ        +5             LUX ATION
           L  AXA TIVE                        LUX METRE
           T  AXA TEUR                        LUX UEUSE
           T  AXA TION
    M A L     AXA GE                          OXO /
                              +3      B      OXO NS
              AXE +           +4             OXO NIUM
 +1       S   AXE
          T   AXE +                          TEX
 +2     B I   AXE             +2             TEX AN
 +3 D E S     AXE +                          TEX TE
    D E T     AXE +                  L A     TEX
    M A L     AXE +           +3             TEX ANE
    R E M     AXE +             C O R        TEX
    U N I     AXE              L A S         TEX
  N E V R     AXE       +4     V E R         TEX
  S U R T     AXE +            V O R         TEX
  S Y N T     AXE             +4             TEX TILE
P A R A T     AXE       +5                   TEX TUEL
                                             TEX TURE
              DIX                 E U         TEX IE/
 +2           DIX IE          +5 A N A       TEX IE
 +4           DIX IEME           C O N       TEX TE
                                P R E        TEX TE
              FOX             V I D E O      TEX
 +1           FOX E
 +2           FOX EE
```

Raccords des mots de 4 lettres avec X

		A X I S		
+1	T	A X I S		
+2	P R	A X I S		
+3	L	A X I S	M E	
	L	A X I S	T E	
E P I S T		A X I S		+5

		C E U X		
+3 P O N		C E U X		
R O N		C E U X		
C H A N		C E U X		+4
S I L I		C E U X		

		D E U X		
+2	H I	D E U X		
+3 M E R		D E U X		
+4		D E U X	I E M E	
C A F A R		D E U X		+5
H A S A R		D E U X		

		E X I L	+
+3	V	E X I L	L E

		E X I T	/
+4 A N N		E X I T	E
C O N N		E X I T	E	+5
C O N V		E X I T	E

	F A I X	
+3 S U R	F A I X	
P O R T E	F A I X	+5

		F E U X	
+2	E N	F E U X	
S U I F		F E U X	+4
B O U T E		F E U X	+5

		F I X A	+
+2		F I X A	G E
+3		F I X A	T I F
	A F	F I X A	L
	P R E	F I X A	+
	S U F	F I X A	+
+4		F I X A	T E U R
		F I X A	T I O N
		F I X A	T I V E
	A F	F I X A	L E
	A F	F I X A	U X
	P R E	F I X A	L
+5		F I X A	T R I C E
	P R E	F I X A	L E
	P R E	F I X A	U X
	S U F	F I X A	L E
	S U F	F I X A	U X

		F I X E	+
+2	A F	F I X E	
	I N	F I X E	
+3	A F	F I X E	E
	P R E	F I X E	+
	S U F	F I X E	+
+4		F I X E	M E N T
	P R E	F I X E	E
	P R E	F I X E	R +
	S U F	F I X E	E
	S U F	F I X E	R +
	A N T E	F I X E	

		F L U X	
+2	A F	F L U X	
	I N	F L U X	
	R E	F L U X	
+3		F L U X	I O N
+5		F L U X	M E T R E

	PEUX	
+2 RA	PEUX	
+3 A D I	PEUX	
P U L	PEUX	
P O L Y	PEUX	+4
S I R U	PEUX	

	POIX	
M I R E	POIX	+4

	POUX	
+1 E	POUX	
+3 T R I	POUX	

	ROUX	
C O U R	ROUX	+4

	SAXO	
+1	SAXON	
+3	SAXONNE	
+4 D E	SAXONS	

	SEXE	
+3 U N I	SEXE	

	TAXA +	
+3	TAXACEE	
+4	TAXATION	

	TAXE +	
+2 D E	TAXE +	
+3 S U R	TAXÉ +	
S Y N	TAXE	
P A R A	TAXE	+4

	TAXI	
+1	TAXIE	
+2 A	TAXIE	
+4 E P I	TAXIE	
G E O	TAXIE	

+5	TAXI	ARQUE
	TAXI	METRE
	TAXI	NOMIE
	TAXI	PHONE
+4 E P I S	TAXIS	

	VAUX	
+1 U	VAUX	
+2 N I	VAUX	
R I	VAUX	
+3 C H E	VAUX	
O G I	VAUX	
T R A	VAUX	
E S T I	VAUX	+4
G I N G I	VAUX	+5
K H E D I	VAUX	
M E D I E	VAUX	

	VEUX	
+1 A	VEUX	
+2 B A	VEUX	
N E	VEUX	
+3 C H E	VEUX	
M O R	VEUX	
N E R	VEUX	
V E R	VEUX	
D E S A	VEUX	+4

	VEXA +	
+2	VEXA	NT
+3	VEXA	NTE
	VEXA	NTS
+4	VEXA	TEUR
	VEXA	TION
+5	VEXA	TOIRE
	VEXA	TRICE

	VEXE +	
+3 C O N	VEXE	
B I C O N	VEXE	+5

Raccords des mots de 5 lettres avec X

	A I E U X	
+ 1	C A I E U X	
+ 3 C A M	A I E U X	
	A V E U X	
+ 1	B A V E U X	
+ 3 D E S	A V E U X	
	A X O N S	
+ 1	S A X O N S	
	T A X O N S	
+ 2 K L	A X O N S	
	B E A U X	
+ 3 B A R	B E A U X	
C O R	B E A U X	
L A M	B E A U X	
T O M	B E A U X	
E S C A	B E A U X	+ 4
F L A M	B E A U X	
	C H A U X	
+ 2 D E	C H A U X	
+ 3 T O U	C H A U X	
	C H O I X	
+ 3 S U R	C H O I X	
	C I E U X	
+ 2 V I	C I E U X	
+ 3 G R A	C I E U X	
P R E	C I E U X	
S O U	C I E U X	
S P A	C I E U X	
S P E	C I E U X	
A S T U	C I E U X	+ 4
A U D A	C I E U X	
D E L I	C I E U X	
J U D I	C I E U X	
M A L I	C I E U X	
O F F I	C I E U X	

A V A R I	C I E U X	+ 5
C A P R I	C I E U X	
F A L L A	C I E U X	
I N S O U	C I E U X	
L I C E N	C I E U X	
P E R N I	C I E U X	
S I L E N	C I E U X	
	C R E U X	
+ 1 O	C R E U X	
	D I E U X	
+ 1 A	D I E U X	
O	D I E U X	
+ 2 P E	D I E U X	
R A	D I E U X	
+ 3 S T U	D I E U X	
I N S I	D I E U X	+ 4
M E L O	D I E U X	
F A S T I	D I E U X	+ 5
	E X A C T	
+ 1	E X A C T E	
+ 2 I N	E X A C T	
+ 3	E X A C T E U R	
	E X A C T I O N	
I N	E X A C T E	
+ 5	E X A C T I T U D E	
	E X C E S	
+ 3	E X C E S S I F	
+ 4	E X C E S S I V E	
	E X T R A /	
+ 2	E X T R A D A +	
	E X T R A D E +	
	E X T R A I E +	
	E X T R A I S	
	E X T R A I T	
+ 3	E X T R A D E E	
	E X T R A D E R +	
	E X T R A D O S	

		EXTRA	I RA+
		EXTRA	I RE+
		EXTRA	I TE
		EXTRA	I TS
		EXTRA	YEZ
+4		EXTRA	CTIF
		EXTRA	IENT
		EXTRA	IRAI +
		EXTRA	IRAS
		EXTRA	POLA +
		EXTRA	POLE +
		EXTRA	VASA +
		EXTRA	VASE +
		EXTRA	YIEZ
		EXTRA	YONS
+5		EXTRA	CTEUR
		EXTRA	CTION
		EXTRA	CTIVE
		EXTRA	IRONT
		EXTRA	LEGAL
		EXTRA	POLEE
		EXTRA	POLER+
		EXTRA	VASEE
		EXTRA	VASER+
		EXTRA	VERTI
		EXTRA	YIONS

FEAUX

| +2 | T U | FEAUX |
| +3 | T U F | FEAUX |

GUEUX

+2	R U	GUEUX
+3	F O N	GUEUX
	F O U	GUEUX

LEXIE

| +3 | D Y S | LEXIE |

LIEUX

+2	B I	LIEUX
	M I	LIEUX
+3	O U B	LIEUX
	T O N	LIEUX
R I C H E	LIEUX	+5

ORAUX

+1		C	ORAUX	
		M	ORAUX	
+2	A	M	ORAUX	
	C	H	ORAUX	
	F	L	ORAUX	
+3	A U	R	ORAUX	
	F E	M	ORAUX	
	H U	M	ORAUX	
	I M	M	ORAUX	
	D O C	T	ORAUX	+4
	L I T	T	ORAUX	
	P A S	T	ORAUX	
	P E C	T	ORAUX	
	R E C	T	ORAUX	
	T E M	P	ORAUX	
E L E C	T	ORAUX	+5
S T E R C	ORAUX

OXYDA +

+2		OXYDA	SE
+3		OXYDA	BLE
		OXYDA	NTE
		OXYDA	NTS
+4		OXYDA	TION
+5	I N	OXYDA	BLE

OXYDE +

+1		OXYDE	E
		OXYDE	R+
+2	B I	OXYDE	
	D I	OXYDE	
	E P	OXYDE	
+3	D E S	OXYDE	+
	P E R	OXYDE	+
	H E M I	OXYDE	+4
	P R O T	OXYDE	

PANAX

| +3 | O P O | PANAX |

PEAUX

+2	A P	PEAUX
	C O	PEAUX
	P I	PEAUX

+3	C A R	P E A U X		
	C H A	P E A U X		
	D R A	P E A U X		
	O R I	P E A U X		
	R A M	P E A U X		
	T R O U	P E A U X	+4	
		P I E U X		
+1	E	P I E U X		
+2	C O	P I E U X		
		P R E U X		
+2	L E	P R E U X		
		P Y R E X		
+2		P Y R E X	I E	
+3	A	P Y R E X	I E	
		R E A U X		
+1	P	R E A U X		
+2	B U	R E A U X		
	M E	R E A U X		
	P U	R E A U X		
	S U	R E A U X		
	Y P	R E A U X		
+3	B A R	R E A U X		
	C A R	R E A U X		
	O U V	R E A U X		
	P O I	R E A U X		
	T A U	R E A U X		
	T E R	R E A U X		
	B I H O	R E A U X	+4	
	B L A I	R E A U X		
	B O U R	R E A U X		
	C H E V	R E A U X		
	H O B E	R E A U X		
	L A P E	R E A U X		
	P E R D	R E A U X		
	V I P E	R E A U X		
	B I G A R	R E A U X	+5	
	B O R D E	R E A U X		
	H A C H E	R E A U X		
	S A U T E	R E A U X		
	T O M B E	R E A U X		

		S E A U X		
+2	A S	S E A U X		
	B I	S E A U X		
	C I	S E A U X		
	E R	S E A U X		
	F U	S E A U X		
	M U	S E A U X		
	N A	S E A U X		
	O I	S E A U X		
	R E	S E A U X		
	R O	S E A U X		
+3	A I S	S E A U X		
	C A S	S E A U X		
	C L O	S E A U X		
	G E R	S E A U X		
	H O U	S E A U X		
	T A S	S E A U X		
	B O I S	S E A U X	+4	
	C U I S	S E A U X		
	M O U S	S E A U X		
	P A I S	S E A U X		
	R O U S	S E A U X		
	R U I S	S E A U X		
	V A I S	S E A U X		
	V O U S	S E A U X		
	B E C A S	S E A U X	+5	
	D A M O I	S E A U X		
	P O N T U	S E A U X		
	T R O U S	S E A U X		
		S E X T E		
+2	B I	S E X T E		
		S E X U E		
+1		S E X U E	E	
		S E X U E	L	
	A	S E X U E		
+2	A	S E X U E	E	
	B I	S E X U E		
+3	B I	S E X U E	E	
	U N I	S E X U E		
+4	U N I	S E X U E	E	
	U N I	S E X U E	L	
		T A X I E		
+1	A	T A X I E		
+3	E P I	T A X I E		
	G E O	T A X I E		

	T E L E X			
+1	T E L E X	A+		
	T E L E X	E+		
+2	T E L E X	E E		
	T E L E X	E R+		
+4	T E L E X	I S T E		
	T E X T E			
+3 C O N	T E X T E			
P R E	T E X T E	+		
	V E A U X			
+2 B I	V E A U X			
C A	V E A U X			

C U	V E A U X	
N I	V E A U X	
+3 C E R	V E A U X	
C L A	V E A U X	
N O U	V E A U X	
B A L I	V E A U X	+4
C A N I	V E A U X	
E C H E	V E A U X	
H A T I	V E A U X	
S O L I	V E A U X	
R E N O U	V E A U X	+5
	V I E U X	
+2 E N	V I E U X	
+3 P L U	V I E U X	
R O U	V I E U X	

Raccords des mots de 7 lettres avec X

A B O I E N T	**B O X A I E N T**
A B O U T E R	
B O U T E R A	
E B R O U A T	
R A B O U T E	**R A B O T E U X**
A B O U T I R	
B R O U T A I	
O B T U R A I	**O R B I T A U X**
A C I D O S E	**O X A C I D E S**
A C R E T E S	
C A S T R E E	
C E R A S T E	
C R E A T E S	
E C A R T E S	
E C R E T A S	
S E C R E T A	
T R A C E E S	**E X C R E T A S**
A C U I T E S	**E X C U S A I T**

```
A D O U B E R
B O U D E R A
R A D O U B E     B O R D E A U X

A D O U C I R
C O U D R A I
D O U C I R A
R A D O U C I     C O R D I A U X

A D O U C I T
C O U D A I T     C O T I D A U X

A E R A G E S
A R E A G E S     E X A G E R A S     Y

A E R I O N S
N O I E R A S     A X E R I O N S

A G R E E E S
E G A R E E S     E X A G E R E S

A I D A S S E     D E S A X A I S

A I D A T E S     D E S A X A I T,
                  D E T A X A I S

A I L E T T E     T E L E X A I T

A I M A N T E
A M A N I T E
A M E N A I T
A M I A N T E
A N E M I A T
E M A N A I T
E N T A M A I
M A I N A T E     E X A M I N A T

A J O U T E R
J O U T E R A
R A J O U T E
R E J O U A T     J O U X T E R A

A L A I R E S
L A I E R A S
R E A L I S A
R E S A L A I
S A L A I R E
S A L A R I E
S A L E R A I     R E L A X A I S     Y

A L E R T A I
A L I T E R A
A L T E R A I
R A T E L A I
R E L A T A I     R E L A X A I T     Y
```

```
A L E S A I T
E T A L A I S      E X A L T A I S

A L E R T E E
A L T E R E E
R A T E L E E
R E L A T E E      T E L E X E R A

A L I T E E S      E X I L A T E S,
L A I T E E S      T E L E X A I S

A L T E R N A      R E L A X A N T     Y

A L T E R N E      R E L A X E N T

A L T I S E S
L E S T A I S
L I T A S S E
S A L I T E S      L A X I S T E S     K

A L U C I T E      E X C L U A I T     Q

A L U M I N E      L A M I N E U X     Q

A L U N I T E      L I N T E A U X,
N A U T I L E      L U X A I E N T

A M A T E U R
R A M E U T A      M A R T E A U X     Q

A M E N A I S
A N E M I A S
E M A N A I S      E X A M I N A S

A M E N I E Z
A N E M I E Z
E M A N I E Z      E X A M I N E Z

A M I C A L E
C A M E L I A      E X C L A M A I

A M I N C I E
E M I N C A I      M E X I C A I N

A M I N E E S
A M N E S I E
A N I M E E S
M A N I E E S
S E M A I N E      E X A M I N E S

A M U I S S E
M E S U S A I      S E I S M A U X     Q

A M U R A I T      M A R I T A U X,
                   M A R T I A U X     Q

A N C E T R E      E X C E N T R A,
C R A N T E E      E X E C R A N T
E N C A R T E      E X E R C A N T
```

A N E A N T I	A N N E X A I T	
A N E M I A I	E X A M I N A I	
A N E M I E E	E X A M I N E E	
A N E M I E R		
M A N I E R E		
M A R I N E E		
M E N E R A I		
R A N I M E E		
R E A N I M E		
R E M A N I E	E X A M I N E R	
A N H E L A T	E X H A L A N T	
A N N O N E S		
A N O N N E S	A N N E X O N S	
A N T E N N E	A N N E X E N T	
A P A I S E R		
P A I E R A S		
S A P E R A I		
S E P A R A I	A P R A X I E S	JY
A P O S T E R		
A P O T R E S		
O P T E R A S		
P O S T E R A		
P R O T A S E		
R E P O S A T		
T O P E R A S	E X P O R T A S	J
A P U R A I T		
P A T U R A I	P A R T I A U X	
A R E T I E R		
E T I R E R A		
R A T I E R E		
R E E R A I T		
R E I T E R A		
T A R I E R E	E X T R A I R E	
A R G U E E S		
R A G E U S E	G E R S E A U X	
A R I E T T E		
A T T I R E E		
T E T E R A I		
T R A I T E E	E X T R A I T E	JK
A R Q U E E S		
R E S E Q U A	E X A R Q U E S	
A R R E T A I		
R A T E R A I		
T A R E R A I	E X T R A I R A	

A S E P S I E		
E P A I S S E		
E P I A S S E	E X P I A S S E	
A S I A T E S		
A S T A S I E	E X T A S I A T	Y
A S S E N A T		
E N T A S S A		
S A T A N E S	A X A S S E N T	Y
A S S I D U E	E X S U D A I S	JQ
A S S I M E S		
E S S A I M S		
M I S A S S E	M I X A S S E S	
A S S U R A T		
S A T U R A S	S U R T A X A S	J
A S T A S I E		
A S I A T E S	E X T A S I A T	Y
A S T E R I E	E X I S T E R A,	
	E X T A S I E R,	
	E X T R A I E S	JZ
A T L A N T E		
E T A L A N T		
T A N T A L E	E X A L T A N T	
A T O N I E S		
O S A I E N T	S O I X A N T E	
A T T A R D E	E X T R A D A T	
A T T E I N S		
S E N T A I T		
T A I S E N T		
T E I N T A S		
T E N T A I S		
T I T A N E S	E X I S T A N T	
A T T E L A I		
E T A L A I T	E X A L T A N T	
A T T E N D E		
E D E N T A T		
E N D E T T A	D E T A X E N T	J
A T T E N U E	E X T E N U A T	J
A U S T E R E		
S A T U R E E		
U R A E T E S	S U R T A X E E	JQY
A V E R T I E		
E V I T E R A		
V A R I E T E	V E X E R A I T	

B E E R O N T		
O B E R E N T	B O X E R E N T	
B E T I S E S	B I S S E X T E	
B E T O I R E	E X O R B I T E	
B L E U I R A	L I B E R A U X	
B O I S E R A		
I S O B A R E		
O B E I R A S		
O B E R A I S		
R E B O I S A	B O X E R A I S	
B O I T E R A		
O B E R A I T		
R A B I O T E	B O X E R A I T	
B O U T U R E	T O U R B E U X	
C A I L L E E	E X C E L L A I,	
E C A I L L E	L E X I C A L E	
C A I R O T E		
C O T E R A I	E X C O R I A T	
C A L A M E S		
L A C A M E S	E X C L A M A S	Y
C A P I T E E	E X C E P T A I	
C A P T E E S		
E P A C T E S	E X C E P T A S	
C A R O U B E	C O R B E A U X	
C A S S E U R		
C A S S U R E		
C R E U S A S		
C U R A S S E		
R E C U S A S		
S U C E R A S		
S U C R A S E	C R A S S E U X	
C A T H A R E		
R A C H E T A		
T A C H E R A	E X A R C H A T	
N A T I C E S	I N E X A C T S	JZ
C A U S E N T		
C U T A N E S		
S A U C E N T	E X C U S A N T	Q
C A U T E R E		
R U T A C E E	E X A C T E U R	Q
C E D A N T E	E X C E D A N T	

C E I N T E S		
E S C I E N T		
I N C E S T E		
I N S E C T E	E X C I S E N T	JY
C E N T R E E	E X C E N T R E,	
R E C E N T E	E X E C R E N T	
	E X E R C E N T	
C E S S I O N	E X C I S O N S	
C O A L I S E		
S O C I A L E	S A X I C O L E	
C O P I N E S		
E P I C O N S		
P I O N C E S	E X C I P O N S	
C O R E E N S		
C O R N E E S		
E C O R N E S	E X E C R O N S,	
N E C R O S E	E X E R C O N S	
C O T I S E E		
S O C I E T E	C O E X I S T E	
C O T O I E S	T O X I C O S E	
C O U A R D E		
C O U D E R A	C O R D E A U X	
C O U T U R E	C R O U T E U X	
C R E T E E S		
E C R E T E S		
S E C R E T E		
T E R C E E S	E X C R E T E S	
C R E U S A I		
E C U R A I S		
R E C U S A I		
S A U C I E R		
S U C E R A I	S C A R I E U X	Q
C R O I S E E	E X C O R I E S,	
	E X O R C I S E	K
C U B E R A S	S C A B R E U X	
C U L E R A I		
C U R I A L E		
R E C U L A I		
U L C E R A I	E X C L U R A I	
C U L E R A S		
L A C E U R S		
R E C U L A S		
U L C E R A S	E X C L U R A S	

C U L E R E Z		
R E C U L E Z		
U L C E R E Z	E X C L U R E Z	
C U R E T E E		
E R U C T E E	E X E C U T E R	J
C U T A N E E	E X A U C E N T	
D A T A I R E		
D A T E R A I	E X T R A D A I	Y
D A T E R A S		
D E R A S A T		
R A D A T E S	E X T R A D A S	Y
D A U B A I S	A B S I D A U X	
D A U B E R A	B A R D E A U X	
D A T E R E Z	E X T R A D E Z	
D E C A T I E	E X C E D A I T	
D E C E N T E	E X C E D E N T	
D E L I R A S		
S I D E R A L	R I X D A L E S	Y
D E N A N T I		
D E N I A N T	I N D E X A N T	
D E N I A I S	I N D E X A I S	Z
D E N I A I T	I N D E X A I T	
D E N I E N T		
D E N T I N E	I N D E X E N T	
D E N I E R A		
D R A I N E E	I N D E X E R A	J
D E N I I E Z	I N D E X I E Z	
D E N I O N S		
I N O N D E S		
O N D I N E S	I N D E X O N S	
D E N O T A S		
D E T O N A S	D E T A X O N S	
D E N O Y A T	O X Y D A N T E	
D E N T I E R		
D E T E N I R		
T E I N D R E	D E X T R I N E	
D E R A T E E	A D E X T R E E, E X T R A D E E	

D E R A T E S		
D E S E R T A	A D E X T R E,	
E S T R A D E	E X T R A D E S	
D E S A E R A	D E S A X E R A	
D E S O L A I	O X A L I D E S	
D E T E N U S		
E T E N D U S		
T E N D U E S	E X S U D E N T	
D E T O N E S	D E T A X O N S	
D E T O R S E		
O E R S T E D	D E X T R O S E	
D I U R E S E		
R E D U I S E		
U R E I D E S	D E S I R E U X	
D O R A T E S		
D O T E R A S		
R A D O T E S		
R O D A T E S		
T O R S A D E	E X T R A D O S	
E C H O U A T	C A H O T E U X	
E C L U S A I	E X C L U A I S	
E C L U S E R		
R E C L U S E		
R E C U L E S		
U L C E R E S	S C L E R E U X	
E C L U S E S	E X C L U S S E	
E C O U L A S	C L O S E A U X	Q
E C O U L E R		
E C R O U L E	C O L E R E U X	
E C R E T A I	E X C I T E R A,	
	E X C R E T A I,	
	E X E C R A I T,	
	E X E R C A I T,	
E C R E T E E	E X C R E T E E	
E C R E T E R		
R E T E R C E	E X C R E T E R	
E C R E T E Z	E X C R E T E Z	
E C U I S S A	E X C U S A I S	Q
E C U S S O N	E X C U S O N S	
E D E N T A S	D E S A X E N T	JY
E F F I L E R	R E F L E X I F	

```
EGAIENT
NAGEAIT    EXIGEANT

EGAIERA    EXAGERAI    Y

EGALAIS
EGALISA    GALAXIES    J

EGAYONS    OXYGENAS

ELEATES
ETALEES    EXALTEES

ELURENT
LENTEUR    LUXERENT

EMIRATS
MAITRES
MARISTE
MERITAS
METRAIS
MIRATES
MITERAS
REMISAT
RIMATES
TAMIERS
TAMISER
TARIMES
TIRAMES
TRIAMES    MARXISTE

EMIRENT
TERMINE    MIXERENT

EMISSES
MESSIES
SEISMES    SEXISMES

EMISSIF    FIXISMES

EMPATES
EMPESAT
EMPESTA
ESTAMPE
ETAMPES    EXEMPTAS

EMPESAI
EPIAMES    EXPIAMES    Y

EMPESTE    EXEMPTES

EMPETRE
TEMPERE
TREMPEE    EXEMPTER
```

EMPIETA   **EXEMPTAI**

EMPILES
EMPLIES
LEPISME   **IMPLEXES**

EMPIRAI
IMPAIRE
PERIMAI   **EXPRIMAI**

EMPIRAS
MEPRISA
PERIMAS
PRIAMES
RIPAMES   **EXPRIMAS**

EMPIRAT
IMPETRA
PERIMAT
PRIMATE
TREMPAI   **EXPRIMAT**

EMPIREE
PERIMEE   **EXPRIMEE**

EMPIRER
PERIMER
PREMIER
REPRIME   **EXPRIMER**

EMPIRES
EMPRISE
EPRIMES
MEPRISE
PERIMES
PERMISE
PRIMEES   **EXPRIMES**

EMPIREZ
PERIMEZ   **EXPRIMEZ**

ENCAVAT
VACANTE   **EXCAVANT**

ENDOSSA   **DESAXONS**

ENERVAS
ENVASER
NAVREES
VENERAS   **NEVRAXES**

ENFAITE   **ANTEFIXE**

ENFUIRA   **FARINEUX**

ENONCES
SENECON   **CONNEXES**

ENROULA	RELAXONS	
ENTITES		
ETEINTS		
TEINTES		
TETINES		
TINTEES	EXISTENT	
ENTOLAS		
ETALONS		
TONALES	EXALTONS	
ENTOLES	TELEXONS	
ENTREES	EXTERNES	
EOGENES	EXOGENES	
EPATONS	EXPOSANT	
EPAULAT	PLATEAUX	
EPEIRES	EXPIREES	
EPIAIRE		
EPIERAI	EXPIERAI	
EPIATES	EXPIATES	
EPICAIS	EXCIPAIS	
EPICAIT	EXCIPAIT	
EPICERA		
PECAIRE		
RAPIECE		
RECEPAI	EXCIPERA	
EPICENT		
PECTINE	EXCIPENT	
EPICIEZ	EXCIPIEZ	
EPIEREZ	EXPIEREZ	
EPIIONS	EXPIIONS	
EPINCAT		
PITANCE	EXCIPANT	
EPITRES		
EPRITES		
ETRIPES		
PERITES		
PETRIES		
PIETRES	EXTIRPES	Y
EPLOREE	EXPLOREE	Y
EPLORES	EXPLORES	Y
EPONTES		
PONTEES		
STENOPE	EXPOSENT	

E P U C A I S	S P A C I E U X
E P U C A I T	C A P I T E U X
	C A P T I E U X
E P U R G E S	
P U R G E E S	E X P U R G E S
E R I G E A I	E X I G E R A I
E R R O N E E	E X O N E R E R
E S P E R E E	
P R E S S E E	E X P R E S S E
E S T R O P E	
P O R T E E S	E X P O R T E S
E T A L E N T	E X A L T E N T,
L A T E N T E	T E L E X A N T
E T A L E R A	E X A L T E R A
E T A L I E Z	E X A L T I E Z
E T A T I S A	
S A I E T T A	E X T A S I A T
E T E R N U E	
R E T E N U E	E X T E N U E R Q
E T R I P A I	E X P I R A I T,
	E X T I R P A I
E T R I P A S	
P A R I T E S	
P A R T I E S	
P A T R I E S	
P I A S T R E	
P I R A T E S	
P I S T E R A	
P R E T A I S	
P R I A T E S	
R I P A T E S	E X T I R P A S
E T R I P A T	
P A R T I T E	
P R E T A I T	E X T I R P A T
E T R I P E E	E X T I R P E E
E T R I P E S	
P E R I T E S	
· P E T R I E S	
P I E T R E S	E X T I R P E S Y
E T R I P E Z	
P R E T I E Z	E X T I R P E Z

E T R I P E R	E X T I R P E R
E T U D I A S	E X S U D A I T
E T U V A G E	V E G E T A U X
E T U V A I S	
S U A V I T E	E S T I V A U X Q
E T U V E R A	
E V E R T U E	
V A U T R E E	V E X A T E U R
E V A C U E R	C E R V E A U X
E V A S E N T	
E V E N T A S	
V A N T E E S	V E X A N T E S
E V E N T A I	
N A I V E T E	V E X A I E N T
E V E N T E R	
E V E N T R E	
R E V E N T E	
V E N T R E E	V E X E R E N T
F A B U L A I	F A B L I A U X
F A L U C H E	F L A C H E U X
F A R A U D E	F A R D E A U X
F A U F I L S	S U F F I X A L
F E I N T A I	
F I A I E N T	
F I E N T A I	F I X A I E N T
F E I N T E R	
F I E N T E R	
F I E R E N T	
F R E I N T E	F I X E R E N T
F E I N T E S	
F I E N T E S	
I N F E S T E	E X T E N S I F
F E L I O N S	F L E X I O N S
F E L U R E S	
F E R U L E S	
F L E U R E S	
F U S E L E R	
R E F L U E S	F L E X U R E S
F E R I O N S	
F I E R O N S	F I X E R O N S

FERLEES	REFLEXES	
FESSAIS		
FIASSES	FIXASSES	
FEUILLE	FIELLEUX	
FEUTRAI		
FURETAI		
REFUTAI	FIXATEUR	
FIASSES		
FESSAIS	FIXASSES	
FIERAIS	FIXERAIS	
FIERAIT		
RATIFIE	FIXERAIT	
FIERIEZ	FIXERIEZ	
FIERONT		
FOIRENT	FIXERONT	
FOLIEES		
SOLFIEE	EXFOLIES	
FRAUDEE	FEDERAUX	
FRIPEES	PREFIXES	
GLAIEUL	ILLEGAUX	Q
GUIDAIT	DIGITAUX	
HALETAI	EXHALAIT	
HAUSSEE	EXHAUSSE	
IMITERA		
MERITAI		
MITERAI	MIXERAIT	
IMITONS		
MITIONS	MIXTIONS	
INCREEE	INEXERCE	
INTACTE	EXCITANT	J
JOUTAIS	JOUXTAIS	
JOUTAIT	JOUXTAIT	
JOUTANT	JOUXTANT	
JOUTENT	JOUXTENT	
JOUTERA	JOUXTERA	
JOUTIEZ	JOUXTIEZ	
JOUTONS	JOUXTONS	
LAIEREZ	RELAXIEZ	Y
LAISSEE	EXILASSE	
LAMENTA	MALAXENT	

```
L A U R E A T    L A T E R A U X
L E G U A I S
L U G E A I S    G L A I S E U X
L E P I O T E
P E T I O L E
P I L O T E E    E X P L O I T E
L E S E R A I
R E A L I S E
R E L A I E S
S A L I E R E    E X I L E R A S
L I G U E R A    A R G I L E U X,
L U G E R A I    G L A I R E U X
L I M A S S E
S A L I M E S
S E I S M A L
S I S M A L E    L A X I S M E S
L O U R E N T
O U R L E N T
R O U L E N T    L U X E R O N T
L U E T T E S    T E X T U E L S
L U N E T T E    E X U L T E N T
M A I L L E S    M A X I L L E S
M A I R I E S
M I S E R A I
R E M I S A I    M I X E R A I S
M A N I E U R    M I N E R A U X
M A R I N E S
M I N E R A S
R A N I M E S    M A R X I E N S
M E F I E N T    F I X E M E N T
M E N U I S A    S E M I N A U X    JQ
M E R I N O S
M I N O R E S    M I X E R O N S    WY
M E R I S E S
M E S S I R E
M I S E R E S
R E M I S E S
R E M I S S E    R E X I S M E S
M E T R E E S    E X T R E M E S
M I M E R A S
M I R A M E S
R I M A M E S    M A R X I S M E
```

MIREUSE		
RIMEUSE		
UREMIES	MISEREUX	Q
MISAINE	XIMENIAS	
MITAINE	MIXAIENT	
MOIRENT		
OMIRENT		
TRINOME	MIXERONT	
MOULINE	LIMONEUX	
MOUSSUE	MOUSSEUX	
MURITES		
TRUISME	MIXTURES	
MUSCLEE	EXCLUMES	
NAGUERE		
NARGUEE	GENERAUX	
NATURES		
SATURNE		
SAURENT	STERNAUX	
NAVIGUA	VAGINAUX	
NAVIGUE	VIGNEAUX	
NEVROSE		
RENOVES	VEXERONS	Y
NOIRAUD	ORDINAUX	
NOTERAS		
ORANTES		
ORNATES	TAXERONS	J
NOTICES		
SECTION	EXCITONS	
NOTIFIA		
TONIFIA	FIXATION	
NOTULES		
NOULETS		
SOULENT	EXULTONS	
NURAGHE	HARGNEUX	
OBEIREZ		
OBERIEZ	BOXERIEZ	
OBERONS	BOXERONS	
OESTRUS		
TOUSSER		
TROUSSE	SEXTUORS	

```
O P A L I S E
P A L O I S E     E X P L O S A I

O P E R A I T
O P T E R A I
T O P E R A I     E X P O R T A I   JY

O P T E R E Z
T O P E R E Z     E X P O R T E Z   J

O R G U E I L     G L O R I E U X

P A I R I E S     E X P I R A I S

P A N S E E S     E X P A N S E S

P A R F I L E     P R E F I X A L

P A R I E N T
P A T I N E R
P I N T E R A
P R E N A I T     E X P I R A N T

P A R L O T E     E X P L O R A T   Y

P A R O L E S
S A L O P E R     E X P L O R A S   Y

P A T O I S E
P O E T I S A     E X P O S A I S   Y

P A U M E R A     R A M P E A U X

P A U S A I T
T U P A I A S     S P A C I A U X

P E I N T R E
R E P E I N T
R E P E N T I     E X P I R E N T,
T E R P I N E     I N E X P E R T

P E L O T A I
P O E L A I T     E X P L O I T A

P E L O T A S
P O S T A L E     E X P L O S A T   Y

P E L U R E E
P L E U R E S
S E R P U L E     E X P U L S E R

P E T E R A I
P I E T E R A
R E P E T A I     E X P A T R I E

P I A U L E S     E X P U L S A I
```

```
PILOTES
PIOLETS
PISTOLE
POLISTE
POLITES        EXPLOITS

PIROLES
REPOLIS
SPOLIER        PROLIXES

PLEURAT        PLATREUX

PLOIERA
POLAIRE        EXPLORAI

PRELUDE        DUPLEXER

PRETEES
REPETES        EXPERTES

PRIEURE        PIERREUX

RAGREES        EXAGERER

RAMENEE        REEXAMEN

RAPIATE
RETAPAI
TAPERAI        EXPATRIA       Y

RATUREE        TERREAUX       Q

RATURES
SATURER        SURTAXER       JY

RAVISEE
VARIEES
VASIERE        VEXERAIS       JY

REALESE
RESALEE        RELAXEES       Y

RECAUSE        EXCUSERA       Y

RECLAME        EXCLAMER

REPETAT        PRETEXTA

REPORTE        EXPORTER

RESALEE        RELAXEES       Y

RESISTE
RETISSE
SERTIES
SETIERS
STRIEES
TRISSEE        REXISTES
```

R E S S A U T		
R E S S U A T		
R U S A T E S		
S A T U R E S		
S A U R E T S		
S U R A T E S	S U R T A X E S	JY
R E T O R S E	E X T R O R S E	
R E U N I E S		
R U I N E E S		
S U R I N E E	R E S I N E U X	
R O U A T E S		
S O U R A T E		
T O U E R A S	O E S T R A U X	JQY
R O U C H I S	S U R C H O I X	J
R U S A T E S	S U R T A X E S	JY
S A L O P E S	E X P L O S A S	Y
S A T I N E E		
T A N I S E E	A N X I E T E S	Y
S A T U R A I		
S A U R A I T	S U R T A X A I	JQ
S A T U R A T	S U R T A X A T	JQ
S A T U R E Z	S U R T A X E Z	J
S A U N E N T	S T A N N E U X	
S A U N E R A	A R S E N A U X	
S C R U T A I		
S U C R A I T	C R I S T A U X	
S E C O N D E	E X C E D O N S	
S E D U I R A	S I D E R A U X	JQ
S E N T I E S	S E X T I N E S	Y
S E R D E A U	E X S U D E R A,	
	S E R D E A U X	
S E Y A N T S	S Y N T A X E S	
S I E G E A I	E X I G E A I S	
S I E S T E S		
T I S S E E S	S E X I S T E S	
S O U D A I N	S A I N D O U X	
S P A T U L E	E X P U L S A T,	
	S E X T U P L A	
S T O I Q U E	T O X I Q U E S	

S U F F I S E		
S U I F F E S	S U F F I X E S	
S U I F F E E	S U F F I X E E	
S U R E T T E		
T R U S T E E	T E X T U R E S	J
S U T U R A L	L U S T R A U X	
T A P O T E R	E X P O R T A T	
T A S S E N T	S E X T A N T S	
T A T E R A I	T A X E R A I T	
T A U L I E R	L U X E R A I T	QZ
T A V E L A I	L A X A T I V E	J
T A X E R E Z	E X T R A Y E Z	
T E M P E T A	E X E M P T A T	
T E N E U S E	E X T E N U E S	Q
T E N T E R A	E X T E R N A T,	
	T A X E R E N T	J
T H E B A I N	E X H I B A N T	
T O Q U E R A	E X T O R Q U A	Z
T O R E A N T	T A X E R O N T	Y
T R A C T E E	E X C R E T A T	
T U N I Q U E	Q U I N T E U X	Q
U L C E R A I	E X C L U R A I	
U L C E R A S	E X C L U R A S	
U L C E R E S	S C L E R E U X	
U L C E R E Z	E X C L U R E Z	
U N G U E A L	A N G U L E U X	
U S I N E E S	U N I S E X E S	Q
V E I L L E S		
V I E L L E S	V E X I L L E S	

Y

2/2

. Y
A Y

3/1

Y . .
YAK
YEN
YIN
YOD

3/2

. Y .
AYS
LYS
MYE

3/3

. . Y
BEY
BOY
DEY
DRY /
GOY //
PUY
RAY

4/1

Y . . .
YACK
YANG
YARD
YASS
YAWL

YENS
YEUX
YOGA
YOGI
YOLE
YUAN /

4/2

. Y . .
AYEZ
CYAN
CYME
CYON
DYKE
DYNE
EYRA
(raye)
KYAT
LYNX
LYRE
LYSE
OYAT
TYPA+
TYPE+
TYPO

4/3

. . Y .
BAYA+
BAYE+
GOYS
LAYA+
LAYE+
MAYA
MOYE

NOYA+
NOYE+
PAYA+
PAYE+
PAYS
RAYA+
RAYE+
(eyra)
ONYX
ORYX
SOYA
THYM

4/4

. . . Y
AISY
BABY //
CARY
COSY
GRAY
JURY
LADY //
SEXY /
SILY
TORY //

5/1

Y . . . .
YACHT
YASSE
YEBLE
YEUSE
YUCCA

5/2

. Y . . .

A Y A N T /
A Y O N S
 (noyas)
 (sayon)
C Y C A S
C Y C L E
D Y A D E
G Y P S E
G Y R I N
H Y D N E
H Y D R E
H Y E N E
H Y M E N
 (hymne)
H Y M N E
 (hymen)
H Y P H E
H Y P N E
K Y R I E /
K Y S T E
L Y C E E
M Y O M E
M Y O P E
M Y R T E
N Y L O N
P Y R E X
S Y L V E
S Y M P A /
T Y P E E
T Y P E R+
T Y P O N
T Y R A N
X Y L O L
X Y S T E

5/3

. . Y . .

A C Y L E
A L Y T E
A M Y L E
A P Y R E
 (payer)
A R Y E N
A R Y L E
 (layer)
A Z Y M E

B A Y E R+
 (barye)
B A Y O U
 (boyau)
B O Y A U
 (bayou)
C A Y E U
C H Y L E
C H Y M E
D A Y A K
D O Y E N
F A Y O T+
F O Y E R
F U Y E Z
G A Y A L
G U Y O T
H A Y O N
H O Y A U
J O Y A U
K A Y A K
L A Y E E
L A Y E R+
 (aryle)
L A Y O N
L O Y A L
L O Y E R
M A Y E N
M O Y E E
M O Y E N
M O Y E U
N O Y A S
 (ayons)
 (sayon)
N O Y E E
N O Y E R+
O X Y D A+
O X Y D E+
P A Y E E
P A Y E R+
 (apyre)
P A Y S E
 (payés)
P H Y S E
R A Y A I+
 (rayia)
R A Y E E
R A Y E R+

R A Y I A
 (rayai)
R A Y O N
R I Y A L
S A Y O N
 (ayons)
 (noyas)
S O Y E Z
S T Y L A+
S T Y L E+
S T Y L O
T U Y A U
V O Y E R
V O Y E Z
V O Y O U

5/4

. . . Y .

A B O Y A+
A B O Y E+
B A B Y S
B A R Y E
 (bayer)
B E R Y L
B R O Y A+
B R O Y E+
C H O Y A+
C H O Y E+
D E B Y E
D R A Y A+
D R A Y E+
E G A Y A+
E G A Y E+
E T A Y A+
E T A Y E+
F R A Y A+
F R A Y E+
L A D Y S
L L O Y D
O R I Y A
P L O Y A+
P L O Y E+
T H U Y A
T O R Y S

5/5

. . . . Y

B U G G Y
C A D D Y

DANDY
DERNY
GAMAY
GUPPY
HENRY
HIPPY //
HOBBY //
INLAY
LOBBY //
LORRY //
PADDY
PENNY //
PONEY
RUGBY
SPRAY
SULKY
TOKAY
TOMMY //
VICHY
ZLOTY

6/1

Y . . . . .
YANKEE
YAOURT
YEOMAN //
YEOMEN /
YOUPIN
YOURTE
YOUYOU
YPREAU
(payeur)
YSOPET
YTTRIA

6/2

. Y . . . .
AYMARA
BYSSUS /
CYNIPS /
CYPRES /
CYPRIN
CYTISE
HYALIN
HYDRIE
HYOIDE
HYPOGE
HYSOPE

LYCAON
(alcyon)
(clayon)
LYCEEN
(lycène)
LYCENE
(lycéen)
LYCOPE
LYCOSE
LYDIEN
LYMPHE
LYNCHA+
LYNCHE+
LYSINE
MYCOSE
MYGALE
MYIASE
MYOPIE
MYOSIS
MYRRHE
MYXINE
NYMPHE
PYGMEE
PYJAMA
PYLORE
(ployer)
PYRALE
PYRITE
PYTHIE
PYTHON
(typhon)
PYURIE
PYXIDE
SYLPHE
SYNDIC
SYNODE
SYRIEN
SYRINX
SYRPHE
TYMPAN
TYPHON
(python)
TYPHUS
TYPOTE
XYLEME
XYLENE
ZYGENE
ZYGOMA

ZYMASE
(azymes)
ZYTHON
ZYTHUM

6/3

. . Y . . .
ABYSSE
ALYSSE
AZYGOS /
AZYMES
(zymase)
BAYIEZ
BOYARD
BRYONE
COYOTE
(côtoyé)
CRYPTE
DRYADE
ELYTRE
ETYMON
FAYARD
FAYOTA+
FAYOTE+
FOYARD
FUYAIS
FUYAIT
FUYANT
FUYIEZ
FUYONS
GEYSER
GLYCOL
GLYPHE
GOYAVE
IDYLLE
JOYEUX
LAYIEZ
LOYALE
LOYAUX
MAYEUR
MOYEUX
NOYADE
(dénoya)
NOYAUX
NOYIEZ
OLYMPE
ONYXIS
OXYDEE

OXYDER+
OXYTON
OXYURE
PAYANT
PAYEUR
(ypréau)
PAYSAN
PEYOTL
PHYLUM
PSYCHE
RAYAGE
RAYERE
RAYIEZ
RAYURE
RHYTON
RIYALS
ROYALE
SCYTHE
SEYANT
SOYEUX
STYLEE
STYLER+
STYLET
STYRAX
TAYAUT/
THYMIE
THYMOL
THYMUS
THYRSE
TUYERE
VOYAGE+
VOYANT
VOYERS
VOYEUR

6/4

. . . Y . .
ABOYER+
ALCYNE
ALCYON
(clayon)
(lycaon)
ALLYLE
ALOYAU
BARYON
BARYTE
BARYUM
BETYLE

BRAYER
BROYEE
BROYER+
CANYON
CHOYEE
CHOYER+
CLAYON
(alcyon)
(lycaon)
CORYZA
COTYLE
CRAYON
DIDYME
DRAYEE
DRAYER+
ECUYER
EGAYEE
EGAYER+
ENZYME
ETAYEE
ETAYER+
FRAYEE
FRAYER+
KABYLE
KENYAN
LARYNX
LIBYEN
MAGYAR
OSTYAK
(tokays)
PINYIN
PLEYON
PLOYEE
PLOYER+
(pylore)
POLYOL
POLYPE
PROYER
SATYRE
(stayer)
STAYER
(satyre)
TRAYON
TROYEN
VINYLE
YOUYOU

6/5

. . . . Y .
ABBAYE
APPUYA+
APPUYE+
ARROYO
ASSEYE
(essaya)
BALAYA+
BALAYE+
BEGAYA+
BEGAYE+
BOMBYX
BUTYLE
CAPEYA+
CAPEYE+
CAITYA
CIPAYE
COBAYE
COCCYX
COTOYA+
COTOYE+
(coyote)
CRESYL
DAIMYO/
DELAYA+
DELAYE+
DENOYA+
(noyade)
DENOYE+
DERAYA+
DERAYE+
(drayée)
DEVOYA+
DEVOYE+
ENNUYA+
ENNUYE+
ENRAYA+
ENRAYE+
ENVOYA+
ENVOYE+
ESSAYA+
ESSAYE+
(asseye)
ESSUYA+
ESSUYE+
(yeuses)
FASEYA+

F A S E Y E+
H I P P Y S
H O B B Y S
M A R T Y R
O N D O Y A+
O N D O Y E+
O P H R Y S
P A G A Y A+
P A G A Y E+
P A P A Y E
P I R A Y A
R A L L Y E
R E L A Y A+
R E L A Y E+
R E P A Y A+
R E P A Y E+
R H O V Y L
R I M A Y E
R U D O Y A+
R U D O Y E+
T O M M Y S
T U T O Y A+
T U T O Y E+
V A I S Y A
W I L A Y A
Z A W I Y A
Z E P H Y R
Z E Z A Y A+
Z E Z A Y E+

6/6

. . . . . Y
B R A N D Y
C H E R R Y
C O L L E Y
D I N G H Y
G E N T R Y
G R O G G Y
H O C K E Y
J E R S E Y
J O C K E Y
M A R G A Y
R O T A R Y
S H E R R Y
S H I M M Y
V O L L E Y
W H I S K Y

7/1

Y . . . . .
Y A T A G A N
Y E O M A N S
Y I D D I S H
Y O G O U R T
Y P E R I T E
Y T T R I U M

7/2

. Y . . . .
C Y A N O S A+
C Y A N O S E+
C Y A N U R A+
C Y A N U R E+
C Y C L A N E
C Y C L I S A+
C Y C L I S E+
C Y C L O N E
C Y C L O P E
C Y M A I S E
C Y M B A L E
C Y N I Q U E
C Y N I S M E
C Y P H O S E
C Y S T I N E
C Y S T I T E
D Y N A S T E
D Y S P N E E
D Y S U R I E
D Y T I Q U E
G Y M N A S E
G Y M N O T E
G Y N E C E E
G Y P A E T E
G Y P S A G E
G Y P S E U X
H Y A L I N E
H Y A L I T E
H Y B R I D A+
H Y B R I D E+
H Y D R A T A+
H Y D R A T E+
H Y D R U R E
H Y G I E N E
H Y G R O M A
H Y M E N E E
H Y P E R O N
H Y P N O S E

H Y P O G E E
H Y P O I D E
H Y P O X I E
L Y C H N I S /
L Y D D I T E
L Y N C H E E
L Y N C H E R+
L Y R I Q U E
L Y R I S M E
L Y T I Q U E
M Y A L G I E
M Y C O S I S
M Y E L I N E
M Y E L I T E
M Y E L O M E
M Y O S I N E
M Y O S I T E
M Y S T E R E
N Y M P H A L
N Y M P H E A
P Y E L I T E
P Y G M E E N
P Y O G E N E
P Y R A N N E
P Y R E X I E
P Y R O S I S
P Y R R O L E
P Y T H I E N
R Y T H M E E
R Y T H M E R+
S Y C O S I S
S Y E N I T E
S Y L L A B E
S Y L V A I N
S Y M B O L E
S Y N A P S E
S Y N C O P E
S Y N O D A L
S Y N O V I E
S Y N T A X E
S Y N T O N E
S Y S T O L E
S Y Z Y G I E
T Y P H O S E
T Y P I Q U E
Z Y G N E M A

7/3

. . Y . . . .
A B Y S S A L
A B Y S S I N
A L Y S S O N
A M Y L A C E
A M Y L A S E
(layâmes)
A M Y L O S E
A R Y E N N E
B O Y C O T T+
D O Y E N N E
E L Y S E E N
F A Y O T E R+
F A Y O T E S
(festoya)
F U Y A N T S
F U Y I O N S
J O Y E U S E
K R Y P T O N
L A Y A M E S
(amylase)
L A Y E R A I
(relayai)
L A Y E R A S
(relayas)
L A Y E R E Z
(relayez)
L A Y E T T E
L O Y A U T E
M O Y E T T E
N O Y A U T A+
N O Y A U T E+
N O Y I O N S
O D Y S S E E
O X Y D A N T
O X Y G E N A+
O X Y G E N E+
P A Y A B L E
P A Y A N T E
P A Y A N T S
P A Y E R A I+
(repayai)
P A Y E R A S
(repayas)
P A Y E U R S
(surpaye)
P A Y E U S E

P A Y S A G E
(pagayes)
P H Y L L I E
P R Y T A N E
R A Y I O N S
R A Y O N N A+
R A Y O N N E+
R H Y T I N E
R O Y A U M E
R O Y A U T E
S A Y N E T E
(seyante)
S E Y A N T E
(saynète)
S E Y A N T S
S O Y E U S E
S T Y L A I S
(stylisa)
S T Y L I S A+
(stylais)
S T Y L I S E+
S T Y L I T E
S T Y R E N E
T H Y I A D E
T H Y M I N E
T U Y A U T A+
T U Y A U T E+
V O Y A G E A
V O Y A G E R+
V O Y A N C E
V O Y A N T E
V O Y A N T S
V O Y E L L E

7/4

. . . Y . . .
A B O Y E U R
A B O Y I E Z
A C H Y L I E
A G L Y P H E
A N H Y D R E
B A R Y T O N
(broyant)
B I C Y C L E
B R A Y E R S
B R O Y A G E
B R O Y A N T
(baryton)

B R O Y E U R
B R O Y I E Z
B R U Y A N T
B R U Y E R E
C A L Y P S O
C H O Y A N T
(tachyon)
C H O Y I E Z
C L A Y E R E
C L O Y E R E
C O R Y M B E
C O T Y L E S
(scolyte)
C R A Y E U X
C R O Y A N T
D A S Y U R E
E C U Y E R E
E G A Y A N T
E G A Y I E Z
E M P Y R E E
E M P Y E M E
E N K Y S T A+
E N K Y S T E+
E T A Y A G E
E T A Y I E Z
F R A Y E R E
F R A Y E U R
F R A Y I E Z
G R U Y E R E
K E N Y A N E (≠)
L A R Y N G E
L E C Y T H E
P A P Y R U S
P L O Y I E Z
P R O Y E R S
P O L Y S O C
R E C Y C L A+
R E C Y C L E+
S I B Y L L E
S Y Z Y G I E
T O R Y S M E
T R A Y E U R
T R A Y I E Z
Z I Z Y P H E

7/5

. . . . Y . .
A C E T Y L E
A C O L Y T E

ALCOYLE
ANALYSA+
ANALYSE+
ANONYME
(monnaye)
APPUYEE
APPUYER+
ASSEYEZ
AZOTYLE
BAJOYER
BALAYEE
BALAYER+
BATHYAL
BEGAYER+
BENZYLE
BIOTYPE
BIOXYDE
BRADYPE
CALOYER
CAPEYER+
CITOYEN
COLLYRE
CONDYLE
COPAYER
COTOYEE
COTOYER+
(octroye)
DACTYLE
DACTYLO
DELAYEE
DELAYER+
DELOYAL
DENOYEE
DENOYER+
DEPAYSA+
DEPAYSE+
DERAYEE
DERAYER+
DEVOYEE
DEVOYER+
DIALYSA+
DIALYSE+
DIOXYDE
ECHTYMA
EMBRYON
ENFUYEZ
ENNUYEE
ENNUYER+

ENRAYEE
ENRAYER+
ENVOYEE
ENVOYER+
(renvoye)
EPONYME
EPOXYDE
ESSAYEE
ESSAYER+
(rasseye)
(ressaye)
ESSUYEE
ESSUYER+
FASEYER+
FEDAYIN/
ICHTYOL
INOCYBE
LAMPYRE
MARTYRE
METAYER
METHYLE
MITOYEN
NEODYME
ONDOYEE
ONDOYER+
OTOCYON
OVOCYTE
PAGAYES
(paysage)
PAGAYER+
PAPAYER
PHARYNX
PHENYLE
RELAYAI+
(layerai)
RELAYAS
(layeras)
RELAYEE
RELAYER+
RELAYEZ
(layerez)
REPAYAI
(payerai)
REPAYAS
(payeras)
REPAYEE
REPAYER+
REPAYEZ
(payerez)

RUDOYEE
RUDOYER+
SABAYON
SCOLYTE
(cotyles)
TACHYON
(choyant)
TUTOYEE
TUTOYER+
URANYLE
VILAYET
ZEZAYER+

7/6

. . . . . Y .
APITOYA+
APITOYE+
APTERYX
BORNOYA+
BORNOYE+
CARROYA+
CARROYE+
CHATOYA+
CHATOYE+
CONGAYE
CONVOYA+
CONVOYE+
CORROYA+
CORROYE+
COUDOYA+
COUDOYE+
DEBLAYA+
DEBLAYE+
DEBRAYA+
DEBRAYE+
DEFRAYA+
DEFRAYE+
DEPLOYA+
DEPLOYE+
EFFRAYA+
EFFRAYE+
EMBRAYA+
EMBRAYE+
EMPLOYA+
EMPLOYE+
FESTOYA+
(fayotes)
FESTOYE+

L A R M O Y A +
L A R M O Y E +
L O U V O Y A +
L O U V O Y E +
M O N N A Y A +
M O N N A Y E +
(anonyme)
N E T T O Y A +
N E T T O Y E +
O C T R O Y A +
O C T R O Y E +
(côtoyer)
O U G U I Y A
P A U M O Y A +
P A U M O Y E +
R A S S E Y E +
(essayer)
(ressaye)
R E N V O Y A +
R E N V O Y E +
(envoyer)
R E S S A Y A +
R E S S A Y E +
(essayer)
(rasseye)
R E T R A Y E
S O U D O Y A +
S O U D O Y E +
S U R P A Y A +
S U R P A Y E +
(payeurs)
T R I O N Y X
V E R D O Y A +
V E R D O Y E +
V O U V O Y A +
V O U V O Y E +
W H I S K Y S
W I L L A Y A

7/7

. . . . . . Y
C O C K N E Y
F A R A D A Y
G R I Z Z L Y
H I C K O R Y
L I B E R T Y /
N U R S E R Y //
P E N A L T Y //

P O U I L L Y
R E G E N C Y /
R O O K E R Y //
T I L B U R Y
T R A M W A Y
T R O L L E Y
V O U V R A Y
W A L L A B Y

8/1

Y . . . . . .
Y A C H T I N G
Y A C H T M A N //
Y A C H T M E N /
Y E A R L I N G
Y E M E N I T E
Y E O M A N R Y
Y T T R I Q U E

8/2

. Y . . . . .
B Y Z A N T I N
C Y A N O S E E
C Y A N O S E R +
C Y A N U R E E
C Y A N U R E R +
C Y C A D A L E
C Y C L A B L E
C Y C L A M E N
C Y C L I Q U E
C Y C L I S E E
C Y C L I S E R +
C Y C L I S M E
C Y C L I S T E
C Y C L O I D E
C Y C L O N A L
C Y L I N D R A +
C Y L I N D R E +
C Y M B A L U M
C Y N I P I D E
C Y P R I E R E
C Y P R I O T E
C Y S T E I N E
C Y S T I Q U E
C Y T O L Y S E
D Y A D I Q U E
D Y A R C H I E
D Y N A M I S A +

D Y N A M I S E +
D Y N A M I T A +
D Y N A M I T E +
D Y N A S T I E
D Y S L A L I E
D Y S L E X I E
D Y S T O C I E
D Y S T O N I E
G Y M K H A N A
G Y M N A S T E
G Y M N I Q U E
G Y P S E U S E
H Y A L O I D E
H Y B R I D E E
H Y B R I D E R +
H Y D A T I D E
H Y D R A I R E
H Y D R A T E E
H Y D R A T E R +
H Y D R A U L E
H Y D E R M I E
H Y D R I Q U E
H Y D R O G E L
H Y D R O M E L
H Y D R O S O L
H Y M E N I U M
H Y O I D I E N
H Y P N O I D E
H Y S T E R I E
K Y M R I Q U E
K Y R I E L L E
K Y S T I Q U E
L Y C E N I D E
L Y C O P O D E
L Y D I E N N E
L Y N C H A G E
L Y N C H E U R
L Y O N N A I S
L Y S O S O M E
L Y S O Z Y M E
M Y A T O N I E
M Y C E L I E N
M Y C E L I U M
M Y C E N I E N
M Y C E T O M E
M Y D R I A S E
(myriades)
M Y L O N I T E

MYOCARDE
MYOLOGIE
MYOPATHE
MYOSOTIS
MYROSINE
MYRTACEE
MYRTILLE
MYSIDACE
MYSTIFIA+
MYSTIFIE+
MYSTIQUE
MYTHIQUE
(thymique)
NYMPHALE
NYMPHALS
NYMPHOSE
PYGARGUE
PYORRHEE
PYRAMIDE
PYRENEEN
PYRETHRE
PYRIDINE
PYROGENE
PYROLYSE
PYROMANE
PYROXENE
PYROXYLE
SYBARITE
SYCOMORE
SYLLABUS
SYLLEPSE
SYLPHIDE
SYMBIOSE
SYMBIOTE
SYMETRIE
SYMPHYSE
SYMPTOME
SYNCOPAL
SYNCOPEE
SYNDERME
SYNDICAL
SYNDICAT
SYNDIQUA+
SYNDIQUE+
SYNDROME
SYNECHIE
SYNERESE
SYNERGIE

SYNODALE
SYNODAUX
SYNOPSIS
SYNOVIAL
SYNOVITE
SYNTAGME
SYNTHESE
SYNTONIE
SYRIAQUE
SYRIENNE
SYRPHIDE
TYMPANON
TYPHACEE
TYPHIQUE
TYPHOIDE
TYRANNIE
TYROLIEN
TYROSINE
XYLIDINE
XYLOCOPE

8/3

. . Y . . . . .
ABYSSALE
ABYSSAUX
ABYSSINE
ADYNAMIE
AMYGDALE
AMYLIQUE
AMYLOIDE
APYREXIE
ARYTHMIE
ASYNDETE
BAYADERE
BEYLICAL
BEYLICAT
BOYCOTTA+
BOYCOTTE+
CLYSTERE
CRYOSTAT
CRYOTRON
EGYPTIEN
EPYORNIS
FUYAIENT
(enfuyait)
GLYCEMIE
GLYCERIE
GLYCEROL

GOYAVIER
GUYANAIS
LOYAUTES
(autolyse)
MYELOIDE
NOYASSES
(asseyons)
(essayons)
NOYAUTEE
NOYAUTER+
NOYERENT
(troyenne)
OLYMPIEN
OXYDABLE
OXYDANTE
OXYDANTS
OXYDASES
(oxydasse)
OXYGENEE
OXYGENER+
OXYLITHE
OXYTONNE
OXYUROSE
PAYEMENT
PAYERAIS
(repayais)
PAYERAIT
(repayait)
PAYERENT
(prytanée)
(repayent)
PAYERONS
(repayons)
PAYSAGER
PAYSANNE
PHYLLADE
PHYSALIE
PHYSALIS
PHYSIQUE
PHYTOPTE
PRYTANEE
(payèrent)
(repayent)
PSYCHOSE
(cyphoses)
PSYLLIUM
PTYALINE
RAYAIENT
(enrayait)

R A Y E R E N T
(rentraye)
R A Y O N N E E
R A Y O N N E R+
S E Y A I E N T
S E Y A N T E S
(asseyent)
(essayant)
(saynètes)
S T Y L I S E E
S T Y L I S E R+
S T Y L I S M E
S T Y L I S T E
S T Y L O I D E
T H Y M I Q U E
(mythique)
T H Y R O I D E
T R Y P S I N E
T U Y A U T E E
T U Y A U T E R+
V O Y A G E U R
V O Y A I E N T
(envoyait)

8/4

. . . Y . . . .
A B O Y E U S E
A E G Y R I N E
A N K Y L O S A+
A N K Y L O S E+
A R G Y R O S E
A S S Y R I E N
B A R Y T I N E
B R U Y A N T E
B R U Y A N T S
B U T Y L E N E
B U T Y R A T E
B U T Y R E U X
B U T Y R I N E
C A R Y O P S E
(copayers)
C L A Y E T T E
C O R Y P H E E
C R A Y E U S E
C R A Y O N N A+
C R A Y O N N E+
C R O Y A B L E
C R O Y A N C E

C R O Y A N T E
C R O Y A N T S
D R A Y O I R E
E C D Y S O N E
E G A Y A T E S
(étayages)
E G A Y A N T E
E G A Y A N T S
E N D Y M I O N
E N K Y S T E E
E N K Y S T E R+
E T H Y L E N E
E U C Y M E T E
I L L Y R I E N
M A R Y L A N D
P H R Y G A N E
P H R Y G I E N
P L O Y A M E S
(employas)
P O L Y E D R E
P O L Y G A L A
P O L Y G A M E
P O L Y L O B E
P O L Y M E R E
P O L Y N O M E
P O L Y P E U X
P O L Y P I E R
P O L Y P N E E
P O L Y P O D E
P O L Y P O R E
P O L Y T R I C
P O L Y U R I E
R E C Y C L E E
R E C Y C L E R+
S I B Y L L I N
S I S Y M B R E
S P H Y R E N E
T E R Y L E N E
T R A Y E U S E
T R O Y E N N E
(noyèrent)

8/5

. . . . Y . . .
A C O L Y T A T
A M B L Y O P E
A N A L Y S E E
A N A L Y S E R+

A N A L Y S T E
A N O N Y M A T
A S S E Y E N T
(essayent)
(saynètes)
(seyantes)
A S S E Y O N S
(essayons)
(noyasses)
B A J O Y E R S
B A L A Y A G E
B A L A Y E U R
B A T H Y A U X
B O T R Y T I S
C O C H Y L I S
C O L L Y B I E
C O P A Y E R S
(caryopse)
C O T O Y O N S
(otocyons)
D A N D Y S M E
D A R B Y S M E
D A R B Y S T E
D E C R Y P T A+
D E C R Y P T E+
D E L A Y A G E
D E N O Y A G E
D E P A Y S E E
D E P A Y S E R+
D E R A Y U R E
D I A L Y S E E
D I A L Y S E R+
D I P T Y Q U E
E N F U Y A I T
(fuyaient)
E N N O Y A G E
E N N U Y E U X
E N R A I E N T
(rayaient)
E N R A Y O I R
E N R A Y U R E
E N V O Y A I T
(voyaient)
E S S A Y A G E
E S S A Y E N T
(asseyent)
(saynètes)
(seyantes)

E S S A Y O N S	A N T O N Y M E	F E D D A Y I N /
(asseyons)	A P I T O Y E E	F E S T O Y E R +
(noyasses)	A P I T O Y E R +	G E N O T Y P E
E S S U Y A G E	A P O P H Y S E	G I R O D Y N E
G I B O Y E U X	A U T O L Y S E	G O N O C Y T E
I S O H Y E T E	(loyautés)	H E M O L Y S E
I S O H Y P S E	A U T O N Y M E	H A I N U Y E R
L A C R Y M A L	B E N Z O Y L E	H E N N U Y E R
M A R E Y A G E	B I S C A Y E N	H O M O N Y M E
M A R E Y E U R	B O R N O Y E E	H Y P O G Y N E
M E T A Y A G E	B O R N O Y E R +	L A R M O Y E R +
P A G A Y E U R	C A C A O Y E R	L E V O G Y R E
P R O P Y L E E	C A R R O Y E R +	L I N O T Y P E
R E L A Y A I S	C A T A L Y S A +	L I P O L Y S E
(layerais)	C A T A L Y S E +	L O U V O Y E R +
R E L A Y A I T	C H A T O Y E E	L Y S O Z Y M E
(layerait)	C H A T O Y E R +	M I S O G Y N E
R E L A Y E N T	C H L A M Y D E	M O N N A Y E E
(layèrent)	C O E N Z Y M E	M O N N A Y E R +
R E L A Y E U R	C O N V O Y E E	M O N O C Y T E
R E L A Y I E Z	C O N V O Y E R +	M O N O T Y P E
(layeriez)	C O R R O Y E E	N E O P H Y T E
R E L A Y O N S	C O R R O Y E R +	N E T T O Y E E
(layerons)	C O U D O Y E E	N E T T O Y E R +
R E P A Y A I S	C O U D O Y E R +	O C T R O Y E E
(payerais)	C Y T O L Y S E	O C T R O Y E R +
R E P A Y A I T	D E B L A Y E E	P A R A L Y S A +
(payerait)	D E B L A Y E R +	P A R A L Y S E +
R E P A Y E N T	D E B R A Y E E	P A R O N Y M E
(payèrent)	D E B R A Y E R +	P A U M O Y E E
(prytanée)	D E F R A Y E E	P A U M O Y E R +
R E P A Y I E Z	D E F R A Y E R +	P E L A M Y D E
(payeriez)	D E P L O Y E E	P O R P H Y R E
R E P A Y O N S	D E P L O Y E R +	P R E S B Y T E
(payerons)	D I A P H Y S E	P R O S T Y L E
R E V O Y A N T	D I C A R Y O N	P Y R O L Y S E
(renvoyât)	E F F R A Y E E	P Y R O X Y L E
R E V O Y U R E /	E F F R A Y E R +	R A S S E Y E Z
R U G B Y M A N //	E M B R A Y E E	R A S S O Y E Z
R U G B Y M E N /	E M B R A Y E R +	R E N V O Y E E
S A M O Y E D E	E M P L O Y A S	R E N V O Y E R +
T R I C Y C L E	(ployâmes)	R E S S A Y E E
	E M P L O Y E E	(réessaye)
8/6	E M P L O Y E R +	R E S S A Y E R +
	E O L I P Y L E	R E T R A Y E E
. . . . . Y . .	E P E N D Y M E	R O C O U Y E R
A C R O N Y M E	E P I P H Y S E	S A L I C Y L E
A E R O D Y N E	E P I P H Y T E	S O U D O Y E E
A L D E H Y D E		

S O U D O Y E R+	C H A R R O Y E+	R E E S S A Y A+
S P O N D Y L E	F L A M B O Y A+	(essayera)
S U R L O Y E R	F L A M B O Y E+	R E E S S A Y E+
S U R P A Y E E	F O U D R O Y A+	(ressayée)
S U R P A Y E R+	F O U D R O Y E+	R E M B L A Y A+
S U R S O Y E Z	F O U R V O Y A+	R E M B L A Y E+
S Y M P H Y S E	F O U R V O Y E+	R E M P L O Y A+
T E L E T Y P E	G R A S S E Y A+	R E M P L O Y E+
T O P O N Y M E	G R A S S E Y E+	R E N T R A Y A+
T R A C H Y T E	G U E R R O Y A+	R E N T R A Y E+
V E R D O Y E R+	G U E R R O Y E+	R O O K E R Y S
V O U V O Y E E	H O N G R O Y A+	R O U G E O Y A+
V O U V O Y E R+	H O N G R O Y E+	R O U G E O Y E+
Z O O P H Y L E	J O I N T O Y A+	T O U R N O Y A+
	J O I N T O Y E+	T O U R N O Y E+
	L A N G U E Y A+	
8/7	L A N G U E Y E+	**8/8**
	N U R S E R Y S	
. . . . . . Y .	P E N A L T Y S	. . . . . . Y
A T E R M O Y A+	P O U D R O Y A+	A T T O R N E Y
A T E R M O Y E+	P O U D R O Y E+	L A V A T O R Y //
C A T T L E Y A	P O U R V O Y A+	M E R C U R E Y
C E R A M B Y X	P O U R V O Y E+	V A L E N C A Y
C H A R R O Y A+		Y E O M A N R Y

Erreurs : fy, uy, aye, gym, roy, toy, oyez..., yéti, goye, lynch, fuyai,, coyau, ayants, jenny, élysée, tyrien, vaicya, milady, hyades, layeur, oxymel, ectype, coomys, koomys, kephyr, syncoper+, distyle, aphylle, ployage, cyclecar, royalty, ressuyer+, gyrostat, myrmidon, fuyante, fuyarde, athymie, typhlite, beylisme, cryogène, épigyne, ichthys, oxyacide, ployable, batayole, épicycle, valkyrie, walkyrie, hannuyer, lumitype, weslegen,ne, soyer, psylle.

Attention : au *P.L.I.* 1981, **kenyanne** est mentionné comme féminin de KENYAN ; mais seul KENYANE est correct.

Raccords avec Y seul

Derrière les mots suivants : AIS, CAR, COLLE, DE, GO, LAD, MERCURE, PU, RA, SIL, TROLLE.

Devant les mots suivants : EN, EUX, OLE, PERITES, PREAU, IN.

Raccords des mots avec AY

		A Y		
		A Y		
+1		A Y	S	
	R	A Y		
+2		A Y	E Z	
	B	A Y	A +	
	B	A Y	E +	
	L	A Y	A +	
	L	A Y	E +	
	M	A Y	A	
	P	A Y	A +	
	P	A Y	E +	
	P	A Y	S	
	R	A Y	A +	
	R	A Y	E +	
	R	A Y	S	
	G R	A Y		
+3		A Y	A N T /	
		A Y	O N S	
	B	A Y	E R +	
	B	A Y	O U	
	C	A Y	E U	
	D	A Y	A K	
	F	A Y	O T +	
	G	A Y	A L	
	H	A Y	O N	
	K	A Y	A K	

		A Y		
	L	A Y	E E	
	L	A Y	E R +	
	L	A Y	O N	
	M	A Y	E N	
	P	A Y	E E	
	P	A Y	E R +	
	P	A Y	S E	
	R	A Y	E E	
	R	A Y	E R +	
	R	A Y	I A	
	R	A Y	O N	
	S	A Y	O N	
	D R	A Y	A +	
	D R	A Y	E +	
	E G	A Y	A +	
	E G	A Y	E +	
	E T	A Y	A +	
	E T	A Y	E +	
	F R	A Y	A +	
	F R	A Y	E +	
	G A M	A Y		
	I N L	A Y		
	S P R	A Y		
	T O K	A Y		
+4		A Y	M A R A	
	B	A Y	A N T	

		AY	
	B	AY	I E Z
	C	AY	EUX
	F	AY	ARD
	F	AY	OTE +
	M	AY	EUR
	P	AY	ANT
	P	AY	EUR
	P	AY	SAN
	R	AY	AGE
	R	AY	ANT /
	R	AY	ERE
	R	AY	URE
	T	AY	AUT /
B	R	AY	ER
C	L	AY	ON
C	R	AY	ON
D	R	AY	EE
D	R	AY	ER+
E	G	AY	EE
E	G	AY	ER+
E	T	AY	EE
E	T	AY	ER+
F	R	AY	EE
F	R	AY	ER+
S	T	AY	ER
T	R	AY	ON
A B	B	AY	E
B A	L	AY	A+
B A	L	AY	E+
B E	G	AY	A+
B E	G	AY	E+
C I	P	AY	E
C O	B	AY	E
D E	L	AY	A+
D E	L	AY	E+
D E	R	AY	A+
D E	R	AY	E+
E N	R	AY	A+
E N	R	AY	E+
E S	S	AY	A+
E S	S	AY	E+
I M	P	AY	E
P A	G	AY	A+
P A	G	AY	E+
P A	P	AY	E
P I	R	AY	A
R E	L	AY	A+
R E	L	AY	E+

			AY	
	R E	P	AY	A+
	R E	P	AY	E+
	R I	M	AY	E
	W I	L	AY	A
	Z E	Z	AY	A+
	Z E	Z	AY	E+
+5		B	AY	I O N S
		F	AY	OTER +
		L	AY	ETTE
		P	AY	ABLE
		P	AY	ANTE
		P	AY	ANTS
		P	AY	EUSE
		P	AY	SAGE
		R	AY	ONNA +
		R	AY	ONNE +
		S	AY	NETE
	B	R	AY	ERS
	C	L	AY	ERE
	C	R	AY	EUX
	D	R	AY	ANT /
	E	G	AY	ANT /
	E	T	AY	AGE
	E	T	AY	ANT /
	F	R	AY	ANT /
	F	R	AY	ERE
	T	R	AY	ANT /
	T	R	AY	EUR
	B A	L	AY	EE
	B A	L	AY	ER+
	B E	G	AY	EE
	B E	G	AY	ER+
	C O	P	AY	ER
	D E	L	AY	EE
	D E	L	AY	ER+
	D E	P	AY	SA+
	D E	P	AY	SE+
	D E	R	AY	EE
	D E	R	AY	ER+
	E N	R	AY	EE
	E N	R	AY	ER+
	E S	S	AY	EE
	E S	S	AY	ER+
	F E	D	AY	I N/
	I M	P	AY	EE
	M E	T	AY	ER
	P A	G	AY	ER+
	P A	P	AY	ER

R E L	A Y	E E		
R E L	A Y	E R +		
R E P	A Y	E E		
R E P	A Y	E R +		
S A B	A Y	O N		
V I L	A Y	E T		
Z E Z	A Y	E R +		
C O N G	A Y	E		
D E B L	A Y	A +		
D E B L	A Y	E +		
D E F R	A Y	A +		
D E F R	A Y	E +		
E F F R	A Y	A +		
E F F R	A Y	E +		
E M B R	A Y	A +		
E M B R	A Y	E +		
M O N N	A Y	A +		
M O N N	A Y	E +		
R E S S	A Y	A +		
R E S S	A Y	E +		
R E T R	A Y	E +		
S U R P	A Y	A +		
S U R P	A Y	E +		
W I L L	A Y	A		
T R A M W	A Y			
+ 6	B A Y	A D E R E		
	P A Y	E M E N T		
	P A Y	S A G E R		
	P A Y	S A N N E		
	R A Y	O N N E E		
	R A Y	O N N E R +		
C L	A Y	O N N A +		
C L	A Y	O N N E +		
C R	A Y	E U S E		
C R	A Y	O N N A +		
C R	A Y	O N N E +		
D R	A Y	O I R E		
E G	A Y	A N T E		
E G	A Y	A N T S		
T R	A Y	E U S E		
B A L	A Y	A G E		
B A L	A Y	E U R		
C O P	A Y	E R S		
D E B	A Y	A G E		
D E P	A Y	S E E		
D E P	A Y	S E R +		
D E R	A Y	U R E		
E N R	A Y	U R E		

E S S	A Y	A G E	
M E T	A Y	A G E	
P A G	A Y	E U R	
B I S C	A Y	E N	
D E B L	A Y	E E	
D E B L	A Y	E R +	
D E B R	A Y	E E	
D E B R	A Y	E R +	
D E F R	A Y	E E	
D E F R	A Y	E R +	
E F F R	A Y	E E	
E F F R	A Y	E R +	
E M B R	A Y	E E	
E M B R	A Y	E R +	
F E D D	A Y	I N /	
M O N N	A Y	E E	
M O N N	A Y	E R +	
R E S S	A Y	E E	
R E S S	A Y	E R +	
R E T R	A Y	E E	
S U R P	A Y	E E	
S U R P	A Y	E R +	
R E M B L	A Y	A +	
R E M B L	A Y	E +	
R E N T R	A Y	A +	
R E N T R	A Y	E +	
+ 7	A Y	A T O L L A H	
B	A Y	A D E R E S	(bardées + 1)
B	A Y	A S S I E Z	(baissez)
B	A Y	E R I O N S	(bernois + 1)
F	A Y	O T E R A S	(forâtes)
L	A Y	A S S I E Z	(laissez + 1)
L	A Y	E T I E R S	(stérile)
L	A Y	E R I O N S	(relions + 6)
P	A Y	A S S I E Z	(passiez + 1)
P	A Y	S A G E R E	(présage + 2)
P	A Y	S A N N A T	(pansant)
R	A Y	E R I O N S	(rôniers)

R		AY	ONNAGE
R		AY	ONNAIS (rainons)
R		AY	ONNEES (résonne)
C L		AY	ONNAS (lançons)
C R		AY	EUSES (creuses + 5)
C R		AY	ONNAS (crânons + 3)
C R		AY	ONNAT (cornant)
C R		AY	ONNEE (énoncer + 3)
C R		AY	ONNES (cernons + 2)
D R		AY	AIENT (rendait + 6)
D R		AY	ASSES (dressas)
D R		AY	ERAIS (rideras + 1)
D R		AY	ERIEZ (redirez)
E G		AY	AIENT (neigeât + 1)
E G		AY	ANTES (gantées + 2)
E G		AY	ASSES (sagesse)
E G		AY	ERAIS (siègera + 1)
E G		AY	ERAIT (gâterie + 2)
E G		AY	ERENT (régente)
E G		AY	ERONS (rongées + 1)
E G		AY	ERONT (géronte)
E T		AY	AIENT (étaient + 2)
E T		AY	ASSES (tassées)
E T		AY	ERAIS (astérie)
E T		AY	ERAIT (téterai + 3)
E T		AY	ERENT (entêter + 1)
E T		AY	ERONS (osèrent + 2)
E T		AY	ERONT (ôtèrent + 1)
F R		AY	AIENT (fraient + 1)
F R		AY	EMENT (ferment)
F R		AY	ERAIS (frisera + 2)
F R		AY	ERAIT (ferrait + 1)
F R		AY	ERENT (ferrent)
F R		AY	ERIEZ (ferriez)
F R		AY	ERONS (ferrons)
F R		AY	ERONT (renfort)
T R		AY	EUSES (sûreté)
B A L		AY	AGES (sablage)
B A L		AY	ASSE (basales)
B A L		AY	ATES (basalte)
B A L		AY	ERAS (sablera + 2)
B A L		AY	ETTE (ablette + 1)
B A L		AY	EUSE
B A L		AY	IONS (albinos + 1)
B A L		AY	URES (salubre + 2)
D E L		AY	AGES (dégelas)
D E L		AY	AMES (démêlas)
D E L		AY	ASSE (délasse + 1)
D E L		AY	ATES (délesta + 2)
D E L		AY	ERAI (déliera + 1)

D E L	A Y	E R A S	
		(lardées + 1)	
D E L	A Y	I O N S	
		(délions + 3)	
D E P	A Y	S A I S	
		(apsides + 1)	
D E P	A Y	S A I T	
		(dépista + 1)	
D E P	A Y	S A N T	
		(pédants)	
D E P	A Y	S E E S	
D E R	A Y	A M E S	
		(désarme + 3)	
D E R	A Y	A S S E	
		(adresse + 2)	
D E R	A Y	A T E S	
		(déserta + 2)	
D E R	A Y	E R A S	
		(déraser)	
D E R	A Y	I O N S	
		(doriens)	
E N R	A Y	A M E S	
		(ramènes + 2)	
E N R	A Y	A S S E	
		(assener)	
E N R	A Y	A T E S	
		(enteras)	
E N R	A Y	E R A I	
		(reniera)	
E N R	A Y	E R A S	
		(narrées + 1)	
E N R	A Y	I O N S	
		(renions + 1)	
E S S	A Y	A G E S	
		(sagesse)	
E S S	A Y	A M E S	
		(massées + 2)	
E S S	A Y	A S S E	
		(sassées)	
E S S	A Y	A T E S	
		(tassées)	
E S S	A Y	E R A I	
		(arisées + 1)	
E S S	A Y	E R A S	
		(réasses)	
E S S	A Y	E U S E	
E S S	A Y	I S T E	
		(tissées + 1)	

E S S	A Y	I O N S	
		(session + 1)	
I M P	A Y	A B L E	
M E T	A Y	A G E S	
		(gamètes)	
P A G	A Y	A S S E	
		(passage)	
P A G	A Y	A T E S	
		(tapages)	
P A G	A Y	E R A I	
		(pairage + 1)	
P A G	A Y	E R A S	
		(parages + 1)	
P A G	A Y	E R E Z	
		(arpégez)	
P A G	A Y	E U R S	
		(purgeas + 1)	
P A G	A Y	E U S E	
R E L	A Y	A M E S	
		(mêleras)	
R E L	A Y	A S S E	
		(léseras + 1)	
R E L	A Y	A T E S	
		(relates + 4)	
R E L	A Y	E R A I	
		(reliera + 1)	
R E L	A Y	E R A S	
		(resaler)	
R E L	A Y	I O N S	
		(relions + 6)	
R E P	A Y	A M E S	
		(ampères + 3)	
R E P	A Y	A S S E	
		(pèseras + 5)	
R E P	A Y	A T E S	
		(péteras + 7)	
R E P	A Y	E R A I	
		(repérai + 4)	
R E P	A Y	E R A S	
		(répares + 3)	
R E P	A Y	E R E Z	
		(repérez)	
Z E Z	A Y	E R A I	
		(razziée)	
A T T R	A Y	A N T	
D E B L	A Y	A I S	
		(diables + 1)	
D E B L	A Y	E R A	
		(délabré)	

D E B L	A Y	O N S
		(blondes)

D E B R	A Y	A G E
		(bédégar)

D E B R	A Y	A I T
		(débâtir)

D E B R	A Y	A N T
		(bradent + 1)

D E B R	A Y	O N S
		(rebonds)

D E F R	A Y	A I S
		(défrisa + 1)

D E F R	A Y	A N I
		(fardent)

D E F R	A Y	E E S
		(fédérés + 2)

D E F R	A Y	E R A
		(déferra + 1)

D E F R	A Y	O N S
		(frondes + 2)

E F F R	A Y	A I T
		(effrita)

E F F R	A Y	E R A
		(effarer)

E M B R	A Y	A N T
		(brament + 1)

E M B R	A Y	E R A
		(marbrée + 1)

E M B R	A Y	O N S
		(nombres)

M O N N	A Y	A I S
		(manions + 2)

M O N N	A Y	A I T
		(mitonna)

M O N N	A Y	E R A
		(maronne)

R E S S	A Y	A I S
		(rassise + 1)

R E S S	A Y	A I T
		(restais + 11)

R E S S	A Y	A N T
		(transes + 1)

S U R P	A Y	E E S
		(peseurs)

S U R P	A Y	E R A
		(reparus + 3)

R E M B L	A Y	A I
		(remblai + 1)

R E M B L	A Y	A T
		(trembla)

R E M B L	A Y	E S
		(sembler)

R E N T R	A Y	A I
		(traîner + 4)

R E N T R	A Y	A S
		(rentras + 2)

R E N T R	A Y	A T
		(rentrât + 1)

R E N T R	A Y	E E
		(rentrée + 2)

R E N T R	A Y	E R
		(rentrer)

R E N T R	A Y	E S
		(rentres + 1)

Raccords des mots de 3 lettres avec Y

		BEY				D I A	L Y S	A +
+ 1		BEY	S			D I A	L Y S	E +
+ 5		BEY	LICAL		+ 5		L Y S	OSOME
		BEY	LICAT				L Y S	OZYME
						C	Y S	TERE
		BOY				A N A	L Y S	E E
+ 1		BOY	S			A N A	L Y S	E R +
+ 2		BOY	AU			D I A	L Y S	E E
	A	BOY	A +			D I A	L Y S	E R +
	A	BOY	E +			A U T O	L Y S	E
+ 3		BOY	AUX			C A T A	L Y S	A +
		BOY	ARD			C A T A	L Y S	E +
	A	BOY	E R +			C Y T O	L Y S	E
+ 4		BOY	COTT +			H E M O	L Y S	E
	A	BOY	EUR			L I P O	L Y S	E
+ 5		BOY	COTTA +			P A R A	L Y S	A +
		BOY	COTTE +			P A R A	L Y S	E +
	A	BOY	EUSE			P Y R O	L Y S	E
	G I	BOY	EUX					
							MYE	
		DRY	/		+ 4		MYE	LINE
							MYE	LITE
+ 3		DRY	ADE				MYE	LOME
	H A M A	DRY	AS	+ 6	+ 5		MYE	LOIDE
		GOY					**PUY**	
+ 1		GOY	S		+ 1		PUY	S
+ 2		GOY	IM		+ 3	A P	PUY	A +
+ 3		GOY	AVE			A P	PUY	E +
+ 5		GOY	AVIER					
							RAY	
		LYS				(voir à AY)		
+ 1		LYS	E					
+ 3		LYS	INE					
	A	LYS	SE					
+ 4		A LYS	SON				**YAK**	
	E	LYS	EEN		+ 2	D A	YAK	
	A N A	LYS	A +			K A	YAK	
	A N A	LYS	E +		+ 3 O S T		YAK	

		YEN	
+ 1		YEN	S
+ 2	H	YEN	E
	A R	YEN	
	D O	YEN	
	M A	YEN	
	M O	YEN	
+ 3	B A	YEN	T
	L A	YEN	T
	P A	YEN	T
	R A	YEN	T
	L I B	YEN	
	T R O	YEN	
+ 4	A R	YEN	NE
	D O	YEN	NE
	M O	YEN	NE
	D R A	YEN	T
	E G A	YEN	T
	F R A	YEN	T

	YEN		
C I T O	YEN		
M I T O	YEN		
T R O	YEN	NE	+ 5
B A L A	YEN	T	
B E G A	YEN	T	
D E L A	YEN	T	
D E R A	YEN	T	
E N R A	YEN	T	
P A G A	YEN	T	
R E L A	YEN	T	
R E P A	YEN	T	
Z E Z A	YEN	T	
B I S C A	YEN		

		YIN		
+ 1		YIN	S	
+ 3	P I N	YIN		
	F E D A	YIN	/	+ 4
	F E D D A	YIN	/	+ 5

Raccords des mots de 4 lettres avec Y

		A I S Y	
+ 2	V	A I S Y	A

		A Y E Z	
+ 1	B	A Y E Z	
	L	A Y E Z	
	P	A Y E Z	
	R	A Y E Z	
+ 2	D R	A Y E Z	

(plus tous les autres verbes
en — AYEZ)

	B A B Y	
+ 1	B A B Y	S
+ 6	B A B Y	LONIEN

	B A Y A	+
+ 4	B A Y A	DERE

		B A Y E	+
+ 2	C O	B A Y E	

		C Y A N	
+ 3		C Y A N	O S A +
		C Y A N	O S E +
		C Y A N	U R A +
		C Y A N	U R E +
+ 4		C Y A N	O S E E
		C Y A N	O S E R +
		C Y A N	U R E E
		C Y A N	U R E R +
+ 5		C Y A N	A M I D E
		C Y A N	O G E N E

		C Y O N	
+ 2	A L	C Y O N	
+ 3	O T O	C Y O N	

		DYNE			+3		NOYA	UTA +
	AERO	DYNE		+4			NOYA	UTE +
	GIRO	DYNE		+4			NOYA	UTEE
							NOYA	UTER +
		LAYA	+			DE	NOYA	GE
+2	B A	LAYA	+			E N	NOYA	GE
	D E	LAYA	+		+5		NOYA	UTAGE
	R E	LAYA	+			D E	NOYA	UTE +
	W I	LAYA						
+3	W I L	LAYA					**ONYX**	
+4	B A	LAYA	GE		+2		ONYX	IS
	D E	LAYA	GE		+3	T R I	ONYX	
		LAYE	+				**OYAT**	
+1		LAYE	E		+1		OYAT	S
+2	B A	LAYE	+			N	OYAT	
	D E	LAYE	+		+2	A B	OYAT	
	R E	LAYE	+			B R	OYAT	
+3		LAYE	TTE			C H	OYAT	
	C	LAYE	RE			P L	OYAT	
+4	C	LAYE	TTE					

(plus tous les autres verbes
en – OYER)

	B A	**LAYE**	UR				**PAYA**	+
+5	B A	LAYE	TTE		+3		PAYA	BLE
	B A	LAYE	USE				PAYA	NTE
							PAYA	NTS
		LYRE					**PAYE**	+
+3	C O L	LYRE			+1		PAYE	E
		LYSE			+2		PAYE	NT
	(voir à LYS)						PAYE	UR
						C I	PAYE	
		MOYE				P A	PAYE	
+1		MOYE	E			R E	PAYE	+
		MOYE	N		+3		PAYE	USE
		MOYE	U			C O	PAYE	RR
+2		MOYE	UX			P A	PAYE	RR
+3		MOYE	NNE			R E	PAYE	R +
		MOYE	TTE			S U R	PAYE	
	L A R	MOYE	+		+4		PAYE	MENT
	P A U	MOYE	+			C O	PAYE	RS
+5		MOYE	NNANT			S U R	PAYE	E
	A T E R	MOYE	R +			S U R	PAYE	R +
		NOYA	+					
+2		NOYA	DE					
	D E	NOYA	+					

		PAYS		
+1		PAYS	E	
+2		PAYS	AN	
+3		PAYS	AGE	
	D E	PAYS	A+	
	D E	PAYS	E+	
+4		PAYS	AGER	
		PAYS	ANNE	
+5		PAYS	AGERE	
		PAYS	ANNAT	
		RAYA	+	
+2		RAYA	GE	
		RAYA	NT/	
	P I	RAYA		
		RAYE	+	
+1		RAYE	E	
	D	RAYE	+	
	F	RAYE	+	
+2		RAYE	RE	
	B	RAYE	R	
	D	RAYE	R+	
	F	RAYE	R+	
	D E	RAYE	+	
	E N	RAYE	+	
+3	B	RAYE	RS	
	C	RAYE	UX	
	F	RAYE	RE	
	T	RAYE	UR	
	D E	RAYE	E	
	D E	RAYE	R+	
	E N	RAYE	E	
	E N	RAYE	R+	
	D E F	RAYE	+	
	E F F	RAYE	+	
	R E T	RAYE	+	
+4	C	RAYE	USE	
	T	RAYE	USE	
	D E B	RAYE	R+	
	D E F	RAYE	R+	
	E F F	RAYE	R+	

		EMB	RAYE	R+	
	R E T		RAYE	R+	
	R E N T		RAYE	+	
+5	F		RAYE	MENT	
			SOYA		
+4	A S		SOYA	IS	
	A S		SOYA	IT	
+6	A S		SOYA	IENT	
			THYM		
+2			THYM	IE	
			THYM	OL	
			THYM	US	
+3			THYM	INE	
+4			THYM	IQUE	
			TORY		
+1			TORY	S	
+3			TORY	SME	
	L A V A		TORY		+4
	L A V A		TORY	S	+5
			TYPE	+	
+1			TYPE	E	
			TYPE	R+	
+3			TYPE	SSE	
	B I O		TYPE		
	E C O		TYPE		
	G E N O		TYPE		+4
	L I N O		TYPE		
	M O N O		TYPE		
	T E L E		TYPE		
	A R C H E		TYPE		+5
	C A R Y O		TYPE		
	P H E N O		TYPE		
	P H O T O		TYPE		
	P R O T O		TYPE		
	R O N E O		TYPE	+	
	S T E N O		TYPE		
			TYPO		
+2			TYPO	TE	

```
            Y A S S                          Y E U X
+1          Y A S S E          +2    C A     Y E U X
(voir également à − YASSE)            J O     Y E U X
                                     M O     Y E U X
            Y A R D                  S O     Y E U X
+2    F O   Y A R D          +3  C R A       Y E U X
      F U   Y A R D              E N N U     Y E U X      +4
  S A V O   Y A R D      +4      G I B O     Y E U X
  S A V O   Y A R D E    +5
```

Raccords des mots de 5 lettres avec Y

```
            A Y O N S                        D A N D Y
+1      B   A Y O N S          +1            D A N D Y S
        H   A Y O N S          +3            D A N D Y S M E
        L   A Y O N S
        P   A Y O N S                        H Y D R E
        R   A Y O N S          +2    A N     H Y D R E
        S   A Y O N S
+2  C L     A Y O N S                        H Y M E N
    C R     A Y O N S          +2            H Y M E N E E
    T R     A Y O N S          +3            H Y M E N I U M
+3 S A B    A Y O N S
(plus verbes en − AYER)                      K Y R I E /
                              +3             K Y R I E L L E
            C H Y M E
    C A C O C H Y M E    +4                  K Y S T E
  P A R E N C H Y M E    +5    +2    E N     K Y S T E +

            C Y C L E                        L A Y E R +
+2    B I   C Y C L E
      R E   C Y C L E +        +2        C   L A Y E R E
+3    R E   C Y C L E E                B A   L A Y E R +
      R E   C Y C L E R+               D E   L A Y E R +
    T R I   C Y C L E                  R E   L A Y E R +
  H E M I   C Y C L E    +4    +3 D E B       L A Y E R +
  M O T O   C Y C L E             R E M B    L A Y E R +    +4
  P E R I   C Y C L E
+5    B I   C Y C L E T T E
```

LAYON

```
+ 1      C LAYON
+ 3      C LAYON NA +
         C LAYON NE +
+ 4      C LAYON NAGE
```
(plus tous les verbes en – LAYER :
         D E LAYON S)

LOYER

```
+ 1        P LOYER +
+ 2       CA LOYER
+ 3       CA LOYER E
          CA LOYER S
         DEP LOYER +
         EMP LOYER +
         SUR LOYER
        REMP LOYER +      + 4
       REEMP LOYER +      + 5
```

MOYEN

```
+ 2    MOYEN NE
+ 4    MOYEN NANT /
+ 5    MOYEN AGEUX
```

MYOME

```
   LEIO MYOME            + 4
```

OXYDE

(voir OXYDE dans les X)

PHYSE

```
+ 3  APO PHYSE
     DIA PHYSE
     EPI PHYSE
     SYM PHYSE
    HYPO PHYSE           + 4
    PARA PHYSE
```

STYLE

```
+ 1        STYLE E
           STYLE R +
           STYLE T
+ 3   PRO STYLE
     HYPO STYLE          + 4
     MONO STYLE
     OCTO STYLE
     PERI STYLE
    TETRA STYLE          + 5
```

STYLO

```
+ 3        STYLO IDE
```

VOYER

```
+ 1        VOYER S
+ 2     DE VOYER +
        EN VOYER +
+ 3  CON VOYER +
     LOU VOYER +
     REN VOYER +
     VOU VOYER +
    FOUR VOYER +         + 4
```

YASSE

```
+ 2    BA YASSE
       LA YASSE
       NO YASSE
       PA YASSE
       RA YASSE
+ 3  ABO YASSE
     BRO YASSE
     CHO YASSE
     DRA YASSE
     EGA YASSE
     ETA YASSE
     FRA YASSE
     PLO YASSE
```

YEUSE

```
+ 2    JO YEUSE
       PA YEUSE
       SO YEUSE
+ 3  ABO YEUSE
     BRO YEUSE
     CRA YEUSE
     TRA YEUSE
    BALA YEUSE           + 4
    ENNU YEUSE
    ENVO YEUSE
    ESSA YEUSE
    GIBO YEUSE
    MARE YEUSE
    PAGA YEUSE
   EMPLO YEUSE           + 5
   NETTO YEUSE
   VOLLE YEUSE
```

Raccords des mots de 7 lettres avec Y

A B I M E R A	E M B R A Y A I
A B R E G E A	B E G A Y E R A
A B R I T E S	
R E B A T I S	S Y B A R I T E
A B R O G E S	
G O B E R A S	
R O B A G E S	B R O Y A G E S
A C E T A L S	
C E L A T E S	
E C L A T A S	
L A C A T E S	
L A C T A S E	C A T A L Y S E
A D A M I E N	
A M E N D A I	A D Y N A M I E
A D A P T E S	D E P A Y S A T
A D M I R E S	
D A M I E R S	
M E D I R A S	
R E A D M I S	M Y D R I A S E
R I D A M E S	M Y R I A D E S
A D R E S S A	
D E R A S A S	
R A D A S S E	
R A S A D E S	D R A Y A S S E
A E R A G E S	
A R E A G E S	E G A Y E R A S X
A E R A S S E	E S S A Y E R A,
	R E E S S A Y A
A E R A T E S	E T A Y E R A S
A F F A I R E	
E F F A R A I	E F F R A Y A I
A F F R E T A	
E F F A R A T	E F F R A Y A T
A G N E L E R	
G E N E R A L	
G R E N E L A	L A R Y N G E E

A G N O S I E
A G O N I E S
A G O N I S E
S O N G E A I   DERAYAIS

A G R E S S A
G A R A S S E
R A S A G E S   GRASSEYA

A G R E S S E
G E R A S S E
G R E A S S E   GRASSEYE

A I D E R A S
D A R A I S E
D E R A S A I   DERAYIEZ

A I D E R E Z   DERAYIEZ

A I L A N T E
A L I E N A T   LAYAIENT

A L A I R E S
L A I E R A S
R E A L I S A
R E S A L A I
S A L A I R E
S A L A R I E   LAYERAIS,
S A L E R A I   RELAYAIS   X

A L E R T A I
A L I T E R A
A L T E R A I
R A T E L A I   LAYERAIT,
R E L A T A I   RELAYAIT   X

A L E S A N T
N A T A L E S   ANALYSTE

A L E Z A N S   ANALYSEZ

A L I G N E R   YEARLING

A L I T E R A
A L T I E R S   STYLERAI

A L T E R N A   RELAYANT   X

A L T E R N E   LAYERENT
                       RELAYENT

A M B L E R A
B L A M E R A   REMBLAYA

A M B R E E S
B A R E M E S
E M B R A S E   EMBRAYES   Z

```
A M E N O N S      A N O N Y M E S,
E M A N O N S      M O N N A Y E S

A M O C H E S      C H O Y A M E S

A N E M O N E      M O N N A Y E E

A N E R G I E
E G R A I N E
E G R E N A I
G E N E R A I
G R A I N E E
N E I G E R A      A E G Y R I N E

A N N U I T E      E N N U Y A I T

A N O R D I S
R A D I O N S      D R A Y I O N S      J

A P A I S E R
P A I E R A S
S A P E R A I
S E P A R A I      R E P A Y A I S      JX

A P E U R E S
A P U R E E S
R A P E U S E      S U R P A Y E E      Q

A P O S T A I
P A T O I S A      A P I T O Y A S

A R B O U S E
E B R O U A S      A B O Y E U R S

A R C O N N A      C R A Y O N N A

A R R E T E E      R E T R A Y E E      J

A R R E T E S
A R T E R E S
E R R A T E S
R A R E T E S
R E S T E R A
S T E R E R A
T E R S E R A      R E T R A Y E S      J

A R O M A T E      A T E R M O Y A

A R O N D E S
S O N D E R A      D E R A Y O N S

A R P E N T A
T R E P A N A      R E P A Y A N T

A R P E N T E
P A R E N T E
P A T E R N E      P A Y E R E N T,
P E N E T R A      P R Y T A N E E,
T R E P A N E      R E P A Y E N T
```

```
A R P E N T S
P A R E N T S
T R E P A N S     P R Y T A N E S

A R R O C H E
R O C H E R A     C H A R R O Y E

A R R O G E S     A R G Y R O S E

A R S E N A L     A N A L Y S E R

A R S I N E S
I N S E R A S
R E S I N A S
S E R I N A S     A S S Y R I E N

A S I A T E S     A S S E Y A I T,
A S T A S I E     E S S A Y A I T     X

A S S E N A T
E N T A S S A     A S S E Y A N T,
S A T A N E S     E S S A Y A N T     X

A S S I E R A
R A S E U S E
S A U R E E S     R E S S A Y A I     J

A S S U R E S
R E S S U A S
R U A S S E S
R U S A S S E
S A S S E U R     R E S S U Y A S     J

A T O N I E S
O S A I E N T     E T A Y I O N S     JX

A T T E L E S
L A T T E E S     L A Y E T T E S

A U S T E R E
S A T U R E E
U R A E T E S     T R A Y E U S E     JQX

A U T O M N E     A U T O N Y M E

A V E R O N S
N O V E R A S
R E N O V A S     R E N V O Y A S

A V O D I R E
D E V O R A I     V E R D O Y A I

A V O I N E S
E V A S I O N     E N V O Y A I S

A X O N G E S     O X Y G E N A S

B A C I L L E     B E Y L I C A L

B A L A D E S     D E B L A Y A S
```

BARDEES		
BRADEES	DEBRAYES	
BASALES	ABYSSALE	J
BASASSE	BAYASSES	
BASSINE		
BINASSE		
SABINES	ABYSSINE	
BASSINS	ABYSSINS	
BATARDE	DEBRAYAT	
BATTEUR		
BATTURE		
BUTTERA		
REBATTU		
REBUTAT	BUTYRATE	
BERNAIT		
BRAIENT	BARYTINE	
BESOGNA		
ENGOBAS	BEGAYONS	
BEURRES	BRUYERES	Z
BISTROT	BOTRYTIS	
BLENNIE	LIBYENNE	
BOIRONS		
BONSOIR		
ROBIONS	BROYIONS	
BORANES		
ENROBAS		
SNOBERA	BAYERONS	
BORATES		
RABOTES		
ROBATES		
SABOTER	BROYATES	
BORURES		
BOURRES		
REBOURS	BROYEURS	
BOSSERA		
ROBASSE	BROYASSE	
BUTINER		
TRIBUNE		
TURBINE	BUTYRINE	
BUTTERA	BUTYRATE	
CABINES	BISCAYEN	

C A D M I E S		
D E C I M A S	**M Y S I D A C E**	
C A H O T A I	**C H A T O Y A I**	
C A H O T A S	**C H A T O Y A S**	
C A H O T A T	**C H A T O Y A T**	
C A H O T E R	**C H A T O Y E R**	
C A H O T E S	**C H A T O Y E S,**	
	C H O Y A T E S	
C A H O T E Z	**C H A T O Y E Z**	
C A I L L E S		
S C E L L A I	**S A L I C Y L E**	
C A L A M E S		
L A C A M E S	**A M Y L A C E S**	**X**
C A L O T T A	**A C O L Y T A T**	
C A N C E L S	**C Y C L A N E S**	
C A N O P E S		
C A P E O N S	**C A P E Y O N S**	
C A N O T A S	**C Y A N O S A T**	
C A N O T E R		
C O N T E R A		
E C O R N A T		
R A C O N T E	**C R O Y A N T E**	
C A P E A I S		
E S C A P A I	**C A P E Y A I S**	
C A P E A I T	**C A P E Y A I T**	
C A P E A N T	**C A P E Y A N T**	
C A P E E N T	**C A P E Y E N T**	
C A P E E R A	**C A P E Y E R A**	
C A P E I E Z	**C A P E Y I E Z**	
C A R C E L S		
C E R C L A S	**R E C Y C L A S**	
C A R T O N S		
C O N T R A S		
C O R S A N T		
T R A C O N S	**C R O Y A N T S**	
C E I N T E S		
E S C I E N T		
I N C E S T E		
I N S E C T E	**C Y S T E I N E**	**JX**

```
        C E L A T E S
        C E L E S T A
        E C L A T E S
        L A C T E E S        A C E T Y L E S

        C E L E R A S
        L A C E R E S
        R A C L E E S
        R E C A L E S
        R E C E L A S
        S A R C L E E        C L A Y E R E S

        C E L I B A T        B E Y L I C A T

        C E N S U R A        C Y A N U R E S

        C E R C L A I        R E C Y C L A I

        C E R C L A T        R E C Y C L A T

        C E R C L E E        R E C Y C L E E

        C E R C L E R        R E C Y C L E R

        C E R C L E S        R E C Y C L E S

        C E R C L E Z        R E C Y C L E Z

        C E R N E A U
        C R E N E A U        C Y A N U R E E    X

        C H A R N E L        L Y N C H E R A

        C H A T O N S
        T A C H O N S        T A C H Y O N S

        C H I A L E S
        L A I C H E S
        L E C H A I S        A C H Y L I E S

        C H I N E E S
        E C H I N E S
        N I C H E E S        S Y N E C H I E

        C I N G L E S        G L Y C I N E S

        C L E R G I E        G L Y C E R I E

        C O L E R E S
        C R E O L E S
        R E C O L E S        C L O Y E R E S

        C O N G E R E
        C O N G R E E        C R Y O G E N E

        C O P R A H S        H Y P O C R A S

        C O S T A L E
        L A C T O S E        A C O L Y T E S
```

C O T Y L E S	
S C O L Y T E	**C Y T O L Y S E**
C R E P I E R	.
R E C R E P I	**C Y P R I E R E**
C R E U S E E	
E C U R E E S	
R E C U S E E	
R E S U C E E	**E C U Y E R E S**
C R O T T A S	**C R Y O S T A T**
D A M E R A S	
D E S A R M A	
R A D A M E S	**D R A Y A M E S**
D A M N A I T	
D I A M A N T	
M A N D A I T	**D Y N A M I T A**
D A N O I S E	**D E N O Y A I S**
D A T A I R E	
D A T E R A I	**D E R A Y A I T**
D A T E R A S	
D E R A S A T	
R A D A T E S	**D R A Y A T E S**
D E C L I N E	**L Y C E N I D E**
D E F E R A S	
F A R D E E S	
F E D E R A S	**D E F R A Y E S**
D E L A B R E	**D E B L A Y E R**
D E L A I E S	
I D E A L E S	**D I A L Y S E E**
D E L A I T A	
D E T A L A I	**D E L A Y A I T**
D E L I R A S	
S I D E R A L	**D I A L Y S E R X**
D E M I N A T	
M E N D I A T	**D Y N A M I T E**
D E M O L I E	
M E L O D I E	**M Y E L O I D E**
D E N O T A I	
D E T O N A I	**D E N O Y A I T J**
D E N T A L E	
D E N T E L A	**D E L A Y E N T**

```
D E P A R E S
D E R A P E S
D R A P E E S
S A P E R D E        D E P A Y S E R

D E P A S S E
P E S A D E S        D E P A Y S E S

D E P L O R E        D E P L O Y E R,
                     P O L Y E D R E

D E P R I M A        P Y R A M I D E

D E R A S E E
D E S A E R E        D E R A Y E E S

D E S O S S E        O D Y S S E E S

D E S T I N A
D I E S A N T
D I N A T E S
T E N D A I S        D Y N A S T I E

D E T O N N A        D E N O Y A N T

D E V O R A S        V E R D O Y A S

D E V O R A T        V E R D O Y A T

D E V O R E R        V E R D O Y E R

D E V O R E Z        V E R D O Y E Z

D I L A T A S        D I A L Y S A T

D I P H A S E        D I A P H Y S E

D I S E U R S
R E S I D U S
U R S I D E S        D Y S U R I E S

D O N N E E S        D O Y E N N E S

D O R E R A I
R E D O R A I
R O D E R A I        D R A Y O I R E

D O R E U S E
R O D E U S E        R U D O Y E E S

D R A I E R A
R A D E R A I
R A D I E R A        D R A Y E R A I

D U R A S S E        D A S Y U R E S

E C L A T A T
L A C T A T E        C A T T L E Y A

E C O R N A T
N A R C O S E
N E C R O S A        C Y A N O S E R
```

ECREMAT	MYRTACEE	
EDENTAS	ASYNDETE	JX
EDITONS	DYSTONIE	
EFFARAS	EFFRAYAS	
EFFAREE	EFFRAYEE	
EFFARER	EFFRAYER	
EFFARES	EFFRAYES	
EFFAREZ	EFFRAYEZ	
EGAIERA	EGAYERAI	
ELIRONT		
LIERONT		
LITORNE	TYROLIEN	
EMANONS	ANONYMES,	
AMENONS	MONNAYES	
EMARGEA		
RAMAGEE	MAREYAGE	
EMBARRE	EMBRAYER	
EMBRASA	EMBRAYAS	
EMONDES		
MONDEES	NEODYMES	
EMOTTES		
MOTTEES		
OMETTES	MOYETTES	Z
EMPESAI		
EPIAMES	IMPAYEES	
EMPESER	EMPYREES	
ENCLAVA	VALENCAY	
ENRENAS	ARYENNES	
ENROLAS	LAYERONS,	
	RELAYONS	X
ENROLAT	LAYERONT	
ENROUAT		
ENTOURA		
RENOUAT	NOYAUTER	J
ENTASSE	ASSEYENT,	
SEANTES	ESSAYENT,	
	SAYNETES,	
	SEYANTES	

```
E N T E R R A
E N T R E R A     R A Y E R E N T ,
E R R A N T E     R E N T R A Y E

E N T I O N S
T E N I O N S
T E N S I O N
T I S O N N E     S Y N T O N I E

E N T R A I N
I N T E R N A
R A I N E N T
R E N I A N T     T Y R A N N I E

E P I L A N T
P A T E L I N
P L A I N T E
P L A T I N E
P L I A N T E     P T Y A L I N E

E P I T R E S
E P R I T E S
E T R I P E S
P E R I T E S
P E T R I E S
P I E T R E S     Y P E R I T E S     X

E P L O R E E     R E P L O Y E E

E P L O R E S     R E P L O Y E S     X

E P O N G E S     P Y O G E N E S

E P O N G E R     P Y R O G E N E

E P R E N N E
P E R E N N E     P Y R E N E E N

E Q U I P A T
P I Q U E T A     A T Y P I Q U E

E R I G N E S
I N G E R E S
R E S I G N E     S Y N E R G I E

E R M I T E S
E S T I M E R
M E R I T E S
M E T I E R S
M I T R E E S
R E M I T E S
T R E M I E S     S Y M E T R I E

E R R A S S E     R E S S A Y E R
```

E S S A R T A		
R A S A T E S		
R A T A S S E		
T A R A S S E		
T A S S E R A	R E S S A Y A T	
E S T I V A L		
V I T A L E S	V I L A Y E T S	
E T A I E R A	E T A Y E R A I	
E T A G E A S	E G A Y A T E S,	
	E T A Y A G E S	
E T A M A G E	M E T A Y A G E	
E T E N D R A	D E R A Y E N T	J
E T E R N E L	T E R Y L E N E	
E T E T O N S	N E T T O Y E S	
E T I R O N S		
O R I E N T S		
S I E R O N T	T Y R O S I N E	JK
E T O N N A I	N O Y A I E N T	
E T O N N E R	N O Y E R E N T,	
	T R O Y E N N E	
E U S S I E Z	E S S U Y I E Z	
E V I T O N S	S Y N O V I T E	
E X O G E N E	O X Y G E N E E	
E X P I E R A	A P Y R E X I E	
E X P I R E S	P Y R E X I E S	
F A N A T E S	F A S E Y A N T	
F O R A I N S	F R A Y I O N S	
F U S A N T E	F U Y A N T E S	
F U T A I N E	E N F U Y A I T,	
I N F A T U E	F U Y A I E N T	
G A R A M E S		
M A R G E A S		
R A M A G E S	M A G Y A R E S	
G A U S S E E		
U S A G E E S	E S S U Y A G E	JZ
G I R O N D E		
G O R D I E N	G I R O D Y N E	
G O U R E R A	G U E R R O Y A	
G R E E U R S		
G U E R R E S	G R U Y E R E S	

HARDAIT	HYDRATAI	
HERITES		
HESITER		
THEIERS	HYSTERIE	
INHALES	HYALINES	
KENTIAS	ENKYSTAI	
LAIEREZ	LAYERIEZ,	
	RELAYIEZ	X
LAINONS	LYONNAIS	
LAPERAS	PARALYSE	
LASSONS	ALYSSONS	
LAVIONS		
VALIONS	SYNOVIAL	
LICHANT	LYNCHAIT	
LIMAGES	MYALGIES	
LIMNEES	MYELINES	
LISSAIT		
LISTAIS		
TASSILI	STYLISAI	
LISTERA	STYLERAI	
LISTONS	STYLIONS	
LITERAS	STYLERAI	
LOCALES	ALCOYLES	
LOUATES	AUTOLYSE,	
	LOYAUTES	
MACHANT	YACHTMAN	
MACHENT		
MECHANT	YACHTMEN	
MALIQUE	AMYLIQUE	
MANETON	ANTONYME	
MARONNE	MONNAYER	
MARTRES	MARTYRES	
MELOPEE	EMPLOYEE	
MERCURE	MERCUREY	
MERINOS		
MINORES	MYROSINE	WX
MESTRES	MYSTERES	
METEILS	MYELITES	K
MITOSES	MYOSITES	

MOISENT
MONISTE
TEMOINS   MITOYENS

MOLASSE   AMYLOSES

MODELAI   AMYLOIDE

NASALES   ANALYSES

NEFASTE   FASEYENT

NEVROSE
RENOVES   RENVOYES

NIVOSES   SYNOVIES

NODALES   DELAYONS,
               SYNODALE

NOMBRES   EMBRYONS

NOTATES
TETANOS   NETTOYAS

NOTICES
SECTION   CITOYENS   X

NOUATES
SOUTANE   NOYAUTES

NOVERAI
OVARIEN
RENOVAI   RENVOYAI

NOVEREZ
RENOVEZ   RENVOYEZ

NOVATES   VOYANTES

OCRIONS   CROYIONS

OEUVRER   REVOYURE   Q

OPERAIT
OPTERAI
TOPERAI   APITOYER   JX

OPERANT
PONTERA   PAYERONT

ORACLES
RACOLES
RECOLAS
SCAROLE   CALOYERS

ORNERAI   ENRAYOIR

ORNERAS   RAYERONS

OSSEUSE   SOYEUSES

OTAIENT	NETTOYAI	J
OTERENT		
TOREENT	NETTOYER	
OUATANT	NOYAUTAT	
OUATINA	NOYAUTAI	
OUVRAGE		
VOGUERA	VOYAGEUR	
OVAIRES	REVOYAIS	
OVARITE		
VOTERAI	REVOYAIT	
PAIEREZ	REPAYIEZ	
PALMERS	LAMPYRES	
PALOMBE	AMBLYOPE	
PANATES	PAYANTES	
PARLOTE	REPLOYAT	
PAROLES		
SALOPER	REPLOYAS	X
PARURES		
PRESURA		
RAPURES	SURPAYER	J
PARUSSE		
PASSEUR		
SAPEURS	SURPAYES	J
PASSAGE	PAYSAGES	
PATELIN		
PLAINTE		
PLATINE		
PLIANTE	PTYALINE	
PATOISE		
POETISA	APITOYES	J
PELOTAS		
POSTALE	PLOYATES	X
PERCOIT		
PICOTER	CYPRIOTE	
PERLOTS	PROSTYLE	
PETRINS		
PRISENT		
SPRINTE	TRYPSINE	

PIEGENT	**EGYPTIEN**	
PIQUETS	**TYPIQUES**	
PISSONS	**SYNOPSIS**	
PLACONS	**SYNCOPAL**	
PLANTES	**PENALTYS**	
PLOIENT	**LINOTYPE**	
PONCEES	**SYNCOPEE**	
PORACEE	**CARYOPSE, COPAYERS**	
PROMENA	**PARONYME, PYROMANE**	
PYLORES	**PYROLYSE**	
RACOLEE	**CALOYERE**	
RADERAS	**DRAYERAS**	
RADEREZ	**DRAYEREZ**	
RANATRE	**RENTRAYA**	W
RAPIATE		
RETAPAI		
TAPERAI	**REPAYAIT**	X
RAREFIA	**FRAYERAI**	
RASASSE	**RAYASSES,**	
SASSERA	**RASSEYAS**	
RATIONS		
TAIRONS		
TARIONS		
TRONAIS	**TRAYIONS**	
RATURES		
SATURER	**TRAYEURS**	JX
REALESE		
RESALEE	**RELAYEES**	
RECAUSE	**CRAYEUSE**	X
REFERAS	**FRAYERES**	
REMUERA	**MAREYEUR**	Q
RENOVAS	**RENVOYAS**	
RENOVAT	**RENVOYAT, REVOYANT**	
RENOVEE	**RENVOYEE**	
RENOVER	**RENVOYER**	

R E S O N N A	E N R A Y O N S,	
S O N N E R A	R A Y O N N E S	
R E S S A U T		
R E S S U A T		
R U S A T E S		
S A T U R E S		
S U A R E T S		
S U R A T E S	R E S S U Y A T	JX
R E S S E N T		
S T E R N E S	S T Y R E N E S	W
R E S S U A I		
S U A I R E S		
S U E R A I S		
U S E R A I S	R E S S U Y A I	Q
R E S S U E R	R E S S U Y E R	
R E S S U E S	R E S S U Y E S	
R E S S U E Z	R E S S U Y E Z	
R E T A M E E	M E T A Y E R E	
R E T A M E S		
S T E A M E R		
T R A M E E S	M E T A Y E R S	
R H O D I T E	T H Y R O I D E	
R O B A M E S	B R O Y A M E S	
R O C O U E R	R O C O U Y E R	
R O M A N C E	A C R O N Y M E	
R O U A M E S	R O Y A U M E S	
R O U A T E S		
S O U R A T E		
T O U E R A S	R O Y A U T E S	JQX
R U S A T E S	R E S S U Y A T	
S A L A M E S	A M Y L A S E S	
S A L A S S E	L A Y A S S E S	
S A L O P E S	P L O Y A S S E	X
S A N G L E R	L A R Y N G E S	
S A P A S S E	P A Y A S S E S	J
S A T I N E E		
T A N I S E E	S E Y A I E N T	X
S C I A M E S	C Y M A I S E S	

S C I N D A T	S Y N D I C A T	
S C I N Q U E	C Y N I Q U E S	
S C O O T E R	O C T R O Y E R	
S E M I O N S	M Y O S I N E S	
S E N T I E S	S Y E N I T E S	X
S E N T O N S		
S O N N E T S		
T E N S O N S	S Y N T O N E S	
S E P A R E E	R E P A Y E E S	
S E R E U S E	R E S S U Y E E	Q
S T H E N E S	S Y N T H E S E	
S U R F E R A	F R A Y E U R S	
T A B A G I E	B E G A Y A I T	
T A N K E R S	E N K Y S T E R	
T A N N E R A	E N R A Y A N T	
T A P O T A I	A P I T O Y A T	
T H E R M E S	R Y T H M E E S	
T O R E A N T	A T T O R N E Y	X
T O U N D R A	R U D O Y A N T	
T R I Q U E T	Y T T R I Q U E	
T R O L L E S	T R O L L E Y S	
T R O N E R A	R A Y E R O N T	
T U T E U R A	T U Y A U T E R	
U R O P O D E	P O U D R O Y E	

Z

3/1

Z . .
Z E E
Z E N
Z I G
Z O E
Z O O
Z U T

3/3

. . Z
F E Z
G A Z
L E Z
N E Z
R A Z
R I Z
R U Z

4/1

Z . . .
Z A I N
(nazi)
(zani)
Z A N I
(nazi)
(zain)
Z E B U
Z E L E
Z E N D
Z E T A /
Z E R O
Z I N C
Z I Z I
Z O E S
(osez)

Z O N A
Z O N E
(onze)
Z O O M

4/2

. Z . .
A Z U R +
C Z A R
T Z A R

4/3

. . Z .
G A Z A +
G A Z E +
J A Z Z
N A Z I
(zain)
(zani)
O N Z E /
(zone)
O U Z O
P E Z E

4/4

. . . Z
A V E Z
B E E Z
C H E Z
G U N Z
J A Z Z
R A N Z
R E E Z

5/1

Z . . . .
Z A B R E
(zébra)
Z A I R E
(azéri)
Z A M I A
Z A N I S
Z A N N I
Z A N Z I
Z A Z O U
Z E B R A +
(zabre)
Z E B R E +
Z E L E E
Z E I N E
Z E N D E
Z E S T E
Z I G U E
Z L O T Y
Z O N A L
Z O N E E

5/2

. Z . . .
A Z E R I
(zaïre)
A Z O T E
A Z U R A +
A Z U R E +
(aurez)
A Z Y M E
O Z O N E
U Z B E K

5/3

. . Z . .
B A Z A R
B E Z E F /
B I Z E T
B I Z O U
B I Z U T
G A Z E E
G A Z E R +
  (garez)
  (ragez)
G A Z O N
L A Z Z I
M A Z O T
N A Z C A
N A Z I E
P I Z Z A
V I Z I R

5/4

. . . Z .
A L I Z E
  (laize)
B L A Z E
B O N Z E
B R I Z E
C O L Z A
D O U Z E /
  (douez)
G A I Z E
L A I Z E
  (alizé)
L A U Z E
L A Z Z I
P I E Z E
  (épiez)
P I Z Z A
S E I Z E /

5/5

. . . . Z
A S S E Z
F R I T Z
H E R T Z
J E R E Z

R E M I Z
  (mirez)
  (rimez)
R U O L Z

6/1

Z . . . . .
Z A I R E S
  (arisez)
  (azéris)
  (rasiez)
Z A N C L E
Z A N N I S
Z A O U I A
Z A W I Y A
Z E B R E E
  (béerez)
Z E B R E R +
Z E L O T E
Z E N A N A
Z E N I T H
Z E P H Y R
Z E U G M A
Z E Z A Y A +
Z E Z A Y E +
Z I E U T A +
Z I E U T E +
Z I G Z A G
Z I N G U A +
Z I N G U E +
Z I N N I A
Z I N Z I N
Z I R C O N
Z O E C I E
Z O M B I E
Z O N A G E
Z O N A R D
Z O N A U X
Z O N U R E
Z O O I D E
Z O U A V E
Z O Z O T A +
Z O Z O T E +
Z Y G E N E
Z Y G O M A
Z Y G O T E
Z Y M A S E
  (azymes)

Z Y T H O N
Z Y T H U M

6/2

. Z . . . .
A Z A L E E
A Z E R I S
  (arisez)
  (rasiez)
  (zaïres)
A Z I M U T
A Z O T E E
A Z U R E E
A Z U R E R +
A Z U R E S
  (saurez)
A Z Y G O S /
A Z Y M E S
  (zymase)

6/3

. . Z . . .
B I Z U T A +
B I Z U T E +
  (butiez)
  (tubiez)
B I Z U T H
D I Z A I N
E C Z E M A
E N Z Y M E
E V Z O N E
G A Z A G E
G A Z O L E
K A Z A K H
L E Z A R D +
L U Z U L E
  (ululez)
M A Z O U T +
O N Z A I N
O U Z B E K
P E Z I Z E
R A Z Z I A +
R A Z Z I E +
S I Z A I N
Z E Z A Y A +
Z E Z A Y E +
Z O Z O T A +
Z O Z O T E +

6/4

. . . Z . .

A L E Z A N
B A L Z A N
B A R Z O I
B E N Z O L
B L A Z E S
B L A Z E R
B O N Z E S
(snobez)
B R I Z E S
(brisez)
F A L Z A R
L A U Z E S
(saluez)
P A N Z E R
P I A Z Z A
P I E Z E S
(pesiez)
P O D Z O L
R A Z Z I A +
R A Z Z I E +
T A U Z I N
Z I G Z A G
Z I N Z I N

6/5

. . . . Z .

B A L E Z E
B R O N Z A +
B R O N Z E +
(bornez)
C O R O Z O
C O R Y Z A
G U E U Z E
M E L E Z E
P E Z I Z E
P I A Z Z A
Q U I N Z E /
T O P A Z E
T R E I Z E /

6/6

. . . . . Z

C H I N T Z
E R S A T Z
L A P I A Z
Q U A R T Z
S B R I N Z

7/1

Z . . . . . .

Z A I R O I S
Z A M B I E N
Z E B R A I S
(braisez)
(brasiez)
(sabriez)
Z E B R A I T
(abritez)
(bâtirez)
Z E B R U R E
(beurrez)
Z E M S T V O
Z E O L I T E
(étiolez)
(étoilez)
Z E U Z E R E
Z E Z A Y E R +
Z I E U T E E
Z I E U T E R +
(tueriez)
Z I N C A G E
Z I N C A T E
(tanciez)
Z I N G A G E
Z I N G A R I /
Z I N G A R O //
Z I N G U E E
Z I N G U E R +
Z I R C O N E
(corniez)
Z I Z A N I E
Z I Z Y P H E
Z O O G L E E
Z O O N O S E
Z O O P S I E
Z O R I L L E
Z O S T E R E
Z O Z O T E R +
Z Y G N E M A

7/2

. Z . . . . .

A Z E R O L E
A Z I L I E N
(lainiez)
A Z O I Q U E

A Z O T A T E
A Z O T E U X
A Z O T I T E
A Z O T U R E
A Z O T Y L E
A Z T E Q U E
A Z U L E J O
A Z U R A G E
A Z U R E E N
A Z U R I T E
M Z A B I T E
O Z O N I D E
O Z O N I S A +
O Z O N I S E +
T Z A R I N E
(naîtrez)
(ratinez)
traînez)
T Z I G A N E
(gantiez)

7/3

. . Z . . . .

B A Z O O K A
B I Z A R R E
(barriez)
B I Z U T E E
B I Z U T E R +
(bruitez)
C A Z E T T E
D A Z I B A O (≠)
D I Z A I N E
E L Z E V I R
F A Z E N D A
G A Z E L L E
(allégez)
G A Z E T T E
G A Z E U S E
G A Z I E R E
(agréiez)
(égariez)
G A Z O D U C
G A Z O N N A +
G A Z O N N E +
J A Z Z M A N //
J A Z Z M E N /
L A Z A R E T
L E Z A R D A +

L E Z A R D E +
L U Z E R N E
M A Z D E E N
   (amendez)
M A Z E T T E
M A Z O U T A +
M A Z O U T E +
M A Z U R K A
M O Z E T T E
   (émottez)
   (omettez)
N A Z I S M E
O N Z I E M E
R A Z Z I E E
R A Z Z I E R +
R I Z E R I E
   (rizière)
R I Z I E R E
   (rizerie)
S I Z E R I N
S Y Z Y G I E
V I Z I R A T
Z E Z A Y E R +
Z I Z Y P H E
Z O Z O T E R +

7/4

. . . Z . . .
A L E Z A N E
A L I Z A R I
A M A Z O N E
B A L Z A N E
B E N Z E N E
B E N Z I N E
B E N Z Y L E
B L A Z E R S
C A N Z O N E //
C A N Z O N I /
D O U Z A I N
G E R Z E A U
G R I Z Z L I
J A Z Z M A N //
J A Z Z M E N /
K O N Z E R N
M U E Z Z I N
R H I Z O M E
Z E U Z E R E

7/5

. . . . Z . .
A L C A Z A R
B R E T Z E L
B R O N Z E E
   (enrobez)
B R O N Z E R +
F R E E Z E R
   (référez)
G R I Z Z L I
G R I Z Z L Y
H O R I Z O N
M A K II Z E N
M U E Z Z I N
P U P A Z Z I /
P U P A Z Z O //
Q U E T Z A L
   (talquez)

7/6

. . . . . Z .
C H A L A Z E
C H O R I Z O
P L A N E Z E
P U P A Z Z I /
P U P A Z Z O //
S C H E R Z O
T E R F E Z E
   (fêterez)
T R A P E Z E
   (retapez)
   (taperez)

7/7

. . . . . . Z
K O L K H O Z

8/1

Z . . . .
Z A I R O I S E
Z A K O U S K I /
Z A N Z I B A R
Z A R Z U E L A
Z E L A T E U R
Z E N I T H A L
Z E P P E L I N
Z I B E L I N E

Z I G Z A G U A +
Z I G Z A G U E +
Z I N G A R O S
Z I N G U E U R
Z O D I A C A L
Z O D I A Q U E
Z O O L A T R E
Z O O L O G I E
Z O O P H I L E
Z O O P H Y T E
Z O O S P O R E

8/2

. Z . . . . . .
A Z I M U T A L
A Z O T E M I E
A Z O T I Q U E
A Z O T U R I E
A Z U L E J O S
   (jalousiez)
A Z U R A N T S
A Z U R I T E S
   (saturiez)
O Z O N I S E E
O Z O N I S E R +
S Z L A C H T A
T Z I G A N E S
   (stagniez)

8/3

. . Z . . . . .
B A Z A R D E E
B A Z A R D E R +
B I Z U T A G E
B Y Z A N T I N
E N Z O O T I E
G A Z E I F I A +
G A Z E I F I E +
G A Z E T I E R
   (agiterez)
   (gâteriez)
   (régatiez)
G A Z O G E N E
G A Z O L I N E
G A Z O N N E E
G A Z O N N E R +
L A Z U R I T E

L E Z A R D E E	D O N Z E L L E	M O N A Z I T E
L E Z A R D E R +	D O U Z A I N E	P U P A Z Z O S
(larderez)	D O U Z I E M E	Q U E T Z A L S
M A Z A G R A N	G E R Z E A U X	R E N D Z I N E
M A Z O U T E R +	G O N Z E S S E	S A M I Z D A T
M O Z A B I T E	M E R Z L O T A	T H I A Z O L E
M O Z A R A B E	P I Z Z E R I A	
N A Z A R E E N	R H I Z O I D E	**8/6**
P I Z Z E R I A	S E I Z I E M E	
R A Z Z I E R A +	Z I G Z A G U A +	. . . . . Z . .
S U Z E R A I N	Z I G Z A G U E +	A L G U A Z I L
		P U P A Z Z O S
8/4	**8/5**	
		8/7
. . . Z	. . . . Z . . .	
B E N Z O A T E	B L I Z Z A R D	. . . . . . Z .
B E N Z O Y L E	B R O N Z A G E	A N T I N A Z I
B L I Z Z A R D	B R O N Z I E R	B A R B O U Z E
B O N Z E S S E	C O E N Z Y M E	K O L K H O Z E
C A N Z O N E S	D E G A Z A G E	P A R T O U Z E
C R U Z E I R O	H E R T Z I E N	Q U A T O R Z E /
(courriez)	L Y S O Z Y M E	S O V K H O Z E
D I A Z E P A M	M A G A Z I N E	

Erreurs : zan, zip, zup, zob, zon, zou, rez, naze, zoum, zest, zist, zester+, zaine, zigoto, zoulou, zeler+, ozene, guzla, nizam, zoning, bazenne, kreuzer, maghzen, bronzeur, zoophore, azurante.

Raccords avec Z seul

Devant les mots suivants : AIRE, ANIS, EN, ESTE, ETA/, OOSPORE, UT.

Derrière les mots suivants (sauf les verbes) : AVE, FRIT, LE, NE, QUART, RA, REMI, RI, RU.

Raccords des mots de 3 lettres avec Z

			F E Z			B O U F	F E Z	
+2		L O	F E Z			C O I F	F E Z	
+3	B I F		F E Z			E T O F	F E Z	
	G A F		F E Z			G R E F	F E Z	
+4	T E R		F E Z	E		G R I F	F E Z	
	A G R A		F E Z			P A R A	F E Z	
	A T T I		F E Z			P I A F	F E Z	
	B L U F		F E Z			P O U F	F E Z	

	S U I F	FEZ	
	T A R I	FEZ	
	T R U F	FEZ	
	A G R I F	FEZ	+ 5
	C H A U F	FEZ	
	D E G R A	FEZ	
	E T O U F	FEZ	
	R E B I F	FEZ	
		GAZ	
+ 1		GAZ	A +
		GAZ	E +
+ 2		GAZ	E E
		GAZ	E R +
		GAZ	O N
+ 3		GAZ	A G E
		GAZ	E U X
		GAZ	I E R
		GAZ	O L E
	D E	GAZ	A +
	D E	GAZ	E +
+ 4		GAZ	E L L E
		GAZ	E T T E
		GAZ	E U S E
		GAZ	I E R E
		GAZ	O D U C
		GAZ	O N N A +
		GAZ	O N N E +
	D E	GAZ	E E
	D E	GAZ	E R +
+ 5		GAZ	E T I E R
		GAZ	O G E N E
		GAZ	O L I N E
		GAZ	O N N E E
		GAZ	O N N E R +
	D E	GAZ	A G E
	M A	GAZ	I N E
		LEZ	

(pensez aux verbes en – LER :
BELEZ, ENFLEZ...)

+ 3		LEZ	A R D +
	A	LEZ	A N
	B A	LEZ	E
	M E	LEZ	E
+ 4		LEZ	A R D A +
		LEZ	A R D E +
	A	LEZ	A N E
		NEZ	

(pensez aux verbes en – NER :
BINEZ, CRANEZ...)

+ 4	P L A	NEZ	E
		RAZ	
+ 3		RAZ	Z I A +
		RAZ	Z I E +
+ 6	H Y D	RAZ	I N E
	A L C A	RAZ	A S
		RIZ	
+ 4		RIZ	E R I E
		RIZ	I E R E
	H O	RIZ	O N
		ZEE	
+ 2	G A	ZEE	
	B R O N	ZEE	+ 4
		ZEN	
+ 1		ZEN	D
		ZEN	S
+ 2		ZEN	D E
+ 3		ZEN	A N A
		ZEN	I T H
	G A	ZEN	T
+ 4	F A	ZEN	D A
	B E N	ZEN	E
	M A K H	ZEN	
+ 5		ZEN	I T H A L
	B R O N	ZEN	T
		ZIG	
+ 2		ZIG	U E
+ 3		ZIG	Z A G
+ 4	T	ZIG	A N E
		ZOE	
+ 3		ZOE	C I E

		ZOO					ZOO	SPORE
+ 1		ZOO	M		E	N	ZOO	TIE
		ZOO	S					
+ 3		ZOO	IDE				ZUT	/
+ 4		ZOO	GLEE					
		ZOO	NOSE	+ 2	B	I	ZUT	+
		ZOO	PSIE	+ 3	B	I	ZUT	A+
	B A	ZOO	KA		B	I	ZUT	E+
+ 5		ZOO	LATRE		B	I	ZUT	H
		ZOO	LOGIE	+ 4	B	I	ZUT	EE
		ZOO	PHILE		B	I	ZUT	ER+
		ZOO	PHYTE	+ 5	B	I	ZUT	AGE

Raccords des mots de 4 lettres avec Z

		AZUR					NAZI	
+ 1		AZUR	A+	+ 1			NAZI	E
		AZUR	E+	+ 3			NAZI	SME
+ 2		AZUR	EE	+ 4	M O		NAZI	TE
		AZUR	ER+		A N T I		NAZI	
+ 3		AZUR	AGE	+ 5	D E		NAZI	FIER+
		AZUR	EEN		A N T I		NAZI	E
		AZUR	ITE					
	M	AZUR	KA				ONZE	
+ 4		AZUR	ANTS	+ 1		B	ONZE	
	L	AZUR	ITE	+ 2	B	R	ONZE	+
				+ 3	K		ONZE	RN
		AVEZ		+ 4	B		ONZE	SSE
					D		ONZE	LLE
					G		ONZE	SSE
					B	R	ONZE	UR

(pensez aux verbes en – AVE :
LAVEZ, EXCAVEZ...)

		CHEZ				REEZ	
				+ 1	C	REEZ	
					G	REEZ	
				+ 2	A G	REEZ	
				+ 3	F	REEZ	ER

(pensez aux verbes en – CHEZ :
BACHEZ, CRACHEZ...)

		MUEZ				REEZ	
				R A G		REEZ	
				R E C		REEZ	
+ 2	R E	MUEZ		R E G		REEZ	
+ 3		MUEZ	ZIN			ZAIN	
	C O M	MUEZ					
T R A N S		MUEZ	+ 5	+ 1		ZAIN	S

```
+2    D I ZAIN            ZONA
      S I ZAIN     +1     ZONA L
      O N ZAIN     +2     ZONA GE
+3    D I ZAINE            ZONA LE
    D O U ZAIN             ZONA RD
+4 D O U ZAINE             ZONA UX
  Q U I N ZAINE   +5   +5    O ZONA TEUR

         ZANI               ZONE
+1       ZANIS      +1     O ZONE
+3   Z I ZANIE          E V ZONE
+5 MEZZANINE       +3 A M A ZONE
+6 MANZANILLA         C A N ZONE

         ZINC
+3       ZINCAGE
         ZINCATE
+5       ZINCIFERE
```

Raccords des mots de 5 lettres avec Z

HECTO PIEZE   VENEZ UELIEN, NE

Raccords des mots de 7 lettres avec Z

ABRUTIE
BUTERAI
EBRUITA
REBUTAI
TUBAIRE
TUBERAI   BIZUTERA   Q

AGASSES   GAZASSES

AGIRONS
AGRIONS

```
        A N G R O I S
        G A R I O N S
        I G N O R A S
        O R I G A N S
        R A G I O N S
        R O G N A I S        Z I N G A R O S

        A G I T E R A
        A G R E A I T
        E G A R A I T
        G A T E R A I
        R A G E A I T
        R E G A T A I        G A Z E R A I T

        A G R E A I S
        E G A R A I S
        R A G E A I S        G A Z E R A I S

        A G R E I E Z
        E G A R I E Z
        G A Z I E R E        G A Z E R I E Z

        A G R E O N S
        E G A R O N S
        O N A G R E S
        O R A N G E S
        O R G A N E S
        R A G E O N S
        S O N G E R A        G A Z E R O N S

        A L E R T A S
        A L T E R A S
        A S T R A L E
        R A L A T E S
        R A T E L A S
        R E L A T A S
        R E S A L A T        L A Z A R E T S

        A L L E G E S
        L E G A L E S        G A Z E L L E S

        A M B R E E S
        B A R E M E S        E M B R A S E Z,
        E M B R A S E        Z E B R A M E S     Y

        A M U S E R A        A Z U R A M E S     Q

        A N U R I E S
        S A U N I E R
        S A U R I E N
        U S I N E R A
        U R A N I E S        S U Z E R A I N     JQ
```

```
A P T E R E S
A R P E T E S
E S P E R A T
P A T E R E S
P E S T E R A
P E T E R A S
R E P E T A S
R E T A P E S        T R A P E Z E S

A R E O L E S        A Z E R O L E S

A R I S E N T
E N T R A I S
I N S E R A T
R A T I N E S
R E S I N A T
R I A N T E S
S A T I N E R
S E N T I R A
S E R I A N T
S E R I N A T
T A N I S E R
T A R S I E N
T R A I N E S
T R A N S I E
T S A R I N E        T Z A R I N E S

A U R I O N S        A Z U R I O N S      Q

B A L A N E S
B A N A L E S
E N S A B L A        B A L Z A N E S

B A T I M E S        M Z A B I T E S

B E E R O N S
B O R N E E S
E N R O B E S        B R O N Z E E S

B E R N O I S
B O R I N E S        Z E B R I O N S

B E U R R E S        Z E B R U R E S      Y

B I M A N E S
B I N A M E S        Z A M B I E N S

B O R A I N S
B O R N A I S        B R O N Z A I S

B O R N A I T        B R O N Z A I T

B O R N A N T        B R O N Z A N T

B O R N E N T        B R O N Z E N T
```

```
B O R N E R A      B R O N Z E R A

B O R N I E Z      B R O N Z I E Z

B R A I S E R      B I Z A R R E S

B R A S E E S
B R A S S E E
E B R A S E S
S A B R E E S      Z E B R A S S E

B U T I N A T      B I Z U T A N T

B U T I O N S
T U B I O N S      B I Z U T O N S

C A S T I N E
N A T I C E S      Z I N C A T E S    JX

C R E I O N S
E C R I O N S
R E C O I N S      Z I R C O N E S

D E G A N T A      D E G A Z A N T

D E N I A I S      D I Z A I N E S    X

D E N O U A I      D O U Z A I N E    Q

D E R A G E A      D E G A Z E R A

E B R U I T A      B I Z U T E R A

E C R O U I R      C O U R R I E Z,
                   C R U Z E I R O

E L O I G N A
L O N G E A I      G A Z O L I N E

E M B O I T A
M O A B I T E      M O Z A B I T E

E M O T T E S
M O T T E E S
O M E T T E S      M O Z E T T E S    Y

E N G A M A I
M A N G E A I      M A G A Z I N E

E N L I A I S
E N L I S A I
E N S I L A I
L E S I N A I      A Z I L I E N S

E N O N C A S      C A N Z O N E S

E R I G E A S
S I E G E R A      G A Z I E R E S

E R O S I O N      O Z O N I S E R
```

```
E T I O L E S
E T O I L E S
O I S E L E T     Z E O L I T E S

F E R R E E S
R E F E R E S     F R E E Z E R S
F R E T E E S     T E R F E Z E S

G A T I N E S
G I S A N T E
G I T A N E S
S I N G E A T
T S I G A N E     T Z I G A N E S

G A U S S E L
U S A G E E S     G A Z E U S E S     JY

G O N A D E S
S O N D A G E     D E G A Z O N S

G Y M N A S E     Z Y G N E M A S

H O R I O N S     H O R I Z O N S

J A L O U S E     A Z U L E J O S,
                  J A L O U S E Z

L A R D E E S
L E A D E R S     L E Z A R D E S

L E V I E R S
L I E V R E S
L I V R E E S
R E V E I L S
S E R V I L E     E L Z E V I R S

M A R O U T E     M A Z O U T E R

M I A U L A T     A Z I M U T A L

M I N A S S E     N A Z I S M E S

N A G E A I T     G A Z A I E N T

N A G E O N S     G A Z O N N E S

N A I T R E Z
R A T I N E Z
T R A I N E Z
T Z A R I N E     R A Z Z I E N T

O E S T R E S
S T E R E O S     Z O S T E R E S

P A R I I E Z     P I Z Z E R I A

P E N A L E S
P L A N E E S     P L A N E Z E S

R A D I A L E     L E Z A R D A I
```

R O N G E A T	G A Z E R O N T	
S A L I R A I	A L I Z A R I S	
S A U R A G E	A Z U R A G E S	
S A U R E R A	A Z U R E R A S	
S A U T E R A	A Z U R A T E S	J
S E Q U O I A	A Z O I Q U E S	
S I T U E R A		
S U E R A I T		
T U E R A I S	A Z U R I T E S,	
U S E R A I T	S A T U R I E Z	JQ
S N O B E E S	B O N Z E S S E	
S O U D A I N	D O U Z A I N S	
S O U T I E N	Z I E U T O N S	JQ
T A G E T E S	G A Z E T T E S	
T A L Q U E S	Q U E T Z A L S	
T A O I S T E	A Z O T I T E S	
T A Q U E E S	A Z T E Q U E S	
T A U L I E R	L A Z U R I T E	QX
T E N U I T E	Z I E U T E N T	
T E S T A C E S	C A Z E T T E S	
T E T A M E S	M A Z E T T E S	
T I T U B A I	B I Z U T A I T	
T O Q U E R A	Q U A T O R Z E	X
T O U A M E S	M A Z O U T E S	JQ
T O U E R A I	A Z O T U R I E	JQ
T R A I N E Z	R A Z Z I E N T	
T R O T T E E	T E R Z E T T O	
T U A I E N T	Z I E U T A N T	JQ
T U B I O N S	B I Z U T O N S	
V I T R A I S	V I Z I R A T S	

MOTS COMPORTANT (AU MOINS) 2 LETTRES CHERES DIFFÉRENTES				
4	5	6	7	8
J / K JACK JERK	JOKER TOKAJ	JERKER+ JOCKEY JUDOKA JUNKER MOUJIK TADJIK	KANDJAR PIROJKI/ SANDJAK	KANDJLAR KINKAJOU
J / Q	JAQUE	JONQUE JUSQUE	JACQUES JACQUET JAQUIER	JACQUARD JACQUIER JAQUETTE JUDAIQUE
J / X JEUX		BIJOUX ENJEUX JALOUX JOUAUX JOYAUX JOYEUX JUGAUX JUTEUX	JOUJOUX JOUXTER+ JOVIAUX JUMEAUX	JOURNAUX MAJORAUX
J / Y JURY	JOYAU	JERSEY JOCKEY JOYAUX JOYEUX PYJAMA	BAJOYER JOYEUSE	JOINTOYE+
J / Z JAZZ	JEREZ		AZULEJO JAZZMAN// JAZZMEN/	AZULEJOS (jalousez) JAZZMANS
K / Q	QUARK	QUAKER	KIOSQUE KUFIQUE KUMQUAT	KYMRIQUE KYSTIQUE
K / W	KAWA KAWI KIWI KWAS	WHISKY//	WALKMAN WHISKYS	DRAWBACK KILOWATT TOMAHAWK WHISKIES

	4	5	6	7	8
K / X			KLAXON		KHAGNEUX KLAXONNE+
K / Y	DYKE KYAT YACK	DAYAK KAYAK KYRIE/ KYSTE SULKY TOKAY	HOCKEY JOCKEY KABYLE KENYAN KOUMYS OSTYAK WHISKY YANKEE	COCKNEY HICKORY ENKYSTE+ KENYANE KRYPTON ROOKERY// WHISKYS	ANKYLOSE+ ENKYSTER+ GYMKHANA KLYSTRON KYMRIQUE KYRIELLE KYSTIQUE
K / Z		SKIEZ UZBEK	JERKEZ KAZAKH OUZBEK	BAZOOKA KIRGHIZ KOLKHOZ KONZERN MAKHZEN MAZURKA STOCKEZ	COKEFIEZ ENKYSTEZ KAMIKAZE KIBBOUTZ KOLKHOZE NICKELEZ SOVKHOZE ZAKOUSKI
Q / W		SQUAW			
Q / X		QUEUX	AQUEUX EXQUIS	EXARQUE EXQUISE LEXIQUE MUQUEUX PIQUEUX TOXIQUE	ATAXIQUE AUXQUELS AXENIQUE EQUINOXE EXOTIQUE EXPLIQUE+ EXTORQUE+ OXALIQUE QUINTAUX QUINTEUX SQUAMEUX VISQUEUX
Q / Y				CYNIQUE DYTIQUE LYRIQUE LYTIQUE TYPIQUE	AMYLIQUE ATYPIQUE CYCLIQUE CYSTIQUE DYPTYQUE

4	5	6	7	8
				DYADIQUE
				GYMNIQUE
				HYDRIQUE
				KYMRIQUE
				KYSTIQUE
				MYSTIQUE
				MYTHIQUE
				PHYSIQUE
				SYNDIQUE+
				SYRIAQUE
				THYMIQUE
				TYPHIQUE
				YTTRIQUE
Q/Z				
		QUARTZ	AZOIQUE	AZOTIQUE
		QUINZE /	AZTEQUE	QUATORZE
			QUETZAL	ZODIAQUE
			(talquez)	
W/X				
			MAXWELL	
W/Y				
YAWL		WHISKY//	TRAMWAY	
		WILAYA	WALLABY	
		ZAWIYA	WHISKYS	
			WILLAYA	
W/Z				
		ZAWIYA	CRAWLEZ	SWINGUEZ
X/Y				
LYNX	PYREX	BOMBYX	ALOYAUX	ABYSSAUX
ONYX	XYLOL	BOYAUX	APTERYX	APYREXIE
ORYX	XYSTE	CAYEUX	BIOXYDE	ASPHYXIE+
SEXY /		COCCYX	CRAYEUX	BATHYAUX
YEUX		HOYAUX	DIOXYDE	BUTYREUX
		JOYAUX	EPOXYDE	CERAMBYX
		JOYEUX	GYPSEUX	DELOYAUX
		LARYNX	HYPOXIE	DESOXYDE+
		LOYAUX	OXYDANT	DYSLEXIE
		MOYEUX	OXYDASE	ENNUYEUX
		MYXINE	OXYGENE	GIBOYEUX
		NOYAUX	PHARYNX	NYMPHAUX
		ONYXIS	PYREXIE	OXYDABLE

4	5	6	7	8
X / Y (suite)		O X Y D E R+ O X Y T O N O X Y U R E P Y X I D E R O Y A U X S O Y E U X S T Y R A X S Y R I N X T U Y A U X X Y L E M E X Y L E N E	S Y N T A X E T R I O N Y X Y P R E A U X	O X Y D A N T E O X Y D A N T S O X Y G E N E R+ O X Y L I T H E O X Y T O N N E O X Y U R O S E P E R O X Y D E+ P O L Y P E U X P Y R O X E N E P Y R O X Y L E S Y N O D A U X X Y L I D I N E X Y L O C O P E
X / Z A X E Z		G A Z E U X Z O N A U X	A Z O T E U X T E L E X E Z	G E R Z E A U X O X Y G E N E Z
Y / Z A Y E Z	A Z Y M E B A Y E Z Z L O T Y	A Z Y G O S/ C O R Y Z A E N Z Y M E Z A W I Y A Z E P H Y R Z Y G E N E Z Y G O M A Z Y G O T E Z Y M A S E Z Y T H O N Z Y T H U M	A Z O T Y L E B E N Z Y L E G R I Z Z L Y S Y Z Y G I E Z E Z A Y E R+ Z I Z Y P H E Z Y G N E M A	B E N Z O Y L E B Y Z A N T I N C O E N Z Y M E L Y S O Z Y M E O X Y G E N E Z Z O O P H Y T E

MOTS COMPORTANT
3 LETTRES CHERES DIFFÉRENTES

JERKEZ, JOCKEY, JOYAUX, JOYEUX, JOUXTEZ, KYMRIQUE, KYSTIQUE, WHISKY,S, ENKYSTEZ, EXTRAYEZ, OXYDEZ, OXYGENEZ, ZAWIYA.

TABLE DES MATIÈRES

I - MARIAGES

II - TYPES DE TIRAGES